Praxishandbuch OTRS

Praxishandbuch OTRS

Das Ticketsystem sicher bedienen,
administrieren und warten

Tim Schürmann

Tim Schürmann

Lektorat: Alexandra Follenius
Fachgutachten: Martin Edenhofer und Johannes Nickel
Korrektorat: Sibylle Feldmann, www.richtiger-text.de
Herstellung: Stefanie Weidner
Umschlaggestaltung: Karen Montgomery, Michael Oréal, www.oreal.de
Satz: III-satz, www.drei-satz.de
Druck und Bindung: M.P. Media-Print Informationstechnologie GmbH, 33100 Paderborn

Bibliografische Information Der Deutschen Nationalbibliothek
Die Deutsche Nationalbibliothek verzeichnet diese Publikation in der Deutschen Nationalbibliografie;
detaillierte bibliografische Daten sind im Internet über *http://dnb.d-nb.de* abrufbar.

ISBN:
Print   978-3-96009-053-3
PDF   978-3-96010-243-4
ePub   978-3-96010-244-1
mobi   978-3-96010-245-8

Dieses Buch erscheint in Kooperation mit O'Reilly Media, Inc. unter dem Imprint »O'REILLY«.
O'REILLY ist ein Markenzeichen und eine eingetragene Marke von O'Reilly Media, Inc. und wird mit
Einwilligung des Eigentümers verwendet.

1. Auflage 2018
Copyright © 2018 dpunkt.verlag GmbH
Wieblinger Weg 17
69123 Heidelberg

5 4 3 2 1 0

Inhalt

Teil III   OTRS für Administratoren

Vorwort von Martin Edenhofer

Oft wandeln sich Erfahrungen, die man selbst gemacht hat, zur Quelle eines neuen Anfangs. So war es auch bei OTRS. Mit einer Software hatte das erst mal nicht so viel zu tun. Als ich – Martin Edenhofer – anno 1999 meinen ISDN-Internetanschluss auf DSL umstellen wollte, kontaktierte ich dafür meinen Telefondienstleister. Das war nicht anders als heute: Wer zwei Mal innerhalb von 30 Minuten die Hotline anrief, landete in unterschiedlichen Callcentern oder zumindest bei unterschiedlichen Gesprächspartnern. Nach der Durchgabe der Anschlussnummer erwartete ich trotzdem, dass mein Name und mein Fall bekannt wären.

Dem war jedoch nicht so. Auch nicht nur im Ansatz. Noch schlimmer war es per E-Mail. Es gab lange Wartezeiten auf eine Rückmeldung. Und wenn ich letztendlich doch anrief, hatte natürlich keiner etwas von meiner E-Mail gesehen oder gehört. Das Ergebnis war ein heilloses Durcheinander, in dem die eine Hand nicht wusste, was die andere tat. Also sah ich zum einen den Bedarf nach einer Software, die die Kommunikation zwischen einer Organisation und deren Kunden über alle Kanäle hinweg unterstützt.

Bei sogenannter Open-Source-Software darf jeder den Programmcode einsehen und die Software in der Regel auch kostenfrei nutzen. Ich war damals (und bin es auch heute noch) Open-Source-Enthusiast, denn ich hatte einen großen Teil meines Wissens dem Einblick in den Programmcode sowie dem Austausch mit Gleichgesinnten zu verdanken. Dadurch war zum anderen für mich klar, dass ich diese Software als Open-Source-Projekt startete: Jeder sollte die Anwendung kostenlos nutzen und nach seinen Wünschen verändern können.

OTRS hat seinen Ursprung in diesen zwei Gedanken:

- Es soll seine Anwender in der täglichen Kommunikation mit Kunden unterstützen.
- Es soll belegen, dass Open-Source-Software so gut wie oder sogar besser als konventionelle Software sein kann.

Am 7. April 2001 registrierte ich die Domain *OTRS.org*, und am 11. März 2002 war es so weit: Ich veröffentlichte die erste Testversion von OTRS als »Version 0.5,

Beta 1«. Die Angabe »Beta« bedeutet für Fachkreise einen klaren Hinweis und steht für: »Dies ist eine Testversion. Es steckt viel Arbeit darin, aber vielleicht funktioniert noch nicht alles. Nehmt die Software und probiert sie aus!«

Vielleicht weiß nicht jeder, dass Open-Source-Projekte – im Gegensatz zu konventioneller Software – ihre Versionsbezeichnungen und -nummern oft deutlich vor sich hertragen. Das hängt damit zusammen, dass für techniknahe Personen – und wer sonst schreibt eine Software oder hilft dabei mit – die Detailfunktionen (oder auch Dysfunktionen) eines erreichten Entwicklungsstands eine große Rolle spielen. Anders ist das legitimerweise beim Anwender, der nur möchte, dass es läuft – egal in welcher Version.

Warum aber 0.5? Warum nicht 0.1, 1.0 oder gleich 0.66 Periode? Das ist auch so ein Milieu-Ding: Bei Open-Source-Projekten ist es verbreitet, mit einer Zahl kleiner als eins an die Öffentlichkeit zu gehen. Damit vermeidet der Entwickler, zu behaupten, sein Baby sei von Anfang an schon ein vollumfänglich lauffähiger Fußballsuperstar. Das hebt man sich für die runden Zahlen auf, die sogenannten stabilen Vollversionen oder Major Releases (zu Deutsch »Hauptveröffentlichungen«). Meistens fängt man bei 0.1 an, je nachdem, wie sicher man sich schon ist. In der Zahl genau in der Mitte zwischen null und eins liegt also auch etwas Ironie.

In den Tagen nach der ersten Veröffentlichung fanden die ersten Anwender ihren Weg auf die OTRS-Mailingliste. Somit gingen folgende OTRS-Anwender als die ersten überhaupt in das Buch der Geschichte ein: Stefan Schmidt von der Jacobs University Bremen gGmbH, Oliver Schwarz vom SAP Competence Center der SuSE Linux AG und Eddie Urenda vom Rechenzentrum der Universität von Kalifornien. Spüren Sie ein andächtiges Zittern? Gut. :-)

Die Downloads wurden von Tag zu Tag mehr. Das heißt, die Zahl stieg von 14 Downloads der Erstveröffentlichung auf 52 Downloads der zweiten Betaversion und kletterte auf 421 Downloads der letzten Beta 8 von Nummer 0.5. Die erste Vollversion 1.0, die ein knappes Jahr nach der Erstveröffentlichung erschien, erfuhr einen gewaltigen Schub. Viele nahmen OTRS erst jetzt zur Kenntnis. Die Downloadzahlen vervielfachten sich auf 5.692. Auch das Bundesamt für Sicherheit in der Informationstechnik sah sich OTRS schon im Jahr 2003 an. Noch mal zwei Jahre später zählten das Auswärtige Amt, die NASA und die Lufthansa zur Nutzerbasis von OTRS. Es folgte OTRS 2.0 mit 108.263 Downloads. OTRS 3.0 aus dem Jahr 2010 zählte 301.451 Downloads mit Stand von Anfang 2013.

Warum steht OTRS unter einer freien Softwarelizenz? Die Antwort darauf ist in der Zeit zu finden, in der Open Source im kommerziellen Bereich noch kein Standard war. Gehen wir zurück in die Anfangszeit von OTRS. Wir schreiben das Jahr 2003. Ich war bei einem der größten deutschen Softwarehersteller eingeladen, um OTRS vorzustellen. Die interne IT-Abteilung des Softwareherstellers war auf der Suche nach einem Ticketsystem zur Verwaltung ihrer Anfragen und Vorgänge. Relativ schnell war klar, dass OTRS die Anforderung gut abdeckte – insbesondere die vorhandene Anbindung an Microsofts Active Directory. Jedoch war es den Anwesenden ganz und gar nicht geheuer, wie man eine durchdachte und ausgereifte Software als »Open Source« unter der *General Public License* (GPL) anbieten könnte. Sie versuchten, den Grund und die Strategie auszukundschaften, um herauszufinden, wie so etwas überhaupt zu einem Geschäftsmodell führen kann. Meine Darlegung, dass ich mit Dienstleistungen meinen Umsatz generieren wollte, konnten sie nur schwer akzeptieren: Zu dieser Zeit musste man sich für das Offenlegen seiner Software noch rechtfertigen.

Solche Vorbehalte auf Kundenseite lösten sich im Sommer 2005 auf, als bekannt wurde, dass die NASA OTRS verwendete. Die Nachricht verbreitete sich wie ein Lauffeuer. Auf mich als Erfinder der Software wirkte sich das wie ein Ritterschlag aus. Tatsächlich hatte diese Nachricht zwei Folgen:

1. Seit dieser Zeit hinterfragte nie wieder jemand, warum OTRS ein Open-Source-Projekt wäre und ob dieses Geschäftsmodell überhaupt funktionierte. Die Frage hatte sich einfach erledigt. Stattdessen wollte jeder wissen, wie die NASA im Detail OTRS einsetzt.

2. OTRS war in vielen Unternehmen die erste Open-Source-Anwendung überhaupt, die dort Einsatz fand. Das galt vor allem für Banken und Versicherungsunternehmen.

OTRS hat also, zumindest in Deutschland, nachhaltig die Akzeptanz von Open Source in kommerziellen Umgebungen gestärkt. Wenn das keinen Ritterschlag verdient!

Wer ruft: »Genug jetzt der Lobhudelei!«, der hat völlig recht. Es geht in diesem Buch nicht darum, OTRS zu bejubeln. (Auch wenn schon ein bisschen Stolz dabei ist. Na gut: viel Stolz.) An dieser Stelle möchte ich allen danken, die OTRS von den ersten Stunden an begleitet, eingesetzt und die bei der Entwicklung mit geholfen habe. Ohne euch wäre OTRS bis heute nicht so weit gekommen.

KAPITEL 1

Einführung

Die Software OTRS vereinfacht die Kommunikation. In der Regel hilft sie bei der Verständigung zwischen Kunden und Unternehmen, sie kann aber unter anderem auch die Kommunikation zwischen den Mitarbeitern eines Unternehmens beschleunigen. Dieses Buch befasst sich mit der Installation, Konfiguration und Bedienung dieses kostenlosen Ticketsystems. Es wurde so geschrieben, dass Sie es sowohl als Einstieg in OTRS als auch als Referenz verwenden können. Kenntnisse im Umgang mit anderen Ticketsystemen (wie etwa Zammad) sind im Folgenden nicht notwendig. Das Buch richtet sich somit insbesondere auch an reine Anwender, die beispielsweise in einem Callcenter zum ersten Mal mit dem Ticketsystem in Kontakt kommen. Administratoren und (zukünftige) Betreiber von OTRS erfahren zudem ausführlich und praxisnah, wie sie das Ticketsystem passend zu ihren Bedürfnissen einrichten und warten. Wer OTRS selbst installieren möchte, benötigt allerdings Erfahrung mit dem Betriebssystem Linux und dessen Bedienung auf der Kommandozeile.

Was ist OTRS?

Frau Jünnenbrück hat einen schicken neuen Hochleistungsstaubsauger erworben, der bereits zum zweiten Mal innerhalb weniger Monaten den Dienst quittiert. Wie schon beim ersten Ausfall ruft sie direkt beim Hersteller an. Dort meldet sich ein Mitarbeiter aus der Kundenbetreuung, der jedoch technisch wenig versiert ist und somit leider nicht selbst weiterhelfen kann. Er verspricht Frau Jünnenbrück, einen Techniker zu informieren, der sich in Kürze bei ihr melden sollte. Der Techniker ist jedoch durch einen Serienfehler in den neuen Waschmaschinenmodellen derzeit hoffnungslos überlastet, sodass Frau Jünnenbrück in Vergessenheit gerät. Frau Jünnenbrück wird aufgrund der zunehmenden Staubschicht auf ihrer Auslegeware langsam ungeduldig und ruft erneut beim Staubsaugerhersteller an. Dort gerät sie jetzt an einen anderen Kundenbetreuer, der vom bisherigen Geschehen keine

Ahnung hat. Frau Jünnenbrück muss folglich noch einmal den Defekt in allen Details schildern. Ihr Gesprächspartner am Telefon informiert erneut den Techniker. Der wird aus den Angaben des Kundenbetreuers nicht ganz schlau und muss deshalb bei Frau Jünnenbrück nachfragen. Diese weist empört darauf hin, dass der Fehler bereits zum zweiten Mal auftritt. Der Techniker weiß jedoch nicht, wie sein Kollege damals den Staubsauger in Gang gebracht hatte. Folglich muss er sich zeitraubend noch einmal die technischen Dokumente des Staubsaugers vorknöpfen. Die weiter wartende und mittlerweile verärgerte Frau Jünnenbrück nimmt sich gleichzeitig vor, keinen Staubsauger dieses Herstellers mehr zu kaufen.

Frau Jünnenbrück hätte wesentlich schneller geholfen werden können, wenn das Unternehmen ein sogenanntes *Ticketsystem* verwenden würde. Ein solches Computerprogramm nimmt Kundenanfragen entgegen, leitet sie automatisch an die passenden Mitarbeiter weiter und sorgt dafür, dass das Problem möglichst schnell gelöst wird.

Im Beispiel hätte der Kundendienstmitarbeiter die Beschwerde von Frau Jünnenbrück in das Ticketsystem eingegeben. Dieses legt die Beschwerde dann automatisch dem zuständigen Techniker vor. Sollte er nicht sofort antworten, erinnert ihn das Ticketsystem immer wieder an die Kundenanfrage. Reagiert der Techniker auch weiterhin nicht, leitet das Ticketsystem die Beschwerde an seinen Vorgesetzten weiter. Sobald der Techniker geantwortet hat, markiert das Ticketsystem das Problem als gelöst. Die Frage von Frau Jünnenbrück nebst zugehöriger Antwort speichert das Ticketsystem in einer Datenbank. Sollte sich Frau Jünnenbrück in ein paar Monaten noch einmal mit einem neuen Defekt melden, kann ein mittlerweile neu eingestellter Techniker die Odyssee der Kundin nachvollziehen.

Ticketsysteme werden je nach Wetterlage und Mondstand auch als Kommunikationsmanagementsysteme, Tracking System, Trouble Ticket System oder Request Tracking System bezeichnet. Kommt das Ticketsystem vor allem beim Kundendienst beziehungsweise im Support zum Einsatz, spricht man auch von einem *Helpdesk-System*. Diese ganzen Begriffe müssen Sie sich glücklicherweise nicht merken. Im Folgenden findet durchgehend die besonders gebräuchliche Bezeichnung *Ticketsystem* Verwendung.

Ein solches Ticketsystem ist auch OTRS. Der etwas kryptische Name war ursprünglich eine Abkürzung für *Open Ticket Request System*, zwischenzeitlich standen die Buchstaben für *Open Technology Real Services*. Mittlerweile verwenden die Entwickler nur noch den Begriff OTRS.

OTRS untersteht der *GNU Affero General Public License*, kurz AGPL (*http://www.gnu.org/licenses/agpl-3.0.de.html*). Diese Lizenz erlaubt die kostenfreie Nutzung sowohl im privaten als auch im kommerziellen Bereich. Darüber hinaus darf der Programmcode von jedermann eingesehen und verändert werden. OTRS gehört damit zur Gruppe der sogenannten Open-Source-Anwendungen (*https://de.wikipedia.org/wiki/Open_Source*).

Die Weiterentwicklung liegt derzeit in den Händen der OTRS AG (*https://www.otrs.com*). Sie bietet für das Ticketsystem auch kostenpflichtigen Support sowie Schulungen an. Darüber hinaus entwickelt sie auf Basis von OTRS maßgeschneiderte kommerzielle Lösungen und spezielle Erweiterungen.

In der Vergangenheit hat die OTRS AG ihre Produktstrategie immer wieder geändert. So gab es bis zur OTRS-Version 6 neben der kostenlosen auch eine kommerzielle Fassung mit zahlreichen zusätzlichen Funktionen. Diese zwei verschiedenen OTRS-Varianten hat die OTRS AG mittlerweile wieder abgeschafft. Es existiert jetzt erneut nur ein einziges kostenloses OTRS. Neue Funktionen können allerdings zunächst exklusiv lediglich die Kunden nutzen, die bei der OTRS AG einen entsprechenden kostenpflichtigen Vertrag abschließen. Erst nach einer Weile stellt die OTRS AG diese Funktionen im Rahmen einer neuen offiziellen OTRS-Version allen übrigen Anwendern bereit.

Diese kostenlose und öffentlich verfügbare Variante des Ticketsystems bezeichnete die OTRS AG lange Zeit als *OTRS Free*. Mittlerweile hat man sie in *((OTRS)) Community Edition* umgetauft. Die Klammern um das Wort OTRS gehören dabei offiziell zum Markennamen. Durch die Namensgebung soll sich das kommerzielle Angebot besser von der kostenlosen Software unterscheiden lassen. In diesem Buch meint der Begriff OTRS ausschließlich die kostenlose ((OTRS)) Community Edition.

Lassen Sie sich nicht durch die vielen Begriffe verwirren: Es gibt nur ein OTRS, das offiziell ((OTRS)) Community Edition heißt. Sie können es auch im kommerziellen Umfeld kostenlos verwenden.

Für die kostenlose ((OTRS)) Community Edition leistet die OTRS AG keinen Support. In die Bresche springen unabhängige OTRS-Dienstleister, die Ihnen gegen eine mehr oder weniger hohe Gebühr helfen und auch Schulungen durchführen. Da sich die Angebote recht schnell ändern, kann an dieser Stelle leider keine Empfehlung ausgesprochen werden. Sie sollten sich jedoch möglichst immer mehrere Angebote von unterschiedlichen Dienstleistern einholen und diese dann miteinander vergleichen. Kostenlose Hilfe finden Sie zudem im Internet. Dort betreibt etwa der Otterhub-Verein unter *http://forums.otterhub.org/* ein Forum, in dem sich OTRS-Anwender austauschen können. Die Weiterentwicklung der Community Edition können interessierte Softwareentwickler zudem unter *https://github.com/OTRS/otrs* verfolgen.

Einsatzbereiche und Vorteile von OTRS

OTRS sorgt dafür, dass eingehende Anfragen automatisch an der richtigen Stelle landen, dass sie nicht verloren gehen und dass weniger Rückfragen notwendig werden. OTRS verarbeitet dabei nicht nur Kundenbeschwerden, sondern jede Form von Anfrage, wie etwa:

- Kunden- und Presseanfragen
- Reklamationen
- Feedback
- Aufgaben
- eingeschränkt auch Bestellungen

Kurzum: Wann immer zwei Personen miteinander kommunizieren müssen, kann OTRS helfen.

Mit OTRS können E-Mails, (Kunden-)Anfragen und Aufgaben nicht so leicht verloren gehen. Da das Ticketsystem für Ordnung sorgt, gibt es keine überfüllten und unsortierten E-Mail-Ordner. Die Beschwerden Ihrer Kunden lassen sich sogar nach ihrer Dringlichkeit sortieren. OTRS archiviert zudem die gesamte Korrespondenz, sodass sich ältere Anfragen, Dokumente und E-Mails sowie der komplette Kommunikationsverlauf jederzeit einsehen lassen. Bei einer Rückfrage des Kunden muss der Kundendienstmitarbeiter die alten Dokumente folglich nicht erst wieder zeitaufwendig heraussuchen. Darüber hinaus arbeitet OTRS revisionssicher. Dies bedeutet, dass Sie zum einen alle in OTRS durchgeführten Aktionen lückenlos nachvollziehen können und sich zum anderen sämtliche gespeicherten Daten nicht nachträglich manipulieren lassen.

OTRS erleichtert zudem an vielen Stellen die Arbeit seiner Benutzer. So stellt das Ticketsystem den antwortenden Sachbearbeitern unter anderem vorgefertigte Textbausteine zur Seite. Auf Wunsch hält OTRS eine Wissensdatenbank bereit, mit deren Hilfe sich Fragen schnell und kompetent beantworten lassen. Dies alles zusammen verbessert und beschleunigt die Kommunikation – insbesondere wenn sehr viele Anfragen eingehen. Damit steigt gleichzeitig die Zufriedenheit der Kunden, was wiederum die Kundenbindung erhöht.

Des Weiteren kann OTRS selbstständig Aufgaben verteilen und automatisieren. Weilt ein Mitarbeiter im Urlaub, landet eine Aufgabe oder Anfrage bei seinen Kollegen. Sollte der Mitarbeiter eines Unternehmens überfragt sein, kann er die Anfrage an jemand anderen weiterleiten. Die anfallende Arbeit wird zudem besser und gerechter auf die vorhandenen Sachbearbeiter und Techniker aufgeteilt. Dies kann das Arbeitsklima in Unternehmen verbessern und das »Wir-Gefühl« stärken. Da das Ticketsystem aufzeichnet, wer wann welche Anfragen bearbeitet hat, lassen sich sogar Leistungsnachweise führen.

Abschließend erlaubt OTRS eine statistische Auswertung der Anfragen. So können Sie beispielsweise die Produkte identifizieren, über die besonders viele Beschwerden eingegangen sind. Dank der Statistiken und flexiblen Auswertungsmöglichkeiten sieht die Unternehmensführung schneller, bei welchen Abläufen und Bearbeitungsschritten noch Verbesserungspotenzial besteht. Aus den Anfragen der Kunden lassen sich zudem deren Bedürfnisse ablesen. Mehren sich etwa die Beschwerden über ein verstopftes Flusensieb, sollte man dessen Konstruktion überprüfen und gegebenenfalls das Produkt ändern. Aus den Anfragen lassen sich sogar Kundenprofile erzeugen, die wiederum gezielte Werbemaßnahmen erlauben.

Die Vorteile auf einen Blick:
- Arbeits- und Zeitersparnis
- Mitarbeitermotivation
- gesteigerte Servicequalität und zufriedenere Kunde
- Aufdecken von Problemen im Ablauf
- Verkaufsförderung durch Statistiken und Kundenprofile

Die Grenzen eines Ticketsystems

OTRS besitzt allerdings auch einige Nachteile und Grenzen. So kann es die eingehenden Anfragen nicht selbst beantworten. Es ersetzt zudem keine guten und freundlichen Kundenbetreuer. Antworten diese patzig oder geben eine falsche Antwort, dürften sie den Kunden verärgert zurücklassen. In solchen Situationen hilft auch nicht die Wissensdatenbank, die zudem zunächst mit Wissen und Texten gefüllt werden muss. Auch die Textbausteine muss jemand schreiben und hinterlegen. Hierbei gilt doppelte Sorgfalt, da Kunden lieblos versendete (Standard-)Textbausteine erkennen und darauf entsprechend verstimmt reagieren.

Des Weiteren gibt es Situationen und Märkte, in denen ein persönliches Kundengespräch notwendig ist – beispielsweise wenn ein Fensterbauer für ein Angebot vor Ort die alten Fenster vermessen muss. In einigen Fällen erwarten die Kunden zudem einen festen Ansprechpartner. Das gilt beispielsweise für Journalisten, die Kontakt mit einer Pressestelle aufnehmen.

Ein Ticketsystem unterstützt die Kommunikation, es kann aber nicht die Anzahl der eingehenden Anfragen verringern. Wenn ein Produkt einen Serienfehler besitzt, kommen auch entsprechend viele Rückfragen herein. Hier hilft nur, den Fehler zu beheben. Abschließend ist ein Ticketsystem kein Marketinginstrument und kann somit auch kein Produkt bekannter machen.

Der Einsatz eines Ticketsystems wirft zudem arbeits- und datenschutzrechtliche Probleme auf. Dies musste etwa die Universität zu Köln feststellen, als man dort 2007 OTRS einführte. Dem Veto des Datenschutzbeauftragten und der Personalräte folgten Verhandlungen mit verschiedenen Gremien. Erst nach dem Abschluss eines datenschutzrechtlichen Verfahrensverzeichnisses, der Vereinbarung eines Betriebskonzepts und entsprechenden Vereinbarungen mit den Personalräten konnte an der Universität das Ticketsystem den Regelbetrieb aufnehmen. Unter anderem mussten sich die Betreiber des Ticketsystems verpflichten, die Generierung von Statistiken zu deaktivieren. Sofern Sie den Einsatz eines Ticketsystems planen, sollten Sie daher unbedingt die Mitarbeiter sowie gegebenenfalls weitere betroffene Stellen ins Boot holen und den Datenschutz beachten.

So funktioniert ein Ticketsystem

In der Regel schickt zunächst der Kunde eine E-Mail mit einer Frage oder Beschwerde. Diese Nachricht nimmt OTRS entgegen und erstellt daraus ein sogenanntes *Ticket* – daher auch der Name Ticketsystem. Bildlich können Sie sich ein Ticket wie eine Karteikarte vorstellen. Auf diesem Ticket notiert OTRS die Frage des Kunden, seine E-Mail-Adresse und noch ein paar weitere nützliche Informationen. Sofern der Kunde bei Ihnen anruft, erstellt der Kundendienstmitarbeiter in OTRS ein passendes Ticket.

Alle Tickets landen der Reihe nach in einer Warteschlange, der sogenannten *Queue*. Wenn Sie sich die Tickets als echte Karteikarten vorstellen, entspricht die Queue einem Kartenstapel, auf dem das als Nächstes zu bearbeitende Ticket immer oben liegt.

Wenn viele Tickets zu unterschiedlichen Themen eintrudeln, wird die Warteschlange jedoch recht lang – beziehungsweise der Stapel immer höher. In der Realität würde man den Stapel dann in mehrere aufteilen: Auf einem türmen sich die Beschwerden über den Küchenmix 3000, auf einem anderen hingegen Ersatzteilbestellungen für den Staubsauger ST450. Den Stapel mit den Ersatzteilbestellungen könnte man dann direkt der Versandabteilung übergeben. Genau dieses Vorgehen erlaubt auch OTRS: Im Ticketsystem dürfen Sie beliebig viele weitere Queues für unterschiedliche Zwecke anlegen. Die eingehenden Tickets landen dann zunächst in einer Eingangs-Queue. Die Beschwerden über den Küchenmix beantworten Sie direkt, die Ersatzteilbestellungen für den Staubsauger leiten Sie hingegen in eine andere »Ersatzteile-Queue«. Über Filter kann OTRS die eingehenden Tickets sogar automatisch in die passenden Queues einsortieren.

Des Weiteren dürfen Sie detailliert festlegen, welche Mitarbeiter welche Queues überhaupt zu Gesicht bekommen. So könnten Sie der Versandabteilung den Zugriff auf die Ersatzteile-Queue gestatten, aber die Einsicht in die anderen Queues verwehren. Auf diese Weise lassen sich zudem leicht Abläufe und Zuständigkeiten in Ihrem Unternehmen abbilden. Schließlich dürfen Sie auch Tickets in einer Queue zurückstellen. Das ist etwa nützlich, wenn Sie ein Ersatzteil bestellen müssen. OTRS erinnert Sie nach einiger Zeit automatisch an das zurückgestellte Ticket. Die auf diese Weise vom Ticketsystem vorgegebenen Arbeitsabläufe beschleunigen die Beantwortung der Kundenanfragen. Sie sorgen so nicht nur für Zufriedenheit bei der eingangs erwähnten Frau Jünnenbrück, sondern in Ihrem Unternehmen auch für geordnete und nachvollziehbare Abläufe.

Aufbau dieses Buchs

Kapitel 2, *Installation*, nennt die Voraussetzungen, die für einen Betrieb von OTRS notwendig sind, und zeigt, wie man die Software Schritt für Schritt installiert. Im Kapitel 3, *Benutzeroberfläche*, lernen Sie bei einem kleinen Rundgang durch die

Benutzeroberfläche die grundsätzliche Bedienung und ihren Aufbau kennen. Anschließend sollten Sie ein paar Einstellungen an Ihre Gegebenheiten anpassen, wie etwa Ihre Geschäftszeiten. Welche Einstellungen Sie wo in OTRS vornehmen müssen, verrät das Kapitel 4, *Maßnahmen nach der ersten Anmeldung*. Da OTRS einen funktionierenden E-Mail-Versand voraussetzt, ist den entsprechenden Einstellungen das Kapitel 5, *E-Mail-Einstellungen*, gewidmet. Im Kapitel 6, *Schnelleinstieg*, lernen Sie schließlich anhand eines kleinen Beispiels zum Mitmachen die grundlegenden Konzepte und Arbeitsweisen des Ticketsystems kennen.

Der zweite Teil des Buchs widmet sich allen Funktionen, die Sie als Anwender in der Regel bei Ihrer täglichen Arbeit mit OTRS benötigen. Zunächst verrät Ihnen Kapitel 7, *Kunden*, wie Sie das Ticketsystem mit Ihren Kunden bekannt machen und ihnen bei Bedarf einen Zugang zu einem Kundenbereich einrichten. Die eintrudelnden Tickets landen in sogenannten Queues, um die sich das Kapitel 8, *Queues*, kümmert. Wie Sie Tickets verwalten und beantworten, erklärt das Kapitel 9, *Tickets*. Wichtige Termine kann OTRS automatisch in entsprechende Kalender eintragen. Alles Wissenswerte hierzu finden Sie in Kapitel 10, *Kalender*. Das Kapitel 11, *Dynamische Felder*, zeigt Ihnen, wie Sie mit dynamischen Feldern zusätzliche Informationen an Ihre Tickets heften. Wie Sie ausgewählten Kunden spezielle Dienstleistungen oder schnelle Reaktionszeiten anbieten, erfahren Sie in Kapitel 12, *Services*. Jeder Benutzer von OTRS kann die Benutzeroberfläche in Grenzen an seine Bedürfnisse anpassen. Auf die entsprechenden persönlichen Einstellungen geht das Kapitel 13, *Persönliche Einstellungen*, ein. Den Zugang zu OTRS können Sie schließlich noch mit der Zwei-Faktor-Authentifizierung aus Kapitel 14, *Zwei-Faktor-Authentifizierung*, weiter absichern.

Der dritte Buchteil behandelt primär Themen und Aufgaben, die den Betreiber beziehungsweise die Administratoren des Ticketsystems betreffen. So erklärt Kapitel 15, *Agenten*, wie man Mitarbeitern den Zugang zu OTRS gestattet und die von ihnen erlaubten Aktionen gezielt einschränkt. Bei bestimmten Ereignissen benachrichtigt das Ticketsystem die betroffenen Mitarbeiter. Die dazugehörigen Einstellungen stellt Kapitel 16, *Benachrichtigungen*, vor. Wie Sie mit maßgeschneiderten Statistiken einen Überblick über die Leistungsfähigkeit Ihres Supports erhalten, verrät Ihnen Kapitel 17, *Statistiken*. Schließlich kann OTRS auch noch automatisch vorgegebene Aktionen ausführen und so ganz bestimmte Workflows erzwingen. Wie man letztgenannte dem Ticketsystem einimpft, zeigt Ihnen Kapitel 18, *Prozessmanagement*. Wenn Ihnen der Funktionsumfang von OTRS nicht ausreicht, können Sie es mit den in Kapitel 19, *OTRS erweitern und anpassen*, vorgestellten Erweiterungen aufbohren. In diesem Kapitel erfahren Sie auch, wie Sie das Aussehen der Benutzeroberfläche an das eigene Corporate Design anpassen. Kapitel 20, *Wartung*, erklärt schließlich noch, wie Sie ein Backup aller Daten erstellen, OTRS aktualisieren, bei Problemen mit den dafür enthaltenen Werkzeugen die Ursachen aufspüren, die Grundeinstellungen verändern und die Webservices nutzen.

Typografische Konventionen

In diesem Buch werden die folgenden typografischen Konventionen verwendet:

Kursivschrift
> für E-Mail-Adressen und URLs, aber auch bei der Definition neuer Fachbegriffe und für Hervorhebungen

`Nichtproportionalschrift`
> für Datei- und Verzeichnisnamen und Codebeispiele

 Dieses Icon kennzeichnet einen Tipp.

 Dieses Icon kennzeichnet einen Hinweis mit nützlichen Zusatzinformationen zum Thema.

 Dieses Icon kennzeichnet eine Warnung oder ein Thema, bei dem man Vorsicht walten lassen sollte.

Der Autor, die Danksagung und der ganze Rest

Murphys Gesetz besagt, dass alles, was schiefgehen kann, auch schiefgehen wird. Aus diesem Grund enthält das vorliegende Werk mit großer Wahrscheinlich auch ein paar Fehler, die trotz der extrem strengen Blicke des Lektorats und der Fachgutachter bis in die Druckerei durchgeflutscht sind. Falls Sie als Leser zufällig auf einen der Fehler treffen, lassen Sie ihn nicht in Freiheit sein Unwesen treiben, sondern melden Sie ihn an die E-Mail-Adresse *info@tim-schuermann.de*. Dies ist gleichzeitig der direkte Draht zum Autor, der sich selbstverständlich auch im Fall von Kommentaren oder anderen Anmerkungen auf Post freut. Seinen eigenen Internetauftritt betreibt der Diplom-Informatiker unter *http://www.tim-schuermann.de*.

Der Dank des Autors geht an seine Familie, die Lektorin Alexandra Follenius, die Fachgutachter Martin Edenhofer und Johannes Nickel sowie natürlich an alle Leser, ohne die diese Buchstabensuppe auf weiß gefärbten Holzabfällen niemals den Weg in die Händlerregale gefunden hätte.

TEIL I

Installation und erste Schritte

Installation

OTRS läuft nicht auf den PCs der Anwender, sondern auf einem zentralen Computer in einem Netzwerk – dem sogenannten Server. Diese Betriebsart hat den Vorteil, dass die Benutzer über ihre Internetbrowser von unterschiedlichen Computern aus auf das Ticketsystem zugreifen können. Darüber hinaus ist es so einfacher für Sie, regelmäßig eine Sicherung zu erstellen und das System zu aktualisieren. Umgekehrt ist die Installation und Einrichtung etwas aufwendiger, zumal OTRS an den Server einige Voraussetzungen stellt. In diesem Kapitel erfahren Sie, was Sie für den Betrieb von OTRS benötigen und wie Sie das Ticketsystem installieren.

 Wenn Sie ausschließlich ein bereits installiertes OTRS nutzen oder jemand für Sie OTRS eingerichtet hat, können Sie dieses Kapitel überspringen und direkt im nächsten weiterlesen.

Betrieb ohne Installation

Wenn Sie vor der Installation zurückschrecken, können Sie im Internet bei zahlreichen Anbietern fix und fertig eingerichtete Server mit OTRS anmieten. Solch ein Paket bietet auch die OTRS AG an. Dieses war lange Zeit unter dem Markennamen *OTRS Business Solution Managed* bekannt, mittlerweile spricht die OTRS AG nur noch von OTRS. Da sich die Angebote in diesem Bereich schnell verändern, kann an dieser Stelle leider keine konkrete Empfehlung für einen Anbieter gegeben werden.

Die OTRS AG bietet Ihnen zudem die Möglichkeit, die kommerzielle Variante von OTRS für eine Weile kostenlos auszuprobieren. Dazu müssen Sie auf der OTRS-Homepage unter *http://www.otrs.com* nur rechts oben in der Ecke auf die Schaltfläche *Free Trial* klicken und dann den Anweisungen auf dem Bildschirm folgen.

Voraussetzungen

Alle Benutzer (und übrigens auch Ihre Kunden) greifen später mit ihrem Internetbrowser auf das Ticketsystem zu. OTRS unterstützt folgende Browser:

- Internet Explorer ab Version 11
- Mozilla Firefox ab Version 31
- Safari ab Version 6
- alle weiteren modernen Browser in aktuellen Versionen mit aktiviertem Java-Script, wie etwa Microsoft Edge

JavaScript deaktiviert einige Browsererweiterungen, wie etwa das populäre NoScript. Legen Sie in solchen Fällen eine Ausnahme an oder deaktivieren Sie die Erweiterung. Darüber hinaus muss der Browser automatisch Pop-up-Fenster öffnen, was Firefox & Co. von Haus aus meist verhindern. Legen Sie gegebenenfalls auch hier eine Ausnahme für OTRS an.

Des Weiteren benötigen Sie einen Server, auf dem später OTRS läuft. Diesen Server müssen alle späteren Benutzer von ihren jeweiligen PCs aus erreichen können. Für einen reibungslosen Betrieb sollte der Server zudem mindestens über folgende Hardware verfügen:

- Intel Xeon mit 3 GHz oder einen vergleichbaren Prozessor
- 8 GByte Hauptspeicher
- 256 GByte freier Festplattenplatz

Wenn Sie OTRS zunächst allein ausprobieren beziehungsweise testen möchten, genügt auch ein weniger leistungsfähiger Computer. Dieser sollte jedoch über mindestens 2 GByte Hauptspeicher verfügen. Grundsätzlich gilt die Faustregel: je mehr Hauptspeicher, desto besser. Bei der Computec Media GmbH teilt sich OTRS mit weiteren Webanwendungen einen Server mit Dual-E5-2430-Prozessor und 32 GByte Hauptspeicher.

Des Weiteren verlangt OTRS nach verschiedenen Anwendungsprogrammen. Dazu gehört zunächst eine Datenbank, in der OTRS alle Informationen und Tickets verstaut. Verwenden können Sie dabei eines der folgenden Datenbanksysteme:

- MySQL ab Version 5.0
- MariaDB
- PostgreSQL ab Version 9.2
- Oracle 10g oder eine neuere Version

Ältere Versionen von OTRS haben noch mit MSSQL ab Version 2005 zusammengearbeitet. Diese Datenbank unterstützen die Entwickler jedoch mittlerweile nicht mehr. Bei der Computec Media GmbH läuft das Datenbank-Backend auf einem eigenen Server mit Dual-E5-2640-Prozessor und 32 GByte Hauptspeicher. Als Datenspeicher dienen zwei SSDs, die 400 GByte über ein RAID-1 bereithalten. Die bis zum Zeitpunkt der Bucherstellung rund 14.000 verarbeiteten Tickets und gut 510.000 History-Einträge belegen circa 10 GByte Speicherplatz.

Des Weiteren benötigen Sie einen Webserver, der die Anfragen der Browser entgegennimmt und an OTRS weiterreicht. Die OTRS-Entwickler empfehlen den kostenlosen Apache-Webserver (*http://httpd.apache.org/*) mit dem Modul *mod_perl2*. Sie können auch einen beliebigen anderen Webserver verwenden, der eine sogenannte CGI-Schnittstelle anbietet, in dieser Betriebsform läuft OTRS jedoch deutlich langsamer, daher wird sie von den OTRS-Entwicklern nicht empfohlen.

Der Webserver muss so eingerichtet sein, dass er Perl-Programme starten kann. Perl ist die Programmiersprache, in der OTRS geschrieben wurde (*http://www.perl. org/*). Voraussetzung für den Betrieb von OTRS ist mindestens Perl 5.16. Darüber hinaus müssen Sie einige sogenannte Perl-Module installieren, die Zusatzfunktionen nachrüsten. Welche Module das im Einzelnen sind, hängt vom Betriebssystem beziehungsweise der Linux-Distribution ab. Auf die Installation der Module gehen die nachfolgenden Abschnitte noch ausführlich ein.

Als Nächstes benötigen Sie ein E-Mail-Postfach, an das Ihre Kunden ihre Fragen und Beschwerden schicken können. Sie sollten explizit für OTRS ein eigenes Postfach einrichten, das unter einer leicht zu merkenden E-Mail-Adresse zu erreichen ist. Viele Firmen nehmen beispielsweise Anfragen über eine Adresse wie info@example. com oder support@example.com entgegen. Wenn Sie in Ihrem Unternehmen nicht selbst einen E-Mail-Server betreiben, können Sie bei verschiedenen Dienstleistern beziehungsweise Ihrem Webhoster ein entsprechendes Postfach anmieten und einrichten. Grundsätzlich genügt sogar bereits ein Postfach bei einem der vielen sogenannten Freemail-Anbieter wie Web.de oder GMX. Gegenüber Ihren Kunden wirkt das zwar alles andere als professionell, für erste Tests mit OTRS reichen diese Postfächer aber aus. In jedem Fall holt OTRS die eingegangenen E-Mails aus dem Postfach über die gängigen Verfahren (Protokolle) IMAP und POP3 ab. OTRS versteht dabei jeweils die unverschlüsselte und die verschlüsselte Variante. Wenn Sie ein neues Postfach einrichten, achten Sie darauf, dass der Zugriff mit einem der genannten Verfahren beziehungsweise Protokolle möglich ist.

OTRS muss zudem E-Mails versenden können. Sie benötigen folglich noch einen Postausgangsserver, den sogenannten *Mail Transfer Agent* (kurz MTA. Wenn Sie ein Postfach anmieten, ist dieser MTA normalerweise im Leistungsumfang enthalten. Das Ticketsystem kommuniziert mit dem Server über den Standard beziehungsweise das Protokoll SMTP und dessen verschlüsselte Varianten.

Abschließend muss OTRS in regelmäßigen Abständen wiederkehrende Wartungsarbeiten durchführen. Dabei hilft das Programm Cron, das auf dem Server vorhanden und aktiviert sein muss. Cron prüft später in regelmäßigen Abständen, ob die entsprechende Komponente von OTRS im Hintergrund läuft, und startet sie gegebenenfalls selbstständig neu.

Abbildung 2-1 zeigt noch einmal das Zusammenspiel der Komponenten: Der Browser des OTRS-Nutzers kontaktiert den Webserver, der dann das Perl-Programm OTRS aktiviert. Dieses legt die Tickets in einer Datenbank ab. Der Kunde schickt seine Fragen per E-Mail an ein Postfach, das OTRS regelmäßig leert. Antworten auf die Fragen verschickt das Ticketsystem über einen entsprechenden MTA.

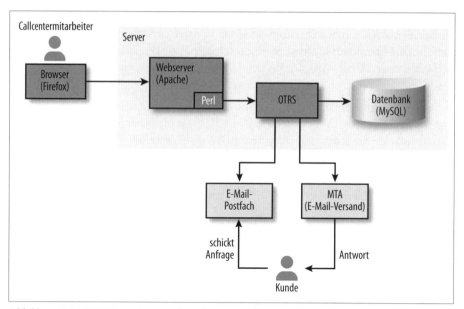

Abbildung 2-1: OTRS benötigt zum Betrieb einen Webserver, der Perl-Programme ausführen kann, eine Datenbank für die Tickets, ein Postfach und einen MTA, über den das Ticketsystem eigene E-Mails verschicken kann.

Die genannten Voraussetzungen schrecken vermutlich erst einmal ab. Wie Sie im Folgenden sehen werden, ist die Installation aller Bestandteile jedoch gar nicht so schwierig und erfordert in der Regel nur wenige Handgriffe. Es gibt dabei jedoch einen großen Haken: Prinzipiell lassen sich die genannten Komponenten und somit auch OTRS auf allen bekannten Betriebssystemen einrichten. Die Entwickler haben ihr Ticketsystem jedoch mittlerweile konsequent auf den Betrieb unter Linux und Unix-Derivaten wie OpenBSD oder FreeBSD ausgelegt.

Eingestellte Varianten

Von älteren OTRS-Versionen gab es noch ein Installationspaket für Windows. Es enthielt einen Assistenten, der automatisch alle von OTRS benötigten Komponenten und anschließend das Ticketsystem selbst einrichtete. Dieses Komplettpaket bietet die OTRS AG mittlerweile leider nicht mehr an. Als Gründe führen die Entwickler eine schlechtere Performance des Ticketsystems unter Windows an. Darüber hinaus würden einige für den Betrieb unter Windows benötigte Komponenten von ihren jeweiligen Herstellern nicht mehr weiterentwickelt werden.

Eingestellt wurde auch die sogenannte OTRS Appliance. Dabei handelte es sich um eine CD, von der sich mit wenigen Handgriffen ein Linux-System mit fix und fertig eingerichtetem OTRS installieren ließ. Gedacht war es vor allem für den Betrieb in einer virtuellen Maschine.

Für die Installation von OTRS müssen Sie sich folglich mit Linux beziehungsweise Unix auskennen. Insbesondere müssen Sie wissen, wie man die Kommandozeile beziehungsweise ein Terminal bedient. Wenn Sie davor zurückschrecken, sollten Sie sich im Internet nach einem fertigen Server mit vorinstalliertem OTRS umsehen (siehe Abschnitt »Betrieb ohne Installation« auf Seite 11).

In einigen Linux-Distributionen lässt sich OTRS bequem über den Paketmanager installieren. Dies ist unter anderem bei Debian, Ubuntu und openSUSE Leap der Fall. Bei dieser Installationsmethode spielt der Paketmanager auch gleich die von OTRS benötigten Softwarekomponenten ein und hält alle Anwendungen aktuell. Die meisten Linux-Distributionen bieten jedoch nur eine veraltete OTRS-Version an. Das gilt insbesondere auch für die genannten Distributionen Debian, Ubuntu und openSUSE Leap. Die OTRS-Entwickler raten daher dazu, das Ticketsystem immer manuell zu installieren. Damit sind Sie allerdings selbst für Aktualisierungen verantwortlich. Sie müssen folglich regelmäßig auf der OTRS-Homepage nach neuen Versionen Ausschau halten und diese manuell einspielen.

Die OTRS-Entwickler offerieren auf ihren Internetseiten fertige Installationspakete für die Linux-Distributionen Red Hat Enterprise Linux (RHEL), CentOS, Fedora und SuSE Linux Enterprise (SLE). Die Pakete für SuSE Linux funktionieren auch unter openSUSE Leap. OTRS setzt dabei jeweils die aktuelle Version der genannten Distributionen voraus. Die Pakete von OTRS 6 laufen beispielsweise nur unter:

- Red Hat Enterprise Linux (RHEL) ab Version 7
- CentOS ab Version 7
- SuSE Linux Enterprise (SLE) ab Version 12
- Fedora ab Version 25

Wie Sie die entsprechenden Pakete installieren, verrät der direkt folgende Abschnitt »Installation unter RHEL, CentOS, Fedora, SuSE Linux Enterprise und openSUSE Leap« auf Seite 16. Wenn Sie eine andere Distribution oder ein Unix-Derivat nutzen, lesen Sie in Abschnitt »Manuelle Installation« auf Seite 24 weiter.

In jedem Fall enthalten die folgenden Abschnitte einfache Schritt-für-Schritt-Anleitungen, die Sie zu einem funktionierenden OTRS-System mit laufender Datenbank und Webserver führen. Dabei benötigen Sie für einige Aufgaben Root- beziehungsweise Administratorrechte. Sie können OTRS folglich nicht als normaler Linux-Nutzer installieren. Wenn Sie Ihr Linux-System selbst installiert haben, kennen Sie das Passwort des root-Benutzers beziehungsweise Systemadministrators. Probieren Sie gegebenenfalls einfach Ihr eigenes aus.

 Auch wenn die folgenden Abschnitte kein Wissen um die Datenbank und den Webserver voraussetzen, sollten Sie sich mit diesen Komponenten vertraut machen. Spätestens wenn Sie OTRS in den Produktivbetrieb übernehmen, müssen Sie die Datenbank und den Webserver aktualisieren und gegenüber Angriffen absichern. Sie sollten sich daher neben der gewählten Datenbank und dem Webserver auch mit Perl, Ihrem E-Mail-Server und Cron auseinandersetzen und sich in ihre Bedienung einarbeiten. Eine Beschreibung dieser Komponenten würde ein eigenes Buch füllen, wir müssen an dieser Stelle daher darauf verzichten. Im Buchhandel finden Sie jedoch passende Literatur.

Die folgenden Schritte installieren zudem alle benötigten Komponenten auf einem Computer. Dies genügt für kleinere Firmen und Tests vollauf. Gehen bei Ihnen jedoch sehr viele Anfragen ein, sollten Sie zumindest die Datenbank auf einem eigenen Server installieren. Sie nimmt den anderen Komponenten dann keine Leistung weg und lässt sich mit entsprechenden Mechanismen besser auf eine hohe Verarbeitungsgeschwindigkeit optimieren.

Installation unter RHEL, CentOS, Fedora, SuSE Linux Enterprise und openSUSE Leap

Für die Linux-Distributionen Red Hat Enterprise Linux (kurz RHEL), CentOS, Fedora, SuSE Linux Enterprise und openSUSE Leap stellt die OTRS AG fertige Pakete mit der jeweils aktuellen OTRS-Version bereit. Die folgenden Abschnitte erklären Schritt für Schritt, wie Sie mit diesen Paketen das Ticketsystem installieren und für den ersten Start vorbereiten. Die Einrichtung auf anderen Linux- und Unix-Systemen erfordert ein paar Handgriffe mehr. Den dabei notwendigen Ablauf erläutert ein eigener Abschnitt »Manuelle Installation« auf Seite 24.

Nicht immer können oder dürfen Sie die Datenbank und den Webserver selbst installieren. Überspringen Sie dann im Folgenden einfach den entsprechenden Abschnitt. Stellen Sie jedoch unbedingt sicher, dass die vorinstallierten Komponenten alle von OTRS benötigten und im jeweiligen Abschnitt beschriebenen Voraussetzungen erfüllen. Wenn Sie eine vorinstallierte oder vorgegebene Datenbank benutzen müssen, halten Sie die Zugangsdaten zur Datenbank und den Namen der Datenbank bereit. Sofern möglich, sollten Sie für OTRS eine eigene Datenbank und ein eigenes Benutzerkonto anlegen. Die folgenden Abschnitte gehen davon aus, dass Sie die volle Kontrolle über Ihr System beziehungsweise den Server besitzen.

Vorbereitungen

Stellen Sie zunächst sicher, dass das Betriebssystem auf dem aktuellen Stand ist. Spielen Sie gegebenenfalls alle noch ausstehenden Aktualisierungen ein.

Öffnen Sie als Nächstes das Terminal beziehungsweise unter dem KDE-Plasma-Desktop die Konsole. Wenn Sie OTRS auf einem entfernten Server ohne Desktopumgebung installieren wollen, bauen Sie stattdessen eine entsprechende Verbindung auf – etwa via SSH.

Alle in den folgenden Abschnitten genannten Befehle müssen Sie auf der Kommandozeile als Benutzer root absetzen. Dazu melden Sie sich zunächst als Benutzer root an:

```
su root
```

Des Weiteren müssen Sie immer wieder einige Konfigurationsdateien anpassen, die aus Sicherheitsgründen nur der Systemverwalter beziehungsweise der Benutzer root verändern darf. Zur Bearbeitung können Sie jeden beliebigen Texteditor verwenden, den Sie allerdings als Benutzer root aufrufen müssen. Im Folgenden soll dabei exemplarisch der kleine Editor nano zum Einsatz kommen. Er ist auf den meisten Distributionen bereits vorinstalliert, unter SuSE Linux und openSUSE Leap holen Sie ihn mit folgendem Befehl hinzu:

```
zypper in -y nano
```

Unter Fedora installiert ihn hingegen das:

```
dnf -y install nano
```

Sie können aber auch jeden beliebigen anderen Texteditor verwenden – tauschen Sie in den entsprechenden Befehlen einfach nano gegen das gewünschte Programm aus.

SELinux deaktivieren

RHEL, CentOS und Fedora verwenden ein Sicherheitssystem namens SELinux. Mit diesem arbeitet OTRS allerdings derzeit nicht zusammen. Um das Ticketsystem nutzen zu können, müssen Sie SELinux komplett deaktivieren. Dazu öffnen Sie die Datei /etc/selinux/config in einem Texteditor – wenn Sie nano verwenden, via nano /etc/selinux/config.

In der Datei /etc/selinux/config ändern Sie jetzt die Zeile:

```
SELINUX=enforcing
```

in:

```
SELINUX=disabled
```

Sollte die Zeile bereits SELINUX=disabled lauten, lassen Sie sie unverändert. In nano speichern Sie den Text mit *Strg+O* und einem anschließenden Druck auf die *Enter*-Taste, das Programm beenden Sie via *Strg+X*.

Starten Sie anschließend das System einmal neu, öffnen Sie wieder ein Terminal, melden Sie sich mit su root als Benutzer root an und tippen Sie den Befehl getenforce ein. Als Ergebnis sollten Sie die Meldung Disabled erhalten. Andernfalls ist SELinux noch aktiv. Prüfen Sie dann die Datei /etc/selinux/config auf Tippfehler.

Datenbank vorbereiten

Bevor Sie OTRS installieren können, müssen Sie eine Datenbank einrichten und starten. Im Folgenden soll dabei MySQL zum Einsatz kommen, das in der Praxis am häufigsten zusammen mit OTRS genutzt wird. Unter anderem setzt auch die Universität zu Köln auf dieses Datenbanksystem. MySQL bringen alle großen Linux-Distributionen von Haus aus mit, in der Regel können Sie die Datenbank einfach über Ihren Paketmanager einspielen. Viele Distributionen ersetzen MySQL mittlerweile durch den vollständig kompatiblen Konkurrenten MariaDB (den auch die Computec Media GmbH verwendet). Auch openSUSE Leap und Fedora haben MySQL durch MariaDB ersetzt. Die nachfolgenden Schritte funktionieren dort ohne Änderung, da die von MariaDB mitgelieferten Programme wie ihre MySQL-Pendants heißen.

Unter SuSE Linux benötigen Sie die Pakete `mysql` und `perl-DBD-mysql`. Bei openSUSE Leap installieren Sie die Pakete `mariadb` und `perl-DBD-mysql`:

```
zypper in -y mariadb perl-DBD-mysql
```

Unter RHEL 7 oder CentOS 7 spielen Sie hingegen das Paket `mariadb-server` ein:

```
yum -y install mariadb-server
```

Auch unter Fedora holen Sie das Paket `mariadb-server` hinzu:

```
dnf -y install mariadb-server
```

In jedem Fall müssen Sie nach der Installation die Datenbank noch an die Bedürfnisse von OTRS anpassen. Dazu erstellen Sie die Datei `/etc/my.cnf.d/zotrs.cnf` – mit nano via nano `/etc/my.cnf.d/zotrs.cnf`. Darin legen Sie folgende Zeilen ab:

```
[mysqld]
max_allowed_packet=64M
query_cache_size=32M
innodb_log_file_size=256M
character-set-server=utf8
collation-server=utf8_general_ci
```

Achten Sie dabei auf die richtige Schreibweise. Wenn Sie MySQL beziehungsweise MariaDB bereits selbst installiert und konfiguriert haben, stellen Sie sicher, dass die oben aufgeführten letzten fünf Zeilen im Abschnitt [mysqld] Ihrer MySQL- beziehungsweise MariaDB-Konfigurationsdatei stehen und auch tatsächlich zur Anwendung kommen (sie dürfen insbesondere nicht durch andere Konfigurationsdateien überschrieben werden).

 OTRS speichert seine Daten in der Zeichenkodierung UTF-8, was die Datenbank zwingend unterstützen muss. Letzteres stellen die untersten beiden Zeilen in der oben vorgestellten Konfigurationsdatei sicher. Wenn Sie MySQL beziehungsweise MariaDB selbst installiert und bereits eingerichtet haben, müssen Sie gegebenenfalls mit entsprechenden Maßnahmen die Zeichenkodierung umstellen. Mehr zu diesem Thema finden Sie in der MySQL-Dokumentation. Ob die derzeit eingestellte Zeichenkodierung OTRS genehm ist, prüft leider erst später der Einrichtungsassistent.

In nano speichern Sie Ihre Änderungen mit *Strg+O* gefolgt von der *Enter*-Taste. Verlassen Sie das Programm mit *Strg+X*.

Anschließend starten Sie die Datenbank neu, unter openSUSE Leap mit:

```
systemctl restart mysql.service
```

Nutzer von RHEL 7, CentOS 7 und Fedora nutzen diesen Befehl:

```
systemctl restart mariadb.service
```

 Sofern Sie MySQL beziehungsweise MariaDB bereits selbst installiert hatten und dann wie oben beschrieben die Konfiguration anpassen, startet möglicherweise die Datenbank nicht neu. Auslöser sind sehr wahrscheinlich bereits existierende Logfiles, die die Datenbank nicht überschreiben will. Sie sollten dann die alten, schon vorhandenen Logfiles in ein temporäres Verzeichnis verschieben. Unter CentOS 7 erledigt das beispielsweise folgender Befehl:mv /var/lib/mysql/ib_logfile[01] /tmp Starten Sie anschließend die Datenbank neu. Diese sollte die Logfiles neu anlegen und wieder ordnungsgemäß starten.

Als Nächstes sichern Sie die Datenbank unter allen Distributionen noch mit folgendem Befehl etwas ab:

```
/usr/bin/mysql_secure_installation
```

MySQL beziehungsweise MariaDB gestatten nur ausgewählten Benutzern den Zugriff auf die Datenbank. Einer dieser Benutzer trägt den Namen root (nicht zu verwechseln mit dem Linux-Systemverwalter gleichen Namens). Er darf grundsätzlich alle Einstellungen der Datenbank verändern. Sehr wahrscheinlich werden Sie jetzt als Erstes aufgefordert, das Passwort dieses Benutzers einzutippen. Da für ihn standardmäßig noch kein Passwort vergeben ist, drücken Sie hier einfach die *Enter*-Taste.

Im nächsten Schritt verpassen Sie dem Benutzer root ein neues Passwort. Dazu geben Sie als Antwort auf die erscheinende Frage ein y für Yes ein und drücken die *Enter*-Taste. Denken Sie sich dann ein Passwort aus und tippen Sie es ein. Die einzelnen eingegebenen Zeichen erscheinen dabei nicht auf dem Bildschirm. Wählen Sie das Passwort weise: Wer es kennt, kann die komplette Datenbank verändern. Das Passwort benötigen Sie im späteren Verlauf der Installation noch einmal. Notieren Sie es sich daher am besten auf Papier. Nachdem Sie die Eingabe des Passworts mit der *Enter*-Taste abgeschlossen haben, müssen Sie es noch einmal wiederholen – das soll Tippfehler ausschließen.

Alle nun folgenden Fragen beantworten Sie jeweils mit einem y und dem Druck auf die *Enter*-Taste. Auf diese Weise verhindern Sie zunächst, dass beliebige Benutzer auf die Datenbank zugreifen dürfen. Wer zukünftig Informationen abrufen möchte, braucht dazu einen Benutzernamen und ein Passwort. Des Weiteren nimmt MySQL ab sofort nur noch dann Befehle vom allmächtigen Datenbankbenutzer root entgegen, wenn dieser auf dem gleichen Computer angemeldet ist, auf dem MySQL gerade läuft. Mit anderen Worten, der Benutzer root kann MySQL keine Befehle mehr über das Netzwerk geben. Abschließend löscht das Skript noch die standardmäßig mitgebrachte Datenbank test, auf die alle Benutzer nach Herzenslust zugreifen können. Wie ihr Name andeutet, ist sie lediglich für Tests gedacht und somit überflüssig. Bei einem y als Antwort auf die allerletzte Frage wendet MySQL alle bisherigen Änderungen an, und Sie landen wieder auf der Kommandozeile.

Stellen Sie abschließend sicher, dass die Datenbank bei jedem Systemstart automatisch aktiviert wird. Unter SuSE Linux und openSUSE Leap übernimmt das:

```
systemctl enable mysql.service
```

Der passende Befehl für RHEL 7, CentOS 7 und Fedora lautet:

```
systemctl enable mariadb.service
```

OTRS-Paket installieren

Wechseln Sie jetzt mit einem Browser auf die Internetseite der OTRS AG unter https://community.otrs.com. Suchen Sie dort die Seite mit den Downloads. In der Vergangenheit ist sie immer mal wieder an eine andere Stelle gerutscht. Zum Zeitpunkt der Erstellung dieses Buchs mussten Sie lediglich den Menüpunkt *Download* aufrufen. Die entsprechende Seite war zudem unter der Internetadresse *https://community.otrs.com/download-otrs-community-edition/* erreichbar.

Die Installationspakete mit OTRS finden Sie ganz unten auf der Seite (siehe Abbildung 2-2). Suchen Sie dort Ihre Linux-Distribution und klicken Sie auf den entsprechenden Link. Nutzer von openSUSE Leap 42.x orientieren sich an *SuSe 12*. Wenn Sie CentOS 7 verwenden, folgen Sie dem Link unter *RHEL7*, Fedora-Anwender wählen die höchste angebotene Fedora-Version.

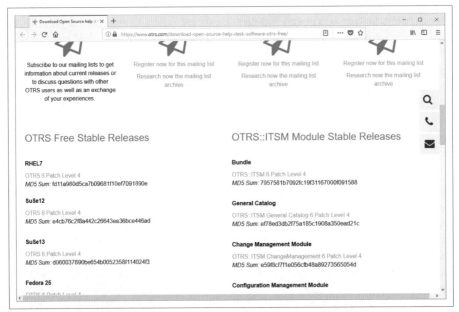

Abbildung 2-2: Die OTRS-Pakete für verschiedene Linux-Distributionen stehen auf der linken Seite zum Download bereit.

Laden Sie sich das Paket in Ihr Heimatverzeichnis herunter. Die entsprechende Datei besitzt einen Dateinamen der Form otrs-<version>.noarch.rpm, wobei *<version>* für die OTRS-Version steht. Sofern Sie OTRS auf einem entfernten Server ohne Benutzeroberfläche installieren möchten, müssen Sie das OTRS-Paket erst auf Ihren eigenen Rechner herunter- und dann auf den Server hochladen. Wie das im Einzelnen funktioniert, hängt von Ihrem Server ab. In der Regel geschieht das via SSH beziehungsweise dem Werkzeug SCP.

Unter SuSE Linux beziehungsweise openSUSE Leap installieren Sie das OTRS-Paket mit dem folgenden Befehl:

```
zypper --no-gpg-checks install -y otrs-*.rpm
```

Nutzer von RHEL und CentOS verwenden das folgende Pendant:

```
yum -y install --nogpgcheck otrs-*.rpm
```

Bei Fedora spielt hingegen dieser Befehl das OTRS-Paket ein:

```
dnf -y install --nogpgcheck otrs-*.rpm
```

In jedem Fall installiert der Paketmanager Ihrer Distribution noch ein paar weitere Komponenten. Darunter befindet sich auch der Apache-Webserver (siehe Abbildung 2-3). Sollte die Installation des Pakets fehlschlagen, kontrollieren Sie, ob Sie SELinux deaktiviert haben.

Abbildung 2-3: Bei der Installation des OTRS-Pakets holt die jeweilige Linux-Distribution automatisch alle benötigten Komponenten hinzu und richtet sie ein – hier am Beispiel von openSUSE Leap.

Webserver starten

Nach der Installation von OTRS sollten Sie Ihr System anweisen, den Apache-Webserver automatisch beim Systemstart zu aktivieren. Da das OTRS-Paket bei seiner Installation auch die Konfiguration des Webservers angepasst hat, müssen Sie anschließend den Webserver sicherheitshalber noch einmal manuell (neu) starten.

Beide Schritte erledigen unter SuSE beziehungsweise openSUSE Leap die Befehle:

```
systemctl enable apache2.service
systemctl restart apache2.service
```

Besitzer von RHEL 7, CentOS 7 und Fedora verwenden hingegen:

```
systemctl enable httpd.service
systemctl restart httpd.service
```

 Standardmäßig kommunizieren die Benutzer mit dem Webserver (und somit OTRS) über eine ungesicherte Verbindung. Für eine Testinstallation ist das ausreichend. Wenn Sie das Ticketsystem jedoch in der Praxis einsetzen, sollten Sie ausschließlich verschlüsselte HTTPS-Verbindungen erlauben. Nur so können Angreifer keine Passwörter der OTRS-Benutzer abfangen. Wie Sie eine verschlüsselte Verbindung einrichten, erfahren Sie in der Dokumentation des Webservers beziehungsweise können es der passenden Literatur entnehmen. Eine Beschreibung an dieser Stelle würde den Rahmen des Buchs sprengen.

Perl-Module nachinstallieren

OTRS benötigt für den Betrieb noch ein paar zusätzliche Perl-Module, die jeweils ganz bestimmte Funktionen nachrüsten. Welche Module fehlen, verrät der Befehl:

```
/opt/otrs/bin/otrs.CheckModules.pl
```

Wichtig sind dabei die Module mit einem rot markierten Not installed und dem Hinweis required. Diese Module müssen Sie zwingend nachinstallieren. In Abbildung 2-4 fehlt beispielsweise das zum Betrieb notwendige Modul YAML::XS. Alle Module mit einem orangefarbenen beziehungsweise gelben Hinweis und der Angabe optional ermöglichen die dahinter genannte Zusatzfunktion, sind aber nicht zwingend notwendig. In Abbildung 2-4 trifft das beispielsweise auf das Modul mit dem kryptischen Namen Mail::IMAPClient zu, das verschlüsselte Verbindungen mit IMAP-E-Mail-Servern ermöglicht. Alle fehlenden Module müssen Sie leider einzeln per Hand nachinstallieren.

 Nur wenn Sie wirklich alle geforderten Module installieren, steht Ihnen später in OTRS der komplette Funktionsumfang zur Verfügung. Sie sollten daher möglichst auch die optionalen Module einspielen.

```
                                    tim@localhost:/home/tim                          _  □  ×
 Datei  Bearbeiten  Ansicht  Suchen  Terminal  Hilfe
 [root@localhost tim]# /opt/otrs/bin/otrs.CheckModules.pl
   o Apache::DBI....................ok (v1.12)
   o Apache2::Reload................ok (v0.13)
   o Archive::Tar...................ok (v1.92)
   o Archive::Zip...................ok (v1.30)
   o Crypt::Eksblowfish::Bcrypt.......Not installed! Use: 'yum install "perl(Crypt::Eksblowfish::Bcrypt)"'
 (optional - For strong password hashing.)
   o Crypt::SSLeay..................ok (v0.64)
   o Date::Format...................ok (v2.24)
   o DateTime.......................ok (v1.04)
   o DBI............................ok (v1.627)
   o DBD::mysql.....................ok (v4.023)
   o DBD::ODBC......................Not installed! (optional - Required to connect to a MS-SQL database.)
   o DBD::Oracle....................Not installed! (optional - Required to connect to a Oracle database.)
   o DBD::Pg........................Not installed! Use: 'yum install "perl(DBD::Pg)"' (optional - Require
 d to connect to a PostgreSQL database.)
   o Digest::SHA....................ok (v5.85)
   o Encode::HanExtra...............Not installed! Use: 'yum install "perl(Encode::HanExtra)"' (optional
 - Required to handle mails with several Chinese character sets.)
   o IO::Socket::SSL................ok (v1.94)
   o JSON::XS.......................Not installed! Use: 'yum install "perl(JSON::XS)"' (optional - Recomm
 ended for faster AJAX/JavaScript handling.)
   o List::Util::XS.................ok (v1.27)
   o LWP::UserAgent.................ok (v6.26)
   o Mail::IMAPClient...............Not installed! Use: 'yum install "perl(Mail::IMAPClient)"' (optional
 - Required for IMAP TLS connections.)
     o IO::Socket::SSL..............ok (v1.94)
     o Authen::SASL.................ok (v2.15)
     o Authen::NTLM.................Not installed! Use: 'yum install "perl(Authen::NTLM)"' (optional - Re
 quired for NTLM authentication mechanism in IMAP connections.)
   o ModPerl::Util..................Not installed! Use: 'yum install "perl(ModPerl::Util)"' (optional - I
 mproves Performance on Apache webservers dramatically.)
   o Net::DNS.......................ok (v0.72)
   o Net::LDAP......................ok (v0.56)
   o Template.......................ok (v2.24)
   o Template::Stash::XS............ok (undef)
   o Text::CSV_XS...................Not installed! Use: 'yum install "perl(Text::CSV_XS)"' (optional - Re
 commended for faster CSV handling.)
   o Time::HiRes....................ok (v1.9725)
   o XML::LibXML....................ok (v2.0018)
   o XML::LibXSLT...................ok (v1.80)
   o XML::Parser....................ok (v2.41)
   o YAML::XS.......................Not installed! Use: 'yum install "perl(YAML::XS)"' (required - Very i
 mportant)
 [root@localhost tim]#
```

Abbildung 2-4: Hier fehlt unter CentOS nur das letzte aufgelistete Perl-Modul. Alle anderen wichtigen Module sind mit einem ok markiert und somit installiert.

Dazu müssen Sie wiederum zunächst unter SuSE Linux, openSUSE Leap, RHEL und CentOS ein weiteres Repository mit den Perl-Modulen aktivieren. Unter SuSE beziehungsweise openSUSE Leap aktivieren Sie das Repository *http://download. opensuse.org/repositories/devel:/languages:/perl/*. Im Fall von openSUSE Leap 42.3 gelingt das via:

```
zypper ar -f -n perl http://download.opensuse.org/repositories/devel:/languages:/
perl/openSUSE_Leap_42.3/ Perl
```

Bei SuSE Linux Enterprise 12 mit SP3 hingegen mit:

```
zypper ar -f -n perl http://download.opensuse.org/repositories/devel:/languages:/
perl/SLE_12_SP3/ Perl
```

Nutzer von RHEL und CentOS müssen das sogenannte EPEL-Repository einbinden (*http://fedoraproject.org/wiki/EPEL*). Unter RHEL 7 und CentOS 7 geschieht das mit dem Zweizeiler:

```
wget https://dl.fedoraproject.org/pub/epel/epel-release-latest-7.noarch.rpm
rpm -Uvh epel-release*.rpm
```

Nachdem Sie in Ihrer Distribution das zusätzliche Repository eingebunden haben, können Sie die fehlenden Module installieren. Den dazu notwendigen Befehl verrät Ihnen die Ausgabe von /opt/otrs/bin/otrs.CheckModules.pl hinter der Meldung Not installed. Um etwa das Modul YAML::XS unter CentOS nachzuinstallieren, verwenden Sie den Befehl:

```
yum install "perl(YAML::XS)"
```

Die Anführungsstriche, die den kompletten Befehl einrahmen, müssen Sie folglich beim Eintippen weglassen. Bei RHEL und CentOS bestätigen Sie einfach alle Nachfragen jeweils mit j für Ja beziehungsweise y für Yes und der *Enter*-Taste. SuSE Linux und openSUSE Leap fragen Sie nach dem Abschicken des Befehls, ob Sie dem vorhin hinzugefügten Repository vertrauen. Antworten Sie mit i und einem Druck auf die *Enter*-Taste. Die nächste Frage nicken Sie wieder mit der *Enter*-Taste ab.

Gibt /opt/otrs/bin/otrs.CheckModules.pl keinen Befehl an, verwenden Sie als Paketname "perl(Mail::IMAPClient)", wobei Sie Mail::IMAPClient gegen den Namen des entsprechenden Perl-Moduls austauschen. Um also beispielsweise das Modul DBD::Pg zu installieren, nutzen Sie unter openSUSE Leap den Befehl:

```
zypper install -y "perl(DBD::Pg)"
```

Unter RHEL und CentOS hingegen:

```
yum -y install "perl(DBD::Pg)"
```

Im Fall von Fedora erledigt folgender Befehl die Aufgabe:

```
dnf -y install "perl(DBD::Pg)"
```

 Sie können den Befehl /opt/otrs/bin/otrs.CheckModules.pl immer wieder aufrufen und sich so den aktuellen Stand anzeigen lassen.

Nachdem Sie zumindest alle zwingend benötigten Perl-Module installiert haben, sollten Sie noch einmal den Befehl /opt/otrs/bin/otrs.CheckModules.pl aufrufen und kontrollieren, ob auch wirklich sämtliche erforderlichen Module vorhanden sind. Sobald die fehlenden Perl-Module auf der Festplatte weilen, müssen Sie OTRS einrichten. Wie das funktioniert, verrät Ihnen Abschnitt »OTRS starten und beenden« auf Seite 44.

Manuelle Installation

Sofern für Ihre Linux-Distribution kein passendes Paket bereitsteht beziehungsweise Sie ein anderes Unix-System nutzen, müssen Sie OTRS per Hand installieren. Wie das funktioniert, erläutern die nachfolgenden Abschnitte. Als Beispiel dient dabei Ubuntu, die Schritte lassen sich jedoch auf andere Linux-Distributionen und Unix-Systeme übertragen.

Nicht immer können oder dürfen Sie die Datenbank und den Webserver selbst installieren. Überspringen Sie dann im Folgenden einfach den entsprechenden Abschnitt. Stellen Sie jedoch unbedingt sicher, dass die vorinstallierten Komponenten alle von OTRS benötigten und im jeweiligen Abschnitt beschriebenen Voraussetzungen erfüllen. Wenn Sie eine vorinstallierte oder vorgegebene Datenbank benutzen müssen, halten Sie die Zugangsdaten zur Datenbank und den Namen der Datenbank bereit. Sofern möglich, sollten Sie für OTRS eine eigene Datenbank und ein eigenes Benutzerkonto anlegen. Die folgenden Abschnitte gehen davon aus, dass Sie die volle Kontrolle über Ihr System beziehungsweise den Server besitzen.

Vorbereitungen

Stellen Sie zunächst sicher, dass das Betriebssystem auf dem aktuellen Stand ist. Spielen Sie gegebenenfalls alle noch ausstehenden Aktualisierungen ein.

Alle folgenden Befehle müssen Sie in einem Terminal als Benutzer root beziehungsweise Systemverwalter absetzen. Unter Linux öffnen Sie dazu das Terminal beziehungsweise die Konsole. Sofern Sie OTRS auf einem entfernten Rechner installieren möchten, bauen Sie eine entsprechende Verbindung auf (etwa per SSH) und loggen sich dort auf der Kommandozeile ein.

In jedem Fall melden Sie sich als Benutzer root an:

```
su root
```

Unter anderem bei Ubuntu und darauf basierenden Derivaten (wie Kubuntu, Lubuntu und Linux Mint) liefert su root eine Fehlermeldung. Stellen Sie in einem solchen Fall allen im Folgenden verwendeten Befehlen ein sudo voran.

Des Weiteren müssen Sie gleich einige Konfigurationsdateien anpassen. Dabei kommt im Folgenden beispielhaft der kleine Editor nano zum Einsatz. Er ist recht einfach zu bedienen, liegt den meisten Distributionen bei und läuft vollständig in der Konsole (und somit auch über eine SSH-Verbindung). Wenn er auf Ihrem System nicht vorinstalliert ist, können Sie ihn normalerweise über den Paketmanager Ihrer Distribution hinzuholen. Alternativ lässt sich jeder beliebige andere Texteditor verwenden, wie etwa gedit aus Gnome.

Die zu bearbeitenden Konfigurationsdateien darf aus Sicherheitsgründen nur der Systemverwalter beziehungsweise der Benutzer root verändern. Sie müssen daher den Texteditor stets als Benutzer root beziehungsweise mit einem vorangestellten sudo starten.

SELinux deaktivieren

Einige Linux-Distributionen wie etwa CentOS und Fedora verwenden ein Sicherheitssystem namens SELinux. Mit diesem arbeitet OTRS derzeit nicht zusammen, Sie müssen daher SELinux zunächst komplett deaktivieren. Dazu öffnen Sie die

Datei /etc/selinux/config in einem Texteditor – wenn Sie nano verwenden, via nano /etc/selinux/config.

In der Datei /etc/selinux/config ändern Sie jetzt die Zeile:

```
SELINUX=enforcing
```

in:

```
SELINUX=disabled
```

In nano speichern Sie den Text per *Strg+O* und anschließendem Druck auf die *Enter*-Taste, das Programm beenden Sie via *Strg+X*. Starten Sie anschließend Ihr System einmal neu, öffnen Sie wieder ein Terminal beziehungsweise die Konsole, melden Sie sich mit su root als Benutzer root an und tippen Sie den Befehl getenforce ein. Als Ergebnis sollten Sie die Meldung Disabled erhalten. Andernfalls ist SELinux noch aktiv. Prüfen Sie dann die Datei /etc/selinux/config auf Tippfehler.

Datenbank installieren

Als Nächstes muss eine Datenbank her, in der OTRS seine Tickets speichern kann. Die folgenden Schritte zeigen die Installation am Beispiel der Datenbank MySQL. Diese Datenbank wird in der Praxis am häufigsten mit OTRS eingesetzt, unter anderem treibt sie auch das Ticketsystem der Universität zu Köln an. Viele aktuelle Linux-Distributionen ersetzen MySQL mittlerweile durch MariaDB, das beispielsweise auch bei der Computec Media GmbH die Tickets speichert. Netterweise ist diese Datenbank vollständig kompatibel zu MySQL. Die nachfolgenden Schritte funktionieren daher unverändert mit MariaDB – die dort mitgelieferten Programme heißen exakt wie ihre jeweiligen MySQL-Pendants.

Ergänzend zu MySQL und MariaDB benötigen Sie noch eine passende Datenbankschnittstelle für Perl. Diese stellt das Perl-Modul DBD::mysql bereit, das sich wiederum bei den meisten Linux-Distributionen bequem über den Paketmanager nachinstallierten lässt. Meist steckt die Datenbankschnittstelle in einem Paket wie libdbd-mysql-perl. Unter Ubuntu spielt der folgende Befehl alle notwendigen Komponenten ein:

```
apt -y install mysql-server libdbd-mysql-perl
```

Auf den meisten Distributionen läuft die Installation von MySQL beziehungsweise MariaDB ohne jede Rückfrage durch. In solch einem Fall können Sie direkt zum nächsten Absatz springen. Unter Umständen bittet Sie Ihr Paketmanager jedoch um die Eingabe eines Passworts: Damit nicht x-beliebige Personen Daten verändern können, erlaubt MySQL beziehungsweise MariaDB nur ausgewählten Benutzern den Zugriff auf die Datenbank. Dabei gibt es einen allmächtigen Benutzer namens root, der sämtliche Einstellungen der Datenbank verändern darf (nicht zu verwechseln mit dem Linux-Systemverwalter gleichen Namens). Für eben jenen Benutzer fordert Ihr Paketmanager jetzt ein neues Passwort ein. Denken Sie sich in einem solchen Fall ein möglichst schwer zu erratendes Passwort aus, tippen Sie es ein und bestätigen Sie es mit der *Enter*-Taste. Wählen Sie das Passwort weise: Wer es kennt oder errät, kann die komplette Datenbank verändern. Um Tippfehler auszuschließen, müssen Sie das Passwort sehr wahrscheinlich noch einmal eingeben. Merken Sie sich das vergebene Passwort gut. Nur mit ihm erhalten Sie ab sofort Zugriff auf alle Funktionen der Datenbank. Zudem benötigen Sie es gleich noch mehrmals im Laufe der OTRS-Installation. Am besten notieren Sie es sich auf einem Stück Papier.

 Überspringen Sie keinesfalls diesen Schritt, indem Sie einfach nur die *Enter*-Taste drücken – auch wenn Ihnen das der Paketmanager anbietet. Insbesondere unter Ubuntu 16.04 kann sonst OTRS gleich nicht auf die Datenbank zugreifen. Vergeben Sie daher unbedingt ein Passwort, wenn der Paketmanager Sie dazu auffordert.

Nach der Installation von MySQL beziehungsweise MariaDB müssen Sie noch ein paar Einstellungen für OTRS anpassen.. Dazu öffnen Sie die Datei my.cnf mit einem Texteditor. Auf Linux-Systemen liegt sie meist im Verzeichnis /etc oder wie bei Ubuntu unter /etc/mysql – im Editor nano öffnen Sie sie dort über den Befehl nano /etc/mysql/my.cnf. Suchen Sie jetzt die Zeile [mysqld]. Einige Distributionen spalten die Datei my.cnf in mehrere weitere Konfigurationsdateien auf, die dann wiederum in mehreren Unterverzeichnissen liegen können. Das ist beispielsweise auch unter Ubuntu der Fall. Die Namen der Unterverzeichnisse verraten in der Datei my.cnf alle mit !includedir beginnenden Zeilen. In diesem Fall beenden Sie den Texteditor wieder – nano etwa via *Strg+X*.

Erstellen Sie dann in einem dieser Unterverzeichnisse eine neue Textdatei mit dem Namen zotrs.cnf. Bei Ubuntu gelingt das mit nano via nano /etc/mysql/mysql. conf.d/zotrs.cnf. In welchem Unterverzeichnis Sie die Datei anlegen müssen, entnehmen Sie der Dokumentation Ihrer Distribution. Wichtig ist, dass die Konfigurationsdatei zotrs.conf als Letztes verarbeitet wird. In die erste Zeile der zotrs. conf tippen Sie [mysqld] ein.

Wenn Sie die Zeile [mysqld] gefunden beziehungsweise angelegt haben, fügen Sie hinter ihr folgende Zeilen ein:

```
max_allowed_packet=64M
query_cache_size=32M
innodb_log_file_size=256M
character-set-server=utf8
collation-server=utf8_general_ci
```

Achten Sie dabei auf die richtige Schreibweise. Wenn Sie MySQL beziehungsweise MariaDB bereits selbst installiert und konfiguriert haben, stellen Sie sicher, dass die obigen Zeilen im Abschnitt [mysqld] stehen und zur Anwendung kommen (also insbesondere nicht durch andere Konfigurationsdateien überschrieben werden). Sollte eine der oben aufgeführten Zeilen bereits unterhalb von [mysqld] stehen, passen Sie sie entsprechend an.

OTRS speichert seine Daten in der Zeichenkodierung UTF-8, was die Datenbank zwingend unterstützen muss. Letzteres stellen die untersten beiden Zeilen in der oben vorgestellten Konfigurationsdatei sicher. Wenn Sie MySQL beziehungsweise MariaDB selbst installiert und bereits eingerichtet haben, müssen Sie gegebenenfalls mit entsprechenden Maßnahmen die Zeichenkodierung umstellen. Mehr zu diesem Thema finden Sie in der MySQL-Dokumentation. Ob die derzeit eingestellte Zeichenkodierung OTRS genehm ist, prüft leider erst später der Einrichtungsassistent.

In nano speichern Sie Ihre Änderungen mit *Strg+O* gefolgt von der *Enter*-Taste. Verlassen Sie das Programm mit *Strg+X*.

Anschließend starten Sie die Datenbank neu, unter Ubuntu etwa mit:

```
systemctl restart mysql.service
```

 Wenn Sie MySQL beziehungsweise MariaDB bereits selbst installiert hatten und dann wie oben beschrieben die Konfiguration anpassen, verweigert die Datenbank unter Umständen den (Neu-) Start. Auslöser sind sehr wahrscheinlich bereits existierende Logfiles, die die Datenbank nicht überschreiben will. Sie sollten dann die alten, schon vorhandenen Logfiles in ein temporäres Verzeichnis verschieben. Unter CentOS 7 erledigt das beispielsweise folgender Befehl:mv /var/lib/mysql/ib_logfile[01]   /tmp Starten Sie anschließend die Datenbank neu. Diese sollte die Logfiles neu anlegen und wieder ordnungsgemäß starten.

Als Nächstes sichern Sie die Datenbank mit folgendem Befehl etwas ab:

```
mysql_secure_installation
```

Auf einigen Distributionen müssen Sie das Programm durch die Angabe des kompletten Pfads aufrufen, wie etwa /usr/bin/mysql_secure_installation.

Sehr wahrscheinlich werden Sie jetzt aufgefordert, das Passwort des allmächtigen Datenbankbenutzers root einzugeben. Wenn Sie dieses Passwort bei der Installation von MySQL beziehungsweise MariaDB festgelegt haben, tippen Sie es ein und bestätigen es mit der *Enter*-Taste. Die einzelnen Zeichen erscheinen dabei aus Sicherheitsgründen nicht auf dem Bildschirm. Haben Sie bislang noch kein Passwort für den Benutzer root vergeben, drücken Sie einfach die *Enter*-Taste.

Einige MySQL- und MariaDB-Installationen möchten als Nächstes das *Validate Password Plugin* aktivieren. Beantworten Sie hier die entsprechende Frage mit n. Bestätigen Sie Ihre Entscheidung wie auch alle folgenden Eingaben mit der *Enter*-Taste.

 Das Plug-in prüft, ob das Passwort für den Zugriff auf die Datenbank (zu) leicht zu erraten ist. Wenn Sie OTRS beziehungsweise die Datenbank produktiv einsetzen möchten, sollten Sie daher das Angebot mit y annehmen und sich mit der 2 für die höchste Sicherheitsstufe entscheiden. Alle Passwörter müssen dann ab sofort zwingend aus einer Mischung aus Ziffern, Buchstaben und Sonderzeichen bestehen. Diese Restriktion hat allerdings Auswirkungen auf den weiteren Installationsverlauf: OTRS legt später in der Datenbank für sich selbst ein neues Benutzerkonto an und erzeugt dabei auch automatisch ein Passwort. Letzteres entspricht dann jedoch sehr wahrscheinlich nicht mehr den strengen Kriterien des Plug-ins, sodass Sie gezwungenermaßen selbst ein passendes Passwort vergeben müssen (dazu später noch mehr).

Wenn Sie das Plug-in aktivieren, bewertet es jedes Passwort mit einer Zahl, die immer neben Estimated strength of the password: steht. Je höher die Zahl, desto sicherer ist Ihr Passwort. 100 ist der bestmögliche Wert, bei dem Sie das Passwort behalten können. Bei einer kleineren Zahl sollten Sie das Passwort gegen ein besseres austauschen. Dazu müssen Sie nur die Fragen entsprechend beantworten und den Anweisungen auf dem Bildschirm folgen.

Wenn Sie bei der Installation von MySQL beziehungsweise MariaDB bereits ein Passwort für den allmächtigen Datenbankbenutzer root vergeben haben, können Sie dieses jetzt noch einmal ändern. Normalerweise ist das jedoch nicht notwendig, beantworten Sie die Frage deshalb mit n.

Haben Sie dem Benutzer root hingegen noch kein Passwort verpasst, werden Sie automatisch um die Eingabe eines neuen gebeten. Denken Sie sich dann ein möglichst schwer zu erratendes Passwort aus und tippen Sie es ein. Die eingegebenen Zeichen zeigt das Skript dabei aus Sicherheitsgründen nicht an. Schließen Sie die Eingabe mit der *Enter*-Taste ab. Um Tippfehler auszuschließen, müssen Sie das Passwort anschließend noch einmal eingeben. Das Passwort benötigen Sie im späteren Verlauf der OTRS-Installation noch einmal, notieren Sie es sich daher am besten auf einem Zettel. Darüber hinaus gestattet es den Zugriff auf sämtliche Funktionen der Datenbank. Wählen Sie es folglich weise und achten Sie darauf, dass es nicht in falsche Hände gerät.

In jedem Fall folgen jetzt noch mehrere weitere Fragen, die Sie jeweils mit y bestätigen. Dies bewirkt, dass nur noch ausgewählte Benutzer auf die Datenbank zugreifen dürfen und der Datenbankbenutzer root auf dem gleichen Computer angemeldet sein muss, auf dem die Datenbank läuft. Abschließend wird noch die für Tests gedachte Datenbank test gelöscht. Mit der Bestätigung der letzten Frage wendet MySQL die Änderungen umgehend an.

OTRS entpacken

Wechseln Sie jetzt mit einem Browser auf die Internetseite der OTRS AG unter *https://community.otrs.com*. Suchen Sie dort die Seite mit den Downloads. In der Vergangenheit ist sie immer mal wieder an eine andere Stelle gerutscht. Zum Zeitpunkt der Erstellung dieses Buchs mussten Sie lediglich den Menüpunkt *Download* aufrufen. Die entsprechende Seite war zudem unter der Internetadresse *https://community.otrs.com/download-otrs-community-edition/* erreichbar. Im unteren Teil der Seite laden Sie sich im Abschnitt *Source* das Archiv mit der Endung .tar.gz herunter (siehe Abbildung 2-5). Sofern Sie OTRS auf einem entfernten Server ohne Benutzeroberfläche installieren möchten, müssen Sie das Archiv erst auf Ihren eigenen Rechner herunter- und dann auf den Server hochladen. Wie das im Einzelnen funktioniert, hängt von Ihrem Server ab. In der Regel geschieht es via SSH beziehungsweise dem Werkzeug SCP. Ziehen Sie hier gegebenenfalls die (Online-)Dokumentation Ihres Webhosters zurate.

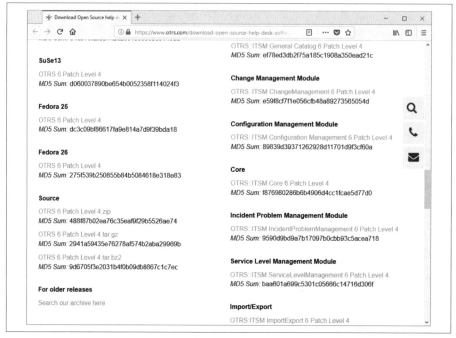

Abbildung 2-5: Wenn für Ihre Linux-Distribution beziehungsweise Ihr Unix-System kein Installationspaket bereitsteht, müssen Sie zum Source-Archiv greifen (hier links unten in der Ecke). Sie haben dabei die Wahl zwischen verschiedenen Paketformaten, in der Regel ist das .tar.gz-Archiv das passende.

Im nächsten Schritt entpacken Sie das OTRS-Archiv ins Verzeichnis /opt und benennen das dabei entstehende Verzeichnis in otrs um. Beides erledigen die folgenden Befehle, wobei Sie den Dateinamen otrs-6.0.4.tar.gz an die von Ihnen heruntergeladene Datei anpassen:

```
tar xvfz otrs-6.0.4.tar.gz -C /opt
mv /opt/otrs-6.0.4 /opt/otrs
```

Perl-Module einspielen

OTRS benötigt für den Betrieb Perl, das mindestens in der Version 5.16 vorliegen muss. Auf den meisten Distributionen sollte bereits standardmäßig eine passende Umgebung installiert sein. Prüfen können Sie das durch die Eingabe von:

```
perl --version
```

Dieser Befehl liefert die derzeit installierte Perl-Version. Sollte nur eine Fehlermeldung erscheinen, müssen Sie Ihren Paketmanager bemühen und Perl nachinstallieren. Des Weiteren verlangt OTRS noch ein paar zusätzliche Perl-Module. Darunter fallen zunächst die sogenannten Core-Module, zu denen etwa das Modul version gehört. Die meisten Distributionen spielen diese von fast allen Perl-Anwendungen verwendeten Module automatisch ein. Ubuntu 16.04 sammelt die Module beispielsweise im Paket perl-modules-5.22, Ubuntu 17.10 versteckt sie analog im Paket perl-modules-5.26. Neben diesen Core-Modulen benötigt das Ticketsystem zudem ein paar spezielle Perl-Module. Diese listet der folgende Befehl auf:

```
/opt/otrs/bin/otrs.CheckModules.pl
```

Wichtig sind dabei die Module mit einem rot markierten Not installed und dem Hinweis required. Diese Module müssen Sie auf jeden Fall nachinstallieren. Alle Module mit einem orangefarbenen oder gelben Hinweis und der Angabe optional ermöglichen die dahinter genannte Zusatzfunktion, sind aber nicht zwingend erforderlich. Beispielsweise fehlt in Abbildung 2-6 unter Ubuntu das Modul Crypt::Eksblowfish::Bcrypt, das OTRS allerdings nicht zwingend benötigt.

 Nur wenn Sie wirklich alle geforderten Module installieren, steht Ihnen später in OTRS der komplette Funktionsumfang zur Verfügung. Sie sollten daher möglichst auch die optionalen Module einspielen.

Die vermissten Module sollten Sie über Ihren Paketmanager nachholen können. Den passenden Kommandozeilenbefehl finden Sie in den Ausgaben in Hochkommata. Das Modul Crypt::Eksblowfish::Bcrypt aus Abbildung 2-6 lässt sich unter Ubuntu etwa mit folgendem Befehl nachinstallieren:

```
apt-get install -y libcrypt-eksblowfish-perl
```

```
tim@ubuntu: ~
tim@ubuntu:~$ /opt/otrs/bin/otrs.CheckModules.pl
    o Apache::DBI.....................ok (v1.12)
    o Apache2::Reload.................ok (v0.13)
    o Archive::Tar...................ok (v2.04)
    o Archive::Zip...................ok (v1.56)
    o Crypt::Eksblowfish::Bcrypt.......Not installed! Use: 'apt-get install -y libcrypt-eksblowfish
-perl' (optional - For strong password hashing.)
    o Crypt::SSLeay...................Not installed! Use: 'apt-get install -y libcrypt-ssleay-perl
' (optional - Required for Generic Interface REST transport and SOAP SSL connections.)
    o Date::Format...................ok (v2.24)
    o DateTime.......................Not installed! Use: 'apt-get install -y libdatetime-perl' (r
equired)
    o DBI............................ok (v1.634)
    o DBD::mysql.....................ok (v4.033)
    o DBD::ODBC......................Not installed! Use: 'apt-get install -y libdbd-odbc-perl' (o
ptional - Required to connect to a MS-SQL database.)
    o DBD::Oracle....................Not installed! (optional - Required to connect to a Oracle d
```

Abbildung 2-6: Hier fehlt unter anderem das Modul Crypt::Eksblowfish::Bcrypt, das Sie nur benötigen, wenn Sie Wert auf stark verschlüsselte Passwörter legen – was allerdings die Regel sein sollte.

Sie können den Befehl /opt/otrs/bin/otrs.CheckModules.pl immer wieder aufrufen und sich so den aktuellen Stand anzeigen lassen.

Im Fall von SuSE Linux, openSUSE Leap, RHEL und CentOS stecken die Perl-Module in einem separaten Repository, das Sie erst noch einbinden müssen. Unter SuSE Linux und openSUSE Leap verwenden Sie dazu folgenden Befehl, wobei Sie bei SuSE Linux Enterprise 12 mit SP3 die Zeichenfolge openSUSE_Leap_42.3 gegen SLE_12_SP3 tauschen müssen:

```
zypper ar -f -n perl http://download.opensuse.org/repositories/devel:/languages:/
perl/openSUSE_Leap_42.3/ Perl
```

Nutzer von RHEL 7 und CentOS 7 binden mit folgendem Zweizeiler das EPEL-Repository ein:

```
wget https://dl.fedoraproject.org/pub/epel/epel-release-latest-7.noarch.rpm
rpm -Uvh epel-release*.rpm
```

SuSE Linux und openSUSE Leap fragen Sie bei der Installation des ersten Perl-Moduls, ob Sie dem vorhin hinzugefügten Repository vertrauen. Antworten Sie darauf mit i und bestätigen Sie Ihre Wahl mit einem Druck auf die *Enter*-Taste.

Gibt /opt/otrs/bin/otrs.CheckModules.pl keinen Befehl an, suchen Sie über Ihren Paketmanager nach dem Namen des entsprechenden Perl-Moduls und spielen dann das zugehörige Paket ein. Um beispielsweise unter Ubuntu das Modul JSON::XS zu installieren, suchen Sie zunächst den Namen des entsprechenden Pakets heraus:

```
apt search JSON::XS
```

und lassen dieses dann installieren:

```
apt -y install libjson-xs-perl
```

Bietet Ihre Distribution ein Perl-Modul nicht über ein Paket an, können Sie das Modul auch aus dem CPAN-Repository manuell installieren. CPAN ist die Abkürzung für *Comprehensive Perl Archive Network*. Das Projekt stellt unter *https://www.cpan.org/* ein riesiges Repository mit Perl-Modulen bereit. Es bietet zwar in jedem Fall alle von OTRS geforderten Module an, die von dort installierten Module schmuggeln Sie jedoch am Paketmanager Ihrer Distribution vorbei. Sie müssen folglich die Module zukünftig selbst auf dem aktuellen Stand halten. Um aus dem CPAN ein Modul nachzuinstallieren, geben Sie zunächst folgenden Befehl an:

```
perl -MCPAN -e shell;
```

Diesen müssen Sie zwingend als Benutzer root aufrufen, da nur so die Module gleich systemweit installiert werden – dies setzt wiederum OTRS voraus. Eventuell auftauchende Fragen nicken Sie mit der *Enter*-Taste ab. Sie landen anschließend auf einer neuen Kommandozeile. Dort installieren Sie das Modul JSON::XS mit dem Befehl:

```
install JSON::XS
```

Hinter dem Schlüsselwort `install` folgt einfach der Name des benötigten Moduls. Installieren Sie auf analoge Weise alle benötigten Module und beenden Sie dann die Kommandozeile mit dem Befehl `exit`. Weitere Informationen zu CPAN finden Sie unter *https://www.cpan.org/*.

Nachdem Sie zumindest alle zwingend benötigten Perl-Module installiert haben, sollten Sie noch einmal den Befehl `/opt/otrs/bin/otrs.CheckModules.pl` aufrufen und kontrollieren, ob auch wirklich alle erforderlichen Module vorhanden sind. Erst wenn das sichergestellt ist, sollten Sie mit den folgenden Schritten fortfahren.

Webserver einrichten

Als Nächstes muss ein Webserver her, der zwischen den Browsern der Benutzer und OTRS vermittelt. Im Folgenden soll der besonders weit verbreitete Apache-Webserver zum Einsatz kommen. Dieser muss zudem das Modul `mod_perl` verwenden. Unter Ubuntu installieren Sie beides via:

```
apt -y install apache2 libapache2-mod-perl2
```

Damit Sie später OTRS unter einer kurzen Internetadresse in Ihrem Browser aufrufen können, wie etwa `http://example.com/otrs`, müssen Sie die Konfiguration von Apache verändern und insbesondere passende Alias- und ScriptAlias-Einträge in der Konfigurationsdatei anlegen. Einige Apache-Installationen verteilen ihre Einstellungen auf mehrere Konfigurationsdateien, die wiederum in einem ganz bestimmten Unterverzeichnis liegen. Das entsprechende Unterverzeichnis heißt meist `conf.d` oder wie bei Ubuntu `conf-enabled` und liegt in der Regel im Ordner `/etc/apache` oder `/etc/apache2`. Wenn der Apache-Webserver einfach alle dort abgelegten Konfigurationsdateien in einem Schwung einliest, können Sie eine im OTRS-Paket mitgelieferte Apache-Konfigurationsdatei übernehmen und müssen somit nicht selbst Hand anlegen. Dazu kopieren Sie einfach die Datei `/opt/otrs/scripts/apache2-httpd.include.conf` in das Verzeichnis `conf.d` und geben der Datei dort den Namen `zzz_otrs.conf`. Die Umbenennung mit dem vorangestellten `zzz` stellt sicher, dass der Webserver die OTRS-Konfigurationsdatei nach allen anderen einliest und auswertet. Passen Sie zudem die Rechte der Konfigurationsdatei so an, dass sie der Webserver lesen kann. Unter Ubuntu übernehmen das die folgenden zwei Bandwurmbefehle:

```
cp /opt/otrs/scripts/apache2-httpd.include.conf /etc/apache2/conf-enabled/zzz_
otrs.conf
chmod 644 /etc/apache2/conf-enabled/zzz_otrs.conf
```

Des Weiteren müssen Sie sicherstellen, dass die Apache-Module `deflate`, `filter`, `headers`, `perl` und `version` aktiviert sind. Die derzeit aktivierten Module listet der folgende Befehl auf:

```
apache2ctl -M
```

Sollte das Programm apache2ctl nicht auf Ihrem System verfügbar sein, probieren Sie httpd -M aus. In jedem Fall sollten in der ausgespuckten Liste die oben genannten Module auftauchen, wobei jedem Modulnamen noch das Kürzel _module anhängt. Die Angaben in Klammern können Sie ignorieren. Fehlt eines der fünf Module in der Liste, müssen Sie es aktivieren. Normalerweise gelingt das mit dem Hilfsprogramm a2enmod. Mit ihm können Sie auch sicherheitshalber einfach alle fünf Module aktivieren:

```
a2enmod deflate
a2enmod filter
a2enmod headers
a2enmod perl
a2enmod version
```

Sofern a2enmod version eine Fehlermeldung liefert, ist das noch kein Grund zur Beunruhigung: In vielen Apache2-Installationen ist das Modul fester Bestandteil von Apache und standardmäßig aktiviert. Prüfen können Sie das via apache2ctl -M.

Abschließend müssen Sie Apache neu starten. Zudem sollten Sie Ihr System anweisen, den Webserver schon beim Systemstart zu aktivieren. Unter Ubuntu erreichen Sie beides mit folgenden Befehlen:

```
systemctl enable apache2.service
systemctl restart apache2.service
```

 Die Browser kommunizieren mit dem Webserver (und somit auch mit OTRS) über eine ungesicherte Verbindung. Für eine Testinstallation ist das ausreichend. Wenn Sie das Ticketsystem jedoch in der Praxis einsetzen, sollten Sie ausschließlich verschlüsselte HTTPS-Verbindungen erlauben. Nur so können Angreifer keine Passwörter der OTRS-Benutzer abfangen. Wie Sie eine verschlüsselte Verbindung einrichten, erfahren Sie in der Dokumentation des Webservers beziehungsweise können es der passenden Literatur entnehmen. Eine Beschreibung an dieser Stelle würde den Rahmen des Buchs sprengen.

Benutzerkonto anlegen

OTRS darf nicht mit den Rechten eines Administrators laufen. Um das sicherzustellen, legen Sie ein neues Benutzerkonto für den Benutzer namens otrs an. Dabei setzen Sie sein Heimatverzeichnis auf /opt/otrs:

```
useradd -d /opt/otrs/ -c 'OTRS user' otrs
```

OTRS benötigt die gleichen Rechte wie der Webserver. Fügen Sie deshalb otrs noch der Benutzergruppe für den Webserver hinzu. Unter SuSE Linux und openSUSE heißt sie www, RHEL, CentOS und Fedora nennen sie apache, während Ubuntu und Debian diese Gruppe www-data getauft haben. Unter Ubuntu ist folglich der Benutzer otrs der Gruppe www-data hinzuzufügen:

```
usermod -G www-data otrs
```

Konfigurationsdateien anlegen

Die Grundeinstellungen von OTRS liegen in einer entsprechenden Konfigurations-datei. Netterweise bringt das OTRS-Paket eine Standardkonfigurationsdatei mit, die Sie einfach übernehmen können. Dazu müssen Sie sie nur an die passende Stelle kopieren:

```
cp /opt/otrs/Kernel/Config.pm.dist /opt/otrs/Kernel/Config.pm
```

 Unter OTRS 6 reicht es aus, diese Datei zu kopieren. In der Ver-gangenheit gab es jedoch noch weitere Konfigurationsdateien. Es ist nicht auszuschließen, dass die OTRS-Entwickler diese wieder einführen oder neue ergänzen. Im Zweifelsfall finden Sie in den Verzeichnissen /opt/otrs/Kernel und /opt/otrs/Kernel/Config in jeder Datei mit der Endung .dist eine Beispielkonfiguration.

Als Nächstes müssen Sie die Dateirechte der OTRS-Installation anpassen. Dazu wechseln Sie in das Verzeichnis /opt/otrs und rufen /opt/otrs/bin/otrs.Set-Permissions.pl auf:

```
cd /opt/otrs
/opt/otrs/bin/otrs.SetPermissions.pl
```

Das Skript erkennt automatisch den für Ihr System korrekten Benutzer und die Benutzergruppe und passt dann die Dateirechte entsprechend an. Sollte das schief-gehen, können Sie über einige Parameter die notwendigen Informationen überge-ben. Im Fall von Ubuntu führt das etwa zu folgendem Befehl:

```
/opt/otrs/bin/otrs.SetPermissions.pl --otrs-user=otrs --web-group=www-data
```

Hinter --web-group= steht die Benutzergruppe des Webservers, hinter --otrs-user=otrs= der Benutzer, unter dem OTRS läuft – im Beispiel war dies otrs (wie im Abschnitt »Benutzerkonto anlegen« auf Seite 34 beschrieben).

Führen Sie jetzt noch eine letzte Prüfung mit folgenden Befehlen durch:

```
perl -cw /opt/otrs/bin/cgi-bin/index.pl
perl -cw /opt/otrs/bin/cgi-bin/customer.pl
perl -cw /opt/otrs/bin/otrs.Console.pl
```

Alle drei Befehle sollten syntax OK ausgeben. In diesem Fall sind alle von OTRS benötigten Perl-Module installiert und können vom Ticketsystem genutzt werden. Im nächsten Schritt müssen Sie das Ticketsystem einrichten. Die dazu nötigen Handgriffe erklärt der direkt folgende Abschnitt.

OTRS einrichten

Bevor Sie das Ticketsystem nutzen können, müssen Sie die Datenbank einrichten und ein paar Grundeinstellungen geraderücken. Dabei hilft Ihnen ein Assistent, den Sie mit Ihrem Browser unter einer speziellen Internetadresse erreichen.

Einrichtungsassistenten aufrufen

Besitzt der Computer, auf dem Sie OTRS installiert haben, eine grafische Benutzer-oberfläche, starten Sie dort einen Browser und steuern dann mit ihm die folgende Internetadresse an:

```
http://localhost/otrs/installer.pl
```

Sofern Sie OTRS auf einem entfernten Server ohne Benutzeroberfläche installiert haben, ersetzen Sie in der obigen Internetadresse localhost durch den Domainna-men oder die IP-Adresse des Servers. Die so entstandene Adresse rufen Sie dann mit dem Browser von Ihrem Computer auf. Ist Ihr Server etwa unter dem Namen example.com zu erreichen, steuern Sie die Adresse http://example.com/otrs/installer.pl an.

Die meisten Linux-Distributionen blockieren allerdings standardmäßig den Zugriff von fremden Computern. In einem solchen Fall müssen Sie die Firewall des Servers anweisen, HTTP-Verbindungen über Port 80 zuzulassen. Das dazu notwendige Vorgehen hängt von der verwendeten Distribution ab, deshalb würde eine Anlei-tung den Rahmen dieses Buchs sprengen. Entsprechende Informationen finden Sie jedoch in der Dokumentation zu Ihrer Linux-Distribution beziehungsweise Ihrem Unix-Betriebssystem.

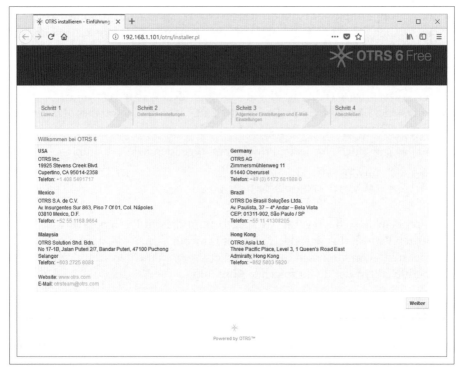

Abbildung 2-7: Der Web Installer richtet OTRS ein und beendet so die Installation.

In Ihrem Browser sollte sich jetzt der sogenannte *Web Installer* aus Abbildung 2-7 melden. Im Begrüßungsbildschirm klicken Sie einfach auf *Weiter* (rechts unten in der Ecke). Anschließend nicken Sie die GNU Affero General Public License ab, indem Sie auf *Lizenz akzeptieren und fortfahren* klicken.

Datenbank auswählen und einrichten

Als Nächstes müssen Sie die Datenbanksoftware auswählen, der OTRS seine Daten anvertrauen soll (siehe Abbildung 2-8). Wenn Sie den vorherigen Abschnitten gefolgt sind, belassen Sie die Vorauswahl *MySQL*. Haben Sie OTRS frisch installiert, müssen Sie zudem *Neue Datenbank für OTRS erstellen* aktiviert lassen. Gehen Sie anschließend einen Schritt *Weiter*.

Abbildung 2-8: Im zweiten Schritt müssen Sie die Datenbank auswählen.

Damit OTRS auf die Datenbank zugreifen kann, muss das Ticketsystem die Zugangsdaten eines Benutzers mit umfangreichen (Administrator-)Rechten kennen. Tragen Sie den zugehörigen Benutzernamen und das Passwort in die oberen beiden Felder ein. Wenn Sie den vorherigen Abschnitten gefolgt sind, lautet der Benutzername root (wie in Abbildung 2-9). Das *Passwort* haben Sie bei der Einrichtung der Datenbank selbst vergeben. Wenn Sie es eintippen, erscheint aus Sicherheitsgründen für jedes Zeichen nur ein schwarzer Kreis. Ob die Eingabe korrekt ist, prüft OTRS gleich.

Wenn Sie die Datenbank nicht selbst eingerichtet haben und das Passwort für einen Benutzer mit Administratorrechten nicht kennen, gehen Sie wieder einen Schritt *Zurück*, markieren *Bestehende Datenbank für OTRS nutzen* und klicken auf *Weiter*. Richten Sie jetzt auf anderem Weg eine Datenbank für OTRS ein. Bei einem angemieteten Webserver können Sie das in der Regel im Kundencenter vornehmen. Den Namen dieser Datenbank tragen Sie in das Feld *Datenbankname* ein. Damit OTRS die Datenbank nutzen kann, muss es sich dort mit einem Benutzernamen und einem Passwort authentifizieren. Dieses Pärchen gehört in die oberen beiden Eingabefelder. Verfahren Sie anschließend wie im Folgenden beschrieben.

Im unteren Eingabefeld *Host* hinterlegen Sie den Namen oder die IP-Adresse des Servers, auf dem die Datenbank läuft. Wenn die Datenbank auf dem gleichen Computer wie OTRS läuft, belassen Sie die vorgegebene IP-Adresse 127.0.0.1. Sie ist ebenfalls korrekt, wenn Sie alle Schritte aus den vorherigen Abschnitten mitgemacht haben.

Sobald alle Informationen eingetragen sind, klicken Sie auf *Datenbankeinstellungen prüfen*. Sollte dieser Test fehlschlagen, müssen Sie kontrollieren, ob die Datenbank läuft, unter *Benutzer* ein Datenbankbenutzer mit Administratorrechten hinterlegt ist und das eingetippte *Passwort* stimmt. Der Test schlägt ebenfalls fehl, wenn die Datenbank nicht die UTF-8-Zeichenkodierung anbietet. In diesem Fall müssen Sie die Einstellungen von MySQL beziehungsweise MariaDB entsprechend ändern und dann den Einrichtungsassistenten erneut aufrufen.

Abbildung 2-9: Hier möchte der Web Installer im oberen Teil die Zugangsdaten für die Datenbank wissen, mit den Daten im unteren Teil legt OTRS einen eigenen Datenbankbenutzer an.

Funktioniert der Verbindungsaufbau, möchte der Web Installer wie in Abbildung 2-9 im unteren Teil einen neuen Datenbankbenutzer namens otrs anlegen. Dieser besitzt weniger Rechte als der ganz oben eingetragene *Benutzer*. Böswillige OTRS-Anwender, Angreifer und OTRS selbst können so im Fall der Fälle nicht die komplette Datenbank kapern oder beschädigen. Für einen ersten Test können Sie einfach den vorgeschlagenen Benutzernamen otrs übernehmen. Wenn Sie das Ticketsystem produktiv einsetzen, sollten Sie sicherheitshalber einen anderen Benutzernamen im Eingabefeld *Benutzer* hinterlegen. Angreifer müssen dann auch den Benutzernamen erraten.

Jeder Datenbankbenutzer muss sich mit einem Passwort gegenüber der Datenbank authentifizieren. Das gilt auch für den neu erstellten Datenbankbenutzer otrs. Das Passwort hat der Web Installer per Zufall erzeugt und automatisch in die Felder *Passwort* und *Passwort wiederholen* eingetragen. Im Klartext erscheint das ausgewürfelte Passwort auch noch einmal in grünen Lettern neben *Generiertes Passwort* (in Abbildung 2-9 lautet es `PoAIXJbHoUprqalw`). Da dieses Passwort bereits recht kryptisch und daher nur schwer zu erraten ist, können Sie es einfach übernehmen. Notieren Sie es sich jedoch, um sich bei Problemen manuell anmelden zu können. Wenn Sie ein eigenes Passwort vergeben möchten, tippen Sie es in das Feld *Passwort*. Überschreiben Sie dabei die vorhandenen Punkte. Aus Sicherheitsgründen zeigt der Browser auch bei der Eingabe Ihres Passworts nur Punkte an. Um Tippfehler zu vermeiden, müssen Sie das Passwort deshalb im Feld *Passwort wiederholen* noch einmal hinterlegen. Wenn Sie die Datenbank MySQL oder MariaDB verwenden und das sogenannte *Validate Password Plugin* aktiviert haben, genügt das von OTRS vorgeschlagene Passwort sehr wahrscheinlich nicht den Sicherheitskriterien des Plug-ins. In diesem Fall müssen Sie das Passwort zwingend gegen ein passendes austauschen. Andernfalls erhalten Sie gleich eine entsprechende Fehlermeldung. Sagt Ihnen der Begriff *Validate Password Plugin* jedoch nichts, fahren Sie einfach bedenkenlos fort.

Eine Datenbanksoftware kann mehrere voneinander unabhängige Datenbanken verwalten. Der Web Installer legt gleich für OTRS eine neue eigene Datenbank an. Im untersten Feld müssen Sie dieser neuen Datenbank einen Namen geben. Der Web Installer schlägt otrs vor, den Sie bei einer Testinstallation einfach übernehmen können. Wenn Sie OTRS im Produktivbetrieb nutzen möchten, sollten Sie jedoch auch hier einen anderen Datenbanknamen vergeben oder zumindest den vorgeschlagenen Namen um ein paar weitere Buchstaben ergänzen. Damit fällt es Angreifern schwerer, den korrekten Datenbanknamen zu erraten.

Klicken Sie auf *Weiter*. Der Web Installer erstellt jetzt die Datenbank und richtet sie passend für OTRS ein. Alle dabei ausgeführten Aktionen listet er wie in Abbildung 2-10 gezeigt auf.

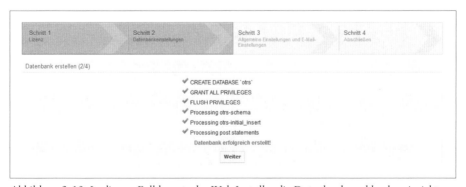

Abbildung 2-10: In diesem Fall konnte der Web Installer die Datenbank problemlos einrichten.

Vor jeder Aktion sollte ein grüner Haken erscheinen. Andernfalls müssen Sie das gemeldete Problem beheben. Unter Linux verhindern häufig falsch gesetzte oder fehlende Zugriffsrechte die Einrichtung. Wenn Sie das Problem behoben haben, rufen Sie den Web Installer erneut auf. Sofern zuvor nicht die Datenbank das Problem ausgelöst hat, ist diese für OTRS schon vorbereitet. Wählen Sie deshalb im Bildschirm aus Abbildung 2-8 *nicht* den Punkt *Neue Datenbank für OTRS erstellen*, sondern lassen Sie das Ticketsystem die bestehende nutzen.

Konnte der Web Installer die Datenbank einrichten, klicken Sie auf *Weiter*, um zum nächsten Schritt zu gelangen.

Systemeinstellungen kontrollieren

Die jetzt angezeigten Grundeinstellungen müssen Sie einmal durchgehen und gegebenenfalls korrigieren (siehe Abbildung 2-11). In den meisten Fällen sind die Vorgaben jedoch bereits die richtigen.

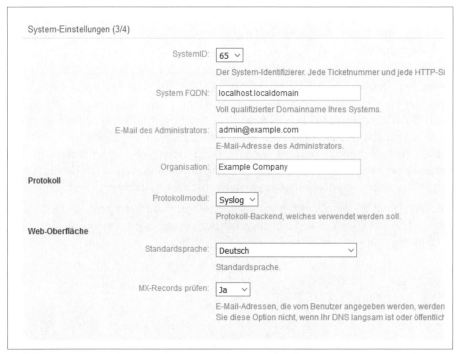

Abbildung 2-11: Bis auf die E-Mail-Adresse und den Namen Ihres Unternehmens sind die Grundeinstellungen in den meisten Fällen bereits korrekt.

Jede OTRS-Installation erhält eine eindeutige *SystemID*. Diese Identifikationsnummer taucht später in jeder Ticketnummer auf. Wenn Sie mehrere OTRS-Installationen betreiben, können Sie so bei Problemen schnell ermitteln, auf welchem System ein Ticket verarbeitet wurde. Sofern Sie nur eine OTRS-Installation besitzen, können Sie hier einfach die vorgegebene Zahl belassen. Bei mehreren Installationen sollten Sie auf jedem System eine andere *SystemID* wählen.

Der *System FQDN* ist einfach der Name des Computers, auf dem OTRS gerade läuft. In das Eingabefeld gehört dabei der sogenannte *Voll qualifizierte Domainname*, also der Hostname des Computers nebst Top-Level-Domain. Läuft OTRS beispielsweise auf dem Rechner otrs.example.com, gehört dieser Domainname in das Feld. Normalerweise hat der Web Installer bereits den korrekten Namen erraten, sodass Sie hier nichts anpassen oder ändern müssen.

Unter *E-Mail des Administrators* hinterlegen Sie Ihre E-Mail-Adresse. An diese schickt OTRS wichtige Meldungen. Das Postfach sollte folglich nicht nur existieren, sondern auch von Ihnen regelmäßig auf neu eingehende E-Mails überprüft werden. In das Feld *Organisation* gehört der Name Ihres Unternehmens oder Ihrer Organisation.

Wichtige Systemmeldungen notiert OTRS in einem Protokoll. Mit einem Blick in das Protokoll lassen sich unter anderem die Ursachen von Problemen aufdecken. OTRS kann sein Protokoll in einer normalen Textdatei speichern. In diesem Fall stellen Sie *Protokollmodul* auf *Datei*. Im darunter erscheinenden Feld bestimmen Sie anschließend, wo und in welcher Datei OTRS das Protokoll ablegen soll. Standardmäßig wandert das Protokoll in die Datei otrs.log im Unterverzeichnis /tmp. Wenn Sie einen anderen Speicherort vorgeben wollen, müssen Sie den kompletten Pfad zur Datei im Eingabefeld hinterlegen. Alternativ zur Datei kann OTRS die Meldungen auch an das Protokollsystem von Linux übergeben. Die Meldungen landen dann im sogenannten Syslog. Dazu stellen Sie *Protokollmodul* auf *Syslog*. Wenn Sie unsicher sind, belassen Sie *Protokollmodul* auf der Vorgabe.

Die Benutzeroberfläche spricht gleich die vorgegebene *Standardsprache*. Jeder Benutzer kann später in seinen Profileinstellungen eine andere Sprache wählen. Wenn Nutzer unterschiedlicher Nationalitäten mit Ihrem Ticketsystem arbeiten sollen, stellen Sie hier *Englisch (Vereinigtes Königreich)* ein. Diese Sprache sprechen in der Regel die meisten Anwender.

OTRS kann überprüfen, ob die von Benutzern verwendeten E-Mail-Adressen tatsächlich registriert sind (technisch prüft es die MX-Einträge im DNS). Damit wird verhindert, dass Spaßvögel mit ausgedachten E-Mail-Adressen Spam-Anfragen stellen. Diese nützliche Prüfung können Sie abschalten, indem Sie *MX-Records prüfen* auf *Nein* stellen. Das wiederum sollten Sie allerdings nur dann machen, wenn Sie sicher wissen, dass Ihr DNS-System langsam reagiert oder keine öffentlichen E-Mail-Adressen anfragen kann. Letzteres ist beispielsweise der Fall, wenn Sie OTRS in einem abgeschotteten Netzwerk ohne Anbindung an das Internet betreiben. Sind Sie unsicher, lassen Sie *MX-Records prüfen* auf *Ja* stehen, damit OTRS die E-Mail-Adressen überprüft. Sie können Ihre Entscheidung später auch revidieren.

Stimmen die Angaben, gehen Sie wieder einen Schritt *Weiter*.

E-Mail-Einstellungen

Jetzt müssen Sie sich entscheiden, auf welchem Weg OTRS die E-Mails versenden und empfangen soll (siehe Abbildung 2-12). Wenn Sie noch keinen E-Mail-Server für OTRS eingerichtet haben, können Sie diesen Schritt auch über die entsprechende Schaltfläche rechts unten in der Ecke überspringen. Die notwendigen Informationen müssen Sie dann später in den Grundeinstellungen nachtragen (wie es Kapitel 5, *E-Mail-Einstellungen*, beschreibt).

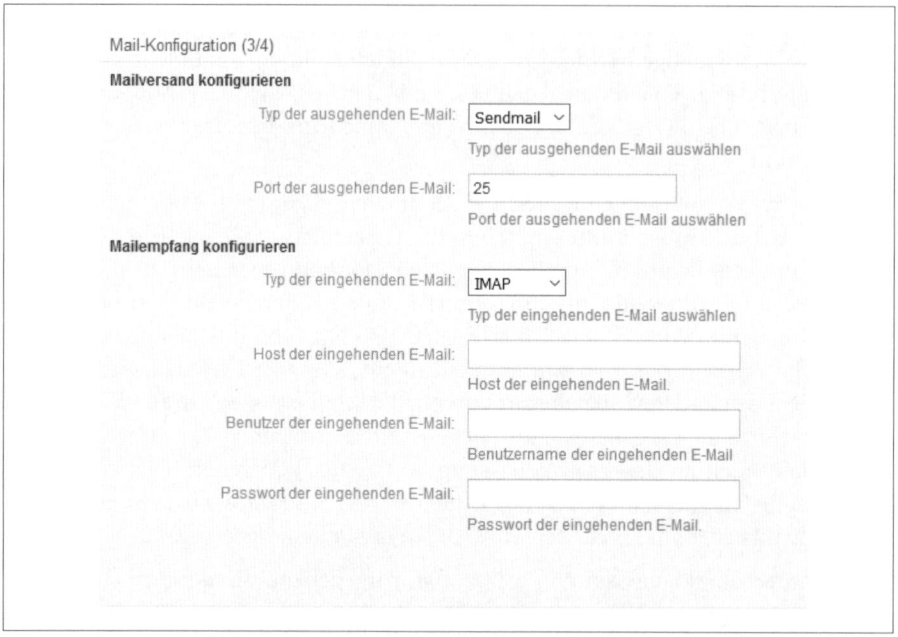

Mail-Konfiguration (3/4)

Mailversand konfigurieren

Typ der ausgehenden E-Mail: [Sendmail ⌄]
Typ der ausgehenden E-Mail auswählen

Port der ausgehenden E-Mail: [25]
Port der ausgehenden E-Mail auswählen

Mailempfang konfigurieren

Typ der eingehenden E-Mail: [IMAP ⌄]
Typ der eingehenden E-Mail auswählen

Host der eingehenden E-Mail: [   ]
Host der eingehenden E-Mail.

Benutzer der eingehenden E-Mail: [   ]
Benutzername der eingehenden E-Mail

Passwort der eingehenden E-Mail: [   ]
Passwort der eingehenden E-Mail.

Abbildung 2-12: Die Einstellungen zum E-Mail-Empfang und -Versand

Ausgehende E-Mails verschickt OTRS nicht selbst, sondern überlässt dies einem entsprechenden E-Mail-Server (*Mail Transfer Agent*, MTA). Diesen Server müssen Sie entweder selbst einrichten, oder aber Sie mieten einen entsprechenden an (etwa bei Ihrem Webhoster).

Wie und wo OTRS den E-Mail-Server erreicht, stellen Sie im oberen Bereich *Mailversand konfigurieren* ein. Wenn die E-Mails über einen SMTP-Server verschickt werden sollen, öffnen Sie die Drop-down-Liste *Typ der ausgehenden E-Mail* und wählen das passende Protokoll. Zur Auswahl stehen bei OTRS 6 neben dem ungesicherten SMTP auch die verschlüsselten Varianten SMTPS und SMTPTLS. Stellen Sie dann darunter den Port ein und geben Sie im Feld *SMTP-Host* den Domainnamen des E-Mail-Servers an. Wenn Sie den E-Mail-Server selbst eingerichtet haben, sollten Sie die hier abgefragten Informationen kennen, andernfalls verrät Ihnen Ihr Dienstleister die passenden Daten. In der Regel versendet der E-Mail-Server nur dann eine Nachricht, wenn man sich zuvor mit einem Benutzernamen und einem

Passwort ausgewiesen hat. Wenn das bei Ihnen der Fall ist, setzen Sie einen Haken in das Feld *SMTP-Authentifizierung* und geben dann in die erscheinenden Felder den Benutzernamen und das Passwort ein.

Alternativ können Sie die E-Mails auch vom Programm *Sendmail* verschicken lassen. Dieses muss dazu allerdings auf dem gleichen Server installiert und eingerichtet sein, auf dem auch OTRS läuft. Des Weiteren nehmen viele Postfächer E-Mails nur dann an, wenn sie von bekannten Servern stammen. Beim Einsatz von Sendmail bleibt somit immer das Risiko, dass die E-Mails bei den Empfängern nicht ankommen oder aber im Spam-Ordner landen und dort dann übersehen werden. Wenn Sie dennoch Sendmail den Versand übernehmen lassen wollen, setzen Sie die Drop-down-Liste *Typ der ausgehenden E-Mail* auf *Sendmail*.

Damit Kunden Sie erreichen, müssen Sie eine entsprechende E-Mail-Adresse einrichten – etwa support@example.com. OTRS ruft automatisch in regelmäßigen Abständen die dort eingegangenen E-Mails ab und erstellt daraus jeweils ein Ticket. Damit OTRS auf das Postfach zugreifen kann, müssen Sie die entsprechenden Zugangsdaten in die Felder im Abschnitt *Mailempfang konfigurieren* eintragen. Wenn Sie selbst einen E-Mail-Server eingerichtet haben, kennen Sie die Daten bereits, andernfalls müssen Sie sie bei Ihrem E-Mail-Provider erfragen. In der Drop-down-Liste *Typ der eingehenden E-Mail* wählen Sie das Protokoll und tippen dann unter *Host der eingehenden E-Mail* den Domainnamen des E-Mail-Servers ein. OTRS 6 unterstützt die Protokolle IMAP, IMAPS, IMPATLS, POP3, POP3S sowie POP3TLS. In den untersten beiden Feldern hinterlegen Sie schließlich noch den Benutzernamen und das Passwort, mit dem sich OTRS beim E-Mail-Server anmelden und die Post abholen kann.

Wenn Sie alle notwendigen Informationen eingegeben haben, lassen Sie mit einem Klick auf die entsprechende Schaltfläche am unteren Rand die *E-Mail-Konfiguration prüfen*. Meldet der Web Installer Probleme, müssen Sie die Einstellungen im oberen Teil entsprechend korrigieren.

Wollen die Einstellungen partout nicht funktionieren, überspringen Sie diesen Schritt zunächst über die entsprechende Schaltfläche rechts unten in der Ecke und hinterlegen die notwendigen Informationen dann später in den Grundeinstellungen.

Daten zur Anmeldung

Zum Schluss präsentiert Ihnen der Web Installer die Informationen aus Abbildung 2-13. Unter der Internetadresse hinter *Startseite* erhalten Sie zukünftig Zutritt zum Ticketsystem. Damit dort nicht jede beliebige Person schalten und walten kann, müssen Sie sich mit dem angezeigten Benutzernamen und dem darunter aufgeführten *Passwort* anmelden. Notieren Sie sich deshalb am besten alle angezeigten Daten zunächst auf einem Stück Papier. Beachten Sie beim Passwort unbedingt die Groß- und Kleinschreibung.

Bevor Sie sich jedoch anmelden und OTRS nutzen können, sind noch ein paar weitere Abschlussarbeiten notwendig, um die sich der nächste Abschnitt kümmert.

Fertig (4/4)

Startseite: http://192.168.1.101/otrs/index.pl

Benutzer: root@localhost

Passwort: 1Nm6QNC3q6rWi3zp

((enjoy))
Ihr OTRS-Team

Abbildung 2-13: Mit diesen Daten erhalten Sie Zugang zu OTRS.

OTRS starten und beenden

Nachdem Sie OTRS installiert haben, müssen Sie abschließend noch ein Hintergrundprogramm starten und sogenannte Cron-Jobs einrichten. Dazu stellen Sie zunächst sicher, dass Sie auf dem Server als Benutzer root angemeldet sind – etwa mit dem Kommandozeilenbefehl su root. Wenn Sie Ubuntu oder eine Distribution nutzen, auf der su root nicht funktioniert, rufen Sie folgenden Befehl auf:

```
sudo -s
```

Die folgenden Schritte setzen zudem voraus, dass Sie OTRS wie in den vorherigen Abschnitten beschrieben installiert haben.

OTRS-Daemon starten

Das Ticketsystem muss regelmäßig einige Arbeiten im Hintergrund erledigen. Diese Aufgaben übernimmt in aktuellen OTRS-Versionen ein spezieller Dienst, der sogenannte *OTRS-Daemon*. Dieses Hintergrundprogramm darf nur der Benutzer otrs starten. Seine Identität nehmen Sie mit folgendem Befehl an:

```
su otrs
```

Jetzt starten Sie den OTRS-Daemon manuell via:

```
/opt/otrs/bin/otrs.Daemon.pl start
```

Wenn Sie ihn später beispielsweise für Wartungsarbeiten am Linux-System beenden möchten, geben Sie folgenden Befehl ein:

```
/opt/otrs/bin/otrs.Daemon.pl stop
```

Melden Sie sich jetzt per exit ab; so werden Sie für den nächsten Schritt wieder zum Benutzer root.

Cron-Jobs aktivieren

Dass der OTRS-Daemon immer brav im Hintergrund läuft, stellen sogenannte Cron-Jobs sicher. Netterweise liegen dem OTRS-Paket bereits ein paar Konfigurationsdateien bei, die eine Einrichtung der passenden Cron-Jobs zum Kinderspiel machen.

Sofern Sie OTRS manuell installiert haben (also wie in Abschnitt »Manuelle Installation« auf Seite 24 beschrieben), ist noch ein vorbereitender Handgriff notwendig: Kopieren Sie zunächst im Unterverzeichnis /opt/otrs/var/cron alle Dateien mit den Endungen .dist, wobei die Kopie im Dateinamen auf die Endung .dist verzichtet. Besonders schnell erledigen das die folgenden zwei Befehle:

```
cd /opt/otrs/var/cron
for foo in *.dist; do cp $foo `basename $foo .dist`; done
```

In den Dateien mit der Endung .dist liegen Beispielkonfigurationen, die Sie mit dem Kopieren einfach übernommen haben.

In jedem Fall aktivieren Sie die von OTRS benötigten Cron-Jobs mit folgendem Befehl:

```
/opt/otrs/bin/Cron.sh start otrs
```

Das angehängte start weist das Skript /opt/otrs/bin/Cron.sh an, die benötigten Cron-Jobs einzurichten. Das Skript muss zudem vom Benutzer otrs aufgerufen werden, was wiederum das angehängte otrs sicherstellt. (Alternativ können Sie sich auch erst mit su otrs als Benutzer otrs anmelden und dann /opt/otrs/bin/Cron.sh start aufrufen.)

Mit folgendem Befehl schalten Sie die Cron-Jobs jederzeit wieder ab, was beispielsweise vor Wartungsarbeiten nützlich ist:

```
/opt/otrs/bin/Cron.sh stop otrs
```

Wenn Sie Ihr System neu starten, müssen Sie sowohl den OTRS-Daemon als auch die Cron-Jobs manuell neu starten, wie in den vorherigen beiden Abschnitten gezeigt. Erst dann können Sie OTRS wieder nutzen.

Sie sparen sich Tipparbeit, wenn Sie die benötigten Befehle in ein kleines Shell-Skript packen:

```
#!/bin/bash
su -c "/opt/otrs/bin/otrs.Daemon.pl start" -s /bin/bash otrs
/opt/otrs/bin/Cron.sh start otrs
```

Die zweite Zeile ruft /opt/otrs/bin/otrs.Daemon.pl start unter dem Benutzer otrs auf, die dritte aktiviert die Cron-Jobs. Das obige Shell-Skript müssen Sie als Benutzer root aufrufen. Es eignet sich auch, um den OTRS-Daemon in die Startskripte des Systems einzubinden und so das Ticketsystem schon beim Bootvorgang zu starten.

Abschlussarbeiten

Die meisten Linux-Distributionen aktivieren standardmäßig eine Firewall, die sämtliche Zugriffe von außen abblockt. Im Moment lässt sich daher sehr wahrscheinlich das Ticketsystem nur mit einem Browser steuern, der auf dem gleichen System wie OTRS läuft. Damit alle Benutzer von ihren jeweiligen Computern aus OTRS erreichen können, müssen Sie die Firewall entsprechend einrichten beziehungsweise anpassen. Dabei genügt es bereits, die Zugriffe über das HTTP-Protokoll auf den Apache-Webserver an Port 80 zu erlauben. Das dazu notwendige Vorgehen hängt allerdings stark von der jeweiligen Linux-Distribution ab. Eine Anleitung würde daher den Rahmen dieses Buchs sprengen. Entsprechende Informationen finden Sie in der Dokumentation zu Ihrer Linux-Distribution beziehungsweise Ihrem Unix-Betriebssystem.

Wenn Sie unsicher sind und das Ticketsystem zunächst nur testen möchten, können Sie beim Durcharbeiten der folgenden Kapitel auch einfach einen Browser auf dem Computer starten, auf dem Sie OTRS installiert haben. Keinesfalls sollten Sie die Firewall einfach komplett abschalten – das gilt insbesondere, wenn Sie OTRS in den Praxiseinsatz überführen. Andernfalls laufen Sie Gefahr, dass ein Angreifer Ihr System übernimmt.

KAPITEL 3

Benutzeroberfläche

In den folgenden Abschnitten erfahren Sie, wie Sie Zugriff auf die Benutzeroberfläche von OTRS erhalten und wie Sie das Ticketsystem darüber bedienen.

Kunden und Agenten

OTRS unterscheidet zwei Personengruppen: So gibt es zunächst *Kunden* (englisch *Customers*), die eine Frage stellen, ein Problem melden oder sich über etwas beschweren.

Alle anderen Anwender von OTRS bezeichnet das Ticketsystem als *Agenten* (englisch *Agents*). Diese Personen beantworten und bearbeiten die Fragen der Kunden, wie etwa die Mitarbeiter in einem Callcenter, die Kundendienstmitarbeiter oder entsprechend ausgebildete Techniker. Zu den Agenten zählt OTRS aber auch Personen, die das Ticketsystem warten und einrichten. Damit die Mitarbeiter im Callcenter nicht die Systemeinstellungen von OTRS verändern können, darf jeder Agent nur ausgewählte Funktionen aufrufen. Wenn Sie OTRS selbst installiert haben, erkennt Sie das Ticketsystem automatisch als allmächtigen Agenten. Als solcher dürfen Sie an allen Stellschrauben von OTRS drehen und insbesondere entscheiden, welcher Agent welche Funktionen aufrufen und nutzen darf.

Zusammengefasst, unterscheidet das Ticketsystem zwischen:

- Kunden, die Fragen stellen und Beschwerden einreichen, und
- Agenten, die Fragen beantworten, den Betrieb von OTRS sicherstellen oder das System warten.

Anmeldung bei OTRS

OTRS nutzen in der Regel mehrere Agenten – und das häufig sogar gleichzeitig. Jeder Agent bedient das Ticketsystem bequem über seinen Browser. Die Benutzeroberfläche erreicht er dabei über eine spezielle Internetadresse.

Sollten Sie OTRS nicht selbst installiert haben, gibt es in der Regel einen Ansprechpartner, der Ihnen die passende Internetadresse nennt.

Andernfalls rufen Sie die Internetadresse auf, die Ihnen OTRS am Ende der Installation verraten hat (siehe Abschnitt »Daten zur Anmeldung« auf Seite 43). Sollten Sie die Internetadresse nicht mehr im Hinterkopf haben, ermitteln Sie zunächst die Adresse zur OTRS-Installation. Sofern Sie der Anleitung aus dem vorherigen Kapitel gefolgt sind, lautet sie http://www.example.com/otrs. Dabei ersetzen Sie www.example.com durch die IP-Adresse oder den Domainnamen des Servers, auf dem OTRS läuft. Hängen Sie jetzt noch ein /index.pl an und rufen Sie die fertige Internetadresse in Ihrem Browser auf. Im Beispiel würden Sie folglich die Benutzeroberfläche von OTRS unter http://www.example.com/otrs/index.pl erreichen. Wenn Sie die Schritte aus dem vorherigen Kapitel mitgegangen sind und Ihre Linux-Distribution eine Desktopumgebung besitzt, können Sie auch einfach darin den vorinstallierten Browser starten und mit ihm die Adresse http://localhost/otrs/index.pl ansteuern. Damit sollten Sie auf jeden Fall zur Benutzeroberfläche von OTRS gelangen. Andernfalls stimmt die Konfiguration Ihres Webservers nicht. Die Endung .pl weist übrigens darauf hin, dass im Hintergrund ein Perl-Skript startet.

Da die korrekte Internetadresse nicht leicht zu merken ist, sollten Sie auf dem Webserver eine Umleitung einrichten – beispielsweise von http://otrs.example.com auf http://www.example.com/otrs/index.pl. Sie und alle weiteren Agenten können dann zukünftig das leichter zu memorierende http://otrs.example.com aufrufen.

Haben Sie die korrekte Internetadresse aufgerufen, landen Sie erst einmal auf dem recht kargen Anmeldebildschirm aus Abbildung 3-1. Damit nicht jede x-beliebige Person Fragen am Fließband einreichen oder diese aus Spaß verändern kann, müssen sich alle Agenten gegenüber OTRS als solche ausweisen. Dazu erhält jeder von ihnen ein eigenes Benutzerkonto. Das besteht aus einem frei wählbaren Benutzernamen und einem Passwort. Sobald der Agent dieses Gespann am Anmeldebildschirm eingetippt hat, erhält er Zugang zur eigentlichen Benutzeroberfläche.

Wenn Sie OTRS selbst installiert haben, hat das Ticketsystem automatisch für Sie bei seiner Installation ein Benutzerkonto angelegt. Den zugehörigen Benutzernamen und das Passwort hat Ihnen der Einrichtungsassistent im letzten Schritt genannt (siehe Abschnitt »Daten zur Anmeldung« auf Seite 43).

Andernfalls hat jemand anderer ein Benutzerkonto für Sie eingerichtet und Ihnen die Zugangsdaten mitgeteilt. In jedem Fall melden Sie sich bei OTRS an, indem Sie Ihren Benutzernamen und das Passwort in die entsprechenden Felder eintippen. Nach einem Klick auf *Anmeldung* dauert es einen kurzen Moment, bis sich die Kommandozentrale aus Abbildung 3-2 zeigt.

Lassen Sie sich nicht von der Informationsflut irritieren oder gar abschrecken. Die Benutzeroberfläche sieht auf den ersten Blick unübersichtlicher aus, als sie tatsächlich ist.

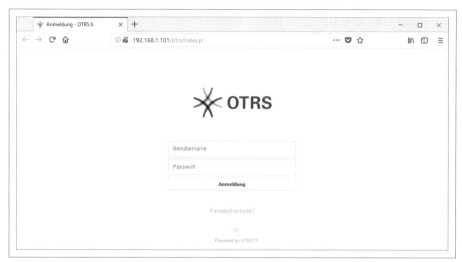

Abbildung 3-1: Erst wenn sich ein Benutzer hier mit Benutzernamen und Passwort authentifiziert, erhält er Zugriff auf OTRS.

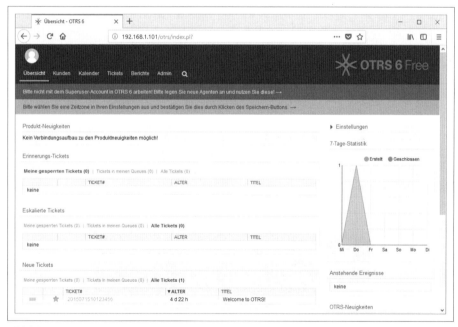

Abbildung 3-2: Die Kommandobrücke von OTRS sieht nur auf den ersten Blick recht unübersichtlich und chaotisch aus.

Über den Anmeldebildschirm aus Abbildung 3-1 erhalten ausschließlich Agenten Zugang zu OTRS. Für Ihre Kunden stellt das Ticketsystem ein separates Kunden-portal bereit, das über eine andere Internetadresse zu erreichen ist. Auf dieses Kun-denportal geht später noch ausführlich Kapitel 7, *Kunden*, ein.

Aufbau der Benutzeroberfläche

Wenn Sie OTRS selbst installiert haben, präsentiert Ihnen das Ticketsystem zunächst eine rote Warnmeldung (der rote Streifen am oberen Rand). Sie weist darauf hin, dass Ihr Benutzerkonto derzeit ein sogenannter *Superuser-Account* ist. Dies bedeutet, dass Sie an allen Einstellungen drehen dürfen und damit sogar im Extremfall das System zerstören können. Überlegen Sie sich daher im Folgenden jeden Mausklick gut.

Nachdem Sie OTRS eingerichtet haben, sollten Sie sich selbst ein weiteres Benutzerkonto mit eingeschränkten Rechten anlegen und dieses für Ihre tägliche Arbeit nutzen. Sie laufen dann nicht Gefahr, versehentlich eine Einstellung zu verändern. Wie Sie ein solches Benutzerkonto anlegen, erklärt später noch Kapitel 15, *Agenten*.

Sofern Sie OTRS in einer Testinstallation auf Ihrem eigenen Computer kennenlernen möchten, können Sie erst einmal mit dem Superuser-Account weiterarbeiten.

Haben Sie Ihre Zugangsdaten zu OTRS von einer anderen Person erhalten, dürfen Sie sehr wahrscheinlich nur ausgewählte Bereiche betreten. Die Benutzeroberfläche zeigt dann lediglich einen Teil der Informationen und Funktionen aus Abbildung 3-2 an. Welche Aktionen Sie im Einzelnen aufrufen dürfen, bestimmt der Betreiber des Ticketsystems. In den folgenden Abschnitten und Kapiteln werden immer alle von OTRS angebotenen Funktionen erläutert. Haben Sie auf eine dieser Funktionen keinen Zugriff, können Sie den entsprechenden Abschnitt einfach überspringen.

In jedem Fall finden Sie ganz oben ein Hauptmenü, das Abbildung 3-3 noch einmal näher zeigt. Je nachdem, welchen Menüpunkt Sie aufgerufen haben, erscheinen im großen Bereich darunter die entsprechenden Einstellungen und Informationen. Direkt nach der Anmeldung präsentiert OTRS dort die sogenannte *Übersicht*, die der direkt folgende Abschnitt noch ausführlich vorstellt.

Abbildung 3-3: Über das Hauptmenü lassen sich alle wichtigen Funktionen abrufen.

OTRS passt die Benutzeroberfläche automatisch an Ihre Bildschirm- beziehungsweise Fenstergröße an. Wenn Sie Ihr Browserfenster probeweise verkleinern, springt irgendwann die Darstellung um. Wie in Abbildung 3-4 blendet OTRS dann das Hauptmenü aus und stapelt im unteren Teil alle Einstellungen und Informationen übereinander. Das Ticketsystem lässt sich so vor allem auch auf Smartphones und Tablet-PCs gut bedienen. Wenn Sie das Browserfenster wieder vergrößern, nimmt die Benutzeroberfläche automatisch wieder den kompletten Platz in Beschlag. Diese Anpassungsfähigkeit bezeichnet man neudeutsch als *Responsive Design*. Der Begriff »Responsive« lässt sich am besten mit »reaktionsfreudig« übersetzen. In der Darstellung aus Abbildung 3-4 gibt es ganz links oben in der Ecke ein Symbol mit drei orangefarbenen Strichen (aufgrund seines Aussehens auch als Hamburger-Symbol bezeichnet). Ein Klick darauf blendet das Hauptmenü ein beziehungsweise wieder aus. Mit einem Mausklick auf das Pfeilsymbol rechts oben fahren weitere Informationen und Funktionen herein, die vom zuvor gewählten Menüpunkt abhängen. Im Folgenden finden Sie in den Bildschirmfotos immer die normale Darstellung in einem größeren Browserfenster. Alle dort gezeigten Funktionen und Informationen finden Sie jedoch auch in der kleineren Darstellung für Smartphones – dort sehr wahrscheinlich untereinander statt nebeneinander. Wenn Sie sich in der Darstellung aus Abbildung 3-4 befinden, können Sie auch ganz unten auf der Seite über den entsprechenden hellgrauen Link wieder explizit *Zur Desktopansicht wechseln*. Doch Vorsicht: Gerade auf kleineren Bildschirmen wird die Bedienung dann schnell fummelig.

Abbildung 3-4: In kleineren Browserfenstern oder auf Smartphones zeigt OTRS eine optimierte Benutzeroberfläche an.

Wenn Sie links oben in der Ecke auf die Büste klicken, erscheint das kleine Menü aus Abbildung 3-5. Ganz oben im Menü zeigt OTRS Ihren Namen an. Wenn Sie das Ticketsystem selbst installiert haben, redet es Sie einfach immer mit *Admin OTRS* an. Dabei ist *Admin* Ihr Vorname und *OTRS* Ihr Nachname. Sie können später in der Benutzerverwaltung diesen Namen gegen Ihren eigenen tauschen. Leben Sie bis dahin noch kurz damit, dass Sie OTRS mit *Admin* anredet. Mit einem Klick auf den untersten Menüpunkt können Sie sich von OTRS *Abmelden* und so das Ticketsystem wieder verlassen. Über den Menüpunkt direkt darüber können Sie einige *Persönliche Einstellungen* anpassen. Die hinter diesem Punkt wartenden Einstellungen betreffen nur Sie selbst und nicht die anderen Agenten. Unter anderem dürfen Sie die Sprache der Benutzeroberfläche ändern. Den Menüpunkt *Benachrichtigungen* können Sie ignorieren: Er spielt nur dann eine Rolle, wenn Sie bei der OTRS AG eine Lizenz für die kostenpflichtige *OTRS Business Solution* erwerben.

Abbildung 3-5: Hinter dem Symbol mit der Büste verbirgt sich ein Menü, über das Sie Ihre persönlichen Einstellungen erreichen und sich wieder von OTRS abmelden können.

Werbung unterdrücken

Die kostenlose OTRS-Version bewirbt in einigen Bereichen der Benutzeroberfläche die kommerzielle OTRS Business Solution (wie in Abbildung 3-6). Dieses Angebot lässt sich leider nicht einfach wegklicken oder abschalten. Entweder müssen Sie damit leben oder aber eine spezielle inoffizielle Erweiterung installieren, die die Werbung unterdrückt. Im letzteren Fall steuern Sie zunächst in Ihrem Browser die Seite *https://opar.perl-services.de* an. Geben Sie dort in das große Suchfeld den Begriff `DisableOTRSBusinessNotification` ein und aktivieren Sie *Search*. Klicken Sie auf den Link *DisableOTRSBusinessNotification* und laden Sie sich auf der neuen Seite via *Download* die Erweiterung herunter.

Rufen Sie im Hauptmenü von OTRS den Punkt *Admin* auf und klicken Sie ganz unten auf der Seite im Bereich *Administration* den Punkt *Paket-Verwaltung* an. Dort wählen Sie über *Durchsuchen* (links im Kasten *Aktionen*) die zuvor heruntergeladene Datei aus und lassen sie via *Paket installieren* einspielen. Bestätigen Sie die Installation mit *Weiter*. Nach der Installation ist der Werbehinweis verschwunden. Unter Umständen erscheinen nach der Installation zahlreiche Fehlermeldungen. Wechseln Sie dann einmal über das Hauptmenü zur *Übersicht*.

Denken Sie daran, dass es sich um eine inoffizielle Erweiterung handelt. Sie müssen folglich dem Entwickler vertrauen. Zudem ist nicht garantiert, dass die Erweiterung nach einer Aktualisierung von OTRS weiter funktioniert, vielleicht könnte sie sogar Probleme verursachen. Den Programmcode der Erweiterung finden Sie bei Interesse unter *https://github.com/reneeb/otrs-DisableOTRSBusinessNotification*. Ausführliche Informationen zur *Paket-Verwaltung* liefert später noch der Abschnitt »Den Funktionsumfang erweitern« auf Seite 431.

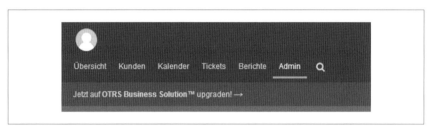

Abbildung 3-6: OTRS zeigt immer wieder Werbung für die Produkte der OTRS AG an.

Die Übersicht (Dashboard)

Nachdem Sie sich angemeldet haben, zeigt Ihnen OTRS automatisch die Informationsflut aus Abbildung 3-7. Zu dieser Seite gelangen Sie auch immer wieder mit einem Klick auf den Menüpunkt *Übersicht*. Wie die Beschriftung des Menüpunkts dezent andeutet, erhalten Sie hier einen Überblick über die aktuelle Lage. So erfahren Sie unter anderem, ob und, wenn ja, wie viele *Neue Tickets* und somit frische Anfragen von Kunden eingetrudelt sind. Die *Übersicht* bezeichnet die englische Version von OTRS übrigens als *Dashboard*. Diesen Begriff benutzen auch viele Anleitungen und Hilfeseiten im Internet.

Die Übersicht teilt sich in zwei Hälften: Die Kästen auf der linken Seite präsentieren besonders wichtige Tickets, die in der nächsten Zeit bearbeitet werden müssen oder Ihre Aufmerksamkeit erfordern. Auf der rechten Seite finden Sie hingegen ein paar Statistiken und Statusmeldungen. Die einzelnen Kästen mit den Informationen bezeichnet OTRS als *Widgets*. Die Widgets (und somit die Kästen) dürfen Sie in der Übersicht in Grenzen umgestalten und so die Darstellung an Ihre eigenen Bedürfnisse anpassen.

Abbildung 3-7: Die Übersicht alias Dashboard fasst alle wichtigen Informationen auf einer Seite zusammen, wenngleich das Ergebnis etwas erschlägt.

Widgets ein- und ausblenden

Zunächst können Sie jedes Widget gezielt aus- beziehungsweise wieder einblenden. Dazu klicken Sie auf der rechten Seite ganz oben (über der *7-Tage-Statistik*) auf *Einstellungen*. Der dann aufklappende Kasten aus Abbildung 3-8 bietet Ihnen alle von OTRS mitgelieferten Widgets an. Die derzeit mit einem Haken versehenen Widgets sind in der Übersicht zu sehen. Um ein Widget auszublenden, müssen Sie nur den entsprechenden Haken entfernen. Möchten Sie ein Widget (erneut) einblenden, setzen Sie einen Haken in sein Kästchen. In jedem Fall müssen Sie nach einer Änderung noch die *Einstellungen speichern* lassen.

Die meisten Widgets listen schlichtweg einige ausgewählte Tickets auf. Solche Widgets bezeichnet OTRS als *Ticket List Widgets*. Paradebeispiel ist das Widget aus Abbildung 3-9, das alle neu eingetrudelten und noch nicht bearbeiteten Tickets anzeigt.

Abbildung 3-8: Über diesen Kasten können Sie bestimmen, welche Informationen in der Übersicht zu sehen sind.

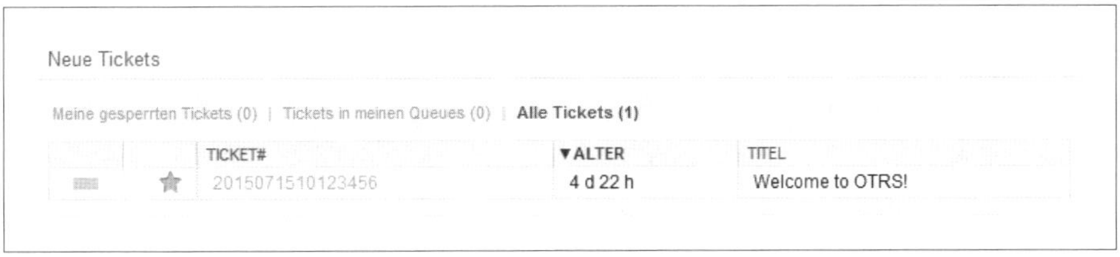

Abbildung 3-9: Wie dieses Widget verrät, ist bislang nur ein neues Ticket eingegangen.

Im Einzelnen bietet OTRS von oben nach unten die nachfolgenden Widgets an. Einige dieser Widgets verlangen das Wissen aus den nächsten Abschnitten. Wenn Sie unsicher sind, lassen Sie erst einmal die standardmäßig angezeigten Widgets eingeblendet.

Produkt-Neuigkeiten
Informiert unter anderem über neue OTRS-Versionen.

Erinnerungs-Tickets
Sie können ein Ticket erst einmal zurückstellen und später bearbeiten. Damit Sie solche wartenden Ticket nicht vergessen, können Sie sich einen kleinen Wecker stellen. OTRS erinnert Sie dann rechtzeitig an das entsprechende Ticket. Das Widget *Erinnerungs-Tickets* listet alle Tickets auf, deren Erinnerungszeit abgelaufen ist und die somit jetzt bearbeitet werden müssen.

Eskalierte Tickets

Listet alle sogenannten eskalierten Tickets auf. Das sind in der Regel Tickets, die zu lange von den Agenten ignoriert wurden und dringend eine Antwort benötigen.

Neue Tickets

Listet alle neu eingegangenen Tickets auf. (Die vom Widget angezeigten Tickets besitzen den Status *Neu*).

Offene Tickets

Die von diesem Widget angezeigten Tickets hat sich bereits ein Agent vorge-knöpft, aber noch nicht endgültig bearbeitet. (Die vom Widget angezeigten Tickets besitzen den Status *Offen*).

Aktive Prozesstickets

Listet alle Tickets auf, deren Erinnerungszeit begonnen ist.

7-Tage-Statistik

Dieses Widget präsentiert das Diagramm aus Abbildung 3-10. Die orangefar-bene Linie visualisiert die Anzahl der neu eingegangenen Tickets pro Tag, die grüne Linie alle geschlossenen und somit erfolgreich bearbeiteten Tickets pro Tag. Wenn Sie über OTRS Kundenbeschwerden annehmen, deutet eine stei-gende orangefarbene Linie auf zunehmende Probleme mit einem Ihrer Pro-dukte hin. In keinem Fall sollte die orangefarbene Linie dauerhaft über der grünen liegen: In diesem Fall würden mehr Tickets und somit Anfragen he-reinkommen, als von Ihnen beantwortet werden konnten.

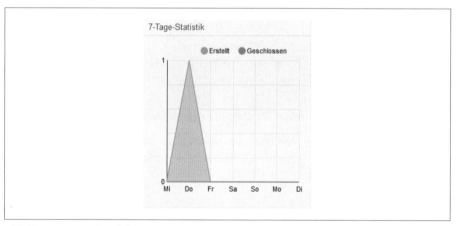

Abbildung 3-10: Anhand der 7-Tage-Statistik kann man unter anderem ablesen, ob das Ticket-Aufkommen gestiegen oder gefallen ist.

Anstehende Ereignisse

Dieses Widget zeigt alle Tickets an, die kurz vor der Eskalierung stehen oder bereits eskaliert wurden. Mit anderen Worten: Die von diesem Widget prä-sentierten Tickets sollten möglichst schnell beantwortet werden.

Ticket-Übersicht nach Queues

Tickets lassen sich in Warteschlangen, sogenannten Queues, einsortieren und dann nacheinander abarbeiten. Dieses Widget zeigt für alle vorhandenen Queues an, wie viele Tickets sich jeweils in welchem (Bearbeitungs-)Status in der Queue befinden. In den Zeilen sind dabei die Queues aufgeführt, in den Spalten jeweils die Status. In Abbildung 3-11 befindet sich beispielsweise in einer Queue namens *Raw* genau ein neues Ticket. Die unterste Zeile und die rechte Spalte zählen die Tickets noch einmal zusammen. In Abbildung 3-11 gibt es insgesamt folglich nur ein neues Ticket.

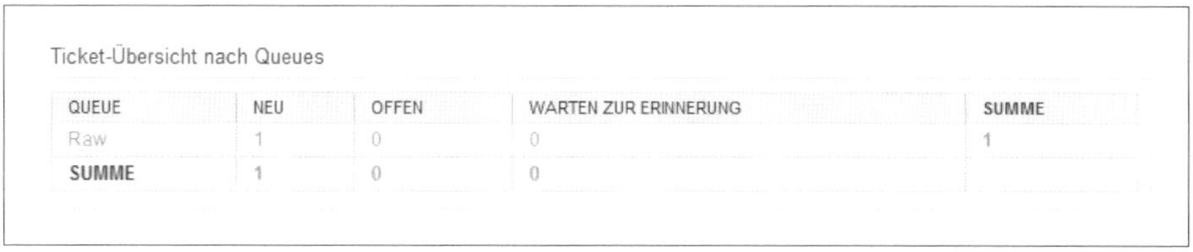

Ticket-Übersicht nach Queues				
QUEUE	NEU	OFFEN	WARTEN ZUR ERINNERUNG	SUMME
Raw	1	0	0	1
SUMME	1	0	0	

Abbildung 3-11: Dieses Widget liefert eine Übersicht über die vorhandenen Queues und ihre jeweiligen Inhalte.

Ticket-Ereigniskalender

Dieses Widget zeigt einen Kalender an, der jedes eingegangene Ticket verzeichnet. Die Bearbeitungsdauer eines Tickets repräsentiert dabei ein Balken.

Derzeit nicht im Büro

Listet alle Agenten auf, die derzeit nicht an ihrem Arbeitsplatz sitzen beziehungsweise zur Verfügung stehen.

Angemeldete Nutzer

Listet alle Agenten auf, die derzeit bei OTRS angemeldet sind.

OTRS-Neuigkeiten

Zeigt Informationen der OTRS-Entwickler an, unter anderem Hinweise auf Aktualisierungen.

Termine

OTRS kann auch anstehende Termine oder wichtige Ereignisse in Ihrem Unternehmen in einem kleinen Kalender festhalten. Das Widget *Termine* listet alle anstehenden Termine auf. Über eine entsprechende Schaltfläche kann man zudem schnell einen neuen Termin hinterlegen.

Widgets verschieben

Sobald Sie mit der Maus auf die Überschrift eines Widgets fahren, wie etwa auf *Neue Tickets*, verwandelt sich der Zeiger in einen Doppelpfeil. Wenn Sie jetzt die linke Maustaste gedrückt halten, können Sie das Widget einfach an eine andere Stelle ziehen (siehe Abbildung 3-12). Auf diese Weise können Sie die Kästen mit den für Sie wichtigsten Informationen gezielt nach oben schieben. Es gibt allerdings eine kleine Einschränkung: Sie können ein Widget nur in seiner Spalte umsortieren.

So lässt sich beispielsweise das Widget *Neue Tickets* nicht in die rechte Spalte ziehen und umgekehrt auch nicht die *7-Tage-Statistik* auf die linke Seite.

Abbildung 3-12: Wenn Sie ein Widget bei gedrückter Maustaste verschieben, springen die anderen Widgets immer automatisch zur Seite. Die schraffierte Fläche zeigt an, wo das Widget abgelegt würde, sobald Sie die Maustaste loslassen.

Widgets anpassen

Wenn Sie mit dem Mauszeiger in die rechte obere Ecke eines Widgets fahren, erscheinen die beiden Symbole aus Abbildung 3-13. Ein Klick auf das *X* blendet das Widget komplett aus. Über das Zahnradsymbol öffnen Sie hingegen die Einstellungen des Widgets.

Abbildung 3-13: Die Einstellungen eines Widgets öffnen Sie mit einem Klick auf das Zahnradsymbol.

Die vorgegebenen Einstellungen sind für die meisten Fälle bereits passend.

Abbildung 3-13 zeigt beispielhaft die Einstellungen des Widgets *Neue Tickets*. Wie viele Tickets das Widget maximal anzeigen soll, bestimmen Sie über das Eingabefeld *Gezeigte Tickets*. Mit den beiden Listen darunter legen Sie fest, welche Informationen das Widget für die einzelnen Tickets anzeigt. Die Liste auf der linken Seite bietet dabei alle Informationen zur Auswahl an, die das Widget prinzipiell darstellen könnte. Die rechte Liste führt hingegen alle Informationen auf, die das Widget derzeit tatsächlich in den jeweiligen Spalten anzeigt. In Abbildung 3-13 würde das Widget folglich zu jedem neu eingetrudelten Ticket den *Titel* (und somit eine Kurzbeschreibung des Problems), sein *Alter* und seine interne *Ticketnummer* anzeigen. Soll das Widget zusätzlich auch noch die Namen der jeweiligen Kunden präsentieren, fahren Sie mit der Maus auf den Eintrag *Kundenname* in der linken Liste. Dabei hebt OTRS den Eintrag orangefarben hervor. Halten Sie jetzt die linke Maustaste gedrückt und ziehen Sie *Kundenname* in die rechte Liste. Lassen Sie dort die Maustaste wieder los. Nach dem gleichen Prinzip fügen Sie beliebige weitere zusätzliche Informationen hinzu.

Möchten Sie umgekehrt eine Information wieder ausblenden, fahren Sie mit dem Mauszeiger auf den entsprechenden Eintrag in der rechten Liste. OTRS hebt den entsprechenden Punkt erneut orangefarben hervor. Halten Sie die linke Maustaste gedrückt, ziehen Sie den Eintrag zurück in die linke Liste und lassen Sie dort die Maustaste wieder los.

Die Reihenfolge der Elemente in der rechten Liste berücksichtigt das Widget später: Die *Ticketnummer* ist beispielsweise in der rechten Liste ganz unten platziert (siehe Abbildung 3-13). Damit finden Sie die entsprechenden Informationen später im Widget ganz rechts in der Tabelle – wie Abbildung 3-14 beweist. Sie können die Reihenfolge verändern, indem Sie mit der Maus in der rechten Liste auf die entsprechende Information fahren, die linke Maustaste gedrückt halten, dann den Eintrag an die gewünschte Position ziehen und die Maustaste wieder loslassen.

Abbildung 3-14: Die in den Einstellungen vorgegebene Reihenfolge der Tabellenspalten berücksichtigt das Widget später in der Darstellung (vergleichen Sie die Reihenfolge der Spalten mit den Einträgen in der rechten Liste aus Abbildung 3-13).

Sobald Sie alle Einstellungen vorgenommen haben, müssen Sie noch Ihre *Änderungen speichern*. Ein Klick auf *Abbrechen* verwirft hingegen sämtliche Modifikationen. Nach dem gleichen Prinzip lassen sich auch die Inhalte der meisten anderen Widgets anpassen.

Einstellungen aufrufen und bedienen

Als Agent müssen Sie hin und wieder einige Einstellungen in OTRS verändern. Das gilt auch, wenn Sie das Ticketsystem nicht selbst installiert haben. Beispielsweise müssen Sie den Termin für Ihren nächsten Urlaub hinterlegen, Ihr Passwort ändern oder unter Umständen die Sprache der Benutzeroberfläche anpassen.

OTRS sammelt alle verfügbaren Einstellungen an zwei Stellen:

- Nur Sie persönlich betreffende Einstellungen erreichen Sie, indem Sie links oben in der Ecke auf das Symbol mit der Büste klicken und dann *Persönliche Einstellungen* aufrufen.

- Wirkt sich eine Einstellung auf alle Agenten aus, finden Sie sie hinter dem Menüpunkt *Admin*. Wenn dieser Menüpunkt bei Ihnen fehlt, dürfen Sie den Funktionsumfang von OTRS nur eingeschränkt nutzen.

 Sofern Sie zum ersten Mal mit OTRS arbeiten, sollten Sie die jetzt folgenden Schritte direkt in OTRS nachvollziehen beziehungsweise mitmachen.

Möchten Sie etwa Ihr eigenes Passwort ändern, müssen Sie folglich zunächst links oben in der Ecke auf das Symbol mit der Büste klicken und dann den Punkt *Persönliche Einstellungen* aufrufen. Sie landen allerdings noch nicht bei den eigentlichen Einstellungen, sondern zunächst auf der Seite aus Abbildung 3-15. Eine ähnliche Seite zeigt Ihnen OTRS an, wenn Sie im Hauptmenü den Punkt *Admin* aufrufen.

Abbildung 3-15: Die Einstellungen sind hier in drei Gruppen zusammengefasst.

Damit Sie bei den vielen vorhandenen Einstellungsmöglichkeiten nicht den Überblick verlieren, fasst sie OTRS thematisch in Gruppen zusammen. Diese Gruppen stellt OTRS auf der rechten Seite zur Auswahl. Hinter jedem Symbol warten jeweils andere Einstellungen und Funktionen. Unter *Benutzer-Profil* können Sie beispielsweise Ihr Passwort anpassen. Leider ist nicht immer eindeutig, welche Einstellungen sich hinter welchem Symbol verbergen. Hinweise erhalten Sie vor allem auf den Beschriftungen der Symbole. Wenn Sie den Mauszeiger kurze Zeit auf einem Element parken, erscheint zudem ein kurzer Hilfetext (ein sogenannter Tooltipp). Natürlich verraten auch die nachfolgenden Kapitel, welche Einstellungen sich wo verbergen.

Wenn Sie auf ein Symbol klicken, wie etwa *Benutzer-Profil*, listet Ihnen OTRS wie in Abbildung 3-16 alle zugehörigen Einstellungen auf. Jede Einstellung packt OTRS dabei in einen eigenen Kasten. So könnte man in Abbildung 3-16 beispielsweise mit den drei Eingabefeldern im Kasten ganz oben das eigene *Passwort ändern*.

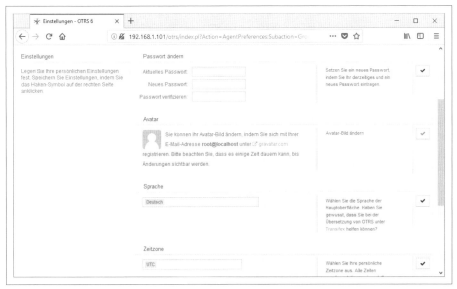

Abbildung 3-16: Hier hat OTRS alle Einstellungen aufgelistet, die irgendwie Ihr Benutzerkonto betreffen.

In einigen Fällen klappt nach einem Klick in ein Eingabefeld eine Liste mit allen zur Verfügung stehenden Einstellungsmöglichkeiten auf. Das passiert beispielsweise, wenn Sie in den Einstellungen des *Benutzer-Profils* aus Abbildung 3-16 die *Sprache* ändern möchten. Ein Klick in das entsprechende Eingabefeld oder direkt auf den Begriff *Deutsch* öffnet umgehend die Liste aus Abbildung 3-17. Dort können Sie sich jetzt bequem eine der vorhandenen Sprachen aussuchen und dann mit einem Mausklick übernehmen. Parallel dazu blinkt im Eingabefeld weiterhin eine Eingabemarke. Sobald Sie dort einen Begriff eintippen, zeigt OTRS in der Liste nur noch die dazu passenden Möglichkeiten an. In Abbildung 3-17 bietet das Ticketsystem beispielsweise nur noch die Sprachen an, in deren Namen die Buchstabenkombination En vorkommt. Schon während des Tippens passt OTRS die Liste an, jeder zusätzlich eingegebene Buchstabe schränkt die Auswahl weiter ein. Diese Filtermethode ist insbesondere dann nützlich, wenn in der Liste sehr viele Einträge bereitstehen. Rechts im Eingabefeld finden Sie einen schwarzen Kreis. Wenn Sie diesen anklicken, löscht OTRS das Eingabefeld, womit die Liste wieder alle Sprachen beziehungsweise Einstellungsmöglichkeiten präsentiert.

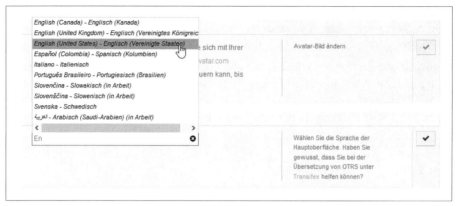

Abbildung 3-17: Hier bietet OTRS alle Sprachen zur Auswahl an, in deren Namen die Buchstabenkombination En vorkommt. Dazu gehört auch Itali_en_isch.

Nachdem Sie eine Einstellung geändert haben, müssen Sie sie noch einmal explizit bestätigten. Dazu klicken Sie auf den Haken, der sich immer ganz rechts oben im Kasten der jeweiligen Einstellung befindet. Mitunter verwandelt sich der Mauszeiger dabei in ein rotes Verbotszeichen. Das ist beispielsweise der Fall, wenn Sie auf den Haken im Kasten *Avatar* fahren. Möglicherweise fehlen noch Informationen, oder Sie haben eine unsinnige beziehungsweise ungültige Einstellung gewählt. Eventuell steht die entsprechende Funktion auch (noch) nicht zur Verfügung.

 Wenn Sie nicht auf den Haken klicken und einfach in Gedanken einen anderen Menüpunkt ansteuern, verwirft OTRS Ihre Eingaben. Allerdings können Sie das auch gezielt ausnutzen: Sollten Sie eine Einstellung versehentlich geändert haben, genügt der Aufruf eines beliebigen Menüpunkts, um Ihre Änderungen zu verwerfen.

Über den Einstellungen thront eine graue Leiste, die Abbildung 3-18 noch einmal aus der Nähe zeigt. Diese sogenannte Breadcrumb-Leiste soll die Navigation erleichtern: Mit den auf ihr angezeigten Links springen Sie schnell zur entsprechenden Seite. Der ganz rechts stehende Begriff zeigt immer an, wo Sie sich gerade befinden. In Abbildung 3-18 würden Sie beispielsweise momentan alle Einstellungen rund um Ihr *Benutzer-Profil* sehen. Ein Klick auf *Persönliche Einstellungen* würde hingegen zurück zur Seite aus Abbildung 3-15 springen. Mit einem Klick auf das Haussymbol gelangen Sie immer wieder zur *Übersicht*.

Sobald Sie im Hauptmenü den Punkt *Admin* aufrufen, erscheint die Seite aus Abbildung 3-19. Auch hier warten hinter jedem Symbol mehrere Einstellungen und Funktionen. Die Kästen auf der linken Seite erleichtern es, die passenden Einstellungen zu finden. Wenn Sie im Kasten *Filter für Einträge* in das Eingabefeld klicken und dann lostippen, zeigt OTRS auf der rechten Seite nur noch die Einstellungen an, die zum Begriff passen. Bei der Eingabe von Kunden präsentiert Ihnen OTRS beispielsweise nur noch die Symbole, hinter denen sich Einstellungen zur Kundenverwaltung befinden (siehe Abbildung 3-20). Um wieder das komplette Angebot zu sehen, leeren Sie das Eingabefeld einfach. Dazu können Sie auch auf das *X*-Symbol ganz rechts im Eingabefeld klicken.

Abbildung 3-18: Die Breadcrumb-Leiste zeigt an, wo Sie sich gerade befinden und auf welchem Weg Sie zur aktuellen Seiten gekommen sind.

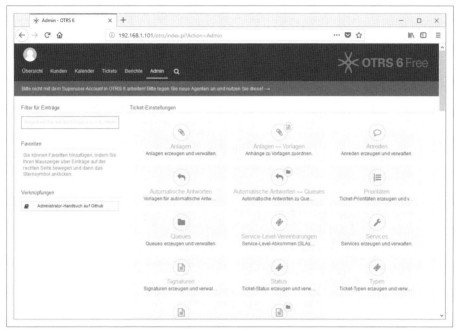

Abbildung 3-19: Im Admin-Bereich bieten die Kästen auf der linken Seite nützliche Funktionen an.

Wenn Sie einige der Einstellungen sehr häufig benötigen, können Sie sie auch zu Favoriten erklären. Dazu parken Sie zunächst die Maus auf dem entsprechenden Symbol. Müssen Sie beispielsweise Ihre Kundendaten oft anpassen, fahren Sie mit der Maus auf das Symbol *Kunden* (im Bereich *Benutzer, Gruppen & Rollen*). Es erscheint jetzt rechts oben neben dem Symbol ein Stern. Sobald Sie ihn anklicken, hebt OTRS den zugehörigen Kasten hervor. Gleichzeitig erscheint wie in Abbildung 3-20 ein passender Eintrag im Kasten *Favoriten*. Ab sofort genügt ein Klick auf diesen Eintrag, um schnell zu den entsprechenden Einstellungen zu springen – im Beispiel zur Kundenverwaltung. Darüber hinaus hat OTRS im Hauptmenü den Menüpunkt *Admin* aufgebohrt: Wenn Sie *Admin* anklicken, klappt ein kleines Menü auf, über das Sie direkt zu allen Favoriten springen können – im Beispiel also direkt zur Kundenverwaltung. Zur Seite aus Abbildung 3-19 gelangen Sie dann immer via *Admin → Übersicht*. Dort können Sie einen *Favoriten* aus dem gleichnamigen Kasten wieder entfernen, indem Sie auf das nebenstehende Symbol mit der Mülltonne klicken.

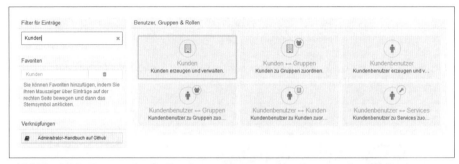

Abbildung 3-20: Hier wurden die Kundeneinstellungen zu den Favoriten hinzugefügt.

Insbesondere wenn Sie OTRS zum ersten Mal verwenden, wirken die zahlreichen Einstellungsmöglichkeiten und die umständliche Navigation etwas verwirrend. Doch keine Sorge: Die nachfolgenden Kapitel nehmen Sie bei der Reise durch den Einstellungsdschungel an die Hand. Gleichzeitig werden Sie im Umgang mit den Einstellungen und den Bedienkonzepten sukzessive vertrauter.

KAPITEL 4

Maßnahmen nach der ersten Anmeldung

Wenn Sie sich zum ersten Mal bei OTRS anmelden, sollten Sie direkt ein paar Einstellungen kontrollieren und vor allem Ihr Passwort ändern. Dieses Kapitel zeigt Ihnen die dazu jeweils notwendigen Schritte, wobei der direkt folgende Abschnitt mit dem Wichtigsten beginnt: dem Ändern Ihres Passworts.

Eigenes Passwort ändern

Sehr wahrscheinlich haben Sie sich bei OTRS mit einem Passwort angemeldet, das Ihnen jemand vorgegeben hat. Wenn Sie OTRS selbst installiert haben, hat Ihnen das Ticketsystem bei der Installation ein kryptisches Passwort aufs Auge gedrückt. Nach Ihrer ersten Anmeldung bei OTRS sollten Sie das vorgegebene Passwort sicherheitshalber ändern. Dazu klicken Sie links oben in der Ecke auf das Symbol mit der Büste, rufen den Punkt *Persönliche Einstellungen* auf und klicken auf *Benutzer-Profil*. Im obersten Kasten aus Abbildung 4-1 können Sie jetzt Ihr *Passwort ändern*.

Abbildung 4-1: Hier legen Sie ein neues Passwort fest.

Tippen Sie dazu zunächst Ihr *Aktuelles Passwort* in das oberste Feld ein. Damit eine eventuell hinter Ihnen stehende Person das Passwort nicht mitlesen kann, zeigt OTRS für jedes Zeichen nur einen schwarzen Punkt an. Dies passiert gleich auch bei den anderen beiden Feldern, Sie müssen also alle Passwörter »blind« eingeben (wie in Abbildung 4-1). Denken Sie sich dann ein *Neues Passwort* aus und tragen

Sie es in das mittlere Feld ein. Um dabei Tippfehler auszuschließen, wiederholen Sie Ihr neues Passwort noch einmal im unteren Feld *Passwort verifizieren*. Klicken Sie anschließend rechts neben den Eingabefeldern auf den Haken.

 Ein gutes und sicheres Passwort besteht aus mindestens 16 Zeichen und sollte schwer zu erraten sein. Ferner enthält es idealerweise eine Mischung aus Groß- und Kleinbuchstaben, Zahlen sowie Sonderzeichen. Bedenken Sie bei den Sonderzeichen, dass Sie diese auch irgendwie eingeben müssen. Wenn Sie etwa vor einer englischen Tastatur sitzen, liegt der Doppelpunkt auf dem ö.

Zeitzone festlegen

Agenten können an beliebigen Orten auf der Welt ihrer Arbeit nachgehen. Das ist besonders für internationale Projekte und global agierende Unternehmen interessant: Während in Deutschland der Feierabend eingeläutet wird, übernimmt das Callcenter in den USA die Beantwortung der eintrudelnden Fragen. Damit OTRS die Tickets korrekt und vor allem zur richtigen Zeit an die Mitarbeiter verteilen kann, muss es wissen, in welcher Zeitzone sich die einzelnen Agenten gerade befinden. Aus diesem Grund muss jeder Agent in den Einstellungen seine Zeitzone hinterlegen. Sehr wahrscheinlich drängt OTRS sie sogar dazu mit einer recht auffallenden orangefarbenen Meldung am oberen Rand.

Um eine Zeitzone auszuwählen, klicken Sie links oben in der Bildschirmecke auf das Symbol mit der Büste, wählen *Persönliche Einstellungen* und wechseln zum *Benutzer-Profil*. Suchen Sie im unteren Teil der Seite den Kasten *Zeitzone* aus Abbildung 4-2.

Abbildung 4-2: Hier arbeitet der Agent derzeit in Deutschland.

Klicken Sie mit der Maus in das Eingabefeld und wählen Sie in der aufklappenden Liste die passende Zeitzone aus. Dazu suchen Sie zunächst den Kontinent, auf dem Sie sich aktuell aufhalten, und dann die Hauptstadt Ihres Landes. Wenn Sie sich beispielsweise gerade in Deutschland befinden, wählen Sie *Europe/Berlin*. Sie können auch den Namen des Kontinents oder Ihrer Stadt eintippen. OTRS zeigt dann in der Liste nur noch die dazu passenden Zeitzonen an.

Sobald Sie Ihre Zeitzone in der Liste angeklickt haben, bestätigen Sie sie mit einem Klick auf den Haken auf der rechten Seite des Kastens. Sollten Sie versehentlich die falsche Zeitzone ausgewählt haben, klicken Sie einfach noch einmal in das Eingabefeld. Nachdem Sie eine Zeitzone eingestellt haben und wieder zur *Übersicht* gewechselt sind, sollte die orangefarbene Meldung am oberen Rand verschwunden sein.

Feiertage und Betriebsferien kontrollieren

An Feiertagen und während etwaiger Betriebsferien haben Ihre Agenten frei. Damit OTRS dies berücksichtigen kann, müssen Sie die entsprechenden Daten hinterlegen. Dazu ist leider eine kleine Klickorgie notwendig: Wechseln Sie zunächst im Hauptmenü zum Punkt *Admin*. Suchen Sie dann den Bereich *Administration* ganz unten auf der Seite auf. Dort klicken Sie auf *Systemkonfiguration*. Damit erscheint die Seite aus Abbildung 4-3.

Abbildung 4-3: Um die Feiertage festzulegen, müssen Sie sich in die Tiefen der Systemkonfiguration begeben.

Zu den gesuchten Einstellungen gelangen Sie jetzt auf zwei Wegen:

- Wenden Sie sich links dem Kasten *Navigation* zu. Klicken Sie dort auf das kleine schwarze Dreieck vor *Core* und dann auf den dabei ausgeklappten Punkt *Time..*
- Klicken Sie in das große Eingabefeld auf der rechten Seite, tippen Sie TimeVacation ein und drücken Sie die *Enter*-Taste.

In jedem Fall suchen Sie jetzt auf der rechten Seite den Bereich *TimeVacationDays*, wie ihn Abbildung 4-4 zeigt. Darin listet OTRS alle ihm bekannten Feiertage auf. Bereits vorgegeben sind alle wichtigen europäischen Feiertage. Um weitere Feiertage hinzuzufügen oder die vorhandenen zu entfernen, fahren Sie mit der Maus auf den Bereich und klicken dann auf die erscheinende Schaltfläche *Einstellung bearbeiten*.

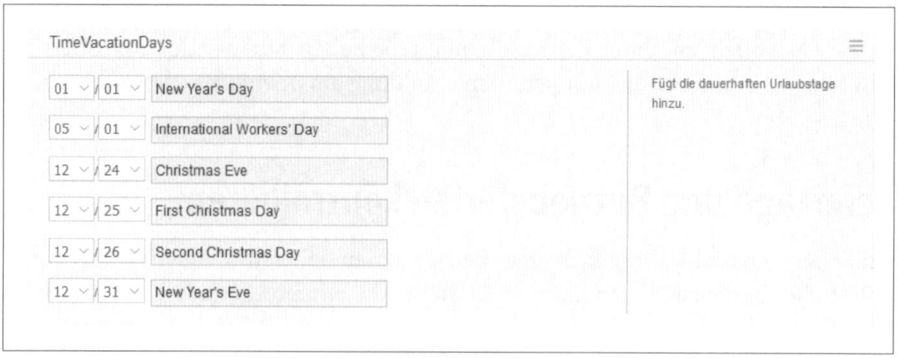

Abbildung 4-4: Hier legen Sie die Feiertage fest.

Wird an einem der angezeigten Tage bei Ihnen gearbeitet, klicken Sie auf das Minussymbol auf seiner rechten Seite. Sie entfernen damit den entsprechenden Feiertag.

Um einen weiteren Feiertag hinzuzufügen, klicken Sie auf das Plussymbol. OTRS ergänzt jetzt die Liste aller Feiertage um eine neue Zeile. Darin stellen Sie mit den beiden Drop-down-Listen das entsprechende Datum ein. Wählen Sie zunächst aus der linken Drop-down-Liste den Monat. Befindet sich der Feiertag etwa im Dezember, entscheiden Sie sich für die 12. In das zweite Feld gehört der Tag, beispielsweise 31. Im langen Eingabefeld können Sie noch eine Beschreibung hinterlegen, wie etwa Silvester.

In jedem Fall lassen Sie Ihre Änderungen speichern, indem Sie ganz rechts im Kasten *TimeVacationDays* auf den Haken klicken. Ein Klick auf das *X*-Symbol würde hingegen Ihre gerade gemachten Änderungen wieder verwerfen.

Die unter *TimeVacationDays* eingetragenen Feiertage gelten jedes Jahr – wie etwa Weihnachten oder Neujahr. Planen Sie am 12.06.2019 einen Betriebsausflug, müssen Sie sich dem Bereich *TimeVacationDaysOneTime* zuwenden. Alle hier hinterlegten Termine gelten nur genau ein einziges Mal. Unter *TimeVacationDaysOneTime* müssen Sie daher auch bewegliche Feiertage wie Ostern, Pfingsten und Karneval eintragen. Die Bedienung funktioniert wie bei den *TimeVacationDays*: Fahren Sie mit der Maus auf den Bereich und klicken Sie auf die erscheinende Schaltfläche *Einstellung bearbeiten*. Ein weiterer Klick auf das Pluszeichen fügt eine neue Zeile hinzu. Mit den dortigen Drop-down-Listen stellen Sie das gewünschte Datum ein: In der linken Drop-down-Liste wählen Sie den Tag (im Beispiel 12), in der mittleren den Monat (06) und in der rechten das Jahr (2019). In das lange Eingabefeld können Sie den Grund für den freien Tag eintragen (etwa Betriebsausflug). Einen Termin löschen Sie mit einem Klick auf sein Minuszeichen. Denken Sie auch hier wieder daran, die Änderungen mit einem Klick auf den Haken ganz rechts zu speichern.

Geschäftszeiten hinterlegen

OTRS kann einen Agenten an unbearbeitete wichtige Tickets erinnern. Sinnvoll ist das allerdings nur dann, wenn der Agent auch an seinem Arbeitsplatz sitzt. Für solche Fälle (und noch ein paar andere Funktionen) muss OTRS Ihre Geschäftszeiten kennen. Um diese hinterlegen zu können, sind erneut einige Mausklicks nötig: Wechseln Sie im Hauptmenü zum Punkt *Admin*, suchen Sie den Bereich *Administration* und klicken Sie darin auf *Systemkonfiguration*. Um zu den Einstellungen für die Geschäftszeiten zu gelangen, haben Sie jetzt zwei Möglichkeiten:

- Klicken Sie links im Kasten *Navigation* auf das kleine schwarze Dreieck vor *Core* und dann auf den dabei ausgeklappten Punkt *Time*.

- Klicken Sie in das große Eingabefeld auf der rechten Seite, tippen Sie TimeWorkingHours ein und drücken Sie die *Enter*-Taste.

In jedem Fall suchen Sie jetzt den Bereich *TimeWorkingHours* aus Abbildung 4-5. In allen dunkelgrau hervorgehobenen Stunden arbeiten Ihre Agenten. Standardmäßig geht OTRS davon aus, dass die ersten Agenten am Montagmorgen um 8 Uhr die Arbeit aufnehmen und die letzten um Punkt 21 Uhr das Haus verlassen. Die gleichen Arbeitszeiten gelten für Dienstag, Mittwoch, Donnerstag und Freitag. Nur am Samstag und Sonntag haben alle Agenten frei.

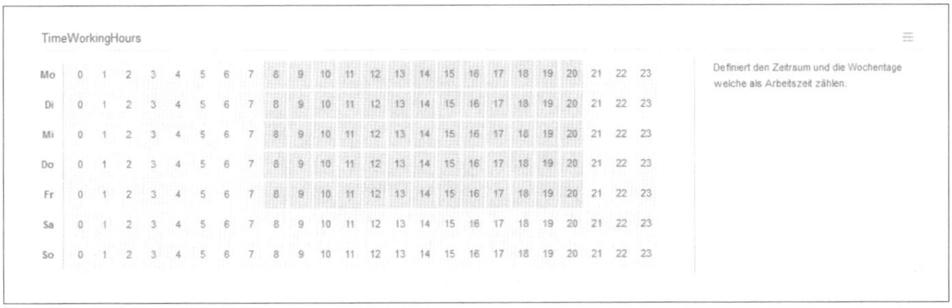

Abbildung 4-5: Zu allen dunkelgrau markierten Zeiten beantworten Agenten die Tickets.

Wenn Sie diese Geschäftszeiten ändern möchten, fahren Sie mit dem Mauszeiger auf den Bereich *TimeWorkingHours* und klicken auf die dabei erscheinende Schaltfläche *Einstellung bearbeiten*. Klicken Sie jetzt nacheinander auf die Uhrzeiten, an denen Ihre Agenten arbeiten. Beginnt die Schicht etwa montags schon immer um 7 Uhr, klicken Sie einfach in der Zeile *Mo* in das Kästchen 7. Die so ausgewählten Zeiten hebt OTRS mit einem dunkelgrauen Hintergrund und einem kleinen grünen Dreieck hervor. Die Arbeitszeiten müssen dabei nicht zusammenhängen. Wenn Sie beispielsweise in der Zeile *Mo* auf *4* und *6* klicken, arbeiten Ihre Agenten jeden Montag von 4:00 bis 4:59 Uhr und dann erst wieder von 6:00 bis 6:59 Uhr.

Sollte eine Stunde fälschlicherweise als Arbeitszeit markiert sein, klicken Sie sie einfach (erneut) an. OTRS entfernt dann die Markierung und zählt sie ab sofort nicht mehr zu Ihren Geschäftszeiten.

Ihre Änderungen müssen Sie abschließend noch mit einem Klick auf den Haken (auf der rechten Seite im Bereich *TimeWorkingHours*) speichern lassen. Ein Klick auf das *X* würde hingegen Ihre Änderungen verwerfen.

Ersten Tag der Woche ändern

OTRS geht davon aus, dass eine neue Woche immer an einem Montag startet. Diese Konvention gilt unter anderem in Deutschland, während beispielsweise in Amerika eine neue Kalenderwoche am Sonntag beginnt. Wenn Sie den Wochenbeginn ändern möchten, rufen Sie im Hauptmenü *Admin* auf und klicken im Bereich *Administration* auf den Punkt *Systemkonfiguration*. Jetzt haben Sie zwei Möglichkeiten:

- Klicken Sie im Kasten *Navigation* auf das kleine schwarze Dreieck neben *Core* und dann auf den dabei ausgeklappten Punkt *Time*.
- Tippen Sie in das große Eingabefeld auf der rechten Seite den Text Calendar-WeekDayStart und drücken Sie die *Enter*-Taste.

In jedem Fall suchen Sie auf der rechten Seite den Kasten *CalendarWeekDayStart*, wie ihn auch Abbildung 4-6 zeigt. Fahren Sie mit der Maus auf den Kasten und lassen Sie die *Einstellung bearbeiten*. Klicken Sie in das Eingabefeld und wählen Sie aus der Liste den neuen Tag der Woche aus. Mit einem Klick auf das Symbol mit dem Haken auf der rechten Seite lassen Sie die Änderung speichern.

Abbildung 4-6: Standardmäßig beginnt eine neue Woche am Montag.

Zusätzliche Ferien- und Geschäftszeiten hinterlegen

Insbesondere in größeren Unternehmen haben die verschiedenen Abteilungen unterschiedliche Arbeitszeiten. Beispielsweise könnten die Techniker nur von montags bis freitags arbeiten, während die Callcentermitarbeiter auch am Wochenende vor Ort sein müssen. OTRS erlaubt Ihnen netterweise, mehrere weitere (Ferien-)Kalender anzulegen. Im ersten notieren Sie dann die Arbeits- und Ferienzeiten für die Techniker, in einem zweiten Kalender die der Callcentermitarbeiter. In OTRS-Version 6 dürfen Sie insgesamt neun weitere Kalender anlegen. Diese nummeriert das Ticketsystem einfach von 1 bis 9 durch.

 Im Zweifelsfall nutzt OTRS immer die allgemeinen Ferien- und Geschäftszeiten, die Sie in den vorherigen Abschnitten festgelegt haben. Betrachten Sie die hier angesprochenen Kalender als Zusatzangebot.

Um einen solchen individuellen Kalender zu hinterlegen, rufen Sie im Hauptmenü *Admin* auf und klicken dann im Bereich *Administration* auf *Systemkonfiguration*. Im Kasten *Navigation* klicken Sie auf das kleine schwarze Dreieck vor *Core* und dann auf das kleine schwarze Dreieck neben *Time*. Es klappen jetzt die neun Punkte *Calendar1* bis *Calendar9* auf. Wenn Sie einen von ihnen anklicken, finden Sie auf der rechten Seite die Einstellungen des entsprechenden Kalenders. Möchten Sie etwa die Einstellungen des ersten Kalenders ändern, klicken Sie auf *Calendar1*. Die Arbeitszeiten hinterlegen Sie dann (wie im vorherigen Abschnitt »Geschäftszeiten hinterlegen« auf Seite 69 beschrieben) im Bereich *TimeWorkingHours::Calendar1*.

Unter *TimeVacationDays::Calendar1* und *TimeVacationDaysOneTime::Calendar1* können Sie zudem individuelle Feiertage hinterlegen. Das ist beispielsweise nützlich, wenn in Ihrem Unternehmen Moslems und Christen zusammenarbeiten. Sie können dann die Feiertage der beiden Glaubensrichtungen in jeweils einem eigenen Kalender hinterlegen. Die Bedienung der Bereiche *TimeVacationDays::Calendar1* und *TimeVacationDaysOneTime::Calendar1* erfolgt wie in Abschnitt »Feiertage und Betriebsferien kontrollieren« auf Seite 67 beschrieben.

An welchem Wochentag eine neue Woche startet, legen Sie im Bereich *CalendarWeekDayStart::Calendar1* fest (den Sie in der Regel ganz oben auf der Seite finden). Standardmäßig beginnt die Woche mit einem Montag, wie es auch in Deutschland üblich ist. Um den Beginn der Woche auf einen anderen Tag zu legen, fahren Sie mit der Maus auf das Eingabefeld, klicken das erscheinende *Einstellung bearbeiten* an, klicken in das Eingabefeld, wählen den entsprechenden Wochentag aus und lassen Ihre Entscheidung mit einem Klick auf die Schaltfläche mit dem Haken speichern.

Welchen Kalender Sie für welche Zwecke verwenden, bleibt Ihnen überlassen. Sie sollten dem Kalender aber im Feld *TimeZone::Calendar1Name* einen eindeutigen Namen geben beziehungsweise dort den Zweck kurz umreißen. Dazu fahren Sie mit dem Mauszeiger auf das Eingabefeld, klicken *Einstellung bearbeiten* an, tippen in das Eingabefeld eine passende Bezeichnung, wie etwa Geschäftszeiten Callcenter, und klicken rechts auf den Haken.

In jedem Fall kommen die Kalender erst dann zur Anwendung, wenn Sie sie später explizit einer Queue zuweisen. Wie das funktioniert, wird später noch ausführlich in Kapitel 8, *Queues*, betrachtet. Beachten Sie zudem, dass die neun hier vorgestellten Kalender nichts mit den Kalendern aus Kapitel 10, *Kalender*, gemein haben.

KAPITEL 5

E-Mail-Einstellungen

Die Anfragen von Kunden dürften in vielen Fällen per E-Mail eintrudeln. Damit OTRS diese E-Mails entgegennehmen und korrekt verarbeiten kann, müssen Sie das Ticketsystem mit den entsprechenden Postfächern bekannt machen.

Grundeinstellungen korrigieren

Zuvor sollten Sie allerdings noch ein paar Grundeinstellungen überprüfen, die sich auf den E-Mail-Versand auswirken. Dazu rufen Sie im Hauptmenü *Admin* auf und klicken dann im Bereich *Administration* auf die *Systemkonfiguration*.

Dort klicken Sie zunächst auf der linken Seite im Kasten *Navigation* auf *Core*. Suchen Sie dann auf der rechten Seite den Kasten *FQDN*. Darin sollte im Eingabefeld der sogenannte *Full Qualified Domain Name* (kurz FQDN) Ihres OTRS-Systems erscheinen. Vereinfacht gesagt, handelt es sich um den Namen des Computers, auf dem OTRS läuft. Sollte der FQDN nicht stimmen, fahren Sie mit der Maus auf den Kasten, lassen die *Einstellung bearbeiten*, ändern den Domainnamen entsprechend ab und klicken dann rechts im Kasten auf den Haken. OTRS verwendet den FQDN später automatisch an verschiedenen Stellen, deshalb sollte er korrekt sein.

Weiter geht es im Kasten *Organization*. Den hier hinterlegten Unternehmensnamen versteckt OTRS später in den Metadaten aller verschickten E-Mails. Um die vorgeschlagene *Example Company* zu ändern, fahren Sie mit der Maus auf den Kasten, klicken auf *Einstellung bearbeiten* und geben in das Eingabefeld den Namen Ihrer Firma ein. Sofern Sie OTRS als Selbstständiger oder Freiberufler nutzen, hinterlegen Sie hier Ihren eigenen Namen. Vereine verwenden analog ihren Vereinsnamen. In jedem Fall übernehmen Sie die Änderung mit einem Klick auf den Haken rechts im Kasten.

Wenden Sie sich jetzt wieder auf der linken Seite dem Kasten *Navigation* zu, in dem Sie auf das kleine schwarze Dreieck vor dem Begriff *Core* klicken. Es klappen jetzt weitere Punkte auf, von denen Sie *Email* anklicken. Suchen Sie auf der rechten Seite den Kasten *AdminEmail* (er müsste ganz oben zu finden sein). Darin sollten Sie die E-Mail-Adresse des Administrators ablesen können, die Sie bereits bei der Installation vorgegeben haben. Wann immer ein Systemfehler auftritt, zeigt OTRS dem Agenten diese E-Mail-Adresse an. Der Agent kann dann unter dieser Adresse um Hilfe bitten. Wenn sich mehrere Administratoren um die Wartung von OTRS kümmern, sollten Sie hier explizit die E-Mail-Adresse zu einem Postfach hinterlegen, auf das alle diese Administratoren Zugriff haben. Damit ist sichergestellt, dass Fragen von Agenten nicht untergehen und in der Urlaubszeit nicht liegen bleiben. Sofern Sie die E-Mail-Adresse ändern müssen, fahren Sie mit der Maus auf den Kasten, klicken *Einstellungen bearbeiten* an, ändern die E-Mail-Adresse und bestätigen sie mit einem Klick auf den Haken.

Suchen Sie jetzt den Kasten *NotificationSenderEmail*. Wenn OTRS E-Mails verschickt, verwendet es als Absender die dort im Eingabefeld aufgeführte E-Mail-Adresse. Den Platzhalter <OTRS_CONFIG_FQDN> ersetzt das Ticketsystem dabei selbstständig durch den Full Qualified Domain Name, den Sie weiter oben schon vorgegeben beziehungsweise korrigiert haben. Wenn OTRS eine andere E-Mail-Adresse verwenden soll, fahren Sie mit der Maus auf den Kasten, klicken auf *Einstellung bearbeiten* und tauschen die E-Mail-Adresse aus. Dabei können Sie den Platzhalter <OTRS_CONFIG_FQDN> verwenden – müssen es aber nicht. Nach Ihrer Änderung lassen Sie die Einstellungen mit einem Klick auf den Haken anwenden.

Wenn OTRS E-Mails verschickt, nutzt es als Absender zudem den Namen, der im Kasten *NotificationSenderName* notiert ist. Möchten Sie die ziemlich allgemeine Vorgabe *OTRS Notifications* gegen einen anderen Namen austauschen, fahren Sie mit der Maus auf den Kasten, klicken *Einstellung bearbeiten* an, tauschen den Namen im Eingabefeld aus und klicken rechts auf den Haken.

Sofern Sie irgendwo eine Änderung vorgenommen haben, müssen Sie diese noch explizit in Betrieb nehmen. Dazu klicken Sie ganz oben auf der Seite am linken Rand im Kasten *Aktionen* auf *Inbetriebnahme*, dann auf *Ausgewählte Einstellungen in Betrieb nehmen* und schließlich auf *Jetzt in Betrieb nehmen*.

(System-)E-Mail-Adressen hinterlegen

Ihre Kunden müssen Sie unter mindestens einer E-Mail-Adresse erreichen können. Häufig ist das eine Adresse der Art support@example.com. In größeren Unternehmen gibt es häufig sogar mehrere Postfächer. Beispielsweise könnte der technische Kundendienst unter support@example.com erreichbar sein, während allgemeine Fragen zur Produktpalette an info@example.com gehen. Alle diese E-Mail-Adressen müssen Sie OTRS zunächst bekannt geben. Dazu rufen Sie den Menüpunkt *Admin* auf und klicken dann im Abschnitt *Kommunikation & Benachrichtigungen* auf *E-Mail-Adressen*.

In der jetzt erscheinenden *Liste* zeigt Ihnen OTRS alle E-Mail-Adressen an, die es bereits kennt. Direkt nach der Installation ist das sehr wahrscheinlich nur otrs@localhost (siehe Abbildung 5-1).

Abbildung 5-1: Direkt nach der Installation kennt OTRS nur diese E-Mail-Adresse.

Um eine weitere E-Mail-Adresse zu hinterlegen, klicken Sie auf *Systemadresse hinzufügen*. Sie landen damit im Formular aus Abbildung 5-2. Tragen Sie zunächst unter *E-Mail-Adresse* die entsprechende E-Mail-Adresse ein, wie etwa support@example.com. Den *Anzeigenamen* verwendet OTRS später in allen Antworten als Absender. Hier sollten Sie den Namen Ihres Unternehmens beziehungsweise der zuständigen Abteilung eingeben, wie beispielsweise Support Krittenbeck GmbH.

System-E-Mail-Adresse hinzufügen	
★ E-Mail-Adresse:	support@krittenbeck.com
★ Anzeigename:	Support Krittenbeck GmbH
	Der Anzeigename und die E-Mail-Adresse werden für die gesendeten Mail verwendet.
★ Queue:	Raw
★ Gültigkeit:	gültig
Kommentar:	Allgemeine E-Mail-Adresse für den Support
	Speichern oder Abbrechen

Abbildung 5-2: Hier wird gerade die E-Mail-Adresse support@krittenbeck.com hinterlegt.

Schickt ein Kunde eine E-Mail an diese Adresse, erstellt OTRS automatisch ein passendes Ticket und schiebt dieses Ticket in eine Warteschlange, die sogenannte Queue. Welche Warteschlange OTRS verwenden soll, bestimmen Sie unter *Queue*: Klicken Sie in das Feld und suchen Sie sich dann in der Liste die passende Warteschlange aus. OTRS bringt bereits vier Warteschlangen mit:

- *Junk* soll alle Spam-Nachrichten und Spaßanfragen sammeln.
- *Raw* soll alle Kundenanfragen aufnehmen.
- *Misc* dient als Sammelbecken für alle übrigen Tickets.
- *Postmaster* ist eine weitere Beispiel-Queue, die als Alternative zu *Raw* oder beliebige andere Zwecke genutzt werden kann.

Im Beispiel sollen die Kunden über die E-Mail-Adresse support@krittenbeck.com ihre Fragen und Beschwerden einreichen können. Die entsprechenden Tickets gehören folglich in die Queue *Raw*.

Sollten Sie jetzt unsicher sind, stellen Sie unter *Queue* erst einmal immer *Raw* ein. Damit ist sichergestellt, dass die eingehenden Anfragen garantiert nicht verloren gehen. Wenn Sie später mit den Warteschlangen etwas vertrauter geworden sind, können Sie hier die Queue jederzeit noch nachträglich ändern und so die eingehenden E-Mails in eine andere, passendere Warteschlange umleiten.

Stellen Sie sicher, dass *Gültigkeit* auf *gültig* steht. Nur dann lässt sich die E-Mail-Adresse später einsetzen. Sie ändern den Wert, indem Sie in das Eingabefeld klicken und dann *gültig* auswählen. Unter *Kommentar* sollten Sie noch kurz den Zweck der E-Mail-Adresse beschreiben, wie etwa `Anlaufstelle für technische Defekte`.

Stimmen alle Angaben, klicken Sie auf *Speichern*. OTRS prüft jetzt sehr wahrscheinlich, ob die eingetragene E-Mail-Adresse tatsächlich existiert. Dazu benötigt das Ticketsystem einen funktionierenden Zugang zum Internet. Insbesondere wenn OTRS in einem abgeschotteten Intranet läuft, ist das jedoch nicht immer möglich. In solchen Fällen müssen Sie Ihre Firewall entsprechend anpassen. Alternativ können Sie die Prüfung der E-Mail-Adresse komplett abschalten. Wie das funktioniert, erläutert der Kasten »E-Mail-Prüfung abschalten« auf Seite 77.

Eine einmal angelegte E-Mail-Adresse lässt sich nicht mehr löschen, wohl aber jederzeit nachbearbeiten und deaktivieren. Dazu klicken Sie in der Liste (aus Abbildung 5-1) die entsprechende E-Mail-Adresse an. OTRS öffnet dann wieder das bekannte Formular aus Abbildung 5-2, in dem Sie Ihre Änderungen vornehmen. Dort können Sie die E-Mail-Adresse deaktivieren, indem Sie *Gültigkeit* auf *ungültig* setzen (den Punkt *ungültig-temporär* erläutert der Kasten »ungültig-temporär« auf Seite 76). Ihre Änderungen übernehmen Sie mit *Speichern und abschließen*, ein Klick auf *Abbrechen* verwirft sie hingegen.

---

ungültig-temporär

In OTRS treffen Sie häufig auf die Einstellung *Gültigkeit*. Mit ihr können Sie das entsprechende Element deaktivieren oder abschalten. Setzen Sie beispielsweise in den Einstellungen einer E-Mail-Adresse den Punkt *Gültigkeit* auf *ungültig*, können Sie die E-Mail-Adresse innerhalb von OTRS nirgendwo mehr auswählen.

Neben *ungültig* gibt es auch noch den Punkt *ungültig-temporär*. Dieser bewirkt exakt das Gleiche wie *ungültig* und existiert rein aus historischen Gründen: Hin und wieder muss man bestimmte Elemente nur vorübergehend deaktivieren. Die E-Mail-Adresse könnten Sie beispielsweise während Wartungsarbeiten am Postfach abschalten. Damit Sie solche nur vorübergehend deaktivierten Elemente schneller wiederfinden, wurde der Punkt *ungültig-temporär* ins Leben gerufen. Da er in den meisten Fällen jedoch nur verwirrt, können Sie ihn einfach ignorieren.

Hinterlegen Sie auf die gezeigte Weise alle weiteren E-Mail-Adressen. Sie können sie erst einmal wie oben beschrieben der Queue *Raw* zuordnen. Damit ist sichergestellt, dass alle eingehenden E-Mails korrekt in OTRS ankommen und auch nicht übersehen werden können. Wenn Sie später Ihre Queues eingerichtet haben, sollten Sie hierhin zurückkehren und in den Einstellungen der E-Mail-Adressen die passenden Queues wählen.

Damit kennt OTRS Ihre E-Mail-Adressen. Wenn ein Kunde eine Anfrage an eine dieser E-Mail-Adressen schickt, muss sie OTRS irgendwie entgegennehmen. Das funktioniert auf zwei verschiedenen Wegen, mit denen sich der nachfolgende Abschnitt beschäftigt.

E-Mail-Prüfung abschalten

OTRS prüft standardmäßig, ob eine eingegebene E-Mail-Adresse tatsächlich existiert. Auf diese Weise soll verhindert werden, dass Antworten in den Weiten des Internets verloren gehen oder zurückkommen. Diese Prüfung ist folglich äußerst sinnvoll, weil sie Zeit und Arbeit spart. OTRS kann die E-Mail-Adresse allerdings nur dann prüfen, wenn eine Verbindung ins Internet besteht und das Ticketsystem dort sogenannte DNS-Server befragen kann. Andernfalls beschwert sich OTRS mit einer entsprechenden Fehlermeldung.

Sie können die Prüfung aber auch ganz gezielt abschalten. Das ist beispielsweise hilfreich, wenn Sie OTRS ausschließlich in einem abgeschotteten Intranet betreiben. Um die E-Mail-Überprüfung zu deaktivieren, rufen Sie in der Benutzeroberfläche von OTRS im Hauptmenü den Punkt *Admin* auf und klicken dann rechts im Bereich *Administration* auf *Systemkonfiguration*. Klicken Sie im Kasten *Navigation* auf das kleine Dreieck vor *Core* und dann auf den ausgeklappten Punkt *Email*. Suchen Sie hier den Bereich *CheckMXRecord*. Fahren Sie mit der Maus hinein und klicken Sie auf *Einstellung bearbeiten*. Entfernen Sie den Haken vor *Aktiviert* und lassen Sie Ihre Änderung mit einem Klick auf den Haken ganz rechts im Kasten speichern. Damit geht OTRS im Internet nicht mehr auf die Suche nach der E-Mail-Adresse. Die Änderungen müssen Sie abschließend explizit in Betrieb nehmen. Dazu klicken Sie links oben im Kasten *Aktionen* auf *Inbetriebnahme*, dann auf *Ausgewählte Einstellungen in Betrieb nehmen* und schließlich auf *Jetzt in Betrieb nehmen*.

Das Ticketsystem überprüft allerdings weiterhin, ob die E-Mail-Adresse korrekt aufgebaut und ob beispielsweise das @-Zeichen enthalten ist. Um auch diese Prüfung noch abzuschalten, suchen Sie den Bereich *CheckEMailAddresses*, fahren auf ihn mit der Maus, schalten den Bereich mit *Einstellung bearbeiten* frei, entfernen den Haken vor *Aktiviert* und klicken auf der rechten Seite auf den Haken. Auch hier müssen Sie die Änderungen anschließend noch in Betrieb nehmen (mit einem Klick auf *Inbetriebnahme* im Kasten *Aktionen*, einem weiteren auf *Ausgewählte Einstellungen in Betrieb nehmen* und auf *Jetzt in Betrieb nehmen*).

E-Mail-Anlieferung

Die eingehenden E-Mails kann OTRS entweder selbst direkt entgegennehmen oder aber sie aus einem bestehenden Postfach abholen. Zunächst zur letztgenannten Variante.

Über ein vorhandenes Postfach

Postfächer können Sie bei einem entsprechenden Anbieter anmieten, viele Unternehmen betreiben zudem einen eigenen E-Mail-Server. In solche bereitgestellten Postfächer kann OTRS regelmäßig hineinschauen und alle dort neu eingegangenen E-Mails jeweils in ein Ticket umwandeln.

Damit OTRS in die Postfächer linsen kann, müssen Sie dem Ticketsystem die Zugangsdaten für das beziehungsweise die Postfächer nennen. Dazu rufen Sie im Hauptmenü *Admin* auf und klicken im Bereich *Kommunikation & Benachrichtigungen* auf den Punkt *PostMaster-E-Mail-Konten*. In der *Liste* erscheint jetzt sehr wahrscheinlich schon ein Eintrag für das bei der Installation hinterlegte Postfach. Wenn Sie Kundenanfragen nur über dieses eine Postfach entgegennehmen, können Sie diesen Abschnitt überspringen.

Um die Zugangsdaten für ein weiteres Postfach zu hinterlegen, klicken Sie auf *E-Mailkonto hinzufügen*. Damit erscheint das Formular aus Abbildung 5-3. Es fragt alle Informationen ab, die für den Zugriff auf das Postfach notwendig sind. Das sind die gleichen Daten, die Sie auch in einem E-Mail-Programm angeben müssten.

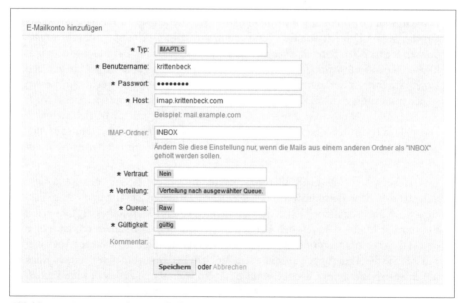

Abbildung 5-3: Hier werden gerade die Zugangsdaten für ein Postfach hinterlegt. Darin landen alle an die Adresse support@krittenbeck.com geschickten Anfragen.

Unter *Typ* stellen Sie zunächst ein, nach welchem Standard beziehungsweise Protokoll OTRS mit dem E-Mail-Server kommuniziert. Dazu klicken Sie in das Eingabefeld und wählen das zu Ihrem Postfach passende Verfahren aus. Wenn Sie den E-Mail-Server selbst aufgesetzt haben, kennen Sie die entsprechenden Einstellungen. Andernfalls finden Sie die notwendigen Informationen in der (Online-)Hilfe Ihres Anbieters. Empfiehlt dieser etwa IMAP mit einer TLS-Verschlüsselung, wählen Sie unter *Typ* den Punkt *IMAPTLS*. Hinter welcher Abkürzung sich welches Verfahren verbirgt, verrät Tabelle 5-1. Sofern bei Ihnen eines der Protokolle fehlt, haben Sie sehr wahrscheinlich nicht alle von OTRS benötigten Perl-Module installiert (siehe hierzu auch Abschnitt »Perl-Module einspielen« auf Seite 30).

Tabelle 5-1: Von OTRS unterstützte Kommunikationsprotokolle

Protokoll	In OTRS als Typ zu wählen
POP3	POP3
POP3 mit SSL-Verschlüsselung	POP3S
POP3 mit TLS-Verschlüsselung	POP3TLS
IMAP	IMAP
IMAP mit SSL-Verschlüsselung	IMAPS
IMAP mit TLS-Verschlüsselung	IMAPTLS

Wenn Sie *POP3* oder *IMAP* verwenden, wandern die Anmeldedaten unverschlüsselt über das Internet! Ein Angreifer könnte diese Daten abfangen und mit ihnen dann auf Ihr Postfach zugreifen. Sie sollten daher möglichst immer eine verschlüsselte Alternative wählen.

In den folgenden Feldern hinterlegen Sie die Anmeldedaten zu Ihrem Postfach, im Einzelnen den *Benutzernamen*, das *Passwort* und unter *Host* den Domainnamen des E-Mail-Servers. Auch hier kennen Sie die entsprechenden Daten entweder bereits oder erfahren Sie vom Anbieter Ihres Postfachs. Abbildung 5-3 zeigt ein paar typische Einstellungen.

Wenn Sie wie dort den Zugriff via *IMAPTLS* verwenden, holt OTRS die E-Mails standardmäßig aus einem Ordner namens *INBOX*, also dem Posteingang. Dort landen bei den meisten Anbietern immer alle eingehenden E-Mails. Soll OTRS die E-Mails aus einem anderen Ordner fischen, tragen Sie den Namen des Ordners unter *IMAP-Ordner* ein. Sind Sie sich nicht sicher, belassen Sie dort die Vorgabe *INBOX*.

Die Einstellung *Vertraut* erfordert eine etwas ausführlichere Erklärung: E-Mails bestehen nicht nur aus dem reinen Nachrichtentext, sondern enthalten auch ein paar weitere (Meta-)Informationen. Dazu gehören etwa das Versanddatum, der Name des Absenders und der Betreff. Da diese Daten immer am Anfang der E-Mail stehen, bezeichnet man sie als *E-Mail-Header*. Diese Informationen dürfen Sie um weitere für OTRS ergänzen. So könnten Sie dort etwa den Namen der Queue notieren, in die das zur E-Mail erstellte Ticket gehört. In die E-Mail einschmuggeln lässt sich der Name der Queue beispielsweise über ein eigenes, vorgeschaltetes Perl-Skript. Wenn Sie jetzt hier in den Einstellungen in das Eingabefeld *Vertraut* klicken und *Ja* wählen, berücksichtigt OTRS die Zusatzinformationen im E-Mail-Header und führt sogar passende Aktionen aus. Beispielsweise schiebt OTRS ein Ticket automatisch in die im E-Mail-Header angegebene Queue. Diesen Mechanismus können Sie dazu verwenden, Abläufe zu automatisieren beziehungsweise eingehende E-Mails zu filtern. Sie birgt aber auch die Gefahr, dass jemand mit einer manipulierten E-Mail die Tickets unerlaubt verändert. Setzen Sie daher *Vertraut* nur dann auf *Ja*, wenn Sie diese Funktion nutzen möchten und kein Fremder manipulierte E-Mails an das Postfach zustellen kann. Weitere Informationen zu diesen sogenannten *X-OTRS-Headern* finden Sie im nachfolgenden Abschnitt »Eingehende E-Mails filtern« auf Seite 83.

 Sollten Sie jetzt unsicher oder verwirrt sein, belassen Sie *Vertraut* auf *Nein*.

Wenn eine neue E-Mail eingeht, legt OTRS ein dazu passendes Ticket an und schiebt dieses wiederum in eine Queue. Um welche Queue es sich dabei handelt, legen Sie unter *Verteilung* fest: Zunächst können Sie OTRS anweisen, alle Tickets immer in einer fest vorgegebenen Queue abzulegen. Landen beispielsweise im Postfach ausschließlich E-Mails mit technischen Fragen, könnte OTRS die zugehörigen Tickets immer direkt in die Queue *Technik* schieben. Dazu klicken Sie in das Feld neben *Verteilung*, wählen *Verteilung nach ausgewählter Queue*, klicken dann in das Feld neben *Queue* und wählen die gewünschte Warteschlange aus – im Beispiel wäre das die Queue *Technik*.

Alternativ können Sie eine interessante Automatik nutzen: Im Abschnitt »(System-)E-Mail-Adressen hinterlegen« auf Seite 74 haben Sie E-Mail-Adressen hinterlegt. Jeder dieser E-Mail-Adressen haben Sie dabei auch eine Queue zugeordnet. OTRS kann jetzt bei jeder neu eintrudelnden E-Mail auf den Empfänger schauen. Sofern OTRS diese E-Mail-Adresse kennt, schiebt es das Ticket automatisch in die zur Adresse gehörenden Queue. Haben Sie beispielsweise der E-Mail-Adresse support@example.com die Queue *Raw* zugeordnet und liegt im Postfach eine an support@example.com adressierte Nachricht, erstellt OTRS aus ihr ein passendes Ticket und schiebt dieses dann automatisch in die Warteschlange *Raw*. Möchten Sie die Tickets auf diese Weise in die Queues einordnen lassen, klicken Sie in das Feld neben *Verteilung* und wählen *Verteilung nach To: Feld*. Kann OTRS keine passende Queue finden beziehungsweise zuordnen, landen die Nachrichten automatisch in der Queue *Raw*.

Sollten Sie unsicher sind, stellen Sie *Verteilung* auf *Verteilung nach ausgewählter Queue* und wählen unter *Queue* die Warteschlange *Raw*. Damit ist sichergestellt, dass im Postfach eingetrudelte Nachrichten automatisch in der Queue *Raw* landen und somit nicht übersehen werden. Wenn Sie mit den Queues vertrauter geworden sind und Ihre eigenen Queues eingerichtet haben, können Sie jederzeit wieder in die Einstellungen zurückkehren und die eingehenden Nachrichten in die passende Queue umleiten.

Stellen Sie sicher, dass *Gültigkeit* auf *gültig* steht. Nur dann holt OTRS auch wirklich E-Mails aus dem Postfach ab. Abschließend können Sie noch einen *Kommentar* hinterlegen. Im entsprechenden Feld sollten Sie kurz beschreiben, welche Anfragen über dieses Postfach eingehen werden. Klicken Sie dann auf *Speichern*.

Wenn OTRS eine E-Mail abholt, löscht es diese E-Mail aus dem Postfach. Möchten Sie die E-Mails behalten beziehungsweise archivieren, müssen Sie Ihren E-Mail-Server so einstellen, dass er eine Kopie jeder eingehenden E-Mail in einem anderen Ordner ablegt oder an ein anderes Postfach weiterleitet.

Damit kehren Sie automatisch zur Liste hinter *Admin → PostMaster-E-Mail-Konten* zurück. Sie zeigt Ihnen alle externen Postfächer an, aus denen OTRS E-Mails abholt. Sie können die jeweiligen Einstellungen testen, indem Sie in der äußerst rechten Spalte *Jetzt ausführen* auf *E-Mails abholen* klicken. OTRS meldet sich umgehend beim entsprechenden Postfach an und sieht nach, ob darin neue Nachrichten lagern. Sofern dieser Versuch fehlschlägt, erhalten Sie eine entsprechende Fehlermeldung. In diesem Fall klicken Sie in der Liste die Zeile mit dem Postfach an. Damit landen Sie wieder im bekannten Formular aus Abbildung 5-3. Korrigieren Sie die Einstellungen und klicken Sie auf *Speichern und abschließen*.

Sofern Sie das mitgelieferte Skript `otrs.Console.pl` mit dem Parameter `Maint::PostMaster::MailAccountFetch` aufrufen, sucht das Ticketsystem umgehend in sämtlichen ihm bekannten Postfächern nach neuen E-Mails. Das Skript liegt im Unterverzeichnis bin Ihrer OTRS-Installation. Wenn Sie den Angaben aus Kapitel 2, *Installation*, gefolgt sind, können Sie als Benutzer root folgenden Befehl aufrufen: `su -c "/opt/otrs/bin/otrs.Console.pl Maint::PostMaster::MailAccountFetch" -s /bin/bash otrs` Der OTRS-Benutzer heißt dabei otrs (weitere Informationen hierzu finden Sie in Abschnitt »Benutzerkonto anlegen« auf Seite 34.

Soll OTRS ein Postfach nicht mehr verwenden, können Sie dem Ticketsystem entweder den Zugriff verbieten oder aber die Zugangsdaten komplett aus OTRS entfernen. Um nur den Zugriff (vorübergehend) zu verbieten, klicken Sie in der Liste hinter *Admin → PostMaster-E-Mail-Konten* in der Zeile mit dem entsprechenden Postfach auf den *HOST/BENUTZERNAME*. Klicken Sie dann in das Eingabefeld

Gültigkeit, wählen Sie *ungültig* und lassen Sie Ihre Änderung *Speichern und abschließen*. Um später OTRS den Zugriff wieder zu erlauben, setzen Sie analog die *Gültigkeit* zurück auf *gültig*. Möchte Sie, dass OTRS das Postfach komplett vergisst, suchen Sie in der Liste hinter *Admin → PostMaster-E-Mail-Konten* die Zeile mit dem entsprechenden Postfach und klicken in seiner Zeile auf das Symbol mit dem Papierkorb (in der Zeile *Löschen*).

Über das Skript otrs.Console.pl Maint::PostMaster::Read

Bei der im vorherigen Abschnitt vorgestellten Methode ruft OTRS die E-Mails selbst bei einem E-Mail-Server ab. Sie können aber auch umgekehrt die eingehenden E-Mails direkt an OTRS übergeben. Dies setzt jedoch voraus, dass Sie sich mit der Einrichtung von E-Mail-Servern (*Mail Delivery Agent*, MDA) auskennen und auch die Kommandozeile nicht scheuen.

In dem Fall können Sie eingehende E-Mails an das Skript otrs.Console.pl Maint:: PostMaster::Read verfüttern. Dessen Hilfe nimmt auch die Universität zu Köln in Anspruch: Die zentrale Mailinfrastruktur liefert die eingehenden E-Mails an das Programm sendmail auf dem OTRS-Server, das die Nachrichten dann wiederum über das Skript in das Ticketsystem schiebt.

otrs.Console.pl Maint::PostMaster::Read erwartet die komplette E-Mail auf der Standardeingabe (STDIN) und führt sie dann direkt OTRS zu. Das Skript liegt im Unterverzeichnis bin Ihrer OTRS-Installation – meist also unter /opt/otrs/bin/. Aufrufen lässt es sich nur vom OTRS-Benutzer. Wenn Sie der Installationsanleitung aus Kapitel 2, *Installation*, gefolgt sind, heißt dieser Benutzer otrs.

Sie können das Skript testen, indem Sie ihm mit dem folgenden Bandwurmbefehl eine von OTRS mitgelieferte Test-E-Mail zuführen. Der Befehl setzt voraus, dass Sie als Benutzer root angemeldet sind, dass der OTRS-Benutzer otrs heißt und dass das Ticketsystem unter /opt/otrs installiert ist:

```
su -c "cat /opt/otrs/doc/sample_mails/test-email-1.box |
/opt/otrs/bin/otrs.Console.pl Maint::PostMaster::Read" -s /bin/bash otrs
```

Im Befehl leitet das Programm cat den Inhalt der Textdatei /opt/otrs/doc/sample_ mails/test-email-1.box an das OTRS-Skript /opt/otrs/bin/otrs.Console.pl Maint::PostMaster::Read weiter.

In der Benutzeroberfläche von OTRS sollte jetzt hinter dem Menüpunkt *Tickets → Ansicht nach Status* ein neues Ticket von einem gewissen Herrn *System Tester I* auftauchen. Wenn das geklappt hat, müssen Sie Ihren MDA so einrichten, dass er die E-Mails an otrs.Console.pl Maint::PostMaster::Read übergibt. Das Handbuch Ihres MDA kann Ihnen dabei bestimmt weiterhelfen.

Bis zur OTRS-Version 4 kam anstelle von otrs.Console.pl Maint::PostMaster:: Read das Skript otrs.PostMasterMailbox.pl zum Einsatz, das jedoch mittlerweile ausgemustert wurde und OTRS nicht mehr beiliegt.

Eingehende E-Mails filtern

Es würde den Callcentermitarbeitern einiges an Arbeit ersparen, wenn OTRS den Nachrichten des Stammkunden Heinz Schlotterbeck automatisch eine besonders hohe Priorität beimessen würde und zudem sämtliche E-Mails mit nervender Waschmittelwerbung selbstständig in die passende Queue *Junk* verschieben könnte. Solche automatisierten Sonderbehandlungen ermöglichen die sogenannten Filter sowie kleine Trick.

Arbeitsweise der Filter

Jede E-Mail enthält am Anfang einige nützliche Zusatzinformationen. Unter anderem stehen in diesem sogenannten *Header* der Name des Absenders und das Versanddatum. Diese Informationen dürfen E-Mail-Programme und Mail Transfer Agents um eigene weitere Daten ergänzen. Das nutzt auch OTRS aus: Das Ticketsystem fügt den E-Mails eigene Informationen hinzu, wie etwa die Kundennummer des Fragestellers oder den Namen des zuständigen Agenten. Zur besseren Unterscheidung beginnen alle von OTRS hinzugefügten Informationen immer mit X-OTRS. So weist etwa die Angabe X-OTRS-AttachmentCount: 2 darauf hin, dass die E-Mail zwei Anhänge mitbringt. Die OTRS-Dokumentation fasst alle diese vom Ticketsystem eingeschmuggelten Informationen unter dem Begriff *X-OTRS-Header* zusammen.

Empfängt OTRS eine E-Mail, wertet es die Informationen im Header aus und löst dann – falls notwendig – automatisch passende Aktionen aus. Taucht beispielsweise im Header der E-Mail die Angabe X-OTRS-Queue: Junk auf, würde OTRS das zugehörige Ticket automatisch in die Queue *Junk* verschieben.

Bevor OTRS eine eingegangene E-Mail endgültig verarbeitet, können Sie mit einem sogenannten Filter noch schnell selbst solche Zusatzinformationen in die Nachricht einschmuggeln und damit das Verhalten des Ticketsystems ganz gezielt beeinflussen. Ein Filter greift sich immer alle E-Mails, die einem von Ihnen vorgegebenen Kriterium entsprechen, und tackert dann die gewünschten Informationen an die Nachricht. Beispielsweise könnte ein Filter an alle E-Mails mit dem Absender waschmittel@example.com die Angabe X-OTRS-Queue: Junk heften. OTRS würde diese E-Mails dann im nächsten Schritt automatisch in die Queue *Junk* verschieben. Auf die gleiche Weise könnten Sie auch alle Anfragen von Heinz Schlotterbeck eine besonders hohe Priorität zukommen lassen (indem ein Filter allen seinen E-Mails den Hinweis X-OTRS-Priority: 5 hinzufügt).

Zusammengefasst, warten Filter auf den Eingang von ganz bestimmten E-Mails und erteilen dann dem Ticketsystem passende Anweisungen. Einen neuen maßgeschneiderten Filter legen Sie schnell und bequem in der Benutzeroberfläche von OTRS an.

Die Filter in OTRS sind nicht darauf ausgelegt, zuverlässig Spam zu erkennen und auszufiltern, sondern einzelnen E-Mails eine Sonderbehandlung zukommen zu lassen. Spam-Nachrichten sollten Sie deshalb schon möglichst frühzeitig von einer darauf spezialisierten Software ausfiltern lassen. An der Universität zu Köln durchlaufen beispielsweise alle E-Mails ein Cisco IronPort Gateway. Eine beliebte kostenlose Anti-Spam-Lösung ist das von der Apache Foundation betreute SpamAssassin (*http://spamassassin.apache.org/*).

Filter erstellen

Um einen neuen Filter zu erstellen, rufen Sie im Hauptmenü *Admin* auf und klicken dann im Bereich *Kommunikation & Benachrichtigungen* auf *PostMaster-Filter*. In der *Liste* erscheinen alle existierenden Filter. Nach der Installation ist noch keiner vorhanden, wodurch OTRS einfach jede E-Mail annimmt. Um das zu ändern, klicken Sie auf *Filter hinzufügen*. Sie landen damit im Formular aus Abbildung 5-4.

Abbildung 5-4: Der hier entstehende Filter sortiert alle E-Mails vom Absender waschmittel@example.com *aus.*

Zunächst geben Sie dem Filter im obersten Eingabefeld einen Namen, wie etwa Spam aussortieren. Dabei gibt es allerdings ein paar kleinere Stolperfallen: Zunächst wendet OTRS die Filter in alphabetischer Reihenfolge an. Gibt es beispielsweise einen Filter namens *Stammkunden bevorzugen* und einen weiteren namens *Spam aussortieren*, prüft OTRS die E-Mail erst auf Spam und schaut sich erst danach an, ob es sich um einen Stammkunden handelt (Spam kommt im Alphabet vor Stammkunden). Wenn also die Filter in einer ganz bestimmten Reihenfolge auf die E-Mails angewendet werden sollen, müssen Sie die Namen passend wählen. Am besten verpassen Sie ihnen am Anfang eine Zahl, die die Reihenfolge widerspiegelt – also etwa *02-Spam aussortieren*, wenn der Filter *Spam aussortieren* als zweiter Filter angewendet werden soll.

Des Weiteren wendet OTRS auf jede eingehende E-Mail standardmäßig immer *alle* Filter an. Wenn eine E-Mail als Spam klassifiziert ist, kann sich OTRS allerdings weitere Prüfungen sparen – ein Stammkunde kann es dann nicht mehr sein. Treffen also die gleich noch einzustellenden Kriterien zu, muss OTRS alle anderen Filter nicht mehr berücksichtigen. Genau das zeigen Sie OTRS an, indem Sie in das Feld *Stoppen nach Treffer* klicken und *Ja* wählen.

Filterbedingung festlegen

Wenden Sie sich als Nächstes dem etwas unübersichtlichen Bereich *Filterbedingung* zu. Dort legen Sie fest, welche E-Mails eine Sonderbehandlung erfahren sollen. Verschickt beispielsweise jemand Waschmittelwerbung mit der E-Mail-Adresse waschmittel@example.com, muss der Filter bei allen Nachrichten mit dem Absender waschmittel@example.com tätig werden.

Mit dieser Bedingung im Hinterkopf wenden Sie sich dem obersten Eingabefeld *Header-Feld durchsuchen* zu. Darin stellen Sie zunächst ein, welche Information der Filter in jeder E-Mail überprüfen soll. Möchten Sie die Post des Werbefachmanns für Waschmittel aussortieren lassen, muss der Filter den Absender der eingehenden E-Mails kontrollieren. Klicken Sie deshalb in das oberste Feld *Header-Feld durchsuchen* und wählen Sie *From* aus der Liste aus (siehe Abbildung 5-5).

Im Eingabefeld *nach Wert* hinterlegen Sie anschließend den abzugleichenden Begriff. Im Beispiel soll OTRS tätig werden, wenn die E-Mail vom Absender waschmittel@example.com stammt. Genau diese E-Mail-Adresse gehört folglich in das Eingabefeld *nach Wert* (siehe Abbildung 5-5).

Abbildung 5-5: Diese Bedingung sorgt dafür, dass sich OTRS alle E-Mails mit dem Absender waschmittel@example.com vorknöpft.

Sie können im Eingabefeld *nach Wert* auch sogenannte reguläre Ausdrücke nutzen. Dabei handelt es sich vereinfacht gesprochen um spezielle Platzhalter, die gleich mehrere Wörter oder Begriffe repräsentieren. So steht etwa *@example.com für alle E-Mail-Adressen, die auf @example.com enden. Die Zeichenkette (waschmittel|viagra)@example.com ist wiederum eine Kurzform für die beiden E-Mail-Adressen waschmittel@example.com und viagra@example.com. Mit einem regulären Ausdruck können Sie folglich OTRS unter anderem nach mehreren E-Mail-Adressen gleichzeitig Ausschau halten lassen. Einen Einstieg in die Welt der regulären Ausdrücke vermittelt neben anderen der entsprechende Wikipedia-Artikel unter *https://de.wikipedia.org/wiki/Regul%C3%A4rer_Ausdruck*.

Unter die Lupe nehmen kann ein Filter neben dem Absender auch alle anderen Bestandteile einer E-Mail. Wenn Sie beispielsweise den Inhalt der E-Mail nach einer bestimmten Zeichenkette wie etwa *Viagra* durchsuchen lassen möchten, stellen Sie unter *Header-Feld durchsuchen* den *Body* ein und tippen dann in das Eingabefeld *nach Wert* das Wort Viagra. Analog lässt sich via *Subject* der Inhalt der Betreffzeile prüfen. Unter *Header-Feld durchsuchen* stehen alle Informationen zur Auswahl, die jede E-Mail standardmäßig im Header mitliefert. In der Liste finden Sie dabei die im Header üblicherweise genutzten Schlüsselwörter (Tags), die sich jedoch leicht zuordnen lassen. So steht *From* für den Absender samt E-Mail-Adresse, *Date* für das Absendedatum. Eine ausführliche Beschreibung der Schlüsselwörter und der zugehörigen Informationen finden Sie unter anderem unter *https://th-h.de/net/usenet/faqs/headerfaq/*.

Wenn Sie den Spam-Filter SpamAssassin (*http://spamassassin.apache.org*) einsetzen, können Sie dessen Ergebnisse mit *X-Spam-Flag*, *X-Spam-Level*, *X-Spam-Score* und *X-Spam-Status* abfragen. Soll OTRS beispielsweise alle von SpamAssassin als Spam erkannten E-Mails in die Queue *Junk* schieben, stellen Sie unter *Header-Feld durchsuchen* den Punkt *X-Spam-Flag* ein und tippen dann in das Eingabefeld *nach Wert* das Wort Yes.

Die mit X-OTRS beginnenden Informationen stellt OTRS bereit. Welcher kryptische Begriff dabei für welche Information steht, verrät Tabelle 5-2 auf Seite 87. Würden Sie beispielsweise unter *Header-Feld durchsuchen* den Punkt *X-OTRS-CustomerUser* auswählen und in das Eingabefeld *nach Wert* den Begriff Peter Meier eintippen, würde der Filter alle Antworten vom (registrierten) Kunden Peter Meier einer Sonderbehandlung unterziehen. Einige der Informationen aus Tabelle 5-2 setzen Kenntnisse aus den nachfolgenden Kapiteln voraus. Wenn Sie einen der Punkte in der Tabelle nicht verstehen, ignorieren Sie ihn zunächst.

Wenn ein Kunde Sie zum ersten Mal anschreibt, fehlen in seiner E-Mail viele entsprechende Informationen. Insbesondere besitzt der Fragesteller noch kein Kundenkonto. Das sollten Sie im Hinterkopf behalten, wenn Sie hier die X-OTRS-Header auswerten.

Im Bereich *Filterbedingung* dürfen Sie nach dem gezeigten Prinzip noch elf weitere Bedingungen vorgeben. OTRS wird nur dann tätig, wenn *alle* diese Bedingungen zutreffen. Auf kleineren Bildschirmen beziehungsweise in Browserfenstern erscheinen die Eingabefelder nicht brav nebeneinander, sondern wie in Abbildung 5-5 versetzt untereinander. Sie müssen also immer aufpassen, welche Felder zusammengehören.

Wenn Sie einen Haken in das Feld *Negieren* setzen, darf die zugehörige Bedingung *nicht* erfüllt sein, damit der Filter greift. Würden Sie im Beispiel aus Abbildung 5-5 einen Haken bei *Negieren* setzen, würde sich OTRS alle E-Mails vorknöpfen, die *nicht* von der E-Mail-Adresse waschmittel@example.com versandt wurden.

Auswirkungen festlegen

Der Filter konzentriert sich jetzt nur noch auf ganz bestimmte E-Mails. Was mit ihnen passieren soll, legen Sie als Nächstes im Bereich *E-Mail-Kopfzeilen setzen* fest. Dort bestimmen Sie, welche Informationen beziehungsweise X-OTRS-Header der Filter für OTRS an die E-Mail heften soll.

Klicken Sie im Bereich *E-Mail-Kopfzeilen setzen* zunächst in das oberste Eingabefeld *Setze E-Mail-Kopfzeile*. In der aufklappenden Liste wählen Sie aus, welche Information beziehungsweise Anweisung der Filter in den Header der Nachricht setzen soll. Sämtliche angebotenen Möglichkeiten listet Tabelle 5-2 auf. Möchten Sie beispielsweise die E-Mail in die Queue *Junk* verschieben, wählen Sie *X-OTRS-Queue* aus. Sofern jetzt noch die Eingabe eines Werts notwendig ist, tippen Sie diesen in das nebenstehende Eingabefeld *Mit Wert*. Im Beispiel soll OTRS die E-Mail in die Queue *Junk* schieben. Geben Sie folglich Junk unter *Mit Wert* ein. Das Ergebnis sollte wie in Abbildung 5-6 aussehen. Einige der Punkte aus Tabelle 5-2 setzen das Wissen aus den nachfolgenden Kapiteln voraus. Wenn Sie mit ihnen im Moment noch nichts anfangen können, ignorieren Sie sie einfach.

Abbildung 5-6: Erfüllt eine E-Mail die weiter oben hinterlegten Bedingungen, schiebt OTRS sie mit diesen Einstellungen in die Queue Junk.

Tabelle 5-2: X-OTRS-Header und ihre Bedeutungen

Name	Bedeutung	Mögliche Werte
X-OTRS-AttachmentCount	Anzahl der Anhänge.	eine Zahl, wobei 0 für keinen Anhang steht
X-OTRS-Attachment	Zeigt an, ob die E-Mail einen Anhang besitzt.	yes oder no
X-OTRS-BodyDecrypted	Die unverschlüsselte Nachricht (sofern der Kunde eine verschlüsselte Anfrage geschickt hat).	ein Text
X-OTRS-CustomerNo	Die Anfrage ist dem Kunden mit dieser internen Identifikationsnummer zugeordnet.	ID des Kunden
X-OTRS-CustomerUser	Die Anfrage ist diesem Kundenbenutzer zugeordnet.	Name des Kundenbenutzers
X-OTRS-DynamicField-<DynamicFieldName>:	Speichert zusätzliche Informationen für das Ticket im dynamischen Feld <DynamicFieldName>.	abhängig vom dynamischen Feld
X-OTRS-FollowUp-...	Alle so beginnenden Punkte enthalten die entsprechenden Werte für alle nachfolgenden E-Mails.	
X-OTRS-Ignore	Bei einem Yes wird die E-Mail verworfen.	Yes oder alternativ True

Tabelle 5-2: X-OTRS-Header und ihre Bedeutungen (Fortsetzung)

Name	Bedeutung	Mögliche Werte
X-OTRS-IsVisibleForCustomer	Gibt an, ob der Artikel für den Kunden sichtbar ist.	bei einer 1 für den Kunden sichtbar
X-OTRS-Lock	Verrät, ob ein Ticket gesperrt oder frei ist.	`lock` oder `unlock`
X-OTRS-Loop	Ist der Wert `True`, verschickt OTRS keine automatische Antwort an den Absender der E-Mail. Dies soll verhindern, dass sich OTRS ständig selbst eine Antwort auf eine Antwort auf eine Antwort schickt (»Mail Loop Protection«).	`True`
X-OTRS-Owner	Der Besitzer beziehungsweise Eigentümer des zugehörigen Tickets.	Name des entsprechenden Agenten
X-OTRS-OwnerID	Die interne Identifikationsnummer des Besitzers beziehungsweise Eigentümers des Tickets.	ID des entsprechenden Agenten
X-OTRS-Priority	Die Priorität des zugehörigen Tickets.	von 1 (entspricht extrem geringer Priorität) bis 5 (sehr hohe Priorität)
X-OTRS-Queue	Das Ticket wird in der angegebenen Queue einsortiert.	Name der Queue, wie etwa `Junk`; eine Sub-Queue ist in der Form `Parent::Sub` anzugeben
X-OTRS-Responsible	Verantwortlich für das zugehörige Ticket ist der angegebene Agent.	Name des Agenten
X-OTRS-ResponsibleID	Verantwortlich für das zugehörige Ticket ist der Agent mit der hier angegebenen internen Identifikationsnummer.	ID des Agenten
X-OTRS-SenderType	Der »Typ« des Absenders: Hat ein Agent, das OTRS-System oder ein Kunde die Anfrage beziehungsweise das Ticket erstellt?	`agent`, `system` oder `customer`
X-OTRS-Service	Der Service eines Tickets.	abhängig von den Einstellungen; ein Sub-Service ist in der Notation `Parent::Sub` anzugeben
X-OTRS-SLA	Das *Service Level Agreement* (SLA).	abhängig von den Einstellungen
X-OTRS-State	Der Zustand des Tickets.	ein Zustand wie `new` oder `open`
X-OTRS-State-PendingTime	Die Wartezeit (Pending-Time) des zugehörigen Tickets.	ein Datum in der Form `2019-09-28 00:00:00` oder alternativ relative Zeitangaben, die sich auf das Empfangsdatum der E-Mail beziehen (In letztem Fall ist die Notation `+2d` zu verwenden. Der Buchstabe gibt dabei an, wie die Zahl zu interpretieren ist. `d` steht für Tage, `h` für Stunden, `m` für Minuten und `s` für Sekunden. `+2d` bezeichnet somit 2 Tage in der Zukunft.)
X-OTRS-Type	Der Typ des Tickets.	`default` (abhängig von den Einstellungen)

Dieses Verhalten können Sie auch gezielt ausnutzen, um OTRS »von außen« Informationen mit auf den Weg zu geben. Beispielsweise könnten Sie Ihre eigene Homepage um ein (Kontakt-)Formular erweitern, das dann die eingegebenen Daten in Form einer E-Mail an OTRS weiterreicht. Das Formular kann diese E-Mail zusätzlich noch mit den X-OTRS-Headern spicken und so eine ganz bestimmte Weiterverarbeitung erzwingen. So könnte das Formular mit den Headern `X-OTRS-DynamicField-ProcessManagement-ActivityID` und `X-OTRS-DynamicField-ProcessManagementProcessID` etwa ein Prozessticket erzeugen lassen. Da OTRS automatisch auf die X-OTRS-Header reagiert, müssen Sie dann noch nicht einmal einen Filter einrichten.

Nach dem gleichen Prinzip können Sie insgesamt elf weitere Aktionen hinzufügen. Je nachdem, wie groß Ihr Browserfenster ist, erscheinen die Eingabefelder nicht nebeneinander, sondern wie in Abbildung 5-6 leicht versetzt untereinander. Achten Sie in diesem Fall darauf, welche beiden Einstellungen zusammengehören. Wenn Sie alle Einstellungen vorgenommen haben, lassen Sie sie ganz unten auf der Seite *Speichern*.

Das Erstellen von passenden Filtern ist leider nicht trivial. Insbesondere wenn der Filter nur in ganz bestimmten Situationen greifen soll und Sie reguläre Ausdrücke einsetzen, können die Filterbedingungen schnell komplex werden. Damit dabei keine E-Mails versehentlich in falsche Queues einsortiert werden oder gar komplett verloren gehen, sollten Sie neue Filter zunächst in einer Testinstallation von OTRS ausprobieren. Die Filter sollten Sie dort dann mit speziellen Test-E-Mails und möglichst auch realen Anfragen füttern. Erst wenn der Filter bei diesen Tests das gewünschte Verhalten zeigt, sollten Sie ihn in der produktiven OTRS-Installation einrichten.

Filter ändern und löschen

Filter lassen sich nicht deaktivieren, sondern nur löschen oder ändern. Um Letzteres zu erreichen, klicken Sie in der Liste hinter *Admin → PostMaster-Filter* auf den Namen des Filters (in der ersten Spalte). Sie landen damit im bekannten Formular aus Abbildung 5-4, in dem Sie Ihre Änderungen vornehmen und sie dann *Speichern und abschließen* lassen.

Abbrechen würde hingegen die Änderungen wieder verwerfen. Möchten Sie einen Filter komplett loswerden, klicken Sie in der Liste hinter *Admin → PostMaster-Filter* auf das Symbol mit dem Papierkorb in der Spalte *Löschen*.

E-Mail-Versand

Antworten verschickt OTRS nicht selbst per E-Mail, sondern überlässt den Versand

- entweder einem der Programme Sendmail, Postfix, Qmail oder Exim
- oder aber einem externen E-Mail-Server, mit dem OTRS über das *Simple Mail Transfer Protocol* (kurz SMTP) kommuniziert. Dies kann auch verschlüsselt geschehen.

Welche der beiden Versandwege infrage kommt, hängt von Ihren Gegebenheiten und dem E-Mail-Aufkommen ab. In der Praxis übernimmt in der Regel ein separater SMTP-Server den Versand. In jedem Fall müssen Sie sich mit dem jeweiligen Versandweg auskennen. So benötigen Sie etwa bei einem SMTP-Server die passenden Zugangsdaten, während Sie beim Einsatz von Sendmail mit dessen Kommandozeilenparametern zurechtkommen müssen.

Versandweg ändern

Sämtliche Einstellungen rund um den E-Mail-Versand verstecken sich leider tief in den Grundeinstellungen von OTRS. Um zu ihnen zu gelangen, rufen Sie zunächst im Hauptmenü den Punkt *Admin* auf und klicken dann im Bereich *Administration* auf *Systemkonfiguration*. Auf der linken Seite im Kasten *Navigation* klicken Sie auf das kleine schwarze Dreieck vor *Core* und dann auf den dabei ausgeklappten Punkt *Email*. Suchen Sie jetzt auf der rechten Seite den Kasten *SendmailModule*, wie ihn Abbildung 5-7 zeigt. Lassen Sie sich dabei nicht von seinem Namen irritieren: Den Bereich müssen Sie auch dann ansteuern, wenn Sie die E-Mails über einen SMTP-Server verschicken lassen möchten.

Abbildung 5-7: In diesem Fall würde OTRS alle Antworten mit dem Programm Sendmail verschicken.

Fahren Sie mit der Maus auf diesen Bereich und lassen Sie die *Einstellung bearbeiten*. Klicken Sie jetzt in das Eingabefeld und wählen Sie aus der Liste die passende Versandart aus:

Kernel::System::Email::DoNotSendEmail

In dieser Einstellung würde OTRS keine E-Mails verschicken. Das ist nur in einer Testinstallation nützlich, in der keine E-Mails Ihren Computer verlassen sollen.

Kernel::System::Email::Sendmail

Der Versand erfolgt über eines der Programme Sendmail, Postfix, Qmail oder Exim. Diese müssen auf dem Computer installiert sein, auf dem OTRS läuft.

Kernel::System::Email::SMTP

OTRS verschickt die E-Mails über einen SMTP-Server. Die Kommunikation mit dem Server erfolgt dabei unverschlüsselt.

Kernel::System::Email::SMTPS

OTRS verschickt die E-Mails über einen SMTP-Server. Die Kommunikation mit dem Server erfolgt dabei verschlüsselt mit dem SMTPS-Verfahren (meist über Port 465).

Kernel::System::Email::SMTPTLS

OTRS verschickt die E-Mails über einen SMTP-Server. Die Kommunikation mit dem Server erfolgt dabei verschlüsselt mit dem STARTTLS-Verfahren (meist über den Port 587).

Kernel::System::Email::Test

Diese Einstellung ist rein für Testzwecke gedacht. OTRS verhält sich dann so, als würde es eine Verbindung aufbauen, und protokolliert diesen Versuch. Sie können die Einstellung *Kernel::System::Email::Test* normalerweise ignorieren.

Abhängig von Ihrer Wahl werden weitere Einstellungen notwendig.

Versand über Sendmail, Postfix, Qmail oder Exim

Wenn Sie die E-Mails über Sendmail, Postfix, Qmail oder Exim verschicken möchten, wählen Sie aus der Liste den Punkt *Kernel::System::Email::Sendmail*. Klicken Sie dann im Bereich rechts auf den Haken, um Ihre Wahl zu bestätigen. Suchen Sie anschließend auf der Seite den Kasten *SendmailModule::CMD* aus Abbildung 5-8, der sich etwas weiter unten befindet.

Abbildung 5-8: Hier würde OTRS dem Kommandozeilenprogramm Sendmail die E-Mails übergeben.

An das dort im Eingabefeld eingetragene Programm übergibt OTRS die zu verschickenden E-Mails. Standardmäßig ist das wie in Abbildung 5-8 das Kommandozeilenprogramm sendmail. Dieses erwartet OTRS im Unterverzeichnis /usr/bin. Beim Aufruf des Programms gibt ihm OTRS zudem noch die beiden Parameter -i und -f mit auf den Weg.

Wenn diese Vorgabe nicht stimmt oder Sie ein anderes Programm nutzen möchten, fahren Sie mit der Maus auf den Bereich, klicken auf *Einstellung bearbeiten* und hinterlegen im Eingabefeld den nötigen Programmaufruf. Dazu tragen Sie zunächst den kompletten Pfad zum entsprechenden Programm ein. Falls notwendig, hängen Sie diesem dann noch weitere Parameter an. Bestätigen Sie schließlich Ihre Eingabe mit einem Klick auf den Haken (rechts im Kasten).

Abschließend müssen Sie Ihre Änderungen noch in Betrieb nehmen. Dazu klicken Sie ganz links oben auf der Seite im Kasten *Aktionen* auf *Inbetriebnahme*, dann *Ausgewählte Einstellungen in Betrieb nehmen* und schließlich *Jetzt in Betrieb nehmen*.

Versand über einen SMTP-Server

Sofern ein externer SMTP-Server alle E-Mails zustellen soll, ermitteln Sie zunächst das Kommunikationsprotokoll. Im einfachsten Fall kommuniziert der Mailserver nur über das unverschlüsselte *Simple Mail Transfer Protocol* (SMTP). Stellen Sie dann im Bereich *SendmailModule* aus Abbildung 5-7 den Punkt *Kernel::System:: Email::SMTP* ein.

Aus Sicherheitsgründen sollten Sie diesen Weg nur in Ausnahmefällen wählen: Da die Anmeldedaten bei diesem Verfahren unverschlüsselt durch die Leitungen fließen, könnten Angreifer die Zugangsdaten abfangen und über den Server eigene Spam-E-Mails verschicken. Nutzen Sie daher nach Möglichkeit immer eine der folgenden verschlüsselten Kommunikationswege. Das gilt insbesondere dann, wenn der SMTP-Server nicht in Ihren eigenen Räumen steht.

Kommuniziert der E-Mail-Server mit OTRS nur verschlüsselt per SMTPS, wählen Sie *Kernel::System::Email::SMTPS*, kommt hingegen STARTTLS zum Einsatz, ist der Punkt *Kernel::System::Email::SMTPTLS* der richtige. Derzeit kommt bei den meisten E-Mail-Servern STARTTLS zum Einsatz, im Zweifel sollten Sie folglich zunächst *Kernel::System::Email::SMTPTLS* ausprobieren. In jedem Fall bestätigen Sie Ihre Wahl rechts im Kasten *SendmailModule* mit einem Klick auf den Haken.

OTRS muss sich beim SMTP-Server mit einem Benutzernamen und einem Passwort ausweisen. Diese Zugangsdaten haben Sie entweder bei der Einrichtung des SMTP-Servers selbst vergeben oder aber von Ihrem Dienstleister erhalten. Das Passwort hinterlegen Sie im Kasten *SendmailModule::AuthPassword*, den Abbildung 5-9 ganz oben zeigt. Fahren Sie mit der Maus auf den Kasten, lassen Sie die *Einstellung aktivieren* und dann die *Einstellung bearbeiten* und hinterlegen Sie im Eingabefeld das Passwort. OTRS zeigt dabei aus Sicherheitsgründen für jedes Zeichen nur einen schwarzen Punkt an. Ein Tippfehler im Passwort fällt häufig erst später indirekt dadurch auf, dass OTRS keine E-Mails verschickt. Achten Sie daher hier schon bei der Eingabe penibel darauf, dass das eingetippte Passwort stimmt. Bestätigen Sie es schließlich mit einem Klick auf den Haken auf der rechten Seite.

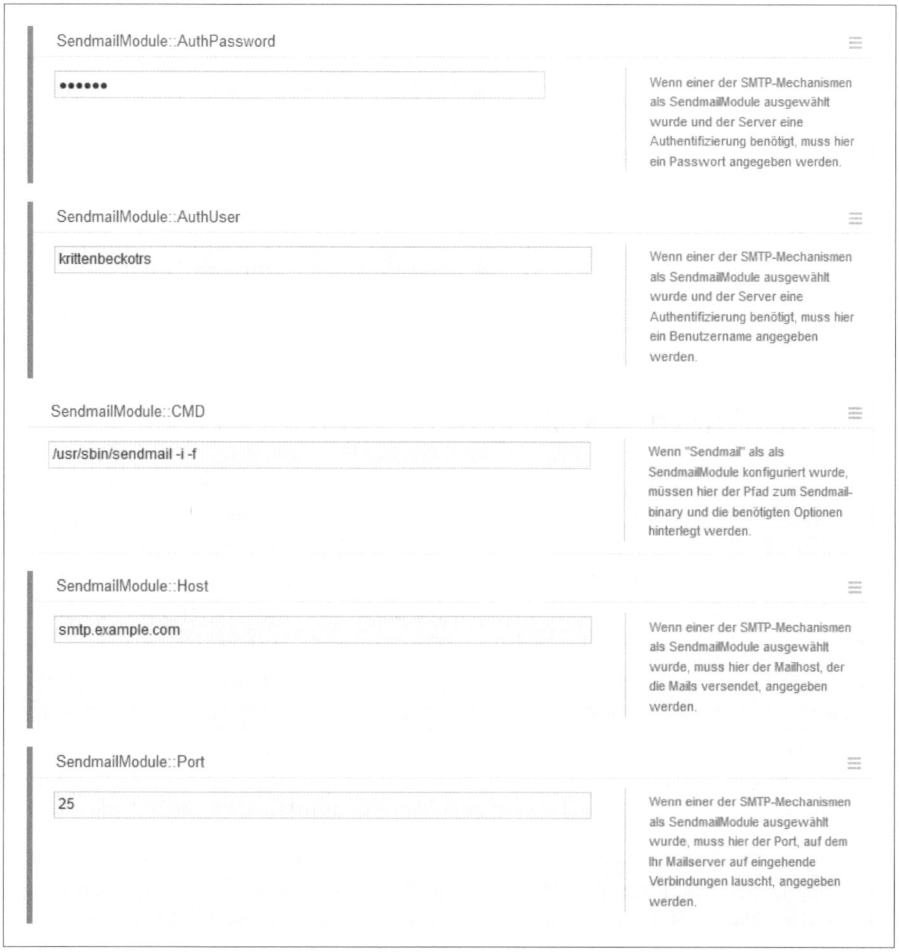

SendmailModule::AuthPassword	≡
••••••	Wenn einer der SMTP-Mechanismen als SendmailModule ausgewählt wurde und der Server eine Authentifizierung benötigt, muss hier ein Passwort angegeben werden.
SendmailModule::AuthUser	≡
krittenbeckotrs	Wenn einer der SMTP-Mechanismen als SendmailModule ausgewählt wurde und der Server eine Authentifizierung benötigt, muss hier ein Benutzername angegeben werden.
SendmailModule::CMD	≡
/usr/sbin/sendmail -i -f	Wenn "Sendmail" als als SendmailModule konfiguriert wurde, müssen hier der Pfad zum Sendmail-binary und die benötigten Optionen hinterlegt werden.
SendmailModule::Host	≡
smtp.example.com	Wenn einer der SMTP-Mechanismen als SendmailModule ausgewählt wurde, muss hier der Mailhost, der die Mails versendet, angegeben werden.
SendmailModule::Port	≡
25	Wenn einer der SMTP-Mechanismen als SendmailModule ausgewählt wurde, muss hier der Port, auf dem Ihr Mailserver auf eingehende Verbindungen lauscht, angegeben werden.

Abbildung 5-9: Hier würde OTRS über den SMTP-Server smtp.example.com seine E-Mails verschicken.

Als Nächstes wenden Sie sich dem Kasten *SendmailModule::AuthUser* zu (in Abbildung 5-9 der zweite von oben). Fahren Sie mit der Maus hinein, lassen Sie die *Einstellung aktivieren* und anschließend die *Einstellung bearbeiten*. Geben Sie in das Eingabefeld den Benutzernamen ein, mit dem sich OTRS beim SMTP-Server anmelden muss, und bestätigen Sie die Eingabe mit einem Klick auf den Haken.

Nachdem Sie auf diese Weise die Zugangsdaten hinterlegt haben, müssen Sie OTRS noch mitteilen, welchen SMTP-Server es nutzen soll. Dazu fahren Sie auf den Kasten *SendmailModule::Host* (in Abbildung 5-9 der zweite von unten). Lassen Sie die *Einstellung bearbeiten*, tippen Sie in das Eingabefeld den Domainnamen des SMTP-Servers ein und bestätigen Sie ihn mit einem Klick auf den Haken. Den Domainnamen des Servers kennen Sie entweder bereits oder haben ihn von Ihrem Dienstleister erhalten. Gleiches gilt auch für den sogenannten Port, an dem OTRS anklopfen muss. Diese Nummer verraten Sie dem Ticketsystem im Kasten *SendmailModule::Port* (in Abbildung 5-9 ganz unten). Fahren Sie mit der Maus hinein, lassen Sie die *Einstellung aktivieren* und dann die *Einstellung bearbeiten*. Tippen Sie in das freigeschaltete Eingabefeld die Portnummer ein und klicken Sie rechts auf den Haken. Bei einer unverschlüsselten Verbindung ist in der Regel Port 25 korrekt, bei einer verschlüsselten Verbindung kommt meist Port 587 zum Einsatz.

Abschließend müssen Sie Ihre Änderungen noch in Betrieb nehmen. Dazu klicken Sie ganz links oben auf der Seite im Kasten *Aktionen* auf *Inbetriebnahme*, dann auf *Ausgewählte Einstellungen in Betrieb nehmen* und schließlich auf *Jetzt in Betrieb nehmen*.

S/MIME-Verschlüsselung aktivieren

Ihre Kunden werden Ihnen in der Regel unverschlüsselte und unsignierte E-Mails schicken. Auf Wunsch nimmt OTRS aber auch mit dem S/MIME-Standard verschlüsselte Nachrichten entgegen. Zudem kann das Ticketsystem ausgehende Nachrichten mit diesem Verfahren verschlüsseln und signieren. Dazu müssen Sie sich allerdings mit dem S/MIME-Standard und der Software OpenSSL auskennen. Einen Einstieg in das S/MIME-Verfahren bietet etwa die Wikipedia unter *https://de. wikipedia.org/wiki/S/MIME*, Informationen zu OpenSSL finden Sie auf der Projekt-Website unter *https://www.openssl.org/*. Im Zweifelsfall überspringen Sie zunächst diesen Abschnitt, die S/MIME-Unterstützung können Sie auch noch zu einem späteren Zeitpunkt einschalten. Eine Alternative zu S/MIME ist die Verschlüsselung mit dem PGP-Verfahren, um das sich der direkt folgende Abschnitt kümmert.

Wenn Sie S/MIME einsetzen möchten, stellen Sie zunächst sicher, dass auf dem Server OpenSSL installiert ist. Bei den meisten großen Linux-Distributionen ist das standardmäßig der Fall. Melden Sie sich auf dem Server als OTRS-Benutzer an. Sofern Sie gerade als Benutzer root unterwegs sind und der OTRS-Benutzer otrs heißt, gelingt das mit dem Befehl su otrs.

Als Nächstes benötigen Sie eine *Certification Authority* (kurz CA) und die notwendigen Zertifikate. Die CA können Sie (testweise) selbst betreiben. Alle notwendigen Schritte lassen sich zudem schnell in einem temporären Verzeichnis mit dem Skript CA.pl erledigen, das OpenSSL beiliegt. Rufen Sie nacheinander folgende Befehle auf und beantworten Sie die dabei gestellten Fragen:

```
mkdir tmp; cd tmp
CA.pl -newca
CA.pl -newreq
```

```
CA.pl -signreq
CA.pl -pkcs12 "OTRS Certificate"
```

Der erste Befehl erstellt eine Certification Authority, der zweite einen Certificate Request, den der dritte signiert. Der vierte erzeugt schließlich mit dem Certificate Request Ihr eigenes Zertifikat.

Im nächsten Schritt müssen Sie die S/MIME-Funktion in OTRS aktivieren. Dazu rufen Sie im Hauptmenü den Punkt *Admin* auf und klicken im Bereich *Kommunikation & Benachrichtigungen* auf *S/MIME-Zertifikate*. Klicken Sie jetzt auf der linken Seite auf die Schaltfläche *SMIME-Unterstützung aktivieren*. Suchen Sie in der Liste auf der rechten Seite den Bereich *SMIME*, fahren Sie mit der Maus darauf und lassen Sie die *Einstellung bearbeiten*. Setzen Sie einen Haken in das Feld *Aktiviert* (wie in Abbildung 5-10) und klicken Sie auf den Haken ganz rechts, um die Änderung zu speichern.

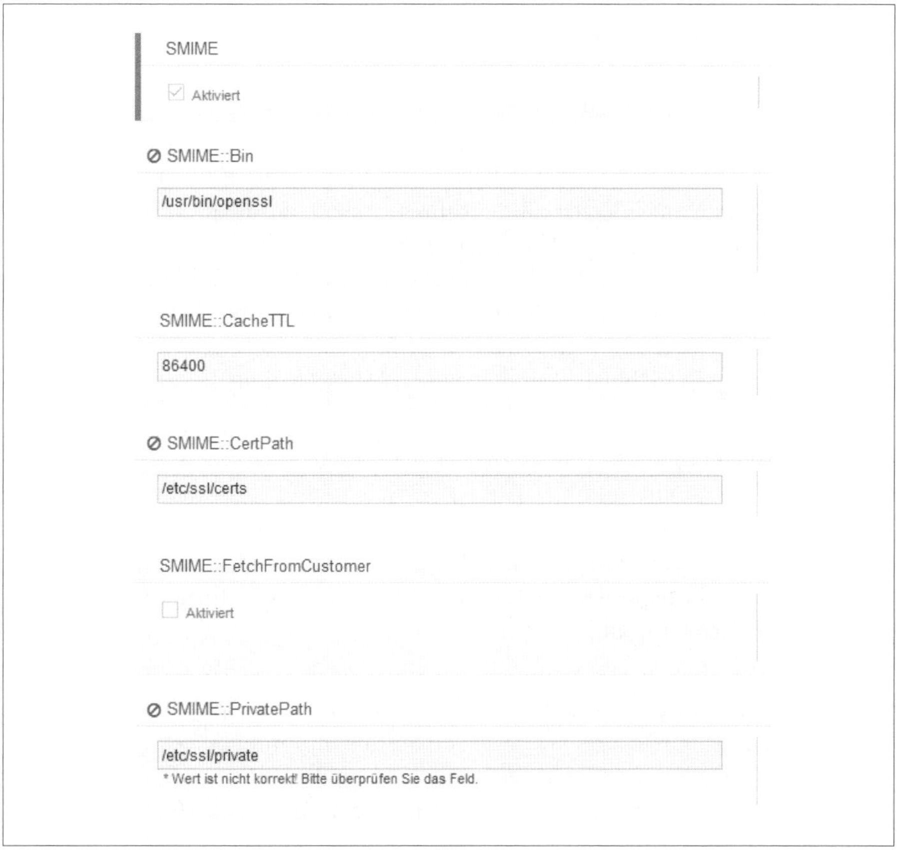

Abbildung 5-10: Mit diesen Einstellungen kennt OTRS ab sofort auch den S/MIME-Standard.

Wie die Programmdatei von OpenSSL heißt und in welchem Verzeichnis sie OTRS erwartet, steht im Eingabefeld neben *SMIME::Bin* (in der Regel heißt das Programm openssl und liegt im Verzeichnis /usr/bin). Fahren Sie jetzt mit der Maus auf den Bereich und lassen Sie die *Einstellung aktivieren*. Sofern Sie den Programmpfad anpassen müssen, klicken Sie dann noch auf *Einstellung bearbeiten*, passen den Pfad im Eingabefeld an und lassen die Änderung mit einem Klick auf den Haken ganz rechts auf der Seite speichern.

Die Zertifikate erwartet OTRS in dem Verzeichnis, das im Feld *SMIME::CertPath* notiert ist. Fahren Sie mit dem Mauszeiger auf den Bereich und lassen Sie die *Einstellung aktivieren*. Die privaten Zertifikate sucht OTRS im Verzeichnis *SMIME:: PrivatePath*. Auch hier fahren Sie mit dem Mauszeiger auf den entsprechenden Bereich und lassen die *Einstellung aktivieren*. Auf beide genannten Verzeichnisse benötigt das Ticketsystem Schreibrechte. Sie können die Pfade in den Feldern an Ihre Gegebenheiten anpassen, indem Sie mit der Maus auf den entsprechenden Bereich fahren, dann die *Einstellung aktivieren* lassen und *Einstellung bearbeiten* anklicken. Vergessen Sie nicht, die Änderungen mit einem Klick auf den Haken am rechten Rand des Bereichs zu speichern.

Wenn alle Einstellungen aktiviert und gegebenenfalls korrigiert sind, müssen Sie sie noch endgültig in Betrieb nehmen. Dazu klicken Sie auf der linken Seite im Kasten *Aktionen* auf *Inbetriebnahme*, dann auf den Punkt *Ausgewählte Einstellungen in Betrieb nehmen* und schließlich auf *Jetzt in Betrieb nehmen*. Zu den S/MIME-Einstellungen können Sie jederzeit zurückkehren, indem Sie zunächst *Admin → Systemkonfiguration* aufrufen. Klicken Sie jetzt links im Kasten auf das kleine schwarze Dreieck vor *Core*, dann auf das kleine schwarze Dreieck vor *Crypt* und schließlich auf den Eintrag *SMIME*. Sie landen damit wieder in den Einstellungen aus Abbildung 5-10. Vergessen Sie nicht, dass Sie nach einer Änderung die Einstellungen wieder explizit in Betrieb nehmen müssen (via *Inbetriebnahme*).

Rufen Sie erneut *Admin* auf und klicken Sie im Bereich *Kommunikation & Benachrichtigungen* den Punkt *S/MIME-Zertifikate* an. Erhalten Sie hier die Meldung *Fehlerhafte SMIME-Konfiguration*, haben Sie entweder falsche Einstellungen gewählt, oder aber OTRS kann nicht in die beiden Verzeichnisse mit den Zertifikaten schreiben. Klicken Sie dann auf *SMIME-Konfiguration prüfen* und passen Sie die Einstellungen an beziehungsweise gewähren Sie OTRS Schreibzugriff auf die entsprechenden Verzeichnisse.

Wenn die Einstellungen stimmen, können Sie unter *Admin → S/MIME-Zertifikate* via *Zertifikat hinzufügen* ein Zertifikat eines Kommunikationspartners hinzufügen. Über die Schaltfläche *Privaten Schlüssel hinzufügen* importieren Sie hingegen Ihren oder Ihre eigenen privaten Schlüssel. In beiden Fällen müssen Sie die entsprechende Datei via *Durchsuchen* auswählen und dann zum Server *Hinzufügen* beziehungsweise *Übermitteln* lassen. Im Fall des privaten Schlüssels müssen Sie noch das *Geheimnis* eintippen. Anschließend taucht das Zertifikat beziehungsweise der Schlüssel in der Liste auf. Dort können Sie einen Eintrag löschen, indem Sie in der entsprechenden Zeile auf den Papierkorb ganz rechts klicken. Die Zertifikate Ihrer Kunden können Sie auch in der Kundenverwaltung importieren, um die sich noch ausführlich Kapitel 7, *Kunden*, kümmern wird.

PGP-Verschlüsselung aktivieren

OTRS kann ein- und ausgehende E-Mails mit dem sogenannten PGP-Verfahren ver- und entschlüsseln beziehungsweise signieren. Um diese Möglichkeit zu aktivieren, müssen Sie sich mit PGP und dem Programm GnuPG auskennen. Einen Einstieg in das Verschlüsselungsverfahren vermittelt der entsprechende Wikipedia-Artikel unter *https://de.wikipedia.org/wiki/Pretty_Good_Privacy*, Informationen zu GnuPG finden Sie auf der entsprechenden Projekt-Homepage unter *https://www.gnupg.org*. Wenn Sie die Funktion nicht nutzen möchten, können Sie diesen Abschnitt einfach überspringen.

> Eine Ver- und Entschlüsselung der E-Mails ist nur dann sinnvoll, wenn die Empfänger die E-Mails ebenfalls ver- und entschlüsseln können.

Die Ver- und Entschlüsselung übernimmt im Hintergrund das Programm GnuPG, das folglich auf dem Server installiert sein muss. Letzteres ist bei den meisten großen Linux-Distributionen standardmäßig der Fall. Des Weiteren müssen Sie GnuPG für den OTRS-Benutzer konfigurieren – wenn Sie Kapitel 2, *Installation*, gefolgt sind, heißt dieser otrs. Für ihn müssen die passenden Verzeichnisse und ein privater Schlüssel erstellt werden. Das können folgende Befehle erledigen, die Sie als Benutzer root aufrufen:

```
su otrs
cd ~
gpg --gen-key
```

Der erste Befehl wechselt zum Benutzer otrs, der zweite in sein Heimatverzeichnis (wenn Sie Kapitel 2, *Installation*, gefolgt sind, ist das /opt/otrs), während der dritte Befehl den Schlüssel sowie alle notwendigen Unterverzeichnisse erzeugt.

Bevor Sie unter OTRS Nachrichten via PGP ver- und entschlüsseln können, müssen Sie die Funktion scharf schalten. Dazu rufen Sie im Hauptmenü *Admin* auf, klicken dann im Bereich *Kommunikation & Benachrichtigungen* auf *PGP-Schlüssel* und lassen links im Kasten die *PGP-Unterstützung aktivieren*. Suchen Sie auf der rechten Seite den Punkt *PGP*, fahren Sie mit der Maus auf seinen Bereich, lassen Sie die *Einstellung bearbeiten*, setzen Sie einen Haken vor *Aktiviert* und lassen Sie mit einem Klick auf den Haken auf der rechten Seite die Änderung speichern (wie in Abbildung 5-11).

```
PGP                                                    ≡

   ☑ Aktiviert                                 Aktiviert PGP-Support. Wenn PGP-
                                               Support für das signieren und
                                               verschlüsseln von Mails eingeschaltet
                                               ist, wird dringend empfohlen, den
                                               Webserver unter dem OTRS-Benutzer
                                               zu betreiben. Andernfalls werden
                                               Probleme mit den Berechtigungen
                                               auftreten, wenn auf das .gnupg-
                                               Verzeichnis zugegriffen wird.

   ⊘ PGP::Bin                                                             ≡

    /usr/bin/gpg                                Bestimmt den Pfad zur PGP-Binärdatei.


   PGP::Key::Password                                                     ≡

    488A0B8F          →  SomePassword          Legt das Passwort für den privaten
                                               PGP-Schlüssel fest.
    D2DF79FA          →  SomePassword
```

Abbildung 5-11: Mit diesen Einstellungen kann OTRS ab sofort E-Mails mit GnuPG ver- und entschlüsseln.

Wie die Programmdatei von GnuPG heißt und wo sie liegt, steht im Eingabefeld neben *PGP::Bin*. Standardmäßig erwartet OTRS das Programm unter dem Namen gpg im Verzeichnis /usr/bin. Fahren Sie mit der Maus auf den Bereich *PGP::Bin* und lassen Sie die *Einstellung aktivieren*. Sofern Sie den Pfad an Ihre Gegebenheiten anpassen müssen, klicken Sie noch auf *Einstellung bearbeiten*. Passen Sie den Pfad an und speichern Sie die Änderung mit einem Klick auf den Haken rechts.

Die Einstellungen im Bereich *PGP::Options* übergibt OTRS dem Programm gpg bei jedem Aufruf. Besonders wichtig ist dabei der Parameter --homedir: In dem direkt hinter ihm stehenden Verzeichnis stecken die GPG-Konfigurationsdateien für den OTRS-Benutzer. Wenn Sie alle Beispiele bis hierhin mitgemacht haben, ist das vorgegebene Verzeichnis /opt/otrs/.gnupg bereits korrekt. Sofern Sie das Verzeichnis oder die Parameter ändern müssen, fahren Sie mit der Maus auf den Bereich *PGP::Options*, klicken auf *Einstellung bearbeiten*, führen Ihre Änderungen durch und lassen sie mit einem Klick auf den Haken speichern.

Wenn Ihnen ein Kunde eine verschlüsselte E-Mail schicken möchte, chiffriert er seine Nachricht mit Ihrem öffentlichen Schlüssel (Public Key). OTRS entschlüsselt dann diese Nachrichten mit dem zugehörigen privaten Schlüssel (Private Key). Dessen ID und das entsprechende Passwort müssen Sie im Bereich *PGP::Key::Password* hinterlegen. Die ID des Private Key hat gpg bei der Erstellung des Schlüssels ausgegeben. Sollten Sie die ID nicht notiert oder gar vergessen haben, melden Sie sich als OTRS-Benutzer an und rufen gpg --list-keys auf. Wenn Sie bis hierhin alle Beispiele mitgemacht haben und auf dem Server als Benutzer root angemeldet sind, führen folgende drei Befehle zur benötigten Information:

```
su otrs
cd ~
gpg --list-keys
```

In der Ausgabe finden Sie die ID rechts neben sub in Form der acht Zeichen hinter dem ersten Schrägstrich. Das benötigte Passwort haben Sie beim Erstellen des Schlüssels vorgegeben. Mit der ID und dem Passwort im Hinterkopf fahren Sie in der Benutzeroberfläche von OTRS mit der Maus auf den Bereich *PGP::Key::Password*, lassen die *Einstellung bearbeiten* und klicken auf das Plussymbol. In das jetzt erscheinende Feld tragen Sie die ID ein und klicken dann auf den grünen Haken. Tippen Sie in das nächste erscheinende Feld das Passwort ein. Lassen Sie Ihre Änderungen über den Haken ganz rechts im Bereich *PGP::Key::Password* speichern. Wenn Sie weitere Private Keys besitzen beziehungsweise erstellt haben, wiederholen Sie das komplette Verfahren für alle privaten Schlüssel. Sie können ein Duo aus ID und Passwort löschen, indem Sie auf den Bereich *PGP::Key::Password* fahren, die *Einstellung bearbeiten* lassen und dann neben dem entsprechenden Pärchen auf das Minussymbol klicken. Alle mit dem zugehörigen Public Key verschlüsselten Nachrichten kann OTRS dann allerdings nicht mehr entschlüsseln. Vergessen Sie nicht, die Änderung mit einem Klick auf den Haken zu speichern.

Um die PGP-Unterstützung endgültig zu aktivieren, klicken Sie auf der linken Seite im Kasten *Aktionen* auf *Inbetriebnahme*, dann auf *Ausgewählte Einstellungen in Betrieb nehmen* und schließlich auf *Jetzt in Betrieb nehmen*. Damit ist die PGP-Funktion endlich aktiv. Zu den Einstellungen gelangen Sie jederzeit wieder, indem Sie *Admin → Systemkonfiguration* aufrufen. Klicken Sie jetzt links im Kasten *Navigation* auf das schwarze Dreieck vor *Core*, dann auf das schwarze Dreieck vor *Crypt* und schließlich auf *PGP*. Vergessen Sie nicht, dass Sie nach einer Änderung die Einstellungen wieder explizit in Betrieb nehmen müssen (via *Inbetriebnahme*).

Nachdem Sie die PGP-Funktion aktiviert haben, rufen Sie im Hauptmenü den Punkt *Admin* auf und klicken im Bereich *Kommunikation & Benachrichtigungen* auf *PGP-Schlüssel*. In der jetzt angezeigten Liste sollte bereits Ihr eigener öffentlicher Schlüssel erscheinen. Damit OTRS eine Nachricht an einen Ihrer Kunden verschlüsselt abschicken kann, müssen Sie den Public Key des Kunden importieren. Das gelingt entweder in der Kundenverwaltung oder aber, indem Sie hier auf *PGP-Schlüssel hinzufügen* klicken und dann via *Durchsuchen* die Datei mit dem Schlüssel auf Ihrer Festplatte auswählen. OTRS unterstützt dabei alle Schlüsselformate, die GnuPG versteht. Den Public Key lassen Sie schließlich *Hinzufügen*. Mit der Kundenverwaltung beschäftigt sich später noch ausführlich Kapitel 7, *Kunden*. In der Liste können Sie einen öffentlichen Schlüssel wieder entfernen, indem Sie in seiner Zeile auf das Papierkorbsymbol klicken.

Hilfe bei klemmenden E-Mails: das Kommunikationsprotokoll

Scheint beim E-Mail-Versand und -Empfang etwas schiefzulaufen, rufen Sie im Hauptmenü den Punkt *Admin* auf und klicken dann im Bereich *Kommunikation & Benachrichtigungen* auf das *Kommunikationsprotokoll*. Auf der jetzt angezeigten

Seite protokolliert OTRS nicht nur sämtliche Verbindungsversuche mit den E-Mail-Servern, sondern auch alle eventuell aufgetretenen Fehler und Probleme.

Werfen Sie zunächst einen Blick auf den Kasten *Status für* aus Abbildung 5-12. Sollten dort gelbe oder rote Warnmeldungen erscheinen, klemmt etwas bei Versand oder Empfang. Ein Problem liegt auch vor, wenn die *Durchschnittliche Verarbeitungszeit* (deutlich) angestiegen ist. In einem produktiven System sollte im Schnitt weniger als eine Sekunde vergehen. Bei einem höheren Wert sind entweder die E-Mail-Server überlastet und können nur langsam antworten, oder aber die Internetverbindung ist gestört.

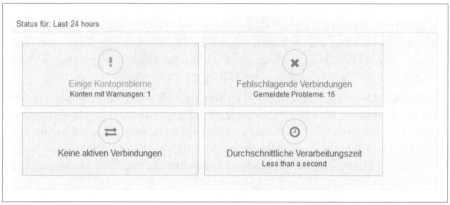

Abbildung 5-12: Hier konnte OTRS nicht mit dem E-Mail-Server kommunizieren.

Detailliertere Informationen erhalten Sie, indem Sie am unteren Rand der Seite auf die *Verbindungsliste* klicken. OTRS klappt daraufhin eine Liste aus, in der alle Kontaktversuche zu den E-Mail-Servern aufgeführt sind (wie in Abbildung 5-13). Wenn in der zweiten Spalte ein Pfeil nach links zeigt, hat OTRS versucht, E-Mails vom entsprechenden *KONTO* abzuholen. Zeigt der Pfeil hingegen nach rechts, hat OTRS versucht, eine E-Mail zu verschicken. Sofern der Eintrag rot erscheint, schlug der jeweilige Vorgang fehl. Über die Menüpunkte am oberen Rand der Liste können Sie uninteressante Einträge ausblenden lassen. Beispielsweise listet OTRS nach einem Klick auf *Nicht erfolgreich* nur noch alle fehlgeschlagenen Verbindungsversuche auf. Anstelle der Menüpunkte können Sie auch die Symbole im Kasten *Status für* verwenden. Ein Klick auf *Fehlgeschlagene Verbindungen* bewirkt beispielsweise das Gleiche wie ein Klick auf *Nicht erfolgreich*. Eine Ausnahme bildet der Punkt *Kontoprobleme*, der je nach aufgelaufenen Problemen auch *Fehlgeschlagene Konten* heißt – dazu in wenigen Zeilen mehr.

Damit Sie den Überblick behalten, zeigt Ihnen OTRS standardmäßig nur die Verbindungsversuche aus den letzten 24 Stunden an. Diesen *Zeitbereich* können Sie im gleichnamigen Kasten links oben verändern: Klicken Sie in das Eingabefeld und suchen Sie sich den entsprechenden Zeitraum aus. Wollte OTRS beispielsweise vor drei Tagen keine E-Mails abholen, wählen Sie *Letzte Woche*. In der *Verbindungsliste* erscheinen dann alle Verbindungsversuche, die OTRS in den letzten sieben Tagen durchgeführt hat. Je länger Sie den Zeitraum wählen, desto mehr Einträge erscheinen in der Verbindungsliste. Interessieren Sie sich nur für die Fehler eines ganz bestimmten E-Mail-Kontos, klicken Sie links oben im Kasten *Filter für Verbindungen* in das Eingabefeld und tippen einen Begriff ein. Schon beim Tippen zeigt OTRS in der Liste nur noch die zum Begriff passenden Einträge an. Abschließend können Sie noch die Einträge in der *Verbindungsliste* anders sortieren lassen. Dazu klicken Sie einfach auf die Spaltenbeschriftung. Bei einem Klick auf *DAUER* würde OTRS in der Liste ganz oben die Probleme anzeigen, die am längsten bestanden haben. Das kleine schwarze Dreieck zeigt dabei die Sortierreihenfolge an: Ein nach unten weisendes Dreieck neben *STARTZEIT* sorgt dafür, dass ganz oben in der Liste die zuletzt aufgebaute Verbindung erscheint. Bei einem nach oben zeigenden Dreieck würde hingegen die Liste die ältesten Verbindungsversuche ganz oben anzeigen. Die Sortierreihenfolge drehen Sie um, indem Sie erneut auf die Spaltenbeschriftung klicken.

OTRS tritt im Hintergrund automatisch immer wieder mit den E-Mail-Servern in Kontakt. Deshalb kann die Liste mit den (fehlgeschlagenen) Verbindungsversuchen schnell recht lang werden – auch wenn Sie den Betrachtungszeitraum auf die letzten 24 Stunden einschränken. Konzentrieren Sie sich dann erst einmal auf das letzte Problem, das die jüngste *STARTZEIT* aufweist (wenn Sie die Sortierreihenfolge nicht geändert haben, ist das der oberste Eintrag).

Abbildung 5-13: Hier konnte OTRS wiederholt keine eingegangenen E-Mails abholen.

OTRS zeigt Ihnen den Grund für ein Problem, wenn Sie den entsprechenden Eintrag in der Verbindungsliste anklicken. Sie landen dann in der Darstellung aus Abbildung 5-14. Ganz oben im Kasten *Verbindungsprotokoll-Übersicht* finden Sie noch einmal die angeklickte Zeile aus der Verbindungsliste. In den *Details des Verbindungsprotokolls* können Sie jetzt detailliert von oben nach unten nachvollziehen, was OTRS wann gemacht hat und welcher Fehler dabei auftrat. In Abbildung 5-14 hat das Ticketsystem zunächst versucht, eine Verbindung zu einem E-Mail-Server aufzubauen (Open connection to ... in der ersten Zeile). Wie die zweite Zeile protokolliert, schlug jedoch schon dieser Verbindungsversuch fehl. OTRS konnte also den entsprechenden E-Mail-Server gar nicht erst erreichen. Folglich liegt es nahe, dass entweder die Internetverbindung gestört war oder die Firewall den Zugriff blockiert hat. Zum Vergleich finden Sie in Abbildung 5-15 eine erfolgreiche Verbindung, bei der OTRS die E-Mails aus dem Postfach abholen konnte. Unter *INFORMATION* können Sie zudem ablesen, über welches Protokoll OTRS mit dem Server kommuniziert hat. Im Beispiel aus Abbildung 5-14 wollte das Ticketsystem über das POP3-Protokoll mit dem E-Mail-Server sprechen, wobei alle Daten via TLS verschlüsselt waren – so weit ist es allerdings gar nicht erst gekommen. Die Spalte *MODUL* zeigt an, welche Komponente innerhalb von OTRS für die Kommunikation zuständig war. Im Beispiel war dies das Modul zur Kommunikation via POP3-Protokoll.

Abbildung 5-14: In diesem Fall konnte OTRS keine Verbindung zum E-Mail-Server aufbauen …

Abbildung 5-15: … hier hingegen schon.

 Um die Fehlermeldungen zu verstehen, benötigen Sie Kenntnisse über den Ablauf der Kommunikation mit den E-Mail-Servern.

Wieder zum Bildschirm aus Abbildung 5-12 gelangen Sie mit einem Klick links oben auf *Zurück*. Wenn Sie dort das Feld *Kontoprobleme* beziehungsweise *Fehlge-*

schlagene Konten anklicken, landen Sie in der Darstellung aus Abbildung 5-16. Oben finden Sie eine Liste mit allen hinterlegten E-Mail-Konten. Wenn Sie eines davon anklicken, zeigt Ihnen OTRS darunter alle zugehörigen Verbindungsversuche. Auch hier liefert die Liste standardmäßig erst einmal nur die Verbindungsversuche der letzten 24 Stunden. Links im Kasten *Zeitbereich* können Sie mit einem Klick in das Eingabefeld den Zeitraum anpassen. Wenn Ihnen die beiden Listen zu unübersichtlich sind, können Sie die jeweils uninteressanten Einträge ausblenden lassen. Dazu tippen Sie in eines der beiden mit *Filter* überschriebenen Eingabefelder am linken Rand einen Begriff. Schon beim Tippen zeigt OTRS in der entsprechenden Liste nur noch alle Einträge, die zum Begriff passen. In der oberen Liste mit den Konten finden Sie in der letzten Spalte *BEARBEITEN* ein Symbol. Wenn Sie darauf klicken, öffnet OTRS in einem neuen Fenster beziehungsweise Tab die Einstellungen des entsprechenden Kontos (die bereits Abschnitt »Über ein vorhandenes Postfach« auf Seite 78 vorgestellt hat). Auf diese Weise können Sie schnell die Zugangsdaten austauschen. Ein Klick auf einen Verbindungsversuch im unteren Bereich öffnet hingegen die bekannte Detailansicht aus Abbildung 5-14.

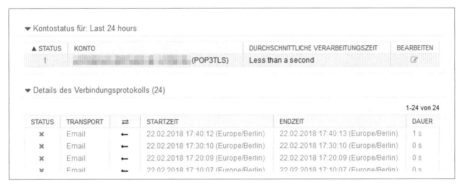

Abbildung 5-16: In dieser Darstellung listet OTRS die Verbindungen für ein ganz bestimmtes Konto auf.

KAPITEL 6

Schnelleinstieg

OTRS ist auf zahlreiche Benutzer, viele gleichzeitig eingehende Anfragen und komplexe Einsatzszenarien ausgelegt. Im Gegenzug fällt die Bedienung etwas komplizierter aus. Um den Einstieg zu erleichtern, führt Sie dieses Kapitel in einfachen, klaren Schritten durch das Ticketsystem. Es erklärt Ihnen, wie Sie OTRS mit Ihren Kunden bekannt machen, Tickets erstellen und Anfragen beantworten.

 OTRS arbeitet revisionssicher. Dies bedeutet, dass sich alle Aktionen und Antworten jederzeit lückenlos nachvollziehen lassen. In der Folge können Sie einmal eingegebene Daten nachträglich nicht wieder löschen. Wenn Sie die folgenden Schritte und Beispiele mitmachen möchten, sollten Sie daher möglichst eine Testinstallation von OTRS verwenden. Andernfalls bleiben die Beispiele für immer in Ihrem System.

Die Arbeit in OTRS läuft stets nach dem gleichen Prinzip ab: Zu der Anfrage eines Kunden erzeugt OTRS ein *Ticket*. Dieses wiederum landet in einer *Queue*. In dieser Warteschlange bleibt es liegen, bis sich ein *Agent* das Ticket nimmt und bearbeitet. In der Regel schreibt er dem Kunden eine Antwort und markiert dann das Ticket als bearbeitet. Genau diese einzelnen Schritte knöpfen sich die nachfolgenden Abschnitte nacheinander vor.

Schritt 1: Kunden anlegen

Das lauschige Hotel Waldschlösschen am Rande der Alpen möchte seine Zimmer mit neuen Fernsehgeräten bestücken. Nach kurzer Recherche ordert der Besitzer bei der Krittenbeck Elektro GmbH gleich ein ganzes Dutzend Fernseher mit der Modellbezeichnung KF4030. Im Hotel sind die Fernseher im täglichen Einsatz und somit größeren Belastungen ausgesetzt. Um dem Waldschlösschen und seinen Gästen bei Problemen und der Einrichtung der Geräte möglichst schnell helfen zu können, sollte die Krittenbeck Elektro GmbH ihrem OTRS-System das Hotel als neuen Kunden vorstellen. Das hat gleich mehrere Vorteile:

- Das Ticketsystem ordnet die vom Hotelpersonal gestellten Fragen automatisch dem Waldschlösschen zu. Auf diese Weise entsteht ein Archiv mit allen Anfragen und Antworten. Darin kann man später immer wieder nachschlagen, warum im Waldschlösschen vor einem Jahr die Fernseher das ZDF nicht anzeigen wollten und wie das Problem damals gelöst wurde. Darüber hinaus hilft das Archiv bei der Abrechnung: Man kann dem Waldschlösschen genau zeigen, welche (und wie viele) Leistungen die Kundenbetreuer wann erbracht haben.

- Man kann bei Bedarf die Anfragen des Hotels bevorzugt behandeln.

- Man kann bei Bedarf die Anfragen in eine eigene Queue und auf diese Weise gezielt an dieselben Agenten weiterleiten. Das Waldschlösschen hätte so seine festen Ansprechpartner beziehungsweise Kundenbetreuer, die sich mit den Fernsehgeräten und ihren typischen Defekten im Hotelbetrieb bestens auskennen. Das würde ganz nebenbei auch noch die Antwortzeiten beschleunigen.

- Der Besitzer des Hotels kann im von OTRS bereitgestellten Kundencenter jederzeit den Bearbeitungsstand seiner Anfragen einsehen und die Antworten auf zurückliegende Fragen nachschlagen.

Aus diesen Gründen soll OTRS im ersten Schritt das Waldschlösschen kennenlernen. Dazu melden Sie sich auf der Benutzeroberfläche von OTRS an. Rufen Sie dann im Hauptmenü den Punkt *Kunden → Kundenverwaltung* auf. OTRS zeigt Ihnen jetzt alle ihm bekannten Kunden an. Direkt nach der Installation von OTRS ist natürlich noch kein Kunde da, die Liste sollte also leer sein. Um das Waldschlösschen hinzuzufügen, klicken Sie auf die Schaltfläche *Kunden hinzufügen*. Im neuen Formular aus Abbildung 6-1 denken Sie sich zunächst für das Waldschlösschen eine neue *Kundennummer* aus. Sie können dabei eine beliebige Mischung aus Zeichen und Zahlen verwenden. Die Kundennummer muss lediglich für jeden Kunden einmalig sein. Da das Waldschlösschen der erste Kunde ist, vergeben Sie für das Beispiel die 001.

Eindeutig ist auch immer die E-Mail-Adresse des Kunden. Es bietet sich daher an, sie als Kundennummer zu verwenden. Die E-Mail-Adresse hat zudem den Vorteil, dass Sie schon mit dem Blick auf die Kundennummer eine Kontaktadresse sehen.

Tragen Sie anschließend unter *Name* den Namen des Kunden ein, im Beispiel also Hotel Waldschlösschen. In den nachfolgenden Feldern hinterlegen Sie die Adresse – im Beispiel können Sie einfach eine Nonsensanschrift angeben. Wenn Sie in das Feld *Land* klicken, öffnet sich automatisch eine Liste, aus der Sie sich den Staat herauspicken. Alternativ können Sie auch einfach den englischen Namen eintippen, wie etwa Germany für Deutschland. Alle anderen Einstellungen und Felder belassen Sie auf ihren Vorgaben beziehungsweise leer. Bestätigen Sie Ihre Eingaben mit *Speichern*.

Abbildung 6-1: Hier machen Sie OTRS mit dem Waldschlösschen bekannt.

Einen einmal angelegten Kunden können Sie in OTRS nie wieder löschen, Sie können nur nachträglich seine Daten verändern. Wenn Sie sich etwa beim Straßennamen vertippt haben, klicken Sie in der Liste auf die Kundennummer *001*, ändern die entsprechenden Informationen und lassen Ihre Änderungen *Speichern und abschließen*. Bei einem Klick auf *Speichern* würde OTRS Ihre Änderungen zwar übernehmen, das Formular aber noch geöffnet lassen. *Abbrechen* verwirft hingegen alle Änderungen.

Schritt 2: Kundenbenutzer anlegen

Das Waldschlösschen ist zwar Ihr Kunde, die eigentlichen Anfragen stellen aber die Mitarbeiter des Hotels. Für jeden dieser Mitarbeiter müssen Sie in OTRS ein eigenes Kundenkonto anlegen. Diese Trennung zwischen Firma und Angestellten erscheint zwar umständlich, hat aber einen entscheidenden Vorteil: Sollte ein Mitarbeiter im Hotel kündigen, müssen Sie in OTRS lediglich seinen eigenen Zugang zum Kundencenter sperren. Umgekehrt können Sie neuen Mitarbeitern schnell Zugriff auf das Kundencenter gewähren.

Die Mitarbeiter des Waldschlösschens bezeichnet OTRS etwas sperrig als *Kundenbenutzer*. Im Waldschlösschen kommuniziert im Moment lediglich Hotelbesitzer Peter Doje mit Ihnen. Es genügt daher, zunächst nur ihn mit OTRS bekannt zu machen. Dazu rufen Sie im Hauptmenü den Punkt *Kunden → Kundenbenutzerverwaltung* auf und klicken auf *Kundenbenutzer hinzufügen*. Es erscheint jetzt ein ziemlich großes Formular, doch keine Sorge: Es sieht wilder aus, als es tatsächlich ist. Von Bedeutung sind zunächst nur die mit einem Sternchen *markierten Felder.

Tippen Sie oben den Vornamen und den Nachnamen der Person ein, im Beispiel also Peter und Doje. Als Nächstes müssen Sie sich einen Benutzernamen und ein

Passwort ausdenken. Mit diesem Duo meldet sich Peter Doje später im Kundencenter von OTRS an. Der Benutzername ist in der Regel ein Kürzel oder ein Spitzname, im Beispiel würde sich pdoje anbieten. Das Passwort sollte aus einer Mischung aus Groß- und Kleinbuchstaben sowie Zahlen und Sonderzeichen bestehen. Später im Kundencenter kann Peter Doje dann ein eigenes Passwort wählen. Hier müssen Sie das Passwort blind eintippen – achten Sie folglich auf Tippfehler.

Kundenbenutzer hinzufügen

Titel oder Anrede:	
* Vorname:	Peter
* Nachname:	Doje
* Benutzername:	pdoje
Passwort:	••••••
* E-Mail:	doje@waldschloesschen-hohendechsdorf.
* Kundennummer:	001 Hotel Waldschlösschen
Telefon:	
Fax:	
Mobiltelefon:	
Straße:	Am Hühnbach 4
PLZ:	91234
Stadt:	Hohendechsdorf
Land:	Deutschland
Kommentar:	

Abbildung 6-2: Machen Sie hier OTRS mit Peter Doje bekannt. Die Einstellungen im unteren Teil des Formulars können auf ihren Standardwerten verbleiben.

Als Nächstes hinterlegen Sie im entsprechenden Feld die E-Mail-Adresse von Peter Doje. Diese E-Mail-Adresse muss existieren, weil OTRS dorthin auch alle Antworten schickt. Wenn Sie das Beispiel mitmachen möchten, sollten Sie daher unter *E-Mail* eine von Ihren eigenen E-Mail-Adressen verwenden, die OTRS noch nicht kennt.

Klicken Sie in das Eingabefeld *Kundennummer* und wählen Sie das *001 Hotel Waldschlösschen* aus. Damit weiß OTRS, dass der Kundenbenutzer Peter Doje zum Hotel Waldschlösschen gehört. In den nachfolgenden Feldern können Sie noch die (fiktiven) Telefonnummern und die (ausgedachte) Adresse von Peter Doje hinterlegen. Im Beispiel ist diese identisch mit der Anschrift des Hotels (siehe Abbildung 6-2).

Alle anderen Einstellungen belassen Sie auf ihren jeweiligen Vorgaben. Legen Sie den Kundenbenutzer an, indem Sie auf *Speichern* ganz am unteren Seitenrand klicken. Sofern Sie im vorherigen Kapitel die Einstellungen nicht verändert haben, prüft OTRS jetzt, ob die E-Mail-Adresse von Peter Doje existiert. Dazu benötigt OTRS eine bestehende Internetverbindung. Sollte die Prüfung fehlschlagen oder OTRS nicht ins Internet gelangen, erhalten Sie eine entsprechende Fehlermeldung. (Wie Sie diese automatische Prüfung abschalten, verrät der Kasten »E-Mail-Prüfung abschalten« auf Seite 77.)

Wie schon das Hotel lässt sich auch ein einmal angelegter Kundenbenutzer nicht wieder entfernen. OTRS kennt folglich Peter Doje jetzt für immer. Sie dürfen aber seine (Adress-)Daten jederzeit verändern – beispielsweise wenn sich seine Anschrift geändert hat. Dazu klicken Sie auf seinen Benutzernamen in der Liste, passen die entsprechenden Daten an und lassen Ihre Änderungen *Speichern und abschließen* (*Speichern* würde das Formular geöffnet lassen, *Abbrechen* wiederum alle Ihre Änderungen verwerfen).

Damit kennt jetzt OTRS das Waldschlösschen und dessen Besitzer Peter Doje. Als Nächstes muss eine Queue her, die sämtliche Anfragen aus dem Waldschlösschen sammelt. Damit wären gleichzeitig alle Vorbereitungen abgeschlossen, die ersten Fragen aus dem Waldschlösschen können eintrudeln.

Schritt 3: Telefon-Ticket erstellen

Zwei Wochen nach dem Kauf der neuen Fernseher ruft Peter Doje vollkommen aufgelöst bei der Krittenbeck Elektro GmbH an. Ein bekannter Rockstar hat über das Wochenende eines der Zimmer verwüstet. Glücklicherweise blieb der Fernseher verschont, nur die Fernbedienung besteht jetzt aus zwei Teilen. Peter Doje bittet daher um die Zusendung einer neuen Fernbedienung. Um diesem Wunsch nachzukommen, könnten Sie jetzt einfach den Hörer auflegen, eine der Fernbedienungen in einen Umschlag packen und sie abschicken. Das hat jedoch ein paar Nachteile:

- Sie haben den Anruf nicht protokolliert. Die defekte Fernbedienung taucht somit auch nicht in Ihren Statistiken auf. Sollte zudem Peter Doje später den Anruf leugnen und die Fernbedienung nicht bezahlen, können Sie das Gespräch nicht mehr nachvollziehen.

- Peter Doje erfährt nicht, ob und wie weit seine Anfrage bereits bearbeitet wurde und ob die Fernbedienung auf dem Weg zu ihm ist.

Also muss für die Anfrage von Peter Doje ein neues Ticket her, das den gesamten Vorgang protokolliert. OTRS kann allerdings nur aus eintrudelnden E-Mails automatisch ein passendes Ticket erstellen. Da Peter Doje angerufen hat, müssen Sie manuell ein Ticket anlegen. Damit Sie später nachvollziehen können, dass sich Peter Doje per Telefon gemeldet hatte, unterscheidet OTRS zwischen E-Mail-Tickets und Telefon-Tickets. In diesem Fall müssen Sie also ein Telefon-Ticket erstellen.

Rufen Sie dazu in der Benutzeroberfläche von OTRS den Menüpunkt *Tickets* →
Neues Telefon-Ticket auf. Es öffnet sich das Formular aus Abbildung 6-3. Darin
müssen Sie wieder mindestens alle mit einem Sternchen gekennzeichneten Felder
ausfüllen.

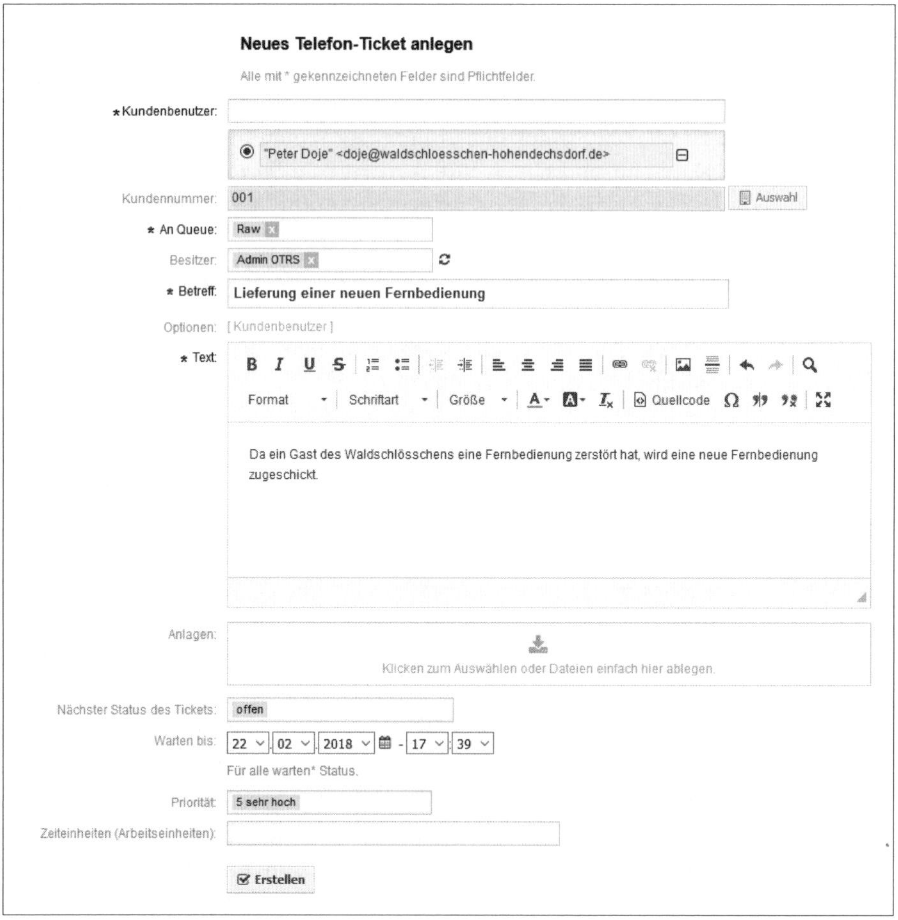

Abbildung 6-3: Das neue Telefon-Ticket protokolliert die Anfrage von Peter Doje.

Im obersten Feld suchen Sie zunächst den *Kundenbenutzer* aus, der bei Ihnen angerufen hat. Dazu klicken Sie in das Eingabefeld und geben den Namen ein – im Beispiel war das Peter Doje. Bereits beim Tippen klappt eine Liste auf, die alle
passenden Kundenbenutzer anbietet. Klicken Sie hier also Peter Doje beziehungsweise seine E-Mail-Adresse an. OTRS zeigt ihn jetzt wie in Abbildung 6-3 in einem
grauen Bereich an. Bei Bedarf könnten Sie nach dem gleichen Prinzip noch weitere
Kundenbenutzer hinzufügen – beispielsweise wenn Sie an einer Telefonkonferenz
mit mehreren Angestellten des Waldschlösschens teilgenommen haben. In diesem
Fall hatte nur Peter Doje angerufen.

Sie können auch direkt aus dem Formular heraus einen neuen Kundenbenutzer anlegen. Dazu klicken Sie im unteren Teil auf den etwas unscheinbaren orangefarbenen Link *[Kundenbenutzer]* (Sie finden ihn direkt über dem großen Eingabefeld *Text*). Es öffnet sich dann in einem Fenster die bereits bekannte Kundenbenutzerverwaltung aus dem vorherigen Abschnitt, in der Sie den neuen Kundenbenutzer anlegen und auswählen können. Detaillierte Informationen hierzu folgen später noch in Abschnitt »Tickets erstellen« auf Seite 244.

Sobald Sie den Kundenbenutzer ausgewählt haben, zeigt OTRS im Feld darunter seine *Kundennummer* an. Darüber hinaus finden Sie im Kasten *Kundeninformation* auf der rechten Seite weitere Informationen über Peter Doje und sein Waldschlösschen. Dort steht neben *Offene Tickets (Kunde)* in Klammern eine Zahl. Sie gibt an, wie viele Tickets dieses Kunden noch auf eine Beantwortung warten. Im Moment sind das 0 Tickets, was an dieser Stelle nicht weiter verwundert: Peter Doje hat schließlich zum ersten Mal angerufen.

In der Regel treffen jeden Tag mehrere Anfragen von unterschiedlichen Kunden ein. Damit diese zum einen nicht verloren gehen und zudem gerecht der Reihe nach abgearbeitet werden können, wandert jedes Ticket zunächst in eine Warteschlange, in OTRS als Queue bezeichnet. Auch das neue Telefon-Ticket müssen Sie in eine Queue stecken. Dazu klicken Sie in das Eingabefeld neben *An Queue* und wählen die passende Queue aus. OTRS bringt von Haus aus folgende Queues mit:

- *Junk* ist für Werbung und verirrten Spam gedacht.
- Die Queue *Raw* nimmt alle Kundenanfragen auf.
- *Misc* ist schließlich ein Sammelbecken für alle anderen Tickets.
- Die *Postmaster*-Queue ist eine weitere Beispiel-Queue für unterschiedliche Zwecke und somit eine Alternative zu *Raw*.

Für das Beispiel ist somit die Queue *Raw* die passendste. Wenn Sie versehentlich eine andere Queue ausgewählt haben, klicken Sie einfach noch einmal in das Feld *An Queue* und suchen die korrekte Queue aus.

Jedes Ticket hat einen *Besitzer*. Diese Person ist für das Ticket und dessen Bearbeitung verantwortlich. Für das gerade entstehende Ticket sind Sie verantwortlich. Den Besitzer stellen Sie ein, indem Sie zunächst rechts neben dem Feld *Besitzer* auf das Symbol mit den beiden gebogenen Pfeilen klicken. Nach einer kurzen Bedenkzeit schaltet OTRS das Feld frei. Dort tippen Sie Ihren Namen ein. Wenn Sie selbst OTRS installiert haben, geben Sie *Admin* ein. Schon beim Tippen zeigt Ihnen OTRS in der ausklappenden Liste alle zur Eingabe passenden Personen an. Klicken Sie dort einfach Ihren Namen an. Haben Sie selbst OTRS installiert, ist das *Admin OTRS*.

Der *Betreff* eines Tickets umreißt kurz und knackig den Zweck des Tickets. In der Regel fasst er die Frage oder die Beschwerde des Kunden kurz zusammen. Der Betreff erleichtert es später, das Ticket unter den anderen zu identifizieren und zuzuordnen – wählen Sie ihn daher weise. Im Fall des Waldschlösschens könnte man als *Betreff* wählen: Lieferung einer neuen Fernbedienung.

Im großen Eingabefeld hinterlegen Sie jetzt die Frage oder Beschwerde des Kunden – und somit einen kurzen Abriss des Telefongesprächs. Für das Beispiel denken Sie sich einfach einen passenden Satz aus oder übernehmen den aus Abbildung 6-3. Mit den Symbolen können Sie den Text formatieren. Ein Klick auf das *B* schaltet beispielsweise zwischen fett gedrucktem und normalem Text um. Wenn Sie den Mauszeiger auf einem der Symbole parken, zeigt Ihnen OTRS eine kurze Beschreibung an.

Setzen Sie die Formatierungsmöglichkeiten sparsam ein. Heben Sie beispielsweise nur extrem wichtige Wörter fett hervor. Andernfalls wirkt der Text schnell chaotisch und unübersichtlich.

Mit einem Klick auf das Symbol rechts neben *Anlagen* könnten Sie an das Ticket noch Unterlagen anhängen, wie etwa ein Handbuch für den Fernseher oder eine eingescannte Kopie der Rechnung. Im Beispiel ist das jedoch nicht notwendig.

Jedes Ticket durchläuft immer mehrere Bearbeitungsschritte: Im Moment legen Sie es neu an, dann wird es von jemandem bearbeitet, bis schließlich die Anfrage zur Zufriedenheit des Kunden beantwortet ist. OTRS spricht dabei nicht von Bearbeitungsschritten, sondern von *Status*. Neu hereinkommende Tickets besitzen zunächst den Status *neu*. Schnappt sich ein Agent das Ticket und bearbeitet es gerade, befindet es sich im Status *offen*. Hat der Agent die Arbeit an der Anfrage oder Beschwerde komplett fertiggestellt, wechselt der Status auf *geschlossen*. Am Status können Sie folglich immer genau ablesen, wie es um das Ticket gerade steht und insbesondere welche Tickets noch bearbeitet werden müssen. Den Status des gerade neu entstehenden Tickets müssen Sie unter *Nächster Status des Tickets* festlegen. Im Beispiel hat Peter Doje bei Ihnen angerufen. OTRS nimmt daher an, dass Sie das Ticket bereits bearbeiten, und schlägt folglich den Status *offen* vor. Wie in den meisten Fällen ist dieser Status auch im Beispiel genau der richtige. (Wenn Sie den Status doch ändern müssen, klicken Sie einfach in das Feld und wählen den passenden Status aus.)

Solange die Fernbedienung fehlt, können neue Gäste im Waldschlösschen den Fernseher nicht benutzen. Die Zusendung einer neuen Fernbedingung eilt daher. Die Dringlichkeit des Tickets stellen Sie unter *Priorität* ein. OTRS schlägt vor, dass das Ticket eine *normale* Priorität genießt. In diesem Fall eilt es aber. Klicken Sie deshalb in das Eingabefeld *Priorität*. Standardmäßig bietet OTRS fünf Prioritäten zur Auswahl an. Wenn das Ticket wie im Beispiel besonders wichtig ist, wählen Sie die Stufe 5 *sehr hoch*.

Damit sollte das Formular aussehen wie das in Abbildung 6-3. Alle anderen Einstellungen belassen Sie auf ihren Vorgaben. Mit einem Klick auf *Erstellen* legt OTRS das Ticket an und schiebt es direkt in die Queue *Raw*. Gleichzeitig öffnet OTRS ein neues leeres Formular, sodass Sie umgehend ein weiteres Ticket erstellen könnten.

Schritt 4: Ticket aufspüren

Das angelegte Ticket finden Sie jetzt an gleich mehreren verschiedenen Stellen wieder. Rufen Sie zunächst im Hauptmenü den Punkt *Übersicht* auf. Hier erscheint das neue Ticket im Kasten *Offene Tickets* (siehe Abbildung 6-4). Darin listet OTRS alle Tickets auf, die Sie geöffnet haben und die somit von Ihnen in der nächsten Zeit möglichst rasch bearbeitet werden sollten. Das farbige Rechteck in der ersten Spalte zeigt die Priorität an. Leuchtet es rot, wie in Abbildung 6-4 gezeigt, besitzt das Ticket die höchste Priorität 5 und muss daher so schnell wie möglich bearbeitet werden. In der Spalte *ALTER* können Sie ablesen, wie lange das Ticket schon auf seine Bearbeitung wartet. In Abbildung 6-4 wurde es vor einer Minute angelegt.

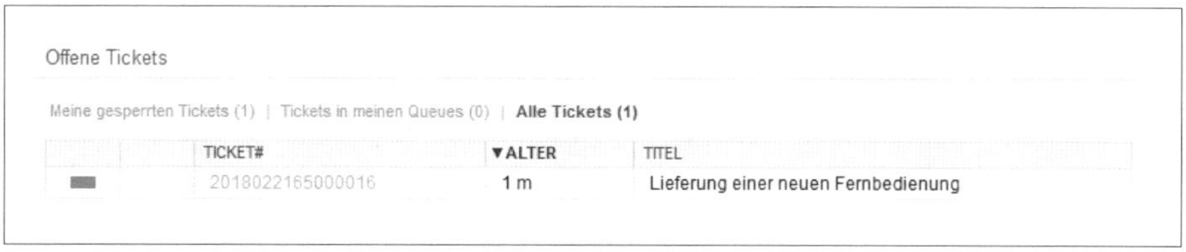

Offene Tickets

Meine gesperrten Tickets (1) | Tickets in meinen Queues (0) | **Alle Tickets (1)**

	TICKET#	▼ALTER	TITEL
▬	2018022165000016	1 m	Lieferung einer neuen Fernbedienung

Abbildung 6-4: Das geöffnete Telefon-Ticket erscheint in der Übersicht.

Jedes Ticket erhält von OTRS automatisch eine eindeutige Ticketnummer. Diese Nummer finden Sie in der Spalte *TICKET#* wieder. Das Zeichen *steht dabei als Abkürzung für das Wort Nummer. Dieses Kürzel ist in der Informatik recht gebräuchlich, OTRS verwendet den Begriff Ticket* auch noch in anderen Bereichen seiner Benutzeroberfläche. Die Ticketnummer selbst sieht etwas wüst aus. Schuld daran ist vor allem der Anfang: Jede Ticketnummer beginnt mit dem Erstellungsdatum des Tickets. Das Ticket für das Waldschlösschen aus Abbildung 6-4 wurde beispielsweise am 21.02.2018 erstellt, die Ticketnummer beginnt daher mit 20180221.

Der Kasten aus Abbildung 6-4 zeigt standardmäßig nur zehn offene Tickets an. Restlos alle offenen Tickets finden Sie hinter *Tickets → Ansicht nach Status*. Achten Sie darauf, dass links oben wie in Abbildung 6-5 der Punkt *Offene Tickets* ausgewählt ist. Die Spalten der Tabelle liefern zudem noch weitere Informationen über das Ticket.

Ansicht nach Status: Offene Tickets

Offene Tickets 2	Geschlossene Tickets 0

Sammelaktion

		TICKET#	▼ALTER	SENDER	TITEL	STATUS	▼	SP
☐	▬	2018022165000016	5 m	Peter Doje	Lieferung einer neuen Fernbedienung	offen		ge
☐	▬	2015071510123456	33 d 23 h	OTRS	Welcome to OTRS!	neu		fre

Abbildung 6-5: Diese Tabelle liefert alle derzeit von Ihnen geöffneten Tickets.

Sämtliche Tickets eines Kunden finden Sie zudem im sogenannten Kunden-Informationszentrum. Über dieses können Sie sich schnell alle (offenen) Tickets des Waldschlösschens anzeigen lassen. Rufen Sie aus dem Hauptmenü den Punkt *Kunden → Kunden-Informationszentrum* auf. Es erscheint jetzt das kleine Formular aus Abbildung 6-6, in dem Sie den gewünschten *Kunden* oder einen *Kundenbenutzer* einstellen. Um sich alle Tickets des Waldschlösschens anzusehen, klicken Sie in das Feld *Kunde* und geben Waldschlösschen ein. Schon beim Tippen zeigt Ihnen OTRS wie in Abbildung 6-6 eine Liste mit passenden Kunden an. Klicken Sie in dieser Liste einfach auf das *Waldschlösschen*.

Abbildung 6-6: Hier wählen Sie den Kunden aus, den das Kunden-Informationszentrum anzeigen soll.

OTRS präsentiert Ihnen daraufhin nicht nur alle wichtigen Informationen zu dem Kunden, sondern vor allem auch die ihm zugeordneten Tickets. Lassen Sie sich von der Informationsflut nicht abschrecken. Ganz unten links auf der Seite finden Sie einen Kasten mit allen offenen Tickets (wie in Abbildung 6-7). Die darin präsentierten Informationen entsprechen seinem Kollegen in der Übersicht: Die erste Spalte zeigt anhand der Farbe die Priorität an, es folgt die Ticketnummer, das Alter des Tickets und sein Titel.

Abbildung 6-7: Dieser Kasten listet im Kunden-Informationszentrum alle offenen Tickets des Waldschlösschens auf.

Schritt 5: Antwort schreiben

Die von Peter Doje angeforderte Ersatzfernbedienung ist schnell im Lager gefunden, in ein Päckchen verpackt und abgeschickt. Damit ist die Anfrage von Peter Doje komplett bearbeitet. Sie sollten Peter Doje noch kurz über den Versand informieren, indem Sie ihm eine entsprechende Antwort schreiben.

Wenn Sie den vorherigen Schritt mitgemacht haben, sollten Sie jetzt einen Kasten oder eine Tabelle mit dem Ticket sehen (analog zu Abbildung 6-7). Falls nicht, rufen Sie *Tickets → Status* auf und stellen sicher, dass nur *Offene Tickets* angezeigt werden.

Klicken Sie die Zeile mit dem Ticket an, das Sie bearbeiten beziehungsweise beantworten möchten. Im Beispiel klicken Sie folglich auf das Ticket von Peter Doje mit dem Titel (beziehungsweise Betreff) *Lieferung einer neuen Fernbedienung*. OTRS zeigt Ihnen jetzt wie in Abbildung 6-8 alle Informationen an, die es über das Ticket gespeichert hat. Wenn Sie sich ein Ticket als Karteikarte vorstellen, sehen Sie nun alle Informationen, die OTRS irgendwann einmal auf die Karteikarte geschrieben hat. Aus diesem Grund wirkt die Seite etwas unübersichtlich.

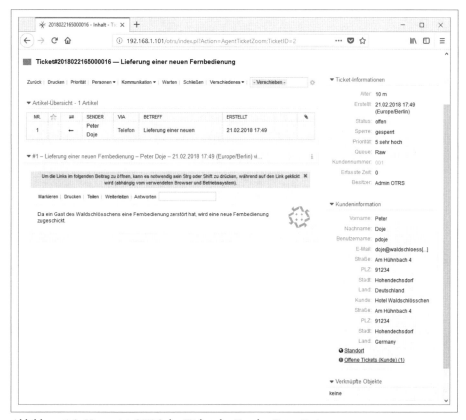

Abbildung 6-8: Hier zeigt OTRS das Ticket des Kunden Peter Doje an.

Links oben finden Sie wieder einen kleinen farbigen Balken, der die Priorität anzeigt (ganz links oben in Abbildung 6-8). Rechts daneben folgen in fetter Schrift die Ticketnummer und der Betreff des Tickets. Darunter wartet ein Menü, über das Sie das Ticket bearbeiten können. Wichtig ist der Kasten *Artikel-Übersicht* aus Abbildung 6-9. Darin listet OTRS alle Nachrichten und E-Mails auf, die Sie und der Kundenbenutzer verschickt haben. OTRS spricht dabei nicht von Nachrichten, sondern allgemein von *Artikeln*. Hin und wieder trifft man auch auf den Begriff *Beitrag*, der schlicht ein Synonym für *Artikel* ist. Im Moment finden Sie hier nur einen Eintrag – nämlich das von Ihnen erstellte Telefon-Ticket – und somit die Anfrage des Kunden. In der Spalte *VIA* können Sie ablesen, dass es sich um ein Ticket per *Telefon* handelt, wobei der *SENDER* bei Ihnen angerufen hat. Dies war im Beispiel ein gewisser *Peter Doje*. Weitere Informationen über diesen Herrn finden Sie auf der rechten Seite im Kasten *Kundeninformation*.

Abbildung 6-9: In der Artikelübersicht können Sie die Kommunikation mit dem Kunden verfolgen.

Sobald Sie eine der Nachrichten im Kasten *Artikel-Übersicht* anklicken, erscheint diese in einem eigenen Kasten links unten. Im Beispiel ist das wie in Abbildung 6-10 die Bitte von Peter Doje um die Zusendung der Fernbedienung.

Abbildung 6-10: Links unten erscheint der ausgewählte Artikel.

Auch dieser Kasten hat ein eigenes kleines Menü. Dessen Menüpunkte wirken sich auf die angezeigte Nachricht beziehungsweise den Artikel aus. Im Beispiel soll Peter Doje eine Antwort erhalten. Dazu klicken Sie auf *Antworten* und wählen in der angezeigten Liste den Punkt *empty answer*. OTRS öffnet daraufhin das neue Fenster aus Abbildung 6-11. Wenn dieses Fenster bei Ihnen nicht erscheint, sollten Sie in den Einstellungen Ihres Browsers die Anzeige von Pop-up-Fenstern erlauben.

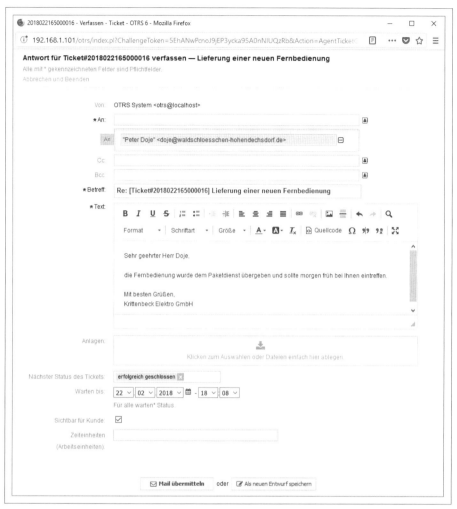

Abbildung 6-11: Hier entsteht eine Antwort an Peter Doje, in der er über den Versand der Fernbedienung informiert wird.

Das neu geöffnete Fenster hält ein Formular bereit, über das Sie Peter eine Antwort schreiben können. Diese Antwort verschickt OTRS per E-Mail, der E-Mail-Versand muss folglich funktionieren. Das Formular ähnelt seinem Kollegen, den Sie schon im zweiten Schritt beim Erstellen des Telefon-Tickets kennengelernt haben: Als Empfänger hat OTRS bereits Peter Doje vom Waldschlösschen ausgewählt. Den *Betreff* verwendet OTRS in der E-Mail an Peter direkt als Betreffzeile. In der Regel können Sie den Vorschlag einfach übernehmen. Weiter geht es im Feld *Text*. Dort hat OTRS bereits automatisch die Anrede und eine Signatur eingefügt, beides nach der Installation von OTRS auf Englisch. Außerdem hat das Ticketsystem die Anschrift eines fiktiven Unternehmens eingesetzt. Wie Sie sowohl die Begrüßungsformel als auch die Signatur gegen eigene Texte austauschen, erklärt später Kapitel 8, *Queues*. Im Moment löschen Sie einfach die falschen Angaben und ersetzen sie durch eine passende Antwort an Peter Doje, wie etwa: `Die Fernbedienung wurde dem Paketdienst übergeben und sollte morgen früh bei Ihnen eintreffen.`

Mit dem Abschicken der Fernbedienung ist die Anfrage von Peter Doje komplett bearbeitet. Genau das kennzeichnen Sie, indem Sie das Ticket in den passenden Status versetzen. Dazu klicken Sie rechts neben *Nächster Status des Tickets* in das Feld und wählen darin *erfolgreich geschlossen*.

Damit sind Sie bereits fertig. Alle anderen Einstellungen können wieder auf ihren Vorgaben verbleiben. Um die E-Mail und somit die Nachricht abzuschicken, klicken Sie auf *Mail übermitteln*. Wenn Sie eine Fehlermeldung erhalten, kann OTRS keine E-Mails versenden. In diesem Fall müssen Sie die E-Mail-Einstellungen überprüfen (siehe auch Kapitel 5, *E-Mail-Einstellungen*).

In der Ticket-Ansicht finden Sie jetzt in der *Artikel-Übersicht* zwei Einträge: einmal die am Telefon gestellte Anfrage von Peter Doje und einmal Ihre per E-Mail verschickte Antwort. In der Spalte mit den Pfeilen (dritte von links) können Sie dabei ablesen, ob OTRS die Nachricht zum Kunden geschickt hat (Pfeil nach rechts) oder ob die Nachricht vom Kunden stammt (Pfeil nach links). Solange OTRS die Antwort noch nicht abgeschickt hat, sehen Sie in der Spalte *VIA* einen rotierenden Kreis. Sofern das Ticketsystem die E-Mail aus irgendeinem Grund nicht verschicken kann, markiert es die Antwort in der Liste mit einem roten *X* in der Spalte *VIA*. Sie können so nachvollziehen, wie oft und wann der Versand der Antwort fehlschlug. Mit einem Klick auf die Antwort zeigt Ihnen OTRS im unteren Bereich an, warum es die E-Mail nicht zustellen konnte. Für das Beispiel können Sie eine solche Fehlermeldung erst einmal ignorieren.

 Viele SMTP-Server nehmen nur dann E-Mails entgegen, wenn diese einen ganz bestimmten Absender nennen. Sofern Sie OTRS frisch installiert und die vorherigen Schritte mitgemacht haben, verwendet das Ticketsystem an dieser Stelle einfach den Absender `OTRS System`. Insbesondere wenn Sie zu Testzwecken einen kostenlosen SMTP-Server hinterlegt haben (etwa von Web.de, GMX.de oder anderen Anbietern), ist es wahrscheinlich, dass der Versand der E-Mail bei Ihnen fehlschlägt. Sie können das erst einmal ignorieren oder aber hinter *Admin → E-Mail-Adressen* die zu `OTRS System` gehörende E-Mail-Adresse anklicken, dann im Formular die *E-Mail-Adresse* und den *Anzeigename* gegen die vom SMTP-Server verlangte E-Mail-Adresse und den Benutzernamen tauschen, die Änderungen *Speichern und abschließen* und dann erneut eine Antwort schreiben. Schlägt der Versand erneut fehl, stimmen andere Einstellungen nicht. Weitere Informationen hierzu finden Sie in Kapitel 5, *E-Mail-Einstellungen*, und dort insbesondere in Abschnitt »Hilfe bei klemmenden E-Mails: das Kommunikationsprotokoll« auf Seite 99.

Schritt 6: Ticket freigeben

Während Sie eine Antwort schreiben, verweigert OTRS anderen Agenten den Zugriff auf das Ticket. Damit wird verhindert, dass mehrere Agenten gleichzeitig ein Ticket bearbeiten und so ein Durcheinander entsteht. Sobald Sie Ihre Antwort geschrieben haben, hebt OTRS die Sperre automatisch wieder auf. Letzteres geschieht allerdings nicht immer. Schließen Sie beispielsweise das Fenster mit der angefangenen Antwort einfach über das X-Symbol rechts oben in seiner Ecke, bleibt das Ticket für andere Agenten gesperrt. Nur Sie allein können weiterhin auf das entsprechende Ticket zugreifen. OTRS sperrt den Zugriff noch in vielen weiteren ähnlichen Fällen. Auch dort kann es passieren, dass OTRS die Sperrung nicht wieder aufhebt.

 Schließen Sie deshalb möglichst nie ein Fenster über das X-Symbol. Wenn Sie Ihre Arbeit abbrechen möchten, verwenden Sie dazu immer die entsprechenden von OTRS bereitgestellten Links wie etwa *Abbrechen und Beenden* oder *Zurück zur Übersicht*. Nur dann kann OTRS das Ticket automatisch und ordnungsgemäß wieder entsperren.

Existiert mindestens ein gesperrtes Tickets, erscheint links oben in der Ecke der Benutzeroberfläche ein Schlosssymbol (siehe Abbildung 6-12). Wenn Sie in diesem Kapitel alle Schritte mitgemacht haben, ist das sehr wahrscheinlich auch im Beispiel des Waldschlösschens der Fall. Nach einem Klick auf das Schlosssymbol präsentiert Ihnen OTRS alle gesperrten Tickets, auf die nur noch Sie selbst zugreifen dürfen. Wie in Abbildung 6-12 dargestellt, gehört dazu auch das Ticket des Waldschlösschens.

Abbildung 6-12: Das Ticket für das Waldschlösschen ist gesperrt. In der Folge dürfen nur noch Sie selbst auf das Ticket zugreifen und es bearbeiten.

Damit wieder alle anderen Agenten das Ticket bearbeiten können, müssen Sie es manuell freigeben. Dazu klicken Sie zunächst das Ticket in der Liste an. Auf der neuen Seite wartet über dem Kasten *Artikel-Übersicht* ein Menü. Fahren Sie mit der

Maus über den Menüpunkt *Verschiedenes* und wählen Sie *Freigeben* (wie in Abbildung 6-13). OTRS hebt jetzt die Sperre auf, sodass wieder alle Agenten auf das Ticket zugreifen können.

Abbildung 6-13: Über diesen gut versteckten Menüpunkt heben Sie die Sperre wieder auf.

Mit allen bis hierhin durchgeführten Schritten haben Sie eine Rundreise durch OTRS unternommen. Die nächsten Kapitel gehen auf die einzelnen Aktionen noch genauer ein. So erfahren Sie im direkt folgenden Kapitel, wie Sie Ihre Kunden verwalten, in Gruppen zusammenfassen und das Kundencenter betreten.

TEIL II

OTRS für Anwender

KAPITEL 7

Kunden

Für Ihre Kunden hält OTRS einen eigenen Kundenbereich bereit, den Abbildung 7-1 zeigt. Dort können Ihre Kunden unter anderem den Bearbeitungsstand ihrer Tickets verfolgen und neue Tickets erstellen. Darüber hinausgehende Möglichkeiten haben sie jedoch nicht. Insbesondere dürfen sie nicht einfach Tickets von anderen Kunden beantworten.

Abbildung 7-1: Im Kundenbereich können Kunden ihre Tickets einsehen und auch neue Tickets erstellen. Hier hatte der Kunde bereits ein Ticket angelegt.

Damit ein Kunde auf diesen Kundenbereich zugreifen und den Status seiner Tickets einsehen kann, müssen Sie ihm zunächst ein Kundenkonto einrichten. Ein solches wird auch benötigt, wenn sich OTRS gezielt alle alten Tickets eines Kunden merken beziehungsweise eine Kundenhistorie erstellen soll. Das Ticketsystem nutzt dabei allerdings mehrere verwirrende Begriffe, die einer kleinen Erklärung bedürfen.

Die Jupiter Hotel AG hat gleich mehrere Staubsauger eines Herstellers bestellt. In ihren drei Hotels häufen sich jedoch Klagen über eine nachlassende Saugleistung. Würde nun jeder der drei Hotelmanager dieses Problem über OTRS an den Staubsaugerhersteller melden, behandelte das Ticketsystem alle drei Hotelmanager als einzelne voneinander unabhängige Kunden. Besser wäre es jedoch, wenn OTRS die Hotelmanager als Angestellte der Jupiter Hotel AG erkennen würde. Auf diese Weise könnte man später auch viel leichter feststellen, ob nur von der Jupiter Hotel

AG besonders viele Anfragen eingegangen sind – was eventuell darauf schließen lässt, dass man dort die Staubsauger nicht sachgemäß verwendet.

In OTRS können Sie deshalb jeden Kunden auch einer Firma zuordnen. Verwirrenderweise bezeichnet das Ticketsystem eine Firma als *Kunde* (englisch *Customer*) oder teilweise sperrig auch als *Kundenfirma*. Alle Personen, die eine Anfrage stellen, heißen bei OTRS hingegen *Kundenbenutzer* (englisch Customer User).

 Insbesondere im Internet werden die Begriffe gern komplett durcheinandergeworfen. So dient der Begriff *Kunde* schon mal als Oberbegriff für Firmen *und* Personen oder aber als Synonym beziehungsweise Kurzform für einen Kundenbenutzer. Wenn Sie im Internet weitere Informationen zu OTRS suchen, achten Sie folglich immer penibel darauf, ob gerade Kunden, Kundenbenutzer oder aber beide gemeint sind.

Da die Begriffe an gleich mehreren Stellen von OTRS auftauchen, hier noch einmal kompakt im Überblick:

- Ein *Kunde* ist eine Organisation oder ein Unternehmen, dem Sie Waren liefern oder Dienstleistungen anbieten.

- Ein *Kundenbenutzer* ist eine (menschliche) Person, die Ihnen eine Anfrage schickt und den Kundenbereich von OTRS betreten darf.

Kunden verwalten

Gehört zu Ihren Kunden ein Unternehmen, ein Verein oder eine andere Organisation, müssen Sie OTRS zunächst mit ihnen bekanntmachen. Dazu rufen Sie in der Benutzeroberfläche des Ticketsystems im Hauptmenü entweder den Punkt *Kunden → Kundenverwaltung* auf, oder aber Sie wechseln zum Menüpunkt *Admin* und klicken dann im Bereich *Benutzer, Gruppen & Rollen* auf *Kunden*.

OTRS zeigt Ihnen jetzt eine Liste mit allen bereits bekannten Firmen – Pardon – Kunden an. Standardmäßig gibt es noch keinen Kunden, folglich ist die Liste erst mal leer. Um einen neuen Kunden anzulegen, klicken Sie auf *Kunden hinzufügen*. Damit erscheint das Formular aus Abbildung 7-2. Ausfüllen müssen Sie jetzt mindestens die mit einem Sternchen markierten Felder.

Dazu zugehört zunächst ganz oben eine *Kundennummer* (englisch CustomerID). Diese dürfen Sie sich selbst ausdenken, wobei Sie auch Zahlen und Buchstaben verwenden können. Die Kundenummer muss lediglich für jeden Kunden eindeutig sein.

 Verwenden Sie als Kundennummer die E-Mail-Adresse des Unternehmens, etwa info@example.com. Die E-Mail-Adresse ist nicht nur eindeutig, es genügt später auch ein Blick auf die Kundennummer, um eine Kontaktadresse zu erhalten.

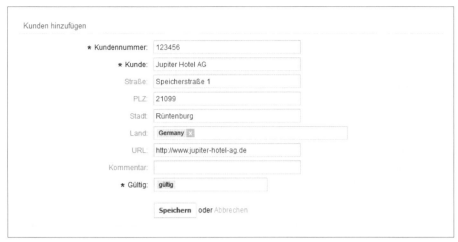

Abbildung 7-2: Hier entsteht die Jupiter Hotel AG als neuer Kunde.

Im Eingabefeld *Kunde* hinterlegen Sie den Namen des Unternehmens, des Vereins oder der Organisation. Die übrigen Adressinformationen sind optional. Um das *Land* auszuwählen, klicken Sie einfach in das Eingabefeld und wählen dann aus der Liste das passende aus. Im Feld *URL* erwartet OTRS die Internetadresse des Unternehmens. Der *Kommentar* dient als Gedächtnisstütze – beispielsweise könnten Sie dort notieren, dass die Jupiter Hotel AG drei Filialen betreibt.

Achten Sie darauf, dass *Gültig* auf *gültig* steht. Nur dann können Sie der Firma gleich Kundenbenutzer zuordnen. Mit *Speichern* legen Sie den Kunden schließlich an.

Sie landen damit wieder automatisch in der Liste mit allen Kunden. Wenn Sie sehr viele Kunden haben, können Sie links oben im Bereich *Aktionen* gezielt nach einem Kunden suchen. Sie tippen einfach einen Teil seines Namens oder seiner Kundennummer in das Eingabefeld und drücken wahlweise die *Enter*-Taste oder klicken auf die Lupe. In der Liste auf der rechten Seite erscheinen jetzt nur noch die zum Begriff passenden Kunden. Sie können innerhalb des Suchbegriffs auch den Platzhalter * verwenden, der für beliebige Zeichen steht. Der Suchbegriff 12*89 würde also alle Kunden finden, deren Kundennummer mit 12 beginnt und mit 89 endet. Um erneut sämtliche Kunden zu sehen, löschen Sie das Eingabefeld und klicken auf die Lupe.

Einen einmal angelegten Kunden können Sie nie wieder löschen. Immerhin dürfen Sie nachträglich seine Daten ändern oder ihn deaktivieren. Dazu klicken Sie auf seine Kundennummer in der ersten Spalte. Sie landen dann wieder im bekannten Formular aus Abbildung 7-2. Dort können Sie alle Daten anpassen, einschließlich der Kundennummer. Wenn Sie den Kunden deaktivieren möchten, klicken Sie in das Eingabefeld neben *Gültig* und wählen den Punkt *ungültig*. Mit *Speichern und abschließen* wenden Sie alle Änderungen an, ein Klick auf *Abbrechen* verwirft sie hingegen. Wenn Sie *Speichern* anklicken, übernimmt OTRS ebenfalls alle Einstellungen, lässt das Formular aber noch geöffnet.

Sobald Sie auf die beschriebene Weise alle Ihren Kunden hinterlegt haben, können Sie im nächsten Schritt einzelne Personen mit OTRS bekannt machen und ihnen so gleichzeitig den Zugriff auf den Kundenbereich gewähren.

Kundenbenutzer

Erhalten Sie von einer Person wiederholt Anfragen, sollten Sie ihr Zugriff auf den Kundenbereich von OTRS geben. Eine solche Person bezeichnet das Ticketsystem als *Kundenbenutzer*. Zu jedem Kundenbenutzer führt OTRS automatisch eine Ticket-Historie, es merkt sich also alle von ihm stammenden Anfragen und Antworten. Auf diese Weise können Sie unter anderem nachvollziehen, welche Lösungsvorschläge andere Callcentermitarbeiter bereits gemacht haben.

Kundenbenutzer erstellen

Damit eine Person den Kundenbereich betreten kann, müssen Sie sie zunächst in OTRS bekannt machen. Dazu rufen Sie im Hauptmenü entweder den Punkt *Kunden → Kundenbenutzerverwaltung* auf oder aber wechseln zum Menüpunkt *Admin* und klicken dann im Bereich *Benutzer, Gruppen & Rollen* auf *Kundenbenutzer*.

In jedem Fall präsentiert Ihnen OTRS jetzt auf der rechten Seite eine Liste mit allen derzeit bekannten Kundenbenutzern. Um ein neues Benutzerkonto anzulegen, klicken Sie auf *Kundenbenutzer hinzufügen*. Damit erscheint das Formular aus Abbildung 7-3.

Abbildung 7-3: Hier entsteht gerade ein neuer Kundenbenutzer namens Hans Hansen.

Mindestens ausfüllen müssen Sie die mit einem Sternchen versehenen Felder. Dazu zählen zunächst ganz oben *Vorname* und *Nachname* sowie die *E-Mail*-Adresse der Person. Standardmäßig prüft OTRS, ob die E-Mail-Adresse gültig ist. Dies setzt wiederum voraus, dass das Ticketsystem eine funktionierende Internetanbindung besitzt und die Prüffunktion aktiviert ist (siehe Kasten »E-Mail-Prüfung abschalten« auf Seite 77). Sofern die Person einen akademischen Titel besitzt, hinterlegen Sie diesen im Eingabefeld ganz oben.

Anschließend klicken Sie in das Feld *Kundennummer* und wählen einen der vorhandenen Kunden aus. Damit ordnen Sie gleichzeitig den neuen Kundenbenutzer dem entsprechenden Unternehmen beziehungsweise der entsprechenden Organisation zu. In Abbildung 7-3 wäre also *Hans Hansen* ein Mitarbeiter der *Jupiter Hotel AG*. Sofern OTRS Ihnen nicht mehrere Kundennummern zur Auswahl anzeigt, tippen Sie einfach die passende Kundennummer ein. Sollten Sie den falschen Kunden ausgewählt haben, klicken Sie erneut in das Eingabefeld. In OTRS kommen Sie nicht um die Angabe einer *Kundennummer* herum, Sie müssen daher jeden Kundenbenutzer zwingend einem Kunden zuweisen. Umgehen lässt sich das nur mit einem kleinen Eingriff in die Konfiguration von OTRS, den der folgende Kasten vorstellt.

Kundenbenutzer mit eigener Kundennummer

Elfriede Schwilter hat eine defekte Küchenmaschine gekauft und beschwert sich nun direkt beim Hersteller über verbogene Rührstäbe. Frau Schwilter gehört als Endverbraucherin jedoch keiner Firma an, ihr lässt sich folglich auch keine Kundennummer zuordnen. OTRS verlangt jedoch standardmäßig zwingend die Angabe einer Kundennummer. Auf dieses Dilemma stoßen Sie immer dann, wenn Sie direkt mit Privatkunden, Freiberuflern oder einzelnen Personen kommunizieren. Netterweise können Sie auch jedem Kundenbenutzer eine eigene, individuelle Kundennummer zuweisen. Diese Möglichkeit müssen Sie allerdings erst explizit freischalten, indem Sie eine Konfigurationsdatei verändern. Dies bedeutet gleichzeitig, dass Sie Zugriff auf die OTRS-Installation benötigen: Wenn Sie der Installationsanleitung aus Kapitel 2, *Installation*, gefolgt sind, öffnen Sie als Benutzer root im Unterverzeichnis /opt/otrs/Kernel/Config die Datei Defaults.pm mit einem Texteditor (mit nano beispielsweise via nano /opt/otrs/Kernel/Config/Defaults.pm). Suchen Sie in dieser Datei die Zeile CustomerCompanySupport ⇒ 1,. In nano drücken Sie dazu *Strg+W*, geben CustomerCompanySupport ein und drücken die *Enter*-Taste. Ändern Sie in der Zeile die Zahl 1 in die 0. Speichern Sie Ihre Änderung ab (in nano per *Strg+O*, den Editor verlassen Sie via *Strg+X*). Damit können Sie ab sofort jedem Kundenbenutzer eine beliebige Kundennummer zuweisen: Sofern Sie das Formular aus Abbildung 7-3 noch geöffnet haben, schließen Sie es einmal via *Abbrechen* und lassen dann einen neuen *Kundenbenutzer hinzufügen*. Füllen Sie wie oben beschrieben alle notwendigen Felder aus und denken Sie sich eine passende Kundennummer aus. Wenn Sie in das Eingabefeld *Kundennummer* klicken und Ihnen OTRS dann eine Liste mit Kundennummern anzeigt, können Sie dem Kundenbenutzer *keine* individuelle Kundennummer verpassen. Erscheint die Liste hingegen nicht, müssen Sie zwingend die komplette passende Kundennummer eintippen oder sich für den Kundenbenutzer eine neue ausdenken.

Als Nächstes denken Sie sich einen Benutzernamen und ein Passwort aus. Mit diesem Duo muss sich der Kundenbenutzer später im Kundenbereich von OTRS anmelden. Das *Passwort* sollte möglichst kryptisch sein sowie aus einer Mischung aus Groß- und Kleinbuchstaben, Zahlen und Sonderzeichen bestehen. Das Passwort kann der Kundenbenutzer später im Kundenbereich gegen ein eigenes austauschen. Wenn Sie hier im Formular das Feld für das Passwort leer lassen, muss der Kunde gleich selbst ein eigenes Passwort anfordern. Das geschieht wiederum über den Link *Passwort vergessen?* im Anmeldebildschirm des Kundenbereichs. Das entsprechende Verfahren stellt gleich noch der Abschnitt »Registrierung und vergessene Passwörter« auf Seite 134 vor. Beim Eintippen des Passworts zeigt Ihr Browser aus Sicherheitsgründen nur Punkte an. Achten Sie folglich penibel auf Tippfehler – andernfalls kann sich der Kundenbenutzer später nicht bei OTRS anmelden. Der *Benutzername* gehört in das entsprechende Eingabefeld und muss unter allen Kundenbenutzern eindeutig sein. Sie sollten hier ein einheitliches Schema wählen und den Benutzernamen beispielsweise immer aus Vor- und Nachname zusammensetzen.

In den nachfolgenden Feldern hinterlegen Sie bei Bedarf die Telefon- und Faxnummer sowie die Adresse des Kundenbenutzers. Im *Kommentar* können Sie wichtige ergänzende Informationen hinterlegen, beispielsweise dass es sich um eine blinde Person handelt, die Handbücher in Brailleschrift bevorzugt.

Nur wenn *Gültig* auf *gültig* steht, kann sich der Kundenbenutzer bei OTRS anmelden (siehe Abbildung 7-4). Wenn Sie in das Eingabefeld klicken und *ungültig* auswählen, sperren Sie folglich den Kundenbenutzer (erst einmal) aus. Das Eingabefeld *Google Authenticator* kommt bei der sogenannten Zwei-Faktor-Authentifizierung zum Einsatz, der sich später noch Kapitel 14, *Zwei-Faktor-Authentifizierung*, ausführlich widmet. Im Moment können Sie es ignorieren.

Welche Sprache die Benutzeroberfläche von OTRS gegenüber dem Kundenbenutzer sprechen soll, wählen Sie unter *Sprache Benutzeroberfläche*. Um die Sprache zu ändern, klicken Sie in das Eingabefeld und wählen aus der Liste die passende aus. Entscheiden Sie sich dabei im Zweifelsfall für Englisch (am besten *English (United States)*) – diese Sprache verstehen die meisten Menschen. Über das Eingabefeld darunter stellen Sie die *Zeitzone* ein, in der sich der Kundenbenutzer derzeit befindet. Nachdem Sie in das Feld geklickt haben, suchen Sie in der erscheinenden Liste den Kontinent und die Hauptstadt des Landes aus, in dem sich der Kundenbenutzer derzeit aufhält. Ergänzend finden Sie in der Liste auch Angaben wie UTC und CET.

In welchen Zeitabständen sich die Anzeigen im Kundenbereich selbst aktualisieren, legen Sie unter *Ticket-Übersicht* fest. OTRS listet dem Kundenbenutzer später im Kundenbereich alle seine Tickets auf. Wie viele Tickets OTRS dabei auf einmal präsentiert, bestimmen Sie unter *Anzahl der angezeigten Tickets*. Zu den übrigen Tickets muss der Kundenbenutzer dann explizit weiterblättern. Auch hier ändern Sie jeweils einen der Werte, indem Sie in das entsprechende Eingabefeld klicken und dann aus der Liste den passenden Punkt auswählen. Wenn Sie unsicher sind, belassen Sie einfach jeweils die Vorgaben.

Ganz unten im Formular können Sie noch den öffentlichen *PGP-Schlüssel* (den Public Key) und das *S/MIME-Zertifikat* des Kundenbenutzers importieren. Diese Einstellungen erscheinen allerdings nur dann, wenn Sie die PGP- beziehungsweise S/MIME-Funktion aktiviert haben. Ausführliche Informationen zu diesem Thema finden Sie in Kapitel 5, *E-Mail-Einstellungen*.

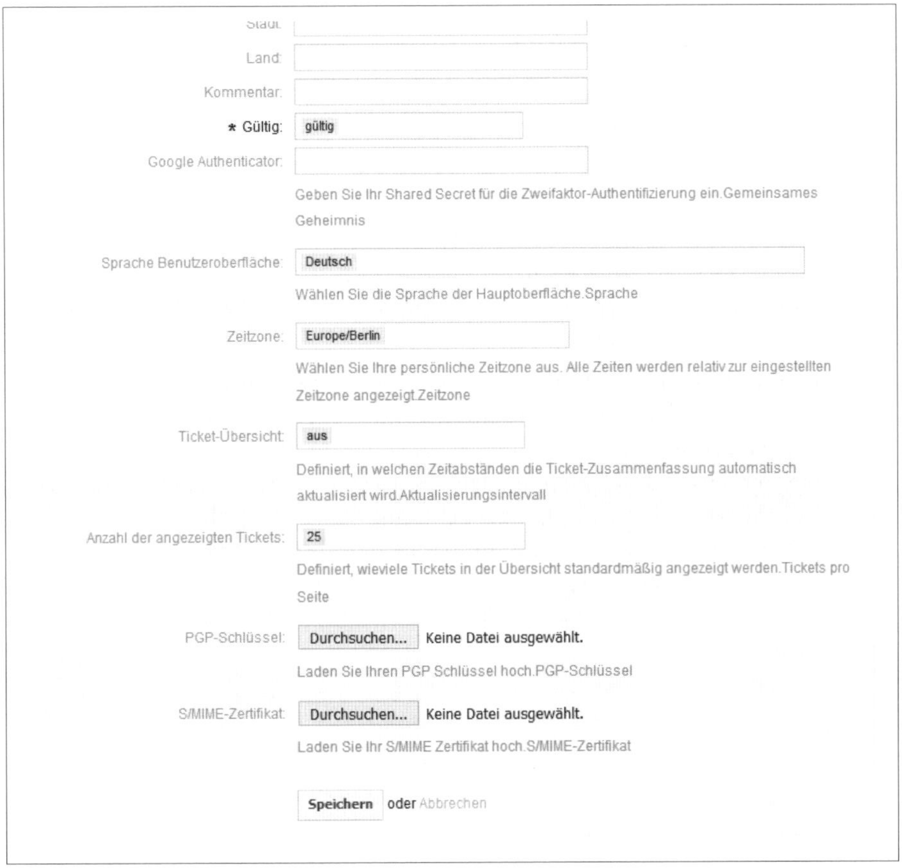

Abbildung 7-4: Die Einstellungen im unteren Bereich des Formulars beziehen sich unter anderem auf das Erscheinungsbild des Kundenbereichs.

Sobald Sie alle Einstellungen vorgenommen haben, klicken Sie auf *Speichern*. Alternativ können Sie das Anlegen eines Benutzerkontos auch *Abbrechen*.

Kundenbenutzer verwalten

Ein einmal hinterlegter Kundenbenutzer lässt sich nicht wieder löschen. Sie können lediglich seine Einstellungen und Daten ändern oder ihn deaktivieren und somit gleichzeitig aussperren. In beiden Fällen klicken Sie in der Liste hinter *Kunden →Kundenbenutzerverwaltung* auf den Namen des Kundenbenutzers. Damit öffnet sich das bereits bekannte Formular aus Abbildung 7-3 (auf Seite 126). Darin können Sie jetzt sämtliche Daten des Kundenbenutzers ändern und beispielsweise nach einem Umzug den Wohnort aktualisieren. Um das Benutzerkonto zu deaktivieren, stellen Sie *Gültig* auf *ungültig*. Ihre Änderungen müssen Sie schlussendlich noch *Speichern und abschließen* lassen, *Abbrechen* verwirft sie hingegen. Bei einem Klick auf *Speichern* würde OTRS ebenfalls alle Änderungen übernehmen, aber das Formular noch geöffnet lassen.

Im Laufe der Zeit sammeln sich immer mehr Kundenbenutzer an. Die Liste hinter *Kunden → Kundenbenutzerverwaltung* wird also ziemlich lang. Beim Aufspüren eines ganz bestimmten Kundenbenutzers hilft die Suchfunktion links oben im Kasten *Aktionen* (siehe Abbildung 7-5). Tippen Sie dort einfach einen Teil des Namens oder des Benutzernamens ein. Nach einem Druck auf die *Enter*-Taste oder einem Klick auf das Lupensymbol sucht OTRS alle passenden Kundenbenutzer heraus. Innerhalb des Suchbegriffs dürfen Sie den Platzhalter * verwenden, der für beliebige Zeichen steht. h*s würde also alle Kundenbenutzer finden, deren Name mit h beginnt und s endet. Um wieder sämtliche Kundenbenutzer zu sehen, löschen Sie das Eingabefeld für die Suche und klicken auf die Lupe.

Die Liste hinter *Kunden → Kundenbenutzerverwaltung* zeigt für jeden Kundenbenutzer noch einmal die wichtigsten Informationen, wie etwa seine E-Mail-Adresse. Besonders interessant ist die Spalte *LETZTE ANMELDUNG*. Sie verrät Ihnen, wann sich der jeweilige Kundenbenutzer zum letzten Mal bei OTRS angemeldet hat (siehe Abbildung 7-5). Zu diesem Zeitpunkt hat er folglich auch zum letzten Mal den Status seiner Tickets überprüft. Sollte der Kundenbenutzer auf die Rückfrage eines Agenten nicht reagieren und liegt das Datum hier länger zurück, sollten Sie den Kunden noch einmal persönlich anschreiben – etwa per E-Mail oder auf dem Postweg.

Abbildung 7-5: Hier war Hans Hansen zum letzten Mal am 01.03.2018 im Kundenbereich unterwegs.

Kundenbenutzer weiteren Kunden zuordnen

Die Jupiter Hotel AG besitzt eine Tochterfirma, die das komplette Auslandsgeschäft betreut. Die deutschen Hotelmanager sollen auch alle Tickets dieser *JH International GmbH* einsehen können. Jeder Hotelmanager lässt sich in OTRS allerdings immer nur genau einem Kunden zuordnen.

Sie dürfen jedoch die Kundenbenutzer in Beziehung zu anderen Kunden setzen. Der Kundenbenutzer kann dann auch auf Tickets zugreifen, die diese anderen Kunden betreffen. Im Beispiel arbeitet der Hotelmanager Hans Hansen zwar bei der Jupiter Hotel AG, Sie können aber eine Beziehung zur Tochtergesellschaft JH International GmbH herstellen. Dann darf Hans Hansen auch in die Tickets linsen, die von den Angestellten der JH International GmbH stammen.

Um einen Kundenbenutzer mit anderen Kunden in Beziehung zu setzen, rufen Sie im Hauptmenü *Admin* auf und klicken dann im Bereich *Benutzer, Gruppen & Rollen* auf *Kundenbenutzer ↔ Kunden*. OTRS zeigt Ihnen jetzt zwei Listen an: Auf der linken Seite sehen Sie alle Kundenbenutzer, rechts alle Kunden (siehe Abbildung 7-6).

Sofern Sie viele Kundenbenutzer oder Kunden haben, dürften die Listen recht lang werden. Um gezielt einen Kundenbenutzer oder einen Kunden zu finden, können Sie das Eingabefeld am linken Rand nutzen: Tippen Sie dort einfach einen Teil des Namens oder der Kundennummer ein und drücken Sie die *Enter*-Taste (oder klicken Sie alternativ auf die Lupe). In den Listen erscheinen jetzt nur noch die Kundenbenutzer und Kunden, die zu dem eingetippten Begriff passen. Im Suchbegriff können Sie auch den Platzhalter * verwenden, der für beliebige Zeichen steht. h*s würde folglich alle Kundenbenutzer finden, deren Name mit h beginnt und auf s endet. Um wieder sämtliche Kunden und Kundenbenutzer zu sehen, löschen Sie das Eingabefeld und klicken auf die Lupe.

Abbildung 7-6: Auf dieser Seite können Sie Kundenbenutzer mit den Kunden in Beziehung setzen.

Um nun einen der Kundenbenutzer mit einem Kunden in Beziehung zu setzen, klicken Sie in der linken Liste auf den Namen des Kundenbenutzers. Im Beispiel soll Hans Hansen auch auf die Tickets der JH International GmbH zugreifen dürfen, folglich müssten Sie Hans in der linken Liste anklicken. Suchen Sie jetzt in der erscheinenden Tabelle die Firma, den Verein oder die Organisation, mit der der Kundenbenutzer in Beziehung steht. Im Beispiel müssten Sie die JH International GmbH suchen. Setzen Sie dann in ihr Kästchen einen Haken (wie in Abbildung 7-7). Steht der Kundenbenutzer mit weiteren Kunden in Beziehung, setzen Sie auch dort jeweils einen Haken. Haben Sie sehr viele Kunden, können Sie den passenden über das Suchfeld auf der linken Seite finden. Nachdem Sie den oder die Haken gesetzt haben, klicken Sie auf *Speichern und abschließen*, *Abbrechen* würde hingegen alles beim Alten belassen.

Wenn Sie einen neuen Kunden erstellt haben und diesem dann mehrere Kundenbenutzer zuordnen wollen, würde das mit dem bisher gezeigten Verfahren recht viele Mausklicks erfordern.

Abbildung 7-7: Hier könnte Hans Hansen ab sofort auf die Tickets der JH International GmbH zugreifen.

Schneller geht es, wenn Sie auf der von Abbildung 7-6 dargestellten Seite in der rechten Liste den Kunden anklicken. OTRS zeigt Ihnen daraufhin eine Tabelle mit allen Kundenbenutzern an. Darin setzen Sie neben jeden Kundenbenutzer, der mit dem Kunden in Beziehung steht, einen Haken (wie in Abbildung 7-8). Auch hier können Sie über das Eingabefeld auf der linken Seite nach einem bestimmten Kunden suchen. Haben Sie alle Haken korrekt gesetzt, lassen Sie Ihre Wahl *Speichern und abschließen*, ein Klick auf *Abbrechen* würde hingegen Ihre Änderungen verwerfen.

Abbildung 7-8: Auch hier dürfte Hans Hansen (nicht aber Peter Doje) auf die Tickets der JH International GmbH zugreifen.

Auf die gezeigte Weise können Sie jederzeit die Beziehungen ändern: Rufen Sie *Admin* auf, klicken Sie dann auf *Kundenbenutzer ↔ Kunden* und schließlich auf den Kundenbenutzer beziehungsweise den Kunden.

Kundenbereich

Für Kundenbenutzer bietet OTRS einen eigenen Kundenbereich an. Darin kann sich jeder Kundenbenutzer seine Tickets ansehen, sie um Zusatzinformationen ergänzen und neue Tickets einreichen.

Kundenbereich betreten

Den Kundenbereich erreicht ein Kundenbenutzer über eine spezielle Internet-adresse. Wenn Sie OTRS nicht selbst installiert haben, gibt es einen Ansprechpartner, der Ihnen die passende Adresse nennt. Andernfalls ermitteln Sie zunächst die Internetadresse zur OTRS-Installation. Sofern Sie der Anleitung aus Kapitel 2, *Installation*, gefolgt sind, lautet sie `http://www.example.com/otrs`. Dabei ersetzen Sie `www.example.com` durch die IP-Adresse oder den Domainnamen des Servers, auf dem OTRS läuft. Dieser Adresse hängen Sie jetzt ein `/customer.pl` an. Im Beispiel stellt OTRS den Kundenbereich unter `http://www.example.com/otrs/customer.pl` bereit. Wenn Sie OTRS auf einer Linux-Distribution mit Desktopumgebung installiert haben, dabei allen Schritten aus Kapitel 2, *Installation*, gefolgt sind und nun selbst Kundenbenutzer spielen möchten, rufen Sie einfach den unter Linux vorinstallierten Browser auf und steuern mit ihm die Adresse `http://localhost/otrs/customer.pl` an. Sie sollten dann zum Kundenbereich gelangen. Andernfalls stimmt die Konfiguration Ihres Webservers nicht.

 Da die korrekte Internetadresse nicht leicht zu merken ist, sollten Sie auf dem Webserver eine Umleitung einrichten – beispielsweise von `http://customer.example.com` zu `http://www.example.com/otrs/customer.pl`. Ihre Kunden können dann zukünftig das leichter zu memorierende `http://customer.example.com` aufrufen.

Wenn der Kundenbenutzer die Internetadresse angesteuert hat, landet er zunächst im Anmeldebildschirm aus Abbildung 7-9. Dort muss er in den entsprechenden Feldern einen Benutzernamen und sein Passwort hinterlegen. Mit einem Klick auf *Anmelden* erhält er dann Zugang zum Kundenbereich aus Abbildung 7-10. Wie die normale Benutzeroberfläche von OTRS ist auch der Kundenbereich responsive gestaltet und passt sich somit an unterschiedliche Bildschirmgrößen an (siehe Kapitel 3, *Benutzeroberfläche*).

Abbildung 7-9: Ein Kundenbenutzer muss sich erst gegenüber OTRS mit seinem Benutzernamen und seinem Passwort authentifizieren …

Abbildung 7-10: ... bevor er Zugang zum Kundenbereich erhält.

Registrierung und vergessene Passwörter

Hat ein Kundenbenutzer sein Passwort vergessen, folgt er auf der Anmeldeseite (aus Abbildung 7-9) dem entsprechenden Link *Passwort vergessen?*, tippt seinen Benutzernamen ein und klickt auf *Übermitteln*. OTRS erzeugt dann ein neues Passwort und schickt es dem Kundenbenutzer per E-Mail zu.

Normalerweise legen Sie oder ein Agent in OTRS einen neuen Kundenbenutzer an (wie im vorherigen Abschnitt »Kundenbenutzer« auf Seite 126 beschrieben). Standardmäßig darf sich aber auch jede x-beliebige Person mit dem Ticketsystem bekannt machen und sich so einen Zugang zum Kundenbereich beschaffen. Dazu klickt er im Anmeldebildschirm des Kundenbereichs auf den Link *Registrieren Sie sich jetzt*. Der Kundenbenutzer muss dann nur seinen Vornamen, seinen Nachnamen und seine E-Mail-Adresse hinterlegen. Diese E-Mail-Adresse muss existieren, da OTRS nach einem Klick auf *Erstellen* an dieses Postfach die Zugangsdaten schickt. Mit denen kann sich der Kundenbenutzer dann wie im vorherigen Abschnitt beschrieben anmelden.

Wenn Sie die Registrierung unterbinden möchten, rufen Sie im Hauptmenü von OTRS den Punkt *Admin* auf und klicken im Bereich *Administration* auf *Systemkonfiguration*. Tippen Sie in das Eingabefeld die Buchstabenfolge CustomerPanel-CreateAccount ein und drücken Sie die *Enter*-Taste (alternativ können Sie links im Kasten *Navigation* auf das kleine schwarze Dreieck vor *Frontend* und dann auf *Customer* klicken). Fahren Sie auf der rechten Seite mit der Maus auf den Kasten *CustomerPanelCreateAccount*, lassen Sie die *Einstellung bearbeiten* und entfernen Sie den Haken im Kästchen *Aktiviert*. Bestätigen Sie die Änderung mit einem Klick auf den Haken rechts im Kasten. Auf der linken Seite aktivieren Sie die Schaltfläche *Inbetriebnahme*, lassen alle *Ausgewählten Einstellungen in Betrieb nehmen* und klicken auf *Jetzt in Betrieb nehmen*. Damit ist der Link *Registrieren Sie sich jetzt* aus dem Kundenbereich verschwunden. Umgekehrt bedeutet das aber auch, dass ab sofort Sie und Ihre Agenten neue Kundenbenutzer anlegen müssen.

Neues Ticket erstellen

Um ein neues Ticket zu erstellen, klickt der Kundenbenutzer links oben auf *Tickets* und ruft dann im aufklappenden Menü *Neues Ticket* auf. Sofern der Kundenbenutzer zuvor noch kein Ticket erstellt hat, kann er auch die prominent präsentierte Schaltfläche *Ihr erstes Ticket erstellen* aktivieren.

In jedem Fall erscheint das Formular aus Abbildung 7-11. Ganz oben neben *An* wählt der Kundenbenutzer zunächst die Queue, in der seine Anfrage landen soll. Dazu klickt er einfach in das Eingabefeld und wählt die passende Queue aus. Welche Queues hier einem Kundenbenutzer zur Verfügung stehen, dürfen Sie selbst bestimmen – dazu gleich mehr im Abschnitt »Kundengruppen« auf Seite 140.

Anschließend tippt der Kundenbenutzer einen *Betreff* ein, wie etwa `Waschmaschine stottert`. Unter *Text* beschreibt er dann sein Problem ausführlicher. Über die Symbole kann er seinen Text formatieren, die Bedienung ähnelt der einer kleinen Textverarbeitung. So schaltet beispielsweise das *B* den Fettdruck ein beziehungsweise wieder aus.

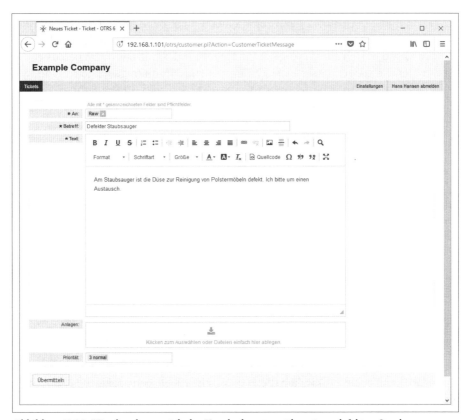

Abbildung 7-11: Hier beschwert sich der Kundenbenutzer über einen defekten Staubsauger.

Bei Bedarf kann der Kundenbenutzer noch eine oder mehrere Dateien anhängen, etwa ein Foto der defekten Waschmaschine oder der zerbrochenen Staubsaugerdüse. Dazu klickt er einfach neben *Anlage* auf das große Feld und wählt die entsprechende Datei aus. Alternativ kann er die Datei auch per Drag-and-drop auf das besagte Feld ziehen. Dieses Vorgehen wiederholt er dann für jede weitere Datei. Hat er versehentlich die falsche Datei erwischt, kann er sie mit einem Klick auf das nebenstehende Symbol mit dem Papierkorb wieder entfernen.

Abschließend darf der Kundenbenutzer noch eine *Priorität* vergeben. Um sie zu ändern, klickt er in das Eingabefeld und wählt eine der dann aufgelisteten Prioritäten aus. Eine defekte Waschmaschine ist sicherlich ein dringlicher Fall, daher wird er hier wohl *5 sehr hoch* wählen. Sein neues Ticket muss er schließlich noch *Übermitteln* lassen.

Tickets einsehen und beantworten

Über den Menüpunkt *Tickets → Meine Tickets* landet der Kundenbenutzer auf der Seite aus Abbildung 7-12. Diese Liste zeigt OTRS auch direkt nach der Anmeldung an. Darin findet der Kundenbenutzer alle noch nicht bearbeiteten und somit offenen Tickets, die ihn selbst betreffen. Über die etwas unscheinbaren Links oberhalb der Liste kann er sich alle *Geschlossenen* Tickets und somit sämtliche bereits gelösten Probleme anzeigen lassen. Die Zahlen in den Klammern geben jeweils an, wie viele Tickets noch offen beziehungsweise geschlossen sind. In Abbildung 7-12 gibt es ein offenes und keine geschlossenen Tickets. Der Kundenbenutzer hat folglich eine Anfrage gestellt, die noch nicht bearbeitet wurde. Ein Klick auf *Alle* listet restlos alle Tickets des Kundenbenutzers auf.

Abbildung 7-12: Hier gibt es für den Kundenbenutzer ein offenes Ticket, das auf seine Bearbeitung wartet (es befindet sich noch im Status »neu«) und vor 4 Minuten erstellt wurde.

Gehört der Kundenbenutzer einer Firma, einem Verein oder einer anderen Organisation an, kann er sich zusätzlich die Tickets seiner Kollegen anzeigen lassen. Dazu muss er lediglich den Menüpunkt *Tickets → Firmen-Tickets* aufrufen. Ein Filialeiter sieht dann beispielsweise auch die Tickets der anderen Filialleiter. Wurde sein Problem dort schon geschildert, kann er sich die Erstellung eines neuen Tickets sparen. Das funktioniert natürlich nur, wenn Sie zuvor die Kundenbenutzer immer ihrem zugehörigen Kunden zugeordnet haben (siehe Abschnitt »Kunden verwalten« auf Seite 124). Die Bedienung der Liste hinter *Tickets → Firmen-Tickets* ist identisch mit derjenigen hinter *Tickets → Meine Tickets*.

Klickt der Kundenbenutzer ein Ticket an, präsentiert ihm OTRS ausführliche Informationen, wie etwa die *Priorität* und die *Queue* (wie in Abbildung 7-13). Über einen Klick auf das Druckersymbol bietet ihm OTRS alle Daten über das Ticket als PDF-Dokument zum Download an. Auf diese Weise kann er die Ticket-Informationen ausdrucken oder auf seiner Festplatte archivieren.

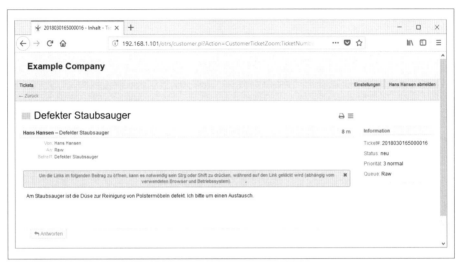

Abbildung 7-13: In dieser Detaildarstellung erhält der Kundenbenutzer alle wichtigen Informationen über sein Ticket.

Über *Antworten* am unteren linken Bildschirmrand ruft der Kundenbenutzer das Formular aus Abbildung 7-14 auf den Bildschirm. Hier kann er entweder die Antwort eines Supportmitarbeiters erwidern oder aber weitere Informationen für den Agenten anhängen – etwa wenn die Waschmaschine nicht mehr nur stottert, sondern jetzt auch noch zusätzlich leckt. Das Formular ist dabei identisch mit dem aus dem vorherigen Abschnitt beim Erstellen eines Tickets: Nach dem *Betreff* gibt der Kundenbenutzer unter *Text* die Nachricht, eine Fehlerbeschreibung oder seine Frage ein und hängt bei Bedarf eine Datei an.

Des Weiteren kann der Kundenbenutzer noch einen *Status* vorgeben. Läuft seine Küchenmaschine doch wieder, kann er etwa im großen Eingabefeld als *Text* kurz notieren, dass sich die Rührer wieder drehen, und dann das Ticket mit dem Status *erfolgreich geschlossen* zu den Akten legen lassen. Umgekehrt kann er aber auch wieder ein Ticket als *offen* markieren – etwa wenn die Küchenmaschine kurze Zeit später erneut streikt. Um den Status zu ändern, klickt der Kundenbenutzer in das Eingabefeld und wählt den passenden Punkt aus. Nach dem gleichen Prinzip darf er auch noch eine *Priorität* vorgeben. Seine Antwort muss er schließlich *Übermitteln* lassen.

Abbildung 7-14: Hier ergänzt ein Kundenbenutzer sein Ticket um eine weitere Meldung.

Wenn der Kundenbenutzer ein Ticket in der Detailansicht öffnet, präsentiert OTRS standardmäßig immer nur die jeweils letzte Nachricht. Um eine vorherige anzusehen, muss der Kundenbenutzer auf den entsprechenden grauen Balken klicken (siehe Abbildung 7-15).

Abbildung 7-15: Hier enthält das Ticket zwei Nachrichten: Die erste entstand vor 14 Minuten, die hier angezeigte Ergänzung hat der Kundenbenutzer gerade erst hinzugefügt.

OTRS klappt dann den ausgewählten Text auf. Alternativ öffnet ein Klick auf das Symbol mit den drei Strichen (rechts neben dem Druckersymbol) alle Nachrichten auf einmal.

Persönliche Einstellungen des Kundenbenutzers

Klickt ein Kundenbenutzer rechts oben auf *Einstellungen*, kann er die Benutzeroberfläche in Grenzen anpassen. Wie in Abbildung 7-16 zu sehen, darf der Kundenbenutzer zunächst links oben sein *Passwort ändern*. Dazu tippt er zunächst sein *Aktuelles Passwort* und dann darunter sein *Neues Passwort* ein. Damit niemand das Passwort mitlesen kann, zeigt OTRS auch hier wieder bei der Eingabe nur Punkte an. Um Tippfehler auszuschließen, muss der Kundenbenutzer das Passwort noch einmal unter *Passwort verifizieren* eingeben.

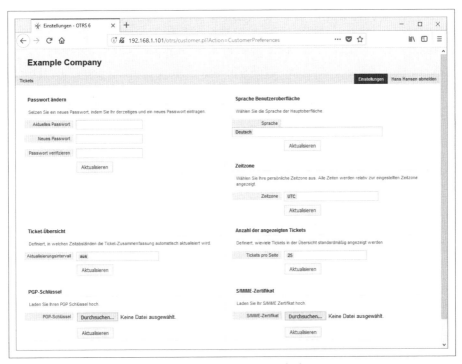

Abbildung 7-16: Die persönlichen Einstellungen eines Kundenbenutzers

In den übrigen Kästen ändert der Kundenbenutzer die Sprache des Kundenbereichs, seine Zeitzone, die Anzahl der auf einer Seite angezeigten Tickets und das Intervall, in dem der Kundenbereich automatisch die Ansicht aktualisiert (im Kasten *Ticket-Übersicht*). Um eine der Einstellungen zu ändern, klickt der Kundenbenutzer in eines der Felder und wählt die passende Einstellung aus.

Abschließend darf der Kundenbenutzer noch einen eigenen PGP-Schlüssel und ein S/MIME-Zertifikat hinterlegen, die bei der Ver- und Entschlüsselung von Nachrichten zum Einsatz kommen. Dazu klickt er einfach im entsprechenden Kasten auf *Durchsuchen* und wählt die Datei mit dem Schlüssel beziehungsweise Zertifikat aus. Weitere Informationen zu diesem Thema finden Sie in Kapitel 5, *E-Mail-Einstellungen*.

Sofern der Kundenbenutzer eine Einstellung geändert hat, muss er sie noch explizit mit einem Klick auf die zugehörige Schaltfläche *Aktualisieren* bestätigen.

Kundengruppen

Die Jupiter Hotel AG betreibt mehrere Hotels in Deutschland und ist somit ein wichtiger Großkunde. Damit Anfragen der jeweiligen Hotelmanager möglichst zügig bearbeitet werden, könnte man für sie eine eigene Warteschlange beziehungsweise Queue einrichten. In diese neue Queue sollen im Kundenbereich aber nur die Mitarbeiter der Jupiter Hotel AG neue Tickets schieben dürfen – allen anderen Kundenbenutzern soll jeglicher Einblick in die Tickets verwehrt bleiben. Bei genau diesem Vorhaben helfen die sogenannten Gruppen.

Mehrere Kundenbenutzer kann OTRS in einer Gruppe zusammenfassen. Dieser Gruppe können Sie dann ganz gezielt den Zugriff auf bestimmte Queues gestatten und darüber hinaus auch noch die dabei erlaubten Aktionen einschränken. Im Beispiel könnte man die Mitarbeiter der Jupiter Hotel AG in einer eigenen Gruppe sammeln. Dieser Gruppe erlaubt man dann, neue Tickets in der Queue für die Jupiter Hotel AG anzulegen. In OTRS kann ein Kundenbenutzer sogar mehreren Gruppen gleichzeitig angehören. Er darf dann auf alle Queues zugreifen, die den einzelnen Gruppen zugeordnet sind.

Die Gruppenbildung hat den Vorteil, dass Sie die Rechte mit wenigen Mausklicks ändern können. Kündigt beispielsweise der Hotelmanager Hans Hansen, müssen Sie ihn nur mit entsprechenden Mausklicks aus der Gruppe werfen, und schon darf er nicht mehr auf die Queue der Jupiter Hotel AG zugreifen. Er ist dem System aber weiterhin als Kundenbenutzer bekannt und darf auch weiterhin Anfragen stellen.

Gruppenfunktion aktivieren

Um eine Kundengruppe zu bilden, rufen Sie den Menüpunkt *Admin* auf und klicken dann im Bereich *Benutzer, Gruppen & Rollen* auf *Kundenbenutzer ↔ Gruppen*. Hier müssen Sie die Funktion zunächst einschalten. Dazu klicken Sie auf die Schaltfläche *Hier aktivieren!*. Fahren Sie mit der Maus auf den Kasten *CustomerGroupSupport* und lassen Sie die *Einstellung bearbeiten*. Setzen Sie einen Haken in das Kästchen *Aktiviert* und bestätigen Sie auf der rechten Seite die Änderung mit einem Klick auf den Haken. Klicken Sie jetzt auf *Zurück*, dann auf *Inbetriebnahme*, gefolgt von *Ausgewählte Einstellungen in Betrieb nehmen* und *Jetzt in Betrieb nehmen*.

Gruppen anlegen und verwalten

Als Nächstes müssen Sie eine oder mehrere Gruppen erstellen. Dazu steuern Sie wieder den Menüpunkt *Admin* an und klicken im Bereich *Benutzer, Gruppen & Rollen* den Punkt *Gruppen* an. In der *Liste* erscheinen jetzt alle existierenden Gruppen. Nach der Installation sind das wie in Abbildung 7-17 genau drei namens *admin*, *stats* und *users*. Alle neu erstellten Kundenbenutzer landen immer automatisch in der Gruppe *users*. (Die Bedeutung der anderen beiden Gruppen erklärt später noch Kapitel 15, *Agenten*, an dieser Stelle können Sie sie erst einmal ignorieren.)

NAME	KOMMENTAR	GÜLTIGKEIT	GEÄNDERT	ERSTELLT
admin	Group of all administrators.	gültig	18.01.2018 18:12 (Europe/Berlin)	18.01.2018 18:12 (Europe/Berlin)
stats	Group for statistics access.	gültig	18.01.2018 18:12 (Europe/Berlin)	18.01.2018 18:12 (Europe/Berlin)
users	Group for default access.	gültig	18.01.2018 18:12 (Europe/Berlin)	18.01.2018 18:12 (Europe/Berlin)

Liste (3 gesamt)

Abbildung 7-17: Standardmäßig existieren bereits drei Gruppen.

Um eine neue Gruppe anzulegen, klicken Sie auf *Gruppe hinzufügen*. Verpassen Sie der Gruppe im obersten Eingabefeld einen Namen, wie etwa Mitarbeiter Jupiter. Nur wenn die *Gültigkeit* auf *gültig* steht, können Sie die Gruppe gleich innerhalb von OTRS verwenden. Bei Bedarf hinterlegen Sie noch einen *Kommentar* – im Beispiel etwa Angestellte der Jupiter Hotel AG. Via *Speichern* legen Sie die neue Gruppe an. Ignorieren Sie die jetzt angezeigte Seite und klicken Sie auf die Schaltfläche *Zur Übersicht gehen*.

Erstellen Sie bei Bedarf weitere Gruppen nach dem gezeigten Prinzip. Beachten Sie, dass Sie einmal angelegte Gruppen nicht wieder löschen können. Sie dürfen lediglich den Namen und den Kommentar ändern sowie die Gruppe deaktivieren. Dazu rufen Sie wieder *Admin → Gruppen* auf und klicken in der Liste den Namen der Gruppe an. Es öffnet sich jetzt das bekannte Formular, in dem Sie den Namen und den Kommentar anpassen können. Wenn Sie in das Feld *Gültigkeit* klicken und *ungültig* wählen, deaktivieren Sie die Gruppe. Sie steht dann an anderen Stellen in OTRS nicht mehr zur Verfügung. Änderungen müssen Sie *Speichern und abschließen* lassen, *Abbrechen* verwirft sie hingegen. Ein Klick auf *Speichern* übernimmt ebenfalls Ihre Änderungen, lässt das Formular aber noch geöffnet.

Kundenbenutzer zuordnen

Wenn Sie alle benötigten Gruppen angelegt haben, müssen Sie die Kundenbenutzer in die entsprechenden Gruppen stecken. Dazu steuern Sie den Menüpunkt *Admin* an und klicken im Bereich *Benutzer, Gruppen & Rollen* auf *Kundenbenutzer ↔ Gruppen*. Damit erscheint die Seite aus Abbildung 7-18. Links oben finden Sie zunächst alle *KUNDENBENUTZER*, rechts daneben alle existierenden *GRUPPEN*.

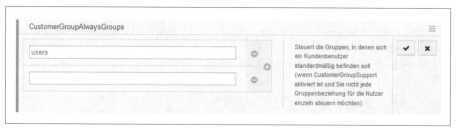

```
Suchergebnisse:

KUNDENBENUTZER (2)                                    GRUPPEN
Hans Hansen ████████████████ ██ (123456)            admin
Peter Doje <doje@waldschloesschen-hohendechsdorf.de> (001)   Mitarbeiter Jupiter
                                                     stats


Standardgruppe des Kundenbenutzers

GRUPPEN
users
An diesen Gruppen können keine Änderungen vorgenommen
werden.
```

Abbildung 7-18: Hier ordnen Sie die Kundenbenutzer den Gruppen zu.

Im Kasten *Standardgruppe des Kundenbenutzers* listet OTRS alle Gruppen auf, in die OTRS automatisch alle neu angelegten Kundenbenutzer steckt. Standardmäßig ist das die Gruppe *users*. Wenn Sie diese Vorgabe ändern möchten, klicken Sie auf der linken Seite auf die Schaltfläche *Standardgruppen für Kundenbenutzer bearbeiten*. Fahren Sie dann mit der Maus auf den Kasten *CustomerGroupAlwaysGroups* und lassen Sie die *Einstellung bearbeiten*. Sie sehen jetzt eine Liste mit allen Gruppen, in die OTRS automatisch alle neu angelegten Kundenbenutzer steckt (siehe Abbildung 7-19). Um eine weitere Gruppe hinzuzufügen, klicken Sie auf das Plussymbol und geben in das neu erscheinende Eingabefeld den Namen der Gruppe ein. Eine vorhandene Gruppe entfernen Sie mit einem Klick auf das nebenstehende Minussymbol. Ihre Änderungen müssen Sie anschließend rechts mit einem Klick auf den Haken bestätigen. Klicken Sie anschließend auf *Zurück*, dann auf *Inbetriebnahme*, gefolgt von *Ausgewählte Einstellungen in Betrieb nehmen* und *Jetzt in Betrieb nehmen*. Kehren Sie abschließend via *Admin → Kundenbenutzer ↔ Gruppen* zur Seite aus Abbildung 7-18 zurück.

```
CustomerGroupAlwaysGroups                                            ≡

  users                                    ⊖      Steuert die Gruppen, in denen sich    ✓   ✗
                                                  ein Kundenbenutzer
                                           ⊕      standardmäßig befinden soll
                                                  (wenn CustomerGroupSupport
                                           ⊖      aktiviert ist und Sie nicht jede
                                                  Gruppenbeziehung für die Nutzer
                                                  einzeln steuern möchten).
```

Abbildung 7-19: Hier landen alle neu erstellten Kundenbenutzer immer in der Gruppe users.

Um nun endlich einen Kundenbenutzer in eine Gruppe zu stecken, klicken Sie den Namen des Kundenbenutzers an. Sie landen damit im Formular aus Abbildung 7-20. Kapitel 8, *Queues*, zeigt Ihnen später, wie Sie der Gruppe eine oder bei Bedarf auch mehrere Queues zuordnen. Hier in der Tabelle legen Sie jetzt auf einen Schlag fest,

- zu welchen Gruppen der Kundenbenutzer gehört *und*
- wie er auf die Queues der jeweiligen Gruppe zugreifen darf.

Wenn Sie einen Haken in ein Feld der Spalte *RO* setzen, darf der Kundenbenutzer in den Queues der entsprechenden Gruppe seine eigenen Tickets lesen – und sonst nichts. Insbesondere darf er in den Queues weder Tickets erstellen noch beantworten. In Abbildung 7-20 könnte Hans Hansen folglich im Kundenbereich kein neues Ticket in der Queue für die Jupiter Hotel AG anlegen. Wenn Sie aber in dieser Queue für Hans Hansen ein Ticket erstellen, könnte sich Hans dieses Ticket im Kundenbereich ansehen und so zumindest den Bearbeitungsstatus verfolgen. Setzen Sie einen Haken in ein Feld der Spalte *RW*, darf der Kundenbenutzer in allen mit der Gruppe verbundenen Queues neue Tickets erstellen und auf Tickets antworten. Würde man in Abbildung 7-20 in der Zeile *Mitarbeiter Jupiter* einen Haken in die Spalte *RW* setzen, könnte Hans Hansen im Kundenbereich ein neues Ticket in der Queue für die Jupiter Hotel AG anlegen.

Haben Sie sehr viele Gruppen angelegt, wird die Tabelle ziemlich lang. Um eine ganz bestimmte Gruppe zu finden, tippen Sie ihren Namen auf der linken Seite in das Eingabefeld *Filter für Gruppen*. Schon während des Tippens blendet OTRS in der Tabelle nur noch alle zum Begriff passenden Gruppen ein. Um wieder sämtliche Gruppen anzeigen zu lassen, löschen Sie das Eingabefeld.

Zu den Gruppen im Kasten *Standardgruppe des Kundenbenutzers* gehört der Kundenbenutzer automatisch. Diese Zuordnung lässt sich auch nicht ändern. Um die Standardgruppen anzupassen, klicken Sie auf der linken Seite auf die Schaltfläche *Standardgruppen für Kundenbenutzer bearbeiten*. OTRS springt dann wieder in die schon bekannten Grundeinstellungen aus Abbildung 7-19.

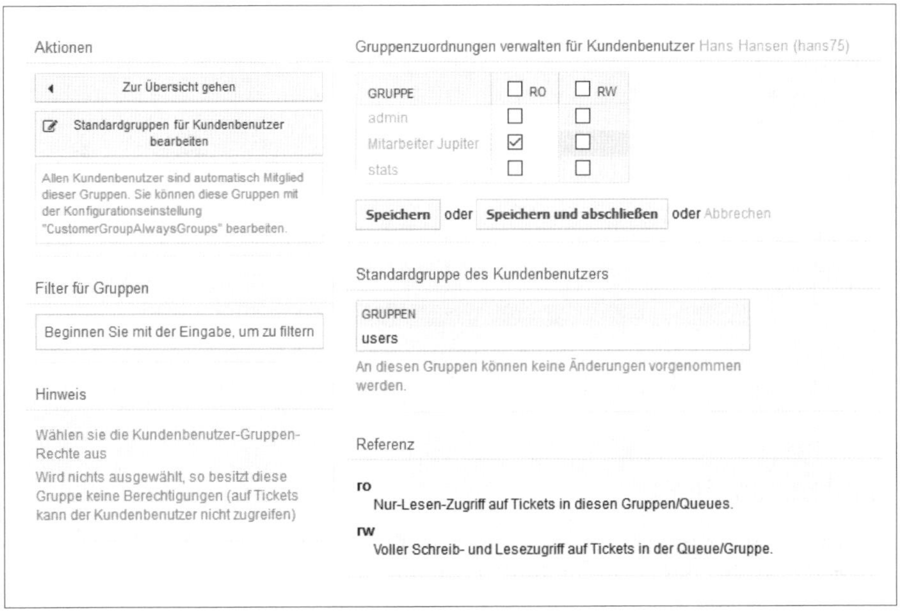

Abbildung 7-20: Hier steckt der Benutzer zum einen in der Gruppe users und zum anderen in der Gruppe Mitarbeiter Jupiter.

Sobald Sie Ihre Auswahl getroffen haben, klicken Sie im Formular aus Abbildung 7-20 auf *Speichern und abschließen*. Der Link *Abbrechen* würde hingegen alle Änderungen verwerfen. *Speichern* übernimmt Ihre Einstellungen, lässt aber das Formular mit der Tabelle noch geöffnet. Sie können die Gruppenzuordnung jederzeit anpassen, indem Sie unter *Admin → Kundenbenutzer ↔ Gruppen* den Namen des Kundenbenutzers anklicken.

Wenn Sie nachträglich eine Gruppe anlegen, müssten Sie alle zugehörigen Kundenbenutzer nacheinander anklicken und auf die gezeigte Weise in die neue Gruppe stecken. Netterweise können Sie die Kundenbenutzer noch auf einem zweiten Weg einer Gruppe zuordnen. Dazu rufen Sie wieder *Admin → Kundenbenutzer ↔ Gruppen* auf. Klicken Sie dann rechts in der Liste *Gruppen* die neu erstellte Gruppe an. Damit landen Sie im Formular aus Abbildung 7-21. In der Tabelle finden Sie jetzt alle Kundenbenutzer. Für diese müssen Sie mit gezielten Klicks festlegen, ob sie die für die Gruppe bestimmten Tickets lesen (*RO*) oder auch verändern dürfen (*RW*). In Abbildung 7-21 darf Hans Hansen die Tickets aus allen zur Gruppe *Mitarbeiter Jupiter* gehörenden Queues nur lesen. Wenn Sie sehr viele Kundenbenutzer haben, können Sie ganz gezielt einen oder mehrere heraussuchen. Dazu tippen Sie einen Teil des Namens der gesuchten Person in das Eingabefeld auf der linken Seite und klicken auf die Lupe. OTRS zeigt dann in der Liste nur noch die zum eingegebenen Begriff passenden Kundenbenutzer an. Um wieder alle Kundenbenutzer zu sehen, löschen Sie das Eingabefeld und klicken auf die Lupe. Haben Sie sämtliche Haken korrekt gesetzt, lassen Sie Ihre Änderungen *Speichern und abschließen*.

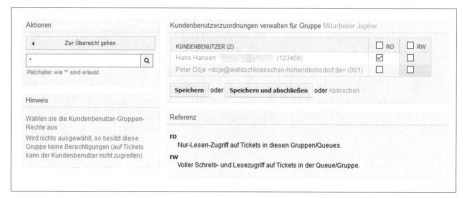

Abbildung 7-21: Hier steckt der Benutzer Hans Hansen in der Gruppe Mitarbeiter Jupiter, Peter Doje aber nicht.

Kunden zuordnen

Als großes Unternehmen hat die Jupiter Hotel AG ziemlich viele Angestellte. Diese müssten Sie mit zahlreichen Mausklicks in die entsprechende Gruppe *Mitarbeiter Jupiter* werfen. Glücklicherweise bietet OTRS aber auch eine kleine Abkürzung: Sie können nicht nur einzelne Kundenbenutzer in eine Gruppe stecken, sondern auch gleich den ganzen Kunden. Im Beispiel könnten Sie die komplette Jupiter Hotel AG der Gruppe *Mitarbeiter Jupiter* zuweisen. Die Hotelangestellten könnten so auf einen Schlag die Tickets ihrer jeweiligen Kollegen lesen, während Sie sich viele Mausklicks sparen.

Um einen Kunden einer Gruppe zuzuordnen, rufen Sie im Hauptmenü *Admin* auf und klicken dann im Bereich *Benutzer, Gruppen & Rollen* auf *Kunden ↔ Gruppen*. Damit landen Sie auf der Seite aus Abbildung 7-22.

Abbildung 7-22: Hier ordnen Sie die Kunden den Gruppen zu.

Im Kasten *Standard-Kundengruppen* listet OTRS alle Gruppen auf, in die OTRS automatisch alle neu angelegten Kunden steckt. Standardmäßig ist das die Gruppe *users*. Wenn Sie diese Vorgabe ändern möchten, klicken Sie auf der linken Seite auf die Schaltfläche *Standardgruppen für Kunden bearbeiten*. Fahren Sie dann mit der Maus auf den Kasten *CustomerGroupCompanyAlwaysGroups* und lassen Sie die *Einstellung bearbeiten*. Sie sehen jetzt eine Liste mit allen Gruppen, in die OTRS automatisch alle neu angelegten Kunden steckt (Abbildung 7-23). Um eine weitere Gruppe hinzuzufügen, klicken Sie auf das Plussymbol und geben dann in das neu erscheinende Eingabefeld den Namen der Gruppe ein. Eine vorhandene Gruppe entfernen Sie mit einem Klick auf das nebenstehende Minussymbol. Ihre Änderungen müssen Sie anschließend rechts mit einem Klick auf den Haken bestätigen. Klicken Sie dann auf *Zurück, Inbetriebnahme, Ausgewählte Einstellungen in Betrieb nehmen* und schließlich *Jetzt in Betrieb nehmen*. Kehren Sie via *Admin → Kunden ↔ Gruppen* zur Seite aus Abbildung 7-22 zurück.

Abbildung 7-23: Hier landen alle neu erstellten Kunden immer in der Gruppe users.

Einen Kunden weisen Sie jetzt einer Gruppe zu, indem Sie links oben auf den Namen des Kunden klicken. Im neuen Formular bestimmen Sie in der Tabelle rechts oben,

- zu welchen Gruppen der Kunde gehört *und*
- wie die entsprechenden Kundenbenutzer auf die Queues der jeweiligen Gruppe zugreifen dürfen.

Bei einem Haken in der Spalte *RO* dürfen die Angestellten des Kunden alle Tickets lesen, bei einem Haken in der Spalte *RW* auch erstellen und beantworten. In Abbildung 7-24 könnten beispielsweise *sämtliche* Angestellte der *Jupiter Hotel AG* alle Tickets sehen, die auch der Rest der Gruppe *Mitarbeiter Jupiter* zu Gesicht bekommt. OTRS zeigt dabei einem Kundenbenutzer allerdings immer nur die Tickets an, die von den Angestellten des Kunden erstellt wurden. Hans Hansen von der Jupiter Hotel AG sieht folglich ausschließlich die Tickets seiner Kollegen. OTRS orientiert sich dabei an den Kundennummern der Tickets.

Abbildung 7-24: Mit diesen Einstellungen dürfen die Angestellten der Jupiter Hotel AG alle Tickets der Gruppe Mitarbeiter Jupiter sehen.

Bei sehr vielen Gruppen wird die Tabelle ziemlich lang. Sobald Sie in das Eingabefeld auf der linken Seite den Namen einer Gruppe eintippen, blendet OTRS in der Tabelle nur noch alle passenden Gruppen ein. Sämtliche Gruppen sehen Sie wieder, wenn Sie das Eingabefeld löschen.

Zu den Gruppen im Kasten *Standard-Kundengruppen* gehört der Kunde automatisch. Diese Zuordnung lässt sich auch nicht ändern. Um die *Standard-Kundengruppen* anzupassen, klicken Sie auf der linken Seite auf die Schaltfläche *Standardgruppen für Kunden bearbeiten*. OTRS springt dann zurück in die schon bekannten Grundeinstellungen aus Abbildung 7-23.

Wenn Sie Ihre Auswahl getroffen haben, klicken Sie im Formular aus Abbildung 7-24 auf *Speichern und abschließen*. Der Link *Abbrechen* würde hingegen alle Änderungen verwerfen. *Speichern* übernimmt Ihre Einstellungen, lässt aber das Formular mit der Tabelle noch geöffnet. Sie können die Gruppenzuordnung nachträglich ändern, indem Sie unter *Admin → Kunden ↔ Gruppen* den Namen des Kunden anklicken.

Sofern Sie nachträglich eine Gruppe anlegen, müssten Sie alle entsprechenden Kunden nacheinander anklicken und sie auf die gezeigte Weise in die neue Gruppe stecken. Sie können sich etwas Arbeit sparen, indem Sie *Admin → Kunden ↔ Gruppen* aufrufen und dann rechts oben in der Liste die entsprechende Gruppe anklicken. In der Tabelle aus Abbildung 7-25 legen Sie jetzt für jeden Kunden fest, ob er alle für die Gruppe bestimmten Tickets lesen (*RO*) oder auch verändern darf (*RW*). In Abbildung 7-25 dürfen die Angestellten der *Jupiter Hotel AG* die Tickets aus allen zur Gruppe *Mitarbeiter Jupiter* gehörenden Queues lediglich ansehen. Wenn Sie besonders viele Kunden haben und einen ganz bestimmten suchen, tippen Sie einen Teil seines Namens in das Eingabefeld auf der linken Seite und klicken auf die Lupe. OTRS zeigt dann in der Tabelle nur noch die zum eingegebenen Begriff passenden Kunden an. Sämtliche Kunden sehen Sie wieder, indem Sie das Eingabefeld löschen und auf die Lupe klicken. Haben Sie alle Haken korrekt gesetzt, lassen Sie Ihre Änderungen *Speichern und abschließen*.

Abbildung 7-25: Hier stecken alle Kundenbenutzer der Jupiter Hotel AG automatisch in der Gruppe Mitarbeiter Jupiter.

Im Beispiel existiert damit jetzt eine Gruppe mit den Mitarbeitern der Jupiter Hotel AG. Es fehlt jedoch noch die passende Queue. Wie man diese anlegt und der Gruppe zuordnet, verrät direkt das Kapitel 8, *Queues*.

KAPITEL 8

Queues

Alle eingehenden Tickets landen zunächst in einer Warteschlange. Sie können selbst weitere dieser sogenannten *Queues* für unterschiedliche Zwecke anlegen und die Tickets dort einsortieren. So lassen sich beispielsweise alle Fragen zur Küchenmaschine KM 3000 in einer eigenen Queue sammeln. Die auf Küchenmaschinen spezialisierten Techniker können sich dann nach und nach aus dieser Queue die Tickets holen und sie bearbeiten. In einigen Fällen kommen Sie bereits mit einer Queue und somit mit den mitgelieferten Exemplaren aus. Die Computec Media GmbH nutzt etwa im Tagesgeschäft nur eine einzige Queue, wobei im Schnitt rund 190 neue Tickets pro Monat eintrudeln. Bei größeren Projekten, wie etwa dem Relaunch eines Internetauftritts, erstellt die Computec Media GmbH eine Queue eigens für das jeweilige Projekt. Auf diese Weise können die Agenten die Anzahl der auf dieses Projekt bezogenen releasekritischen Tickets besser im Blick behalten. Die Tickets sortiert dort ein passender Filter, wie ihn Kapitel 5, *E-Mail-Einstellungen*, vorgestellt hat. Diesen Filter löscht die Computec Media GmbH nach dem Abschluss des Projekts wieder, sodass alle weiteren Anfragen über die eine Queue laufen.

Vorbereitungen

Bevor Sie nach der Installation von OTRS selbst Queues einrichten können, müssen Sie noch ein paar kleinere Vorbereitungen treffen.

Anreden

Die von den Agenten geschriebenen Antworten versendet OTRS in Form von E-Mails. Diese E-Mails starten meist mit den gleichen Floskeln, wie etwa: »Sehr geehrte Frau Mayer, vielen Dank für Ihre Anfrage«. In OTRS können Sie für unterschiedliche Situationen passende Anreden beziehungsweise Begrüßungen hinterlegen. So könnte man jugendliche Kunden mit »Hallo Peter« ansprechen, die Erwachsenen hingegen mit »Sehr geehrter Peter Mayer«. Die so hinterlegten Anreden lassen sich später den einzelnen Queues zuordnen. Sobald ein Agent dann ein Ticket aus dieser Queue beantwortet, gibt OTRS automatisch die passende Anrede vor.

Alle bereits hinterlegten Anreden listet das Ticketsystem auf, wenn Sie im Haupt-menü *Admin* aufrufen und dann im Bereich *Ticket-Einstellungen* auf *Anreden* kli-cken. Standardmäßig liegt OTRS nur eine englischsprachige Anrede bei. Um eine weitere eigene zu hinterlegen, klicken Sie auf *Anrede hinzufügen*. Es erscheint jetzt das Formular aus Abbildung 8-1. Geben Sie zunächst der neuen Anrede im obers-ten Eingabefeld eine knappe Bezeichnung. Dieser *Name* sollte ganz kurz umreißen, um was für eine Anrede es sich handelt – wie etwa `Förmliche Anrede Deutsch`. In das Eingabefeld darunter tippen Sie jetzt die entsprechende Anrede beziehungsweise den Anfang der Antwort-E-Mail ein. Über die Symbole in der Symbolleiste können Sie den Text bei Bedarf formatieren. Die Bedienung erfolgt ähnlich wie in Ihrer Textverarbeitung, ein Klick auf *B* formatiert beispielsweise den Text fett.

 Formatierte E-Mails wirken häufig chaotisch und unseriös. Set-zen Sie daher Formatierungen möglichst sparsam ein oder ver-zichten Sie besser ganz darauf.

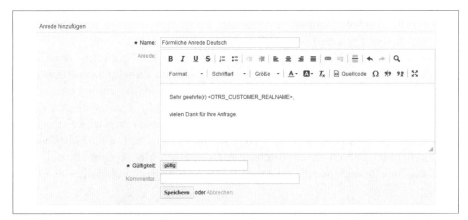

Abbildung 8-1: Diese Anrede schlägt OTRS später dem Agenten vor, der dann nur noch die eigentliche Antwort schreiben muss.

Des Weiteren dürfen Sie die im unteren Teil aufgelisteten Platzhalter verwenden. Die kryptische Zeichenfolge `<OTRS_CUSTOMER_REALNAME>` ersetzt OTRS beispielsweise spä-ter in der Antwort-E-Mail automatisch durch den Namen des Kunden. Weitere übli-che Platzhalter finden Sie in Tabelle 8-1. Von Ihrer konkreten OTRS-Installation hängt dabei ab, welche der Platzhalter im Einzelnen zur Verfügung stehen.

Tabelle 8-1: Von OTRS unterstützte Platzhalter in der Anrede

Platzhalter	wird damit ersetzt
`<OTRS_CUSTOMER_REALNAME>`	vollständiger Name des Kunden (Vor- und Nachname)
`<OTRS_CUSTOMER_EMAIL>`	E-Mail-Text (und somit Ticket-Inhalt)
`<OTRS_CUSTOMER_EMAIL[5]>`	die ersten fünf Zeilen des E-Mail-Texts (und somit des Ticket-Inhalts)

Tabelle 8-1: Von OTRS unterstützte Platzhalter in der Anrede (Fortsetzung)

Platzhalter	wird damit ersetzt
<OTRS_CUSTOMER_From>	in der E-Mail des Kunden verwendete Absendername
<OTRS_CUSTOMER_To>	E-Mail-Adresse des Empfängers
<OTRS_CUSTOMER_Cc>	auf CC: gesetzte Empfänger
<OTRS_CUSTOMER_SUBJECT>	Betreff der E-Mail
<OTRS_CUSTOMER_SUBJECT[20]>	die ersten 20 Zeichen des Betreffs der E-Mail
<OTRS_CUSTOMER_Body>	Text der E-Mail
<OTRS_CUSTOMER_DATA_UserFirstname>	Vorname des Kunden
<OTRS_CUSTOMER_DATA_UserLastname>	Nachname des Kunden
<OTRS_CUSTOMER_DATA_UserLogin>	Benutzername des Kunden
<OTRS_CUSTOMER_DATA_UserCustomerID>	Kundennummer
<OTRS_CUSTOMER_DATA_UserEmail>	E-Mail-Adresse des Kunden
<OTRS_CUSTOMER_DATA_UserSalutation>	Titel oder Anrede des Kunden (wie etwa Dr. oder Prof.)
<OTRS_OWNER_UserFirstname>	Vorname des Ticket-Besitzers
<OTRS_OWNER_UserLastname>	Nachname des Ticket-Besitzers
<OTRS_OWNER_UserLogin>	Benutzername des Ticket-Besitzers
<OTRS_OWNER_UserEmail>	E-Mail-Adresse des Ticket-Besitzers
<OTRS_OWNER_UserSalutation>	Titel oder Anrede des Ticket-Besitzers (wie etwa Dr. oder Prof.)
<OTRS_RESPONSIBLE_UserFirstname>	Vorname des Ticket-Verantwortlichen
<OTRS_RESPONSIBLE_UserLastname>	Nachname des Ticket-Verantwortlichen
<OTRS_RESPONSIBLE_UserLogin>	Benutzername des Ticket-Verantwortlichen
<OTRS_RESPONSIBLE_UserEmail>	E-Mail-Adresse des Ticket-Verantwortlichen
<OTRS_RESPONSIBLE_UserSalutation>	Titel oder Anrede des Ticket-Verantwortlichen (wie etwa Dr. oder Prof.)
<OTRS_CURRENT_UserFirstname>	Vorname des aktuellen OTRS-Benutzers (in der Regel der gerade an der Antwort schreibende Agent)
<OTRS_CURRENT_UserLastname>	Nachname des aktuellen OTRS-Benutzers (in der Regel der gerade am Text schreibende Agent)
<OTRS_CURRENT_UserLogin>	Benutzername des aktuellen OTRS-Benutzers (in der Regel der gerade am Text schreibende Agent)
<OTRS_CURRENT_UserEmail>	E-Mail-Adresse des aktuellen OTRS-Benutzers (in der Regel der gerade am Text schreibende Agent)
<OTRS_CURRENT_UserSalutation>	Titel oder Anrede (wie etwa Dr. oder Prof.) des aktuellen OTRS-Benutzers (in der Regel der gerade am Text schreibende Agent)
<OTRS_TICKET_Created>	Erstellungsdatum des Tickets
<OTRS_TICKET_Changed>	Zeitpunkt der letzten Änderung
<OTRS_TICKET_EscalationDestinationDate>	Datum der Eskalation

Platzhalter	wird damit ersetzt
<OTRS_TICKET_FirstResponseTime>	Zeitpunkt der ersten Antworten
<OTRS_TICKET_FirstResponseTimeDestinationDate>	bis zu diesem Zeitpunkt benötigt der Kunde eine Antwort
<OTRS_TICKET_Lock>	gesperrtes Ticket
<OTRS_TICKET_Owner>	Besitzer des Tickets
<OTRS_TICKET_Priority>	Priorität des Tickets
<OTRS_TICKET_Queue>	Queue, in der sich das Ticket befindet
<OTRS_TICKET_Service>	Service des Tickets
<OTRS_TICKET_SolutionTimeDestinationDate>	bis zu diesem Zeitpunkt muss das Ticket geschlossen sein
<OTRS_TICKET_SolutionTime>	zu diesem Zeitpunkt muss das Ticket geschlossen sein
<OTRS_TICKET_SLA>	SLA des Tickets
<OTRS_TICKET_State>	Status des Tickets
<OTRS_TICKET_StateType>	Statustyp
<OTRS_TICKET_TicketID>	interne Identifikationsnummer des Tickets
<OTRS_TICKET_TicketNumber>	Ticketnummer
<OTRS_TICKET_Title>	Titel des Tickets

Stellen Sie abschließend noch sicher, dass *Gültigkeit* auf *gültig* steht. Nur dann können die Agenten die Anrede tatsächlich verwenden. Bei Bedarf können Sie noch einen *Kommentar* hinterlegen. Darin lässt sich beispielsweise notieren, in welchen Fällen die Anrede zum Einsatz kommt. Die fertige Anrede legen Sie schließlich per *Speichern* an.

Einmal angelegte Anreden lassen sich nicht mehr löschen, sondern nur noch nachbearbeiten und deaktivieren. Dazu klicken Sie einfach in der Liste mit den Anreden den Namen des entsprechenden Exemplars an. Sie landen damit wieder im bekannten Formular aus Abbildung 8-1. Dort ändern Sie einfach die entsprechenden Einstellungen. Möchten Sie die Anrede deaktivieren, klicken Sie in das Eingabefeld *Gültigkeit* und wählen *ungültig*. Ihre Änderungen lassen Sie schließlich *Speichern und abschließen*. Ein Klick auf *Speichern* übernimmt ebenfalls die Modifikationen, lässt das Formular aber noch geöffnet. *Abbrechen* wiederum verwirft alle Änderungen.

OTRS bringt bereits von Haus aus ein paar Queues mit, denen allesamt die englischsprachige Anrede *system standard saluation (en)* zugeordnet ist. Beantwortet später ein Agent ein Ticket aus einer dieser Queues, schlägt OTRS automatisch diese Anrede vor. Wenn Sie die von OTRS mitgelieferten Standard-Queues nutzen möchten, sollten Sie daher entweder die *system standard saluation (en)* an Ihre Erfordernisse anpassen oder aber besser eine eigene Anrede anlegen und diese dann den schon vorhandenen Queues zuordnen. Wie Letzteres funktioniert, zeigen gleich noch die nachfolgenden Abschnitte.

Signaturen

Nicht nur die Anrede, sondern auch das Ende der Antworten ist in der Regel identisch. Unternehmen müssen dort unter anderem den Sitz der Gesellschaft angeben. Dieses Ende einer E-Mail bezeichnet man als *Signatur*. Analog zu den Anreden können Sie in OTRS mehrere Signaturen hinterlegen und diese später einzelnen Queues zuordnen. Erstellt ein Agent dann eine Antwort auf ein Ticket aus dieser Queue, pappt OTRS automatisch die passende Signatur unter den Antworttext.

Wenn Sie im Hauptmenü den Punkt *Admin* wählen und dann im Bereich *Ticket-Einstellungen* die *Signaturen* anklicken, listet Ihnen OTRS alle bereits vorhandenen Signaturen auf. Standardmäßig liefert das Ticketsystem nur eine englischsprachige Signatur mit, die die Adresse einer fiktiven Firma in Miami enthält.

Um eine neue Signatur zu hinterlegen, klicken Sie auf *Signatur hinzufügen*, woraufhin sich das Formular aus Abbildung 8-2 öffnet. Dieses ähnelt seinem Kollegen für die Anrede: Vergeben Sie im obersten Eingabefeld der Signatur zunächst eine Bezeichnung. Dieser *Name* sollte kurz und knapp zusammenfassen, um was für eine Signatur es sich handelt – wie etwa `Formaler Gruß`. Anschließend tragen Sie den Text für die Signatur in das große Eingabefeld ein. Dabei dürfen Sie wieder alle Platzhalter aus Tabelle 8-1 verwenden. Die beiden Platzhalter `<OTRS_CURRENT_User-Firstname>` `<OTRS_CURRENT_UserLastname>` aus Abbildung 8-2 ersetzt OTRS beispielsweise später automatisch durch den Vor- und Nachnamen des Agenten, der gerade das Ticket beantwortet (wie etwa `Dieter Krittenbeck`).

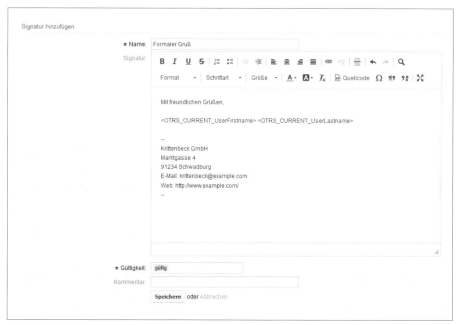

Abbildung 8-2: Diese Signatur hängt OTRS später automatisch an die Antwort an. Der Agent muss folglich nicht immer selbst den kompletten Absender eintippen.

Informieren Sie sich, welche Daten Sie in Ihrem Fall in jeder E-Mail in der Signatur mitschicken müssen. Konsultieren Sie im Zweifel einen Fachanwalt. Eine falsche oder unvollständige Signatur kann eine teure Abmahnung zur Folge haben.

Stellen Sie sicher, dass die *Gültigkeit* auf *gültig* steht. Nur dann lässt sich die Signatur später auch nutzen. Bei Bedarf hinterlegen Sie noch einen *Kommentar*. Er dient ausschließlich Ihrer Erinnerung und könnte kurz zusammenfassen, in welchen Situationen die Signatur zum Einsatz kommen sollte. Klicken Sie abschließend auf *Speichern*.

Eine einmal erstellte Signatur dürfen Sie zwar nicht mehr löschen, können sie aber jederzeit verändern oder deaktivieren. Dazu rufen Sie wieder *Admin → Signaturen* auf und klicken dann in der Liste auf den Namen der entsprechenden Signatur. Es öffnet sich erneut das schon bekannte Formular aus Abbildung 8-2, in dem Sie Ihre Änderungen vornehmen. Um die Signatur zu deaktivieren, klicken Sie in das Eingabefeld *Gültigkeit* und wählen *ungültig*. Ihre Änderungen lassen Sie abschließend *Speichern und abschließen*. Ein Klick auf *Speichern* würde die Änderungen übernehmen, das Formular aber noch geöffnet lassen. Via *Abbrechen* verwirft OTRS hingegen alle Modifikationen.

OTRS hat allen mitgelieferten Queues eigenmächtig die Signatur *system standard signature (en)* zugeordnet. Sie ist nicht nur komplett in Englisch verfasst, sondern enthält auch die Anschrift eines fiktiven Unternehmens. Beantwortet später ein Agent ein Ticket aus einer dieser Queues, schlägt ihm OTRS automatisch diese unbrauchbare Signatur vor. Wenn Sie die von OTRS mitgelieferten Standard-Queues nutzen möchten, sollten Sie daher entweder die *system standard signature (en)* an Ihre Gegebenheiten anpassen oder aber besser eine eigene Signatur erstellen und diese dann den schon vorhandenen Queues zuordnen. Wie Letzteres funktioniert, zeigen gleich noch die folgenden Abschnitte.

Mitgelieferte Queues

Alle existierenden Queues listet OTRS auf, wenn Sie den Menüpunkt *Admin* aufrufen und dann im Bereich *Ticket-Einstellungen* den Punkt *Queues* anklicken. Wie in Abbildung 8-3 zu sehen, bringt OTRS standardmäßig vier Queues mit:

- Alle eingehenden Nachrichten beziehungsweise Tickets landen automatisch in der Queue *Raw*.
- *Junk* soll Spam-Nachrichten, Werbung und unerwünschte Tickets aufnehmen.
- In der Queue *Misc* können Sie Tickets einreihen, die nicht in die anderen Queues passen. Achten Sie aber darauf, dass diese Tickets auch irgendwann von jemandem bearbeitet werden und nicht in Vergessenheit geraten.
- Die Queue *Postmaster* ist eine weitere Beispiel-Queue für beliebige Zwecke und somit eine Alternative zu den Queues *Raw* und *Misc*.

Liste

NAME	GRUPPE	KOMMENTAR	GÜLTIGKEIT	GEÄNDERT	ERSTELLT
Junk	users	All junk tickets.	gültig	18.01.2018 18:12 (Europe/Berlin)	18.01.2018 18:12 (Europe/Berlin)
Misc	users	All misc tickets.	gültig	18.01.2018 18:12 (Europe/Berlin)	18.01.2018 18:12 (Europe/Berlin)
Postmaster	users	Postmaster queue.	gültig	18.01.2018 18:12 (Europe/Berlin)	18.01.2018 18:12 (Europe/Berlin)
Raw	users	All default incoming ti...	gültig	18.01.2018 18:12 (Europe/Berlin)	18.01.2018 18:12 (Europe/Berlin)

Abbildung 8-3: Diese vier mitgelieferten Queues können Sie benutzen – müssen es aber nicht.

Alle mitgelieferten Queues dienen nur als Beispiel beziehungsweise Vorlagen für eigene Queues. Die OTRS-Entwickler empfehlen daher eindringlich, die mitgelieferten Queues zumindest umzubenennen. Wenn Sie OTRS gerade erst in einer Testinstallation kennenlernen, sollten Sie sie jedoch noch in Ihrem Auslieferungszustand belassen, da viele Anleitungen und auch dieses Buch die mitgelieferten Queues verwenden.

Queues anlegen

Um eine neue Queue zu erstellen, rufen Sie im Hauptmenü *Admin* auf und klicken im Bereich *Ticket-Einstellungen* auf *Queues*. Lassen Sie jetzt über die entsprechende Schaltfläche am linken Seitenrand eine neue *Queue hinzufügen*. Sie landen damit in einem ziemlich langen Formular, von dem Abbildung 8-4 zunächst nur den oberen Teil präsentiert. Mindestens ausfüllen müssen Sie die mit einem Sternchen markierten Felder und Einstellungen. Zunächst verpassen Sie der Queue ganz oben einen Namen, wie etwa Technische Probleme. Der Name sollte ihren Zweck widerspiegeln beziehungsweise einen Hinweis darauf geben, welche Tickets in der Queue später zu finden sind.

Sie dürfen eine Queue einer anderen unterordnen und so Unter-Queues bilden. Beispielsweise könnten Sie eine Queue *Haushaltsgeräte* anlegen, die dann die Unter-Queues *Staubsauger* und *Toaster* besitzt. Sinnvoll ist eine solche Unterteilung vor allem dann, wenn sehr viele Tickets eingehen. Um die gerade neu anzulegende Queue einer anderen unterzuordnen, klicken Sie in das Eingabefeld neben *Unter-Queue von* und wählen aus der Liste die übergeordnete Queue. Stellen Sie in der Ausklappliste beispielsweise *Haushaltsgeräte* ein, würde die gerade entstehende Queue *Technische Probleme* ihrer Kollegin *Haushaltsgeräte* untergeordnet.

Im dritten Eingabefeld von oben müssen Sie die Queue einer *Gruppe* zuordnen. Auf die Queue zugreifen dürfen dann nur noch Personen, die Mitglied der entsprechenden Gruppe sind. Stellen Sie hier beispielsweise die *Mitarbeiter Jupiter* ein, dürfen nur noch die Angestellten der Jupiter Hotel AG neue Tickets in dieser Queue erstellen. Weitere Informationen zum Anlegen einer Gruppe finden Sie in Abschnitt »Kundengruppen« auf Seite 140 und später in Abschnitt »Gruppen« auf Seite 325.

Queue hinzufügen	
* Name:	Technische Probleme
Unter-Queue von:	
* Gruppe:	Mitarbeiter Jupiter
Freigabe-Zeitintervall Minuten:	0
	0 = keine Freigabe - 24 Stunden = 1440 Minuten - Nur Geschäftszeiten werden berücksichtigt.
	Wenn ein Agent ein Ticket sperrt und es vor der Entsperrzeit nicht schließt, wird es entsperrt und wieder für andere Agenten verfügbar gemacht.
Eskalation - Zeit für erste Reaktion	0 (Benachrichtigung durch)
(Minuten):	0 = keine Eskalation - 24 Stunden = 1440 Minuten - Nur Geschäftszeiten werden berücksichtigt.
	Wenn vor der definierten Zeit keine Kundenreaktion erfolgt (email-external oder phone), eskaliert das Ticket.
Eskalation - Aktualisierungszeit (Minuten):	0 (Benachrichtigung durch)
	0 = keine Eskalation - 24 Stunden = 1440 Minuten - Nur Geschäftszeiten werden berücksichtigt.
	Wenn ein Artikel vom Kunden hinzugefügt wird, wird die Eskalationszeit zurückgesetzt. Wenn vor der definierten Zeit keine Kundenreaktion erfolgt, eskaliert das Ticket.
Eskalation - Lösungszeit (Minuten):	0 (Benachrichtigung durch)
	0 = keine Eskalation - 24 Stunden = 1440 Minuten - Nur Geschäftszeiten werden berücksichtigt.
	Wenn ein Ticket nicht vor der definierten Zeit geschlossen wird, eskaliert es.
* Nachfrage-Option:	möglich
	Gibt an, ob eine Rückmeldung zu einem geschlossenen Ticket diese Ticket erneut öffnet, abgelehnt wird oder zu einem neuen Ticket führt.
* Ticket sperren nach einer	Nein

Abbildung 8-4: Hier entsteht eine neue Queue. Sie soll später alle Tickets sammeln, in denen sich die Kunden über technische Probleme beschweren. Diese Abbildung zeigt nur den oberen Teil des Formulars.

Agenten dürfen später einzelne Tickets exklusiv an sich reißen, indem sie es für ihre Kollegen sperren. Nur der Agent selbst kann das Ticket dann noch bearbeiten. Sollte er jedoch das Ticket vergessen, würde es für immer unbeantwortet bleiben. OTRS kann deshalb die Sperre nach einer bestimmten Zeit automatisch aufheben. Dann dürfen sich wieder andere Agenten das Ticket schnappen und beantworten. Wie viele Minuten das Ticketsystem warten soll, tragen Sie in das Feld *Freigabe-Zeitintervall Minuten* ein. Bleibt das Eingabefeld leer oder steht darin eine 0, gibt OTRS die gesperrten Tickets in der Queue nur auf explizite Anweisung wieder frei.

Auf die Frage eines Kunden sollte möglichst schnell ein Agent antworten. Fatal wäre, wenn ein Ticket komplett vergessen oder ignoriert würde. OTRS kann deshalb Alarm schlagen – man sagt dann, das Ticket *eskaliere*. Wie viele Minuten das Ticket herumliegen darf, bestimmen Sie im Feld *Eskalation - Zeit für erste Reaktion (Minuten)*. Bleibt das Feld leer oder tragen Sie eine 0 ein, dürfen die Agenten neu eingehende Tickets beliebig lange ignorieren. Ein eskaliertes Ticket zeigt OTRS unter anderem prominent in der *Übersicht* in einem eigenen Widget an. Darüber hinaus können Sie mit dem Prozessmanagement aus Kapitel 18, *Prozessmanagement*, eskalierte Tickets gezielt an andere Stellen weiterleiten.

Bevor das Ticket eskaliert, wäre es gut, wenn der Agent eine Nachricht erhielte. Wann OTRS Agenten an Tickets erinnert, legen Sie mit dem Eingabefeld *Benach-*

richtigung durch fest. Wenn Sie in das Feld klicken, bietet Ihnen OTRS mehrere Prozentwerte zur Auswahl an. Diese beziehen sich auf die zuvor eingestellte Eskalationszeit in Minuten. Stellen Sie beispielsweise als Eskalationszeit 100 Minuten ein und wählen dann unter *Benachrichtigung durch* die *90%* aus, erinnert OTRS den Agenten nach genau 90 Minuten an das Ticket. Diese Vorabbenachrichtigung ist vor allem dann von Bedeutung, wenn Sie Service Level Agreements und das Prozessmanagement nutzen (beide Funktionen sprechen später noch die Kapitel 12, *Services*, und Kapitel 18, *Prozessmanagement*, an).

Nachdem der Agent eine Antwort geschrieben hat, könnte der Kunde eine Nachfrage stellen. Auch diese darf nicht ewig unbeachtet in der Queue herumliegen. Deshalb greift OTRS auf Wunsch auch hier ein: Sollte die Rückmeldung eines Kunden zu lange unbeachtet bleiben, eskaliert das Ticket. Nach wie vielen Minuten das passiert, legen Sie im Feld *Eskalation - Aktualisierungszeit (Minuten)* fest. Bei einem leeren Feld oder einer 0 bleibt OTRS untätig, die Rückmeldung des Kunden darf dann beliebig lange in der Queue liegen. Auch hier können Sie unter *Benachrichtigung durch* bestimmen, wann OTRS den Agenten über die bevorstehende Eskalation informieren soll.

Abschließend können Sie Ihren Agenten noch richtig einheizen und eine Zeit vorgeben, in der ein Ticket zwingend bearbeitet und gelöst sein muss. Geschieht das nicht, eskaliert OTRS das entsprechende Ticket. Wie viele Minuten Bearbeitungszeit Sie Ihren Agenten zugestehen, geben Sie im Feld *Eskalation - Lösungszeit (Minuten)* vor. Wieder bleibt OTRS bei einem leeren Feld oder einer eingetragenen 0 untätig. Im Feld *Benachrichtigung durch* legen Sie fest, wann OTRS den Agenten über die drohende Eskalation benachrichtigt.

Bei allen Zeiten berücksichtigt OTRS nur die Geschäftszeiten. Wenn Sie also 960 Minuten vorgeben und ein Arbeitstag bei Ihnen 8 Stunden hat, wird das Ticket nach zwei Tagen eskaliert.

Hat ein Agent ein Ticket beantwortet und geschlossen, könnte der Kunde eine Rückfrage stellen. Wie OTRS dann mit den Tickets in der Queue verfahren soll, stellen Sie unter *Nachfrage-Option* ein. OTRS kann dabei:

- die Rückfrage automatisch *ablehnen*,
- das eigentlich schon geschlossene und somit als erledigt markierte Ticket wieder öffnen (*möglich*) oder
- ein *neues Ticket* erstellen.

Den Kunden dürfte es verwirren, wenn auf seine Rückfrage plötzlich ein anderer Agent antwortet. OTRS kann das verhindern: Schickt der Kunde eine Rückfrage, sperrt OTRS auf Wunsch das Ticket für den Besitzer des Tickets. Das Ticket bearbeiten kann dann folglich nur noch der Agent, der die ursprüngliche Antwort geschrieben hat. Wenn Sie dieses Verhalten aktivieren möchten, klicken Sie in das Feld *Ticket sperren nach einer Rückmeldung* und wählen *Ja* (siehe Abbildung 8-5).

	Wenn ein Ticket nicht vor der definierten Zeit geschlossen wird, eskaliert es.
★ Nachfrage-Option:	möglich
	Gibt an, ob eine Rückmeldung zu einem geschlossenen Ticket dieses Ticket erneut öffnet, abgelehnt wird oder zu einem neuen Ticket führt.
★ Ticket sperren nach einer Rückmeldung:	Nein
	Wenn ein Ticket geschlossen wird und der Kunde eine Rückmeldung schickt, wird es für den letzten Besitzer gesperrt.
★ Systemadresse:	support@krittenbeck.com
	Absenderadresse für E-Mails aus dieser Queue.
Standardschlüssel zum Signieren ():	
★ Anrede:	Förmliche Anrede Deutsch
	Die Anrede für E-Mail-Antworten.
★ Signatur:	Formaler Gruß
	Die Signatur für E-Mail-Antworten.
Kalender:	
★ Gültigkeit:	gültig
Kommentar:	
	Speichern oder Abbrechen

Abbildung 8-5: Im unteren Teil des Formulars bestimmen Sie unter anderem die standardmäßig in Antworten verwendete Anrede und die Signatur.

Eine Antwort verschickt OTRS als E-Mail an den Kunden. Diese E-Mail braucht natürlich auch eine Absenderadresse. Genau die wählen Sie unter *Systemadresse* aus. Sie können folglich jeder Queue eine andere Absenderadresse zuweisen. Die Tickets aus der Queue *Technische Probleme* tragen dann beispielsweise die Absenderadresse technik@example.com, die Tickets aus der Queue für allgemeine Supportanfragen hingegen support@example.com. Das hat nicht nur den Vorteil, dass die Kunden eindeutig sehen, welche Abteilung jeweils geantwortet hat, Sie können Rückfragen auch einfacher in die passenden Queues einsortieren. Um die E-Mail-Adresse für die Queue auszuwählen, klicken Sie in das Eingabefeld und wählen in der Liste die passende Adresse aus. Wie Sie weitere E-Mail-Adressen hinterlegen, hat bereits Kapitel 5, *E-Mail-Einstellungen*, gezeigt.

Wenn Sie die ausgehenden E-Mails elektronisch unterschreiben möchten, klicken Sie in das Feld *Standardschlüssel zum Signieren* und wählen eine entsprechende Signatur aus. Mehr zu diesem Thema finden Sie ebenfalls in Kapitel 5, *E-Mail-Einstellungen*.

Als Nächstes müssen Sie sich für eine passende *Anrede* entscheiden. Wenn Sie in das Eingabefeld klicken, bietet Ihnen OTRS alle zuvor hinterlegten Anreden an. Den Text aus der gewählten Anrede stellt OTRS an den Anfang einer jeden Antwort. Die Agenten dürfen diese Anrede jedoch nachträglich abändern. Analog suchen Sie sich eine *Signatur* aus, die OTRS automatisch ans untere Ende der E-Mail klebt.

In Kapitel 4, *Maßnahmen nach der ersten Anmeldung*, haben Sie OTRS Ihre Geschäftszeiten und Betriebsferien eingeimpft. Dort durften Sie bei Bedarf auch bis zu neun weitere eigene Kalender anlegen. Auf diese Weise konnten Sie beispielsweise die abweichenden Geschäftszeiten des technischen Kundendiensts hinterlegen. Wenn OTRS bei dieser Queue genau einen dieser eigenen Kalender zugrunde legen soll, klicken Sie in das Eingabefeld *Kalender* und wählen den gewünschten Kalender aus. Seine Daten dienen dann als Grundlage etwa für die Berechnung der Eskalationszeiten – wohlgemerkt, nur für die Tickets in dieser Queue.

Abschließend können Sie noch einen *Kommentar* hinterlegen. Im entsprechenden Feld sollten Sie kurz und knapp beschreiben, welche Tickets in der Warteschlange landen, wie etwa Tickets zur Küchenmaschine KM 3000.

Achten Sie noch darauf, dass die *Gültigkeit* auf *gültig* steht, nur dann können Sie die Queue verwenden. Die neue Queue erstellt schließlich ein Klick auf *Speichern*. Jetzt können Sie noch auswählen, welche Vorlagen in der Queue verwendet werden sollen. Die Vorlagen stellt der Abschnitt »Vorlagen« auf Seite 160 vor. Wenn Sie ihn schon gelesen haben, setzen Sie einfach Haken in die kleinen weißen Kästchen neben den gewünschten Vorlagen. Andernfalls belassen Sie die Vorgaben. In jedem Fall klicken Sie abschließend auf *Speichern und abschließen*.

Queues ändern und deaktivieren

Einmal angelegte Queues lassen sich nicht mehr löschen. Sie dürfen lediglich ihre Einstellungen ändern und sie deaktivieren. In letzterem Fall lässt sich die entsprechende Queue unter OTRS nicht mehr verwenden. Agenten und Kunden können folglich in der Queue keine Tickets mehr anlegen beziehungsweise bearbeiten.

Um eine Queue zu ändern oder zu deaktivieren, rufen Sie im Hauptmenü den Punkt *Admin* auf und klicken im Bereich *Ticket-Einstellungen* auf *Queues*. In der Liste klicken Sie auf den Namen der Queue, die Sie verändern oder deaktivieren möchten. Sie landen damit wieder im Formular, das Sie aus dem vorherigen Abschnitt kennen. Führen Sie dort Ihre Änderungen durch. Wenn Sie die Queue deaktivieren möchten, klicken Sie in das Feld neben *Gültigkeit* und wählen den Punkt *ungültig*. In jedem Fall lassen Sie Ihre Änderungen *Speichern und abschließen*. Ein Klick auf *Speichern* würde die Änderungen übernehmen, das Formular aber noch geöffnet lassen. Der Link *Abbrechen* verwirft hingegen Ihre Modifikationen.

Standard-Queue auswählen

Standardmäßig erstellt OTRS neue Tickets automatisch in der Queue *Raw*. Dies können Sie ändern, indem Sie zunächst im Hauptmenü den Punkt *Admin* aufrufen und dann im Bereich *Systemkonfiguration* den Punkt *SysConfig* anklicken. Jetzt haben Sie zwei Möglichkeiten:

- Tippen Sie in das große Eingabefeld den Text `PostmasterDefaultQueue` ein und drücken Sie entweder die *Enter*-Taste, oder Sie klicken auf das Lupensymbol.
- Klicken Sie links im Kasten *Navigation* auf das kleine schwarze Dreieck vor *Core*, dann auf das kleine schwarze Dreieck vor *Email* und schließlich auf *PostMaster*.

In jedem Fall suchen Sie jetzt auf der rechten Seite den Kasten mit der Beschriftung *PostmasterDefaultQueue*. Fahren Sie mit der Maus auf den Kasten und lassen Sie die *Einstellung bearbeiten*. Klicken Sie in das Eingabefeld und wählen Sie die neue Standard-Queue. Würden Sie sich beispielsweise für `Junk` entscheiden, würde OTRS für jede eingehende E-Mails ein Ticket erstellen und dieses dann direkt in die *Junk*-Queue schieben. Lassen Sie anschließend Ihre Änderungen ganz unten auf der Seite *Speichern*. Wenn Sie eine andere Queue gewählt haben, klicken Sie rechts auf den Haken, dann links im Kasten *Aktionen* auf *Inbetriebnahme*, gefolgt von *Ausgewählte Einstellungen in Betrieb nehmen* und schließlich noch auf *Jetzt in Betrieb nehmen*.

Passend zur Einstellung wird die standardmäßig verwendete Queue auch als *Postmaster-Queue* bezeichnet. Damit ist nicht die mitgelieferte Beispiel-Queue namens *Postmaster* gemeint.

Vorlagen

Sehr wahrscheinlich werden Ihre Kunden einige Fragen häufiger stellen. Für solche Fälle können Sie vorgefertigte (Standard-)Antworten hinterlegen. Diese sogenannten *Vorlagen* muss der Agent dann nur noch leicht anpassen. Wollen beispielsweise Ihre Kunden ständig wissen, ob sie bei Ihnen auf Rechnung einkaufen können, erstellen Sie einfach eine Vorlage mit einer entsprechenden Erklärung. Eine Antwort auf die Frage kostet den Agenten dann nur noch wenige Mausklicks. Vorlagen haben zudem den Vorteil, dass Sie einen Standardaufbau für bestimmte Antworten vorgeben können. Auf diese Weise stülpen Sie Ihren E-Mails ein standardisiertes Aussehen über.

Vorlagenarten

Vorlagen sind nicht nur bei Antworten, sondern beispielsweise auch beim Erstellen neuer Tickets nützlich. Besitzt beispielsweise der Staubsauger KS 3000 einen Produktionsfehler, erstellen Sie eine Vorlage mit dem Text `Falsche Düse mitgeliefert`. Sobald sich Kunden am Telefon über die falsche Düse beschweren, muss der Agent nicht immer wieder den Text `Falsche Düse mitgeliefert` eintippen, sondern mit nur zwei Klicks ein neues Ticket aus der Vorlage erstellen. Damit dem Agenten in jeder Situation immer nur die passenden Vorlagen angeboten werden, unterscheidet OTRS sechs verschiedene Vorlagenarten:

- Wenn ein Agent ein neues Ticket erstellt, kann er dabei eine Vorlage vom Typ *Erstellen* verwenden.
- Schreibt der Agent eine Antwort, bietet ihm OTRS alle Vorlagen vom Typ *Beantworten* an.
- Wenn der Agent ein Ticket weiterleiten möchte, kann er sich eine Vorlage vom Typ *Weiterleiten* aussuchen.
- Erstellt der Agent ein Telefon-Ticket, bietet ihm OTRS die Vorlagen vom Typ *Telefonanruf* an.
- Eine Vorlage vom Typ *E-Mail* gibt das Aussehen von E-Mails vor.
- Eine Vorlage vom Typ *Notiz* bestimmt das Aussehen von Notizen (um die sich später noch Abschnitt »Notizen« auf Seite 222 kümmert).

Vorlage erstellen

Um eine neue Vorlage zu erstellen, rufen Sie im Hauptmenü *Admin* auf, klicken im Bereich *Ticket-Einstellungen* auf *Vorlagen* und entscheiden sich dann für *Vorlage hinzufügen*. Damit erscheint das Formular aus Abbildung 8-6.

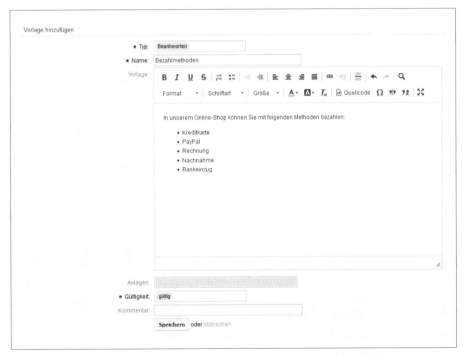

Abbildung 8-6: Hier entsteht eine neue Vorlage: Sollte später ein Kunde nach den Bezahlmöglichkeiten fragen, kann der Agent einfach bei seiner Antwort diese Vorlage verwenden.

Zunächst klicken Sie in das oberste Eingabefeld und wählen aus der Liste den *Typ* der Vorlage. Möchten Sie etwa einen Text hinterlegen, den die Agenten später in ihren Antworten verwenden können, stellen Sie *Beantworten* ein. Geben Sie dann der Vorlage einen eindeutigen Namen. Der *Name* sollte auf den Einsatzzweck hinweisen beziehungsweise den Textinhalt ganz kurz zusammenfassen – wie etwa `Bezahlmethoden`. Dies erleichtert später dem Agenten die Wahl der richtigen Vorlage.

In das große Eingabefeld tippen Sie jetzt den Text für die Vorlage ein. Dabei dürfen Sie die im unteren Teil der Seite aufgelisteten Platzhalter verwenden. Das kryptische `<OTRS_TICKET_State>` ersetzt OTRS beispielsweise später automatisch durch den aktuellen Ticket-Status. Weitere mögliche Platzhalter finden Sie in Tabelle 8-1 auf Seite 150.

Bei *Anlagen* können Sie der Vorlage noch eine oder mehrere Dateien anhängen. Diese müssen Sie jedoch vorab hochgeladen haben. Wie das funktioniert, erläutert der gleich folgende Abschnitt »Anlagen« auf Seite 164. Wenn Sie keine Datei anhängen möchten, können Sie direkt zum nächsten Absatz springen. Andernfalls klicken Sie in das Eingabefeld neben *Anlagen*. Es erscheint dann eine Liste mit allen vorhandenen Anlagen. Klicken Sie jetzt in dieser Liste alle Anlagen beziehungsweise Dateien an, die Sie der Vorlage zuordnen möchten. Ein erneuter Klick auf eine Anlage wählt sie wieder ab. Wenn Sie eine ganz bestimmte Anlage suchen, klicken Sie in das Eingabefeld *Anlagen* (das am unteren Rand der Liste weiterhin sichtbar ist) und tippen den Namen der Anlage oder der Datei ein. In der Liste darüber erscheinen dann nur noch die zum Begriff passenden Anlagen. Löschen Sie das Eingabefeld, sehen Sie wieder alle Anlagen. Sobald Sie alle Dateien markiert haben, die OTRS an die Vorlage heften soll, klicken Sie rechts unten in der Liste auf *Bestätigen*. Sie können jederzeit noch mal in das Eingabefeld klicken und Ihre Wahl korrigieren.

Stellen Sie abschließend sicher, dass *Gültigkeit* auf *gültig* steht. Nur dann können die Agenten diese Vorlage auch nutzen. Unter *Kommentar* dürfen Sie noch einen solchen hinterlegen. Er dient rein Ihrer Erinnerung und sollte kurz den geplanten Einsatzzweck der Vorlage umreißen. Lassen Sie abschließend die Vorlage *Speichern*.

Vorlagen verwalten

Wenn Sie im Hauptmenü *Admin* aufrufen und dann im Bereich *Ticket-Einstellungen* den Punkt *Vorlagen* anklicken, listet Ihnen OTRS alle bereits vorhandenen Vorlagen auf. Dazu gehören auch zwei mitgelieferte Exemplare:

- *test answer* dient als Beispiel für eine Vorlage.
- *empty answer* ist eine leere Vorlage ohne jeden Text. Sie ist bereits allen vier mitgelieferten Queues (*Junk*, *Misc*, *Postmaster*, *Raw*) zugeordnet.

Vorlagen dürfen Sie jederzeit ändern. Dazu klicken Sie in der Liste einfach den Namen der nachzubearbeitenden Vorlage an. Wenn Sie sehr viele Vorlagen hinterlegt haben, können Sie ein ganz bestimmtes Exemplar über den *Filter* auf der linken Seite aufspüren: Sobald Sie dort in das Eingabefeld einen Text eintippen, blendet OTRS nur noch alle dazu passenden Vorlagen ein. Wenn Sie den Namen der gewünschten Vorlage angeklickt haben, landen Sie im schon bekannten Formular aus Abbildung 8-6. Nachdem Sie Ihre Anpassungen vorgenommen haben, lassen Sie sie *Speichern und schließen*. Via *Speichern* würde OTRS das Formular noch geöffnet lassen, ein Klick auf *Abbrechen* verwirft hingegen alle Änderungen.

Um eine Vorlage zu löschen, rufen Sie wieder die Liste mit allen Vorlagen auf (via *Admin* und Klick auf *Vorlagen*). Suchen Sie die Vorlage, klicken Sie in ihrer Zeile auf das Mülleimersymbol in der Spalte *LÖSCHEN* und *Bestätigen* Sie die Rückfrage.

Vorlage einer Queue zuordnen

Nicht jede Vorlage soll auch jeder Agent abrufen und verwenden können. Aus diesem Grund müssen Sie die Vorlagen den einzelnen Queues zuordnen. Die Vorlagen stehen dann ausschließlich für die Tickets aus dieser Queue zur Verfügung.

Dazu rufen Sie im Hauptmenü *Admin* auf und klicken dann im Bereich *Ticket-Einstellungen* den Punkt *Vorlagen ↔ Queues* an. Wie in Abbildung 8-7 präsentiert OTRS jetzt in der linken Liste alle vorhandenen Vorlagen, in der rechten sämtliche Queues.

Abbildung 8-7: Bevor Sie eine Vorlage einer Queue zuweisen können, müssen Sie auf der linken Seite die passende Vorlage anklicken.

Wenn Sie eine Vorlage einer oder mehreren Queues zuordnen möchten, klicken Sie den Namen der Vorlage in der linken Liste an. Sofern Sie sehr viele Vorlagen haben, tippen Sie den Namen der Vorlage in das Eingabefeld *Filter für Vorlagen*. OTRS zeigt dann in der linken Liste nur noch die zum eingegebenen Begriff passenden Vorlagen an. Sobald Sie die Vorlage gefunden und angeklickt haben, erscheint die Tabelle aus Abbildung 8-8.

Setzen Sie einen Haken in die Kästchen aller Queues, in denen die Vorlage gleich bereitstehen soll. Wenn Sie viele Queues angelegt haben, wird die Liste sehr lang. Um eine bestimmte Queue schneller zu finden, tippen Sie ihren Namen in das Feld *Filter* ein. OTRS reduziert dann die Liste auf alle Queues, die zum eingegebenen

Begriff passen. Sobald Sie alle Haken gesetzt haben, bestätigen Sie Ihre Änderungen mit *Speichern und abschließen. Speichern* lässt das Formular noch geöffnet, ein Klick auf *Abbrechen* verwirft alle von Ihnen gerade neu gesetzten Haken.

Möchten Sie umgekehrt einer Queue eine oder mehrere Vorlagen zuordnen, klicken Sie in der Ansicht aus Abbildung 8-7 den Namen der Queue in der rechten Liste an. Wenn Sie sehr viele Queues haben, tippen Sie ihren Namen in das Feld *Filter für Queues* ein. OTRS zeigt dann in der rechten Liste nur noch die zum eingetippten Begriff passenden Queues an. Nach einem Klick auf die gewünschte Queue präsentiert Ihnen OTRS eine Tabelle mit allen Vorlagen. Setzen Sie Haken neben alle Vorlagen, die Sie der Queue zuordnen wollen. Sofern Sie eine Vorlage nicht auf Anhieb finden, tippen Sie ihren Namen in das Feld *Filter* ein. OTRS blendet dann alle anderen Vorlagen in der Liste aus. Sobald Sie sämtliche gewünschten Vorlagen mit einem Haken versehen haben, klicken Sie auf *Speichern und abschließen.*

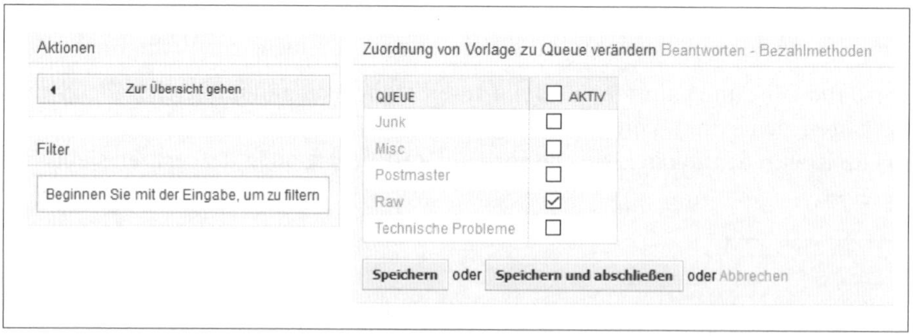

Abbildung 8-8: Mit diesen Einstellungen wird die Vorlage Bezahlmethoden lediglich der Queue Raw zugeordnet. Ein Agent kann folglich die Vorlage nur dann nutzen, wenn er ein Ticket aus der Queue Raw beantwortet.

Anlagen

Einer Vorlage können Sie eine oder mehrere Dateien anhängen. Eine solche Anlage könnte etwa eine PDF-Datei sein, die alle Zahlungsoptionen auflistet oder das Handbuch einer Waschmaschine enthält. Wenn dann die Vorlage zum Einsatz kommt, schickt OTRS automatisch die Anlagen mit. Ein Agent kann die Dateien vor dem Versand selbstverständlich manuell wieder entfernen.

Anlagen erstellen

Um einer Vorlage eine Datei anzuhängen, müssen Sie die Datei zunächst OTRS bekannt geben und sie dann in einem zweiten Schritt der Vorlage zuweisen. Dieses Vorgehen erscheint auf den ersten Blick etwas umständlich. Wenn Sie eine Datei jedoch mehreren Vorlagen zuweisen möchten, müssen Sie sie auf diese Weise nur ein einziges Mal hochladen. Zudem lässt sich eine Datei so mit einem Mausklick aus allen Vorlagen entfernen.

Wenn Sie im Hauptmenü *Admin* anklicken und dann im Bereich *Ticket-Einstellungen* den Punkt *Anlagen* aufrufen, landen Sie in der *Anlagenverwaltung*. Um eine neue Datei hochzuladen, klicken Sie auf *Anhang hinzufügen*. Es erscheint jetzt das Formular aus Abbildung 8-9.

Anhang hinzufügen

* Name:	Handbuch Waschtrockner WT456
* Anlage:	Durchsuchen... handbuch_wt456_2018
* Gültigkeit:	gültig
Kommentar:	

Speichern oder Abbrechen

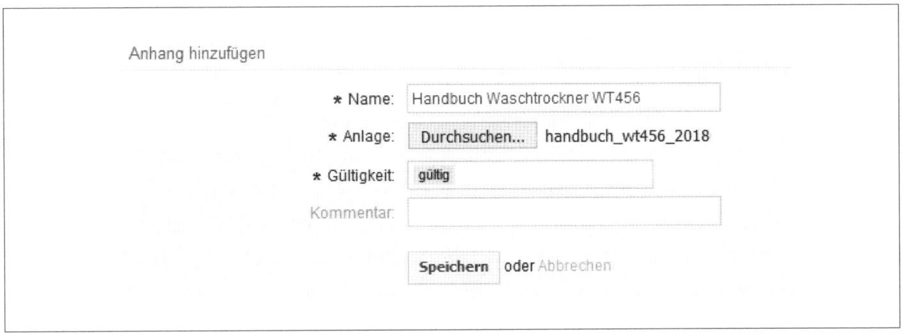

Abbildung 8-9: Hier wird gerade ein Handbuch hochgeladen, das man später dann an die Vorlagen anhängen kann.

Geben Sie der Anlage zunächst im obersten Feld einen Namen. Sie könnten hier einfach den Dateinamen wählen – sollten das aber nicht. Der Inhalt einer Anlage lässt sich später wesentlich schneller identifizieren, wenn Sie eine kurze und knackige Bezeichnung wählen, der die Inhalte der Datei beschreibt, also beispielsweise Handbuch des Waschtrockners WT456 oder Informationen zu Zahlungsweise und Versand.

Klicken Sie anschließend auf *Durchsuchen* und wählen Sie auf Ihrer Festplatte die entsprechende Datei aus. Stellen Sie sicher, dass *Gültigkeit* auf *gültig* steht. Nur dann lässt sich gleich der Anhang auch einer Vorlage zuweisen. Zum Schluss dürfen Sie noch einen *Kommentar* hinterlegen. Klicken Sie auf *Speichern*, um die Datei hochzuladen und so den neuen (möglichen) Anhang anzulegen.

Anlagen verwalten

Die Liste hinter *Admin → Anlagen* präsentiert sämtliche vorhandenen Anlagen und somit alle hochgeladenen Dateien. Um eine von ihnen wieder vom Server zu löschen, klicken Sie in ihrer Zeile auf das Symbol mit der Mülltonne ganz rechts in der Spalte *Löschen*. Wenn Sie in der entsprechende Spalte auf einen *Dateinamen* klicken, bietet Ihnen OTRS die entsprechende Datei zum Download an.

Möchten Sie eine Anlage bearbeiten und beispielsweise das Handbuch gegen ein aktuelles austauschen, klicken Sie in der Liste einfach auf den Namen der entsprechenden Anlage. Sie landen damit wieder im Formular aus Abbildung 8-9, in dem Sie alle Einstellungen verändern können. Um die Datei auszutauschen, klicken Sie einfach auf *Durchsuchen* und wählen die neue Datei aus. Im Formular können Sie die Anlage auch deaktivieren und somit ihre Nutzung beziehungsweise den Versand der Datei verhindern. Dazu klicken Sie in das Feld *Gültigkeit* und wählen *ungültig*. In jedem Fall müssen Sie Ihre Änderungen *Speichern und abschließen* lassen. Alternativ können Sie via *Speichern* die Änderungen übernehmen, das Formular aber noch geöffnet lassen. *Abbrechen* verwirft hingegen alle Änderungen.

Anlagen zuweisen

Sobald Sie eine Anlage erstellt haben, können Sie sie an eine oder mehrere Vorlagen heften. Dazu rufen Sie im Hauptmenü *Admin* auf und klicken dann im Bereich *Ticket-Einstellungen* auf *Anlagen ↔ Vorlagen*. Sie sehen jetzt wie in Abbildung 8-10 zwei Listen: Links erscheinen alle Vorlagen, rechts sämtliche Anlagen. Wenn Sie einer Vorlage eine oder mehrere Anlagen anheften möchten, klicken Sie den Namen der Vorlage in der linken Liste an. Wenn Sie sehr viele Vorlagen haben, tippen Sie ihren Namen in das Eingabefeld *Filter für Vorlagen*. OTRS zeigt dann in der Tabelle nur noch die Vorlagen an, die zum Begriff passen.

Abbildung 8-10: Um einer Vorlage eine Datei anzuhängen, müssen Sie in der linken Tabelle zunächst die entsprechende Vorlage auswählen.

Nachdem Sie eine Vorlage angeklickt haben, erscheint die Tabelle aus Abbildung 8-11. Alle Anlagen mit einem Häkchen in der Spalte *AKTIV* klebt OTRS an die Vorlage. Bei sehr vielen Anlagen wird die Liste ziemlich lang. Tippen Sie dann in das Eingabefeld *Filter* den Namen der gewünschten Anlage oder den entsprechenden Dateinamen ein. OTRS zeigt dann in der Liste nur noch alle zur Eingabe passenden Anlagen an. Wenn Sie alle Anlagen mit einem Haken versehen haben, die das Ticketsystem an die Vorlage hängen soll, klicken Sie auf *Speichern und abschließen*.

Möchten Sie umgekehrt eine Anlage einer oder mehreren Vorlagen zuweisen, klicken Sie in der rechten Liste aus Abbildung 8-10 auf den Namen der Anlage. Wenn Sie sehr viele Anlagen eingerichtet haben, tippen Sie entweder ihren Namen oder ihren Dateinamen in das Feld *Filter für Anlagen*. OTRS zeigt dann in der Tabelle nur noch die dazu passenden Anlagen an. Sobald Sie die Anlage angeklickt haben, erscheint eine Tabelle mit allen vorhandenen Vorlagen. Die Anlage weist OTRS allen Vorlagen zu, die Sie in der Spalte *AKTIV* mit einem Haken markiert haben. Bei sehr vielen Vorlagen wird die Liste schnell unübersichtlich. Sie finden dann eine Vorlage etwas schneller, indem Sie ihren Namen in das Feld *Filter* eintippen. OTRS zeigt dann in der Liste nur noch die zum eingetippten Begriff passenden Vorlagen an. Wenn Sie die Haken passend gesetzt haben, lassen Sie die Einstellungen *Speichern und abschließen*.

Anhangs-Zuordnungen für Vorlage verändern Answer - Bezahlmethoden

ANLAGE	AKTIV
Handbuch Waschtrockner WT456 (handbuch_wt456_20180516.pdf)	☐
Informationen zu Zahlungsweise und Versand (versandinformationen_20180301.pdf)	☑

Speichern oder **Speichern und abschließen** oder Abbrechen

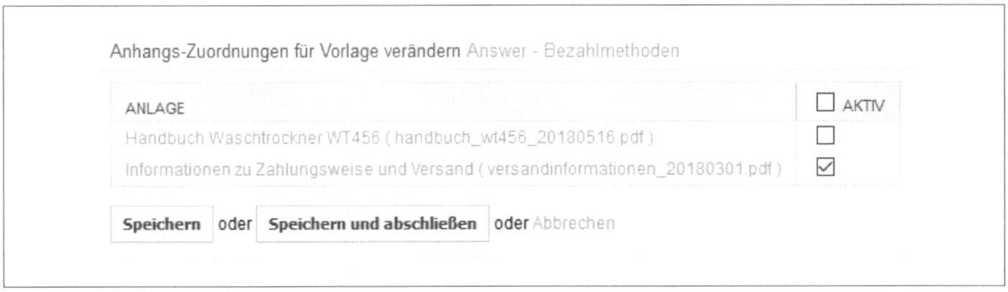

Abbildung 8-11: Mit diesen Einstellungen hängt der Vorlage Bezahlmethoden nur die Datei versandinformationen_20180301.pdf an.

Automatische Antworten

Erstellt ein Agent manuell ein neues Ticket, sollte OTRS den Kunden kurz darüber informieren. Netterweise kann eine Queue in solchen und vielen weiteren Situationen automatisch eine Nachricht an den betroffenen Kunden schicken. Der Agent muss also nicht selbst eine E-Mail schreiben, was wiederum Arbeitszeit spart. Jede Queue kann zudem eine andere automatische Antwort verschicken. Hat beispielsweise ein Kunde telefonisch einen Defekt gemeldet und legt der Agent ein passendes Ticket in der Queue *Technische Probleme* an, könnte OTRS automatisch dem Kunden folgende E-Mail schicken: »Ihre Fehlermeldung ist bei uns eingegangen und wird in Kürze von einem Techniker bearbeitet.« Der Kunde hat dann noch einmal eine schriftliche Bestätigung, dass sein Anliegen vom Ticketsystem erfasst wurde.

Automatische Antworten hinterlegen

Bevor OTRS eine solche Nachricht verschicken kann, müssen Sie zunächst ihren Text hinterlegen. Dazu rufen Sie im Hauptmenü den Punkt *Admin* auf und klicken dann im Bereich *Ticket-Einstellungen* auf *Automatische Antworten*. OTRS präsentiert Ihnen jetzt sämtliche Nachrichten, die in bestimmten Fällen automatisch verschickt werden. Nach der Installation sind bereits vier englischsprachige Nachrichten vorhanden. Um eine neue Nachricht zu hinterlegen, klicken Sie auf *Automatische Antwort hinzufügen*. Damit öffnet sich das Formular aus Abbildung 8-12.

Geben Sie der Nachricht im obersten Eingabefeld als Erstes einen (internen) Namen. Dieser ist nur in der Benutzeroberfläche von OTRS sichtbar. Wählen Sie dabei einen Namen, der den Inhalt der Nachricht kurz umreißt. Dies erleichtert später die Zuordnung.

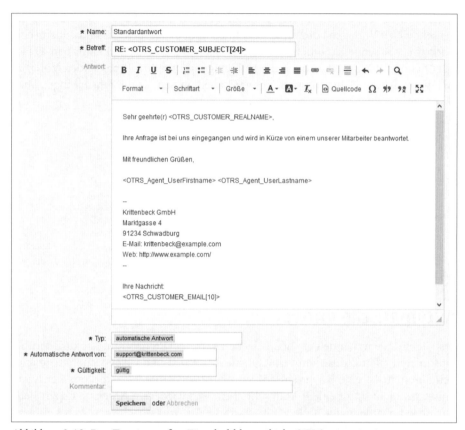

Abbildung 8-12: Den Text im großen Eingabefeld verschickt OTRS später in einer ganz bestimmten Situation automatisch – in diesem Fall eine Reaktion auf eine Anfrage eines Kunden.

Anschließend geben Sie den *Betreff* und im großen Feld darunter den Text der E-Mail an. Mithilfe der Symbole über dem großen Eingabefeld können Sie den Text formatieren. Das funktioniert wieder ähnlich wie in Ihrer Textverarbeitung. Ein Klick auf das Symbol mit dem *B* schaltet beispielsweise den Fettdruck ein und aus. Darüber hinaus dürfen Sie im *Betreff* und im eigentlichen Nachrichtentext die Platzhalter aus dem unteren Teil der Seite verwenden. Diese kryptischen Kürzel ersetzt OTRS später automatisch durch die entsprechenden Daten. Beispielsweise ersetzt das Ticketsystem <OTRS_CUSTOMER_REALNAME> durch den Namen des Kunden, <OTRS_CUSTOMER_SUBJECT[24]> steht hingegen für die ersten 24 Buchstaben der Betreffzeile aus seiner Anfrage. Die Bedeutung der weiteren Platzhalter finden Sie in Tabelle 8-1 auf Seite 150.

Als Nächstes stellen Sie unter *Typ* ein, in welcher konkreten Situation OTRS die Nachricht später versenden darf. Ist beispielsweise der Punkt *automatische Antwort* ausgewählt, verschickt OTRS den oben eingetippten Text grundsätzlich immer nur nach dem Erstellen eines Tickets. Auf diese Weise reduzieren Sie die Gefahr, dass das Ticketsystem auf die Frage »Wie teuer ist der Staubsauger?« fälschlicherweise mit der Antwort »Ihr Ticket wurde automatisch gelöscht« reagiert. Um eine Situation auszuwählen, klicken Sie einfach in das Eingabefeld neben *Typ* und wählen dann aus der Liste die passende aus. Alle angebotenen Situationen stellt Tabelle 8-2 vor.

Tabelle 8-2: Mögliche Ereignisse für den automatischen Nachrichtenversand

Ereignis	Die Nachricht wird verschickt, wenn …
automatische Ablehnung	ein Ticket (automatisch) von OTRS abgelehnt wurde.
automatische Antwort	ein neues Ticket erstellt wurde.
automatische Antwort/neues Ticket	ein geschlossenes Ticket wieder geöffnet wird (etwa weil der Kunde zu einem geschlossenen Ticket doch noch eine Frage stellt).
automatische Rückfrage	eine Rückfrage zu einem bestehenden Ticket eingegangen ist.
automatisches Entfernen	ein Ticket (automatisch) gelöscht wurde.

In seiner automatisch verschickten E-Mail verwendet OTRS die Absenderadresse, die Sie unter *Automatische Antwort von* einstellen. Um eine E-Mail-Adresse auszuwählen, klicken Sie in das Eingabefeld. OTRS stellt Ihnen dann alle verfügbaren E-Mail-Adressen zur Auswahl. Wie Sie E-Mail-Adressen hinterlegen, hat bereits Kapitel 5, *E-Mail-Einstellungen*, gezeigt. OTRS verschickt die Nachricht zudem nur dann, wenn die *Gültigkeit* auf *gültig* steht. Abschließend können Sie noch einen *Kommentar* im gleichnamigen Feld hinterlegen. Um die Nachricht abzuspeichern, klicken Sie auf *Speichern*.

Einmal im System hinterlegte automatische Antworten lassen sich nachträglich nicht wieder löschen, sondern nur nachbearbeiten und stilllegen. Dazu rufen Sie erneut die Liste mit allen automatischen Antworten auf (via *Admin → Automatische Antworten*). Klicken Sie dann auf den Namen der entsprechenden Nachricht. Damit erscheint das bekannte Formular aus Abbildung 8-12, in dem Sie die Nachricht bearbeiten können. Wenn Sie den weiteren Einsatz der automatischen Antwort komplett unterbinden möchten, klicken Sie in das Eingabefeld *Gültigkeit* und entscheiden sich für *ungültig*. OTRS versendet die Nachricht dann nicht mehr. Nachdem Sie alle Einstellungen vorgenommen haben, klicken Sie auf *Speichern und abschließen*. Nur *Speichern* würde das Formular geöffnet lassen, der Link *Abbrechen* verwirft hingegen alle Ihre Änderungen.

Automatische Antworten einer Queue zuordnen

Nachdem Sie eine oder mehrere automatische Antworten hinterlegt haben, können diese von den Queues verschickt werden. Dazu müssen Sie allerdings noch festlegen, wann welche Queue welche Antwort in welcher Situation senden soll: Rufen Sie im Hauptmenü *Admin* auf und klicken Sie dann im Bereich *Ticket-Einstellungen* den Punkt *Automatische Antworten ↔ Queues* an. OTRS präsentiert jetzt wie in

Abbildung 8-13 zwei Listen. In der linken Liste finden Sie alle vorhandenen Queues, in der rechten alle bislang hinterlegten automatischen Antworten.

Abbildung 8-13: Hier müssen Sie die automatischen Antworten den einzelnen Queues zuordnen.

Klicken Sie in der linken Liste die Queue an, die automatisch eine Antwort verschicken soll. Wenn Sie sehr viele Queues angelegt haben, tippen Sie den Namen der gesuchten Queue in das Eingabefeld *Filter für Queues*. OTRS blendet dann nur noch die Queues ein, die zum Suchbegriff passen. Um wieder alle Queues anzuzeigen, löschen Sie das Eingabefeld *Filter für Queues*. Alternativ können Sie unter *Aktionen* auf *Queues ohne automatische Antworten* klicken. OTRS zeigt dann in der Liste *Queues* nur noch die Queues an, die derzeit *nicht* automatisch irgendwelche Nachrichten verschicken. Über die entsprechende Schaltfläche können Sie jederzeit wieder *Alle Queues anzeigen* lassen. Sobald Sie die passende Queue angeklickt haben, präsentiert Ihnen OTRS das Formular aus Abbildung 8-14.

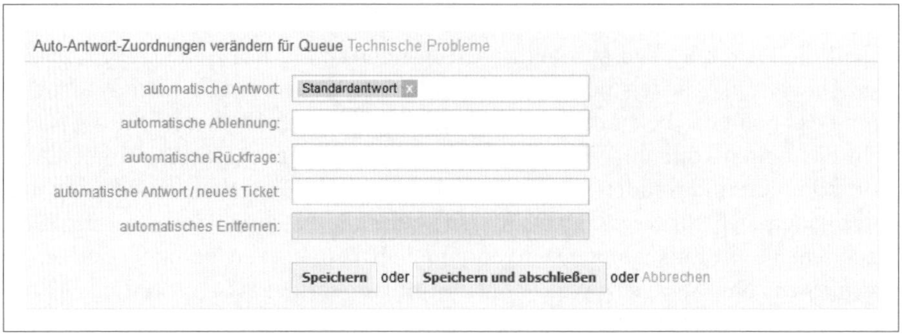

Abbildung 8-14: In diesem Formular legen Sie fest, wann die Queue automatisch welche Antwort verschicken soll. In diesem Fall würde OTRS die »Standardantwort« verschicken, wenn jemand in der Queue »Technische Probleme« ein neues Ticket anlegt.

Die Queue kann in genau fünf verschiedenen Situationen automatisch eine Antwort verschicken. Für jede dieser Situationen gibt es genau ein Eingabefeld. Darin hinterlegen Sie die jeweils zu verschickende Antwort. Legt beispielsweise jemand in der Queue ein neues Ticket an, sendet die Queue automatisch die unter *automatische Antwort* vorgegebene E-Mail. Welches Eingabefeld welcher Situation entspricht, verrät Tabelle 8-2 auf Seite 169. Eine Nachricht wählen Sie aus, indem Sie einfach in das passende Eingabefeld klicken und sich dann in der Liste für die passende Antwort entscheiden. Möchten Sie beispielsweise, dass OTRS bei der Rückfrage eines Kunden automatisch eine Nachricht verschickt, klicken Sie in das Eingabefeld *automatische Rückfrage* und wählen die passende Antwort aus.

Wenn Sie versehentlich die falsche Antwort erwischt haben, klicken Sie einfach in einen weißen Bereich des Eingabefelds und suchen dann aus der Liste die korrekte Antwort heraus. Soll die Queue eine der Antworten nicht mehr automatisch verschicken, klicken Sie neben der entsprechenden Antwort auf das X-Symbol (in Abbildung 8-14 also beispielsweise auf das X neben *Standardantwort*). Damit leeren Sie gleichzeitig das Eingabefeld, womit die Queue in der entsprechen Situation keine automatische Antwort mehr verschickt.

In Abbildung 8-14 erscheint das Eingabefeld *automatisches Entfernen* grau und ist somit nicht benutzbar. Das ist immer dann der Fall, wenn Sie keine passende automatische Antwort hinterlegt haben. In Abbildung 8-14 hat niemand eine automatische Antwort hinterlegt, die OTRS beim Löschen eines Tickets verschicken könnte. Folglich lässt sich an dieser Stelle auch nichts auswählen.

Nachdem Sie die gewünschten automatischen Antworten eingestellt haben, klicken Sie auf *Speichern und abschließen*. Sie landen damit wieder bei den beiden Listen aus Abbildung 8-13. Weisen Sie je nach Bedarf auch den anderen Queues auf die gezeigte Weise automatische Antworten zu.

Mit einem Klick auf eine der automatischen Antworten auf der rechten Seite können Sie die Nachricht schnell anpassen. Es erscheint dann das Formular aus Abbildung 8-12, das Sie im vorherigen Abschnitt kennengelernt haben.

KAPITEL 9

Tickets

Sobald Ihnen ein Kunde eine E-Mail schickt, erstellt OTRS daraus ein sogenanntes Ticket. Bildlich können Sie sich das Ticket wie eine Karteikarte vorstellen, auf der OTRS auch sämtliche zugehörigen Antworten festhält. Für jede neue Anfrage erstellt OTRS ein neues Ticket. Beschwert sich ein Kunde zunächst über einen nicht funktionierenden Staubsauger und dann in einem halben Jahr über die defekte Waschmaschine, gibt es in OTRS zwei Tickets: Das erste hält die komplette Kommunikation zum Staubsauger fest, das zweite Ticket sammelt alle E-Mails über die Waschmaschine.

Die folgenden Abschnitte zeigen Ihnen, wo Sie die Tickets in OTRS finden, wie Sie Tickets beantworten und wie Sie selbst ein neues Ticket erstellen. Zuvor ist jedoch noch ein kleiner Ausflug in die Welt der Status und Prioritäten notwendig.

Status

Ein Ticket wird zunächst erstellt, dann von einem Agenten bearbeitet und schließlich zu den Akten gelegt. Es durchläuft somit nacheinander mehrere Bearbeitungsschritte. In welchem dieser Schritte sich gerade ein Ticket befindet, können Sie am sogenannten *Status* eines Tickets ablesen. Besitzt ein Ticket beispielsweise den Status *neu*, ist es gerade erst angelegt worden.

Vorgegebene Status

OTRS gibt selbst bereits einige Status vor. Nach den Vorstellungen des Ticketsystems durchläuft ein Ticket für gewöhnlich nacheinander folgende Status:

1. Ein von OTRS neu erstelltes Ticket befindet sich zunächst immer automatisch im Status *neu*.

2. Ein Agent bearbeitet das Ticket und versetzt es somit in den Status *offen*.

3. Eventuell muss der Agent in einer anderen Abteilung einen Techniker um Rat fragen. Sofern der gerade beschäftigt ist, setzt der Agent das Ticket auf *Warten zur Erinnerung*. Damit erinnert OTRS den Agenten automatisch an das Ticket. Sollte der Techniker nicht antworten, gerät das Ticket auf diese Weise nicht in Vergessenheit.

4. Sobald der Techniker geantwortet hat, schreibt der Agent eine Antwort. Da die Sache somit erledigt und die Frage des Kunden beantwortet ist, setzt der Agent den Status des Tickets auf *Erfolgreich geschlossen*. Sofern es jedoch für den defekten Staubsauger kein Ersatzteil mehr gibt, konnte der Agent dem Kunden nicht helfen. In dem Fall setzt der Agent den Status auf *Erfolglos geschlossen*.

Von Haus aus unterscheidet OTRS folgende neun verschiedene Status:

Neu (New)
Wenn OTRS oder ein Agent ein neues Ticket erstellt, befindet es sich zunächst im Status *Neu*.

Offen (Open)
Tickets, die einer Queue oder einem Agenten zugeordnet wurden, sind *offen* und warten auf eine Bearbeitung.

Warten zur Erinnerung (Pending reminder)
Wenn eine vorgegebene Wartezeit verstrichen ist, erinnert OTRS den Ticket-Besitzer an das Ticket. Sofern das Ticket nicht gesperrt ist, sendet OTRS die Erinnerungsnachricht an alle Agenten in der Queue. Erinnerungs-Tickets sendet OTRS nur innerhalb der Arbeitszeiten aus. Sie nerven zudem alle 24 Stunden erneut, bis der Agent den Ticket-Status wieder ändert. Auch wenn sich das Ticket in diesem Status befindet, kann OTRS es eskalieren.

Warten auf erfolglos schließen (Pending auto close-)
Tickets in diesem Status versetzt OTRS automatisch in den Status *Erfolglos geschlossen*, wenn die vorgegebene Wartezeit abgelaufen ist. Im Status *Warten auf erfolglos schließen* kann das Ticket weiterhin eskalieren.

Warten auf erfolgreich schließen (Pending auto close+)
Tickets in diesem Status versetzt OTRS automatisch in den Status *Erfolgreich geschlossen*, wenn die vorgegebene Wartezeit abgelaufen ist. Im Status *Warten auf erfolgreich schließen* kann das Ticket weiterhin eskalieren.

Zusammengefasst (Merged)
Ein Ticket in diesem Status wurde mit einem anderen Ticket zusammengefasst.

Erfolgreich geschlossen (Closed successful)
Hat ein Agent ein Ticket erfolgreich bearbeitet, versetzt er es in den Status *Erfolgreich geschlossen*.

Erfolglos geschlossen (Closed unsuccessful)
Mitunter lässt sich die Frage eines Kunden nicht beantworten, oder ein Problem kann nicht gelöst werden. Wenn der Agent das Ticket in solchen Fällen nicht erfolgreich bearbeiten kann, versetzt er es in den Status *Erfolglos geschlossen*.

Wann ein Agent das Ticket in welchen Status versetzt, hängt vom Ticket und den Regeln in Ihrem Unternehmen ab. Gibt es beispielsweise für einen alten, defekten Staubsauger kein Ersatzteil mehr, könnte der Agent das Ticket entweder auf *Erfolglos geschlossen* setzen (denn er konnte dem Kunden nicht mehr helfen) oder aber auf *Erfolgreich geschlossen* (schließlich hat er die Frage des Kunden vollumfänglich beantwortet).

Idealerweise überlegen Sie sich einheitliche Regeln dazu, in welchen Situationen welche Status zur Anwendung kommen sollen.

Eigene Ticket-Status

Wenn Ihnen die vorhandenen Ticket-Status nicht ausreichen, dürfen Sie auch selbst weitere vorgeben. Bei einem Staubsaugerhersteller kommt es beispielsweise häufiger vor, dass Agenten Ersatzteile nachbestellen müssen. Das entsprechende Ticket lässt sich dann erst nach der Lieferung weiterbearbeiten. Während dieser erzwungenen Wartezeit könnte man das Ticket in einen eigens dafür erstellten Status *Warten auf Ersatzteil* versetzen. Dann können andere Agenten direkt am Status eines Tickets ablesen, dass bereits ein Ersatzteil unterwegs ist und sie nicht weiter eingreifen müssen.

In kleineren Unternehmen reichen normalerweise (zunächst) die mitgelieferten Status aus. Legen Sie zudem immer nur die wirklich von Ihnen benötigten Status an. Zu viele Status können die Agenten verwirren und zudem dazu verleiten, einzelne Status zu ignorieren.

Um einen weiteren Status zu erstellen, rufen Sie im Hauptmenü *Admin* auf und klicken dann im Bereich *Ticket-Einstellungen* auf *Status*. OTRS präsentiert Ihnen jetzt in der Liste alle mitgelieferten Status. Lassen Sie über die entsprechende Schaltfläche einen neuen *Status hinzufügen*. Im erscheinenden Formular aus Abbildung 9-1 geben Sie dem Status zunächst einen Namen, im Beispiel etwa `Warten auf Ersatzteil`. Der Name sollte möglichst kurz und knapp den Zweck des neuen Status beschreiben. Agenten müssen auf einen Blick erkennen können, wann ein Ticket in den Status wechseln soll.

Jetzt wird es ein klein wenig komplizierter: Jeder Status gehört immer einem ganz bestimmten *Typ* an. Die Typen fassen thematisch ähnliche Status zusammen. Besitzt beispielsweise ein Ticket einen Status vom Typ *offen*, wird es gerade auf irgendeine Art und Weise bearbeitet. Alle verfügbaren Statustypen und ihre Bedeutung listet Tabelle 9-1 auf. Im Beispiel müssen Agent und Ticket auf die Lieferung eines Ersatzteils warten. Für den neu zu erstellenden Status käme somit als Typ entweder *warten auf* oder *warten zur Erinnerung* infrage. Damit das Ticket nicht in Vergessenheit gerät, wenn die Lieferung beim Versand einmal verloren geht, wäre *warten zur Erinnerung* für das Beispiel der bessere Typ. Sobald Sie den passenden Typ für Ihren Zweck ermittelt haben, klicken Sie in das Eingabefeld *Status-Typ*. Wählen Sie dann in der Liste den Typ aus, im Beispiel folglich *warten zur Erinnerung*.

Tabelle 9-1: Status-Typen

Typ	Der Status bezieht sich auf ...
entfernt	entfernte Tickets
geschlossen	geschlossene Tickets (und somit auf Tickets, die bereits komplett bearbeitet wurden)
neu	neu erstellte Tickets
offen	offene Tickets (und somit Tickets, die gerade auf irgendeine Weise von einem Agenten bearbeitet werden)
warten auf	wartende Tickets
warten zur Erinnerung	die Weiterbearbeitung wartender Tickets, an die zudem der Agent erinnert werden soll
zusammengefasst	zusammengefasste Tickets

Stellen Sie sicher, dass die *Gültigkeit* auf *gültig* steht. Nur dann kann ein Agent den Status einem Ticket zuweisen. Unter *Kommentar* können Sie noch einen solchen hinterlegen oder noch besser den Einsatzzweck des Status etwas näher beschreiben. Im Beispiel könnte man dort hinterlegen: Es muss erst ein Ersatzteil geliefert werden. Lassen Sie den neuen Status *Speichern*.

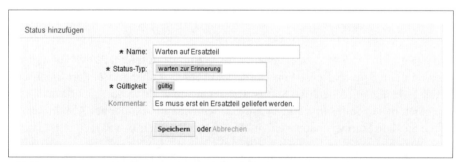

Abbildung 9-1: Hier entsteht ein neuer Status. Dieser zeigt an, dass das Ticket erst dann beantwortet werden kann, wenn ein Ersatzteil eingetroffen ist.

Einen einmal angelegten Status können Sie nicht wieder löschen, sondern lediglich nachbearbeiten und deaktivieren. In letzterem Fall lässt er sich keinem mehr Ticket zuweisen. Um einen Status zu ändern oder abzuschalten, klicken Sie seinen Namen in der Liste an. Sie landen damit wieder im bekannten Formular aus Abbildung 9-1, in dem Sie alle Felder nachbearbeiten können. Um den Status zu deaktivieren, klicken Sie in das Eingabefeld *Gültigkeit* und wählen *ungültig*. In jedem Fall lassen Sie Ihre Änderungen *Speichern und abschließen*. Ein Klick auf *Schließen* würde Ihre Modifikationen übernehmen und das Formular weiterhin geöffnet lassen. *Abbrechen* verwirft hingegen alle Änderungen.

Wenn Sie sehr viele Status angelegt haben, wird die Liste hinter *Admin → Status* recht lang und unübersichtlich. Um darin schnell einen ganz bestimmten Status aufzuspüren, tippen Sie seinen Namen in das Feld *Filter für Status*. Schon während der Eingabe zeigt die Liste nur noch die zum eingetippten Begriff passenden Status an. Um wieder alle Status zu sehen, löschen Sie das Eingabefeld.

Prioritäten

Einige Tickets müssen schneller beantwortet werden als andere. So muss beispielsweise ein Defekt an einem Ofen im Hotel Waldschlösschen schneller behoben werden als ein defekter Staubsauger des Rentners Hans. Aus diesem Grund können Sie jedem Ticket zusätzlich noch eine Priorität zuweisen. Agenten können dann Tickets mit einer hohen Priorität vorrangig behandeln – auch wenn OTRS dies standardmäßig nicht erzwingt. Von Haus aus kennt OTRS genau fünf Prioritäten: Ein Ticket mit der Priorität *1* ist eher unwichtig, eines mit der Priorität *5* extrem wichtig.

Sie können selbst beliebig viele weitere Prioritäten hinzufügen. Dazu rufen Sie den Menüpunkt *Admin* auf und klicken dann im Bereich *Ticket-Einstellungen* auf *Prioritäten*. OTRS zeigt Ihnen jetzt in einer Liste alle vorhandenen Prioritäten an (siehe Abbildung 9-2).

Liste

NAME	GÜLTIGKEIT	GEÄNDERT	ERSTELLT
1 very low	gültig	18.01.2018 18:12 (Europe/Berlin)	18.01.2018 18:12 (Europe/Berlin)
2 low	gültig	18.01.2018 18:12 (Europe/Berlin)	18.01.2018 18:12 (Europe/Berlin)
3 normal	gültig	18.01.2018 18:12 (Europe/Berlin)	18.01.2018 18:12 (Europe/Berlin)
4 high	gültig	18.01.2018 18:12 (Europe/Berlin)	18.01.2018 18:12 (Europe/Berlin)
5 very high	gültig	18.01.2018 18:12 (Europe/Berlin)	18.01.2018 18:12 (Europe/Berlin)

Abbildung 9-2: Standardmäßig bringt OTRS bereits fünf Prioritäten mit.

Über die entsprechende Schaltfläche können Sie eine neue *Priorität hinzufügen* lassen. Im erscheinenden Formular müssen Sie lediglich im Feld *Name* der Priorität eine Bezeichnung geben, wie etwa Premiumkunde bevorzugt behandeln. Agenten können die Priorität nur dann einem Ticket zuweisen, wenn die *Gültigkeit* auf *gültig* steht. Die neue Priorität legen Sie via *Speichern* an.

Einmal erstellte Prioritäten lassen sich nicht mehr löschen, sondern nur noch nachbearbeiten oder deaktivieren. Im letzteren Fall lässt sich die Priorität nicht mehr verwenden. Um eine Priorität zu verändern, klicken Sie ihren Namen in der Liste an. Es öffnet sich damit wieder das schon bekannte Formular, in dem Sie den *Namen* der Priorität anpassen. Um sie zu deaktivieren, klicken Sie in das Feld *Gültigkeit* und wählen *ungültig* aus. In jedem Fall lassen Sie Ihre Änderungen *Speichern und abschließen*. Ein Klick auf *Speichern* würde Ihre Modifikationen übernehmen und das Formular geöffnet lassen, *Abbrechen* hingegen verwirft alle Änderungen.

Wenn Sie sehr viele Prioritäten angelegt haben, können Sie die Liste aus Abbildung 9-2 auf die interessanten Prioritäten einschränken. Dazu tippen Sie in das Eingabefeld *Filter für Prioritäten* einen Suchbegriff ein. OTRS zeigt dann schon beim Tippen in der Liste nur noch die zum Begriff passenden Prioritäten an. Um wieder alle Prioritäten zu sehen, löschen Sie das Eingabefeld.

Tickets auflisten

Insbesondere in größeren Unternehmen können täglich mehrere Hundert E-Mails eintrudeln. Um in der Flut der vielen Tickets nicht den Überblick zu verlieren, bietet OTRS in seiner Benutzeroberfläche verschiedene Ansichten und Listen. Jede Ansicht erreichen Sie dabei über einen anderen Menüpunkt.

Ansicht nach Queues

Wenn OTRS ein neues Ticket erstellt, landet dieses Ticket automatisch in einer Queue. Beispielsweise könnten Bestellungen in der Queue *Bestellungen* landen, während Reklamationen über defekte Staubsauger in die Queue *Technik* wandern. Jeder Agent darf nur die Tickets aus ganz bestimmten Queues lesen und beantworten. So kann beispielsweise ein Techniker nur die Tickets aus der Queue *Technik* bearbeiten.

Um eine Übersicht über alle Ihre Queues und die darin wartenden Tickets zu erhalten, rufen Sie den Menüpunkt *Tickets → Ansicht nach Queues* auf. Das Ergebnis ist die Seite aus Abbildung 9-3. Die Tickets zeigt OTRS dort standardmäßig mit vielen zusätzlichen Daten sowie ihren jeweiligen Inhalten an (wie Sie diese Informationsflut bändigen, verrät gleich Abschnitt »Listen anpassen und sortieren« auf Seite 185).

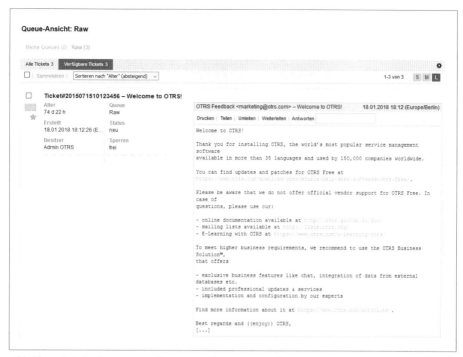

Abbildung 9-3: In dieser Darstellung zeigt Ihnen OTRS alle Queues an, auf die Sie zugreifen können. Die Tickets der hier gewählten Queue Raw listet OTRS im unteren Teil auf.

Direkt unter der schwarzen Überschrift *Queue-Ansicht: Meine Queues* finden Sie im hellgrauen Streifen alle Queues, auf die Sie derzeit zugreifen dürfen und in denen zu bearbeitende Tickets liegen. In den Klammern verrät OTRS, wie viele noch unbearbeitete Tickets sich in der jeweiligen Queue gerade befinden. In Abbildung 9-3 kann der Agent beispielsweise auf die Queue namens *Raw* zugreifen, in der genau drei Tickets auf ihre Bearbeitung warten.

Unter Umständen finden Sie zwei Zahlen hinter dem Namen einer Queue, wie etwa *Raw (3/2)*. In diesem Fall können Sie nicht alle in der Queue enthaltenen Tickets bearbeiten – beispielsweise weil ein Ticket gerade von einem anderen Agenten bearbeitet wird. Die erste Zahl in den Klammern zeigt an, wie viele Tickets insgesamt in der Queue liegen (im Beispiel wären das 3). Die Zahl hinter dem Querstrich verrät hingegen die Anzahl der verfügbaren Tickets und somit, wie viele Tickets Sie davon jetzt bearbeiten dürfen (im Beispiel 2). Die derzeit gewählte Queue hebt OTRS in fetter Schrift hervor.

Visueller Alarm

Wenn Sie *Tickets → Ansicht nach Queues* aufrufen, präsentiert Ihnen OTRS die Namen der Queues wie in Abbildung 9-3. Auf expliziten Wunsch färbt OTRS dort alle Queues rot ein, die besonders alte Tickets enthalten. Die Agenten sehen dann mit einem Blick, welche Queues sie sich schleunigst vorknöpfen müssen. Diesen »visuellen Alarm« müssen Sie allerdings erst in den Grundeinstellungen aktivieren. Dazu rufen Sie im Hauptmenü *Admin* auf und klicken im Bereich *Administration* auf *Systemkonfiguration*. Tippen Sie in das große Eingabefeld den Text `Ticket::Frontend::AgentTicketQueue` ein und klicken Sie auf die Lupe. Suchen Sie jetzt den Kasten *Ticket::Frontend::AgentTicketQueue###VisualAlarms* (er sollte ganz unten auf der Seite zu finden sein). Fahren Sie mit der Maus auf den Kasten, lassen Sie die *Einstellung bearbeiten*, setzen Sie einen Haken in das Kästchen vor *Aktiviert* und bestätigen Sie die Änderung mit einem Klick auf den Haken auf der rechten Seite. Damit würde OTRS jetzt hinter *Tickets → Ansicht nach Queues* die Namen der Queues wie folgt einfärben:

- Orangefarbene Queues enthalten nur Tickets, die noch keine 24 Stunden unbearbeitet herumliegen.

- Hellrote Queues enthalten Tickets, die schon seit über 24 Stunden unbearbeitet in der Queue liegen.

- Dunkelrote Queues enthalten Tickets, die bereits über 48 Stunden unbearbeitet in der Queue liegen.

Sie können auch andere Zeitintervalle vorgeben. Dazu suchen Sie zunächst den Kasten *Ticket::Frontend::AgentTicketQueue###HighlightAge1*. In seinem Eingabefeld ist die Zeit in Minuten vermerkt, bis OTRS die Queue hellrot einfärbt. Um diese zu ändern, fahren Sie mit der Maus auf den Kasten, lassen die *Einstellung bearbeiten*, geben die Zeit in Minuten ein und bestätigen sie mit einem Klick auf den Haken. Auf die gleiche Weise ändern Sie auch die Zeit bis zur dunkelroten Färbung im Kasten *Ticket::Frontend::AgentTicketQueue###HighlightAge2*. Zusätzlich können Sie OTRS noch anweisen, die Queue mit den ältesten offenen Tickets blinken zu lassen. Dazu fahren Sie mit der Maus auf den Kasten *Ticket::Frontend::AgentTicketQueue###Blink*, lassen wieder die *Einstellung bearbeiten*, setzen einen Haken in das Kästchen und bestätigen die Änderung mit einem Klick auf den Haken.

In jedem Fall müssen Sie abschließend Ihre Änderungen noch in Betrieb nehmen. Dazu klicken Sie links oben im Kasten *Aktionen* auf *Inbetriebnahme*, dann auf *Ausgewählte Einstellungen in Betrieb nehmen* und schließlich auf *Jetzt in Betrieb nehmen*.

Sobald Sie eine der Queues anklicken, zeigt Ihnen OTRS im unteren Bereich die darin enthaltenen Tickets. Damit die Übersicht erhalten bleibt, erscheinen dort standardmäßig nur *Verfügbare Tickets*. Darunter fallen alle nicht gesperrten Tickets – und somit Tickets, die Sie jetzt beantworten könnten. Um an die übrigen Tickets zu gelangen, klicken Sie auf der dunkelgrauen Leiste am oberen Rand auf *Alle Tickets*. Über *Verfügbare Tickets* geht es wieder zur Standarddarstellung zurück. Die Zahlen verraten erneut, wie viele Tickets in der jeweiligen Darstellung zu sehen sind. In jedem Fall zeigt OTRS nur Tickets an, die den Status *offen, neu, warten auf erfolgreich schließen, warten auf erfolglos schließen* oder *warten zur Erinnerung* besitzen.

Ein Klick links oben auf *Meine Queues* zeigt alle noch zu bearbeitenden Tickets aus einigen ausgewählten Queues an. Welche Queues das sind, können Sie in Ihren persönlichen Einstellungen festlegen (unter *Meine Queues*, mehr dazu folgt in Kapitel 13, *Persönliche Einstellungen*).

In jedem Fall unterschlagen die Listen alle geschlossenen Tickets. Gerade die können aber interessant sein, wenn ein Kunde erneut ein bereits behandeltes Problem meldet. Dann kommt die im nächsten Abschnitt vorgestellte *Ansicht nach Status* ins Spiel.

Ansicht nach Status

Wenn Sie im Hauptmenü *Tickets → Ansicht nach Status* aufrufen, landen Sie in der Liste aus Abbildung 9-4. Standardmäßig präsentiert OTRS hier alle neuen und offenen Tickets sowie alle Tickets, die irgendwie auf ihre Weiterbearbeitung warten. Die angezeigten Tickets stammen dabei aus allen Queues, auf die Sie zugreifen dürfen. In welcher Queue ein Ticket liegt, verrät die entsprechende Spalte *QUEUE*.

Über die graue Leiste oberhalb der Liste können Sie mithilfe des entsprechenden Links alle geschlossenen Tickets anzeigen lassen. Die Zahl neben dem Link *Geschlossene Tickets* zeigt dabei an, wie viele geschlossene Tickets derzeit existieren. Dazu zählen sowohl alle erfolgreich als auch alle erfolglos geschlossenen Tickets. Zurück zur Darstellung mit allen anderen Tickets gelangen Sie mit einem Klick auf den Link *Offene Tickets*. Auch dort zeigt die Zahl an, wie viele nicht geschlossene Tickets in der Liste zu sehen sein werden.

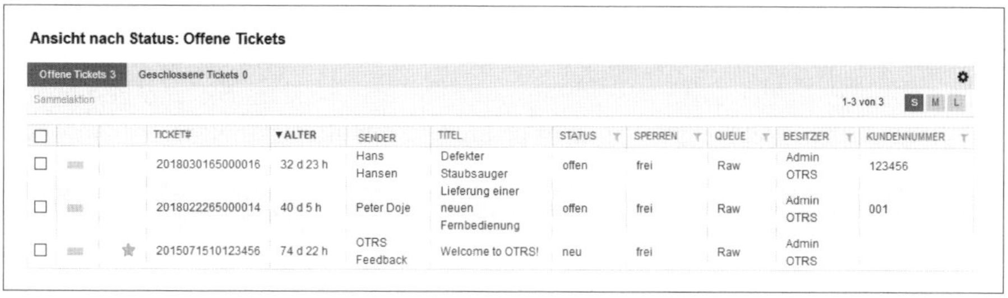

Abbildung 9-4: In der Ansicht nach Status können Sie sich wahlweise alle offenen oder alle geschlossenen Tickets auflisten lassen. Hier sind derzeit die offenen Tickets zu sehen.

Ansicht nach Eskalationen

Eskalierte Tickets sollten immer schnellstmöglich bearbeitet werden. Aus diesem Grund bietet OTRS für diese Tickets eine eigene Darstellung. Die wiederum erreichen Sie über den Menüpunkt *Tickets → Ansicht nach Eskalationen*. Das Ergebnis ist die Liste aus Abbildung 9-5. Standardmäßig zeigt OTRS dort alle heute eskalierten Tickets an. Mit einem Klick auf *Morgen* beziehungsweise *Nächste Woche* können Sie einen Blick in die Zukunft werfen: OTRS listet dann alle Tickets auf, die am folgenden Tag beziehungsweise in der nächsten Woche eskalieren würden – sofern Sie oder ein Agent nicht vorher eingreift.

Abbildung 9-5: Hier gibt es derzeit keine eskalierten Tickets.

Sehr viele eskalierte Tickets weisen auf ein Problem bei der Bearbeitung der Tickets hin. Eventuell sind Ihre Agenten überlastet, warten (vergeblich) auf Informationen von anderen Mitarbeitern oder besitzen zu wenig Wissen. Bei einer steigenden Anzahl eskalierter Tickets sollten Sie die Prozesse in Ihrem Unternehmen kontrollieren und optimieren.

Gesperrte Tickets anzeigen

Sie dürfen in OTRS ein Ticket sperren, womit nur noch Sie selbst das Ticket bearbeiten beziehungsweise beantworten können. Darüber hinaus sperrt OTRS automatisch ein Ticket vorübergehend, wenn gerade ein Agent eine Antwort schreibt. Damit soll verhindert werden, dass zwei Agenten gleichzeitig das Ticket bearbeiten und so ein Chaos entsteht.

OTRS zeigt Ihnen alle gesperrten Tickets an, wenn Sie links oben in der Ecke auf das Schlosssymbol klicken. An der Zahl unterhalb des Schlosssymbols können Sie ablesen, wie viele gesperrte Tickets es derzeit gibt. Nach einem Klick auf das Symbol landen Sie in der Liste aus Abbildung 9-6. Darin sehen Sie alle gesperrten Tickets. Sofern es welche gibt, deren Wartezeit abgelaufen ist, erscheint links oben in der Ecke ein Schlosssymbol mit einer kleinen Uhr. Ein Klick darauf führt analog zu einer Liste mit allen gesperrten Tickets, deren Wartezeit abgelaufen ist.

Unter der Überschrift *Meine gesperrten Tickets* finden Sie einen grauen Streifen. Über die darin befindlichen Links können Sie sich explizit die gesperrten Tickets anzeigen lassen, die gerade auf ihre Weiterbearbeitung *Warten* oder bei denen die Wartezeit abgelaufen ist (*Erinnerung erreicht*). Unter *Neuer Artikel* sammelt OTRS alle gesperrten Tickets, die einen neuen (und somit ungelesenen) Artikel besitzen. Um wieder alle gesperrten Tickets zu sehen, klicken Sie im grauen Band auf den

Link *Alle*. Die Zahlen hinter den Links verraten, wie viele gesperrte Tickets in der jeweiligen Liste zu erwarten sind.

Abbildung 9-6: Hier gibt es derzeit ein gesperrtes Ticket.

Tickets suchen

Die Listen mit den Tickets aus den vorherigen Abschnitten können mitunter recht lang werden. Dann wird es schwierig, das vor einer Woche beantwortete und somit geschlossene Ticket von Hans Hansen zu finden. Das kann etwa notwendig sein, wenn Dieter Dietersen genau den gleichen Defekt an seiner Waschmaschine meldet. Netterweise bietet OTRS eine äußerst mächtige Suchfunktion, mit der Sie extrem schnell eines oder mehrere Tickets aufspüren können. Dazu rufen Sie den Menüpunkt *Tickets → Suche* auf. OTRS zeigt dann das Fenster aus Abbildung 9-7 an.

Abbildung 9-7: Hier würde OTRS nach allen Tickets suchen, die den Kundenbenutzer Hans Hansen betreffen, vor einer Woche geschlossen wurden und das Wort »Waschmaschine« beinhalten.

Im einfachsten Fall tippen Sie einen Suchbegriff in das Eingabefeld *Volltext* und klicken auf *Suche starten*. OTRS kramt dann alle Tickets hervor, die den Suchbegriff enthalten. Wenn Sie also Waschmaschine eintippen, liefert Ihnen das Ticketsystem alle Tickets, in denen eine Waschmaschine erwähnt wurde. Geben Sie hingegen Hans Hansen ein, erhalten Sie alle Tickets, die von Hans Hansen erstellt und/oder beantwortet wurden.

Da das immer noch recht viele Tickets sein können, dürfen Sie im unteren Teil unter *zusätzliche Filter* Ihre Suchanfrage verfeinern. Dazu klicken Sie mit der Maus Suchkriterien zusammen, die sogenannten Filter. Das klingt komplizierter, als es ist: Klicken Sie in das Eingabefeld neben *Ein weiteres Attribut hinzufügen* und wählen Sie aus der Liste ein passendes Suchkriterium aus. Soll OTRS bei seiner Suche beispielsweise nur geschlossene Tickets berücksichtigen, wählen Sie den *Status*. OTRS fügt jetzt automatisch im oberen Teil ein weiteres Eingabefeld hinzu. Dort müssen Sie einstellen, welchen oder welche Status OTRS bei seiner Suche berücksichtigen soll. Dazu klicken Sie einfach in das Eingabefeld hinein und wählen den passenden Status aus. Im Beispiel soll OTRS nur die Tickets liefern, die bereits geschlossen sind. Klicken Sie deshalb erst *erfolgreich geschlossen* und dann *erfolglos geschlossen* an. OTRS sollte beide Punkte in der Liste grau markieren. Wenn Sie sich für den falschen Punkt entschieden haben, klicken Sie ihn einfach noch einmal an. Sobald Ihre Auswahl steht, müssen Sie sie rechts unten noch *Bestätigen*. Damit würde OTRS im Beispiel den unter *Volltext* eingetippten Begriff nur noch in allen Tickets suchen, die *erfolgreich geschlossen* oder *erfolglos geschlossen* sind.

Auf die gleiche Weise können Sie beliebig viele weitere Filter hinzufügen, die dann die Suche noch mehr einschränken. Im Beispiel waren nur diejenigen Tickets gefragt, die vor einer Woche geschlossen wurden. Klicken Sie daher wieder neben *Ein weiteres Attribut hinzufügen* in das Eingabefeld. Für das Beispiel ist die *Ticket-Schließzeit (vor/nach)* genau richtig. OTRS blendet jetzt im oberen Bereich den Punkt *Ticket-Schließzeit (vor/nach)* ein. Über die Drop-down-Listen stellen Sie den gewünschten Zeitraum ein. Im Beispiel müssen Sie nur die Drop-down-Liste von *Jahr(e)* auf *Woche(n)* umschalten. Damit würde OTRS jetzt den Begriff in allen Tickets suchen, die derzeit geschlossen sind *und* vor höchstens einer Woche geschlossen wurden. Im Beispiel soll OTRS zudem lediglich alle Tickets anzeigen, die von Hans Hansen stammen. Genau dazu muss ein dritter Filter her: Klicken Sie in das Eingabefeld rechts neben *Ein weiteres Attribut hinzufügen*. Sie haben jetzt zwei Auswahlmöglichkeiten: *Kundenbenutzer (genaue Übereinstimmung)* und *Kundenbenutzer (komplexe Suche)*. Den ersten Punkt wählen Sie, wenn Sie genau wissen, wie der Kunde heißt. Sind Sie sich nicht sicher oder kennen vielleicht nur den Nachnamen, wählen Sie *Kundenbenutzer (komplexe Suche)*. In beiden Fällen tragen Sie den Namen des Kundenbenutzers in das neu aufgetauchte Eingabefeld ein. Wenn Sie sich für *Kundenbenutzer (komplexe Suche)* entschieden haben, können Sie den Ihnen bekannten Teil des Namens eintippen. Die unbekannten Zeichen kürzen Sie mit dem Platzhalter * ab. Bei der Eingabe von Ha* würde OTRS in allen Tickets der Kundenbenutzer suchen, deren Namen mit *Ha* beginnen.

Wenn Sie einen falschen Filter hinzugefügt haben, klicken Sie einfach im Bereich *Verwendete Filter* neben dem entsprechenden Filter auf das Minuszeichen. Die Suche stoßen Sie wie gehabt via *Suche starten* an.

Das Zusammenklicken der Suchkriterien beziehungsweise Filter ist recht mühsam – insbesondere wenn man recht häufig nach dem Waschmaschinen-Ticket von Hans Hansen sucht. Aus diesem Grund können Sie die aktuellen Einstellungen in einer Vorlage speichern. Dazu klicken Sie ganz oben im Fenster im Bereich *Vorlagen* auf *Neue anlegen*. Es erscheint jetzt ein Eingabefeld, in dem Sie der neuen Vorlage einen Namen verpassen. Er sollte möglichst kurz die zu erwartenden Suchergebnisse beschreiben. Im Beispiel könnte man als Namen `Tickets zur Waschmaschine von Hans Hansen` wählen. Nach einem Klick auf *Hinzufügen* und *Suche starten* können Sie im nächsten Suchvorgang die Vorlage auswählen. Dazu klicken Sie in das Feld *Suchvorlage* und wählen die passende Vorlage aus. OTRS stellt dann automatisch im unteren Teil alle Filter so wieder her, wie sie beim Hinzufügen der Vorlage vorhanden waren. Im Idealfall müssen Sie also nur die Vorlage auswählen und auf *Suche starten* klicken. Mitunter muss man an einer Vorlage nachträglich einige Einstellungen ändern. Dazu klicken Sie in das Feld *Suchvorlage*, entscheiden sich für die passende Vorlage, nehmen dann im unteren Teil Änderungen an den Filtern vor, setzen einen Haken in das Feld *Änderungen in der Vorlage speichern* und lassen die *Suche starten*. Um eine Vorlage wieder loszuwerden, stellen Sie sie im Feld *Suchvorlage* ein und klicken direkt darunter auf *Löschen*. Mit einem Klick auf *Profil-Link* gelangen Sie ebenfalls zu den Suchergebnissen. Die dabei verwendete Internetadresse können Sie jedoch in Ihrem Browser Ihren Lesezeichen hinzufügen. Es genügt dann zukünftig ein Klick auf das Lesezeichen, um schnell die Suche mit der entsprechenden Vorlage zu starten – vorausgesetzt, Sie sind gerade bei OTRS angemeldet.

Das komplette Fenster mit den Sucheinstellungen können Sie übrigens innerhalb Ihres Browserfensters verschieben, indem Sie mit der Maus auf den grauen Balken am oberen Rand fahren. Der Mauszeiger verwandelt sich dann in ein Fadenkreuz. Halten Sie die Maustaste gedrückt, ziehen Sie das Fenster an die gewünschte Position und lassen Sie die Maustaste wieder los.

Um keine Suche zu starten und das Fenster zu schließen, klicken Sie in seiner rechten oberen Ecke auf das *X*. Die Suchergebnisse präsentiert OTRS in einer Liste, wie Sie sie aus den vorherigen Abschnitten kennen. Links oben wartet der Link *Such-Optionen ändern*. Ein Klick darauf öffnet wieder das Fenster mit den Sucheinstellungen, die Sie dort schnell anpassen können. Sofern OTRS nur ein einziges passendes Ticket findet, präsentiert es dieses in seiner vollen Pracht.

Listen anpassen und sortieren

OTRS präsentiert mehrere Tickets immer in einer Liste oder einer Tabelle. Wenn Sie beispielsweise im Hauptmenü *Tickets → Ansicht nach Status* aufrufen, sehen Sie wie in Abbildung 9-8 eine Tabelle mit allen offenen Tickets.

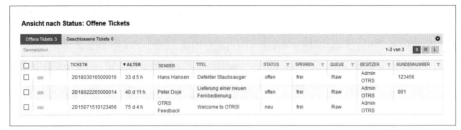

Abbildung 9-8: Hier präsentiert OTRS alle derzeit offenen Tickets.

Die Darstellungsformen S, M und L

In dieser Tabelle finden Sie alle wichtigen Informationen über ein Ticket, wie etwa sein *Alter* oder seinen *Status*. Wenn Ihnen diese Angaben nicht reichen, können Sie noch weitere Informationen einblenden lassen. Dazu klicken Sie rechts oberhalb der Tabelle auf das *M*. OTRS zeigt die Tickets dann wie in Abbildung 9-9 an.

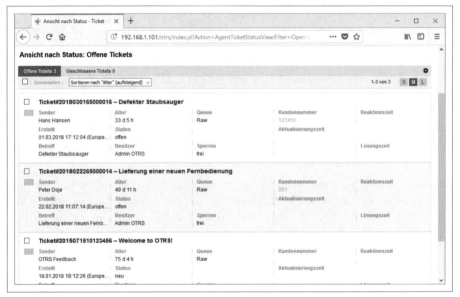

Abbildung 9-9: Die Darstellung M liefert mehr Informationen zu den einzelnen Tickets, ist aber im Gegenzug auch etwas unübersichtlich.

Noch weitaus mehr Informationen präsentiert OTRS nach einem Klick auf das *L*. Dann blendet das Ticketsystem wie in Abbildung 9-10 sogar die im Ticket gespeicherten Texte ein. Mit einem Klick auf das *S* kehren Sie zurück zur kargen Liste aus Abbildung 9-8. Welche der Darstellungen *S*, *M* oder *L* passend ist, hängt von den gerade benötigten Informationen ab. So bietet sich beispielsweise die Darstellung *S* an, um einen Überblick über alle noch zu bearbeitenden Tickets zu erhalten.

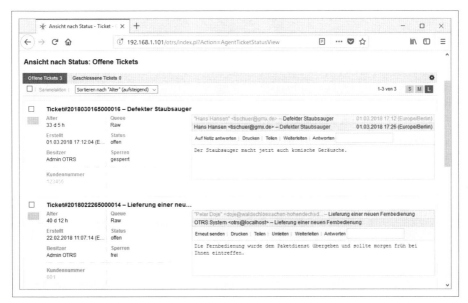

Abbildung 9-10: Die Darstellung L liefert (fast) alle zu einem Ticket vorhandenen Informationen.

Die Symbole *S*, *M* und *L* können Sie sich von den entsprechenden Kleidergrößen ableiten: *L* für Large bietet wie ein großes T-Shirt die meisten Informationen an, *S* steht hingegen für Small und liefert nur einige besonders wichtige Daten. *M* für Medium bildet einen Kompromiss aus den beiden anderen Darstellungen.

Wenn Sie in der Darstellung *M* oder *L* über ein Ticket fahren, blendet OTRS eine Leiste mit möglichen Aktionen ein. Über diese können Sie unter anderem schnell ein Ticket *Sperren* oder *Schließen*. In der Darstellung *S* erscheinen die Aktionen erst, wenn Sie in das Kästchen vor einem Ticket einen Haken gesetzt haben.

Tickets umsortieren

In den Darstellungen *M* und *L* sortiert OTRS die Tickets immer aufsteigend nach ihrem Alter. Frisch eingetrudelte Tickets stehen ganz oben in der Liste, ältere hingegen unten. Häufig möchte man jedoch die ältesten Tickets zuerst wahrnehmen – schließlich warten die Kunden schon länger auf eine Antwort. Netterweise können Sie die Sortierreihenfolge ändern. Das gelingt über die Drop-down-Liste links oben. In Abbildung 9-10 ist hier *Sortieren nach "Alter" (aufsteigend)* eingestellt. Damit präsentiert OTRS in der Liste jüngere Tickets weiter oben, ältere weiter unten. Um das umzudrehen, wählen Sie aus der Drop-down-Liste *Sortieren nach "Alter" (absteigend)*. Über die anderen Punkte aus der Drop-down-Liste können Sie die Tickets auch noch alphabetisch auf- und absteigend nach ihrem Titel sortieren lassen. Die Beschwerde über den auslaufenden Wasserhahn würde dann in der Liste vor der defekten Küchenmaschine erscheinen – oder umgekehrt. Die Sortierung anhand des Titels ist vor allem dann nützlich, wenn Sie ein Ticket zu einem ganz bestimmten Vorfall suchen.

Auch in der Darstellung *S* aus Abbildung 9-8 zeigt OTRS jüngere Tickets weiter oben in der Liste an, während ältere weiter unten stehen. Um die Reihenfolge umzudrehen, klicken Sie auf die Spaltenbeschriftung *ALTER*. An dem kleinen Dreieck vor *ALTER* können Sie die gerade gültige Sortierreihenfolge ablesen:

- Zeigt die Spitze des Dreiecks nach *oben*, sortiert die Tabelle alle Tickets *absteigend* nach ihrem Alter – ältere Tickets stehen folglich oben, jüngere weiter unten.

- Zeigt die Spitze des Dreiecks nach *unten*, sortiert die Tabelle alle Tickets *aufsteigend* nach ihrem Alter – jüngere Tickets stehen dann oben und ältere weiter unten.

Anders als in den Darstellungen *M* und *L* kann jede Spalte als Sortierkriterium dienen: Sie müssen nur auf die entsprechende Spaltenbeschriftung klicken, und schon sortiert OTRS die Tickets in der Liste passend um. Klicken Sie beispielsweise auf die Spaltenbeschriftung *TICKET#*, sortiert die Liste alle Tickets anhand ihrer Ticketnummer (wie in Abbildung 9-11). Mit einem weiteren Klick auf die Spaltenbeschriftung drehen Sie die Sortierreihenfolge um. Das Dreieck zeigt dabei wieder an, ob die Sortierung absteigend (Dreieck zeigt nach oben) oder aufsteigend (Dreieck zeigt nach unten) erfolgt.

Abbildung 9-11: Wie das Dreieck vor TICKET# anzeigt, sortiert OTRS hier gerade die Tickets in der Tabelle aufsteigend: Tickets mit einer größeren Ticketnummer stehen weiter oben in der Liste.

Tickets filtern

Trudeln sehr viele Tickets ein, wird die Liste schnell unübersichtlich. Wenn Sie beispielsweise nur die offenen Tickets interessieren, können Sie die Liste in der Darstellung *S* auch auf diese einschränken. Dazu müssen Sie einen sogenannten *Filter* aktivieren: Lenken Sie zunächst Ihren Blick auf die Spaltenbeschriftung *STATUS*. Rechts daneben finden Sie ein kleines leicht zu übersehenes Trichtersymbol. Sobald Sie es anklicken, erscheint die Drop-down-Liste aus Abbildung 9-12. OTRS zeigt gleich in der Liste nur noch die Tickets an, die dem hier gewählten Kriterium entsprechen. Wenn Sie sich also wie in Abbildung 9-12 für *offen* entscheiden, finden Sie in der Liste nur noch offene Tickets, alle anderen blendet OTRS aus. Um wieder sämtliche Tickets zu sehen, klicken Sie auf das jetzt schwarze Trichtersymbol neben *STATUS* und stellen in der Drop-down-Liste erneut *STATUS* ein.

Abbildung 9-12: Würde man jetzt hier klicken, würde OTRS in der Tabelle nur noch offene Tickets anzeigen.

Neben einigen anderen Spaltenbeschriftungen finden Sie ebenfalls Trichtersymbole. Über sie können Sie die Liste nach dem gleichen Prinzip nach weiteren Kriterien einschränken. Interessieren Sie sich beispielsweise nur für die gesperrten Tickets, klicken Sie auf das Trichtersymbol neben der Spaltenbeschriftung *SPERREN* und wählen aus der Drop-down-Liste *gesperrt*. Sie dürfen sogar mehrere Filter miteinander kombinieren: Möchten Sie alle offenen und gesperrten Tickets sehen, klicken Sie auf das Trichtersymbol neben *STATUS*, wählen *offen*, klicken dann auf das Trichtersymbol neben *SPERREN* und entscheiden sich für *gesperrt*. Diese Filterung ist eine schnelle Alternative zur Suchfunktion aus Abschnitt »Tickets suchen« auf Seite 183. Gibt es keine Tickets, die offen und gesperrt sind, bleibt die Liste leer. In solch einer Situation können Sie die Filter mit einem Klick auf *Übersicht zurücksetzen* entfernen und so den Ursprungszustand wiederherstellen.

Spalten ergänzen und entfernen

In der Darstellung *S* zeigt OTRS in der Tabelle standardmäßig von links nach rechts

- die Ticketnummer (in der Spalte *TICKET#*),
- das *ALTER* des Tickets,
- den Namen des Fragestellers (*SENDER*) und den *Betreff*, den er in seiner E-Mail verwendet hat,
- den *STATUS* des Tickets,
- ob das Ticket gerade gesperrt ist,
- die *QUEUE*, in der das Ticket liegt,
- den *BESITZER* des Tickets und
- die *KUNDENNUMMER* des Fragestellers.

In der zweiten Spalte finden Sie für jedes Ticket einen Balken. An seiner Farbe können Sie die Priorität des Tickets ablesen: Bei einer Priorität von 5 leuchtet der Balken rot, bei einer Priorität von 4 immerhin noch hellrot. Niedrige Prioritäten erhalten einen Blauton.

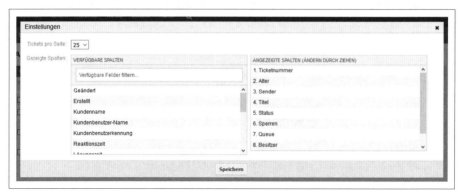

Abbildung 9-13: Hier dürfen Sie selbst festlegen, welche Informationen OTRS in der Darstellung S anzeigt.

Welche Spalten OTRS in welcher Reihenfolge anzeigt, können Sie selbst bestimmen: Klicken Sie rechts oben auf das Zahnradsymbol. Es erscheint dann das Fenster aus Abbildung 9-13. Auf der rechten Seite listet das Fenster alle Spalten auf, die OTRS gerade anzeigt. Darunter befinden sich unter anderem die *Ticketnummer* und das *Alter* des Tickets. OTRS zeigt die Spalten dabei in der Reihenfolge an, in der sie später auch von links nach rechts in der Liste erscheinen: Die Spalte mit den *Ticketnummern* steht ganz oben, womit sie später in der Liste ganz links erscheint (vergleichen Sie auch Abbildung 9-13 mit Abbildung 9-8). Sie können die Spalten einfach per Drag-and-drop neu sortieren und somit die Liste umbauen. Möchten Sie beispielsweise die Spalte mit dem Status gleich in der Liste ganz links sehen, fahren Sie mit dem Mauszeiger auf den Eintrag *Status*. OTRS hebt ihn orangefarben hervor und verwandelt zudem den Mauszeiger in ein Fadenkreuz. Halten Sie jetzt die linke Maustaste gedrückt und ziehen Sie den Eintrag *Status* langsam ganz nach oben bis über die *Ticketnummer*. Lassen Sie dann die Maustaste los. Wenn Sie jetzt auf *Speichern* klicken, erscheint die Spalte *Status* in der Liste auf der linken Seite. Um den Ursprungszustand wiederherzustellen, klicken Sie auf das Symbol mit dem Zahnrad und ziehen auf der rechten Seite den Eintrag *Status* zurück nach unten zwischen *Titel* und *Sperren*.

Möchten Sie eine Spalte komplett ausblenden, ziehen Sie den zugehörigen Eintrag auf der rechten Seite einfach per Drag-and-drop in die Liste auf der linken Seite. Ist für Sie etwa der Besitzer des Tickets uninteressant, fahren Sie mit der Maus auf den Eintrag *Besitzer*. Der Mauszeiger verwandelt sich wieder in ein Fadenkreuz. Halten Sie die linke Maustaste gedrückt und ziehen Sie den *Besitzer* in die Liste auf der linken Seite. Wichtig ist nur, dass sich das Fadenkreuz über der Liste befindet. Die dortigen Einträge weichen dabei zur Seite. Lassen Sie jetzt die Maustaste wieder los.

Sie können auch umgekehrt weitere Spalten mit zusätzlichen Informationen hinzufügen. Dazu suchen Sie zunächst auf der linken Seite die gewünschte Information.

Beim Aufspüren hilft das Eingabefeld oberhalb der Liste: Tippen Sie dort einfach die gewünschte Information ein. Interessieren Sie sich etwa für die Kunden der jeweiligen Tickets, geben Sie in das Feld Kunde ein. OTRS reduziert jetzt die Liste auf alle passenden Informationen. Wenn Sie die gewünschte Information gefunden haben, ziehen Sie sie per Drag-and-drop an die passende Stelle in der rechten Liste. Möchten Sie beispielsweise später in der Liste mit allen Tickets auch die jeweiligen Kundennamen sehen, klicken Sie auf der linken Seite den Eintrag *Kundenname* an, halten die linke Maustaste gedrückt, ziehen den Eintrag mit der Maus nach rechts in die Liste und lassen dort die Maustaste wieder los.

Bei sehr vielen Tickets wird die Ticket-Liste recht lang. OTRS verteilt die Liste dann auf mehrere Seiten, in denen die Agenten über entsprechende Schaltflächen hin- und herblättern können. Standardmäßig präsentiert die Liste auf jeder Seite maximal 25 Tickets. Im Fenster aus Abbildung 9-13 können Sie diese Anzahl über die Drop-down-Liste links oben ändern. Stellen Sie dort beispielsweise *10* ein, präsentiert die Liste nur noch jeweils zehn Tickets auf einer Seite.

Nachdem Sie im Fenster eine Änderung vorgenommen haben, müssen Sie diese noch explizit *Speichern* lassen. Ein Klick auf das *X* rechts oben in der Fensterecke verwirft hingegen alle Änderungen.

Das Zahnradsymbol finden Sie übrigens auch bei den Darstellungsformen *M* und *L*. Wenn Sie es dort anklicken, öffnet sich zwar ebenfalls ein Fenster, in dem Sie aber lediglich die Anzahl der auf einer Seite angezeigten Tickets auswählen können.

Kunden- und Kundenbenutzer-Informationszentrum

Der Geschäftsführer der Jupiter Hotel AG hat sich gerade in einem Telefonanruf erbost darüber beschwert, dass angeblich schon seit einer Woche keine Anfragen mehr bearbeitet würden. Um die Ursache herauszufinden, könnte man jetzt in OTRS via *Tickets → Suche* alle offenen Tickets der Jupiter Hotel AG für die vergangenen sieben Tage heraussuchen lassen. Es geht aber viel eleganter: Im sogenannten *Kunden-Informationszentrum* präsentiert OTRS nicht nur übersichtlich alle offenen Tickets eines Kunden, es generiert auch gleich noch ein paar passende Statistiken. Im Kunden-Informationszentrum können Sie sich so schnell einen Überblick über den aktuellen Bearbeitungsstand und die bereits beantworteten Tickets verschaffen. Ergänzend bietet OTRS das *Kundenbenutzer-Informationszentrum* an. Darin verschaffen Sie sich einen Überblick über die Tickets eines ganz bestimmten Kundenbenutzers. Beide Informationszentren stellen die nachfolgenden Abschnitte ausführlich vor. Den Anfang macht dabei das Kunden-Informationszentrum.

Kunden-Informationszentrum

Um das Kunden-Informationszentrum zu betreten, rufen Sie im Hauptmenü von OTRS den Punkt *Kunden → Kunden-Informationszentrum* auf. OTRS öffnet daraufhin ein neues kleines Fenster. Über seine beiden Eingabefelder wählen Sie jetzt den Kunden aus, für dessen Tickets Sie sich interessieren. Dazu tippen Sie einfach den Namen des Kunden in das obere Eingabefeld *Kunde* ein (wie in Abbildung 9-14). Interessieren Sie sich beispielsweise für die Tickets der Jupiter Hotel AG, geben Sie in das Feld *Kunde* den Text *Jupiter* ein. Alternativ können Sie in das untere Eingabefeld den Namen eines Kundenbenutzers eintragen, im Beispiel also etwa den Hotelmanager Hans Hansen. In jedem Fall zeigt Ihnen OTRS schon beim Tippen eine Liste mit passenden Kunden beziehungsweise Kundenbenutzern an. Klicken Sie einfach auf den richtigen Eintrag.

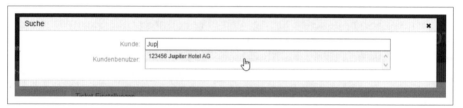

Abbildung 9-14: Hier würde OTRS gleich die Tickets der Jupiter Hotel AG anzeigen.

OTRS präsentiert Ihnen daraufhin die auf den ersten Blick etwas unübersichtliche Seite aus Abbildung 9-15. Die Darstellung ähnelt der *Übersicht*, die angezeigten Informationen beziehen sich aber ausschließlich auf die Jupiter Hotel AG beziehungsweise den von Ihnen ausgewählten Kunden.

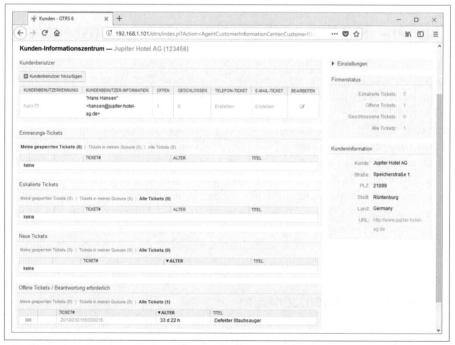

Abbildung 9-15: Das Kunden-Informationszentrum mit den Daten für die Jupiter Hotel AG

Ganz oben finden Sie zunächst rechts neben dem Begriff *Kunden-Informationszentrum* in orangefarbener Schrift den Namen des Kunden sowie in Klammern dessen Kundennummer. Im Kasten *Kundenbenutzer* listet OTRS alle Kundenbenutzer auf, die für den entsprechenden Kunden arbeiten – in Abbildung 9-16 ist das nur der Hotelmanager der Jupiter Hotel AG. Über die entsprechende Schaltfläche können Sie schnell einen neuen *Kundenbenutzer hinzufügen.* OTRS springt dann direkt in die Verwaltung der Kundenbenutzer (siehe auch Kapitel 7, *Kunden*). Für jeden Kundenbenutzer verrät die Tabelle zudem, wie viele Tickets noch *OFFEN* sind und wie viele bereits *GESCHLOSSEN* wurden. In Abbildung 9-16 hat Hans Hansen ein Ticket erstellt, das noch nicht bearbeitet wurde. Wenn Sie eine der Zahlen anklicken, listet Ihnen OTRS umgehend das oder die entsprechenden Tickets auf. In Abbildung 9-16 würde also ein Klick auf die *1* das offene Ticket anzeigen. Über die Links *Erstellen* in den vorletzten beiden Spalten kann ein Agent für den entsprechenden Kundenbenutzer schnell ein neues *TELEFON-TICKET* beziehungsweise ein neues *E-MAIL-TICKET* erstellen (wie das genau funktioniert, erklärt gleich noch Abschnitt »Tickets erstellen« auf Seite 244). Ein Klick auf den Benutzernamen in der ersten Spalte führt schließlich direkt zu den Einstellungen des zugehörigen Benutzerkontos. Gleiches passiert, wenn Sie in der ganz rechten Spalte *BEARBEITEN* auf das Symbol mit dem Bleistift klicken.

Abbildung 9-16: In diesem Fall arbeitet nur Hans Hansen für die Jupiter Hotel AG.

In den Kästen darunter listet OTRS von oben nach unten alle Tickets des Kunden auf,

- an die Sie sich erinnern lassen wollten,
- die eskaliert sind,
- die gerade neu hereingekommen sind und
- die offen sind.

In Abbildung 9-17 gibt es nur ein offenes Ticket, das offenbar schon länger unbeachtet herumliegt. Offenbar hatte der Geschäftsführer der Jupiter Hotel AG recht: Die Agenten haben ein Ticket übersehen – und das schon vor längerer Zeit. Sobald Sie ein Ticket anklicken, zeigt es OTRS an. Mehr zu der dann präsentierten Ansicht folgt gleich in Abschnitt »Einzelnes Ticket anzeigen (Ticket-Zoom-Ansicht)« auf Seite 199.

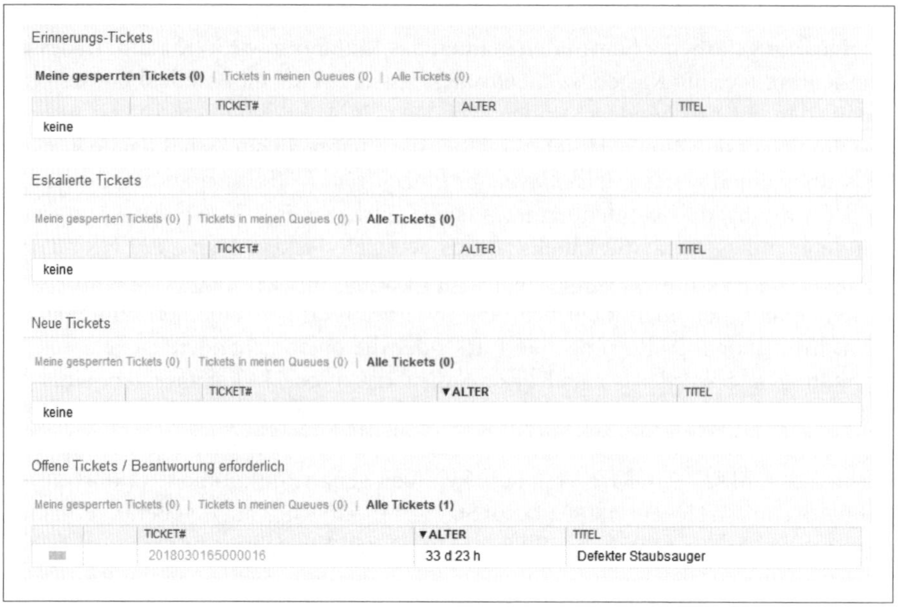

Erinnerungs-Tickets		

Meine gesperrten Tickets (0) | Tickets in meinen Queues (0) | Alle Tickets (0)

TICKET#	ALTER	TITEL
keine		

Eskalierte Tickets		

Meine gesperrten Tickets (0) | Tickets in meinen Queues (0) | **Alle Tickets (0)**

TICKET#	ALTER	TITEL
keine		

Neue Tickets		

Meine gesperrten Tickets (0) | Tickets in meinen Queues (0) | **Alle Tickets (0)**

TICKET#	▼ALTER	TITEL
keine		

Offene Tickets / Beantwortung erforderlich		

Meine gesperrten Tickets (0) | Tickets in meinen Queues (0) | **Alle Tickets (1)**

TICKET#	▼ALTER	TITEL
2018030165000016	33 d 23 h	Defekter Staubsauger

Abbildung 9-17: Für die Jupiter Hotel AG gibt es ein neues und ein offenes Ticket.

Mit einem Klick auf eine Spaltenbeschriftung können Sie die Tickets in der jeweiligen Tabelle umsortieren lassen. Das funktioniert wie in Abschnitt »Listen anpassen und sortieren« auf Seite 185 beschrieben: Klicken Sie beispielsweise im Kasten *Offene Tickets* auf die Spaltenbeschriftung *TITEL*, sortiert OTRS alle offenen Tickets alphabetisch nach ihrem Titel. Der »Defekte Mixer« steht somit weiter oben in der Tabelle, wohingegen die »Fehlerhafte Waschmaschine« weiter unten auftaucht. Analog können Sie auch selbst festlegen, welche Spalten die jeweilige Tabelle anzeigt. Dazu fahren Sie mit dem Mauszeiger auf den Titel des Kastens und klicken dann auf das erscheinende Zahnradsymbol. Möchten Sie beispielsweise im Kasten *Neue Tickets* die Spalte *ALTER* entfernen, fahren Sie mit dem Mauszeiger auf den Text *Neue Tickets*. Der Mauszeiger verwandelt sich dann in einen Doppelpfeil. Gleichzeitig erscheint rechts ein Zahnradsymbol, das Sie anklicken. Anschließend passen Sie die Tabelle an, wie in Abschnitt »Spalten ergänzen und entfernen« auf Seite 189 beschrieben.

In jedem der vier Kästen finden Sie die drei Links *Meine gesperrten Tickets*, *Tickets in meinen Queues* und *Alle Tickets*. Wenn Sie auf letztgenannten Link klicken, zeigt Ihnen OTRS im Kasten die entsprechenden Tickets an.

- Nach einem Klick auf *Meine gesperrten Tickets* zeigt der Kasten nur noch gesperrte Tickets an.
- Mit *Tickets in meinen Queues* präsentiert der Kasten lediglich Tickets aus einigen ausgewählten Queues. Welche Queues das sind, dürfen Sie in Ihren per-

sönlichen Einstellungen festlegen. Wie das funktioniert, verrät später noch Kapitel 13, *Persönliche Einstellungen*.

- *Alle Tickets* listet alle entsprechenden Tickets auf.

Klicken Sie beispielsweise im Kasten *Offene Tickets* auf *Meine gesperrten Tickets*, zeigt der Kasten nur noch offene Tickets des Kunden an, die aktuell gesperrt sind. Die gerade in schwarzer Schrift hervorgehobenen Links sind derzeit aktiv. OTRS zeigt also in Abbildung 9-17 im untersten Kasten restlos *alle* offenen Tickets an.

Auf der rechten Seite finden Sie den Kasten *Firmenstatus*, der ein paar Statistiken liefert (siehe Abbildung 9-18). Dort können Sie noch einmal ablesen

- wie viele Tickets für den Kunden bereits erstellt wurden (*Alle Tickets*),
- wie viele Tickets davon bereits vollständig beantwortet und somit geschlossen wurden (*Geschlossene Tickets*),
- wie viele Tickets noch beantwortet werden müssen (*Offene Tickets*) und
- wie viele Tickets eskaliert sind (*Eskalierte Tickets*).

Wenn Sie auf eine der Zahlen klicken, listet OTRS wieder das oder die entsprechenden Tickets auf. In Abbildung 9-18 würde ein Klick auf die *1* neben *Offene Tickets* das noch offene Ticket der Jupiter Hotel AG auf den Schirm holen. Der Kasten *Kundeninformation* liefert die wichtigsten Kontaktdaten des Kunden im Überblick. Dazu zählt neben der Postadresse auch die Homepage der Firma.

Abbildung 9-18: Für die Jupiter Hotel AG wurde ein Ticket erstellt, das noch offen ist und somit bearbeitet werden muss. Eskalierte Tickets gibt es nicht.

Wenn Sie rechts oben auf *Einstellungen* klicken, klappt der Kasten aus Abbildung 9-19 auf. Darin können Sie die einzelnen Kästen im Kunden-Informationszentrum aus- und einblenden. Ein Kasten ist genau dann sichtbar, wenn ein Haken in seinem Kästchen zu sehen ist. Wenn Sie einen Haken gesetzt oder entfernt haben, müssen Sie noch explizit auf *Einstellungen speichern* klicken. Noch schneller entfernen Sie einen Kasten aus der Darstellung, indem Sie mit der Maus auf die Beschriftung des Kastens fahren und dann das erscheinende *X* anklicken. Möchten Sie beispielsweise den Kasten *Erinnerungs-Tickets* loswerden, platzieren Sie den Mauszeiger auf dem Schriftzug *Erinnerungs-Tickets* und klicken dann rechts das erscheinende *X* an. Sie können den Kasten in den *Einstellungen* zurückholen, indem Sie dort einen Haken in das Kästchen neben *Erinnerungs-Tickets* setzen und die *Einstellungen speichern* lassen.

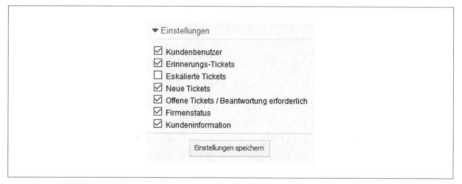

Abbildung 9-19: Hier würde nach einem Klick auf Einstellungen speichern im Kunden-Informationszentrum der Kasten Eskalierte Tickets fehlen.

Abschließend dürfen Sie auch noch die Kästen auf der Seite umplatzieren. Dazu fahren Sie mit dem Mauszeiger auf den Titel des Kastens, den Sie an eine andere Position verschieben möchten, und ziehen ihn per Drag-and-drop an seinen neuen Platz. Möchten Sie beispielsweise den Kasten *Eskalierte Tickets* unter seinen Kollegen mit den offenen Tickets verschieben, fahren Sie mit dem Mauszeiger auf den Text *Eskalierte Tickets*. Der Mauszeiger verwandelt sich in einen Doppelpfeil. Halten Sie jetzt die linke Maustaste gedrückt und ziehen Sie den Kasten nach unten. Sobald Sie sich einem anderen Kasten nähern, springt dieser beiseite. Die schraffierte Fläche zeigt an, wo der Kasten landen würde, wenn Sie die Maustaste losließen. Sobald Sie *Eskalierte Tickets* ganz nach unten gezogen haben, lassen Sie die Maustaste wieder los. Nach dem gleichen Prinzip verschieben Sie auch alle anderen Kästen. Es gibt allerdings eine Einschränkung: Die Kästen müssen in ihrer jeweiligen Spalte bleiben. Sie können also den Kasten *Firmenstatus* nicht unter den Kasten *Neue Tickets* schieben.

Kundenbenutzer-Informationszentrum

Analog zum vorgestellten Kunden-Informationszentrum bietet OTRS auch noch ein Kundenbenutzer-Informationszentrum an. Dieses präsentiert übersichtlich alle neuen und offenen Tickets eines ausgewählten Kundenbenutzers. Beklagt sich etwa Hans Hansen darüber, dass eines seiner eigenen Tickets immer noch nicht beantwortet wurde, können Sie im Kundenbenutzer-Informationszentrum unter anderem schnell seine offenen Tickets einsehen.

Um ins Kundenbenutzer-Informationszentrum zu gelangen, rufen Sie den Menü-punkt *Kunden → Kundenbenutzer-Informationszentrum* auf. OTRS öffnet jetzt ein Fenster mit einem Eingabefeld. Geben Sie dort den Namen des Kundenbenutzers ein, im Beispiel wäre das Hans Hansen. Schon beim Tippen erscheint eine Liste mit allen infrage kommenden Kundenbenutzern. Klicken Sie darin die entsprechende Person an. Sie landen so auf der etwas unübersichtliche Seite aus Abbildung 9-20. Der Aufbau und die Bedienung der Seite entsprechen exakt dem Kunden-Informationszentrum. OTRS präsentiert allerdings hier nur die Tickets des ausgewählten Kundenbenutzers – im Beispiel also alle Tickets von Hans Hansen. Es gibt jedoch ein paar kleinere Unterschiede.

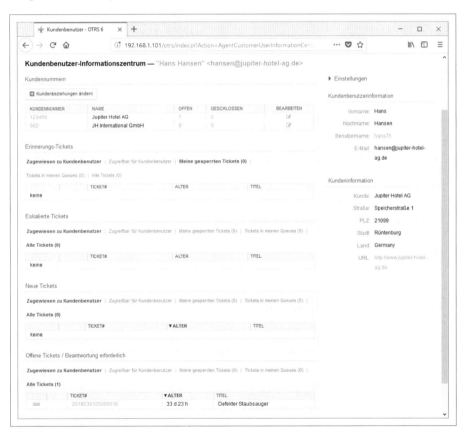

Abbildung 9-20: Das Kundenbenutzer-Informationszentrum hat den gleichen Aufbau wie das Kunden-Informationszentrum.

Zunächst finden Sie ganz oben neben der Beschriftung *Kundenbenutzer-Informationszentrum* den Namen und die E-Mail-Adresse des Kundenbenutzers. Weitere

Informationen hält auf der rechten Seite der Kasten *Kundenbenutzerinformation* bereit.

Unterhalb der Überschrift *Kundenbenutzer-Informationszentrum* listet OTRS in einer Tabelle alle Kunden auf, zu denen der Kundenbenutzer gehört. In Abbildung 9-21 ist Hans Hansen gleich zwei Kunden zugeordnet. Über die entsprechende Schaltfläche können Sie diese *Kundenbeziehungen ändern*. OTRS springt dann zu den passenden Einstellungen, die Abschnitt »Kundenbenutzer« auf Seite 126 vorgestellt hat.

Wenn Sie in der Tabelle aus Abbildung 9-21 auf eine Kundennummer klicken, wechselt OTRS umgehend in das entsprechende Kunden-Informationszentrum. In Abbildung 9-21 würde beispielsweise ein Klick auf die *123456* direkt ins Kunden-Informationszentrum für die Jupiter Hotel AG springen.

In den mittleren Spalten können Sie ablesen, wie viele Tickets Hans Hansen für welchen Kunden erstellt hat und wie viele davon derzeit noch in Bearbeitung (*OFFEN*) oder bereits beantwortet sind (*GESCHLOSSEN*). In Abbildung 9-21 hat Hans Hansen beispielsweise im Auftrag der Jupiter Hotel AG ein Ticket erstellt, das derzeit noch offen und somit in Bearbeitung ist. Geschlossen wurde noch keines seiner Tickets. Wenn Sie auf eine Zahl klicken, präsentiert Ihnen OTRS das oder die entsprechenden Tickets. In Abbildung 9-21 würde ein Klick auf die *1* direkt das noch offene Ticket der Jupiter Hotel AG auf den Schirm holen.

Ein Klick auf das Symbol mit dem Bleistift in der Spalte *BEARBEITEN* öffnet schließlich die Einstellungen des entsprechenden Kunden. Die dabei angebotenen Optionen hat bereits Kapitel 7, *Kunden*, vorgestellt.

Kundenbenutzer-Informationszentrum — "Hans Hansen" <hansen@jupiter-hotel-ag.de>

Kundennummern

⊕ Kundenbeziehungen ändern

KUNDENNUMMER	NAME	OFFEN	GESCHLOSSEN	BEARBEITEN
123456	Jupiter Hotel AG	1	0	✎
002	JH International GmbH	0	0	✎

Abbildung 9-21: Hier gehört Hans Hansen zur Jupiter Hotel AG und zur JH International GmbH.

Im Kundenbenutzer-Informationszentrum folgen unter der Tabelle mehrere Kästen mit den entsprechenden Tickets (wie in Abbildung 9-22). So finden Sie im Kasten *Eskalierte Tickets* alle eskalierten Tickets des Kundenbenutzers (im Beispiel also die von Hans Hansen). Jeder Kasten bietet mehrere Links an. Mit ihnen legen Sie fest, welche Tickets der Kasten anzeigt.

Zunächst müssen Sie sich mit den beiden Links ganz links entscheiden,

- ob Sie alle Tickets sehen möchten, die dem Kundenbenutzer zugewiesen wurden (*Zugewiesen zu Kundenbenutzer*),
- oder ob Sie alle Tickets sehen möchten, auf die der Kundenbenutzer zugreifen darf (*Zugreifbar für Kundenbenutzer*).

Über die restlichen drei Links entscheiden Sie anschließend, ob der Kasten

- nur alle gesperrten Tickets anzeigen soll (*Meine gesperrten Tickets*),
- nur Tickets aus ausgewählten Queues präsentieren soll (*Tickets in meinen Queues*)
- oder sämtliche Tickets auflisten soll (*Alle Tickets*).

Im Fall von *Tickets in meinen Queues* präsentiert der Kasten nur noch Tickets aus den Queues, die Sie in Ihren persönlichen Einstellungen ausgewählt haben. Wie das funktioniert, zeigt später noch Kapitel 13, *Persönliche Einstellungen*.

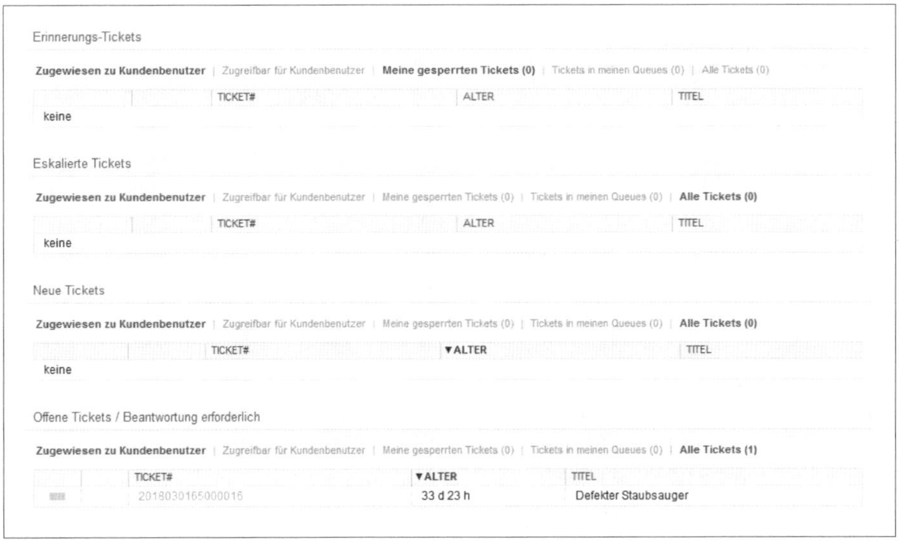

Abbildung 9-22: Die Kästen präsentieren hier die Tickets von Hans Hansen.

Die weitere Bedienung ist identisch mit der im Kunden-Informationszentrum. So können Sie auch hier selbst festlegen, welche Spalten die einzelnen Tabellen besitzen sollen, und einzelne Kästen ausblenden.

Einzelnes Ticket anzeigen (Ticket-Zoom-Ansicht)

In den vorherigen Abschnitten haben Sie mehrere Möglichkeiten kennengelernt, mit denen Sie Tickets suchen und auflisten lassen können. Wenn Sie in einer dieser Darstellungen ein Ticket anklicken, zeigt es OTRS wie in Abbildung 9-23 an. Diese Seite bezeichnet OTRS auch als *Ticket-Zoom-Ansicht*. Lassen Sie sich auch hier nicht von der Informationsflut irritieren: Es sieht schlimmer aus, als es tatsächlich ist.

Abbildung 9-23: Hier zeigt OTRS alle Informationen an, die es über das Ticket mit der Nummer 2018040465000018 weiß.

Ticketnummer und Betreff

Jedem Ticket ordnet OTRS automatisch eine Nummer zu, anhand deren sich das Ticket immer eindeutig identifizieren lässt. Damit können Sie auch Tickets auseinanderhalten, die den gleichen Titel tragen – beispielsweise weil mehrere Kunden einen Defekt an der Waschmaschine WM3000 gemeldet haben. Die Ticketnummer zeigt OTRS links oben an, in Abbildung 9-23 ist das die 2018040465000018. Das vorangestellte *Ticket#* gehört nicht zur Nummer. Die OTRS-Entwickler waren hier schlicht etwas schreibfaul und haben das Wort *Ticketnummer:* mit *Ticket#* abgekürzt. Das Zeichen # (häufig als Raute, Hash, Doppelkreuz oder Lattenkreuz bezeichnet) wird in der Informatik und der Mathematik gern als Abkürzung für den Begriff »Nummer« oder »Anzahl« verwendet. Den Text *Ticket#2018040465000018* müssen Sie somit in Gedanken lesen als: »Hier sehen Sie das Ticket mit der Nummer 2018040465000018.«

Rechts neben der Ticketnummer erscheint der Betreff, den OTRS auch als Titel des Tickets bezeichnet.. In der Regel handelt es sich hierbei um die von einem Kundenbenutzer gestellte Frage. In Abbildung 9-23 hatte sich beispielsweise Hans Hansen über einen defekten Staubsauger beschwert. Wenn Sie selbst ein Ticket erstellen, dürfen Sie diesen Betreff auch selbst vorgeben. Schickt Ihnen hingegen ein Kundenbenutzer eine E-Mail, übernimmt OTRS einfach die Betreffzeile der E-Mail. Den Betreff dürfen Sie nicht mehr nachträglich ändern.

Artikel-Übersicht

Unterhalb der Ticketnummer finden Sie ein Menü mit mehreren Aktionen. Unter diesem Menü wiederum wartet der Kasten *Artikel-Übersicht*, den noch einmal Abbildung 9-24 etwas größer zeigt. Für gewöhnlich stellt ein Kundenbenutzer eine Frage, die dann ein Agent beantwortet. Unter Umständen hat der Kundenbenutzer eine Rückfrage, auf die eine weitere Antwort folgt. Alle diese Fragen und Antworten merkt sich OTRS im Ticket (bildlich gesprochen, schreibt OTRS die komplette Kommunikation auf eine Karteikarte). Mitunter kann man nicht zwischen Fragen und Antworten unterscheiden. Das ist beispielsweise der Fall, wenn Kundenbenutzer und Agent gegenseitig Informationen austauschen müssen. Die Fragen und Antworten bezeichnet OTRS daher allgemein als *Artikel* (englisch Articles). Irritierenderweise spricht die deutsche Benutzeroberfläche an einigen Stellen von *Beiträgen*. Hier handelt es sich schlichtweg um eine inkonsistente Übersetzung. Wenn Sie also irgendwo in OTRS auf den Begriff *Beitrag* stoßen, ist eigentlich der *Artikel* gemeint.

Der Kasten *Artikel-Übersicht* präsentiert Ihnen alle bisherigen Fragen und Antworten – Pardon – Artikel. In Abbildung 9-24 gibt es erst einen einzigen Artikel, nämlich die Anfrage eines Kundenbenutzers namens *Hans Hansen*. Seinen Namen verrät die Spalte *SENDER*, die immer den Verfasser des jeweiligen Artikels nennt. Sie können so exakt nachvollziehen, wer welche Antwort geschrieben hat. Den dabei genutzten Kommunikationsweg können Sie in der Spalte *VIA* ablesen. Im Beispiel aus Abbildung 9-24 hat Hans Hansen zum *Telefon* gegriffen. Steht in der Spalte *VIA* das Kürzel *OTRS*, hat der Kundenbenutzer den Artikel im Kundenbereich geschrieben (den bereits Kapitel 7, *Kunden*, vorgestellt hat). Wie Sie in der Spalte *BETREFF* ablesen können, beschwert sich Hans Hansen über ein Problem mit seinem Staubsauger. Sein Anruf erfolgte zudem am 04.04.2018. Dies wiederum verrät das in der Spalte *ERSTELLT* festgehaltene Erstellungsdatum des Artikels. Sofern ein Artikel einen Anhang enthält, wie etwa ein mitgeschicktes Foto vom abgebrochenen Schlauch, würde OTRS darauf in der letzten Spalte mit dem Büroklammersymbol hinweisen. Die dann angezeigte Zahl gibt an, wie viele Dateien am Artikel hängen. Ein Klick auf die Zahl klappt eine kleine Liste aus, die alle Dateien auflistet. Über einen Klick auf den Dateinamen können Sie sich die Datei zudem herunterladen.

Die Artikel nummeriert OTRS automatisch in der ersten Spalte *NR.* durch. Der Artikel mit der höchsten Nummer ist dabei zuletzt hinzugekommen. Mit anderen Worten, Sie können anhand der Nummer die Reihenfolge ablesen, in der die Fragen eingetrudelt sind und die Antworten gegeben wurden. In der Spalte mit dem Sternchen markiert OTRS alle Artikel, die Sie noch nicht gelesen haben. Abschließend können Sie noch in der Spalte mit den Doppelpfeilen ablesen, ob der Agent eine Nachricht an den Kunden geschickt hat (dann zeigt der Pfeil nach rechts) oder aber der Kunde Ihnen eine Nachricht geschickt hat (dann zeigt der Pfeil nach links). In Abbildung 9-24 zeigt der Pfeil nach links, denn schließlich hat *Hans Hansen* bei Ihnen angerufen und seine Beschwerde an Sie gerichtet.

Abbildung 9-24: Die Artikel-Übersicht listet alle Fragen und Antworten auf.

Bei sehr vielen Artikeln blendet OTRS nicht nur eine Bildlaufleiste, sondern auch im unteren Teil der Tabelle einen schwarzen Anfasser ein. Über Letztgenannten können Sie den Kasten *Artikel-Übersicht* vergrößern. Dazu fahren Sie mit dem Mauszeiger auf den schwarzen Anfasser. Der Zeiger verwandelt sich dabei in einen Doppelpfeil. Halten Sie jetzt die linke Maustaste gedrückt und ziehen Sie den Anfasser nach oben oder unten. Wenn der Kasten *Artikel-Übersicht* die passende Größe hat, lassen Sie die Maustaste wieder los.

Standardmäßig zeigt die Tabelle alle Artikel in absteigender Reihenfolge. Der zuletzt hinzugekommene Artikel erscheint folglich immer ganz oben in der Tabelle. Mit einem Klick auf eine der Spaltenbeschriftungen können Sie die Artikel in der Tabelle entsprechend umsortieren lassen. Beispielsweise würde OTRS nach einem Klick auf *BETREFF* die Tickets in der Tabelle alphabetisch aufsteigend nach ihrem Betreff sortieren. Das Ticket mit dem Betreff Waschmaschine erscheint dann in der Tabelle unter dem Ticket mit dem Betreff Handbuch. Der schwarze Pfeil zeigt die Sortierrichtung an, mit einem erneuten Klick auf die Spaltenbeschriftung dreht OTRS die Sortierreihenfolge um.

Artikel anzeigen

Sobald Sie in der *Artikel-Übersicht* einen der Artikel anklicken, zeigt OTRS ihn im unteren Bereich in einem eigenen Kasten an. Abbildung 9-25 zeigt dazu ein Beispiel. In der Titelleiste des Kastens finden Sie auf der linken Seite die Nummer des

Artikels. In Abbildung 9-25 ist dies die *#1*. Folglich handelt es sich um den ersten auf dem Ticket notierten Artikel. Wie in Abbildung 9-25 ist das in der Regel die Frage beziehungsweise die Beschwerde des Kunden. Jeder Artikel besitzt einen eigenen Betreff. Beim ersten Artikel ist der Betreff identisch mit dem Betreff des Tickets. In Abbildung 9-25 lautet er daher ebenfalls *Defekter Staubsauger*. Rechts daneben finden Sie noch den Namen des Kundenbenutzers, das Datum, an dem der Artikel erstellt wurde, und den Versandweg. Im Beispiel aus Abbildung 9-25 hat Hans Hansen seine Beschwerde am 04.04.2018 um 22:49 Uhr durchgegeben. Weiter rechts wartet ein kleines *i*-Symbol. Wenn Sie es anklicken, verrät OTRS noch einmal den Autor des Artikels (neben *Von*), die *Queue*, in der das Ticket lag, sowie den *Betreff*.

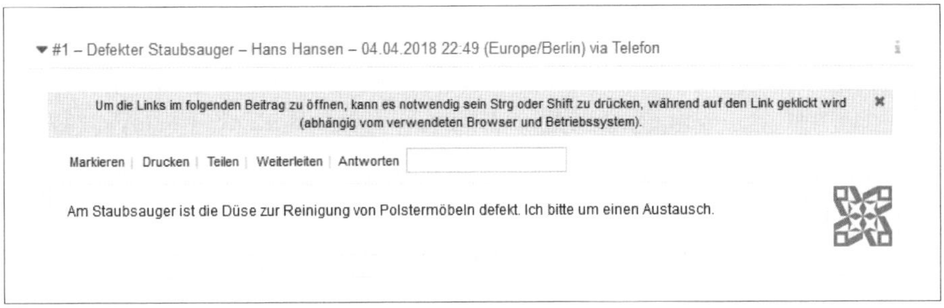

▼ #1 – Defekter Staubsauger – Hans Hansen – 04.04.2018 22:49 (Europe/Berlin) via Telefon   i

Um die Links im folgenden Beitrag zu öffnen, kann es notwendig sein Strg oder Shift zu drücken, während auf den Link geklickt wird   ✕
(abhängig vom verwendeten Browser und Betriebssystem).

Markieren | Drucken | Teilen | Weiterleiten | Antworten

Am Staubsauger ist die Düse zur Reinigung von Polstermöbeln defekt. Ich bitte um einen Austausch.

Abbildung 9-25: Dieser Artikel enthält die ursprüngliche Frage des Kunden.

Unterhalb der Titelleiste finden Sie eventuell eine dunkelgrau hinterlegte Meldung. Der eigentliche Artikel-Text mit der Beschwerde oder der Frage kann Links zu anderen Internetseiten enthalten. Wenn Sie solch einem Link folgen wollen, müssen Sie ihn in der Regel einfach nur anklicken. Wie die dunkelgrau hinterlegte Meldung anmerkt, müssen Sie jedoch in einigen Browsern zusätzlich noch die Umschalt- oder Strg-Taste gedrückt halten. Wenn Sie der Hinweis stört, können Sie ihn einfach über das kleine *X* rechts neben dem Hinweistext schließen.

Unterhalb der Meldung wartet ein Menü, über das Sie ebenfalls verschiedene Aktionen auslösen können. Unter anderem dürfen Sie dem Kunden eine *Antwort* schreiben – wie das funktioniert, erklärt gleich Abschnitt »Tickets beantworten« auf Seite 207. Unter dem Menü wiederum folgt ein weißes Feld mit der eigentlichen Nachricht. Neben ihr zeigt OTRS ein Bild des entsprechenden Verfassers an. Dazu klopft das Ticketsystem beim Internetdienst Gravatar an, dem es die E-Mail-Adresse des Verfassers übergibt. Gravatar liefert dann ein passendes Bildchen zurück, das OTRS dann wiederum anzeigt. Dieses Verfahren hat allerdings gleich mehrere Nachteile. Zum einen muss Ihr Browser eine Verbindung ins Internet aufbauen dürfen, andernfalls sehen Sie nur einen Platzhalter. Zum anderen muss der Verfasser des Artikels bei Gravatar ein Foto beziehungsweise einen Avatar hinterlegt haben. Ist das nicht der Fall, sehen Sie ein Fantasiebild, wie das violette Muster aus Abbildung 9-25. Weitere Informationen über Gravatar finden Sie unter *https://de.gravatar.com*.

Wenn Sie im Menü des Kastens auf *Markieren* klicken, erhält der Artikel im Kasten *Artikel-Übersicht* in der zweiten Spalte (mit dem Sternchen) ein knallrotes Ausrufezeichen. Auf diese Weise können Sie besonders wichtige Artikel hervorheben – etwa wenn einer eine besonders pfiffige Lösung für ein Problem enthält. Mit einem Klick auf den entsprechenden Menüpunkt können Sie jederzeit wieder die *Markierung entfernen* lassen.

Standardmäßig zeigt OTRS immer nur einen Artikel im vollen Wortlaut an. Um einen anderen anzusehen, müssen Sie ihn in der *Artikel-Übersicht* explizit anklicken. Sie können das Ticketsystem aber auch anweisen, im unteren Bereich der Seite *sämtliche* Artikel in jeweils einem eigenen Kasten anzuzeigen. Um das zu erreichen, wenden Sie sich dem Menü zu, das über dem Kasten *Artikel-Übersicht* thront. Dieses Menü besitzt auf seiner rechten Seite ein Zahnradsymbol. Klicken Sie zunächst das Zahnradsymbol an, dann in das erscheinende Eingabefeld und wählen Sie aus der Liste den Punkt *Alle Beiträge anzeigen*. Sie sehen jetzt im unteren Teil sämtliche Artikel. Bei einer sehr langen Kommunikation und somit sehr vielen Artikeln wird die Seite dadurch aber auch ziemlich lang. Um wieder nur einen Artikel zu Gesicht zu bekommen, klicken Sie erneut auf das Zahnradsymbol, dann in das Eingabefeld und entscheiden sich für *Einen Beitrag anzeigen*.

Zusätzliche Informationen

Auf der rechten Seite finden Sie noch einige zusätzliche Informationen über das Ticket. Wie Abbildung 9-26 zeigt, finden Sie dort unter anderem den derzeitigen *Status* des Tickets, seine *Priorität* sowie die *Queue*, in der das Ticket gerade liegt. Ein Klick auf die *Kundennummer* springt direkt ins Kunden-Informationszentrum (siehe Abschnitt »Kunden- und Kundenbenutzer-Informationszentrum« auf Seite 191). Im Kasten *Kundeninformation* finden Sie in erster Linie die Kontaktdaten des Kunden und nur einige wenige über den Kundenbenutzer. Ganz unten wartet der Link *Offene Tickets*. Die Zahl in den Klammern verrät, wie viele Tickets des Kunden gerade noch offen und somit unbeantwortet sind. Die entsprechenden Tickets listet OTRS auf, wenn Sie den Link anklicken. Im Kasten *Verknüpfte Objekte* fasst das Ticketsystem schließlich alle mit dem Ticket verknüpften Objekte zusammen.

Jeder Kasten auf der Seite besitzt in seiner linken oberen Ecke ein kleines Dreieck. Wenn Sie dieses anklicken, klappt OTRS den Kasten ähnlich wie eine Schublade ein. Sie sehen dann nur noch eine schmale Leiste. Ein erneuter Klick auf das Dreieck klappt die Inhalte wieder auf. Auf diese Weise können Sie uninteressante Informationen (vorübergehend) ausblenden.

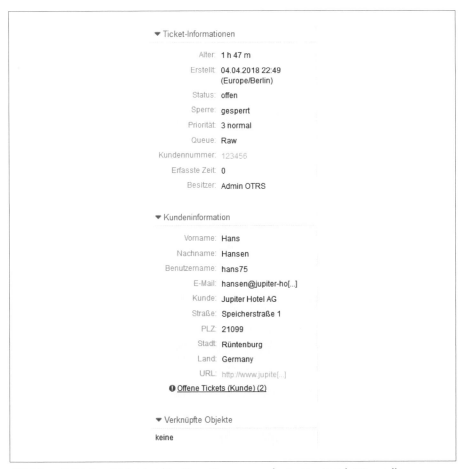

Abbildung 9-26: Das Ticket hat hier Hans Hansen von der Jupiter Hotel AG erstellt.

Historie eines Tickets anzeigen

OTRS merkt sich penibel, wer wann was mit einem Ticket angestellt hat. Das Protokoll dieser Aktionen bezeichnet das Ticketsystem als *Historie*. Sie können sich die Historie ansehen, indem Sie im Menü über der *Artikel-Übersicht* mit der Maus auf den Punkt *Verschiedenes* fahren und dann im automatisch aufklappenden Untermenü *Historie* anklicken. Es erscheint dann ein Fenster wie das aus Abbildung 9-27. Da OTRS penibel jede Aktion protokolliert, kann die Historie sehr schnell sehr lang werden. So ist mit dem Ticket in Abbildung 9-27 schon einiges passiert, obwohl es noch gar nicht beantwortet wurde.

Um die Übersicht zu erhöhen, packt OTRS jede größere Aktion in einen eigenen Kasten. In Abbildung 9-27 wurde zunächst ein neues Ticket erstellt und dieses dann kurze Zeit später von einem Agenten gesperrt. Alle zum Erstellen des Tickets notwendigen Einzelaktionen sammelt der obere Kasten, die zum Sperren der untere.

Wie Abbildung 9-27 beweist, besteht bereits das Erstellen des Telefon-Tickets intern aus drei einzelnen Aktionen: Die erste erstellt das Ticket, die zweite verknüpft das Ticket mit einem Kunden, während die dritte das Ticket zu einem Telefon-Ticket macht. Die durchgeführten Aktionen listen die Tabellen in absteigender Reihenfolge auf, die zuletzt durchgeführte Aktion steht folglich jeweils ganz unten.

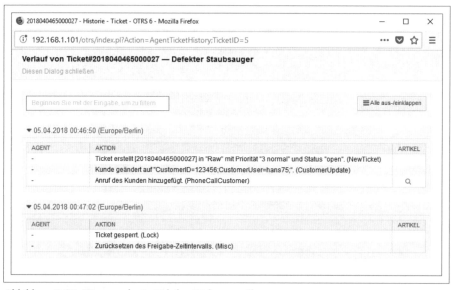

Abbildung 9-27: Hier wurde ein Telefon-Ticket erstellt.

Ticket drucken

Alle Informationen über ein Ticket können Sie auch ausdrucken. Dazu klicken Sie einfach im Menü über der *Artikel-Übersicht* auf *Drucken*. OTRS erzeugt dann umgehend ein PDF-Dokument mit dem kompletten Ticket und bietet es Ihnen zum Download an. Firefox und einige andere Browser öffnen das Dokument in einem eigenen Fenster (wie in Abbildung 9-28). Das PDF-Dokument können Sie dann entweder archivieren oder ausdrucken.

Wenn Sie nur einen einzelnen Artikel drucken möchten, selektieren Sie diesen zunächst in der *Artikel-Übersicht*. Klicken Sie dann links unten in seinem Kasten auf *Drucken*. OTRS erzeugt erneut ein passendes PDF-Dokument. Dieses enthält neben dem eigentlichen Artikel auch noch ein paar weitere Informationen über das Ticket.

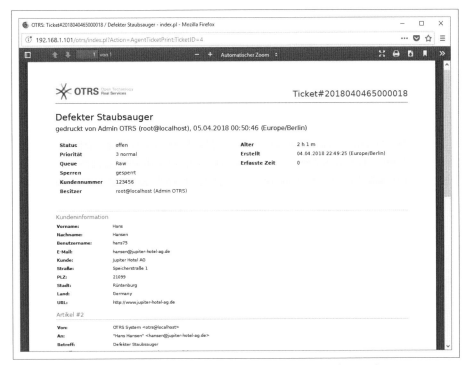

Abbildung 9-28: Alle Informationen eines Tickets »druckt« OTRS auf Wunsch in ein PDF-Dokument, das hier Firefox anzeigt.

Tickets beantworten

Die Frage von Hans Hansen lässt sich auf zwei Arten beantworten: Sie können ihn anrufen und dann das Gesprächsprotokoll an das Ticket heften oder aber Hans Hansen eine E-Mail schreiben. Zunächst zum letzteren Fall.

Ticket per E-Mail beantworten

Um dem Kunden per E-Mail zu antworten, rufen Sie zunächst das zugehörige Ticket auf (wie im vorherigen Abschnitt »Einzelnes Ticket anzeigen (Ticket-Zoom-Ansicht)« auf Seite 199 beschrieben). OTRS bietet Ihnen jetzt gleich zwei Möglichkeiten, dem Kunden eine E-Mail zu schreiben.

Zunächst können Sie im Menü über dem Kasten *Artikel-Übersicht* den Punkt *Kommunikation → Ausgehende E-Mail* aufrufen. Dann dürfen Sie aber zum einen keine Vorlage mit einer Standardantwort verwenden, und zum anderen zitiert OTRS nicht automatisch die letzte E-Mail des Kunden. Der Menüpunkt *Kommunikation → Ausgehende E-Mail* ist folglich immer dann die richtige Wahl, wenn Sie den Kunden über etwas informieren möchten.

Normalerweise schickt Ihnen der Kunde eine E-Mail mit einer Frage oder einer Beschwerde. Eventuell gab es sogar schon eine Diskussion mit dem Kunden. In jedem Fall finden Sie alle empfangenen und verschickten Nachrichten im Kasten *Artikel-Übersicht*. Zu jedem dieser Artikel können Sie eine Antwort schreiben. Dazu klicken Sie einfach den entsprechenden Artikel an. Dieser erscheint dann unten auf der Seite in einem eigenen Kasten (siehe Abbildung 9-29). Im Menü dieses Kastens klicken Sie auf *Antworten*, womit das kleine Untermenü aus Abbildung 9-30 aufklappt (alternativ können Sie auch direkt in das Eingabefeld klicken). Dieses bietet Ihnen verschiedene Vorlagen an, die Sie als Grundlage für Ihre Antwort nutzen können. Welche Vorlagen bereitstehen, hängt von der Queue ab, in der das Ticket liegt. Wie Sie eigene Vorlagen hinterlegen, hat Abschnitt »Vorlagen« auf Seite 160 beschrieben. Wenn in Ihrem Fall eine der Vorlagen passt, klicken Sie einfach auf ihren Namen. Andernfalls wählen Sie die *emtpy answer*, womit Sie gleich die Antwort komplett selbst schreiben müssen.

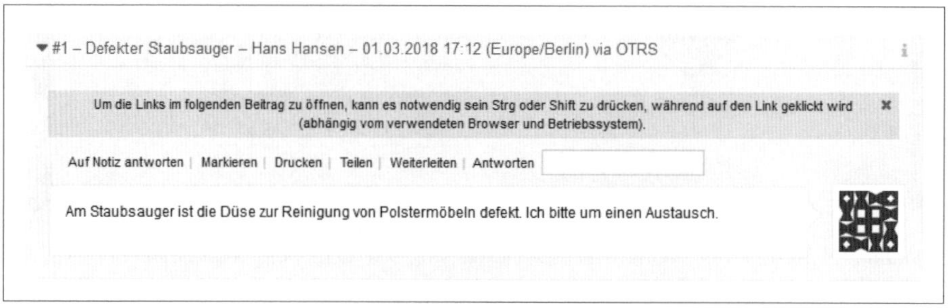

Abbildung 9-29: Hier beschwert sich Hans Hansen über einen Defekt an seinem Staubsauger.

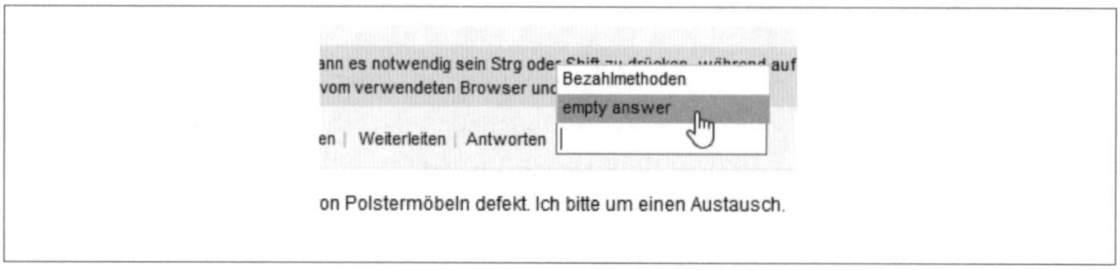

Abbildung 9-30: Über dieses Menü können Sie sich eine Vorlage beziehungsweise eine der vorgegebenen Standardantworten aussuchen.

Hin und wieder erhalten Sie eine E-Mail von mehreren Absendern oder von einer Mailingliste. Wenn Sie selbst ein neues Ticket anlegen, können Sie dem Ticket zudem mehrere Kundenbenutzer zuordnen – wie etwa sämtliche Hotelmanager der Jupiter Hotel AG. In allen diesen Fällen zeigt das Menü des entsprechenden Artikels den zusätzlichen Punkt *Allen antworten* an. Wenn Sie ihn wie in Abbildung 9-31 anklicken, klappt ebenfalls ein Untermenü auf, aus dem Sie sich eine passende Vorlage aussuchen.

Abbildung 9-31: Wenn Sie eine Vorlage neben Alle Antworten wählen, schickt OTRS die Antwort an alle mit dem Ticket verbundenen Kundenbenutzer.

Unabhängig davon, ob Sie den Menüpunkt *Kommunikation → Ausgehende E-Mail* aufgerufen, bei einem Artikel auf *Antworten* geklickt oder sich für *Allen antworten* entschieden haben, öffnet OTRS das ziemlich lange Formular aus Abbildung 9-32 in einem neuen Fenster. Dieses Formular müssen Sie jetzt einfach von oben nach unten ausfüllen.

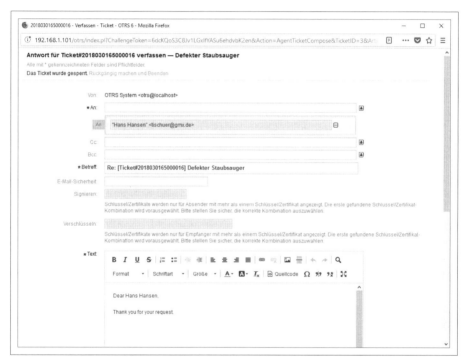

Abbildung 9-32: Im oberen Teil des Formulars wählen Sie den oder die Empfänger aus und geben einen Betreff sowie die eigentliche Antwort ein.

Neben *An* finden Sie ein weißes Eingabefeld. Direkt darunter listet OTRS in einem grau hinterlegten Bereich alle E-Mail-Adressen auf, an die OTRS gleich Ihre Antwort verschickt. Normalerweise gibt es wie in Abbildung 9-32 nur einen Empfänger – in der Regel ist das der Kundenbenutzer, der die Frage gestellt hat. Mitunter soll die Antwort jedoch noch an weitere Empfänger gehen. Beispielsweise könnte der Hinweis auf einen Serienfehler in der Waschmaschine WT3000 für alle Hotelmanager der Jupiter Hotel AG interessant sein. In solchen Fällen klicken Sie in das Eingabefeld neben *An* und tippen den Namen eines weiteren Empfängers ein. Schon beim

Tippen klappt eine Liste mit passenden Kundenbenutzern auf. Darin müssen Sie lediglich die gewünschte Person anklicken, die daraufhin in der grauen Liste mit allen Empfängern erscheint. Auf die gleiche Weise fügen Sie weitere Empfänger hinzu. Sollten Sie versehentlich eine falsche Person erwischt haben, klicken Sie in der grauen Liste neben ihrer E-Mail-Adresse auf das Minussymbol.

Eine Kopie Ihrer Antwort erhalten automatisch alle Personen, die Sie in den Feldern *Cc* und *Bcc* hinterlegen. Die Abkürzung *Cc* steht dabei für *Carbon Copy* (Durchschlag). Dort sollten Sie alle Empfänger hinterlegen, die Ihre Antwort nur zur Information erhalten sollen. Die unter *Bcc* (für *Blind Carbon Copy*) eingestellten Kundenbenutzer erhalten ebenfalls eine Kopie der Nachricht, bleiben aber gegenüber allen anderen Empfängern anonym. Den Feldern *Cc* und *Bcc* fügen Sie die weiteren Empfänger analog zu Feld *An* hinzu: Klicken Sie in das entsprechende Eingabefeld, tippen Sie dann den Namen des Kundenbenutzers ein und entscheiden Sie sich in der eingeblendeten Liste für die passende Person. Einen versehentlich hinzugefügten Empfänger entfernen Sie mit einem Klick auf das Minussymbol neben seiner E-Mail-Adresse.

Wenn Ihnen die Eingabe der Kundenbenutzer auf diese Weise zu umständlich erscheint, klicken Sie ganz rechts neben den Eingabefeldern auf das Symbol (das ein stilisiertes Adressbuch darstellen soll). Sie landen damit im *Kundenbenutzer-Adressbuch* aus Abbildung 9-33. Über dieses Formular können Sie schnell gezielt nach einem Kundenbenutzer suchen. Füllen Sie dazu zunächst unter *Verwendete Filter* die Eingabefelder aus. Wenn Sie eine Information nicht kennen, lassen Sie das entsprechende Feld einfach leer. Hinterlegen Sie etwa wie in Abbildung 9-33 nur den Vornamen *Hans*, stellt Ihnen OTRS gleich alle Kundenbenutzer mit dem Vornamen Hans zur Auswahl. Ergänzend dürfen Sie auch das Sternchen * als Platzhalter verwenden. Wenn Sie sich beispielsweise nur noch daran erinnern, dass der Nachname des gesuchten Kundenbenutzers mit Han anfing, tippen Sie in das Feld *Nachname* einfach Han* ein. OTRS liefert Ihnen dann alle Kundenbenutzer, deren Nachname mit Han anfängt. Analog führt die Eingabe von *sen im Feld *Nachname* zu allen Kundenbenutzern, deren Nachname auf sen endet. Wenn Sie die Suchergebnisse noch weiter einschränken möchten, können Sie weitere Suchkriterien (die sogenannten Filter) hinzufügen. Dazu klicken Sie im unteren Teil des Formulars in das Eingabefeld *Ein weiteres Attribut hinzufügen* und wählen sich das passende Kriterium aus. Suchen Sie beispielsweise nach genau dem Hans Hansen, der in München wohnt, entscheiden Sie sich für die *Stadt*. Die mit *(Kunde)* gekennzeichneten Filter beziehen sich auf den Kunden. Wenn Sie etwa *Stadt (Kunde)* wählen, können Sie sich alle Kundenbenutzer anzeigen lassen, die bei einem Kunden arbeiten, der in München ansässig ist. Sobald Sie Ihre Wahl getroffen haben, klicken Sie auf das Plussymbol rechts neben dem Eingabefeld *Ein weiteres Attribut hinzufügen*. OTRS fügt jetzt im oberen Teil ein passendes Eingabefeld hinzu, das Sie entsprechend ausfüllen. Im Beispiel müssten Sie München unter *Stadt* hinterlegen. Ein Kriterium können Sie wieder entfernen, indem Sie auf das Minussymbol neben seinem Eingabefeld klicken. Sofern Sie sehr häufig den oder dieselben Kundenbenutzer suchen, können Sie das angezeigte und ausgefüllte Formular in einer Vorlage speichern.

Zukünftig müssen Sie dann nur noch die Vorlage auswählen, und schon sind alle Felder bereits passend ausgefüllt. Um die aktuellen Einstellungen in einer Vorlage zu sichern, klicken Sie im oberen Bereich *Vorlagen* auf *Neue anlegen*. Im erscheinenden Eingabefeld verpassen Sie der Vorlage einen Namen, wie etwa `Alle Hotelmanager`. Lassen Sie die Vorlage schließlich *Hinzufügen*. Wenn Sie zukünftig das Formular erneut aufrufen, klicken Sie neben *Suchvorlage* in das Eingabefeld und entscheiden sich für eine Vorlage. Die angezeigten Einstellungen können Sie dann noch abändern. Um diese Modifikationen wieder in der Vorlage zu speichern, setzen Sie einfach einen Haken neben *Änderungen in der Vorlage speichern*. Möchten Sie eine Vorlage wieder loswerden, wählen Sie sie im Eingabefeld *Suchvorlage* aus und klicken dann auf *Löschen*. Egal ob mit oder ohne Vorlage, in jedem Fall lassen Sie ganz unten die *Suche starten*. OTRS listet nun alle passenden Kundenbenutzer auf. Setzen Sie in der Tabelle einen Haken vor alle Kundenbenutzer, die Sie als Empfänger für die E-Mail hinzufügen möchten, und klicken Sie auf *Ausgewählte Kundenbenutzer hinzufügen*. Hat OTRS keinen passenden Kundenbenutzer geliefert, schließen Sie das Kundenbenutzer-Adressbuch per *Abbrechen*.

Abbildung 9-33: Das Adressbuch hilft bei der Auswahl der Empfänger.

Sollte der Empfänger der Antwort bei Ihnen kein Kunde sein, tippen Sie in das Eingabefeld *An*, *Cc* oder *Bcc* seine E-Mail-Adresse ein und drücken Sie die *Enter*-Taste. OTRS fügt die E-Mail-Adresse dann der entsprechenden Liste mit den Empfängern hinzu. OTRS erstellt jedoch für die eingegebenen E-Mail-Adressen nicht automatisch einen Kundenbenutzer. Dies erschwert wiederum die Zuordnung Ihrer Antworten zu den einzelnen Kunden, was im besten Fall nur die Statistiken verfälscht. Sie sollten daher möglichst die E-Mail-Adressen nicht direkt eingeben, sondern vor dem Schreiben einer Antwort immer erst für die Empfänger einen passenden Kundenbenutzer anlegen. In Ausnahmefällen kann die direkte Eingabe einer E-Mail-Adresse aber nützlich sein – beispielsweise wenn Sie sich selbst eine Kopie der Nachricht zusenden möchten oder bei einem Notfall möglichst schnell alle Beteiligten informieren müssen.

 In jedem Fall überprüft OTRS automatisch alle E-Mail-Adressen der Empfänger im Internet. Wie Sie diese Automatik abschalten, beschreibt der Kasten »E-Mail-Prüfung abschalten« auf Seite 77.

Den *Betreff* können Sie in der Regel belassen. Sofern Sie ihn abändern, sollten Sie die Ticketnummer jedoch am Anfang stehen lassen. OTRS kann eine eventuelle Rückfrage des Kunden dann eindeutig dem entsprechenden Ticket zuordnen.

In den drei nachfolgenden Feldern können Sie Ihre Nachricht signieren und verschlüsseln lassen. Dazu wählen Sie zunächst unter *E-Mail-Sicherheit* das gewünschte Verfahren sowie anschließend unter *Signieren* und *Verschlüsseln* den passenden Schlüssel beziehungsweise das gewünschte Zertifikat. Dies setzt jedoch voraus, dass Sie die Verschlüsselung bereits eingerichtet haben. Weitere Informationen hierzu finden Sie in Kapitel 5, *E-Mail-Einstellungen*.

 Viele Kunden können mit verschlüsselten E-Mails nichts anfangen und vermuten im Zeichensalat einen Fehler. Sie sollten Ihre E-Mails daher nur dann verschlüsseln, wenn Sie absolut sicher sind, dass der Kunde beziehungsweise Empfänger sie auch entschlüsseln kann.

In das große Eingabefeld tippen Sie jetzt Ihre Antwort. Sehr wahrscheinlich hat Ihnen OTRS schon einen Text vorgegeben, den Sie nur noch ergänzen müssen. Über die Symbole können Sie Ihre Antwort ähnlich wie in einer Textverarbeitung formatieren. Ein Klick auf das *B* schaltet beispielsweise eine fette Schrift ein und aus. Gehen Sie jedoch mit diesen Gestaltungsmöglichkeiten sparsam um. Fett sollten Sie beispielsweise nur äußerst wichtige Wörter hervorheben. Wenn Sie zu viele Formatierungen einsetzen, wirkt die Nachricht schnell chaotisch und unseriös. Darüber hinaus lässt sie sich schwerer lesen, was nicht nur Menschen mit einer Sehschwäche betrifft.

Wenn Sie bei sich den englischsprachigen Text aus Abbildung 9-32 auf Seite 209 sehen, liegt das Ticket in einer der in OTRS mitgelieferten Queues, die gleichzeitig die mitgelieferte Standard-anrede (namens *system standard saluation (en)*) und die mitgelieferte Standardsignatur (alias *system standard signature (en)*) nutzt. Sie sollten Anrede und Signatur dann schleunigst gegen eigene austauschen. Wie das funktioniert, hat bereits Kapitel 8, *Queues*, gezeigt.

Das Eingabefeld für die Nachricht besitzt ganz rechts unten in der Ecke ein kleines Dreieck. Wenn Sie die Maus darauf platzieren, verwandelt sich der Zeiger in einen Doppelpfeil. Halten Sie jetzt die linke Maustaste gedrückt, können Sie das Einga-befeld mit der Maus in seiner Größe verändern. Das ist insbesondere bei längeren Antworten nützlich.

Nach der Eingabe der Antwort geht es im unteren Teil des Formulars weiter, das Abbildung 9-34 zeigt. Zunächst können Sie an die Nachricht noch eine oder meh-rere Dateien anhängen. Dazu klicken Sie rechts neben *Anlage* auf das große Feld und wählen die entsprechende Datei auf Ihrer Festplatte aus. Alternativ ziehen Sie einfach die Datei per Drag-and-drop auf das große Feld. Auf die gleiche Weise fügen Sie beliebig viele weitere Dateien hinzu. Sofern Sie das falsche Dokument ausgewählt haben, klicken Sie rechts neben seinem Dateinamen auf das Mülleimer-symbol. Dabei entfernt OTRS das Dokument nur aus dem Anhang, die Datei wird also nicht auf Ihrer Festplatte gelöscht.

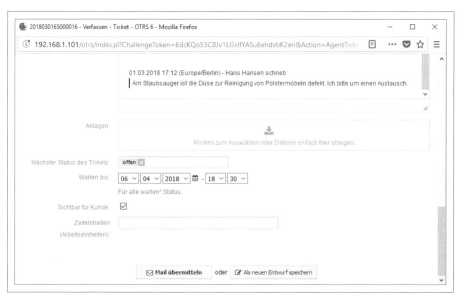

Abbildung 9-34: Im unteren Teil des Formulars legen Sie insbesondere den Status des Tickets fest.

Wenn Sie gleich die Antwort abschicken, ändert sich sehr wahrscheinlich auch der Status des Tickets. Haben Sie beispielsweise Hans Hansen das angefragte Ersatzteil zugeschickt, ist der Fall vermutlich erledigt. OTRS sollte folglich nach dem Versand der Antwort das Ticket schließen. In welchen Status das Ticket wechseln soll, stellen Sie unter *Nächster Status des Tickets* ein. Klicken Sie dazu einfach in das Eingabefeld und wählen Sie den gewünschten Status aus. Im Beispiel wäre *erfolgreich geschlossen* passend.

Vielleicht haben Sie Hans Hansen aber auch nur mitgeteilt, dass Sie das Ersatzteil für seinen Staubsauger erst bestellen müssen. Dann wäre es sinnvoll, wenn OTRS Sie in drei Tagen noch einmal an das Ticket erinnern könnte. Dazu stellen Sie unter *Nächster Status des Tickets* einen mit *warten* beginnenden Status ein – im Beispiel wäre *warten zur Erinnerung* recht passend. Anschließend stellen Sie neben *Warten bis* die Zeit ein, zu der Sie OTRS an das Ticket erinnern soll. In Abbildung 9-35 würde OTRS den Agenten am 06.04.2018 um 18:30 Uhr an das Ticket erinnern. Das Datum und die Uhrzeit stellen Sie einfach über die Drop-down-Listen ein. Wenn Sie auf das Kalendersymbol klicken, öffnet sich zudem ein kleiner Kalender, aus dem Sie bequem das entsprechende Datum herauspicken können.

Abbildung 9-35: Die Einstellungen unter »Warten bis« spielen nur dann eine Rolle, wenn darüber ein Status mit »warten« eingestellt ist.

Die Antwort bekommt der Kundenbenutzer nur dann im Kundenbereich zu Gesicht, wenn im Kästchen neben *Sichtbar für Kunden* ein Haken zu sehen ist.

Ganz unten im Feld *Zeiteinheiten* können Sie schließlich noch eintragen, wie lange Sie für das Schreiben der Antwort benötigt haben. Wie lang eine »Zeiteinheit« ist, hängt von Ihrem Unternehmen ab. Steht eine Zeiteinheit etwa für eine Stunde und hat Sie die Beantwortung der Frage zwei Stunden gekostet, tragen Sie hier eine 2 ein. OTRS addiert die Zeiteinheiten, sodass Sie später in der Ticket-Zoom-Ansicht dem Kasten *Ticket-Informationen* die komplette Bearbeitungsdauer des Tickets entnehmen können (siehe auch Abschnitt »Einzelnes Ticket anzeigen (Ticket-Zoom-Ansicht)« auf Seite 199). Diese Zeiten können wiederum auf Probleme hindeuten: Sollten die summierten Zeiten in den einzelnen Tickets sehr hoch sein, müssen die Kunden sehr lange auf ihre Antworten warten. Zudem könnten die Abläufe im Unternehmen ineffizient sein.

 Wenn Sie selbst OTRS installiert haben beziehungsweise betreiben, sollten Sie die Dauer einer Zeiteinheit verbindlich für alle Agenten vorgeben. Andernfalls laufen Sie Gefahr, dass die summierten Zeitangaben nicht stimmen.

Wie lang eine Zeiteinheit dauern sollte, hängt von Ihrem konkreten Anwendungsfall ab. In Callcentern dauert beispielsweise eine Zeiteinheit häufig nur eine Sekunde. Viele Unternehmen nutzen zudem gern auch (krumme) Arbeitseinheiten, sodass dort eine Zeiteinheit dann beispielsweise 7,5 Minuten entspricht.

Möchten Sie die Antwort doch nicht verschicken und den ganzen Vorgang abbrechen, klicken Sie ganz oben im Formular auf den Link *Rückgängig machen und Beenden* beziehungsweise *Abbrechen und Beenden*. Andernfalls schicken Sie die Antwort mit einem Klick auf *Mail übermitteln* ab. Wenn Sie darauf scheinbar keine Reaktion erhalten und das Formular geöffnet bleibt, haben Sie irgendwo ein wichtiges Eingabefeld leer gelassen oder aber eine Einstellung falsch gewählt. Das oder die betroffenen Eingabefelder hebt OTRS rot hervor.

Sofern das Ticketsystem nichts zu bemängeln hat, verschickt es die Antwort und schließt das Formular. In der *Artikel-Übersicht* finden Sie dann einen neuen Eintrag für Ihre Antwort. Wenn Sie diesen Artikel anklicken, zeigt ihn OTRS wie gewohnt im unteren Bereich an. Dort können Sie die Antwort erneut beantworten (indem Sie auf *Antworten* klicken und eine Vorlage aussuchen). Das ist beispielsweise sinnvoll, wenn Sie eine wichtige Information in Ihrer letzten Antwort vergessen haben.

Solange OTRS die Antwort noch nicht abgeschickt hat, sehen Sie einen rotierenden Kreis in der Spalte *VIA* . Erscheint dort hingegen ein rotes *X*, konnte das Ticketsystem die E-Mail aus irgendeinem Grund nicht verschicken. Anhand dieser Kennzeichnung können Sie nachvollziehen, wie oft und wann der Versand der Antwort fehlschlug. Mit einem Klick auf die nicht gesendete Antwort zeigt Ihnen OTRS wie in Abbildung 9-36 im unteren Bereich an, warum es die E-Mail nicht zustellen konnte. Diese Fehlermeldung ist allerdings unter Umständen etwas irreführend: In Abbildung 9-36 beschwert sich OTRS etwa darüber, dass es die E-Mail-Adresse nicht überprüfen konnte. Der Grund kann jedoch auch ein blockierter Internetzugang sein.

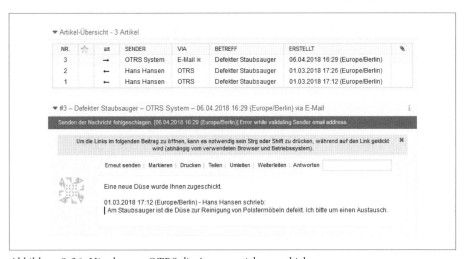

Abbildung 9-36: Hier konnte OTRS die Antwort nicht verschicken.

Mitunter erscheint schon bei einem Klick auf *Mail übermitteln* eine Fehlermeldung. Wie in Abbildung 9-37 ist diese meist recht nichtssagend. Weitere Informationen erhalten Sie, indem Sie im unteren Bereich auf *Fehlerdetails* klicken. Die dann angezeigte und in der Regel sehr kryptische Fehlermeldung richtet sich an den Betreiber der OTRS-Installation beziehungsweise einen Administrator. Wenn Sie das Ticketsystem nicht selbst installiert und eingerichtet haben, schicken Sie diese Meldung an Ihren Administrator beziehungsweise Ihren Ansprechpartner. Verwenden Sie dazu allerdings nicht die Schaltfläche *einen Fehlerbericht senden*. Dies würde das Problem fälschlicherweise an die OTRS-Entwickler melden. Gehen Sie stattdessen über die entsprechende Schaltfläche *zurück zur vorherigen Seite*.

Abbildung 9-37: Diese Fehlermeldung richtet sich an einen Administrator.

Sollten Sie das Ticketsystem selbst betreiben, können Sie in der Fehlermeldung zunächst neben *Message* ablesen, was genau schiefgelaufen ist. In Abbildung 9-37 konnte OTRS keine Nachricht an *Hans Hansen* schicken. Der *Traceback* listet alle OTRS-Module auf, die zum Fehler geführt haben. Das letzte Modul steht dabei ganz oben. In Abbildung 9-37 konnte das E-Mail-Backend einen Artikel nicht abschicken (`Kernel::System::Ticket::Article::Backend::Email::ArticleSend`). Den Grund dafür verrät Ihnen OTRS an dieser Stelle allerdings nicht. Kehren Sie dann *zurück zur vorherigen Seite* und konsultieren Sie das Kommunikationsprotokoll aus Abschnitt »Hilfe bei klemmenden E-Mails: das Kommunikationsprotokoll« auf Seite 99.

Kann das Ticketsystem eine E-Mail nicht verschicken, ist in der Regel die Kommunikation zwischen OTRS und dem E-Mail-Server gestört. Prüfen Sie daher zunächst, ob der E-Mail-Server läuft, nicht überlastet ist und Post entgegennimmt. Kontrollieren Sie anschließend, ob die E-Mail-Einstellungen in OTRS korrekt sind. Weitere Informationen hierzu liefert Kapitel 5, *E-Mail-Einstellungen*.

Ticket per Telefon beantworten

Am Telefon lassen sich viele Dinge schneller klären als per E-Mail. Da OTRS solche Anrufe nicht automatisch registrieren kann, müssen Sie selbst den Gesprächsverlauf aufschreiben.

Im hektischen Alltag vergisst man das gern oder verschiebt die Protokollierung. Beides rächt sich jedoch später, wenn man die Lösung zu einem Problem nachschlagen möchte – die man dann aber gar nicht aufgeschrieben hat. Darüber hinaus haben Sie nur mit dem Gesprächsprotokoll eine lückenlose Historie und können (dem Kunden) nachweisen, wann er angerufen hat und welche Inhalte dabei besprochen wurden.

Um das Gesprächsprotokoll zu hinterlegen, rufen Sie zunächst das zugehörige Ticket auf (wie im vorherigen Abschnitt »Einzelnes Ticket anzeigen (Ticket-Zoom-Ansicht)« auf Seite 199 beschrieben). Wenn der Kunde Sie angerufen hat, fahren Sie im Menü oberhalb der *Artikel-Übersicht* mit dem Mauszeiger auf *Kommunikation* und klicken *Eingehender Telefonanruf* an. Haben Sie hingegen den Kunden angerufen, entscheiden Sie sich unter dem Menüpunkt *Kommunikation* für *Ausgehender Telefonanruf*. In jedem Fall erscheint in einem neuen Fenster das Formular aus Abbildung 9-38, das Sie jetzt von oben nach unten ausfüllen müssen.

Fassen Sie zunächst unter *Betreff* den Inhalt des Gesprächs kurz und knackig zusammen. Unter *Text* notieren Sie dann den Inhalt des Telefongesprächs. Über die Symbole können Sie Ihre Antwort ähnlich wie in einer Textverarbeitung formatieren. Über das *B* schalten Sie beispielsweise eine fette Schrift ein und aus. Das Eingabefeld besitzt zudem ganz rechts unten in der Ecke ein kleines Dreieck. Wenn Sie mit der Maus darauf fahren, verwandelt sich der Zeiger in einen Doppelpfeil. Halten Sie jetzt die linke Maustaste gedrückt, können Sie das Eingabefeld mit der Maus in seiner Größe verändern. Damit schaffen Sie sich insbesondere bei langen Antworten etwas mehr Platz.

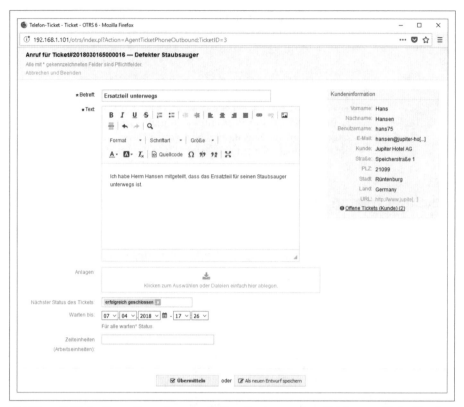

Abbildung 9-38: In diesem Formular protokolliert der Agent seinen Telefonanruf beim Kunden.

Sobald Sie den Hörer abnehmen, können Sie dieses Formular bereits öffnen und während des Gesprächs Stichpunkte oder sogar eine Mitschrift in das Eingabefeld eintippen.

Sie können dem Gesprächsprotokoll noch eine oder mehrere Dateien anhängen, indem Sie rechts neben *Anlage* auf den breiten Kasten klicken und dann das entsprechende Dokument auf Ihrer Festplatte auswählen. Alternativ können Sie die Datei auch per Drag-and-drop auf den Kasten ziehen. Mit einer der beiden Methoden fügen Sie bei Bedarf weitere Dateien hinzu. Sofern Sie das falsche Dokument erwischt haben, klicken Sie rechts neben seinem Namen auf das Mülleimersymbol. Dabei entfernt OTRS das Dokument nur aus dem Anhang, die Datei wird also nicht auf Ihrer Festplatte gelöscht.

Wenn Sie gleich das Gesprächsprotokoll speichern, ändert sich sehr wahrscheinlich auch der Status des Tickets. Haben Sie beispielsweise am Telefon die Waschmaschine des Kunden wieder zum Laufen gebracht, ist der Fall sehr wahrscheinlich erledigt. OTRS kann daher nach dem Versand der Antwort das Ticket schließen. In welchen Status das Ticket wechseln soll, stellen Sie unter *Nächster Status des*

Tickets ein. Klicken Sie dazu einfach in das Eingabefeld und wählen Sie den gewünschten Status aus. Im Beispiel wäre *erfolgreich geschlossen* passend.

Vielleicht haben Sie dem Kunden aber auch nur mitgeteilt, dass Sie erst ein Ersatzteil für seinen defekten Staubsauger bestellen müssen (wie in Abbildung 9-38). Dann wäre es sinnvoll, wenn OTRS Sie in drei Tagen noch einmal an das Ticket erinnern könnte. Dazu wählen Sie unter *Nächster Status des Tickets* einen mit *warten* beginnenden Status. Im Beispiel wäre *warten auf Erinnerung* passend. Anschließend stellen Sie neben *Warten bis* die Zeit ein, zu der Sie OTRS an das Ticket erinnern soll. In Abbildung 9-38 würde OTRS den Agenten am 07.04.2018 um 17: 26 Uhr an das Ticket erinnern. Das Datum und die Uhrzeit stellen Sie einfach über die Drop-down-Listen ein. Wenn Sie auf das Kalendersymbol klicken, öffnet sich zudem ein kleiner Kalender, aus dem Sie bequem das entsprechende Datum auswählen können.

Abschließend können Sie die Gesprächszeit im Feld *Zeiteinheiten* hinterlegen. Wie lang eine »Zeiteinheit« ist, hängt von Ihrem Unternehmen ab. Steht eine Zeiteinheit etwa für eine Stunde und hat das Telefongespräch zwei Stunden gedauert, tragen Sie eine 2 ein. OTRS addiert die Zeiteinheiten, sodass Sie später in der Ticket-Zoom-Ansicht dem Kasten *Ticket-Informationen* die komplette Bearbeitungsdauer des Tickets entnehmen können (siehe auch Abschnitt »Einzelnes Ticket anzeigen (Ticket-Zoom-Ansicht)« auf Seite 199). Diese Zeiten können wiederum auf Probleme hindeuten: Sollten die summierten Zeiten in den einzelnen Tickets sehr hoch sein, müssen die Kunden sehr lange auf ihre Antworten warten. Zudem könnten die Abläufe im Unternehmen ineffizient sein.

Unternehmen sollten die Dauer einer Zeiteinheit verbindlich für alle Agenten vorgeben. Die Länge einer Zeiteinheit hängt dabei vom konkreten Anwendungsfall ab. In Callcentern dauert eine Zeiteinheit häufig nur eine Sekunde. Viele Unternehmen nutzen auch gern Arbeitseinheiten, die dann etwa 7,5 Minuten dauern.

Das damit komplette Gesprächsprotokoll speichert OTRS nach einem Klick auf *Übermitteln* als neuen Artikel. Möchten Sie hingegen alle Eingaben verwerfen, klicken Sie ganz oben im Fenster auf den Link *Abbrechen und Beenden*. Der neue Artikel erscheint in der Ticket-Zoom-Ansicht im Kasten *Artikel-Übersicht* mit einem neuen Eintrag. Wenn Sie ihn anklicken, können Sie das Gesprächsprotokoll unten links noch einmal nachlesen.

Artikel weiterleiten

Ein Hotelmanager der Jupiter Hotel AG hat eine Frage zum Energiesparprogramm der neuen Premium-Waschmaschinen gestellt. Die Antwort des Agenten könnte aber auch für die anderen Hotelmanager der Jupiter Hotel AG interessant sein. In solchen Fällen können Sie den entsprechenden Artikel einfach an die anderen Hotelmanager weiterleiten. Das funktioniert genau so wie die Weiterleitung einer

E-Mail mit Ihrem E-Mail-Programm. Um einen Artikel an eine andere Person weiterzuleiten, rufen Sie zunächst das zugehörige Ticket auf (wie im vorherigen Abschnitt »Einzelnes Ticket anzeigen (Ticket-Zoom-Ansicht)« auf Seite 199 beschrieben). Suchen Sie den Artikel im Kasten *Artikel-Übersicht* und klicken Sie ihn dort an. Damit erscheint sein Text links unten auf der Seite in einem eigenen Kasten. In diesem Kasten rufen Sie den Menüpunkt *weiterleiten* auf. OTRS öffnet damit das Formular aus Abbildung 9-39.

Abbildung 9-39: Einen Artikel können Sie über dieses Formular via E-Mail an andere Personen weiterleiten.

Klicken Sie in das Eingabefeld neben *An* und tippen Sie den Namen der Person ein, an die Sie den Artikel weiterleiten möchten. Im Beispiel käme hier einer der anderen Hotelmanager infrage. Schon beim Tippen zeigt Ihnen OTRS die passenden Personen an, von denen Sie nur noch die richtige anklicken müssen. Wenn Sie den Artikel noch an weitere Kundenbenutzer weiterleiten möchten, klicken Sie wieder in das Feld *An*, tippen den Namen ein und wählen die Person in der Liste aus. Wiederholen Sie die Prozedur, bis OTRS im grauen Bereich unter dem Eingabefeld alle Kundenbenutzer anzeigt, an die Sie den Artikel weiterleiten möchten. Sofern Sie versehentlich die falsche Person erwischt haben, klicken Sie rechts neben ihrem Namen auf das Minussymbol.

 OTRS überprüft standardmäßig die E-Mail-Adressen der Empfänger im Internet. Wie Sie diese Automatik abschalten, beschreibt der Kasten »E-Mail-Prüfung abschalten« auf Seite 77.

Wenn Sie alle Empfänger hinzugefügt haben, passen Sie gegebenenfalls den *Betreff* an. Die Ticketnummer in den rechteckigen Klammern sollten Sie dort jedoch belassen. Im großen Eingabefeld *Text* hat OTRS den Artikel bereits zitiert. Bei Bedarf können Sie hier noch einen weiteren Text ergänzen – im Beispiel etwa: »Die Informationen über das neue Energiesparprogramm könnten Sie ebenfalls interessieren.«

Die übrigen Felder dürften Ihnen aus den vorherigen Abschnitten bekannt vorkommen: Das gleiche Formular öffnet OTRS, wenn Sie dem Kunden eine Antwort schreiben. Sie können folglich die E-Mail unter anderem *Signieren* und in der *Anlage* eine Datei mitschicken. Sie dürfen sogar bei Bedarf den Status der Tickets ändern (neben *Nächster Status des Tickets*). Alle Einstellungen hat bereits Abschnitt »Ticket per E-Mail beantworten« auf Seite 207 ausführlich vorgestellt. Für gewöhnlich genügt es jedoch, die Empfänger unter *An* einzustellen sowie den *Betreff* und den *Text* zu kontrollieren.

Sobald alle Einstellungen ausgewählt sind, lassen Sie am unteren Ende die *Mail übermitteln*. Haben Sie es sich hingegen anders überlegt (und möchten die Hotelmanager doch besser nicht informieren), klicken Sie am oberen Rand des Formulars auf den Link *Abbrechen und Beenden*.

Die weitergeleitete E-Mail bildet einen eigenen Artikel, der auch in der *Artikel-Übersicht* als solcher auftaucht. Sie können sogar auf die weitergeleitete E-Mail eine Antwort schreiben.

Entwürfe

Hin und wieder möchte man eine Antwort schreiben, diese aber noch nicht sofort abschicken. Das ist etwa nützlich, wenn Sie erst während des Schreibens merken, dass Sie noch die Modellnummer für ein Ersatzteil bei einem Kollegen erfragen müssen. In solchen Fällen können Sie die angefangene Antwort als Entwurf zwischenspeichern. Dazu klicken Sie einfach im entsprechenden Formular ganz unten auf die Schaltfläche *Als neuen Entwurf speichern*. Es öffnet sich ein Fenster, in dem Sie Ihrem Entwurf einen Namen verpassen müssen. Dieser sollte kurz und knackig zusammenfassen, warum Sie den Entwurf angelegt (und die Antwort noch nicht verschickt) haben. Nach einem Klick auf *Speichern* kehrt OTRS automatisch in die Ticket-Zoom-Ansicht zurück. Dort finden Sie jetzt rechts oben in der Ecke einen

Kasten *Entwürfe*, der alle vorhandenen Entwürfe auflistet (siehe Abbildung 9-40). Sobald Sie dort auf den Namen eines Entwurfs klicken, öffnet OTRS wieder das Formular, in dem Sie Ihre Antwort komplettieren oder verändern können.

Abbildung 9-40: In diesem Kasten bietet OTRS alle Entwürfe feil.

Wenn Sie den Entwurf nur ergänzen, aber immer noch nicht verschicken möchten, klicken Sie am unteren Seitenrand auf *Entwurf aktualisieren*. Via *Als neuen Entwurf speichern* würde OTRS die aktuellen Einstellungen in einem neuen Entwurf ablegen. Haben Sie es sich anders überlegt und brauchen den Entwurf nicht mehr, klicken Sie im Kasten *Entwürfe* auf das Mülltonnensymbol neben dem entsprechenden Entwurf.

In OTRS können Sie nicht nur die Antworten als Entwürfe speichern, sondern auch noch viele weitere Texte. Das ist immer der Fall, wenn Sie am unteren Rand eines Formulars die Schaltfläche *Als neuen Entwurf speichern* finden. Das Vorgehen ist dabei immer gleich: OTRS fügt im Kasten *Entwürfe* einen neuen Eintrag hinzu, ein Klick darauf öffnet den Entwurf wieder im passenden Formular. Entwürfe lassen sich so auch für die im nächsten Abschnitt behandelten Notizen anlegen.

Notizen

Da hat man Hans Hansen gerade die fehlende Anleitung für seine Waschmaschine geschickt, und schon gibt die Entwicklungsabteilung eine überarbeitete Fassung heraus. Glücklicherweise korrigiert die neue Anleitung nur ein paar Tippfehler und erwähnt zusätzlich eine neue Premium-Waschmaschine. Man muss dem Kunden folglich kein neues Exemplar schicken. Vielleicht sollte man aber sicherheitshalber irgendwie im Ticket notieren, dass Hans Hansen noch die alte Anleitung besitzt. Sollte er eine Rückfrage stellen, weiß der Agent dann entsprechend Bescheid.

Für genau solche Fälle bietet OTRS die sogenannten *Notizen* an. Diese heftet das Ticketsystem an ein Ticket, ohne den Kunde darüber zu informieren. Mit den Notizen lassen sich Gedanken konservieren oder wichtige Informationen für andere Agenten hinterlegen. Im Beispiel könnte man dem Ticket von Hans Hansen eine Notiz mit dem Text »Der Kunde besitzt noch die alte Anleitung« hinzufügen. Die Computec Media GmbH verwendet Notizen ausschließlich zur internen Kommunikation. Der Austausch mit Kunden erfolgt nur über die Antworten aus dem vorherigen Abschnitt.

Um einem Ticket eine Notiz anzuheften, öffnen Sie zunächst das betroffene Ticket (wie in Abschnitt »Einzelnes Ticket anzeigen (Ticket-Zoom-Ansicht)« auf Seite 199 beschrieben). Rufen Sie dann aus dem Menü über dem Kasten *Artikel-Übersicht* den Punkt *Kommunikation → Notiz* auf. Damit öffnet sich das Fenster aus Abbildung 9-41.

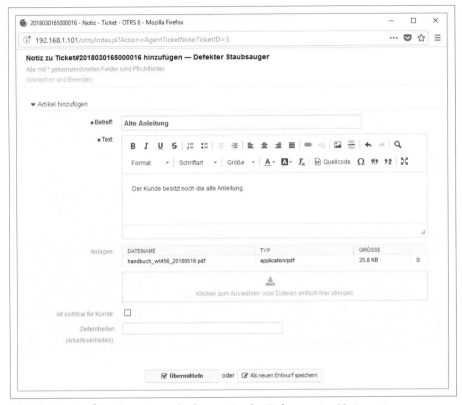

Abbildung 9-41: Über dieses Formular können Sie das Ticket um eine Notiz ergänzen.

Im Feld *Betreff* fassen Sie kurz den Inhalt der Notiz zusammen. Letztgenannte tippen Sie dann unter *Text* ein. Über die Symbole können Sie den Text formatieren. Sofern jemand Vorlagen für die Notizen hinterlegt hat, können Sie mit einem Klick in das dann eingeblendete Feld *Textvorlage* eine der Vorlagen auswählen. OTRS füllt das große Eingabefeld mit dem in der Vorlage gespeicherten Textbaustein.

Wie Sie eine Vorlage hinterlegen, hat bereits Abschnitt »Vorlagen« auf Seite 160 beschrieben: Sie müssen über *Admin → Vorlagen* auf *Vorlage hinzufügen* klicken, unter *Typ* die *Notiz* einstellen, den vorgegebenen Text in das große Feld eintippen, auf *Übermitteln* klicken, über *Admin → Vorlagen ↔ Queues* die neue Vorlage anklicken, diese dann den entsprechenden Queues zuordnen und mit *Speichern und abschließen* bestätigen.

Der Notiz dürfen Sie auch eine oder mehrere Dateien anhängen. Im Beispiel könnte man die alte Anleitung anhängen. Ein Agent hätte dann im Fall der Fälle genau das Exemplar zur Hand, das auch Hans Hansen vorliegt. Wenn Sie eine Datei anhängen möchten, klicken Sie neben *Anlagen* auf das große Feld und wählen die Datei auf Ihrer Festplatte aus. Alternativ ziehen Sie die Datei per Drag-and-drop auf das Feld. Mit einer der beiden Methoden hängen Sie bei Bedarf beliebig viele weitere Dokumente an. Wenn Sie versehentlich die falsche Datei ausgewählt haben, klicken Sie neben ihrem Dateinamen auf das Mülleimersymbol.

Soll der Kundenbenutzer die Notiz im Kundenbereich zu Gesicht bekommen, setzen Sie noch einen Haken in das Kästchen neben *ist sichtbar für Kunde*. Abschließend können Sie unter *Zeiteinheiten* die Dauer eintragen, die Sie für das Schreiben der Notiz benötigt haben. Wie lang eine »Zeiteinheit« ist, hängt von Ihrem Unternehmen ab. Steht eine Zeiteinheit etwa für eine Stunde und hat Sie das Schreiben der Notiz eine Stunde gekostet, tragen Sie eine 1 ein. OTRS addiert die Zeiteinheiten, sodass Sie später in der Ticket-Zoom-Ansicht dem Kasten *Ticket-Informationen* die komplette Bearbeitungsdauer des Tickets entnehmen können (siehe auch Abschnitt »Einzelnes Ticket anzeigen (Ticket-Zoom-Ansicht)« auf Seite 199).

Wenn Sie das Formular ausgefüllt haben, heftet *Übermitteln* die Notiz an das Ticket. Um das Erstellen der Notiz abzubrechen, klicken Sie ganz oben auf den Link *Abbrechen und Beenden*. In der Ticket-Zoom-Ansicht finden Sie in der *Artikel-Übersicht* jetzt auch die neue Notiz. Dort hebt sie das Ticketsystem zudem farblich hervor. Sie können so auf einen Blick Notizen von Artikeln unterscheiden. Eine einmal hinzugefügte Notiz lässt sich nicht wieder ändern oder löschen. OTRS behandelt sie so wie eine Antwort an den Kunden. Wenn Sie die Notiz anklicken, erscheint sie links unten wie in Abbildung 9-42 in einem eigenen Kasten mit ihrem Text. Dort können Sie über den Link *Auf Notiz antworten* eine neue Notiz erstellen, die die alte Notiz als Zitat enthält. Das ist etwa nützlich, wenn mehrere Agenten intern eine Diskussion führen und jeweils immer ein paar Informationen ergänzen.

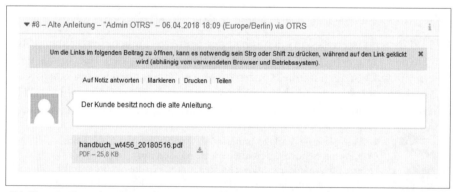

Abbildung 9-42: Auf eine Notiz können Sie auch eine Antwort schreiben.

Ticket-Status, Priorität und Queue ändern

Insbesondere wenn es im hektischen Arbeitsalltag mal wieder schnell gehen muss, vergisst man mitunter, in der Antwort das Ticket zu schließen. Netterweise lässt sich der Status eines Tickets jederzeit nachträglich schließen oder in einen Warte-zustand versetzen. Darüber hinaus dürfen Sie jederzeit die Priorität des Tickets anpassen und es in eine andere Queue verschieben. Doch zunächst zum Schließen.

Ticket schließen

Um ein Ticket nachträglich zu schließen, rufen Sie es zunächst auf (wie in Ab-schnitt »Einzelnes Ticket anzeigen (Ticket-Zoom-Ansicht)« auf Seite 199 beschrie-ben). Klicken Sie dann im Menü oberhalb der *Artikel-Übersicht* auf *Schließen*. OTRS öffnet daraufhin das Formular aus Abbildung 9-43.

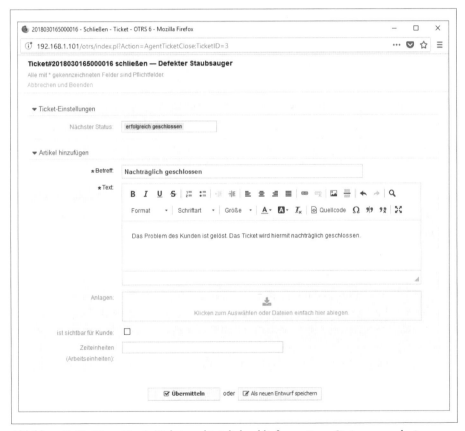

Abbildung 9-43: Wenn Sie ein Ticket nachträglich schließen, müssen Sie immer auch einen Grund dafür angeben.

Darin klicken Sie ganz oben neben *Nächster Status* in das Eingabefeld und wählen den gewünschten Status aus. Sofern Sie oder jemand anderes keine eigenen Status vorgegeben haben, können Sie das Ticket lediglich erfolglos oder erfolgreich schließen. Bei einem erfolgreich geschlossenen Ticket konnten Sie dem Kunden helfen, bei einem erfolglos geschlossenen hingegen nicht.

Im unteren Teil des Formulars müssen Sie noch den Grund für die Statusänderung hinterlegen. Dazu beschreiben Sie zunächst im Feld *Text* ausführlich, warum Sie das Ticket schließen wollen. Im Feld *Betreff* fassen Sie diesen Grund noch einmal möglichst kurz zusammen.

Auf den ersten Blick scheint es überflüssig, auch den Grund zu notieren. Er hilft Ihnen und anderen Agenten aber später, nachzuvollziehen, warum Sie das Ticket (nachträglich) geschlossen haben. Auch wenn es Ihnen in der alltäglichen Arbeit lästig erscheint, sollten Sie unbedingt ausführlich den Grund beschreiben. Hinterlegen Sie keinesfalls nur ein nichtssagendes Wort wie »geschlossen« oder einen Alibi-Satz, wie etwa »Das Ticket habe ich geschlossen«.

Die übrigen Einstellungen kommen Ihnen vielleicht noch aus dem vorherigen Abschnitt bekannt vor: Tatsächlich ändert OTRS nicht einfach nur den Status, sondern erstellt eine neue Notiz. Sie können folglich auch noch eine Datei anhängen und die *Zeiteinheiten* notieren. Alle hier im Bereich *Artikel hinzufügen* angebotenen Einstellungen hat bereits Abschnitt »Notizen« auf Seite 222 vorgestellt. In der Regel genügt es jedoch, den Grund für das Schließen in den Feldern *Betreff* und *Text* zu hinterlegen.

Wenn alle Informationen beisammen sind, klicken Sie auf *Übermitteln*. Möchten Sie das Ticket doch nicht schließen, klicken Sie ganz oben auf den Link *Abbrechen und Beenden*.

Ticket warten lassen

Bis zur Lieferung eines Ersatzteils muss die Beschwerde des Kunden erst einmal liegen bleiben. Für genau solche Fälle bietet OTRS mehrere passende Status an. Versetzen Sie beispielsweise das entsprechende Ticket in den Status *warten zur Erinnerung*, wartet OTRS bis zu einem von Ihnen vorgegebenen Zeitpunkt und erinnert Sie dann an das Ticket. Damit gerät das Ticket trotz der langen Lieferzeit nicht in Vergessenheit.

Um das Ticket in einen solchen wartenden Zustand zu versetzen, rufen Sie es zunächst auf (wie in Abschnitt »Einzelnes Ticket anzeigen (Ticket-Zoom-Ansicht)« auf Seite 199 beschrieben). Klicken Sie dann im Menü oberhalb der *Artikel-Übersicht* auf *Warten*. OTRS präsentiert daraufhin das Formular aus Abbildung 9-44.

Abbildung 9-44: Wenn Sie auf einen wartenden Status wechseln, müssen Sie auch immer einen Grund dafür angeben.

Klicken Sie ganz oben in das Eingabefeld *Nächster Status* und wählen Sie aus der Liste den gewünschten Status aus. Wenn Sie nur auf das Ersatzteil warten und OTRS Sie nach einiger Zeit an das Ticket erinnern soll, ist normalerweise *warten zur Erinnerung* passend. Die anderen von OTRS mitgelieferten Status schließen das Ticket nach Ablauf der Zeit. Mit ihnen können Sie das Ticket beispielsweise automatisch schließen lassen, wenn der Kunde nicht innerhalb einer vorgegebenen Zeit reagiert. Ausführliche Informationen zu den verschiedenen Status finden Sie in Abschnitt »Status« auf Seite 173. Dort erfahren Sie auch, wie Sie eigene Status ergänzen.

Als Nächstes stellen Sie mit den Drop-down-Listen den Zeitpunkt ein, an dem OTRS Sie (spätestens) an das Ticket erinnern soll. Mit einem Klick auf das kleine

Kalendersymbol holen Sie einen Kalender hervor, in dem Sie etwas bequemer das gewünschte Datum auswählen können. Den eingestellten Zeitpunkt bezeichnet OTRS übrigens als *Erinnerungszeit* oder kurz als *Erinnerung*. Tickets in einem wartenden Zustand heißen analog *Erinnerungs-Tickets*.

Im unteren Teil des Formulars müssen Sie im Feld *Text* einen Grund für die Statusänderung hinterlegen – etwa dass Sie noch auf die Lieferung des Ersatzteils warten. Im Eingabefeld *Betreff* fassen Sie diesen Grund möglichst kurz und knackig zusammen. Diese Informationen helfen Ihnen und Ihren Agenten später, den Grund für die Wartezeit nachzuvollziehen (insbesondere wenn der Kunde ungeduldig nachfragt).

Die übrigen Einstellungen kommen Ihnen vielleicht schon bekannt vor: Tatsächlich ändert OTRS nicht einfach nur den Status, sondern erstellt eine neue Notiz. Sie können folglich auch noch eine Datei anhängen und die benötigten *Zeiteinheiten* hinterlegen. Alle im Bereich *Artikel hinzufügen* angebotenen Einstellungen hat bereits Abschnitt »Notizen« auf Seite 222 vorgestellt. In der Regel genügt es jedoch, den Grund für die Statusänderung in die Felder *Text* und *Betreff* einzutragen.

Wenn alle Einstellungen stimmen, klicken Sie auf *Übermitteln*. Wollen Sie den Status des Tickets doch nicht ändern, klicken Sie stattdessen ganz oben auf den Link *Rückgängig machen und Beenden*.

Sobald später die eingestellte Erinnerungszeit erreicht ist, finden Sie in der *Übersicht* am rechten Rand im Kasten *Anstehende Ereignisse* einen entsprechenden Hinweis (wie den aus Abbildung 9-45). Des Weiteren listet die *Übersicht* im Kasten *Erinnerungs-Tickets* die entsprechenden Tickets auf. Haben gesperrte Tickets ihre Erinnerungszeit erreicht, erscheint links oben in der Ecke ein Schlosssymbol mit einer kleinen Uhr. Ein Klick darauf führt zu allen gesperrten Tickets, deren Erinnerungszeit abgelaufen ist.

Abbildung 9-45: OTRS erinnert Sie an vielen Stellen an Tickets, deren Erinnerungszeit abgelaufen ist – wie etwa hier in der Übersicht.

Priorität anpassen

Sie können jederzeit die Priorität eines Tickets ändern. Das ist beispielsweise nützlich, wenn beim Kunden aus dem vermeintlich schon reparierten Staubsauger plötzlich Rauchschwaden aufsteigen. Um die Priorität zu ändern, rufen Sie zunächst das entsprechende Ticket auf (wie in Abschnitt »Einzelnes Ticket anzeigen (Ticket-Zoom-Ansicht)« auf Seite 199 beschrieben). Klicken Sie dann im Menü oberhalb der *Artikel-Übersicht* auf *Priorität*. OTRS präsentiert daraufhin das Formular aus Abbildung 9-46.

Abbildung 9-46: Wenn Sie nachträglich die Priorität eines Tickets ändern, müssen Sie immer auch einen Grund dafür angeben.

Darin klicken Sie zunächst ganz oben in das Eingabefeld *Priorität* und wählen die entsprechende Priorität aus der Liste aus. Beschreiben Sie dann im Feld *Text*, warum Sie die Priorität ändern möchten. Diesen Grund fassen Sie noch einmal möglichst kurz im Feld *Betreff* zusammen.

Die übrigen Einstellungen hat bereits Abschnitt »Notizen« auf Seite 222 vorgestellt: OTRS ändert nicht einfach nur die Priorität, sondern erstellt auch hier im Hintergrund eine neue Notiz. In der Regel genügt es jedoch, den Grund für die neu gewählte Priorität in den Feldern *Text* und *Betreff* zu hinterlegen.

Sobald alle Informationen beisammen sind, klicken Sie auf *Übermitteln*. Wollen Sie hingegen die Priorität doch nicht ändern, klicken Sie ganz oben auf den Link *Abbrechen und Beenden*.

Ticket in eine andere Queue verschieben

Wie sich schnell im Gespräch herausstellt, hat der Kunde seinen Staubsauger gar nicht falsch bedient, sondern ein defektes Montagsgerät erwischt. Die Sache ist folglich eine Angelegenheit für die Techniker. Damit sich diese um den Defekt kümmern, sollte man das Ticket in deren Queue verschieben. Das gelingt in OTRS mit wenigen Mausklicks.

Um ein Ticket in eine andere Queue zu schieben, rufen Sie zunächst das Ticket auf (wie in Abschnitt »Einzelnes Ticket anzeigen (Ticket-Zoom-Ansicht)« auf Seite 199 beschrieben). Wenden Sie sich dann dem Menü oberhalb des Kastens *Artikel-Übersicht* zu. Dort finden Sie den Punkt *Verschieben*. Klicken Sie ihn an (beziehungsweise in das Eingabefeld hinein). OTRS bietet Ihnen jetzt alle Queues zur Auswahl an, auf die Sie zugreifen können. In der kursiv und hellgrau angezeigten Queue liegt das Ticket gerade. Wählen Sie aus der Liste einfach die Queue aus, in die Sie das Ticket verschieben möchten. Im Beispiel wäre das die Queue für alle technischen Probleme. OTRS verschiebt damit umgehend das Ticket in die Queue. Im Kasten *Ticket-Informationen* können Sie die neue Heimat neben *Queue* ablesen.

Tickets teilen, zusammenfassen und verknüpfen

In OTRS können Sie ein Ticket in zwei Tickets aufspalten. Das bietet sich unter anderem dann an, wenn ein Kunde mehrere Fragen in einer E-Mail stellt. Umgekehrt dürften Sie auch zwei Tickets zu einem einzigen zusammenpacken. Das ist etwa nützlich, wenn die beiden Tickets die gleiche Frage oder das gleiche Problem behandeln. Alternativ können Sie Tickets miteinander verknüpfen, womit die beiden Tickets gegenseitig auf sich verweisen. Die Verknüpfungen zeigen Agenten beispielsweise, dass die Tickets ein identisches Problem (unterschiedlich) lösen. Zunächst aber zur Teilung eines Tickets.

Ein Ticket teilen

Herr Hansen hat sich per E-Mail über eine zerbrochene Staubsaugerdüse beschwert und gleichzeitig Informationen zur Geschirrspülmaschine WS321 angefordert. Da OTRS die Inhalte der E-Mail nicht analysieren kann, hat es nur ein einziges Ticket erzeugt. Netterweise dürfen Sie jedoch die E-Mail in zwei Tickets aufspalten. Auf diese Weise kann man die Beschwerde über die Staubsaugerdüse in ein eigenes Ticket auslagern und es direkt an die Techniker weiterleiten. Der Begriff »teilen« ist übrigens nicht ganz korrekt: Tatsächlich erzeugt OTRS einfach ein neues Ticket, in das es einen Teil aus dem alten Ticket überträgt. Das ursprüngliche Ticket bleibt dabei unverändert erhalten.

Um ein Ticket zu teilen, rufen Sie es zunächst auf (wie in Abschnitt »Einzelnes Ticket anzeigen (Ticket-Zoom-Ansicht)« auf Seite 199 beschrieben). Im Kasten *Artikel-Übersicht* müssen Sie jetzt einen Artikel auswählen, aus dem OTRS gleich das neue Ticket erstellt. Im Beispiel wäre das direkt die ursprüngliche Nachricht von Hans Hansen. Der Artikel erscheint damit in einem eigenen Kasten links unten auf der Seite. Darin klicken Sie auf den Menüpunkt *Teilen*. OTRS möchte jetzt wissen, ob das neu erstellte Ticket ein Telefon- oder ein E-Mail-Ticket sein soll. Um die Vorgabe zu ändern, klicken Sie in das Eingabefeld und wählen den passenden Punkt aus. Wenn Sie unsicher sind, lassen Sie die Vorgabe bestehen. In jedem Fall klicken Sie auf *Teilen*, womit sich das neue Formular aus Abbildung 9-47 öffnet.

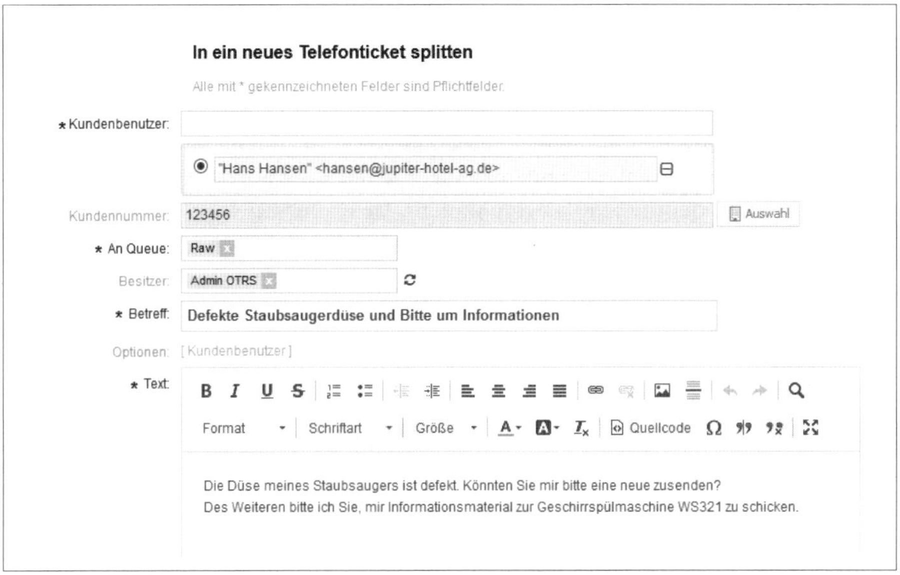

Abbildung 9-47: In diesem Formular legen Sie den Inhalt und die Eckdaten des neuen Tickets fest.

Der korrekte *Kundenbenutzer* sollte bereits unter dem gleichnamigen Feld ausgewählt sein. Informationen über ihn finden Sie auch rechts im Kasten *Kundeninformation*. Darüber hinaus listet OTRS ganz unten auf der Seite im Bereich *Kundenhistorie* alle bereits vom Kunden erstellten Tickets auf.

Als Ersteller des neuen Tickets können Sie auch einen oder mehrere andere Kundenbenutzer einsetzen. Dazu klicken Sie zunächst auf das Minuszeichen neben dem Kundenbenutzer (im Beispiel aus Abbildung 9-47 auf das Minussymbol rechts neben *Hans Hansen*). Tippen Sie jetzt den Namen der gewünschten Person in das Feld *Kundenbenutzer* ein. OTRS zeigt schon beim Tippen mehrere passende Personen an, von denen Sie einfach den richtigen anklicken. Weitere Kundenbenutzer fügen Sie nach dem gleichen Prinzip hinzu: Tippen Sie den Namen eines Kundenbenutzers in das Eingabefeld und wählen Sie ihn aus der Liste aus.

Sollte die Person bei Ihnen noch kein Kunde sein, haben Sie zwei Möglichkeiten:

- Tippen Sie in das Eingabefeld *Kundenbenutzer* seine E-Mail-Adresse und drücken Sie die *Enter*-Taste. Dieser extrem schnelle Weg hat jedoch einen wesentlichen Nachteil: OTRS legt zwar gleich das Ticket an, erstellt aber für die E-Mail-Adresse nicht automatisch einen Kundenbenutzer. Der neue Kunde kann sich folglich nicht beim Kundencenter anmelden, und Sie können keine weiteren Informationen über ihn abrufen. Sie sollten daher möglichst den folgenden zweiten Weg bevorzugen, auch wenn er mehr Mausklicks bedeutet.

- Klicken Sie weiter unten neben *Optionen* auf *[Kundenbenutzer]*. OTRS öffnet jetzt ein Fenster mit der Kundenverwaltung, die Sie bereits aus Kapitel 7, *Kunden*, kennen. Dort können Sie schnell über die entsprechende Schaltfläche einen neuen *Kundenbenutzer hinzufügen*. Das funktioniert genau so, wie in Kapitel 7, *Kunden*, beschrieben. Auf der rechten Seite zeigt Ihnen das Fenster zudem eine Liste mit allen bereits bekannten Kundenbenutzern an. Über das Eingabefeld können Sie schließlich noch gezielt nach einem Kundenbenutzer suchen. Wenn Sie einen Kundenbenutzer in der Liste anklicken, fügt ihn OTRS automatisch dem neuen (abgespalteten) Ticket hinzu. Das Fenster lässt sich jederzeit über das *X*-Symbol rechts oben in seiner Ecke schließen.

 OTRS überprüft standardmäßig die E-Mail-Adressen im Internet. Sofern dies fehlschlägt, weigert sich das Ticketsystem, das neue Ticket zu erstellen. Wie Sie die Prüfung abschalten, beschreibt der Kasten »E-Mail-Prüfung abschalten« auf Seite 77.

Wenn Sie mehrere Kundenbenutzer hinzugefügt haben, erscheint in der grau hinterlegten Liste vor jedem Namen auch ein rundes weißes Feld. Sobald Sie in eines dieser Felder klicken, zeigt OTRS im Eingabefeld darunter die *Kundennummer* des entsprechenden Kundenbenutzers an. Gleichzeitig ordnet OTRS das Ticket genau diesem Kunden zu. Stellen Sie folglich immer sicher, dass in der Liste der richtige Kundenbenutzer selektiert ist.

In jedem Fall müssen Sie als Nächstes festlegen, in welcher Queue das neue Ticket landen soll. Dazu klicken Sie in das Feld neben *An Queue* und wählen die passende Queue aus.

Welcher Agent für das Ticket verantwortlich ist, legen Sie neben *Besitzer* fest. Klicken Sie in das Eingabefeld und tippen Sie den Namen des Agenten ein. Auch hier zeigt OTRS schon während der Eingabe passende Namen an, Sie müssen lediglich den gewünschten anklicken. Sollte das Feld grau ausgefüllt und somit deaktiviert sein, klicken Sie rechts neben dem Feld auf das Symbol mit den Doppelpfeilen. Wenn Sie das Feld leer lassen, hat das Ticket zunächst keinen Besitzer. Sie können das Feld leeren, indem Sie auf das *X*-Symbol neben dem Namen des Agenten klicken.

Als Nächstes passen Sie den *Betreff* und den *Text* an. Im Beispiel soll das neue Ticket nur noch die defekte Staubsaugerdüse thematisieren, folglich würde man dort die Bitte um weitere Informationen löschen. Weiter geht es im unteren Teil des Formulars, das Abbildung 9-48 zeigt.

Abbildung 9-48: Im unteren Teil des Formulars können Sie einen Anhang hinzufügen sowie den Status und die Priorität festlegen.

Neben *Anlagen* hängen Sie mit einem Klick auf den Kasten eine oder mehrere Dateien an. Falsch ausgewählte Dateien löschen Sie mit einem Klick auf das nebenstehende Mülleimersymbol. Die Datei entfernt OTRS dabei nur aus dem Anhang, auf Ihrer Festplatte bleibt sie selbstverständlich erhalten.

Mit einem Klick in das Feld *Nächster Status des Tickets* dürfen Sie sich den Status des Tickets aussuchen. In der Regel bietet sich hier *offen* an, da das neue Ticket noch bearbeitet werden muss. Sofern Sie sich für einen wartenden Status entschieden haben, stellen Sie in den Drop-down-Listen neben *Warten bis* den gewünschten Termin ein. Ein Klick auf das Kalendersymbol öffnet einen kleinen Kalender, in dem Sie zumindest das Datum etwas komfortabler einstellen können. Weitere Informationen zu den einzelnen Status liefert Abschnitt »Status« auf Seite 173.

Die *Priorität* des Tickets legen Sie im gleichnamigen Eingabefeld fest. Dazu klicken Sie in das Feld und suchen sich die passende Priorität in der Liste aus.

Abschließend dürfen Sie noch die aufgewendete Arbeitszeit im Feld *Zeiteinheiten* hinterlegen. Wie lang eine »Zeiteinheit« dauert, hängt von Ihrem Unternehmen ab. Steht eine Zeiteinheit etwa für eine Stunde und haben Sie für das neue Ticket eine Stunde gebraucht, tragen Sie eine 1 ein. OTRS addiert die Zeiteinheiten, sodass Sie später in der Ticket-Zoom-Ansicht dem Kasten *Ticket-Informationen* die komplette Bearbeitungsdauer des Tickets entnehmen können (siehe auch Abschnitt »Einzelnes Ticket anzeigen (Ticket-Zoom-Ansicht)« auf Seite 199).

Wenn alle Informationen beisammen sind, lassen Sie das Ticket über die entsprechende Schaltfläche *Erstellen*. Das alte Ticket bleibt dabei in seiner ursprünglichen Form erhalten.

Zwei Tickets zusammenfassen

Hans Hansen hat sich per E-Mail über eine defekte Waschmaschine beschwert. Dabei hat er ganz vergessen, dass er das neue Energiesparprogramm aktiviert hatte. Er schreibt folglich eine zweite, neue E-Mail, in der er diese Information nachreicht. OTRS erstellt allerdings für beide E-Mails jeweils ein eigenes Ticket. Als ziemlich dummes Programm kann es nicht erkennen, dass beide E-Mails zu einer Frage und somit eigentlich nur zu einem Ticket gehören. Glücklicherweise dürfen Agenten zwei Tickets zu einem einzigen zusammenfassen. Das Verfahren fordert allerdings Ihre kleinen grauen Zellen:

- Zunächst müssen Sie sich überlegen, welches der beiden Tickets am Ende übrig bleiben soll. Im Beispiel soll das zweite Ticket mit den nachgeschobenen Zusatzinformationen an das erste Ticket mit der eigentlichen Frage geklebt werden. Das erste Ticket des Kunden soll somit am Ende übrig bleiben.

- Merken Sie sich jetzt die Ticketnummer dieses (ersten) Tickets. Im Beispiel besitzt es die Nummer 2018040765000031.

- Rufen Sie das zweite Ticket auf, das Sie an das andere anheften möchten (wie in Abschnitt »Einzelnes Ticket anzeigen (Ticket-Zoom-Ansicht)« auf Seite 199 beschrieben). Im Beispiel müssen Sie folglich das Ticket mit den nachgeschobenen Informationen aufrufen.

- Im Menü über dem Kasten *Artikel-Übersicht* fahren Sie mit der Maus auf den Punkt *Verschiedenes* und wählen *Zusammenfassen*. OTRS öffnet jetzt in einem neuen Fenster das Formular aus Abbildung 9-49.

- Tippen Sie die Ticketnummer, die Sie sich gemerkt hatten, in das Eingabefeld *Zusammenfassen zu Ticket#* ein. Im Beispiel müsste man die Nummer 2018040765000031 hinterlegen. Wenn Sie das Ticket mit einem Kollegen verschmelzen möchten, das ein anderer Kunde erstellt hat, entfernen Sie noch den Haken vor *Suche auf Tickets beschränken, die derselben Kundennummer (…) zugewiesen sind*.

- Mit einem Klick auf das kleine schwarze Dreieck vor *Sender informieren* klappen Sie den unteren Teil des Formulars aus. Standardmäßig informiert OTRS den Kunden darüber, dass Sie seine beiden Tickets zu einem zusammengepappt haben. Wenn Sie das nicht möchten, entfernen Sie den Haken neben *Sender informieren*. Andernfalls finden Sie im Eingabefeld *An* die E-Mail-Adresse und den Namen des Kunden. Ändern Sie die E-Mail-Adresse nur dann, wenn OTRS einen falschen Vorschlag geliefert hat. Den *Betreff* und den *Text* der Nachricht können Sie noch beliebig an Ihre Bedürfnisse anpassen.

- Um die Tickets zusammenzuführen, klicken Sie schließlich auf *Übermitteln*. Haben Sie es sich hingegen anders überlegt, aktivieren Sie oben im Formular den Link *Rückgängig machen und Beenden*.

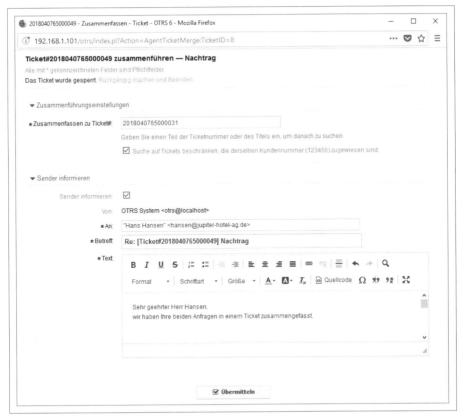

Abbildung 9-49: Hier würde OTRS das Ticket mit der Nummer 2018040765000049 an das Ticket 2018040765000031 anhängen. Übrig bliebe damit nur das Ticket 2018040765000031.

Da das Verfahren leicht die Hirnwindungen verdrehen kann, noch einmal kurz zusammengefasst: Rufen Sie das Ticket auf, das Sie nicht mehr benötigen. Wählen Sie dann im Menü *Verschiedenes → Zusammenfassen*. Tragen Sie in das Eingabefeld ganz oben die Ticketnummer des anderen Tickets ein und klicken Sie auf *Übermitteln*.

Tickets verknüpfen

Hans Hansen hatte ein Problem mit seinem Staubsauger, das einfach durch das Drücken eines grünen Knopfs an der Vorderseite behoben werden konnte. Ein anderer Agent hatte das Problem schon vor einiger Zeit für einen anderen Kunden gelöst. Damals hatte der Kunde noch den roten Knopf auf der Hinterseite des Saugers drücken müssen. Es gibt also offensichtlich zwei Lösungen für ein Problem. Vielleicht sollte man daher im aktuellen Ticket auf das ältere Ticket verweisen und vice versa. Damit sehen dann in Zukunft andere Agenten, dass beide Tickets das gleiche Problem lösen beziehungsweise irgendwie inhaltlich zusammenhängen. Für genau solche Fälle kann man Tickets miteinander verknüpfen.

Dazu rufen Sie zunächst das Ticket auf, das Sie mit einem anderen verknüpfen möchten. Fahren Sie dann mit dem Mauszeiger im Menü oberhalb der *Artikel-Übersicht* auf den Punkt *Verschiedenes* und wählen *Verknüpfen*. OTRS öffnet jetzt ein neues Fenster mit dem Formular aus Abbildung 9-50.

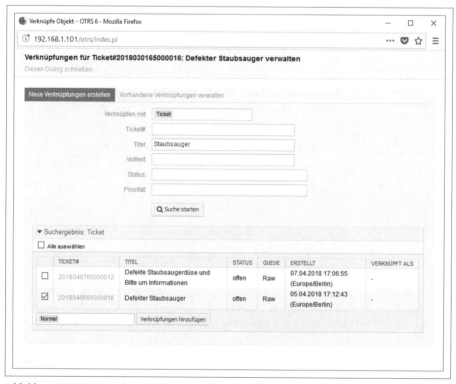

Abbildung 9-50: Hier verknüpft OTRS das aktuelle Ticket mit dem Kollegen mit der Nummer 2018040565000016.

Im Auslieferungszustand kann OTRS das Ticket nicht nur mit einem anderen Ticket, sondern auch mit einem Termin verknüpfen. Um Letztgenanntes kümmert sich gleich noch das nachfolgende Kapitel 10, *Kalender*. Womit OTRS das aktuelle Ticket verknüpft, legen Sie unter *Verknüpfen mit* fest. Dort sollte standardmäßig bereits das *Ticket* ausgewählt sein. Andernfalls klicken Sie in das Eingabefeld und wählen es aus.

Als Nächstes müssen Sie das Ticket suchen, das Sie verknüpfen möchten. Im Beispiel müsste man folglich das alte Ticket mit der Lösung über den roten Knopf finden. Dabei helfen wiederum die übrigen Eingabefelder. Versuchen Sie, in ihnen möglichst viele Informationen über das Ticket zu hinterlegen. Wenn Sie sich noch daran erinnern, dass im Titel des Tickets das Wort Staubsauger vorkam, tragen Sie es in das Eingabefeld *Titel* ein. War das gesuchte Ticket noch geöffnet, klicken Sie in das Feld *Status*, selektieren *offen* und *Bestätigen* Ihre Wahl. Analog können Sie auch die *Priorität* vorgeben. Den Feldern *Status* und *Priorität* dürfen Sie mehrere Eigenschaften hinzufügen, indem Sie in einen weißen Teil des Eingabefelds klicken und dann in der Liste weitere Punkte markieren. Auf diese Weise können Sie die Suche auf weitere Status und Prioritäten ausdehnen. Haben Sie sich verklickt, entfernen Sie einfach den entsprechenden Status oder die Priorität mit einem Klick auf das *X*-Symbol neben den Namen. Den im Feld *Volltext* hinterlegten Begriff sucht OTRS auch in den Artikeln der Tickets.

Haben Sie alle Eingabefelder so gut wie möglich befüllt, klicken Sie auf *Suche*. Im unteren Kasten unter *Suchergebnis* präsentiert OTRS alle passenden Tickets. Setzen Sie in das Kästchen des gewünschten Tickets einen Haken. Auf die gezeigte Weise können Sie beliebig viele Tickets mit dem aktuellen Ticket verknüpfen.

Würden Sie jetzt auf *Verknüpfung hinzufügen* klicken, würde OTRS eine sogenannte *normale* Verknüpfung erstellen. Sie können ein Ticket aber auch einem anderen unterordnen und so eine Hierarchie bilden. Das ist beispielsweise nützlich, wenn die Reparatur des Staubsaugers über den roten Knopf laut eines Technikers doch keine so gute Idee ist. Dann könnte man das alte Ticket dem mit der besseren Lösung unterordnen. OTRS bezeichnet ein untergeordnetes Ticket als *Kind*. Analog heißen übergeordnete Tickets *Eltern*. Im Beispiel wäre die Lösung mit dem roten Knopf das Kind und die bessere Lösung über den grünen Knopf das Eltern-Ticket. Wenn Sie unter den Suchergebnissen eines oder mehrere Kinder für das aktuelle Ticket finden, setzen Sie in jedes entsprechende Kästchen einen Haken. Im Beispiel müssten Sie also dem Ticket mit der alten, gefährlichen Lösung über den roten Knopf einen Haken verpassen. Klicken Sie dann in das Eingabefeld links neben der Schaltfläche *Verknüpfungen hinzufügen* und wählen Sie *Kinder*. Haben Sie hingegen in den Suchergebnissen die Eltern des aktuellen Tickets ausgemacht, setzen Sie in ihre jeweiligen Kästchen einen Haken, klicken in das Eingabefeld links neben der Schaltfläche *Verknüpfungen hinzufügen* und wählen *Eltern*. Ob bereits eine Verknüpfung zu einem Kind oder einem Elternteil führt, verrät in der Liste mit den Suchergebnissen die Spalte *Verknüpft als*. Bei einem Bindestrich ist das entsprechende Ticket nicht verknüpft.

 Wenn Sie jetzt verwirrt sind, lassen Sie das Eingabefeld links neben *Verknüpfungen hinzufügen* auf *Normal* stehen und ignorieren den vorherigen Absatz. In der Praxis benötigt man die Kinder- und Elternverknüpfungen nur in Spezialfällen.

In jedem Fall lassen Sie abschließend noch die *Verknüpfungen hinzufügen*. Das Fenster bleibt anschließend geöffnet, sodass Sie weitere Verknüpfungen anlegen können. Sie schließen das Fenster über den Link *Diesen Dialog schließen* (ganz links oben in der Ecke). OTRS wechselt jetzt wieder zurück zur Ticket-Zoom-Ansicht. Dort finden Sie rechts unten in der Ecke den Kasten *Verknüpfte Objekte*. Er listet alle Tickets auf, die mit dem aktuell angezeigten verknüpft sind. In jedem Eintrag finden Sie die Ticketnummer, wobei das vorangestellte *T:* als Abkürzung für Ticket steht. Mit einem Klick auf einen Eintrag springt OTRS zum entsprechenden Ticket.

Wenn Sie eine Verknüpfung wieder entfernen möchten, rufen Sie erneut den Menüpunkt *Verschiedenes → Verknüpfen* auf. Im erscheinenden Fenster klicken Sie ganz oben auf den Link *Vorhandene Verknüpfungen verwalten*. Damit erscheint ein Formular wie das aus Abbildung 9-51. Darin finden Sie eine Liste mit allen verknüpften Tickets. Setzen Sie mit jeweils einem Mausklick einen Haken in die Kästchen aller Tickets, deren Verknüpfung Sie löschen möchten. Lassen Sie schließlich über die entsprechende Schaltfläche die *Verknüpfungen löschen*. Das Fenster schließen Sie erneut über den Link *Diesen Dialog schließen*.

Abbildung 9-51: Über dieses Formular entfernen Sie eine Verknüpfung wieder.

Tickets sperren und freigeben

Mit wenigen Mausklicks können Sie explizit ein Ticket sperren. Damit können ab sofort andere Agenten das Ticket nicht mehr bearbeiten. Um ein Ticket zu sperren, rufen Sie es zunächst auf (wie in Abschnitt »Einzelnes Ticket anzeigen (Ticket-Zoom-Ansicht)« auf Seite 199 beschrieben). Fahren Sie dann mit der Maus im Menü oberhalb der *Artikel-Übersicht* auf den Punkt *Verschiedenes* und klicken Sie auf *Sperren*. Dass das Ticket derzeit gesperrt ist, verrät Ihnen auf der rechten Seite der Kasten *Ticket-Information*.

Damit andere Agenten auf das Ticket wieder zugreifen können, müssen Sie es *freigeben*. Dazu fahren Sie erneut auf den Menüpunkt *Verschiedenes* und klicken *Freigeben* an.

OTRS sperrt ein Ticket zudem selbstständig, sobald Sie das Ticket bearbeiten, eine Antwort schreiben oder eine neue Notiz hinzufügen. Damit soll verhindert werden, dass sich zwei Agenten in die Quere kommen beziehungsweise dem Kunden doppelt antworten. Das Ticket bleibt dabei so lange gesperrt, bis Sie Ihre Arbeit beendet haben. Schreiben Sie dem Kunden beispielsweise eine neue Antwort, gibt OTRS das Ticket erst wieder frei, wenn Sie die Antwort abgeschickt oder aber im entsprechenden Formular den Link *Rückgängig machen und Beenden* angeklickt haben.

Sobald Sie ein Ticket sperren, erscheint links oben in der Ecke ein Schlosssymbol. Wenn Sie es anklicken, listet Ihnen OTRS alle gesperrten Tickets auf. Die Zahl neben dem Schlosssymbol zeigt an, wie viele Tickets derzeit gesperrt sind. Des Weiteren können Sie in der *Übersicht* in den einzelnen Kästen auch jeweils *Meine gesperrten Tickets* aktivieren und so die entsprechende Liste auf die von Ihnen gesperrten Tickets reduzieren.

Besitzer und Kunde ändern

Sobald ein Agent ein neu eingetrudeltes Ticket aufruft und bearbeitet, hält ihn OTRS für den *Besitzer* des Tickets. Damit ist der Agent ab sofort für dieses Ticket verantwortlich. Mitunter sieht man allerdings erst nach dem Öffnen eines neuen Tickets, dass doch ein Techniker der richtige Ansprechpartner wäre. In solchen Fällen können Sie dem Ticket auch einen anderen Besitzer zuordnen – im Beispiel würde man den Techniker wählen. Analog dürfen Sie den ursprünglichen Fragesteller ändern und somit dem Ticket einen anderen Kunden zuordnen. Zunächst aber zum Besitzer des Tickets.

Besitzer des Tickets ändern

Um den Besitzer eines Tickets zu ändern, rufen Sie zunächst das entsprechende Ticket auf (wie in Abschnitt »Einzelnes Ticket anzeigen (Ticket-Zoom-Ansicht)« auf Seite 199 beschrieben). Fahren Sie dann im Menü oberhalb der *Artikel-Übersicht* auf *Personen* und klicken Sie im aufklappenden Untermenü den Punkt *Besitzer* an. OTRS öffnet jetzt das Formular aus Abbildung 9-52.

Geben Sie ganz oben in das Eingabefeld *Neuer Besitzer* den Namen des neuen Besitzers ein. Schon beim Tippen bietet Ihnen OTRS eine Liste mit passenden Agenten an. Dort müssen Sie dann einfach nur den gewünschten Agenten auswählen. Ein Klick auf *Filter* klappt eine Liste mit Kriterien aus, über die Sie die Suche weiter einschränken können. Sie aktivieren ein Kriterium, indem Sie einen Haken in sein Kästchen setzen.

Im großen Eingabefeld *Text* beschreiben Sie jetzt kurz, warum Sie den Besitzer des Tickets wechseln. Diesen Grund fassen Sie noch einmal im Feld *Betreff* kurz und knackig zusammen. Auf diese Weise kann man später nachvollziehen, warum Sie die Verantwortung für das Ticket an jemand anderen weitergereicht haben.

Abbildung 9-52: Wenn Sie den Besitzer wechseln, müssen Sie auch einen Grund dafür angeben.

Die übrigen Einstellungen kommen Ihnen vielleicht noch bekannt vor: OTRS wechselt nicht einfach nur den Besitzer, sondern erstellt eine neue Notiz mit dem Grund des Besitzerwechsels. Sie können folglich auch eine Datei anhängen und die benötigten *Zeiteinheiten* notieren. Alle im Kasten *Artikel hinzufügen* angebotenen Einstellungen hat bereits Abschnitt »Notizen« auf Seite 222 vorgestellt. In der Regel genügt es jedoch, den Grund für den Besitzerwechsel in den Feldern *Text* und *Betreff* zu hinterlegen.

Sobald alle Informationen beisammen sind, klicken Sie auf *Übermitteln*. Wenn Sie hingegen den Besitzer doch nicht wechseln wollen, klicken Sie ganz oben auf den Link *Abbrechen und Beenden*.

Kundenbenutzer austauschen

Sie dürfen auch den Kundenbenutzer und somit den ursprünglichen Fragesteller ändern. Das ist unter anderem nützlich, wenn der stellvertretende Geschäftsführer der Jupiter Hotel AG eine Frage für einen erkrankten Hotelmanager stellt. In diesem Fall erscheint im Ticket der stellvertretende Geschäftsführer als Kundenbenutzer und nicht der Hotelmanager. Sie können jedoch mit wenigen Mausklicks den Hotelmanager nachträglich zum Fragesteller erklären.

Dazu rufen Sie das entsprechende Ticket auf, fahren mit der Maus im Menü oberhalb der *Artikel-Übersicht* auf den Punkt *Personen* und klicken im erscheinenden Untermenü auf *Kunde*. Damit öffnet sich in einem neuen Fenster das Formular aus Abbildung 9-53. Löschen Sie dort das Eingabefeld *Kundenbenutzer* und hinterlegen Sie im gleichen Feld den Namen des neuen Kundenbenutzers. Im Beispiel wäre dies der Name des Hotelmanagers. Schon beim Tippen zeigt Ihnen OTRS eine Liste mit passenden Personen an, von denen Sie nur die benötigte anklicken müssen. Die *Kundennummer* passt OTRS anschließend automatisch an und aktualisiert zudem den Kasten mit den Kundeninformationen. Ergänzend finden Sie im unteren Bereich eine Liste mit allen vom Kundenbenutzer zuvor erstellten Tickets.

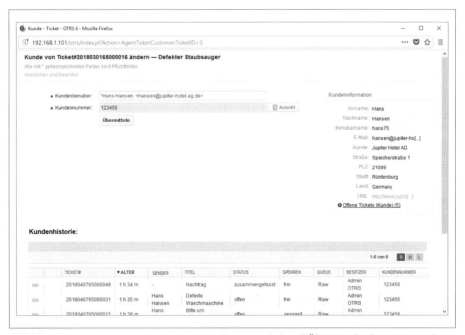

Abbildung 9-53: Hier wäre Hans Hansen nach einem Klick auf Übermitteln der neue Kunde des Tickets.

Sobald Sie auf *Übermitteln* klicken, sieht OTRS ab sofort den *Kundenbenutzer* als ursprünglichen Fragesteller an – im Beispiel also den Hotelmanager. Wenn Sie doch lieber den ursprünglichen Kundenbenutzer beibehalten möchten, schließen Sie das Fenster über den Link *Abbrechen und Beenden*.

Sammelaktionen

Wenn Sie gleich mehrere Tickets in eine andere Queue verschieben müssen oder bei ihnen die Priorität ändern wollen, kann das schnell zu einer kleinen Klickorgie führen: Sie müssten nacheinander jedes Ticket aufrufen, dann den entsprechenden Menüpunkt bemühen und gegebenenfalls ein Formular ausfüllen. Netterweise kann OTRS die meisten Aktionen auch auf mehrere Tickets gleichzeitig anwenden. Auf diese Weise ändern Sie die Priorität von fünf Tickets mit wenigen Mausklicks.

Lassen Sie sich zunächst mit den Menüpunkten hinter *Tickets* eine Liste anzeigen, in der alle betroffenen Tickets enthalten sind. Möchten Sie beispielsweise fünf Tickets aus der Queue *Raw* in die Warteschlange *Junk* verschieben, rufen Sie *Tickets → Ansicht nach Queues* auf und wechseln zur Queue *Raw*. Weitere Informationen zu den Menüpunkten hinter *Tickets* finden Sie in Abschnitt »Tickets auflisten« auf Seite 178.

Wenn Sie jetzt vor einem Ticket einen Haken in das zugehörige Kästchen setzen, zeigt Ihnen OTRS ein kleines Menü wie das in Abbildung 9-54 an. Es handelt sich dabei um die gleichen Aktionen, die Sie aus den vorherigen Abschnitten kennen. Mit einem Klick auf *Priorität* könnten Sie beispielsweise schnell die Priorität des Tickets ändern und müssen so nicht erst das Ticket aufrufen.

Abbildung 9-54: Die Aktionen im Menü betreffen das mit einem Haken versehene Ticket.

Möchte Sie eine Aktion auf mehrere Tickets anwenden, haken Sie zunächst die Kästchen der betroffenen Tickets an. Im Beispiel müssten Sie alle Tickets mit einem Haken versehen, die Sie in eine andere Queue verschieben möchten. Klicken Sie anschließend auf den Menüpunkt *Sammelaktion*. Es öffnet sich jetzt das Fenster aus Abbildung 9-55. Die dort vorgenommenen Einstellungen wendet OTRS auf alle zuvor angehakten Tickets an. Klicken Sie beispielsweise in das Feld *Queue* und wählen *Junk* aus, stecken gleich alle markierten Tickets in der Queue *Junk*. Nach der Lektüre der vorherigen Abschnitte sollten die Punkte allesamt selbsterklärend sein:

- *Nächster Status*: Alle ausgewählten Tickets wechseln in den hier eingestellten Status.
- *Besitzer*: Die ausgewählten Tickets erhalten den hier eingestellten neuen Besitzer.
- *Queue*: OTRS schiebt die ausgewählten Tickets in die hier eingestellte Queue.
- *Priorität*: Die ausgewählten Tickets erhalten allesamt die hier eingestellte Priorität.
- *Zusammenfassen*: Hierüber können Sie alle ausgewählten Ticket zu einem einzigen zusammenkleben. Wenn Sie *Zusammenfassen zu Ältestem* selektieren, fasst OTRS alle Tickets im ältesten der ausgewählten zusammen. Es bleibt folglich zum Schluss nur das älteste Ticket übrig. Alternativ können Sie explizit ein Ticket vorgeben, mit dem OTRS alle anderen ausgewählten Tickets zusammenführt. Dazu aktivieren Sie *Zusammenfassen zu Ticket#* und hinterlegen dann die Nummer des entsprechenden Tickets im nebenstehenden Eingabefeld. Das Ticket mit dieser Nummer bleibt dann nach der Zusammenführung übrig. Weitere Informationen zum Zusammenführen von Tickets finden Sie in Abschnitt »Tickets teilen, zusammenfassen und verknüpfen« auf Seite 230.
- *Zusammen verlinken* trägt eine leicht missverständliche Beschriftung: Wenn Sie im Eingabefeld ein *Ja* einstellen, verknüpft OTRS alle ausgewählten Tickets untereinander.
- *Mit Eltern verknüpfen* weist den Tickets das hier im Eingabefeld hinterlegte Ticket als Eltern-Ticket zu.
- *Tickets entsperren*: Bei einem *Ja* entsperrt OTRS alle ausgewählten Tickets.

Wenn Sie im oberen Teil auf *Notiz hinzufügen* klicken, klappt ein kleines Formular auf. Darin können Sie eine neue Notiz erstellen, die OTRS gleich an alle ausgewählten Tickets pappt. Analog können Sie auch eine E-Mail an alle Kundenbenutzer schicken, die den ausgewählten Tickets zugeordnet sind. Dazu klicken Sie auf *E-Mail versenden* und füllen dann das aufgeklappte Formular aus.

Sobald Sie alle Einstellungen vorgenommen haben, lassen Sie über die Schaltfläche ganz unten die *Sammelaktion ausführen*. Haben Sie es sich hingegen doch anders überlegt, schließen Sie das Fenster ganz oben mit *Rückgängig machen und Beenden*.

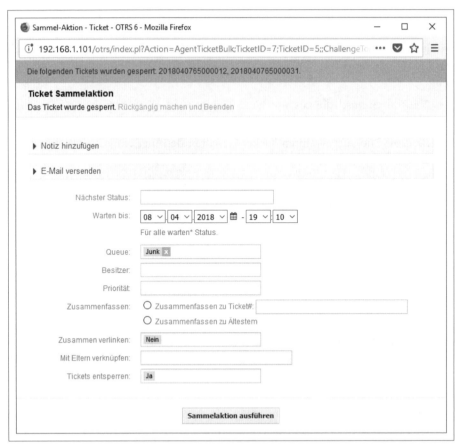

Abbildung 9-55: Mit diesen Einstellungen würden alle markierten Tickets in die Queue Junk verschoben.

Tickets erstellen

Für jede eingehende E-Mail erstellt OTRS automatisch ein passendes Ticket. Erstaunlich häufig müssen jedoch auch Agenten per Hand ein neues Ticket anlegen. Das kann in genau zwei Fällen notwendig sein:

- Jemand hat bei Ihnen angerufen.
- Sie möchten einem Kunden eine E-Mail schreiben (und ihn so etwa auf ein neues Produkt hinweisen).

Die folgenden Abschnitte behandeln diese beiden Fälle. Zunächst soll es dabei um den Telefonanruf gehen.

Neues Telefon-Ticket erstellen

Hans Hansen ruft bei Ihnen an und reklamiert einen defekten Staubsauger. Da OTRS von diesem Telefonanruf nichts mitbekommt, müssen Sie wohl oder übel selbst ein passendes Ticket anlegen.

 Auch wenn Sie dem Kunden schon am Telefon helfen konnten, sollten Sie das Gespräch immer in einem (neuen) Ticket festhalten. Auf diese Weise protokollieren Sie den Defekt und die Anfrage des Kunden. Sollte sich dieser noch einmal an Sie wenden, kennen Sie bereits seine Leidensgeschichte. Darüber hinaus konservieren Sie mit dem Ticket auch einen Lösungsweg. Sollte ein anderer Kunde mit dem gleichen Problem anrufen, können Sie schnell die alte Lösung hervorkramen. Darüber hinaus lassen sich nur so Statistiken erstellen, an denen Sie unter anderem ablesen können, ob ein Defekt besonders häufig auftritt.

Wann immer ein Kunde bei Ihnen anruft, klicken Sie im Hauptmenü auf *Tickets* und entscheiden sich für den Unterpunkt *Neues Telefon-Ticket*. Lassen Sie sich dabei von der Bezeichnung des Menüpunkts nicht irritieren: Alle Tickets, die durch einen Anruf entstehen, bezeichnet OTRS als *Telefon-Ticket*. Dabei handelt es sich jedoch um ein normales Ticket, das Sie natürlich auch per E-Mail beantworten können.

Im erscheinenden Formular aus Abbildung 9-56 müssen Sie jetzt zumindest die mit einem Sternchen markierten Felder ausfüllen. Geben Sie zunächst unter *Kundenbenutzer* den Namen des Anrufers ein. Während Sie tippen, sucht OTRS in seiner Datenbank nach passenden Kundenbenutzern und bietet sie in einer Liste zur Auswahl an. Wenn die Person darunter ist, klicken Sie einfach den entsprechenden Namen an. Der Name des Kundenbenutzers erscheint jetzt wie in Abbildung 9-56 unter dem Eingabefeld *Kundenbenutzer*. Betrifft das Ticket mehrere Kundenbenutzer, wie etwa alle Hotelmanager der Jupiter Hotel AG, geben Sie einfach den Namen der nächsten Person wieder in das Feld *Kundenbenutzer* ein und klicken dann in der ausklappenden Liste die passende Person an. Wiederholen Sie das Verfahren für alle beteiligten Kundenbenutzer. Sämtliche dem Ticket zugewiesenen Personen listet OTRS unterhalb des Eingabefelds *Kundenbenutzer* auf. Haben Sie versehentlich einen falschen Kundenbenutzer hinzugefügt, klicken Sie in dieser Liste rechts neben seinem Namen auf das Symbol mit dem Minuszeichen.

Sollte der Anrufer bei Ihnen noch kein Kunde sein, haben Sie zwei Möglichkeiten:

- Tippen Sie in das Eingabefeld *Kundenbenutzer* seine E-Mail-Adresse ein und drücken Sie die *Enter*-Taste. Das ist extrem schnell erledigt, hat aber einen wesentlichen Nachteil: OTRS legt zwar gleich das Ticket an, erstellt aber für die E-Mail-Adresse nicht automatisch einen Kundenbenutzer. Der neue Kunde kann sich folglich nicht beim Kundencenter anmelden, und Sie können keine weiteren Informationen über ihn abrufen. Sie sollten daher möglichst den folgenden zweiten Weg bevorzugen, auch wenn er mehr Mausklicks bedeutet.

- Klicken Sie weiter unten neben *Optionen* auf *[Kundenbenutzer]*. OTRS öffnet jetzt ein Fenster mit der Kundenverwaltung, die Sie bereits aus Kapitel 7, *Kunden*, kennen. Dort können Sie schnell über die entsprechende Schaltfläche einen neuen *Kundenbenutzer hinzufügen*. Auf der rechten Seite zeigt Ihnen das Fenster zudem eine Liste mit allen bereits bekannten Kundenbenutzern an. Über das Eingabefeld können Sie gezielt nach einem Namen suchen. Wenn Sie einen Kundenbenutzer in der Liste anklicken, fügt ihn OTRS automatisch dem neuen Telefon-Ticket hinzu. Das Fenster lässt sich jederzeit über das X-Symbol rechts oben in seiner Ecke schließen.

Abbildung 9-56: Hier entsteht ein neues Telefon-Ticket für Hans Hansen, der sich über einen defekten Staubsauger beschwert.

OTRS überprüft automatisch die E-Mail-Adresse des ausgewählten Kundenbenutzers im Internet. Bei einer gekappten Internetverbindung schlägt diese Prüfung fehl, wodurch OTRS eine
Fehlermeldung anzeigt und sich zudem weigert, das neue Ticket
zu erstellen. Mit anderen Worten können Sie nur dann ein Telefon-Ticket erstellen, wenn eine Internetverbindung besteht. Wie
Sie die automatische Prüfung der E-Mail-Adressen abschalten,
beschreibt der Kasten »E-Mail-Prüfung abschalten« auf Seite 77.

Wenn Sie mehrere Kundenbenutzer hinzugefügt haben, erscheint in der grau hinterlegten Liste vor jedem Namen ein rundes weißes Feld. Sobald Sie in eines dieser
Felder klicken, zeigt OTRS im Eingabefeld darunter die *Kundennummer* des entsprechenden Kundenbenutzers an. Gleichzeitig ordnet OTRS das Ticket genau diesem Kunden zu. Stellen Sie folglich immer sicher, dass in der Liste der richtige
Kundenbenutzer selektiert ist. In der Regel sollte das genau derjenige sein, der Sie
angerufen hat.

In jedem Fall liefert der Kasten *Kundeninformation* auf der rechten Seite weitere
Daten über den Kunden. Die Zahl hinter *Offene Tickets* zeigt an, wie viele weitere
Tickets es für den Kunden bereits gibt, die noch beantwortet werden müssen. Ein
Klick auf *Offene Tickets* listet alle diese Tickets in einem neuen Browsertab auf.
Ergänzend finden Sie unterhalb des Formulars alle bislang vom Kunden geschrie-
benen Tickets (in der *Kundenhistorie*). Mit diesen Listen können Sie schnell heraus-
finden, ob Sie überhaupt ein neues Ticket anlegen müssen. Vielleicht hat Herr
Hansen schon einmal wegen desselben Problems angerufen, das gerade ein Tech-
niker bearbeitet.

Jedes Ticket landet in einer Warteschlange, der sogenannten Queue. Darin wartet
das Ticket auf seine Bearbeitung. Unter *An Queue* wählen Sie eine passende Warteschlange für das gerade entstehende Ticket. Dazu klicken Sie einfach in das Eingabefeld und wählen eine der angebotenen Queues aus. Wenn Sie unsicher sind,
nehmen Sie die Queue *Raw*. Mehr zu den Queues erfahren Sie im Kapitel 8,
Queues.

Ein Ticket hat auch immer einen *Besitzer*. Dieser Agent ist für das Ticket verantwortlich und wird von OTRS unter anderem über den Status des Tickets auf dem
Laufenden gehalten. Den *Besitzer* des von Ihnen gerade neu erstellten Tickets stellen Sie im gleichnamigen Eingabefeld ein. Dazu klicken Sie zunächst auf das Symbol mit den beiden gebogenen Pfeilen rechts neben dem Eingabefeld. OTRS sucht
jetzt passende Agenten. Sobald das Eingabefeld weiß erscheint, klicken Sie in das
Feld hinein und tippen den Namen des gewünschten Agenten ein. OTRS präsentiert schon während des Tippens eine Liste mit passenden Agenten. Klicken Sie in
der Liste den Agenten an, der ab sofort für das Ticket verantwortlich sein soll.

Haben Sie versehentlich den falschen Agenten erwischt, klicken Sie auf sein kleines weißes Kreuz rechts neben seinem Namen. OTRS löscht ihn dann aus dem Eingabefeld. Wenn Sie das Eingabefeld leer lassen, sieht OTRS automatisch Sie als Besitzer des Tickets an.

Unter *Betreff* umreißen Sie kurz und knapp den Inhalt des Telefonats. Im Beispiel wäre das etwa Staubsauger defekt. Die Frage oder das Problem, das Ihnen Hans Hansen am Telefon geschildert hat, beschreiben Sie ausführlich im großen Eingabefeld *Text*. Über die Symbole können Sie den Text noch formatieren. Ein Klick auf das *B* hebt beispielsweise den Text fett hervor.

 Gehen Sie mit diesen Gestaltungsmöglichkeiten möglichst sparsam um. Fett sollten Sie beispielsweise nur äußerst wichtige Wörter hervorheben. Wenn Sie zu viele Formatierungen einsetzen, wirkt der Text schnell chaotisch und lässt sich schwerer lesen.

Neben *Anlage* können Sie noch eine oder mehrere Dateien an das Ticket tackern, wie etwa das Handbuch des Staubsaugers. Dazu klicken Sie in den Kasten rechts neben *Anlage* und wählen die entsprechende Datei auf der Festplatte aus. Wiederholen Sie das Verfahren, bis Sie alle benötigten Dateien hinzugefügt haben. Alternativ können Sie die Dateien auch per Drag-and-drop auf den besagten Kasten ziehen. Alle angehängten Dateien listet OTRS neben *Anlage* auf. Haben Sie versehentlich eine falsche Datei ausgewählt, klicken Sie auf das Mülleimersymbol rechts neben ihrem Namen. OTRS entfernt sie damit nur aus dem Ticket, auf Ihrer Festplatte bleibt die Datei selbstverständlich erhalten.

Als Nächstes legen Sie den Status des Tickets fest. Dazu klicken Sie neben *Nächster Status des Tickets* in das Eingabefeld und wählen einen passenden Status aus. Wenn Sie das Problem mit Herrn Hansen direkt am Telefon lösen konnten, bietet sich *erfolgreich geschlossen* an. Müssen Sie hingegen erst einen Techniker befragen, wäre *offen* passender. Mehr zu den Status und ihrer Bedeutung finden Sie in Abschnitt »Status« auf Seite 173.

Für den defekten Staubsauger von Herrn Hansen muss erst ein Ersatzteil bestellt werden, das in zwei Tagen eintrifft. Dabei besteht aber die Gefahr, dass das Ticket in Vergessenheit gerät. Netterweise kann OTRS Sie an das Ticket erinnern. Dazu setzen Sie den Status auf einen mit *warten* beginnenden Punkt. Im Beispiel würde sich *warten zur Erinnerung* anbieten. Anschließend stellen Sie mit den Drop-down-Listen neben *Warten bis* den Zeitpunkt ein, an dem Sie OTRS auf das Ticket aufmerksam machen soll. Mit einem Klick auf das kleine Kalendersymbol öffnet sich ein Fenster mit einem Kalender, in dem Sie sich zumindest das Datum etwas bequemer aussuchen können.

Wie wichtig das Ticket ist, legen Sie unter *Priorität* fest. OTRS schlägt standardmäßig eine *normale* Priorität vor, die für die meisten Tickets bereits die passende ist. Herr Hansen benötigt seinen Staubsauger allerdings dringend für sein Hotel. Wenn wie in seinem Fall die Bearbeitung eilt, klicken Sie in das Eingabefeld neben *Priorität* und wählen die gewünschte aus – im Beispiel wäre *sehr hoch* angebracht.

Im Feld *Zeiteinheiten* können Sie schließlich noch eintragen, wie lange die Bearbeitung des Tickets bislang gedauert hat. Wie lang eine »Zeiteinheit« dauert, hängt von Ihrem Unternehmen ab. Steht eine Zeiteinheit etwa für eine Stunde und hat Sie das Telefonat mit dem Kunden zwei Stunden gekostet, tragen Sie hier eine 2 ein. OTRS addiert die Zeiteinheiten, sodass Sie später in der Ticket-Zoom-Ansicht dem Kasten *Ticket-Informationen* die komplette Bearbeitungsdauer des Tickets entnehmen können (siehe auch Abschnitt »Einzelnes Ticket anzeigen (Ticket-Zoom-Ansicht)« auf Seite 199).

Sind alle Informationen beisammen, lassen Sie ganz unten auf der Seite das Ticket *Erstellen*. Möchten Sie hingegen die Erstellung des Tickets abbrechen, steuern Sie einfach einen anderen Punkt im Hauptmenü an.

Neues E-Mail-Ticket erstellen

Die Technikabteilung hat eine neue Elektronik für die professionellen Waschmaschinen entwickelt, die bis zu 30 Prozent Strom spart. Die Jupiter Hotel AG besitzt zudem einen Supportvertrag, der auch den Einbau der neuen Elektronik umfasst. Man muss folglich den Kunden informieren und gleichzeitig einen Termin für den Einbau mit ihm absprechen. Dazu erstellt man einfach ein neues Ticket, dessen Inhalt OTRS an den Kunden sendet. Dieser kann dann wiederum auf das Ticket antworten und so einen Termin vereinbaren.

Müssen Sie wie im Beispiel selbst ein Ticket erstellen, das OTRS gleichzeitig per E-Mail an einen Kundenbenutzer schicken soll, rufen Sie im Hauptmenü *Tickets* → *Neues E-Mail-Ticket* auf. Da die Kommunikation mit dem Kundenbenutzer mit einer E-Mail beginnt, bezeichnet OTRS das entstehende Ticket als *E-Mail-Ticket*. Es handelt sich jedoch um ein normales Ticket, bei dem Sie im weiteren Verlauf den Kundenbenutzer auch anrufen können.

Im erscheinenden Formular aus Abbildung 9-57 schreiben Sie jetzt die entsprechende Nachricht an den Kundenbenutzer. Sie bildet gleichzeitig den Ausgangspunkt für das passende Ticket. Im Formular müssen Sie mindestens alle mit einem Sternchen markierten Einstellungen ausfüllen beziehungsweise hinterlegen.

Jedes Ticket landet in einer Warteschlange, der sogenannten Queue. Darin wartet das Ticket auf seine Bearbeitung. Auch das gerade neu entstehende Ticket müssen Sie einer Queue zuordnen. Dazu klicken Sie in das Eingabefeld neben *Aus Queue* und wählen die entsprechende Warteschlange aus.

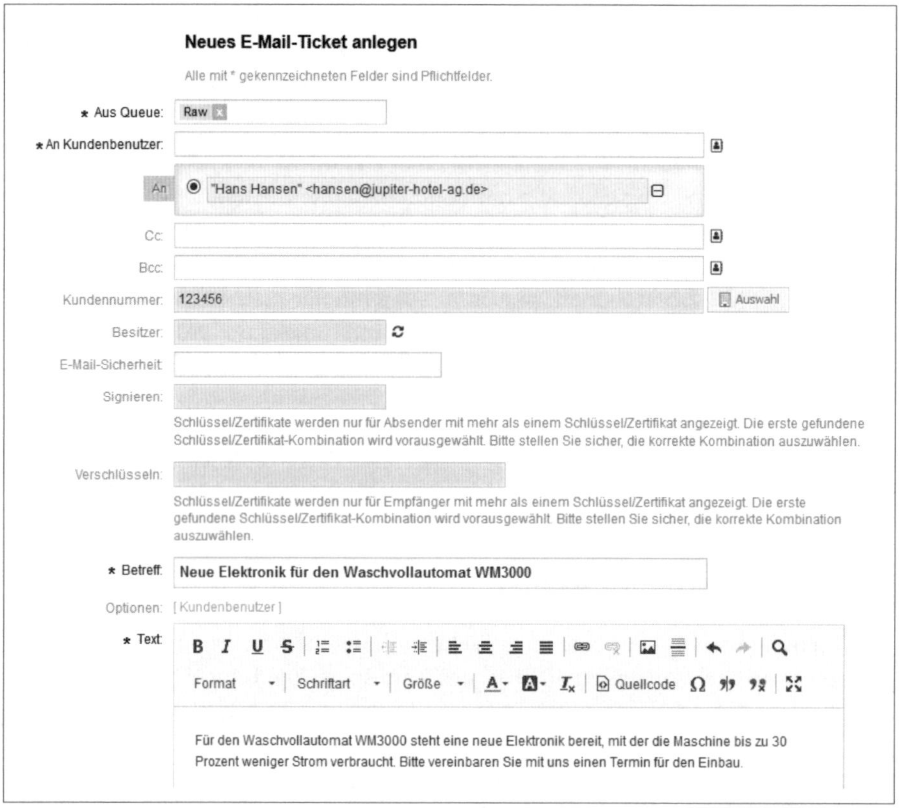

Neues E-Mail-Ticket anlegen

Alle mit * gekennzeichneten Felder sind Pflichtfelder.

* Aus Queue:	Raw
* An Kundenbenutzer:	
An	⦿ "Hans Hansen" <hansen@jupiter-hotel-ag.de>
Cc:	
Bcc:	
Kundennummer:	123456 · Auswahl
Besitzer:	
E-Mail-Sicherheit:	
Signieren:	

Schlüssel/Zertifikate werden nur für Absender mit mehr als einem Schlüssel/Zertifikat angezeigt. Die erste gefundene Schlüssel/Zertifikat-Kombination wird vorausgewählt. Bitte stellen Sie sicher, die korrekte Kombination auszuwählen.

Verschlüsseln:

Schlüssel/Zertifikate werden nur für Empfänger mit mehr als einem Schlüssel/Zertifikat angezeigt. Die erste gefundene Schlüssel/Zertifikat-Kombination wird vorausgewählt. Bitte stellen Sie sicher, die korrekte Kombination auszuwählen.

* Betreff: **Neue Elektronik für den Waschvollautomat WM3000**

Optionen: [Kundenbenutzer]

* Text: B I U S | ≔ ≔ | ⁝≣ ⁝≣ | ≣ ≣ ≣ ≣ | ⊕ ⊘ 🖼 ≣ | ← → | 🔍

Format ▾ | Schriftart ▾ | Größe ▾ | A▾ A▾ I_x | Quellcode Ω 𝅘 𝅘 | ⤢

Für den Waschvollautomat WM3000 steht eine neue Elektronik bereit, mit der die Maschine bis zu 30 Prozent weniger Strom verbraucht. Bitte vereinbaren Sie mit uns einen Termin für den Einbau.

Abbildung 9-57: Hier entsteht ein neues E-Mail-Ticket für Hans Hansen (die Abbildung zeigt nur den oberen Teil des Formulars).

Tippen Sie dann unter *An Kundenbenutzer* den Namen des Kundenbenutzers ein. Dieser erhält gleich nicht nur die Nachricht per E-Mail, OTRS weist ihm auch das Ticket zu. Bereits beim Tippen sucht OTRS in seiner Datenbank nach passenden Kundenbenutzern und präsentiert seine Fundstellen in einer ausklappenden Liste. Klicken Sie in ihr einfach die passende Person an. OTRS notiert ihren Namen dann in einer grau hinterlegten Liste, wie Abbildung 9-57 zeigt. Sie können dem Ticket nicht nur einen, sondern mehrere Kundenbenutzer anheften. Das ist beispielsweise sinnvoll, wenn die Nachricht alle Hotelmanager der Jupiter Hotel AG erhalten sollen. Um einen weiteren Kundenbenutzer hinzuzufügen, tippen Sie in das Feld *An Kundenbenutzer* einfach den Namen der nächsten Person ein und fügen sie dann mit einem Klick auf ihren Namen hinzu. Wiederholen Sie das Verfahren, bis alle Kundenbenutzer in der grau hinterlegten Liste erscheinen. Wenn Sie versehentlich die falsche Person ausgewählt haben, klicken Sie rechts neben ihrem Namen auf das Minussymbol.

Sollte der Empfänger der E-Mail bei Ihnen noch kein Kunde sein, haben Sie zwei Möglichkeiten:

- Tippen Sie in das Eingabefeld *Kundenbenutzer* seine E-Mail-Adresse ein und drücken Sie die *Enter*-Taste. Diese schnelle und naheliegende Methode hat jedoch einen wesentlichen Nachteil: OTRS legt zwar gleich das Ticket an, erstellt aber für die E-Mail-Adresse keinen Kundenbenutzer. Der neue Kunde kann sich folglich nicht beim Kundencenter anmelden, und Sie können keine weiteren Informationen über ihn abrufen.

- Klicken Sie weiter unten neben *Optionen* auf *[Kundenbenutzer]*. OTRS öffnet jetzt ein Fenster mit der Kundenverwaltung, die Sie bereits aus Kapitel 7, *Kunden*, kennen. Dort können Sie schnell über die entsprechende Schaltfläche einen neuen *Kundenbenutzer hinzufügen*. Auf der rechten Seite zeigt Ihnen das Fenster zudem eine Liste mit allen bereits bekannten Kundenbenutzern an. Über das Eingabefeld können Sie gezielt nach einem Namen suchen. Wenn Sie einen Kundenbenutzer in der Liste anklicken, fügt ihn OTRS automatisch dem neuen Ticket hinzu. Das Fenster lässt sich jederzeit über das *X*-Symbol rechts oben in seiner Ecke schließen.

Wenn Sie mehrere Kundenbenutzer hinzugefügt haben, erscheint in der grau hinterlegten Liste vor jedem Namen ein rundes weißes Feld. Sobald Sie in eines dieser Felder klicken, zeigt OTRS im Eingabefeld darunter die *Kundennummer* des entsprechenden Kundenbenutzers an. Gleichzeitig ordnet OTRS das Ticket genau diesem Kunden zu. Stellen Sie folglich immer sicher, dass in der Liste der richtige Kundenbenutzer selektiert ist. In der Regel sollte das genau derjenige sein, den Sie mit dem Ticket ansprechen möchten.

In jedem Fall finden Sie auf der rechten Seite im Kasten weitere Informationen über den Kunden, wie etwa seine Anschrift. Unter dieser *Kundeninformation* findet sich auch der Link *Offene Tickets*. Die Zahl in Klammern verrät, wie viele ältere Tickets des Kunden bisher nicht beantwortet wurden. Wenn Sie diesen Link anklicken, listet Ihnen OTRS alle noch nicht beantworteten Tickets des Kunden auf. Ergänzend finden Sie ganz unten im Formular alle bislang vom Kunden geschriebenen Tickets (in der *Kundenhistorie*). Mit diesen Listen können Sie schnell nachschlagen, ob vielleicht für das gleiche Problem bereits ein Ticket erstellt wurde.

Unter *Cc* und *Bcc* können Sie nach dem bekannten Prinzip noch weitere Kundenbenutzer angeben, an die OTRS gleich eine Kopie der E-Mail verschickt. So könnten Sie beispielsweise auch noch den stellvertretenden Geschäftsführer der Jupiter Hotel AG auf die verbesserte Elektronik hinweisen. Tippen Sie einfach den Namen des Kundenbenutzers in das entsprechende Feld ein und klicken Sie in der erscheinenden Liste die gewünschte Person an. Die E-Mail-Adressen der unter *Cc* hinterlegten Personen sehen später alle Empfänger der E-Mail, die unter *Bcc* eingetragenen Empfänger bleiben anonym.

Wenn Ihnen die Eingabe der Kundenbenutzer auf die gezeigte Weise zu umständlich erscheint, klicken Sie ganz rechts neben den Eingabefeldern auf das Symbol (das ein stilisiertes Adressbuch darstellen soll). Sie öffnen damit das Kundenbenutzer-Adressbuch, das bereits Abschnitt »Ticket per E-Mail beantworten« auf Seite 207 vorgestellt hat.

Als Nächstes müssen Sie dem Ticket einen *Besitzer* zuweisen. Dabei handelt es sich um einen Agenten, der für das Ticket verantwortlich ist. OTRS hält ihn unter anderem über den Status des Tickets auf dem Laufenden. Wenn Sie das Feld leer lassen, gelten Sie selbst als Besitzer. Möchten Sie einem anderen Agenten das Ticket aufs Auge drücken, klicken Sie einmal auf das Doppelpfeilsymbol. OTRS sucht jetzt passende Agenten und schaltet das Eingabefeld weiß. Klicken Sie in das Eingabefeld und geben Sie den Namen des Agenten ein. Schon beim Tippen zeigt OTRS in einer Liste passende Agenten an. Dort müssen Sie nur noch die gewünschte Person anklicken. Haben Sie den falschen Agenten erwischt, klicken Sie auf das *X* neben seinem Namen. OTRS entfernt ihn dann wieder aus dem Eingabefeld.

Über die nächsten drei Eingabefelder können Sie die E-Mail noch signieren und verschlüsseln. Dazu klicken Sie zunächst in das Feld *E-Mail-Sicherheit* und wählen das gewünschte Verfahren aus. Anschließend stellen Sie unter *Signieren* und *Verschlüsseln* das passende Zertifikat beziehungsweise den benötigten Schlüssel ein. Das gelingt allerdings nur, wenn Sie wie in Kapitel 5, *E-Mail-Einstellungen*, entsprechende Zertifikate und Schlüssel hinterlegt haben.

Viele Kunden können mit verschlüsselten E-Mails nichts anfangen und vermuten im Zeichensalat einen Fehler. Sie sollten Ihre E-Mails daher nur dann verschlüsseln, wenn Sie absolut sicher sind, dass der Kunde beziehungsweise Empfänger sie auch entschlüsseln kann.

In jedem Fall müssen Sie den *Betreff* der E-Mail eintragen, im Beispiel also etwa Neue Elektronik für den Waschvollautomat WM3000. Den Text der Nachricht tippen Sie dann in das große Eingabefeld *Text*. Über die Symbole dürfen Sie den Text noch formatieren. Das funktioniert ähnlich wie in einer Textverarbeitung: Ein Klick auf das *B* schaltet beispielsweise den Fettdruck ein und aus.

Gehen Sie mit diesen Gestaltungsmöglichkeiten möglichst sparsam um. Fett sollten Sie beispielsweise nur äußerst wichtige Wörter hervorheben. Wenn Sie zu viele Formatierungen einsetzen, wirkt die Nachricht schnell chaotisch und unseriös. Darüber hinaus lässt sie sich schwerer lesen, was nicht nur Menschen mit einer Sehschwäche betrifft.

Den Text im Feld *Signatur* hängt OTRS automatisch an das Ende der Nachricht an (siehe Abbildung 9-58). Welche Signatur OTRS hier verwendet, hängt von der gewählten Queue ab. Den Text der Signatur dürfen Sie zudem hier nicht verändern. Weitere Informationen zu Signaturen finden Sie in Kapitel 8, *Queues*. Dort erfahren Sie auch, wie Sie eigene Signaturen hinterlegen.

Unter *Anlage* dürfen Sie der E-Mail eine oder mehrere Dateien anhängen – wie etwa eine Gebrauchsanweisung. Dazu klicken Sie neben *Anlage* auf den Kasten und wählen die entsprechende Datei auf Ihrer Festplatte aus. Wiederholen Sie das Prozedere für alle weiteren Dateien, die Sie anfügen möchten. Alternativ ziehen Sie die Dateien einfach per Drag-and-drop auf den Kasten neben *Anlage*. Um eine Datei wieder aus dem Anhang zu entfernen, klicken Sie neben ihrem Dateinamen auf das Mülleimersymbol.

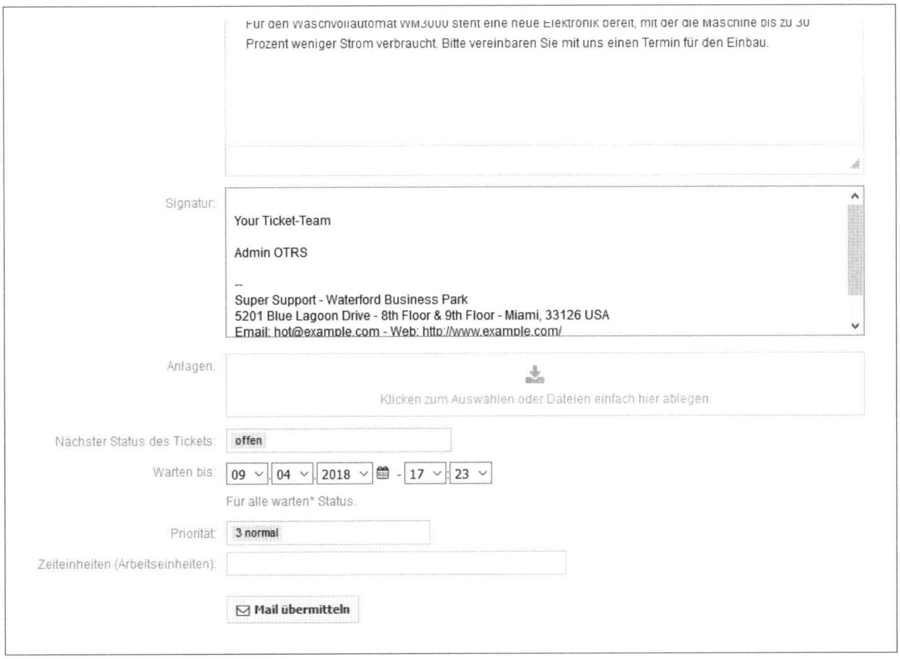

Abbildung 9-58: Im unteren Teil des Formulars können Sie noch eine Datei anhängen und den Status des Tickets bestimmen.

OTRS erstellt mit dem Abschicken der Nachricht automatisch ein passendes Ticket. Den Status dieses Tickets wählen Sie unter *Nächster Status des Tickets*. Dazu klicken Sie einfach in das Eingabefeld und wählen den passenden Status aus. Im Beispiel wäre *offen* sinnvoll, da der Kunde noch einen Termin vereinbaren muss. Mehr zu den Status und ihrer Bedeutung finden Sie in Abschnitt »Status« auf Seite 173.

Sofern Sie einen wartenden Status eingestellt haben, müssen Sie unter *Warten bis* das Ende der Wartezeit einstellen. Die Auswahl des Datums erleichtert der kleine Kalender, der bei einem Klick auf das Kalendersymbol erscheint.

Im nächsten Schritt müssen Sie die *Priorität* festlegen. Dazu klicken Sie erneut einfach in das Feld und wählen die passende Priorität. Da im Beispiel Herr Hansen noch einen Termin vereinbaren muss, ist das Ticket nicht sehr wichtig, womit wiederum die vorgegebene Priorität *3 normal* bereits recht gut passt.

Abschließend können Sie unter *Zeiteinheiten (Arbeitseinheiten)* eintragen, wie lange die Bearbeitung des Tickets gedauert hat beziehungsweise noch dauern wird. Die tatsächliche Länge einer »Zeiteinheit« hängt von Ihrem Unternehmen ab. Steht eine Zeiteinheit etwa für eine Stunde und hat Sie die Bearbeitung des Falls zwei Stunden gekostet, tragen Sie hier eine 2 ein. OTRS addiert die Zeiteinheiten, sodass Sie später in der Ticket-Zoom-Ansicht dem Kasten *Ticket-Informationen* die komplette Bearbeitungsdauer des Tickets entnehmen können (siehe auch Abschnitt »Einzelnes Ticket anzeigen (Ticket-Zoom-Ansicht)« auf Seite 199).

Lassen Sie schließlich die *Mail übermitteln*. Wenn Sie es sich anders überlegt haben und Ihre Eingaben verwerfen möchten, wechseln Sie einfach zu einem anderen Menüpunkt.

Ticket-Typen

Bei Bedarf können Sie einem Ticket einen sogenannten Typ zuweisen. Auf diese Weise lassen sich die Tickets klassifizieren. Kommunizieren beispielsweise in Ihrem Unternehmen die Techniker untereinander über Tickets, könnten Sie diesen Tickets den Typ »Technik intern« zuweisen. Damit ist dann eindeutig, dass diese Tickets den Technikern gehören und rein für die interne Kommunikation bestimmt sind.

Um Ticket-Typen anlegen und zuweisen zu können, klicken Sie im Hauptmenü von OTRS auf *Admin*, dann im Bereich *Ticket-Einstellungen* auf *Typen* und schließlich in der roten Warnmeldung auf den Link *Bitte Type zuerst aktivieren*. OTRS katapultiert Sie jetzt in die Systemkonfiguration. Dorthin gelangen Sie alternativ auch, indem Sie *Admin → Systemkonfiguration* aufrufen, in das Eingabefeld Ticket::Type eintippen, auf das Lupensymbol klicken und dann rechts unter *Ergebnis* den Punkt *Core::Ticket* anklicken.

In jedem Fall suchen Sie den Kasten *Ticket::Type*, fahren mit der Maus über ihn, lassen die *Einstellung bearbeiten*, setzen einen Haken in das Kästchen vor *Aktiviert* und klicken auf der rechten Seite auf den Haken. Die so vorgenommenen Änderungen müssen Sie jetzt noch in Betrieb nehmen. Dazu klicken Sie links oben im Kasten *Aktionen* auf *Inbetriebnahme*, dann auf *Ausgewählte Einstellungen in Betrieb nehmen*, gefolgt von *Jetzt in Betrieb nehmen*.

Nachdem Sie die Ticket-Typen aktiviert haben, rufen Sie im Hauptmenü von OTRS wieder *Admin → Typen* auf. Standardmäßig schlägt OTRS bereits einen Ticket-Typ namens *Unclassified* vor. Ihn hat OTRS automatisch allen bestehenden Ticket zugewiesen.

Um einen eigenen neuen Ticket-Typ zu erstellen, klicken Sie im Kasten *Aktionen* auf *Ticket-Typ hinzufügen*. Im neuen Formular aus Abbildung 9-59 müssen Sie lediglich unter *Name* eine Bezeichnung für den neuen Ticket-Typ hinterlegen. Im Beispiel wäre das Technik intern. Nur wenn die *Gültigkeit* auf *gültig* steht, können Sie den Ticket-Typ zuweisen. Per *Speichern* legen Sie den neuen Ticket-Typ an, mit *Abbrechen* oder *Zur Übersicht gehen* brechen Sie hingegen das Anlegen ab.

Abbildung 9-59: Hier entsteht der neue Ticket-Typ »Technik intern«.

Sobald Sie einen Ticket-Typ erstellt haben, lässt er sich nicht wieder löschen. Sie können ihn aber noch umbenennen und deaktivieren. Dazu klicken Sie ihn in der Liste mit allen Ticket-Typen an. Es öffnet sich dann das bekannte Formular, in dem Sie seinen *Namen* anpassen können. Um die Verwendung des Ticket-Typs (vorübergehend) zu unterbinden, klicken Sie in das Eingabefeld neben *Gültigkeit* und wählen *ungültig*. Ihre Änderungen lassen Sie in jedem Fall *Speichern und abschließen*.

Wenn Sie jetzt ein neues Ticket erstellen (etwa via *Tickets → Neues Telefon-Ticket*), müssen Sie auch immer im entsprechenden Eingabefeld seinen Ticket-Typ festlegen (wie in Abbildung 9-60). Dazu klicken Sie in das Feld und wählen einen passenden Typ aus. Im Beispiel würde sich ein Techniker für den Typ *Technik intern* entscheiden, ein normaler Agent hingegen für *Unclassified*.

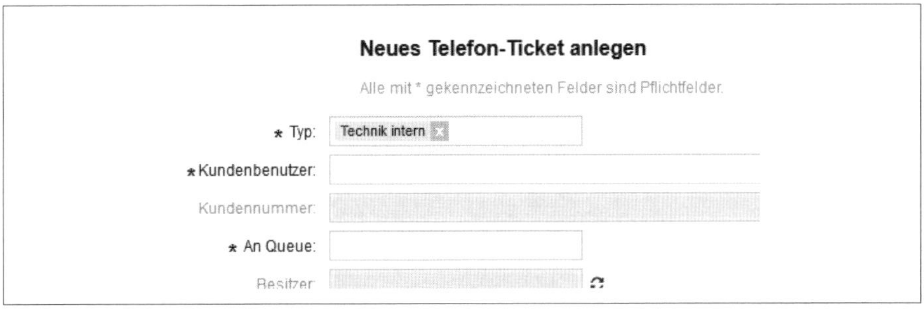

Abbildung 9-60: Legt man ein neues Ticket an, muss man auch dessen Typ festlegen.

Den Typ eines Tickets zeigt OTRS an verschiedenen Stellen in seiner Benutzeroberfläche an. Wenn Sie beispielsweise das Ticket aufrufen, finden Sie den Typ rechts im Kasten *Ticket-Informationen*. Sie können die Suchfunktion (hinter *Tickets →* *Suche*) auch explizit alle Tickets eines ganz bestimmten Typs anzeigen lassen. Dazu wählen Sie unter *Ein weiteres Attribut hinzufügen* den Punkt *Typ* und stellen dann im neuen Feld *Typ* den oder die gesuchten Ticket-Typen ein.

Einem Ticket können Sie in OTRS 6 nur recht umständlich einen anderen Typ zuweisen: Suchen Sie zunächst über einen der Menüpunkte hinter *Tickets* nach dem oder den Tickets, die einen anderen Typ erhalten sollen (wie Sie Tickets aufspüren, hat bereits Abschnitt »Tickets auflisten« auf Seite 178 erläutert). Setzen Sie jetzt einen Haken in die Kästchen vor den betroffenen Tickets. Klicken Sie auf *Sammelaktion* und dann im erscheinenden Formular in das Eingabefeld neben *Typ*. Wählen Sie aus der Liste den Typ aus, den die markierten Tickets erhalten sollen, und klicken Sie auf *Sammelaktion ausführen*.

KAPITEL 10

Kalender

In OTRS dürfen Agenten eigene Kalender anlegen und darin ihre anstehenden Termine verwalten. Das Ticketsystem erinnert den Agenten sogar auf Wunsch frühzeitig an wichtige Termine. Die Verwaltung der Termine innerhalb von OTRS bietet zwei Vorteile:

- Die Agenten können ihre Termine in der gewohnten Benutzeroberfläche von OTRS verwalten und benötigen keine separate Anwendung.
- Das Ticketsystem kann anstehende Ereignisse (halb) automatisch in den Kalender eintragen. Läuft beispielsweise die Wartezeit für ein Ticket am 04. 06. ab, trägt OTRS diesen Termin automatisch in den Kalender ein.

OTRS bietet allerdings deutlich weniger Funktionen als externe Kalenderanwendungen wie etwa Outlook. Die nachfolgenden Abschnitte stellen die Kalenderfunktion ausführlich vor. (Beachten Sie, dass es sich hierbei nicht um die Kalender aus Kapitel 4, *Maßnahmen nach der ersten Anmeldung*, handelt.)

Einen neuen Kalender anlegen

Bevor Sie OTRS Ihre anstehenden Termine anvertrauen können, müssen Sie zunächst mindestens einen neuen Kalender anlegen. Die Anzahl der Kalender ist dabei nicht begrenzt, Sie dürfen folglich mehrere Kalender für unterschiedliche Zwecke einrichten. Beispielsweise könnten Sie in einem Kalender ausschließlich die regelmäßigen Besprechungen mit den Hotelmanagern der Jupiter Hotel AG verwalten. Auf diese Weise lassen sich thematisch zusammengehörende Termine in jeweils einem eigenen Kalender sammeln, wodurch Sie bei vielen Terminen einen besseren Überblick behalten.

 Bei zu vielen Kalendern wird die Terminplanung jedoch schnell wieder unübersichtlich. Überlegen Sie sich daher gut, wie viele Kalender Sie tatsächlich für welche Zwecke benötigen. In einem kleineren Unternehmen mit nur wenigen Tickets pro Tag genügt in der Regel erst einmal ein Kalender, der sämtliche Termine sammelt.

Um einen neuen Kalender zu erstellen, rufen Sie im Hauptmenü von OTRS *Kalender* auf und entscheiden sich im Untermenü für *Kalender verwalten*. Lassen Sie jetzt über die entsprechende Schaltfläche einen *Neuen Kalender anlegen*. Im erscheinenden Formular aus Abbildung 10-1 verpassen Sie dem neuen Kalender zunächst im obersten Eingabefeld einen Namen. Dieser Name sollte kurz und prägnant zusammenfassen, welche Termine der Kalender aufnimmt. Im Beispiel aus Abbildung 10-1 soll der Kalender alle Termine erfassen, die irgendwie im Zusammenhang mit der Jupiter Hotel AG stehen. Folglich wäre als Name `Termine Jupiter Hotel AG` sinnvoll.

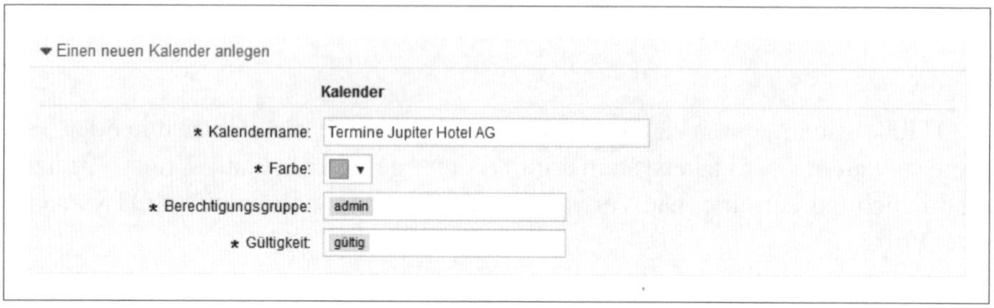

Abbildung 10-1: Hier entsteht ein neuer Kalender.

Neben einem Namen müssen Sie dem Kalender auch noch eine *Farbe* zuweisen. In dieser Farbe streicht OTRS gleich alle im Kalender eingetragenen Termine an. Dadurch können Sie die verschiedenen Termine schnell ihren jeweiligen Kalendern zuordnen. Um eine andere Farbe auszuwählen, klicken Sie in die Drop-down-Liste und dann in der Palette auf die gewünschte Farbe. Wenn das Angebot nicht ausreicht, holen Sie via *Mehr* eine weitere Palette hinzu, in der Sie über den Regenbogen am rechten Rand den Farbton einstellen und dann im großen Feld die Helligkeit festlegen.

In OTRS legen Sie über sogenannte Gruppen fest, welche Aktionen die einzelnen Agenten ausführen dürfen (wie das genau funktioniert, erklärt später noch Kapitel 15, *Agenten*). Hier im Formular müssen Sie jetzt als Nächstes den Kalender einer dieser Gruppen zuordnen. Damit legen Sie gleichzeitig fest, welche Agenten wie auf den Kalender zugreifen und ihn verändern dürfen. Haben Sie beispielsweise den Kalender der Gruppe *users* zugeordnet und besitzt der Agent Peter Müller in dieser Gruppe nur Leserechte, kann er die Termine im Kalender zwar ansehen, aber keine eigenen Termine im Kalender erstellen.

Um die Gruppe zu ändern, klicken Sie neben *Berechtigungsgruppe* in das Eingabefeld und wählen in der Liste die passende aus. Welcher Agent dann im Einzelnen welche Änderungen am Kalender vornehmen kann, finden Sie schnell mit der Anleitung aus Kasten »Zugriffsrechte und die Kalender« auf Seite 259 heraus. Wie Sie die Agenten den Gruppen zuordnen und dabei die Rechte festlegen, verrät später noch ausführlich Kapitel 15, *Agenten*.

Wenn Sie mit dieser Einstellung und den Gruppen im Moment (noch) nichts anfangen können, belassen Sie die *Berechtigungsgruppe* auf der Vorgabe. Sofern Sie OTRS nicht selbst installiert haben, fragen Sie gegebenenfalls den Betreiber des Ticketsystems beziehungsweise einen Administrator um Rat.

Zugriffsrechte und die Kalender

Wenn Sie herausfinden möchten, welche Agenten einen Kalender wie verändern dürfen, merken Sie sich zunächst die unter *Berechtigungsgruppe* eingestellte Gruppe. Rufen Sie jetzt im Hauptmenü von OTRS *Admin* auf und klicken Sie dann den Punkt *Agenten ↔ Gruppen* an. Suchen Sie auf der rechten Seite in der Liste *Gruppen* die im Hinterkopf gemerkte Gruppe und klicken Sie auf ihren Namen. In der Tabelle können Sie jetzt ablesen, was der jeweilige Agent mit dem Kalender anstellen darf:

- Bei einem Haken in der Spalte *RO* kann der Agent den Kalender und seine Termine einsehen.
- Bei einem Haken in der Spalte *VERSCHIEBEN IN* kann der Agent bestehende Termine verändern, aber keine neuen anlegen.
- Bei einem Haken in der Spalte *ERSTELLEN* kann der Agent neue Termine im Kalender anlegen.
- Bei einem Haken in der Spalte *RW* kann der Agent Termine löschen.

Alle übrigen Spalten haben bei den Kalendern keine Bedeutung.

Im Formular aus Abbildung 10-1 stellen Sie in jedem Fall sicher, dass die *Gültigkeit* auf *gültig* steht, nur dann lässt sich der Kalender auch tatsächlich nutzen.

Einige Tickets müssen bis zu einem ganz bestimmten Zeitpunkt bearbeitet werden. Ein wartendes Ticket müssen Sie beispielsweise bis zum Ablauf der eingestellten Wartezeit bearbeiten, andernfalls schlägt OTRS Alarm. Für diese wichtigen Zeitpunkte kann OTRS selbstständig einen passenden Termin in den Kalender eintragen. Im Beispiel würde folglich im Kalender automatisch ein Termin auf das Ende der Wartezeit hinweisen. Welche Termine das Ticketsystem in den Kalender schreibt, dürfen Sie netterweise selbst festlegen. Beispielsweise kann OTRS im Kalender explizit nur noch auf Tickets hinweisen, die in der Queue *Raw* liegen, die von Hans Hansen stammen und deren Wartezeit gerade abläuft.

Wann OTRS welche Termine in den Kalender eintragen soll, legen Sie über Regeln fest. Die klicken Sie bequem unter *Ticket-Termine* zusammen. Um die passenden Einstellungen zu Gesicht zu bekommen, klicken Sie auf *Ticket-Termine*. Damit klappt der Kasten aus Abbildung 10-2 auf. Darin lassen Sie zunächst eine neue *Regel hinzufügen*. Jetzt wird es allerdings ein klein wenig kompliziert.

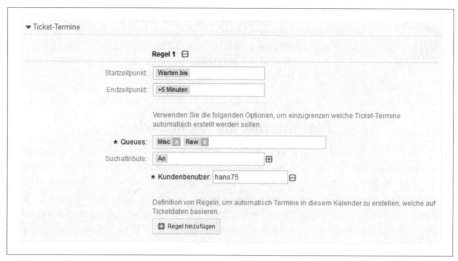

Abbildung 10-2: Hier entsteht eine neue Regel, die nur wartende Tickets von Hans Hansen aus den Queues Raw und Misc berücksichtigt.

OTRS kann im Kalender automatisch einen Termin an dem Zeitpunkt eintragen ...

- an dem die Wartezeit eines Tickets abläuft (*Warten bis*).
- an dem die Frage aus dem Ticket komplett beantwortet sein muss (die sogenannte *Lösungszeit*).
- an dem Sie am Ticket weitergearbeitet haben müssen (die sogenannte *Aktualisierungszeit*).
- an dem spätestens eine erste Reaktion auf ein neu eingegangenes Ticket erfolgen sollte (*Zeit für erste Reaktion*).
- den ein dynamisches Feld nennt (dies setzt voraus, dass Sie die dynamischen Felder aus Kapitel 11, *Dynamische Felder*, nutzen).

Unter *Startzeitpunkt* müssen Sie sich für genau eine dieser Situationen entscheiden. Stellen Sie dort beispielsweise *Warten bis* ein, kramt OTRS gleich alle derzeit wartenden Tickets heraus. Für jedes dieser Tickets trägt OTRS dann genau am Ende der Wartezeit im Kalender einen passenden Termin ein. Endet etwa die Wartezeit eines der Tickets am 27. Juni um 12 Uhr, erscheint automatisch im Kalender am 27. Juni um 12 Uhr ein passender Termin.

Jeder Termin im Kalender dauert eine gewisse Weile. Beispielsweise könnte ein Meeting um 12 Uhr beginnen und dann eine halbe Stunde später enden. Auch für die automatisch von OTRS erzeugten Termine müssen Sie eine Dauer vorgeben. Dazu klicken Sie in das Eingabefeld auf *Endzeitpunkt* und wählen eine der angebotenen Zeitspannen aus.

 Wählen Sie hier eine Zeitspanne, die Sie im Schnitt zur Bearbeitung der Tickets benötigen. Im Zweifelsfall belassen Sie erst einmal die Vorgabe.

Als Nächstes müssen Sie festlegen, aus welchen Queues die Tickets stammen. Dazu klicken Sie in das Eingabefeld neben *Queues* und selektieren in der erscheinenden Liste alle gewünschten Queues. Sollen beispielsweise im Kalender nur Termine von Tickets erscheinen, die in den Queues *Misc* und *Raw* liegen, klicken Sie die beiden gleichnamigen Einträge an. Wenn Sie versehentlich eine falsche Queue ausgewählt haben, klicken Sie sie einfach erneut an. Suchen Sie eine ganz bestimmte Queue, klicken Sie in das Eingabefeld neben *Queues* und tippen den Namen der Queue ein (das funktioniert trotz der ausgeklappten Liste). Schon beim Tippen zeigt OTRS in der Liste nur noch die zum eingegebenen Begriff passenden Queues. Wieder alle Queues bekommen Sie zu Gesicht, wenn Sie das Eingabefeld löschen. Sobald Sie alle gewünschten Queues ausgewählt haben, klicken Sie auf *Bestätigen*. Sie können Ihre Wahl jederzeit korrigieren, indem Sie einfach erneut in das Feld *Queues* klicken.

Mit den bisherigen Einstellungen würde OTRS im Kalender am 07.09.2018 um 12 Uhr einen fünf Minuten lang dauernden Termin eintragen, wenn

- die Wartezeit eines Tickets am 07.09.2018 um 12 Uhr endet *und*
- das Ticket gleichzeitig in der Queue *Raw* oder *Misc* liegt.

Je nach Ticketaufkommen können das immer noch ziemlich viele Termine sein. Glücklicherweise können Sie die Auswahl weiter einschränken. Dazu klicken Sie in das Eingabefeld rechts neben *Suchattribute* und entscheiden sich in der Liste für ein passendes Auswahlkriterium. Soll OTRS beispielsweise nur die Tickets von Hans Hansen berücksichtigen, wäre der *Kundenbenutzer* die richtige Wahl. Nachdem Sie das Kriterium festgelegt haben, klicken Sie auf das Plussymbol. In das neue Eingabefeld müssen Sie jetzt einen passenden Wert eingeben. Im Beispiel wäre das der Benutzername des Kundenbenutzers und somit etwa hans75 für Hans Hansen. Nach dem gleichen Prinzip können Sie noch weitere Kriterien hinzufügen. Sind Sie etwa nur an Tickets mit der hohen Priorität 5 interessiert, klicken Sie in das Eingabefeld *Priorität*, dann auf das Plussymbol und hinterlegen im neuen Eingabefeld die Priorität – im Beispiel also die 5. Um ein Kriterium wieder zu entfernen, klicken Sie auf das Minussymbol rechts neben dem entsprechenden Eingabefeld.

Mit den bisherigen Einstellungen aus Abbildung 10-2 würde OTRS im Kalender am 07.09.2018 um 12 Uhr einen fünf Minuten lang dauernden Termin eintragen, wenn

- die Wartezeit eines Tickets am 07.09.2018 um 12 Uhr endet *und*
- das Ticket in der Queue *Raw* oder *Misc* liegt *und*
- das Ticket vom Kundenbenutzer *Hans Hansen* stammt.

Nach dem gezeigten Prinzip können Sie weitere Regeln hinzufügen: Klicken Sie auf *Regel hinzufügen* und füllen Sie die neu angezeigten Felder aus. OTRS nummeriert alle Regeln von oben nach unten durch. Wenn Sie eine der Regeln wieder loswerden möchten, klicken Sie auf das Minussymbol neben ihrem Namen. Um beispielsweise die zweite Regel zu entfernen, klicken Sie neben *Regel 2* auf das Minussymbol.

Wenn alle Angaben komplett sind, lassen Sie den Kalender am unteren Seitenrand *Speichern*.

Kalender verwalten

Einen einmal angelegten Kalender können Sie nicht wieder löschen, aber immerhin jederzeit nachbearbeiten oder deaktivieren. In letzterem Fall versteckt OTRS den kompletten Kalender samt den darin enthaltenen Terminen. Um die Einstellungen eines Kalenders zu ändern, rufen Sie im Hauptmenü *Kalender → Kalender verwalten* auf. Sie landen damit in der Kalenderverwaltung. Klicken Sie dort in der Liste auf den Namen des Kalenders, den Sie verändern oder deaktivieren möchten. OTRS öffnet dann das Formular aus dem vorherigen Abschnitt. Ändern Sie darin alle Einstellungen nach Wunsch ab. Um den Kalender zu deaktivieren, klicken Sie neben *Gültigkeit* in das Eingabefeld und wählen *ungültig*. In jedem Fall lassen Sie Ihre Änderungen *Speichern und abschließen*. Ein Klick auf *Speichern* würde die Modifikationen ebenfalls übernehmen, das Formular aber noch geöffnet lassen. *Abbrechen* verwirft hingegen alle Ihre Änderungen.

In der Kalenderverwaltung hinter *Kalender → Kalender verwalten* hilft auf der linken Seite das Eingabefeld *Filter für Kalender* bei der Suche nach einem ganz bestimmten Kalender. Tippen Sie einfach den Namen des gesuchten Kalenders in das Feld. Schon beim Tippen zeigt OTRS in der Liste nur noch die Kalender an, die zum eingetippten Begriff passen. Um alle Kalender in der Liste zu sehen, löschen Sie das Eingabefeld wieder.

Termine eintragen

Sobald mindestens ein Kalender existiert, können Sie in ihn Ihre Termine eintragen. Dazu rufen Sie aus dem Hauptmenü *Kalender → Neuer Termin* auf. Alternativ können Sie auch *Kalender → Kalenderübersicht* aufrufen und dann links unter den *Aktionen* einen *Termin hinzufügen* lassen. Die gleiche Schaltfläche finden Sie zudem hinter *Kalender → Agendaübersicht*.

In jedem Fall öffnet OTRS jetzt das Formular aus Abbildung 10-3. Dieses müssen Sie jetzt einmal von oben nach unten ausfüllen. Geben Sie dem Termin zunächst ganz oben einen *Titel*. Da OTRS den Titel später an verschiedenen Stellen anzeigt, sollte er kurz und knapp den Grund des Termins zusammenfassen – wie etwa Meeting Support. Darunter dürfen Sie im etwas größeren Eingabefeld noch eine ausführlichere *Beschreibung* hinterlegen. Beispielsweise könnten Sie dort die Themen notieren, die während des Meetings besprochen werden sollen.

Unter *Standort* tragen Sie ein, wo der Termin stattfindet. Dies kann banal die Raumnummer oder die Adresse einer Filiale sein. Sofern Sie eine Adresse eingetragen haben und auf die orangefarbene Weltkugel rechts neben dem Eingabefeld klicken, öffnet OTRS eine Landkarte und markiert darin den entsprechenden Veranstaltungsort. Dabei spannt OTRS Google Maps ein, das allerdings nicht immer richtig liegt.

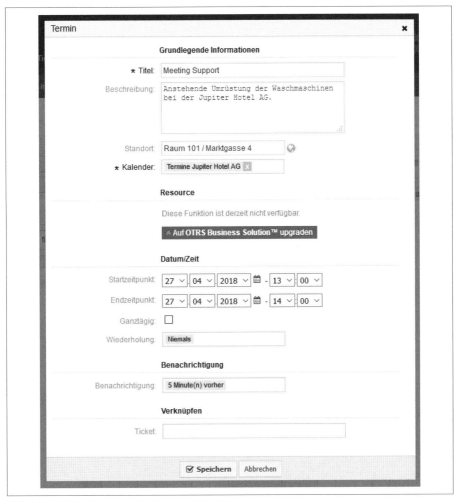

Abbildung 10-3: Hier entsteht ein neuer Termin.

Als Nächstes klicken Sie in das Eingabefeld rechts neben *Kalender*. Wählen Sie aus der Liste den Kalender aus, in den Sie den neuen Termin eintragen möchten. Haben Sie versehentlich den falschen Kalender ausgesucht, klicken Sie einfach noch einmal in das Feld.

Weiter unten im Abschnitt *Datum/Zeit* müssen Sie festlegen, wann der Termin stattfindet und wie lange er dauert. Dazu stellen Sie zunächst mit den Drop-down-Listen neben *Startzeit* ein, wann der Termin beginnt. Mit einem Klick auf das Kalendersymbol können Sie zumindest das Datum etwas bequemer aus einem kleinen Kalender picken. Analog legen Sie unter *Endzeitpunkt* fest, wann der Termin beendet ist. In Abbildung 10-3 würde das Meeting am 27.04.2018 um 13 Uhr beginnen und am gleichen Tag um 14 Uhr enden. Insbesondere Fortbildungsmaßnahmen dauern meist einen kompletten Arbeitstag. In dem Fall können Sie sich das

Einstellen der Uhrzeiten sparen, indem Sie einfach einen Haken neben *Ganztägig* setzen.

Viele Teams besprechen am Ende der Woche die in den vergangenen Tagen aufgetretenen Probleme und blicken auf die anstehenden Aufgaben der nächsten Woche. In diesem Fall müssten Sie an jedem der kommenden Freitage mühsam einen entsprechenden Termin in Ihren Kalender eintragen. Netterweise kann Ihnen OTRS diese Arbeit abnehmen: Wenn der Termin mehrfach stattfindet, klicken Sie neben *Wiederholung* in das Eingabefeld. Wählen Sie dann in der Liste aus, wann Ihr Termin immer wieder stattfindet. Entscheiden Sie sich beispielsweise für *Jede Woche*, wiederholt OTRS alle sieben Tage automatisch den Termin. Wenn kein passender Zeitraum in der Liste für Ihren Fall dabei ist, entscheiden Sie sich für *Benutzerdefiniert*. OTRS zeigt dann weitere Eingabefelder an, über die Sie die Wiederholungen exakt vorgeben können. Klicken Sie zunächst in das Feld *Frequenz* und wählen Sie in der Liste aus, in welchen (groben) Abständen der Termin stattfindet. Findet beispielsweise eine Besprechung nur alle zwei Wochen statt, wählen Sie hier zunächst *wöchentlich*. Abhängig von Ihrer Entscheidung zeigt OTRS jetzt darunter passende weitere (Fein-)Einstellungen an. Sofern Sie sich wie im Beispiel für *wöchentlich* entschieden haben, stellen Sie zunächst neben *Alle* ein, ob die Besprechung jede Woche, alle zwei Wochen und so weiter stattfindet. Müssen Sie der Besprechung alle 14 Tage beiwohnen, stellen Sie die Drop-down-Liste neben *Alle* auf *2*. Darunter müssen Sie noch neben *Ein* festlegen, an welchen Wochentagen die Besprechung stattfindet. An allen »eingedrückten« Wochentagen findet der entsprechende Termin statt, an allen anderen nicht. Müssen Sie der Besprechung immer nur freitags beiwohnen, klicken Sie folglich auf das *Fr*. Sollten andere Wochentage ebenfalls optisch »eingedrückt« erscheinen, klicken Sie sie nacheinander an, sodass Sie das Ergebnis aus Abbildung 10-4 erhalten. Analog legen Sie auch die Wiederholungen mit einer täglichen, monatlichen oder jährlichen *Frequenz* fest.

Abbildung 10-4: Mit diesen Einstellungen findet der Termin freitags alle 14 Tage statt.

In jedem Fall geben Sie in den Drop-down-Listen ganz unten noch an, wann der Termin zum letzten Mal stattfinden soll. Alternativ können Sie vorgeben, wie oft sich der Termin wiederholt. Dazu klicken Sie in das Eingabefeld *bis*, wählen den Punkt *für … Wiederholungen* und tippen dann in das neue kleine Eingabefeld die Anzahl der Wiederholungen ein.

Damit Sie den Termin nicht verpassen, kann Sie OTRS vorab an ihn erinnern. Wie weit im Voraus das geschieht, stellen Sie unter *Benachrichtigung* ein: Klicken Sie einfach in das Eingabefeld und wählen Sie die gewünschte Zeitspanne aus. In Abbildung 10-3 würde OTRS den Agenten fünf Minuten vor der Besprechung erinnern. Diesen Zeitpunkt nennt das Ticketsystem zum Teil auch *Erinnerungszeit*. Sofern keiner der vorgeschlagenen Zeiträume passt, wählen Sie *Benutzerdefiniert*. OTRS schaltet dann die Einstellungen aus Abbildung 10-5 frei. Mit ihnen legen Sie den Zeitpunkt fest, an dem OTRS Sie an den Termin erinnert: Klicken Sie zunächst in das Eingabefeld *Stunde(n)* und entscheiden Sie sich, ob OTRS Sie Minuten, Stunden oder gar Tage vorher erinnern soll. Wie viele Minuten, Stunden oder Tage es genau sein sollen, tragen Sie in das kleine Eingabefeld darüber ein. Mit den Einstellungen aus Abbildung 10-5 würde OTRS etwa 3 Stunden vorher Alarm schlagen. OTRS geht dabei immer von der Startzeit des Termins aus. Mit einem Klick in das Feld *bevor der Termin beginnt* können Sie aber auch einen anderen Zeitpunkt als Referenz auswählen. Stellen Sie beispielsweise *bevor der Termin endet* ein, würde Sie OTRS drei Stunden vor dem *Ende* der Besprechung an den Termin erinnern. Alternativ zu diesen relativen Zeitangaben können Sie auch einen ganz konkreten Zeitpunkt vorgeben, an dem OTRS Sie an die Besprechung erinnern soll. Dazu klicken Sie in den runden Kreis unter *Datum/Zeit* und stellen dann über die Drop-down-Listen den gewünschten Zeitpunkt ein.

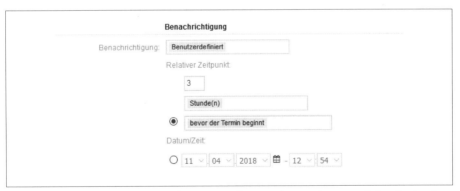

Abbildung 10-5: Hier würde OTRS den Agenten drei Stunden vor dem eigentlichen Beginn der Besprechung an den Termin erinnern.

Abschließend dürfen Sie noch den Termin mit einem Ticket verknüpfen. Dazu tragen Sie die Ticketnummer oder den Namen des entsprechenden Tickets in das unterste Eingabefeld ein und wählen dann das passende Ticket aus.

Sie können auch umgekehrt ein Ticket mit einem Termin verknüpfen. Dieser Weg kostet zwar ein paar zusätzliche Mausklicks, im Gegenzug müssen Sie jedoch nicht mit der kryptischen Ticketnummer hantieren oder sich an den Titel des Tickets erinnern. Wie Sie ein Ticket mit einem (bestehenden) Termin verknüpfen, verrät gleich noch Abschnitt »Termine mit Tickets verknüpfen« auf Seite 272. Den dort beschriebenen Weg müssen Sie auch wählen, wenn OTRS über das Eingabefeld *Verknüpfen* kein Ticket verknüpfen möchte.

Sobald alle Daten beisammen sind, lassen Sie den Termin *Speichern*.

Termine anzeigen

Die eingetragenen und anstehenden Termine kann Ihnen OTRS gleich auf drei verschiedene Arten präsentieren: in einem kleinen Widget in der *Übersicht*, in einer mehr oder weniger langen Liste oder in einem hübschen Kalender, der optisch dem Wandkalender aus Ihrer Küche ähnelt.

Kalenderübersicht

Wenn Sie im Hauptmenü *Kalender* → *Kalenderübersicht* aufrufen, präsentiert Ihnen OTRS zunächst die Darstellung aus Abbildung 10-6. Dort finden Sie von links nach rechts für jeden Tag der Woche eine Spalte. Die rote Linie markiert den heutigen Tag. Jeder Termin wird durch ein kleines Kästchen repräsentiert, das die Farbe des zugehörigen Kalenders besitzt. An der Länge des Kästchens können Sie zudem die Dauer der jeweiligen Veranstaltung ablesen. In dieser Darstellung als *Zeitstrahl* sehen Sie sehr gut, welche Termine sich zeitlich überlappen und wie lange sie im Verhältnis zueinander dauern.. Sie kennen diese Darstellungsform vielleicht auch unter der Bezeichnung Gantt- oder Balkendiagramm.

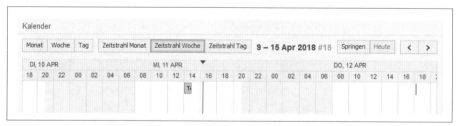

Abbildung 10-6: Standardmäßig präsentiert OTRS die Termine entlang dieses Zeitstrahls.

Über die Schaltflächen *Zeitstrahl Monat*, *Zeitstrahl Woche* und *Zeitstrahl Jahr* können Sie den Betrachtungszeitraum anpassen. Entscheiden Sie sich beispielsweise für den *Zeitstrahl Monat*, zeigt OTRS für jeden Tag im Monat eine Spalte an, in der Ansicht *Zeitstrahl Tag* steht hingegen jede Spalte für eine Stunde. Über die Pfeile rechts oben in der Ecke wechseln Sie zwischen den Tagen, Wochen und Monaten. Mit einem Klick auf *Springen* können Sie schnell ein ganz bestimmtes Datum ansteuern. OTRS öffnet dann einen kleinen Kalender, in dem Sie einfach den gewünschten Tag anklicken. Ein Klick auf *Heute* springt wieder zum aktuellen Tag zurück.

Welchen Zeitraum OTRS gerade anzeigt, verrät die Schrift in schwarzen Lettern links neben der Schaltfläche *Springen* Die hellgraue Zahl hinter dem #-Zeichen gibt die Kalenderwoche an. In Abbildung 10-6 präsentiert OTRS beispielsweise alle Termine aus der Woche vom 9. bis 15. April 2018 und somit der 15. Kalenderwoche.

Neben der Ansicht aus Abbildung 10-6 kennt OTRS noch drei alternative Darstellungen. Ein Klick auf *Monat* (ganz links) führt zum Monatskalender aus Abbildung 10-7. Der heutige Tag ist dort hellgelb hinterlegt. Diese Darstellung eignet sich besonders, um einen Überblick über die in diesem Monat anstehenden Termine zu erhalten.

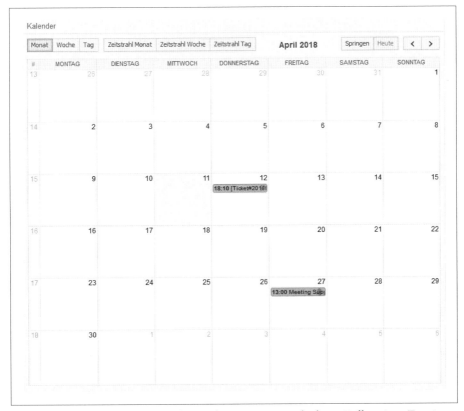

Abbildung 10-7: Auch in der Kalenderansicht repräsentiert jeder bunte Balken einen Termin.

Wenn Sie die Termine in einer ganz bestimmten Woche interessieren, klicken Sie auf die Schaltfläche *Woche*. OTRS zeigt dann wie in Abbildung 10-8 für jeden Wochentag eine Spalte und für jede Stunde eine Zeile. Die aktuelle Uhrzeit ist mit einem roten Strich markiert. In dieser Wochenansicht lässt sich ebenfalls sehr gut die Dauer von Terminen ablesen: Je höher der Kasten eines Termins, desto länger dauert er. Um herauszufinden, welche Termine an einem ganz bestimmten Tag fällig werden, klicken Sie links oben auf *Tag*. Damit erscheint die Darstellung aus Abbildung 10-9. Oben zeigt Ihnen OTRS alle Termine an, die den Tag über stattfinden, darunter steht wieder jedes Kästchen für einen Termin. An der Höhe des Kästchens können Sie die Dauer ablesen. Wenn Sie sich die Termine für den aktuellen Tag anzeigen lassen, markiert eine rote Linie die momentane Uhrzeit. Sie können folglich genau sehen, ob Sie gerade in einer Besprechung sitzen sollten.

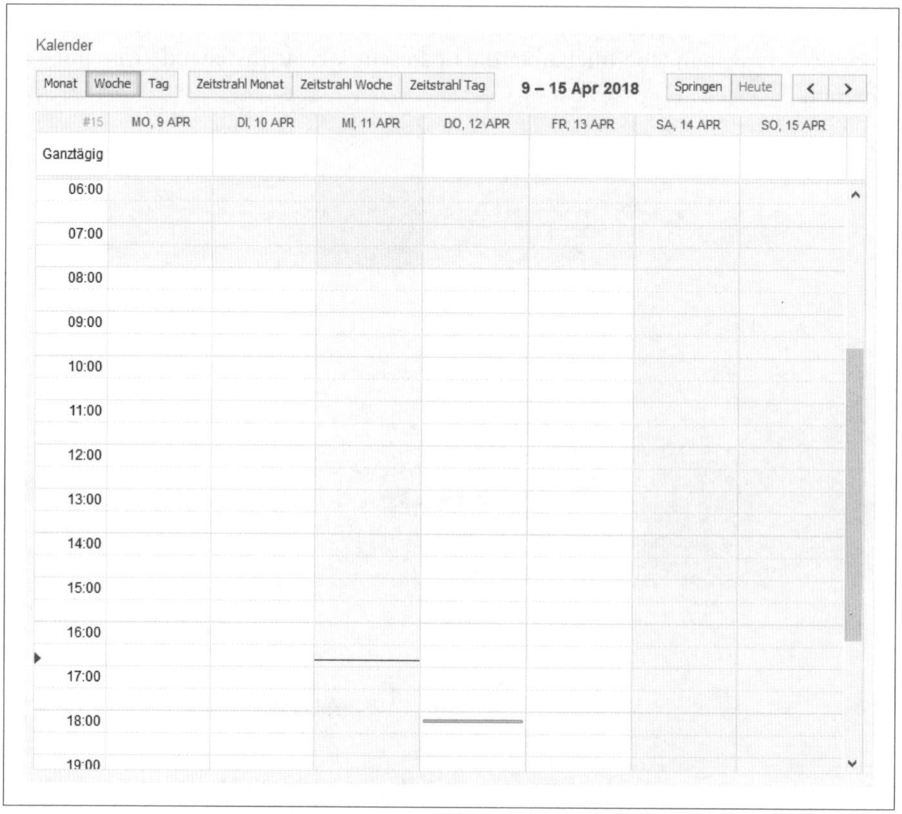

Abbildung 10-8: Hier steht nur ein Termin am 12. April an.

Wenn Sie den Mauszeiger auf einem Termin parken, blendet OTRS einen Kasten mit allen wichtigen Informationen ein. Unter anderem erfahren Sie die exakte Start- und Endzeit. Bei allen von OTRS automatisch erzeugten Terminen finden Sie rechts oben in der Ecke des kleinen Kastens einen Buchstaben, der auch schwach lesbar auf der rechten Seite im Balken des Termins erscheint. Diese unterschiedlichen Buchstaben haben folgende Bedeutungen:

- Ein *P* weist darauf hin, dass zu diesem Zeitpunkt die Wartezeit eines Tickets endet.

- Ein *E* weist darauf hin, dass zu diesem Zeitpunkt das Ticket eskaliert (weil dann die erlaubte Zeit für eine erste Reaktion, die Aktualisierungszeit oder die Lösungszeit abläuft).

- Ein *D* weist darauf hin, dass der Zeitpunkt für den Termin aus einem dynamischen Feld stammt (mehr zu den dynamischen Feldern finden Sie im entsprechenden Kapitel 11, *Dynamische Felder*).

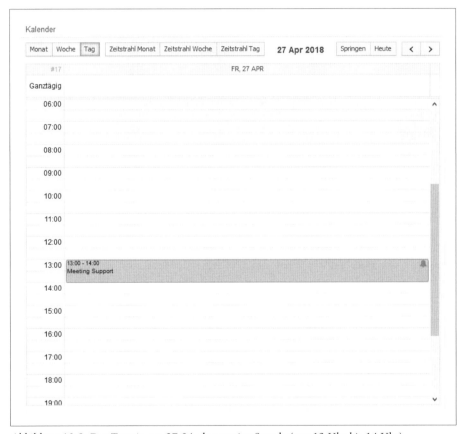

Abbildung 10-9: Der Termin am 27.04. dauert eine Stunde (von 13 Uhr bis 14 Uhr).

Mit einem Klick auf einen Termin holen Sie sämtliche Informationen auf den Bildschirm, die OTRS über den Termin gespeichert hat. Das entsprechende Formular kennen Sie bereits aus dem vorherigen Abschnitt. Sie dürfen im Formular auch alle Informationen abändern – vorausgesetzt, Sie besitzen die notwendigen Rechte. Denken Sie daran, Ihre vorgenommenen Modifikationen zu *Speichern*. Über die

Schaltfläche *Kopieren* können Sie hingegen schnell einen neuen Termin mit den gerade angezeigten Einstellungen anlegen. *Löschen* entfernt hingegen den Termin aus dem Kalender. Löschen lässt sich der Termin allerdings nur dann, wenn

- ein Agent oder Sie den Termin eingepflegt haben und
- Sie die notwendigen Rechte dazu besitzen.

Alle von OTRS automatisch eingetragenen Termine lassen sich hingegen nicht entfernen. *Abbrechen* verwirft schließlich alle Änderungen.

In einer der drei *Zeitstrahl*-Ansichten können Sie die Dauer eines Termins auch schnell mit der Maus anpassen: Suchen Sie in der Kalenderübersicht den zum Termin gehörenden Balken. Fahren Sie mit der Maus auf den linken oder rechten Rand des Balkens. Der Mauszeiger verändert sich dabei in einen Doppelpfeil. Halten Sie jetzt die Maustaste gedrückt und ziehen Sie den Balken in die gewünschte Länge. OTRS passt dann die Dauer beziehungsweise die Startzeit des Termins entsprechend an.

Mit einem Doppelklick erstellen Sie blitzschnell an der entsprechenden Stelle im Kalender einen neuen Termin.

Standardmäßig zeigt OTRS immer alle Termine aus allen Kalendern an. Welche Kalender das sind, können Sie auf der linken Seite im Kasten *Kalender* ablesen (siehe Abbildung 10-10). Dort zeigt OTRS auch noch einmal an, in welcher Farbe es die Termine aus dem jeweiligen Kalender anstreicht. Wenn Sie den Haken vor einem Kalender entfernen, blendet OTRS alle entsprechenden Termine aus. Sofern die Liste sehr viele Kalender zeigt und Sie einen ganz bestimmten Kalender suchen, geben Sie in das Eingabefeld den Namen des Kalenders ein. Schon beim Tippen blendet OTRS in der Liste darunter nur noch alle Kalender ein, die zum eingegebenen Begriff passen. Um wieder alle Kalender zu sehen, löschen Sie das Eingabefeld.

Abbildung 10-10: Hier gibt es nur einen Kalender, dessen Termine OTRS auf der rechten Seite anzeigt.

Wenn Sie einen Termin vermissen, prüfen Sie immer als Erstes auf der linken Seite im Kasten *Kalender*, ob dort alle Kalender einen Haken besitzen.

Agendaübersicht

Wenn Sie *Kalender → Agendaübersicht* aufrufen, listet Ihnen OTRS alle anstehenden Termine auf. Es erscheint dann die sogenannte *Agendaübersicht* aus Abbildung 10-11. Darin wählen Sie zunächst ganz oben, ob OTRS alle in diesem *Monat*, in dieser *Woche* oder für den heutigen *Tag* anstehenden Termine präsentieren soll. Mit den Schaltflächen rechts oben in der Ecke blättern Sie schnell in der Zeit vor und zurück beziehungsweise springen via *Heute* wieder zum aktuellen Tag. Über einen Klick auf einen der Termine öffnet sich das bekannte Formular aus den vorherigen Abschnitten, in dem Sie alle Einstellungen des Termins einsehen und gegebenenfalls korrigieren können.

KALENDER	TITEL	STARTZEITPUNKT	ENDZEITPUNKT	GANZTÄGIG	WIEDERHOLUNG	BENACHRICHTIGUNG
12.04.2018						
Termine Jupiter Ho...	[Ticket#2018041065000015] Defekte...	12.04.2018 18:10:00 (Europe/Berlin)	12.04.2018 18:15:00 (Europe/Berlin)	Nein	Nein	Nein
27.04.2018						
Termine Jupiter Ho...	Meeting Support	27.04.2018 13:00:00 (Europe/Berlin)	27.04.2018 14:00:00 (Europe/Berlin)	Nein	Nein	27.04.2018 12:55:00 (Europe/Berlin)

Abbildung 10-11: Die Agendaübersicht listet einfach alle vorhandenen Termine auf, hier alle Termine für den Monat April 2018.

Kalender-Widget

Eine Liste mit allen als Nächstes anstehenden Terminen präsentiert auf Wunsch auch ein kleines Widget in der *Übersicht*. Um es einzublenden, stellen Sie zunächst sicher, dass der Kasten mit den *Einstellungen* ausgeklappt ist (klicken Sie gegebenenfalls auf das Wort *Einstellungen*). Sofern vor *Termine* kein Haken zu sehen ist, setzen Sie einen in das Kästchen und lassen die *Einstellungen speichern*. Damit erscheint dann rechts unten auf der Seite das Widget aus Abbildung 10-12.

Abbildung 10-12: Hier stehen heute und morgen keine Termine an, wohl aber einer »Demnächst«.

Über die Schaltfläche lässt sich schnell ein *Neuer Termin* erstellen. Direkt unter der Schaltfläche können Sie wählen, ob das Widget die *Heute*, *Morgen* oder *Demnächst* anstehenden Termine anzeigen soll. Die Zahl in den Klammern gibt dabei an, wie viele Termine am entsprechenden Tag beziehungsweise im entsprechenden Zeitraum zu erwarten sind. Im unteren Bereich des Widgets listet die Tabelle die entsprechenden Termine auf. Anhand des Farbbalkens können Sie den Termin dem entsprechenden Kalender zuordnen. In der Spalte *START* verrät OTRS zudem die Anfangszeit des Termins. Weitere Informationen erhalten Sie mit einem Klick auf den *TITEL* des Termins. OTRS springt dann in die Kalenderverwaltung und öffnet dort das aus den vorherigen Abschnitten bekannte Formular mit allen Eckdaten des Termins.

Standardmäßig präsentiert das Widget höchstens zehn Termine. Ändern können Sie diese Zahl, indem Sie mit dem Mauszeiger in der Titelleiste des Widgets auf den Begriff *Termine* fahren und dann das erscheinende Zahnradsymbol anklicken. Es öffnen sich jetzt zwei Einstellungen. Klicken Sie in das obere Feld *Angezeigt* und wählen Sie die Anzahl der anzuzeigenden Termine aus. Unter *Aktualisierung (Minuten)* dürfen Sie zudem noch festlegen, wie oft das Widget seine Anzeige aktualisiert. Standardmäßig schaut das Widget jede Minute nach neuen Terminen und passt seine Tabelle an. Wenn Ihnen dieses Intervall zu kurz ist, klicken Sie in das Eingabefeld *Aktualisierung (Minuten)* und bestimmen eine andere Zeitspanne. Entscheiden Sie sich für *aus*, müssen Sie die Darstellung immer manuell aktualisieren. Nachdem Sie alle Einstellungen an Ihre Bedürfnisse angepasst haben, lassen Sie Ihre *Änderungen speichern*.

Wollen Sie sicherstellen, dass das Widget gerade aktuelle Informationen anzeigt, fahren Sie mit dem Mauszeiger auf den Begriff *Termine* und klicken auf das Symbol mit den zwei gebogenen Pfeilen. Das Widget geht dann explizit auf die Suche nach allen anstehenden Terminen und aktualisiert seine Tabelle. Diese manuelle Aktualisierung ist insbesondere dann nützlich, wenn Sie gerade einen neuen Termin angelegt haben.

Termine mit Tickets verknüpfen

Hans Hansen von der Jupiter Hotel AG hat gleich mehrere Probleme mit einer Waschmaschine gemeldet. Ein entsprechendes Ticket liegt bereits seit heute Morgen in OTRS. Da es sich um einen finanzstarken Kunden handelt, soll eine Lösung in einem kurzfristig anberaumten Meeting gefunden werden. Um diese wichtige Besprechung nicht zu vergessen, sollte man für sie einen Termin im Kalender eintragen. Gleichzeitig sollte man aber auch irgendwie im Termin notieren, über welches Ticket die Beteiligten diskutieren werden.

Netterweise können Sie in OTRS einen Termin mit einem Ticket verknüpfen. In der Ticket-Zoom-Ansicht können Sie dann über einen entsprechenden Link direkt zum Termin im Kalender springen und umgekehrt über einen Link im Termin direkt zum Ticket. Im Beispiel ließe sich etwa vom Termin für das Meeting auf das Ticket mit der defekten Waschmaschine verweisen und vice versa. Wie Sie ein Ticket mit einem Termin verknüpfen, hängt davon ab, ob bereits ein Termin existiert oder ob Sie erst noch einen neuen Termin anlegen müssen.

Haben Sie bisher keinen Termin angelegt, rufen Sie zunächst das entsprechende Ticket auf (wie in Abschnitt »Einzelnes Ticket anzeigen (Ticket-Zoom-Ansicht)« auf Seite 199 beschrieben). Fahren Sie im oberen Menü auf den Punkt *Verschiedenes* und wählen Sie dann *Neuer Termin*. OTRS springt jetzt in die Kalenderverwaltung und öffnet dort ein Formular, über das Sie einen neuen Termin anlegen können. Das funktioniert genau so, wie in Abschnitt »Termine eintragen« auf Seite 262 beschrieben. Im unteren Bereich des Formulars hat OTRS bereits das Ticket verknüpft, dort müssen Sie keine Änderungen mehr durchführen.

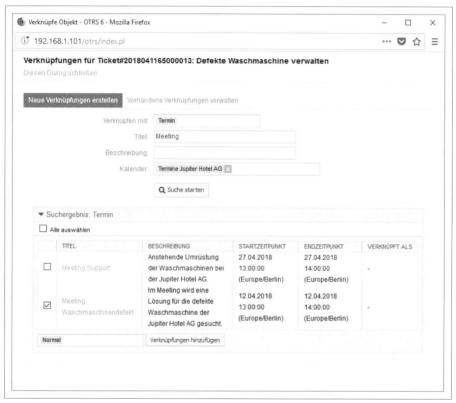

Abbildung 10-13: Hier würde OTRS das Ticket 2018041165000013 mit dem Termin »Meeting Waschmaschinendefekt« verknüpfen.

Wenn Sie einen schon vorhandenen Termin mit einem Ticket verknüpfen möchten, rufen Sie zunächst das entsprechende Ticket auf (wie in Abschnitt »Einzelnes Ticket anzeigen (Ticket-Zoom-Ansicht)« auf Seite 199 beschrieben). Fahren Sie im oberen Menü auf den Punkt *Verschiedenes* und wählen Sie dann *Verknüpfen*. Im erscheinenden Formular klicken Sie in das Eingabefeld neben *Verknüpfen mit* und entscheiden sich für den *Termin*. Jetzt müssen Sie den Termin suchen, mit dem OTRS das Ticket verknüpfen soll. Dazu füllen Sie so weit wie möglich die übrigen Felder aus. Beginnt etwa der Titel des Termins mit Meeting, tippen Sie diesen Begriff neben *Titel* ein. Befindet sich der Termin zudem im Kalender Termine Jupiter `Hotel AG`, klicken Sie in das Eingabefeld neben *Kalender*, wählen den entsprechenden Kalender aus und lassen ihn *Bestätigen*. Sobald alle Felder ausgefüllt sind, lassen Sie die *Suche starten*. OTRS listet jetzt im unteren Bereich alle zu Ihren Eingaben passenden Termine auf. Setzen Sie in das Kästchen vor jedem gefundenen Termin einen Haken, den Sie mit dem Ticket verknüpfen wollen, und klicken Sie auf *Verknüpfungen hinzufügen*. Wenn in der Liste der oder die gesuchten Termine nicht dabei sind, ändern Sie die Eingaben in den oberen Feldern und lassen erneut die *Suche starten*. Nachdem Sie auf die gezeigte Weise alle Verknüpfungen hinzugefügt haben, lassen Sie ganz oben über den entsprechenden Link *Diesen Dialog schließen*.

In der Ticket-Zoom-Ansicht verrät OTRS rechts unten im Kasten *Verknüpfte Objekte* auch die verknüpften Termine. Die erscheinen dort jedoch wie in Abbildung 10-14 als ziemlich kryptischer Link. Im Beispiel aus Abbildung 10-14 heißt er `A:2`. Ein Klick auf den Link öffnet direkt den entsprechenden Termin in der Kalenderverwaltung.

Abbildung 10-14: Die verknüpften Termine erscheinen in der Ticket-Zoom-Ansicht in diesem Kasten.

Öffnen Sie umgekehrt in der Kalenderverwaltung einen Termin (etwa mit einem Klick auf seinen Balken im Kalender), erscheinen alle damit verknüpften Tickets ganz unten (wie in Abbildung 10-15). Ein Klick auf eines der Tickets öffnet umgehend die zugehörige Ticket-Zoom-Ansicht. Das passiert allerdings nur dann, wenn in den Grundeinstellungen von OTRS der Domainname Ihrer OTRS-Installation korrekt eingestellt ist (siehe Kapitel 5, *E-Mail-Einstellungen*).

Abbildung 10-15: Hier ist der Termin mit dem Ticket verknüpft. Ein Klick auf das Minussymbol würde diese Verknüpfung aufheben.

Die Verknüpfung wieder auflösen können Sie ebenfalls auf zwei Wegen:

- Öffnen Sie die Einstellungen des entsprechenden Termins (beispielsweise indem Sie ihn in der Agendaübersicht anklicken). Im erscheinenden Formular suchen Sie ganz unten das Ticket und klicken rechts daneben auf das Minussymbol. Nach dem *Speichern* löst OTRS die entsprechende Verknüpfung.
- Rufen Sie das entsprechende Ticket auf, fahren Sie mit der Maus im oberen Menü auf den Punkt *Verschiedenes* und klicken Sie *Verknüpfen* an. Im erscheinenden Fenster klicken Sie den Text *Vorhandene Verknüpfungen verwalten* an. Setzen Sie einen Haken in das Kästchen vor dem betroffenen Termin und lassen Sie die *Verknüpfungen löschen*. Schließen Sie das Fenster über den Link *Diesen Dialog schließen*.

Kalender im- und exportieren

Einzelne Kalender können Sie in einer Datei speichern lassen. Umgekehrt können Sie auch einzelne Kalender wieder importieren. Auf diese Weise sichern Sie nicht nur Ihre Termine, dank der verwendeten Standarddateiformate können Sie die Kalender auch mit anderen Programmen austauschen.

Kalender exportieren

Um einen Kalender zu exportieren, rufen Sie im Hauptmenü den Punkt *Kalender → Kalender verwalten* auf. Suchen Sie dann in der Liste den Kalender, den Sie in einer Datei speichern lassen möchten. Jetzt haben Sie die Wahl (siehe auch Abbildung 10-16):

- Wenn Sie in der Spalte *EXPORT* auf das Symbol klicken, bietet Ihnen OTRS den kompletten Kalender im Austauschformat YAML (Endung *.yml*) zum Download an.
- Wenn Sie in der Spalte *HERUNTERLADEN* auf das Symbol klicken, bietet Ihnen OTRS alle Termine im Austauschformat iCalendar (ICS) zum Download an..

Welches der beiden Dateiformate das richtige ist, hängt von der Software ab, in der Sie die Kalender weiterverarbeiten möchten. In der YAML-Datei bleiben deutlich mehr Informationen erhalten. So merkt sich OTRS darin beispielsweise auch die Farbe des Kalenders. Die ICS-Datei enthält im Wesentlichen nur die Termine, im Gegenzug können deutlich mehr Kalenderprogramme diese Datei einlesen. Sofern Sie den kompletten Kalender später in OTRS wieder importieren möchten, sollten Sie sich für das YAML-Format entscheiden (und somit auf das Symbol in der Spalte *EXPORT* klicken). Im Zweifelsfall laden Sie sich einfach beide Dateien herunter.

In beiden Fällen speichert OTRS die Termine im Klartext. Sie können die Dateien folglich mit einem Texteditor öffnen und so gegebenenfalls nachbearbeiten. Bei sehr vielen Terminen werden die Dateien allerdings ziemlich groß.

	NAME	GRUPPE	GÜLTIGKEIT	GEÄNDERT	ERSTELLT	EXPORT	HERUNTERLADEN	URL
	Termine Jupiter Hotel AG	admin	gültig	2018-04-10 18:12:48	2018-04-10 16:08:03	⬇	☁	🗐

Kalender

Abbildung 10-16: Über die Symbole in den rechten Spalten können Sie (von links nach rechts) den entsprechenden Kalender im YAML-Format herunterladen, die Termine im ICS-Format speichern oder eine Internetadresse abrufen, über die OTRS den Kalender bereitstellt.

Wenn Sie sich für das ICS-Format entscheiden, schlägt der Download unter Umständen fehl. In diesem Fall sollten Sie prüfen, ob in den Grundeinstellungen von OTRS der Domainname Ihrer OTRS-Installation korrekt eingestellt ist (wie am Anfang von Kapitel 5, *E-Mail-Einstellungen*, beschrieben).

Es gibt noch einen dritten Weg, die Termine in ein anderes Kalenderprogramm zu schieben: OTRS stellt die Termine unter einer speziellen kryptischen Internetadresse zum Abruf bereit. Kalenderanwendungen können dann unter dieser Adresse automatisch den aktuellen Stand anfordern. Um die Adresse Ihrer Kalenderanwendung mitzuteilen, suchen Sie erneut den entsprechenden Kalender in der Liste und klicken dann in der Spalte *URL* auf das Symbol. OTRS kopiert jetzt die kryptische Internetadresse in die Zwischenablage. Eine weitere Rückmeldung erhalten Sie nicht. In Ihrem Kalenderprogramm müssen Sie nur noch die entsprechenden Einstellungen aufrufen und dann in das zugehörige Eingabefeld beispielsweise per *Strg+V* die Internetadresse aus der Zwischenablage einfügen. Ihr Kalenderprogramm sollte dann zukünftig automatisch die Termine bei OTRS abrufen. Das Ticketsystem bietet die Termine dabei ebenfalls im ICS-Format an. Das Verfahren funktioniert zudem nur dann reibungslos, wenn in den Grundeinstellungen von OTRS der Domainname Ihrer OTRS-Installation korrekt eingestellt ist (siehe Kapitel 5, *E-Mail-Einstellungen*).

Kalender importieren

OTRS kann Kalender in den Formaten YAML und iCalendar (beziehungsweise ICS) importieren. Das ist beispielsweise nützlich, wenn Sie einen schon bestehenden Kalender aus Ihrem eigenen Kalenderprogramm in OTRS übernehmen wollen oder aber die von OTRS gesicherten Kalender wieder zurückschreiben möchten (etwa nach einer Neuinstallation von OTRS). Zunächst müssen Sie sich überlegen, ob Sie nur die Termine in einen bestehenden Kalender schreiben lassen möchten oder ob Sie wirklich einen kompletten Kalender importieren wollen.

Um einen kompletten Kalender zu importieren, rufen Sie im Hauptmenü *Kalender → Kalender verwalten* auf. Wenden Sie sich dann dem Kasten *Kalender importieren* auf der linken Seite zu (den auch Abbildung 10-17 zeigt). Klicken Sie dort auf *Durchsuchen* und wählen Sie die Datei mit dem Kalender aus. Sollte bereits ein Kalender mit einem identischen Namen existieren, würde ihn OTRS gnadenlos mit dem Kollegen aus der gerade gewählten Datei überschreiben. Wenn Sie das verhindern möchten, entfernen Sie den Haken vor *Bestehende Einträge überschreiben*. Abschließend müssen Sie nur noch auf *Kalender importieren* klicken.

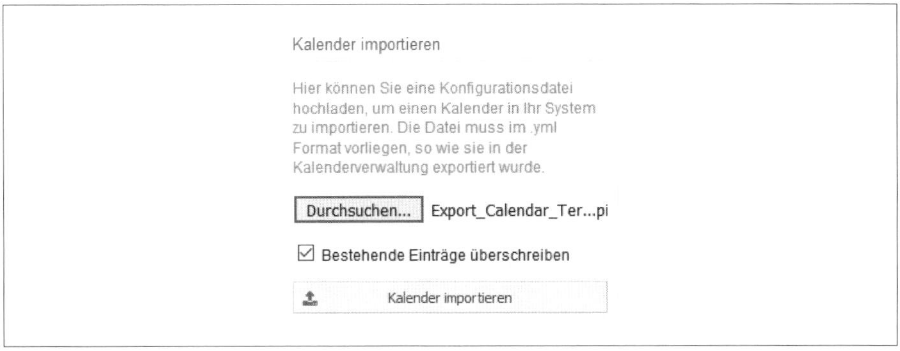

Abbildung 10-17: Hier würde der Kalender aus der Datei Export_Calendar_Termine_Jupiter_ Hotel_AG.yml importiert. Ein bereits existierender Kalender mit gleichem Namen würde überschrieben.

Um nur einzelne Termine in einen bestehenden Kalender zu laden, rufen Sie im Hauptmenü ebenfalls *Kalender → Kalender verwalten* auf. Klicken Sie jetzt links oben im Kasten *Aktionen* auf *Termine importieren*. Damit erscheint das Formular aus Abbildung 10-18.

```
Termine importieren

    * Hochladen:    [ Durchsuchen... ]  meinetermine.ics
    * Kalender:     [ Termine Jupiter Hotel AG  ✕ ]
Existierende Termine überschreiben?   ☐
                    Alle existierenden Termine mit der selben "UniqueID" im entsprechenden Kalender werden
                    überschrieben.

                    [ Termine importieren ]  oder  Abbrechen
```

Abbildung 10-18: Hier würde OTRS die Termine aus der Datei meinetermine.ics in den Kalender mit dem Namen »Termine Jupiter Hotel AG« schreiben.

Klicken Sie darin zunächst neben *Hochladen* auf *Durchsuchen* und wählen Sie die Datei mit den Terminen aus. Anschließend klicken Sie in das Feld neben *Kalender*. Aus der Liste suchen Sie sich den Kalender aus, in den OTRS die Termine übernehmen soll. Auf Wunsch kann OTRS dabei bereits existierende Termine überschreiben. Das ist sinnvoll, wenn in der Datei und im Kalender identische Termine liegen. OTRS würde dann das Meeting am nächsten Donnerstag nicht zwei Mal in Ihren Kalender eintragen. Wenn OTRS bereits im Kalender vorhandene Termine überschreiben soll, setzen Sie einen Haken in das Kästchen neben *Existierende Termine überschreiben?*. In jedem Fall lassen Sie abschließend die *Termine importieren*.

KAPITEL 11

Dynamische Felder

Ein Staubsaugerhersteller wird sehr wahrscheinlich regelmäßig ein neues, verbessertes Modell auf den Markt bringen. Da jede Neuauflage seine ganz eigenen Macken besitzt, sollten die Agenten möglichst in jedem Ticket auch immer die Modellnummer des defekten Staubsaugers notieren. Andere Agenten wissen dann mit einem Blick auf das Ticket, um welchen Staubsauger es sich handelt. Geeignete Orte für die Modellnummer wären das große Textfeld oder die Betreffzeile. Wesentlich eleganter ist es jedoch, wenn OTRS beim Anlegen des Tickets die Modellnummer in einem eigenen Eingabefeld abfragen würde – so wie in Abbildung 11-1.

Abbildung 11-1: In OTRS können Sie zu jedem Ticket noch weitere eigene Informationen speichern, wie etwa hier die Modellnummer eines Staubsaugers.

Netterweise dürfen Sie Tickets beliebig viele weitere Eingabefelder hinzufügen. Die darin hinterlegten Texte speichert OTRS im Ticket und zeigt sie auf Wunsch auch in der Ticket-Zoom-Ansicht an. Diese zusätzlich hinzugefügten Felder bezeichnet OTRS als *dynamische Felder* (englisch Dynamic Fields). Anders als der Name suggeriert, muss es sich dabei nicht zwingend um ein Eingabefeld handeln. Unter anderem dürfen Sie auch eine Liste mit mehreren vorgegebenen Einträgen zur Auswahl stellen.

Dynamische Felder können Sie nicht nur einem Ticket hinzufügen, sondern auch den Artikeln, den Kunden und den Kundenbenutzern. Beispielsweise könnte OTRS so neben der Adresse auch noch das Geburtsdatum eines Kundenbenutzers abfragen und speichern.

In jedem Fall ist das Hinzufügen eines solchen dynamischen Felds in OTRS etwas umständlich gelöst und erfordert mehrere Handgriffe.

Ein dynamisches Feld erstellen

Um ein neues dynamisches Feld – etwa für die Modellnummer des Staubsaugers – hinzuzufügen, rufen Sie im Hauptmenü *Admin* auf und klicken dann im Bereich *Prozesse & Automatisierung* auf *Dynamische Felder*. OTRS zeigt Ihnen jetzt in der Liste alle bereits vorhandenen dynamischen Felder an. Nach der Installation von OTRS sind das zwei Felder, die OTRS beim Prozessmanagement benötigt. Auf dieses Thema wird später noch Kapitel 18, *Prozessmanagement*, ausführlich eingegangen, die beiden mitgelieferten Felder können Sie folglich an dieser Stelle erst einmal ignorieren.

Als Nächstes müssen Sie sich überlegen, wo OTRS ein dynamisches Feld hinzufügen soll. Möchten Sie also zusätzliche Informationen

- in den Tickets,
- in den Artikeln,
- über die einzelnen Kunden oder
- über die Kundenbenutzer speichern?

Reklamiert ein Kunde einen defekten Staubsauger, soll sich OTRS im Beispiel auch die Modellnummer des Geräts merken. Es bietet sich also an, die Modellnummer entweder im Ticket oder in den einzelnen Artikeln abzulegen. Im Beispiel ändert sich die Modellnummer nicht, wenn der Agent eine Antwort und somit einen neuen Artikel schreibt. Folglich sollte OTRS die Modellnummer auf dem Ticket notieren und nicht bei jedem einzelnen Artikel. Im Beispiel muss OTRS somit in allen *Tickets* ein neues dynamisches Feld hinzufügen.

Ändert sich die Information mit (fast) jedem Artikel, sollten Sie das dynamische Feld dem Artikel zuordnen. Betrifft die Information das komplette Ticket, sollten Sie das dynamische Feld dem Ticket zuordnen.

Wenden Sie sich jetzt dem Kasten *Aktionen* auf der linken Seite zu. Wenn Sie ein neues dynamisches Feld

- den Tickets hinzufügen möchten, klicken Sie in das Eingabefeld *Tickets*.
- den Artikeln hinzufügen möchten, klicken Sie in das Eingabefeld *Artikel*.
- den Kunden hinzufügen möchten, klicken Sie in das Eingabefeld *Kunden*.
- den Kundenbenutzern hinzufügen möchten, klicken Sie in das Eingabefeld *Kundenbenutzer*.

Im Beispiel soll die Modellnummer des betroffenen Staubsaugers zum Ticket gehören, folglich wird ein Klick in das Feld *Ticket* fällig.

In jedem Fall klappt jetzt eine Liste auf. Darin müssen Sie festlegen, was für ein dynamisches Feld OTRS dem Agenten anzeigen soll. Im einfachsten Fall dürfte dies ein Eingabefeld sein, in das der Agent dann einen Text eintippt – im Beispiel etwa die Modellnummer des Staubsaugers. Alternativ können Sie dem Agenten aber auch eine Liste mit mehreren vorgegebenen Auswahlmöglichkeiten vorsetzen (die *Mehrfachauswahl*). Wenn OTRS ein Geburtsdatum speichern soll, wäre hingegen ein Eingabefeld für ein Datum passender. Im Einzelnen haben Sie die Wahl zwischen folgenden Feldern:

Datum
> Ermöglicht die Eingabe eines Datums.

Datum/Zeit
> Ermöglicht die Eingabe von Datum und Uhrzeit.

Einfachauswahl
> Erstellt eine Drop-down-Liste, in der die Agenten einen von mehreren vorgegebenen Punkten auswählen müssen.

Kontrollkästchen
> Erzeugt ein weißes Kästchen, das der Agent abhaken kann.

Mehrfachauswahl
> Erstellt eine Liste, in der die Agenten einen oder mehrere vorgegebene Punkte auswählen müssen.

Text
> Erstellt ein Eingabefeld, das ein Wort oder eine Textzeile aufnimmt.

Textfeld
> Erstellt ein größeres Eingabefeld, in dem der Agent einen längeren Text hinterlegen kann oder muss.

Wenn Sie sich für ein Feld entschieden haben, klicken Sie es in der Liste an. Für die Modellnummer des Staubsaugers würde sich ein einfaches Eingabefeld und somit der Punkt *Text* anbieten. Das daraufhin erscheinende Formular hängt von Ihrer Auswahl ab. Immer gleich ist nur der Bereich *Allgemein* aus Abbildung 11-2.

Dort geben Sie dem neuen dynamischen Feld zunächst einen Namen. Dieser muss unter allen dynamischen Feldern eindeutig sein und darf sich nur aus Buchstaben und Zahlen zusammensetzen. Verboten sind folglich insbesondere auch Leerzeichen. Im Beispiel würde sich als *Name* etwa `ModellnummerStaubsauger` anbieten.

Weiter geht es im Eingabefeld direkt darunter. Damit die Agenten wissen, welche Information sie in das dynamische Feld eintippen müssen, verpassen Sie dem dynamischen Feld dort noch eine aussagekräftige *Beschriftung*. Im Beispiel würde sich `Modellnummer des Staubsaugers` anbieten.

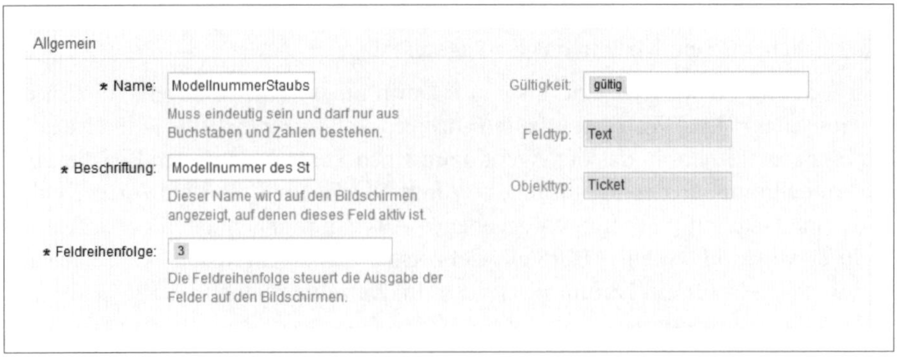

Abbildung 11-2: In diesem Bereich geben Sie dem dynamischen Feld unter anderem einen (internen) Namen und verpassen ihm eine Beschriftung.

Wenn Sie mehrere dynamische Felder an die Tickets heften, zeigt sie OTRS später im entsprechenden Formular einfach untereinander an. Die Reihenfolge dürfen Sie dabei mit der Einstellung *Feldreihenfolge* verändern. Stellen Sie dort die Position ein, an der das gerade neu erstellte dynamische Feld erscheinen soll. Möchten Sie beispielsweise das Eingabefeld für die Modellnummer über allen anderen dynamischen Feldern anzeigen lassen, setzen Sie die *Feldreihenfolge* auf 1. Dazu klicken Sie einfach in das Eingabefeld neben *Feldreihenfolge* und wählen die passende Position aus.

Stellen Sie sicher, dass *Gültigkeit* auf *gültig* steht. Nur dann erscheint später das dynamische Feld in den Formularen und kann von den Agenten ausgefüllt werden.

Die weiteren Einstellungen hängen von der Art des dynamischen Felds ab. Im Fall des einfachen Eingabefelds (für die Modellnummer eines Staubsaugers) erscheinen die Einstellungen aus Abbildung 11-3. Geben Sie dort zunächst im obersten Feld einen *Standardwert* vor. Den dort eingetippten Text trägt OTRS später automatisch in das Eingabefeld ein. Der Agent kann diesen Text dann einfach übernehmen oder aber passend abändern. Wenn etwa der Staubsauger TS2000 extrem häufig Probleme bereitet, können Sie unter *Standardwert* eben dieses Modell eintragen. Der Agent muss dann die Modellnummer nur ändern, wenn der Kunde wider Erwarten eines der robusteren Nachfolgemodelle reklamiert.

In das neue dynamische Feld tippt der Agent später die Modellnummer des Staubsaugers ein. Ruft jemand dann das erstellte Ticket auf (etwa über das Kunden-Informationszentrum), zeigt ihm OTRS die Modellnummer wie in Abbildung 11-4 als einfachen Text an. Netterweise kann OTRS diesen Text aber auch in einen Link verwandeln. Dazu tippen Sie die Internetadresse in das Eingabefeld *Link anzeigen*. Hinterlegen Sie dort beispielsweise die Adresse *https://de.wikipedia.org/wiki/Staubsauger*, würde später ein Klick auf die Modellnummer den Wikipedia-Artikel zum Thema »Staubsauger« öffnen. Den vom Agenten in das dynamische Feld eingetippten Text können Sie mit dem Platzhalter [% Data.NameX | uri %] in die Internetadresse einbauen. Dabei steht NameX für den weiter oben vergebenen Namen des dynamischen Felds. Der Platzhalter ist dann nützlich, wenn ein Klick auf die Modellnummer direkt in den eigenen Onlineshop zum passenden Staubsauger springen soll. Damit das funktioniert, müssen die Staubsauger im Onlineshop über eine Internetadresse erreichbar sein, in der jeweils die Modellnummer enthalten ist. Beispielsweise könnte der Staubsauger mit der Modellnummer 123456 unter der Adresse `http://shop.example.com/product.php?model=123456` erreichbar sein. In dem Fall hinterlegen Sie im Eingabefeld *Link anzeigen* die Adresse `http://shop.example.com/product.php?model=[% Data.ModellnummerStaubsauger | uri %]`. OTRS ersetzt dann den Platzhalter durch die Modellnummer, womit der Link zur korrekten Seite im Onlineshop führt.

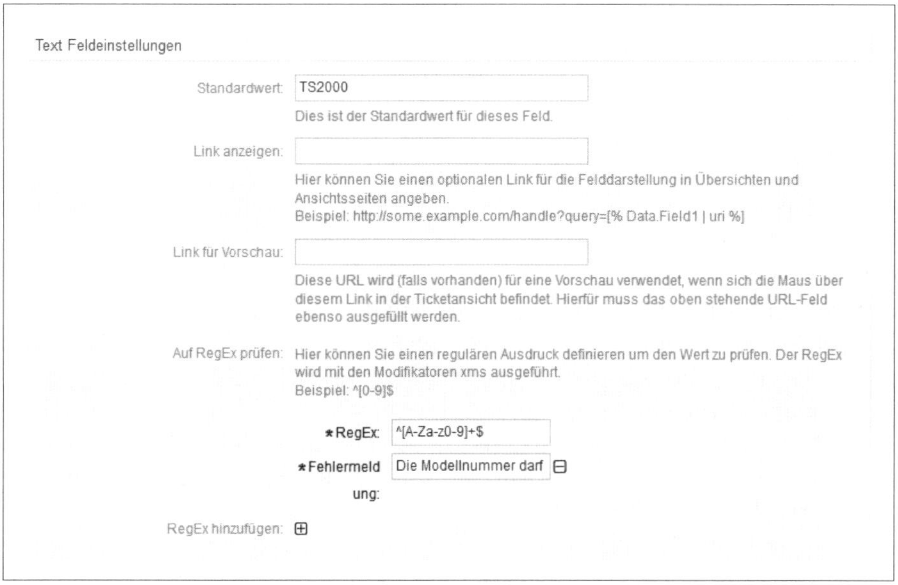

Abbildung 11-3: Bei einem normalen Eingabefeld vom Typ Text bietet OTRS noch diese Einstellungen an. Mit den hier gezeigten Werten würde das Feld ausschließlich einen Begriff aus Buchstaben und Ziffern entgegennehmen.

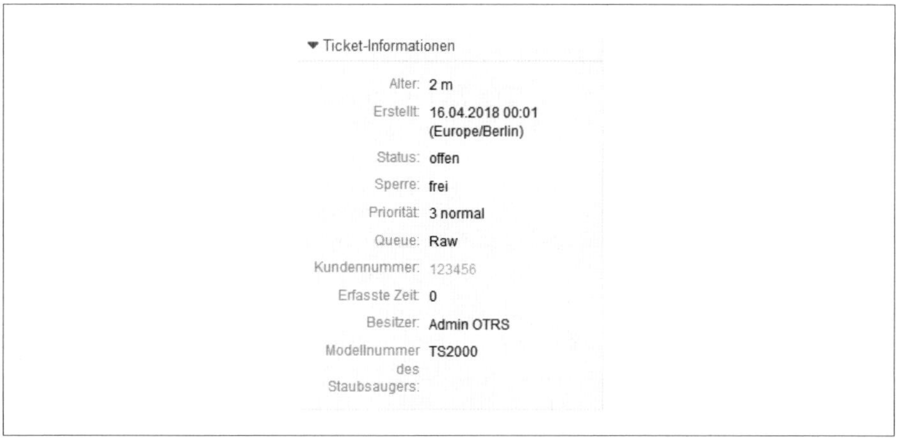

Abbildung 11-4: Den in das Eingabefeld hinterlegten Text zeigt OTRS so an.

Wenn der Agent mit seinem Mauszeiger über den Link fährt, blendet OTRS auf Wunsch eine kleine Vorschau der erreichbaren Webseite ein. Dazu tippen Sie einfach die Internetadresse zu dieser Seite in das Eingabefeld *Link für Vorschau*. In der Regel ist das die gleiche Internetadresse wie im Eingabefeld *Link anzeigen*. Sie dürfen davon aber auch gezielt abweichen: Im Beispiel könnte man etwa im Feld *Link für Vorschau* eine Internetadresse zu einem Foto mit einem Staubsauger hinterlegen.

Unter Umständen dürfen die Agenten nur ganz bestimmte Werte oder Texte in das dynamische Feld eintippen. So besteht im Beispiel die Modellnummer des Staubsaugers ausschließlich aus Zahlen und Buchstaben. Welche Texte der Agent in das Eingabefeld eingeben darf, legen Sie mit einem sogenannten regulären Ausdruck fest. Dabei handelt es sich um eine recht kryptische Zeichenkette, in der Sie mit Platzhaltern den Aufbau der erlaubten Eingaben beschreiben. `^[A-Za-z0-9]+$` steht etwa für eine beliebig lange Folge aus Ziffern und Buchstaben, verboten sind explizit Sonder- und Leerzeichen sowie Umlaute. Der *TS2000* wäre somit als Modellnummer erlaubt. OTRS prüft später automatisch, ob die Eingabe des Agenten zu diesem regulären Ausdruck passt. Um einen regulären Ausdruck einzugeben, klicken Sie auf das Pluszeichen rechts neben *RegEx hinzufügen*. Hinterlegen Sie dann Ihren regulären Ausdruck im Feld *RegEx*. Im Beispiel tippen Sie dort folglich `^[A-Za-z0-9]+$` ein. Sofern der vom Agenten später eingegebene Text dem regulären Ausdruck nicht entspricht, erscheint die im Eingabefeld darunter hinterlegte *Fehlermeldung*. Im Fall der Modellnummer könnte man hier wählen: `Die Modellnummer darf nur aus Zahlen und Buchstaben bestehen`. Über das Plussymbol können Sie weitere reguläre Ausdrücke hinzufügen, ein Klick auf das Minussymbol entfernt den entsprechenden Ausdruck wieder. Eine Erläuterung der regulären Ausdrücke würde leider den Rahmen dieses Buchs sprengen. Weiterführende Informationen finden Sie unter anderem im entsprechenden Wikipedia-Artikel *https://de.wikipedia.org/wiki/Regul%C3%A4rer_Ausdruck*.

Wenn Sie nicht das einfache Eingabefeld (*Text*), sondern ein anderes dynamisches Feld ausgewählt haben, stehen teilweise andere Einstellungen bereit. Im Folgenden werden alle noch nicht erwähnten Einstellungen kurz vorgestellt.

Bei einem dynamischen Feld vom Typ *Datum* oder *Datum/Zeit* finden Sie die folgenden Einstellungen:

Standard-Datumsunterschied
> OTRS schlägt später dem Agenten immer das aktuelle Datum vor. Auf dieses Datum addiert OTRS zudem die unter *Standard-Datumsunterschied* eingetragenen Sekunden. Wenn also beispielsweise das dynamische Feld einen Liefertermin speichert und die Fertigung in den meisten Fällen eine Woche dauert, tragen Sie in das Feld *Standard-Datumsunterschied* 604800 ein (eine Woche hat 604.800 Sekunden). Legt dann am 07.11.2018 ein Agent ein Ticket an, schlägt OTRS im Datumsfeld den 14.11.2018 als Liefertermin vor.

Jahresbereich angeben

Der Agent darf später ein Datum bis zurück ins Jahr 1970 auswählen. Da eine so große Zeitspanne nicht immer erwünscht ist, können Sie die Auswahl auch auf beispielsweise die letzten fünf und die kommenden drei Jahre einschränken. Dazu klicken Sie auf das *Nein* neben *Jahresbereich angeben* und wählen *Ja*. Stellen Sie jetzt im neuen Feld *Jahre in der Vergangenheit* ein, wie viele Jahre der Agent maximal in der Zeit zurückgehen darf. Legt bei einer 5 der Agent beispielsweise im Jahr 2018 ein neues Ticket an, kann er im dynamischen Feld höchstens ein Datum aus dem Jahr 2013 einstellen. Alle Jahre davor sind für ihn tabu. Analog legen Sie im Feld *Jahre in Zukunft* fest, wie viele Jahre der Agent maximal in die Zukunft vorausgehen kann.

Eingabe von Daten einschränken

Soll der Agent ausschließlich ein Datum in der Zukunft auswählen oder aber umgekehrt nur ein in der Vergangenheit liegendes Datum einstellen dürfen, klicken Sie in das Eingabefeld neben *Eingabe von Daten einschränken* und wählen aus der erscheinenden Liste den passenden Punkt aus.

Bei einem dynamischen Feld vom Typ *Einfachauswahl* und der *Mehrfachauswahl* finden Sie die folgenden Einstellungen:

Wert hinzufügen

Hier müssen Sie alle Begriffe angeben, die OTRS dem Agenten zur Auswahl stellen soll. Dazu klicken Sie zunächst auf das Plussymbol. Im neu erscheinenden Feld *Schlüssel* geben Sie der neuen Alternative einen internen Namen. Den Text im Feld *Wert* zeigt OTRS dann dem Agenten später in einer Liste zur Auswahl an. Auf die gleiche Weise fügen Sie weitere Alternativen hinzu. Wenn Sie eine der Auswahlmöglichkeiten wieder entfernen möchten, klicken Sie auf das Minussymbol.

Standardwert

Nachdem Sie alle Auswahlmöglichkeiten hinterlegt haben, klicken Sie in das Eingabefeld *Standardwert* und wählen den später bereits standardmäßig selektierten Punkt aus.

Leeren Wert hinzufügen

Standardmäßig zwingt OTRS den Agenten dazu, mindestens eine der Auswahlmöglichkeiten zu selektieren. Wenn Sie den Agenten nicht zu einer Wahl verpflichten möchten, klicken Sie in das Eingabefeld neben *Leeren Wert hinzufügen* und wählen *Ja*.

Baumansicht

Standardmäßig listet OTRS alle Auswahlmöglichkeiten später einfach untereinander auf. Sie können aber auch die Punkte in der Liste hierarchisch anordnen lassen. Dazu klicken Sie in das Eingabefeld neben *Baumansicht* und entscheiden sich für *Ja*. Jetzt können Sie im oberen Bereich einen *Wert* einem anderen unterordnen, in dem Sie den gleichen Schlüssel verwenden, diesem aber zwei Doppelpunkte :: und einen weiteren Begriff anhängen. Das Verfahren verdeutlichen Abbildung 11-5 und Abbildung 11-6: Haben Sie beispielsweise einen *Schlüssel* Kapitel1 mit dem *Wert* Einführung und einen weiteren *Schlüssel* Kapitel1::Abschnitt2 mit dem Wert Glossar, wäre später in der Liste *Glossar* ein Unterpunkt der *Einführung*.

Abbildung 11-5: Diese Einstellungen …

Abbildung 11-6: … führen zu diesem Ergebnis. Die Unterpunkte müssen Agenten erst mit einem Klick auf das kleine schwarze Dreieck aufklappen.

Wertübersetzung

Wenn Sie ganz oben die Werte in Deutsch eingetippt haben und ein Agent OTRS auf Englisch nutzt, sieht der Agent die Auswahlmöglichkeiten weiterhin in Deutsch. Sie können die Werte aber auch übersetzen. Dazu müssen Sie allerdings die Übersetzungen in den Sprachdateien von OTRS unterbringen. Nachdem das geschehen ist, müssen Sie weiter oben als *Schlüssel* die entsprechenden Schlüssel aus den Sprachdateien verwenden. Des Weiteren müssen Sie in das Feld neben *Wertübersetzung* klicken und dann *Ja* auswählen.

Bei einem *Kontrollkästchen* können Sie lediglich festlegen, ob das Kästchen bereits angekreuzt ist oder nicht. Dazu klicken Sie in das Feld *Standardwert* und wählen die passende Einstellung aus.

Ein *Textfeld* besitzt die gleichen Einstellungen wie ein *Text*. Darüber hinaus können Sie in den entsprechenden Feldern die *Anzahl der Zeilen* und die *Anzahl der Spalten* des Eingabefelds festlegen.

Wenn Sie alle Einstellungen vorgenommen haben, klicken Sie auf *Speichern*. Das dynamische Feld erscheint jetzt zusammen mit allen anderen bereits existierenden dynamischen Feldern in der *Liste der dynamischen Felder*. Damit existiert das dynamische Feld zwar schon, es ist für die Agenten aber noch nicht sichtbar.

Ein dynamisches Feld einbinden

Damit OTRS das dynamische Feld den Agenten anzeigt, sind ein paar weitere Handgriffe notwendig. Die wiederum hängen davon ab, ob Sie das dynamische Feld einem Ticket, einem Artikel, einem Kunden oder einem Kundenbenutzer hinzugefügt haben. Zunächst zum Ticket und den Artikeln.

Dynamisches Feld in Tickets und Artikeln einbinden

Wenn Sie das dynamische Feld einem Ticket oder den Artikeln hinzugefügt haben, dürfen Sie selbst bestimmen, in welchen Bildschirmen beziehungsweise auf welchen Seiten das dynamische Feld angezeigt wird. So könnten Sie etwa die Agenten dazu verdonnern, die Modellnummer des Staubsaugers beim Anlegen eines Telefon-Tickets auszufüllen, sie damit aber beim Anlegen eines E-Mail-Tickets verschonen. Um das dynamische Feld anzeigen zu lassen, rufen Sie im Hauptmenü den Punkt *Admin* auf und klicken dann im Bereich *Systemverwaltung* auf *Systemkonfiguration*. Tippen Sie in das große Eingabefeld den Begriff DynamicField ein und klicken Sie auf das Lupensymbol. Auf der rechten Seite erscheinen jetzt im unteren Bereich der Liste mehrere Einträge, die mit *Ticket::Frontend* beginnen. Jeder dieser Einträge steht für eine ganz bestimmte Seite innerhalb der Benutzeroberfläche. Der Punkt *Ticket::Frontend::AgentTicketPhone###DynamicField* steht beispielsweise für das Formular, das beim Anlegen eines neuen Telefon-Tickets erscheint. Analog dazu steht *Ticket::Frontend::AgentTicketEmail###DynamicField* für das Formular, das beim Anlegen eines neuen E-Mail-Tickets erscheint. Für welches Formular beziehungsweise welche Seite der Benutzeroberfläche ein Kasten steht, erklärt er jeweils auf seiner rechten Seite.

Fahren Sie jetzt mit der Maus auf den Kasten, auf dessen Seite Sie das dynamische Feld anzeigen lassen möchten. Sollen Agenten etwa die Modellnummer des Staubsaugers beim Anlegen eines Telefon-Tickets eingeben, fahren Sie auf den Kasten *Ticket::Frontend::AgentTicketPhone* (siehe Abbildung 11-7).

Lassen Sie die *Einstellung bearbeiten* und klicken Sie auf das Plussymbol. Tippen Sie in das so freigeschaltete Eingabefeld den Namen des dynamischen Felds. Diesen haben Sie beim Anlegen des Felds vorgegeben (OTRS zeigt ihn auch in der Liste hinter *Admin → Dynamische Felder* in der Spalte *Name* an). Im Beispiel hieß das dynamische Feld für die Modellnummer des Staubsaugers kurz Modellnummer Staubsauger.

Bestätigen Sie Ihre Eingabe mit einem Klick auf den grünen Haken. OTRS blendet damit wie in Abbildung 11-7 ein neues Feld ein, in das Sie mit der Maus klicken. Wählen Sie aus der erscheinenden Liste den Punkt *1 - Aktiviert* aus. Damit ist das dynamische Feld gleich zu sehen. Wenn Sie sich für den Punkt *2 - Aktiviert und verpflichtend* entscheiden, zeigt OTRS das dynamische Feld nicht nur an, sondern zwingt auch noch den Agenten, das Feld auszufüllen.

Abbildung 11-7: Mit diesen Einstellungen erscheint später das Eingabefeld für die Modellnummer beim Anlegen eines neuen Telefon-Tickets.

Wenn Sie ein weiteres dynamisches Feld anzeigen lassen möchten, klicken Sie erneut auf das Plussymbol und füllen die beiden Felder passend aus. Über die Schaltfläche mit dem Minussymbol können Sie ein dynamisches Feld auch wieder von der entsprechenden Seite nehmen beziehungsweise aus dem Formular entfernen.

Abschließend bestätigen Sie Ihre Änderungen noch mit einem Klick auf den Haken ganz rechts im Kasten. Nach dem gleichen Prinzip müssen Sie jetzt das dynamische Feld auf allen weiteren Formularen und Seiten anmelden. Im Beispiel müssten Sie als Nächstes die Modellnummer des Staubsaugers im Kasten *Ticket::Frontend:: AgentTicketEmail###DynamicField* aktivieren und so das dynamische Feld dem Formular für das Anlegen eines E-Mail-Tickets hinzufügen. Denken Sie auch daran, dass Ihr dynamisches Feld auf allen Seiten erscheinen muss, die Informationen über das Ticket anzeigen. Dazu gehören beispielsweise die Druckansicht des Tickets im Kasten *Ticket::Frontend::AgentTicketPrint###DynamicField* und die Ticket-Zoom-Ansicht im Kasten *Ticket::Frontend::AgentTicketZoom###DynamicField*.

Sollen auch die Kunden das dynamische Feld sehen, müssen Sie es analog auf den Seiten im Kundenbereich einblenden. Dazu wenden Sie sich allen Kästen zu, die mit *Ticket::Frontend::Customer…* beginnen. Jeder dieser Kästen steht für eine ganz bestimmte Seite innerhalb des Kundenbereichs. Beispielsweise repräsentiert *Ticket: :Frontend::CustomerTicketMessage###DynamicField* das Formular, über das Kunden im Kundenbereich ein neues Ticket erstellen. In diesen Kästen fügen Sie das dynamische Feld genau wie bei den Agenten hinzu: Fahren Sie mit der Maus auf den entsprechenden Kasten, lassen Sie die *Einstellung bearbeiten*, klicken Sie dann auf das Plussymbol, tippen Sie in das Eingabefeld den Namen Ihres dynamischen Felds, bestätigen Sie die Eingabe über den grünen Haken, klicken Sie in das neue Eingabefeld, wählen Sie *1 - Aktiviert* und schließen Sie die Änderungen ganz rechts im Kasten mit einem Klick auf den Haken ab.

Ein dynamisches Feld wird nur dann angezeigt, wenn es

- bei der Erstellung als *gültig* markiert wurde (wie im vorherigen Abschnitt gezeigt) *und*
- hier in der Systemkonfiguration in den entsprechenden Kästen angemeldet ist.

Letzteres ist der Fall, wenn innerhalb des Kastens im ersten Eingabefeld der korrekte Name des dynamischen Felds steht und im zweiten Feld entweder *1 - Aktiviert* oder *2 - Aktiviert und verpflichtend* ausgewählt ist.

Sollten Sie ein dynamisches Feld vermissen, kontrollieren Sie diese Einstellungen.

Abschließend müssen Sie die geänderten Einstellungen noch in Betrieb nehmen. Dazu klicken Sie links oben im Kasten *Aktionen* auf die Schaltfläche *Inbetriebnahme*, dann auf *Ausgewählte Einstellungen in Betrieb nehmen* und schließlich auf *Jetzt in Betrieb nehmen*. Wenn Sie das Beispiel mitgemacht haben und jetzt ein neues Telefon-Ticket erstellen, fragt OTRS wie in Abbildung 11-8 auch die Modellnummer des Staubsaugers ab.

Abbildung 11-8: Das dynamische Feld für die Modellnummer beim Anlegen eines Telefontickets

In der Ticket-Zoom-Ansicht finden Sie alle dynamischen Felder auf der rechten Seite im Kasten *Ticket-Informationen* (wie in Abbildung 11-4). Sofern Sie das dynamische Feld den Artikeln zugeordnet haben, müssen Sie in der Ticket-Zoom-Ansicht zunächst den Artikel aufrufen und dann in seinem Kasten rechts oben in der Ecke auf das *i*-Symbol klicken. Erst dann zeigt OTRS den Inhalt des dynamischen Felds an. (Weitere Informationen hierzu finden Sie in Abschnitt »Einzelnes Ticket anzeigen (Ticket-Zoom-Ansicht)« auf Seite 199).

Dynamische Felder für Kunden einbinden

Wenn Sie mindestens ein dynamisches Feld für die Kunden erstellt haben, öffnen Sie auf dem OTRS-Server ein Terminalfenster und melden Sie sich als Benutzer root an oder verschaffen Sie sich die Rechte eines Systemadministrators. Weitere Informationen hierzu finden Sie in Kapitel 2, *Installation*.

Erstellen Sie zunächst eine Sicherheitskopie der Datei /opt/otrs/Kernel/Config/ Defaults.pm. Öffnen Sie dann die Konfigurationsdatei /opt/otrs/Kernel/Config/ Defaults.pm in einem Texteditor. Wenn Sie das aus Kapitel 2, *Installation*, bekannte Programm nano nutzen möchten, geben Sie den folgenden Befehl:

```
nano /opt/otrs/Kernel/Config/Defaults.pm
```

Suchen Sie jetzt diese Zeile:

```
[ 'CustomerCompanyComment', 'Comment', 'comments', 1, 0, 'var', '', 0 ],
```

Fügen Sie direkt unter ihr die folgende neue Zeile ein:

```
[ 'DynamicField_NAME', undef, 'NAME', 0, 0, 'dynamic_field', undef, 0 ],
```

Ersetzen Sie dabei NAME durch den Namen Ihres dynamischen Felds. Haben Sie Ihr dynamisches Feld beispielsweise Budget getauft, müssen Sie folgende Zeile hinzufügen:

```
[ 'DynamicField_Budget', undef, 'Budget', 0, 0, 'dynamic_field', undef, 0 ],
```

Sofern Sie mehrere dynamische Felder für die Kunden angelegt haben, erstellen Sie für jedes eine weitere Zeile nach dem gleichen Prinzip. Speichern Sie abschließend Ihre Änderungen unter nano via *Strg+O* gefolgt von der *Enter*-Taste. Beenden Sie den Texteditor, im Fall von nano drücken Sie dazu *Strg+X*. Wenn Sie jetzt einen neuen Kunden erstellen, finden Sie im entsprechenden Formular die dynamischen Felder wieder.

 Die Datei Defaults.pm sammelt alle Standardeinstellungen, auf die OTRS im Notfall zurückgreift. Auf einem Produktivsystem sollten Sie sie daher nicht direkt verändern, sondern die entsprechenden Einstellungen in die dafür vorgesehene Datei /opt/otrs/Kernel/Config.pm kopieren. Das setzt jedoch voraus, dass Sie mit dem Aufbau dieser Perl-Dateien vertraut sind.

Dynamische Felder für Kundenbenutzer einbinden

Wenn Sie mindestens ein dynamisches Feld für die Kundenbenutzer erstellt haben, öffnen Sie auf dem OTRS-Server ein Terminalfenster und melden sich als Benutzer root an beziehungsweise verschaffen sich die Rechte eines Systemadministrators. Weitere Informationen hierzu finden Sie in Kapitel 2, *Installation*.

Erstellen Sie zunächst eine Sicherheitskopie der Datei /opt/otrs/Kernel/Config/Defaults.pm. Öffnen Sie dann die Konfigurationsdatei /opt/otrs/Kernel/Config/Defaults.pm mit einem Texteditor. Wenn Sie das aus Kapitel 2, *Installation*, bekannte Programm nano nutzen möchten, geben Sie den folgenden Befehl:

```
nano /opt/otrs/Kernel/Config/Defaults.pm
```

Suchen Sie jetzt den Abschnitt CustomerUser Stuff (im unteren Drittel) und darin diese beiden Zeilen:

```
[ 'UserComment', Translatable('Comment'), 'comments', 1, 0, 'var',
'', 0, undef, undef ],
[ 'ValidID', Translatable('Valid'), 'valid_id', 0, 1, 'int',
'', 0, undef, undef ],
```

Fügen Sie direkt unter den beiden Zeilen die folgende neue ein:

```
[ 'DynamicField_NAME', undef, Translatable('NAME'), 0,0, 'dynamic_field',
undef, 0, undef, undef ],
```

Tauschen Sie dabei NAME durch den Namen Ihres dynamischen Felds aus. Haben Sie beispielsweise Ihr dynamisches Feld Geburtstag getauft, müssen Sie folgende Zeile ergänzen:

```
[ 'DynamicField_Geburtstag', undef, Translatable('Geburtstag'), 0,0,
'dynamic_field', undef, 0, undef, undef ],
```

Sofern Sie mehrere dynamische Felder für die Kunden angelegt haben, ergänzen Sie für jedes von ihnen eine weitere Zeile nach dem obigen Schema. Speichern Sie abschließend Ihre Änderungen und beenden Sie den Texteditor. Unter nano drücken Sie dazu *Strg+O*, dann die *Enter*-Taste und schließlich *Strg+X*. Wenn Sie jetzt einen neuen Kundenbenutzer erstellen, finden Sie im Formular auch die entsprechenden dynamischen Felder wieder.

 Die Datei Defaults.pm sammelt alle Standardeinstellungen, auf die OTRS im Notfall zurückgreift. Auf einem Produktivsystem sollten Sie sie daher nicht direkt verändern, sondern die entsprechenden Einstellungen in die dafür vorgesehene Datei /opt/otrs/Kernel/Config.pm kopieren. Das setzt jedoch voraus, dass Sie mit dem Aufbau dieser Perl-Dateien vertraut sind.

Dynamische Felder bearbeiten und löschen

Dynamische Felder lassen sich jederzeit löschen, (vorübergehend) deaktivieren und ändern. Unter anderem dürfen Sie die Beschriftung des Eingabefelds nachträglich austauschen. Dazu rufen Sie zunächst unter *Admin* im Bereich *Prozesse & Automatisierung* den Punkt *Dynamische Felder* auf. Um eines der dynamischen Felder zu löschen, klicken Sie in seiner Zeile ganz rechts auf das Symbol mit dem Mülleimer.

Ein Mausklick auf den Namen des dynamischen Felds öffnet hingegen das bereits bekannte Formular aus Abschnitt »Ein dynamisches Feld erstellen« auf Seite 280. Darin können Sie die Einstellungen des dynamischen Felds ändern. Den internen Namen des dynamischen Felds (unter *Name*) sollten Sie allerdings belassen, da Sie ansonsten anschließend auch wieder alle Einstellungen hinter *Admin → Systemkonfiguration* beziehungsweise in der Konfigurationsdatei anpassen müssten. Des Weiteren können Sie im Feld *Gültigkeit* das dynamische Feld deaktivieren. Es ist dann zwar noch vorhanden, OTRS zeigt es aber nicht mehr an. Dazu klicken Sie auf *gültig* und wählen dann *ungültig*. Auf dem gleichen Weg aktivieren Sie es später wieder. In jedem Fall müssen Sie Ihre Änderungen *Speichern und abschließen*. Ein Klick auf *Speichern* übernimmt die Änderungen, lässt aber das Formular noch geöffnet. *Abbrechen* verwirft hingegen alle Modifikationen.

KAPITEL 12

Services

Viele Unternehmen bieten ihren Kunden zusätzliche Dienstleistungen an. So könnte beispielsweise die Krittenbeck GmbH auch Staubsauger und Waschmaschinen reparieren. Auf einem Ticket sollte man dann vermerken, welche Dienstleistung gerade vom Kunden angefragt wurde. Genau zu diesem Zweck kann man in OTRS die angebotenen Dienstleistungen hinterlegen und dann bequem den Tickets zuweisen. OTRS spricht allerdings nicht von Dienstleistungen, sondern neudeutsch von *Services*. Der Service bleiben auch dann am Ticket kleben, wenn es ein Agent in eine andere Queue schiebt. Auf diese Weise ermöglichen Services eine zusätzliche Klassifikation der Tickets.

Besonders zahlungskräftigen Kunden könnte die Krittenbeck GmbH garantieren, rund um die Uhr erreichbar zu sein und innerhalb von 120 Minuten zu reagieren. Solche Garantien oder Zusicherungen bezeichnet man als *Service Level Agreement*, kurz *SLA*. Die OTRS-Entwickler übersetzen diesen eigentlich auch im Deutschen gebräuchlichen Begriff etwas holperig mit *Service-Level-Vereinbarungen*. Die wiederum lassen sich in OTRS nicht nur hinterlegen, das Ticketsystem überwacht sogar ihre Einhaltung. Sollte beispielsweise nach 60 Minuten noch niemand auf das Ticket reagiert haben, schlägt OTRS auf Wunsch Alarm (beziehungsweise eskaliert es). Das Ticketsystem kann allerdings nur zeitliche Zusagen selbstständig kontrollieren. Wenn etwa der Kunde nach einer Reparatur auch immer einen ausführlichen Werkstattbericht erhalten soll, kann OTRS weder den Bericht automatisch verschicken noch seinen korrekten Versand überprüfen.

Eine Servicefunktion aktivieren

Bevor Sie OTRS mit einer von Ihnen angebotenen Dienstleistung bekannt machen können, müssen Sie zunächst die Funktion in den Grundeinstellungen aktivieren. Dazu rufen Sie den Menüpunkt *Admin* auf und wechseln im Bereich *Ticket-Einstellungen* zum Punkt *Services*. Im roten Balken am oberen Rand klicken Sie auf den Link *Bitte Service zuerst aktivieren*. Sollte der Link fehlen, rufen Sie *Admin → Sys-*

temkonfiguration auf, tippen in das Eingabefeld *Aktionen* den Text Ticket::Service ein und klicken auf die Lupe.

In jedem Fall öffnet OTRS jetzt die entsprechenden Einstellungen. Wenden Sie sich dort dem Kasten *Ticket::Service* zu. Fahren Sie mit der Maus über ihn und lassen Sie die *Einstellung bearbeiten*. Klicken Sie in das Kästchen neben *Aktiviert* und dann rechts im Kasten auf den Haken. Wenn ganz links oben der Kasten *Aktionen* nur die Schaltfläche *Zurück* anzeigt, klicken Sie sie an.

Abschließend müssen Sie die geänderte Einstellung noch in Betrieb nehmen. Dazu klicken Sie links oben im Kasten *Aktionen* auf *Inbetriebnahme*, dann auf *Ausgewählte Einstellungen in Betrieb nehmen* und schließlich auf *Jetzt in Betrieb nehmen*.

Services hinzufügen und verwalten

Um einen von Ihnen angebotenen Service in OTRS zu hinterlegen, rufen Sie den Menüpunkt *Admin* auf und entscheiden sich im Bereich *Ticket-Einstellungen* für den Punkt *Services*. In der erscheinenden *Service-Verwaltung* lassen Sie über die entsprechende Schaltfläche einen neuen *Service hinzufügen*. Im übersichtlichen Formular aus Abbildung 12-1 geben Sie dem Service im obersten Eingabefeld zunächst einen Namen, wie etwa Waschmaschinenreparatur. Aus dem Namen sollte kurz und bündig hervorgehen, um was für eine Dienstleistung es sich handelt. Das Eingabefeld *Unterservice von* können Sie an dieser Stelle ignorieren, zu seiner Bedeutung folgt in wenigen Zeilen mehr. Nur wenn das Feld *Gültigkeit* auf *gültig* steht, können Agenten später den Service einem Ticket zuordnen. Abschließend können Sie den Service noch im Feld *Kommentar* etwas näher beschreiben. Ein Klick auf *Speichern* legt den Service schließlich an.

Abbildung 12-1: Hier meldet jemand die Reparatur von Waschmaschinen als neuen Service in OTRS an.

OTRS kehrt damit automatisch zur bekannten Service-Verwaltung hinter *Admin →* *Services* zurück. Dort sollte der neue Service jetzt in der Liste erscheinen. Einen einmal erstellten Service können Sie nicht wieder löschen, sondern nur deaktivieren oder seine Daten ändern. Dazu klicken Sie einfach in der Liste seinen Namen an. Es öffnet sich wieder das bekannte Formular aus Abbildung 12-1, in dem Sie unter anderem seinen Namen oder den Kommentar anpassen können. Um den Service zu deaktivieren, klicken Sie neben *Gültigkeit* in das Eingabefeld und wählen *ungültig*. Damit können Agenten den Service nicht mehr einem Ticket zuordnen. In jedem Fall müssen Sie abschließend Ihre Änderungen *Speichern und abschließen* lassen. Ein Klick *Speichern* würde die Modifikationen ebenfalls übernehmen, aber das Formular geöffnet lassen. *Abbrechen* verwirft hingegen Ihre Eingaben.

Einen Service dürfen Sie einem anderen unterordnen und so Ihre Dienstleistungen in einer Hierarchie anordnen. Die Instandsetzung eines Staubsaugers und einer Waschmaschine gehört zweifelsohne zum Dienstleistungsbereich *Reparaturen*. Es bietet sich folglich an, die *Waschmaschinenreparatur* dem Service *Reparaturen* unterzuordnen. Um einen Service einem anderen unterzuordnen, stellen Sie zunächst sicher, dass die beiden Services existieren. Für das Beispiel müssten Sie folglich erst noch einen Service *Reparaturen* anlegen.

Klicken Sie dann in der Service-Verwaltung (hinter *Admin → Services*) auf den Namen des untergeordneten Service. Im Beispiel müssten Sie folglich die *Waschmaschinenreparatur* anklicken. Es öffnet sich jetzt das bereits bekannte Formular aus Abbildung 12-1. Darin klicken Sie in das Eingabefeld neben *Unterservice von* und wählen den übergeordneten Service aus – im Beispiel also die *Reparaturen*. Die Liste versteckt alle in der Vergangenheit untergeordneten Services. Um sie sichtbar zu machen, klicken Sie in der Liste auf das entsprechende kleine schwarze Dreieck. Es klappen dann alle untergeordneten Services auf. Wenn Sie versehentlich den falschen Service ausgewählt haben, klicken Sie erneut in das Eingabefeld neben *Unterservice von* und entscheiden sich für den richtigen Service. In jedem Fall lassen Sie Ihre Einstellungen *Speichern und abschließen*, womit OTRS den Service dem ausgewählten Kollegen unterordnet. Im Beispiel wäre somit die *Waschmaschinenreparatur* ein Unterservice der *Reparaturen*. OTRS verdeutlicht das in der Service-Verwaltung, indem es dort den Namen des Unterservice mit zwei Doppelpunkten vom übergeordneten Service trennt (wie in Abbildung 12-2). Im Fall von *Reparaturen::Waschmaschinenreparatur* ist folglich die *Waschmaschinenreparatur* ein Unterservice der *Reparaturen*.

Liste				
SERVICE	KOMMENTAR	GÜLTIGKEIT	GEÄNDERT	ERSTELLT
Reparaturen		gültig	17.04.2018 17:31 (Europe/Berlin)	17.04.2018 17:31 (Europe/Berlin)
Reparaturen::Staubsaugerreparatur		gültig	17.04.2018 17:43 (Europe/Berlin)	17.04.2018 17:43 (Europe/Berlin)
Reparaturen::Waschmaschinenreparatur		gültig	17.04.2018 17:35 (Europe/Berlin)	17.04.2018 17:25 (Europe/Berlin)

Abbildung 12-2: Hier sind die Waschmaschinenreparatur und die Staubsaugerreparatur dem Service Reparaturen untergeordnet.

Möchten Sie die Zuordnung wieder rückgängig und somit den Unterservice wieder zu einem eigenständigen Service machen, klicken Sie zunächst den Unterservice in der Service-Verwaltung an. Soll etwa die Waschmaschinenreparatur kein Unterservice der *Reparaturen* mehr sein, müssten Sie sich folglich in der Liste für die *Reparaturen::Waschmaschinenreparatur* entscheiden. Im Eingabefeld *Unterservice von* klicken Sie jetzt auf das weiße *X*-Symbol. Das Eingabefeld ist anschließend leer. Nach dem *Speichern und abschließen* ist der Service wieder eigenständig.

Service Level Agreements

Nachdem mindestens ein Service existiert, können Sie passende Service Level Agreements anlegen (wenn Sie die SLAs nicht benötigen, können Sie direkt zum nächsten Abschnitt springen). Dazu rufen Sie den Menüpunkt *Admin* auf und entscheiden sich im Bereich *Ticket-Einstellungen* für den Punkt *Service-Level-Vereinbarungen*. Das wiederum führt Sie in die *SLA-Verwaltung*, wo Sie über die entsprechende Schaltfläche ein neues *SLA hinzufügen*.

Im erscheinenden Formular aus Abbildung 12-3 geben Sie zunächst dem neuen Service Level Agreement im Feld *SLA* eine Bezeichnung. Diese sollte den Inhalt der Vereinbarung kurz und knackig zusammenfassen. Bieten Sie etwa bei der Waschmaschinenreparatur einen Rund-um-die-Uhr-Service an, könnten Sie im Feld *SLA* beispielsweise 24/7 Support eintragen.

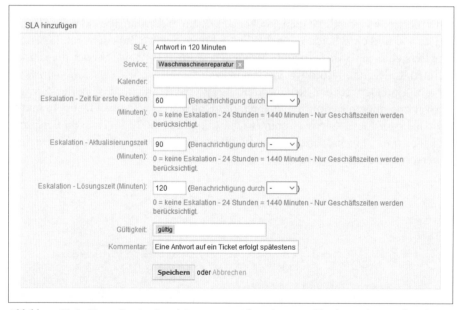

Abbildung 12-3: Dieses Service Level Agreement sichert (ausgewählten) Kunden zu, dass die Krittenbeck GmbH binnen 120 Minuten ein Problem gelöst hat.

Garantieren Sie Ihrem Kunden hingegen eine Lösung binnen 120 Minuten, wäre wie in Abbildung 12-3 Antwort in 120 Minuten passend. Ganz unten können Sie im Feld *Kommentar* das Service Level Agreement noch etwas genauer beschreiben.

Anschließend stellen Sie im Feld *Service* alle Dienstleistungen ein, für die Sie das gerade entstehende Service Level Agreement anbieten. Dazu klicken Sie in das Eingabefeld und selektieren dann mit Mausklicks die entsprechenden Services. Untergeordnete Services klappt ein Klick auf das jeweilige schwarze Dreieck auf. Wenn Sie einen falschen Service markiert haben, klicken Sie ihn einfach noch einmal an. Über die Schaltflächen am unteren Rand der Liste können Sie auch direkt *Alle auswählen*. Analog würde *Alles löschen* sämtliche bereits selektierten Services wieder abwählen. Im Beispiel genügt es, wenn Sie die *Waschmaschinenreparatur* anklicken. In jedem Fall *Bestätigen* Sie Ihre Wahl. Um die Auswahl nachträglich anzupassen, klicken Sie erneut in das Eingabefeld neben *Service*.

Im unteren Teil können Sie feste Reaktions- und Bearbeitungszeiten vorschreiben. Lassen Ihre Agenten die entsprechenden Tickets zu lange liegen, eskaliert OTRS die Tickets. Sie erscheinen dann prominent in verschiedenen Bereichen der Benutzeroberfläche. Wenn Sie beispielsweise Ihren Kunden eine Lösung innerhalb von 120 Minuten garantieren, nach 60 Minuten aber noch immer niemand geantwortet hat, finden Sie das Ticket in der *Übersicht* in einem eigenen Kasten wieder.

 Zusammen mit den Werkzeugen aus Kapitel 18, *Prozessmanagement*, können Sie die eskalierten Tickets auch automatisch an einen Vorgesetzten weiterleiten lassen.

In OTRS dürfen Sie separat festlegen, wann eine erste Reaktion erfolgen, dann eine Aktualisierung geschehen und schließlich eine Lösung vorliegen muss. Im Beispiel soll spätestens nach 60 Minuten jemand auf das Ticket reagiert haben. Diese Zeit tragen Sie in das Eingabefeld neben *Eskalation - Zeit für erste Reaktion (Minuten)* ein. Wenn Sie dort eine 0 eintippen, können sich die Agenten für eine erste Reaktion beliebig viel Zeit lassen. Bevor das Ticket eskaliert, wäre es gut, wenn der Agent eine Nachricht erhält. Wann OTRS den Agenten an das Ticket erinnert, legen Sie mit der Drop-down-Liste *Benachrichtigung durch* fest. Wenn Sie die Liste ausklappen, stellt Ihnen OTRS mehrere Prozentwerte zur Auswahl. Diese beziehen sich auf die zuvor eingestellte Eskalationszeit in Minuten. Stellen Sie beispielsweise als Eskalationszeit 60 Minuten ein und wählen dann *50%* unter *Benachrichtigung durch* aus, erinnert OTRS den Agenten nach genau 30 Minuten an das Ticket.

Im Beispiel sollte zudem spätestens nach 90 Minuten das betroffene Ticket aktualisiert worden sein. Diese Zeit tippen Sie in das Feld neben *Eskalation - Aktualisierungszeit (Minuten)*. Bei einer 0 muss das Ticket von den Agenten nicht aktualisiert werden. Auch hier können Sie unter *Benachrichtigung durch* bestimmen, wann OTRS den Agenten über die bevorstehende Eskalation informieren soll.

Eine Lösung für das Problem muss wiederum nach 120 Minuten gefunden worden sein. Diese Zeit tragen Sie in das Feld neben *Eskalation - Lösungszeit (Minuten)* ein. Bei einer 0 kann sich der Agent für eine Lösung beliebig viel Zeit lassen. Im Feld *Benachrichtigung durch* legen Sie fest, wann OTRS den Agenten über die drohende Eskalation benachrichtigt.

 Vereinbaren Sie realistische Reaktionszeiten! Ihre Agenten müssen in der Lage sein, die Anfragen auch zu bearbeiten. Andernfalls kann das zu unzufriedenen Kunden oder teuren Vertragsstrafen führen. Wenn regelmäßig viele Tickets aufgrund eines geplatzten Service Level Agreement eskalieren, ist das ein überdeutlicher Hinweis darauf, dass die Agenten überlastet sind. Am besten legen Sie die Reaktionszeiten in Rücksprache mit Ihren betroffenen Mitarbeitern fest und passen sie gegebenenfalls an (sofern das vertraglich möglich ist).

Nicht jedes Service Level Agreement schreibt eine bestimmte Bearbeitungszeit vor. So könnten Sie beispielsweise einem Kunden versprechen, ihm immer auch einen ausführlichen Reparaturbericht zu schicken. Wenn Sie solch ein SLA in OTRS hinterlegen möchten, füllen Sie einfach das Formular aus Abbildung 12-3 aus, lassen aber die drei Felder zur *Eskalation* leer. OTRS kann das Ticket dann zwar nicht automatisch eskalieren, Sie können aber immerhin die SLAs zuweisen.

Das Ticket kann nur dann bearbeitet werden, wenn ein Agent im Haus ist. Damit nicht mitten in der Nacht die Tickets munter eskalieren, berücksichtigt OTRS die von Ihnen hinterlegten Geschäftszeiten. Alternativ kann das Ticketsystem sich auch an einem der neun optionalen Kalender orientieren. Sofern Sie das möchten, klicken Sie weiter oben in das Feld *Kalender* und wählen den passenden aus. Mehr zu den Kalendern finden Sie in Kapitel 4, *Maßnahmen nach der ersten Anmeldung*.

Stellen Sie abschließend noch sicher, dass die *Gültigkeit* auf *gültig* steht. Nur dann können Sie das Service Level Agreement auch verwenden. Mit einem Klick auf *Speichern* legt OTRS das SLA an.

Ein einmal angelegtes Service Level Agreement lässt sich nicht wieder löschen, sondern lediglich deaktivieren oder nachbearbeiten. Dazu klicken Sie in der SLA-Verwaltung (hinter *Admin → Service-Level-Vereinbarungen*) in der Liste auf die Bezeichnung des entsprechenden SLA (in der ersten Spalte). Es erscheint jetzt das bekannte Formular aus Abbildung 12-3. Darin können Sie alle Einstellungen nachträglich anpassen. Wenn Sie die Nutzung des SLA (vorübergehend) unterbinden möchten, klicken Sie in das Feld *Gültigkeit* und wählen den Punkt *ungültig*. Später können Sie das SLA wieder aktivieren, indem Sie *Gültigkeit* auf *gültig* setzen. Lassen Sie abschließend Ihre Änderungen *Speichern und abschließen*. Ein Klick auf *Speichern* würde die Änderungen übernehmen und das Formular geöffnet lassen. *Abbrechen* verwirft hingegen alle Eingaben.

Services den Kunden zuordnen

Eine Dienstleistung beziehungsweise einen Service können Sie wahlweise allen Kunden anbieten oder aber nur ausgewählten Kundenbenutzern versprechen. Bevor Sie einen Service einem Ticket zuordnen können, müssen Sie zunächst OTRS mitteilen, welcher Kundenbenutzer Anspruch auf welchen Service hat. Dazu rufen Sie den Menüpunkt *Admin* auf und klicken dann im Bereich *Benutzer, Gruppen & Rollen* auf den Punkt *Kundenbenutzer ↔ Services*. Damit landen Sie in der Ansicht *Kundenbenutzer-Service-Zuordnungen verwalten* aus Abbildung 12-4.

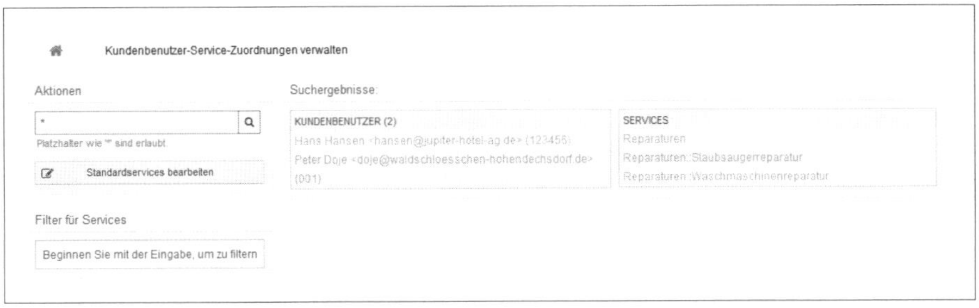

Abbildung 12-4: Über diesen Bildschirm weisen Sie den Kunden einen Service zu.

Soll ein Service grundsätzlich allen Kunden offenstehen, müssen Sie lediglich am linken Rand auf *Standardservices bearbeiten* klicken, dann in der erscheinenden Tabelle einen Haken in das Kästchen neben dem entsprechenden Service setzen und auf *Speichern und abschließen* klicken. Damit erheben Sie den Service zu einem *Standardservice*, den Agenten an jedes Ticket heften dürfen. Möchten Sie später einen Service doch wieder nur ganz bestimmten Kundenbenutzern zugänglich machen, rufen Sie erneut *Standardservice bearbeiten* auf, entfernen den Haken neben dem entsprechenden Service und lassen die Änderung *Speichern und abschließen*.

Wenn Sie einen Service exklusiv nur einem oder mehreren ausgewählten Kundenbenutzern zur Verfügung stellen möchten, klicken Sie in der Ansicht *Kundenbenutzer-Service-Zuordnungen verwalten* aus Abbildung 12-4 in der Liste *Kundenbenutzer* den Namen des Kundenbenutzers an. Wenn Sie einen Kunden suchen, tippen Sie seinen Namen oder einen Teil seines Namens in das Eingabefeld links oben im Kasten *Aktionen* ein und klicken auf die Lupe. OTRS blendet dann auf der rechten Seite nur noch die zum eingegebenen Begriff passenden Kundenbenutzer ein. Um wieder alle Kundenbenutzer zu sehen, löschen Sie das Eingabefeld und klicken auf die Lupe.

Nachdem Sie den gewünschten Kundenbenutzer angeklickt haben, erscheint die Tabelle aus Abbildung 12-5. Darin setzen Sie jeweils einen Haken in die Kästchen der Services, die dem Kundenbenutzer später bereitstehen sollen. Welcher Service dann bei einem Ticket zum Einsatz kommt, entscheidet später der Agent. Hier legen Sie zunächst nur fest, welche Services *prinzipiell* dem Kunden zur Verfügung stehen. Wenn Sie sehr viele Services im Angebot haben und einen bestimmten Service in der Tabelle suchen, tippen Sie den Namen des Service in das Feld *Filter für Services*. OTRS blendet dann in der Tabelle nur noch die Zeilen ein, die zum eingegebenen Suchbegriff passen. Wenn Sie den Suchbegriff wieder löschen, präsentiert die Tabelle erneut alle Zeilen. Nachdem Sie die passenden Häkchen gesetzt haben, klicken Sie auf *Speichern und abschließen*. Die Schaltfläche *Speichern* würde Ihre Modifikationen ebenfalls übernehmen, die Tabelle aber weiterhin anzeigen. Über den Link *Abbrechen* verwirft OTRS hingegen alle Ihre Änderungen.

Abbildung 12-5: In diesem Fall würden Sie Hans Hansen die Waschmaschinenreparatur, nicht aber eine Staubsaugerreparatur anbieten.

Bei sehr vielen Kundenbenutzern kann die Zuordnung allerdings zu einer rechten Sisyphusarbeit werden – insbesondere wenn Sie nachträglich einen neuen Service angelegt haben. In solchen Fällen klicken Sie in der Ansicht *Kundenbenutzer-Service-Zuordnungen verwalten* aus Abbildung 12-4 in der Liste *Services* auf den Namen des neuen Service. Wenn Sie einen bestimmten Service suchen, geben Sie seinen Namen links unten in das Feld *Filter für Services* ein. Schon während des Tippens zeigt OTRS rechts in der Liste *Services* nur noch die zum eingegebenen Text passenden Dienstleistungen an. Um wieder alle Services zu sehen, löschen Sie das Eingabefeld *Filter für Services*. Nachdem Sie einen Service angeklickt haben, sehen Sie eine Tabelle mit allen vorhandenen Kundenbenutzern (wie in Abbildung 12-6).

Abbildung 12-6: Die Waschmaschinenreparatur steht hier prinzipiell nur Hans Hansen zur Verfügung.

Darin setzen Sie jeweils einen Haken in die Kästchen neben den Kundenbenutzern, die den entsprechenden Service nutzen dürfen. Wenn Sie einen bestimmten Kundenbenutzer suchen, tippen Sie seinen Namen, seine E-Mail-Adresse oder die Kundennummer in das Eingabefeld auf der linken Seite und klicken dann auf die Lupe. In der Tabelle erscheinen nun ausschließlich die passenden Kundenbenutzer. Um wieder alle Kundenbenutzer anzeigen zu lassen, leeren Sie das Eingabefeld und klicken auf die Lupe. Sobald Sie Ihre Auswahl getroffen haben, klicken Sie auf *Speichern und abschließen*. Die Schaltfläche *Speichern* lässt die Tabelle weiterhin angezeigt, *Abbrechen* würde hingegen Ihre Änderungen verwerfen.

Services und SLAs einem Ticket zuordnen

Wenn mindestens ein Service existiert und Sie diesen entweder zum Standardservice erhoben oder aber mindestens einem Kundenbenutzer zugeordnet haben, können Sie ihn endlich an ein Ticket heften. Das gelingt allerdings nur bei neu erstellten Tickets: Einem schon vorhandenen Ticket lässt sich nachträglich kein Service mehr zuordnen – es sei denn, Sie teilen das Ticket.

Dazu erstellen Sie, wie in Abschnitt »Tickets erstellen« auf Seite 244 beschrieben, ein neues Ticket. Sobald Sie den *Kundenbenutzer* ausgewählt haben, erscheint etwas weiter unten ein neues Eingabefeld *Service* (siehe Abbildung 12-7). Klicken Sie in das Eingabefeld hinein und wählen Sie den gewünschten Service aus. Unterservices klappen Sie über die schwarzen Dreiecke aus. OTRS bietet hier ausschließlich die Services an, die dem Kundenbenutzer zur Verfügung stehen.

Abbildung 12-7: In diesem Fall betrifft das Ticket eine Waschmaschinenreparatur, für die sogar eine Antwortzeit in 120 Minuten garantiert wird.

Wenn Sie in das Feld *Service-Level-Vereinbarung* klicken, können Sie zusätzlich ein SLA auswählen – vorausgesetzt, Sie haben zuvor ein passendes eingerichtet. Sollten Sie sich umentschieden haben, können Sie sowohl den Service als auch das SLA mit einem Klick auf das *X* neben dem Namen wieder entfernen.

Unter dem Menüpunkt *Tickets → Ansicht nach Service* präsentiert Ihnen OTRS alle Tickets nach ihren jeweiligen Services sortiert (wie in Abbildung 12-8). Am oberen Rand können Sie zunächst einen Service auswählen. Im unteren Bereich erscheinen dann alle Tickets, denen dieser Service zugeordnet wurde. Klicken Sie etwa auf *Waschmaschinenreparatur*, sehen Sie alle Tickets, die sich irgendwie mit der Waschmaschinenreparatur beschäftigen. Die Verwaltung der Tickets erfolgt genau so, wie in Abschnitt »Listen anpassen und sortieren« auf Seite 185 beschrieben. Beispielsweise können Sie über *S*, *M* und *L* die angezeigten Informationen regeln.

Abbildung 12-8: Die Dienstleitung »Waschmaschinenreparatur« muss man hier nur für ein Ticket erbringen.

KAPITEL 13

Persönliche Einstellungen

Ein paar ausgewählte Einstellungen darf jeder Agent verändern. Unter anderem kann er ein neues Passwort wählen und die Sprache festlegen, die OTRS mit ihm spricht. Allen diesen Einstellungen ist gemeinsam, dass sie ausschließlich den Agenten selbst betreffen. Ändert er beispielsweise die Sprache auf Englisch, sieht nur er selbst die Benutzeroberfläche in dieser Sprache. Daher bezeichnet OTRS diese Einstellungen als *Persönliche Einstellungen*, Englisch *User Preferences*.

Die persönlichen Einstellungen erreichen Agenten, indem sie ganz links oben in der Ecke auf das Symbol mit der Büste klicken und dann im ausklappenden Menü den Punkt *Persönliche Einstellungen* wählen. Es erscheint dann die Seite aus Abbildung 13-1.

Abbildung 13-1: OTRS 6 gruppiert alle persönlichen Einstellungen in drei Bereiche.

Um den Überblick zu wahren, fasst OTRS die Einstellungen in mehreren Bereichen thematisch zusammen, die das Ticketsystem hier zur Auswahl stellt. Ein Klick auf einen Kasten führt zu den entsprechenden Einstellungen. Hinter dem *Benutzer-Profil* kann der Agent beispielsweise sein Passwort ändern. Die in den jeweiligen Bereichen angebotenen persönlichen Einstellungen stellen die folgenden Abschnitte nacheinander ausführlich vor.

Benutzer-Profil

Wenn Sie auf der Seite aus Abbildung 13-1 das *Benutzer-Profil* aufrufen, können Sie Ihr Passwort ändern, sich einen Avatar verpassen, die Sprache der Benutzeroberfläche ändern sowie Ihre Zeitzone und Ihre nächste Urlaubszeit hinterlegen. Zunächst zum Passwort.

 Nach der allerersten Anmeldung sollte jeder Agent hier einmal alle Einstellungen von oben nach unten durchgehen und gegebenenfalls korrigieren.

Passwort ändern

Im obersten Kasten können Sie Ihr Passwort ändern, mit dem Sie sich bei OTRS anmelden. Dazu tippen Sie zunächst in das oberste Feld Ihr *Aktuelles Passwort* ein und schreiben dann in das Feld darunter Ihr *Neues Passwort*. OTRS zeigt dabei für jedes eingetippte Zeichen nur einen Kreis an. Dies soll verhindern, dass eine hinter Ihnen stehende Person das Passwort mitlesen kann. Da dabei jedoch die Gefahr eines Tippfehlers besteht, müssen Sie das neue Passwort noch einmal im dritten Feld wiederholen. Nach einem Klick auf den Haken ganz rechts im Kasten tauscht OTRS das Passwort aus.

 Alle Agenten sollten möglichst schwer zu erratende Passwörter wählen. Tabu sind Vor- und Nachnamen, Geburtsdaten oder der Name des Haustiers. Solche Passwörter lassen sich leicht erraten oder einfach schnell durchprobieren. Ein sicheres Passwort besteht aus mindestens 16 Zeichen, enthält Groß- und Kleinbuchstaben sowie Zahlen und Sonderzeichen. Je länger ein Passwort ist, desto besser. Sie können ein sicheres Exemplar beispielsweise aus möglichst vielen, aber zufällig ausgewählten Wörtern zusammensetzen.

Avatar ändern

An verschiedenen Stellen kann OTRS ein Passfoto des jeweiligen Agenten anzeigen. Unter anderem ersetzt das Foto die weiße Büste ganz links oben in der Ecke. Es erscheint zudem in der Ticket-Zoom-Ansicht immer neben den Antworten des Agenten. Damit können dann Kollegen mit einem Blick erfassen, welcher Agent welche Antwort geschrieben hat. Sofern der Agent kein Passfoto hinterlegt hat, präsentiert OTRS stattdessen Muster und Symbolbilder wie das aus Abbildung 13-2.

Jeder Agent kann ein eigenes Passfoto wählen und hochladen. Dieses Foto bezeichnet OTRS neudeutsch als *Avatar*. Das Ticketsystem verwaltet die Fotos allerdings nicht selbst, sondern greift dafür auf einen Internetdienst zurück: Wann immer OTRS in der Benutzeroberfläche den Avatar eines Agenten anzeigen muss, schnapp es sich seine E-Mail-Adresse und übergibt diese dem Internetdienst Gravatar (*https://www.gravatar.com/*). Der wiederum sucht in seiner Datenbank das vom Agenten hinterlegte Bild heraus und liefert es an OTRS zurück. Alle Agenten müssen sich folglich beim Dienst Gravatar unter *https://www.gravatar.com/* registrieren und dann dort ihr Passfoto hochladen. Mehr ist nicht notwendig. Der Kasten *Avatar* in den persönlichen Einstellungen weist lediglich auf die beschriebene Prozedur hin, mehr können Sie dort nicht einstellen.

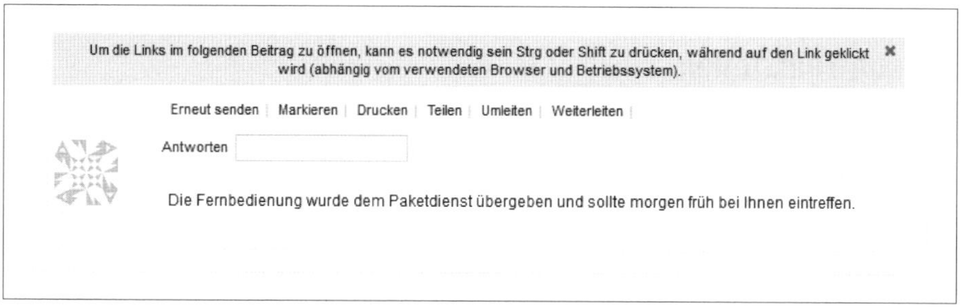

Abbildung 13-2: Wenn der Agent keinen Avatar hinterlegt hat, zeigt OTRS nur bunte Muster an, hier ein türkisfarbenes.

Die Agenten dürfen prinzipiell beliebige Bilder als Avatar hochladen – auch anstößige oder unpassende. Sie sollten daher genaue Richtlinien dazu vorgeben, wie ein Avatar auszusehen hat. Idealerweise lassen Sie im Unternehmen passende Fotos von einem Fotografen anfertigen.

Wenn Sie Gravatar nicht verwenden möchten oder die Nutzung verbieten, zeigt OTRS nur die bereits angesprochenen Symbolfotos an. Auch dabei schickt das Ticketsystem im Hintergrund weiterhin die E-Mail-Adressen an Gravatar, das dann die Muster liefert. Diese heimliche Kommunikation mit Gravatar können Sie leider nicht unterbinden (etwa mit einer Firewall-Regel). Andernfalls fehlen Symbole in der Benutzeroberfläche. So unterdrückt OTRS links oben in der Ecke das Symbol mit der Büste. Es existiert weiterhin, ist aber unsichtbar. Um die persönlichen Einstellungen aufzurufen, müssen die Agenten dann blind in die linke obere Ecke klicken.

Sprache wählen

Im Kasten *Sprache* können Sie die Sprache der Benutzeroberfläche wählen (siehe Abbildung 13-3). Dazu klicken Sie einfach in das Eingabefeld, wählen die entsprechende Sprache aus und schalten sie mit einem Klick auf den Haken um. Abschließend müssen Sie die Seite noch einmal neu laden. Dazu klicken Sie einfach auf die entsprechende Meldung am oberen Rand.

Abbildung 13-3: In diesem Fall spricht die Benutzeroberfläche Deutsch.

Zeitzone einstellen

OTRS muss immer wieder Termine und Zeiten berechnen. Damit das reibungslos funktioniert, müssen die Agenten in den persönlichen Einstellungen angeben, in welcher Zeitzone sie sich befinden. Das ist besonders wichtig, wenn Sie mit mehreren Agenten auf der ganzen Welt zusammenarbeiten.

Die *Zeitzone* hinterlegen Sie im gleichnamigen Kasten. Dort müssen Sie nur in das Eingabefeld klicken und die Hauptstadt Ihres Landes auswählen. Diese wiederum sind in der Liste nach Kontinenten sortiert. Arbeiten Sie beispielsweise in Deutschland, suchen Sie zunächst *Europe* und dann *Berlin*. Die korrekte Einstellung würde folglich *Europe/Berlin* lauten. Die Änderung müssen Sie abschließend noch mit einem Klick auf den Haken bestätigen.

Abwesenheit

Wenn Sie zu Hause krank im Bett liegen oder aber im Urlaub weilen, kann OTRS dies entsprechend berücksichtigen. Dazu müssen Sie in den persönlichen Einstellungen im Kasten *Abwesenheitszeit* ihre Fehlzeit eintragen (siehe Abbildung 13-4). Setzen Sie dort zunächst den Punkt *Aktiv* auf *Ein*. Stellen Sie dann über die Dropdown-Listen den *Start* und das *Ende* Ihrer Abwesenheit ein. Mit einem Klick auf ein Kalendersymbol öffnet sich ein kleiner Kalender, der die Auswahl des entsprechenden Datums erleichtert. Abschließend müssen Sie die Einstellungen noch mit einem Klick auf den Haken bestätigen.

Abbildung 13-4: Der Agent wäre hier vom 18.06.2018 bis zum 01.07.2018 im Urlaub.

Sobald Sie den Urlaub antreten, zeigt OTRS neben Ihrem Namen stets zusätzlich an, wann Sie wieder zurück sind. Ein Beispiel dafür zeigt Abbildung 13-5.

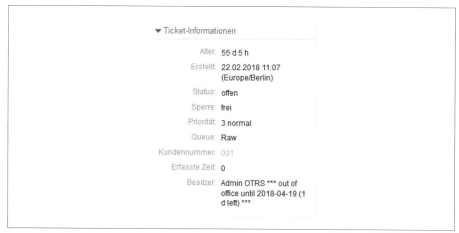

Abbildung 13-5: Unter anderem in der Ticket-Zoom-Ansicht weist OTRS darauf hin, dass der Besitzer des Tickets derzeit nicht anwesend ist.

Benachrichtungseinstellungen

OTRS kann Ihnen bei wichtigen Ereignissen eine E-Mail schicken. Wann dies jeweils geschieht, dürfen Sie in Ihren persönlichen Einstellungen festlegen. Um die entsprechenden Optionen zu erreichen, klicken Sie links oben in der Ecke auf das Symbol mit der Büste, wählen den Menüpunkt *Persönliche Einstellungen* aus und klicken schließlich auf die *Benachrichtigungseinstellungen*.

Meine Queues und Services

Wenn Sie unter *Tickets → Ansicht nach Queues* den Punkt *Meine Queues* aktivieren, zeigt Ihnen OTRS die Tickets aus ein paar ausgewählten Queues an. Welche Queues dazugehören, legen Sie im Kasten *Meine Queues* fest. Klicken Sie dort in das Eingabefeld und selektieren Sie in der dann erscheinenden Liste alle gewünschten Queues (wie in Abbildung 13-6). Wenn Sie versehentlich eine falsche Queue gewählt haben, klicken Sie sie einfach erneut an. Sie können auch alle Queues auf einmal abwählen, indem Sie am unteren Rand der Liste auf *Alles löschen* klicken. Umgekehrt lassen sich natürlich *Alle auswählen*. Wenn Sie in einer sehr langen Liste eine ganz bestimmte Queue suchen, geben Sie den Namen der Queue über die Tastatur ein. Sie können dabei einfach drauflostippen, das Eingabefeld ist auch nach dem Öffnen der Liste noch aktiv. Schon bei der Eingabe zeigt Ihnen OTRS nur noch die Queues an, die zum Suchbegriff passen. Um wieder alle Queues zu sehen, löschen Sie das Eingabefeld.

Sobald Sie Ihre Wahl getroffen haben, klicken Sie auf *Bestätigen*. Die Einstellung können Sie jederzeit ändern, indem Sie erneut in das Eingabefeld klicken. Ein Klick auf das *X*-Symbol neben dem Namen einer Queue entfernt sie aus dem Eingabefeld. In jedem Fall müssen Sie Ihre Auswahl noch einmal explizit mit einem Klick auf den Haken bestätigen.

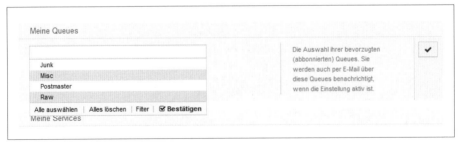

Abbildung 13-6: In diesem Fall gehören die Queues Misc und Raw zu »Meinen Queues«.

Nach dem gleichen Prinzip dürfen Sie bevorzugte Services im Kasten *Meine Services* auswählen – vorausgesetzt, es existieren Services (weitere Informationen hierzu lieferte Kapitel 12, *Services*).

OTRS kann Ihnen eine E-Mail schicken, wenn jemand ein Ticket in eine der unter *Meine Queues* ausgewählten Queues verschiebt. Analog informiert Sie OTRS, wenn jemand einen Service verwendet, den Sie unter *Meine Services* ausgewählt haben. Die dazu jeweils notwendigen Einstellungen beschreibt der direkt folgende Abschnitt.

Ticket- und Terminbenachrichtigungen

Im Kasten *Ticket-Benachrichtigungen* aus Abbildung 13-7 können Sie festlegen, in welchen Situationen Ihnen OTRS eine E-Mail schicken soll. Das Ticketsystem meldet sich dabei immer dann zu Wort, wenn neben dem entsprechenden Ereignis in der Tabelle ein Haken steht. Um in einer der Situationen keine Nachrichten mehr zu bekommen, müssen Sie nur den entsprechenden Haken mit einem Klick entfernen.

Abbildung 13-7: Hier erhält der Agent in allen markierten Fällen eine Nachricht.

Standardmäßig kann Sie OTRS über folgende Ereignisse per E-Mail informieren:

Benachrichtigung über neues Ticket
Sie erhalten bei jedem neu eingegangenen Ticket automatisch eine E-Mail.

Benachrichtigung über Folgeaktionen
Nachdem Sie ein Ticket beantwortet haben, folgt unter Umständen noch irgendeine weitere Aktion. Beispielsweise könnte der Kunde eine Rückfrage stellen. Auch in solchen Situationen kann Sie OTRS benachrichtigen. Dabei unterscheidet das Ticketsystem, ob es eine Reaktion auf ein gesperrtes oder ein nicht gesperrtes Ticket gab. Soll Sie OTRS benachrichtigen, wenn eine Aktion auf ein gesperrtes Ticket folgt, müssen Sie einen Haken in das Kästchen neben *Benachrichtigung über Folgeaktionen (gesperrtes Ticket)* setzen. Steht analog ein Haken neben *Benachrichtigung über Folgeaktionen (entsperrtes Ticket)*, informiert Sie OTRS, sobald eine Aktion auf ein nicht gesperrtes Ticket folgt.

Benachrichtigung bei Überschreiten der Sperrzeit
OTRS informiert Sie, sobald ein Ticket seine Sperrzeit überschreitet.

Benachrichtigung über Änderung der Queue
Sie erhalten eine Nachricht, sobald jemand ein Ticket in eine Queue verschiebt, die Sie unter *Meine Queues* ausgewählt haben.

Benachrichtigung über Änderung des Services
Sie erhalten eine Nachricht, sobald jemand einem Ticket einen Service aus dem Eingabefeld *Meine Services* zuweist.

Unter Umständen können Sie sich (zusätzlich) über weitere Aktionen und Ereignisse benachrichtigen lassen. Die Möglichkeiten hängen dabei von den angelegten Ticket-Benachrichtigungen ab. Wie man Letztgenannte erstellt und verwaltet, zeigt später noch Abschnitt »Ticket-Benachrichtigungen erstellen« auf Seite 347.

In jedem Fall müssen Sie Ihre geänderten Einstellungen rechts oben im Kasten *Ticket-Benachrichtigungen* explizit mit einem Klick auf den Haken bestätigen.

OTRS informiert Sie auch über anstehende Termine. Standardmäßig schlägt das Ticketsystem Alarm, wenn ein Termin die Erinnerungszeit erreicht (siehe auch Kapitel 10, *Kalender*). Abschalten können Sie diese Benachrichtigungen, indem Sie im Kasten *Terminbenachrichtigungen* den Haken neben *Benachrichtigung über Erreichen der Erinnerungszeit von Terminen* entfernen. Eventuell bietet der Kasten *Terminbenachrichtigungen* noch weitere Einstellungen an. Das ist der Fall, wenn Sie beziehungsweise der Betreiber der OTRS-Installation weitere sogenannte Terminbenachrichtigungen angelegt haben. Wie das funktioniert, erläutert später noch Kapitel 16, *Benachrichtigungen*. Die dort angelegten Benachrichtigungen schalten Sie wie bekannt ein und aus: Bei einem Haken neben einem Ereignis benachrichtigt Sie OTRS in der entsprechenden Situation. In jedem Fall müssen Sie Ihre Änderungen noch rechts oben im Kasten *Terminbenachrichtigungen* mit einem Klick auf den Haken bestätigen.

Verschiedenes

Jeder Agent darf in Grenzen Einfluss auf Aussehen und Verhalten der Benutzeroberoberfläche nehmen. Dazu klicken Sie links oben in der Ecke auf das Symbol mit der Büste, entscheiden sich für den Menüpunkt *Persönliche Einstellungen* und rufen *Verschiedenes* auf.

Skin

Die Optik der Benutzeroberfläche legt eine Design-Vorlage fest, der sogenannte Skin. Wenn Sie im Kasten *Skin* in das Eingabefeld klicken, können Sie sich in der Liste eine der installierten Design-Vorlagen aussuchen. Bestätigen Sie Ihre Wahl mit einem Klick auf den Haken rechts im Kasten. Anschließend müssen Sie die Seite einmal neu laden. Dazu können Sie auf die entsprechende Meldung am oberen Rand klicken. OTRS schaltet dann auf den gewählten Skin und somit eine leicht andere Optik um.

 Die Einstellung *Hoher Kontrast* sollten Agenten mit einer Sehschwäche ausprobieren. Sie stellt die Benutzeroberfläche fast ausschließlich in Schwarz-Weiß und mit klaren Kanten dar.

Aktualisierungszeiten

Wenn Sie die *Übersicht* (und somit das Dashboard) aufrufen, präsentiert Ihnen OTRS den aktuellen Stand. Es aktualisiert die Informationen auf der Seite jedoch nicht fortlaufend. Ein im Hintergrund neu eingetrudeltes Ticket sehen Sie folglich erst dann, wenn Sie eine Aktion aufgerufen beziehungsweise die Seite neu geladen haben. Gleiches gilt auch für einige anderen Seiten, wie etwa der Queue-Ansicht.

OTRS kann diese Ansichten aber auch regelmäßig aktualisieren. Dazu klicken Sie hier in den persönlichen Einstellungen im Kasten *Aktualisierungszeiten der Übersichten* aus Abbildung 13-8 in das Eingabefeld.

Abbildung 13-8: Hier würde OTRS alle Übersichten nach zwei Minuten automatisch aktualisieren.

Wählen Sie dann aus, nach wie vielen Minuten OTRS die Darstellung auf den aktuellen Stand bringen soll. In der Einstellungen *aus* würde OTRS die Darstellung nicht aktualisieren. Nachdem Sie die gewünschte Zeitspanne gewählt haben, übernehmen Sie sie noch explizit mit einem Klick auf den Haken.

Ansicht nach Ticket-Erstellung

Nachdem Sie ein neues Ticket per Hand erstellt haben, öffnet OTRS umgehend wieder ein neues Formular, über das Sie ein weiteres Ticket anlegen könnten. OTRS lässt sich aber auch dazu überreden, nach dem Anlegen eines Tickets direkt in die Ticket-Zoom-Ansicht zu wechseln (und somit das Formular zu schließen). Dazu klicken Sie hier in den persönlichen Einstellungen im Kasten *Ansicht nach Ticket-Erstellung* in das Eingabefeld und wählen *TicketZoom* aus. Nach einem Klick auf den Haken wechselt OTRS zukünftig nach dem Anlegen eines neuen Tickets immer in die Ticket-Zoom-Ansicht (die Abschnitt »Einzelnes Ticket anzeigen (Ticket-Zoom-Ansicht)« auf Seite 199 vorstellt).

KAPITEL 14

Zwei-Faktor-Authentifizierung

Wenn jemand einen Benutzernamen und das dazugehörige Passwort stiehlt, kann er sich im Kundencenter oder sogar als Agent bei OTRS anmelden und dort Schabernack treiben. Abhilfe schafft ein Verfahren, das als sogenannte *Zwei-Faktor-Authentifizierung* bezeichnet wird. Dabei gibt der Agent oder Kundenbenutzer zunächst wie gewohnt seinen Benutzernamen und sein Passwort ein. Anschließend fragt OTRS einen speziellen Sicherheitscode ab, den der Agent beziehungsweise Kundenbenutzer von einer App auf seinem Smartphone generieren lässt. Ein Angreifer müsste also nicht nur den Benutzernamen und das Passwort herausfinden, sondern auch noch das Smartphone des Benutzers erbeuten. Da sich Kundenbenutzer und Agenten auf zwei verschiedene Arten gegenüber OTRS ausweisen müssen, gibt es zwei Sicherheitsfaktoren – daher die Bezeichnung *Zwei-Faktor-Authentifizierung* (englisch *Two-Factor Authentication*).

Die Zwei-Faktor-Authentifizierung erhöht zwar die Sicherheit, Ihre Kunden und Agenten müssen aber ein Smartphone mit einer entsprechenden App besitzen. Des Weiteren wird die Anmeldung aufwendiger und dürfte daher vor allem Endkunden abschrecken. In OTRS ist die Zwei-Faktor-Authentifizierung optional. Sie können daher von Kunde zu Kunde beziehungsweise von Agent zu Agent entscheiden, ob dieser die Zwei-Faktor-Authentifizierung nutzen soll.

Zur Erzeugung des zusätzlichen Sicherheitscodes existieren mehrere verschiedene Verfahren von unterschiedlichen Herstellern. OTRS 6 unterstützt ausschließlich das von Google angebotene Verfahren namens Google Authenticator. Um es nutzen zu können, müssen sich Ihre Kundenbenutzer und Agenten zunächst die passende App auf ihrem Smartphone installieren. Diese gibt es für Android, iOS und Blackberry. Entsprechende Links finden sich unter *https://support.google.com/accounts/answer/1066447?hl=de*. Des Weiteren muss die Uhrzeit auf dem Smartphone korrekt eingestellt sein.

Zwei-Faktor-Authentifizierung aktivieren

Standardmäßig ist die Zwei-Faktor-Authentifizierung abgeschaltet. Um sie zu aktivieren, rufen Sie in der Benutzeroberfläche von OTRS den Punkt *Admin* auf und klicken dann im Bereich *Administration* auf die *Systemkonfiguration*. Tippen Sie in das Eingabefeld den Text TwoFactor und klicken Sie auf die Lupe.

Wenn Sie die Zwei-Faktor-Authentifizierung für die Agenten aktivieren möchten, suchen Sie auf der rechten Seite den Kasten *AuthTwoFactorModule*, fahren mit der Maus darauf und lassen die *Einstellung aktivieren*. Prüfen Sie kurz, ob im Eingabefeld *Kernel::System::Auth::TwoFactor::GoogleAuthenticator* eingestellt ist. Sollte das nicht der Fall sein, fahren Sie mit der Maus auf den Kasten, lassen die *Einstellung bearbeiten*, klicken in das Eingabefeld, wählen den entsprechenden Punkt aus und bestätigen die Änderung mit einem Klick auf den Haken rechts im Kasten *AuthTwoFactorModule*.

Wollen Sie die Zwei-Faktor-Authentifizierung für Ihre Kunden aktivieren, suchen Sie auf der rechten Seite den Kasten *Customer::AuthTwoFactorModule*, fahren mit der Maus darüber und lassen die *Einstellung aktivieren*. Stellen Sie sicher, dass im Eingabefeld die Zeichenfolge *Kernel::System::CustomerAuth::TwoFactor::GoogleAuthenticator* steht. Sollte das nicht der Fall sein, fahren Sie mit der Maus auf den Kasten, lassen die *Einstellung bearbeiten*, klicken in das Eingabefeld, wählen den entsprechenden Punkt aus und bestätigen die Änderung mit einem Klick auf den Haken rechts im Kasten *Customer::AuthTwoFactorModule*.

Die Einstellungen für die Zwei-Faktor-Authentifizierung erreichen Sie auch, indem Sie *Admin → Systemkonfiguration* aufrufen. Klicken Sie dann links im Kasten *Navigation* auf das Dreieck vor *Core* und dann auf das Dreieck vor *Auth*. Die Einstellungen für die Agenten bekommen Sie zu Gesicht, indem Sie vor *Agent* das Dreieck und dann den Begriff *TwoFactor* anklicken. Analog gelangen Sie zu den Einstellungen für die Kundenbenutzer, indem Sie vor *Customer* auf das Dreieck und dann auf den Begriff *TwoFactor* klicken.

Abbildung 14-1: Mit diesen Einstellungen ist die Zwei-Faktor-Authentifizierung für die Kundenbenutzer aktiviert. Jeder Kundenbenutzer darf zudem selbst entscheiden, ob er sie nutzt.

Jetzt haben Sie die Zwei-Faktor-Authentifizierung erst mal aktiviert. Damit Ihre Kundenbenutzer und Agenten die Zwei-Faktor-Authentifizierung eigenständig korrekt einrichten können, müssen Sie als Nächstes noch die passenden Einstellungen freischalten. Dazu klicken Sie wahlweise oben in der Breadcrumb-Leiste auf *Systemkonfiguration* oder rufen einfach erneut im Hauptmenü *Admin →* *Systemkonfiguration* auf. In jedem Fall tippen Sie in das Eingabefeld den Begriff GoogleAuthenticatorSecretKey ein und klicken auf die Lupe.

Wenn später die Agenten die Zwei-Faktor-Authentifizierung nutzen sollen, suchen Sie den Kasten *PreferencesGroups###GoogleAuthenticatorSecretKey*, fahren mit der Maus darüber und lassen die *Einstellung bearbeiten*. Klicken Sie in das Eingabefeld neben *Active* und ersetzen Sie die 0 gegen eine 1 (wie in Abbildung 14-2). Bestätigen Sie die Änderung ganz rechts im Kasten *PreferencesGroups###GoogleAuthenticatorSecretKey* mit einem Klick auf den Haken.

Abbildung 14-2: Mit der 1 im ersten Eingabefeld können die Agenten gleich die Zwei-Faktor-Authentifizierung einrichten.

Wenn später die Kundenbenutzer die Zwei-Faktor-Authentifizierung nutzen sollen, suchen Sie den Kasten *CustomerPreferencesGroups###GoogleAuthenticator-SecretKey*, fahren mit der Maus darauf und lassen die *Einstellung bearbeiten*. Klicken Sie in das Eingabefeld neben *Active* und ersetzen Sie die 0 gegen eine 1. Bestätigen Sie die Änderung ganz rechts im Kasten *CustomerPreferences-Groups###GoogleAuthenticatorSecretKey* mit einem Klick auf den Haken.

 Die beiden Einstellungen erreichen Sie auch, wenn Sie *Admin →* *Systemkonfiguration* aufrufen und dann im Kasten *Navigation* auf das Dreieck vor *Frontend* klicken. Um die Einstellung für die Kundenbenutzer zu sehen, klicken Sie jetzt vor *Customer* auf das Dreieck, dann auf das Dreieck vor *View* und schließlich auf den Begriff *Preferences*. Analog erreichen Sie die Einstellung für die Agenten, indem Sie auf das Dreieck vor *Agent*, dann auf das Dreieck vor *View* und schließlich auf den Begriff *Preferences* klicken.

Abschließend müssen Sie alle geänderten Einstellungen noch in Betrieb nehmen. Dazu klicken Sie links oben im Kasten *Aktionen* auf *Inbetriebnahme*, dann auf *Ausgewählte Einstellungen in Betrieb nehmen* und schließlich auf *Jetzt in Betrieb nehmen*.

Zwei-Faktor-Authentifizierung einrichten

Möchte nun ein Kundenbenutzer die Zwei-Faktor-Authentifizierung einsetzen, meldet er sich zunächst wie gewohnt im Kundenbereich von OTRS an. Das ebenfalls auf der Anmeldeseite angezeigte Eingabefeld *2-Faktor-Token* kann er zu diesem Zeitpunkt noch ignorieren. Im Kundenbereich wechselt der Kundenbenutzer in die *Einstellungen*.

Möchte ein Agent die Zwei-Faktor-Authentifizierung verwenden, wechselt er in seine persönlichen Einstellungen (indem er links oben in der Ecke das Symbol mit der Büste anklickt und *Persönliche Einstellungen* aufruft) und entscheidet sich dann für das *Benutzer-Profil*.

Abbildung 14-3: Sobald man in den Einstellungen den Schlüssel aus der App eingetragen hat, kann man sich nur noch mit der App bei OTRS anmelden.

Sowohl Kundenbenutzer als auch Agenten starten jetzt die Google Authenticator App auf ihrem Smartphone. Darin legen sie ein neues Konto für einen Schlüssel an (via *Schlüssel eingeben*). Den abgefragten Kontonamen kann man beliebig wählen – etwa *OTRS*. Anschließend denkt man sich ein langes Passwort aus, das aus Zahlen und Buchstaben besteht und genau 16 Zeichen lang ist. OTRS erlaubt dabei nur Großbuchstaben sowie die Zahlen von 2 bis 7. Das ausgedachte Passwort tippt man dann in das Feld *Mein Sicherheitsschlüssel* und merkt es sich gut – es wird gleich noch einmal benötigt. Die Art des Kontos muss zudem *Zeitbasiert* sein (was bereits die Voreinstellung sein sollte).

Nachdem man das Konto hinzugefügt hat, wendet man sich wieder OTRS zu. Dort hinterlegt man den vorhin in der App eingetippten Sicherheitsschlüssel im Kasten *Google Authenticator* im Eingabefeld *Gemeinsames Geheimnis*. Anschließend klickt der Kundenbenutzer auf *Aktualisieren*, der Agent hingegen auf den Haken rechts im Kasten *Google Authenticator*. Damit ist die Zwei-Faktor-Authentifizierung scharf geschaltet.

Wenn sich der Kundenbenutzer beziehungsweise der Agent das nächste Mal bei OTRS anmeldet, tippt er zunächst wie gewohnt seinen Benutzernamen und das Passwort ein. Anschließend startet er die App auf seinem Smartphone. Diese generiert automatisch einen Code, der nur ein paar Sekunden lang gültig ist. Diesen Code hinterlegt der Kundenbenutzer beziehungsweise der Agent im Feld *2-Faktor-Token* (siehe Abbildung 14-4) und klickt auf *Anmelden*. Die letzten beiden Schritte müssen abgeschlossen sein, bevor in der App der Code verfällt.

Das Verfahren funktioniert nur, wenn die Uhren von OTRS-Server und Smartphone die korrekte Zeit zeigen beziehungsweise synchron laufen. Geht nur eine der beiden Uhren vor oder nach, kann sich der entsprechende Benutzer nicht mehr bei OTRS anmelden. Auf diese Weise können Sie sich auch selbst aus OTRS aussperren.

Die Nutzung der Zwei-Faktor-Authentifizierung ist zudem standardmäßig optional. Sie können sich folglich bei OTRS weiterhin nur mit ihrem Benutzernamen und ihrem altbekannten Passwort anmelden. Um das zu ändern, müssen Sie die Zwei-Faktor-Authentifizierung in der Systemkonfiguration erzwingen. Wie das funktioniert, erklärt gleich der nächste Abschnitt.

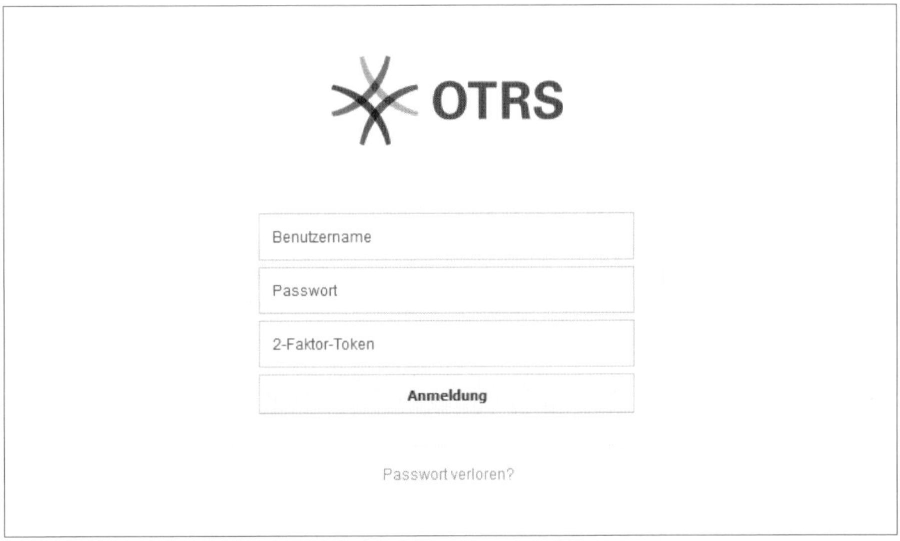

Abbildung 14-4: Zutritt zu OTRS erhält nur noch, wer im unteren Feld zusätzlich den von der App generierten Code eintippt.

Kundenbenutzer und Agenten müssen den vom *Google Authenticator* generierten sechsstelligen Code nicht nur bei der Anmeldung eintippen, sondern auch immer dann, wenn sie ihr Passwort ändern möchten. OTRS zeigt dann wie in Abbildung 14-5 vier Eingabefelder an: Zunächst tippen Agent oder Kundenbenutzer ganz oben ihr *Aktuelles Passwort* sowie darunter ein *Neues Passwort* ein. Letzteres wiederholen sie im Feld *Passwort verifizieren*. Jetzt starten sie die Google Authenticator App auf ihrem Smartphone und geben den dort generierten sechsstelligen Code in das Eingabefeld *2-Faktor-Token* ein. Agenten klicken dann rechts im Kasten *Passwort ändern* auf den Haken, Kundenbenutzer hingegen auf *Aktualisieren*. Die letzten beiden Schritte müssen auch hier abgeschlossen sein, bevor der Code verfällt.

Abbildung 14-5: Auch wenn das Passwort geändert werden soll, müssen Agenten und Kundenbenutzer den Google-Authenticator-Code eingeben.

Wenn Sie unter *Kunden → Kundenbenutzerverwaltung* einen Kundenbenutzer anklicken, können Sie dort im Eingabefeld *Google Authenticator* für den Kundenbenutzer einen Sicherheitsschlüssel vorgeben beziehungsweise ändern. Das ist etwa nützlich, wenn der Kundenbenutzer sein eigenes Passwort vergessen hat oder bei der Eingabe des Schlüssels einen Fehler gemacht hat (und somit nicht mehr selbst im Kundenbereich in seine *Einstellungen* gelangt).

Zwei-Faktor-Authentifizierung erzwingen

Möchten Sie die Zwei-Faktor-Authentifizierung für alle Kundenbenutzer beziehungsweise Agenten erzwingen, rufen Sie in der Benutzeroberfläche von OTRS wieder *Admin → Systemkonfiguration* auf, tippen in das Eingabefeld TwoFactor ein und klicken auf die Lupe.

Um die Zwei-Faktor-Authentifizierung für die Kundenbenutzer zu erzwingen, suchen Sie den Kasten *Customer::AuthTwoFactorModule::AllowEmptySecret* (wie ihn auch Abbildung 14-1 auf Seite 314 zeigt). Fahren Sie mit der Maus auf den Kasten, lassen Sie die *Einstellung bearbeiten*, entfernen Sie den Haken vor *Aktiviert* und klicken Sie rechts im Kasten auf den Haken.

Um die Zwei-Faktor-Authentifizierung für alle Agenten zu erzwingen, suchen Sie den Kasten *AuthTwoFactorModule::AllowEmptySecret*. Fahren Sie mit der Maus auf den Kasten, lassen Sie die *Einstellung bearbeiten*, entfernen Sie den Haken vor *Aktiviert* und klicken Sie rechts im Kasten auf den Haken.

In jedem Fall müssen Sie die Einstellungen in Betrieb nehmen. Dazu klicken Sie links oben im Kasten *Aktionen* auf *Inbetriebnahme*, dann auf *Ausgewählte Einstellungen in Betrieb nehmen* und schließlich auf *Jetzt in Betrieb nehmen*.

TEIL III

OTRS für Administratoren

KAPITEL 15

Agenten

In der Regel arbeiten mehrere Agenten gleichzeitig mit OTRS, wie etwa in einem Callcenter. Damit die Agenten auf die Benutzeroberfläche von OTRS zugreifen können, müssen Sie für jeden von ihnen ein eigenes Benutzerkonto anlegen.

Die meisten Agenten dürfen in der Praxis nur wenige ausgewählte Aktionen ausführen. Beispielsweise könnte es den Technikern verboten sein, in die Queues der Callcentermitarbeiter zu linsen. Die wiederum sollten möglichst nicht auf die von OTRS generierten Statistiken zugreifen dürfen. Welche Aktionen einem Agenten erlaubt sind, legen Sie in OTRS über sogenannte Gruppen und Rollen fest. Mit ihnen lassen sich gleichzeitig die Strukturen und Hierarchien im Unternehmen abbilden. Noch deutlich feiner können Sie die erlaubten Aktionen mit den sogenannten *Access Control Lists* regulieren. Ihre Einrichtung erfordert jedoch etwas mehr Aufwand und gute Planung.

Vermutlich schwirrt Ihnen jetzt bei so vielen Begriffen der Kopf. Lassen Sie sich davon aber nicht verwirren: Die nachfolgenden Abschnitte erklären ausführlich sämtliche Begriffe und die dazugehörenden Konzepte. Doch zuvor müssen Sie erst einmal den Agenten den Zugang zu OTRS gestatten.

Agenten verwalten

Über die Agenten-Verwaltung können Sie OTRS mit neuen Agenten bekannt machen, einen Agenten (vorübergehend) aussperren, Informationen über ihn abrufen und sich einen Überblick über alle Agenten verschaffen.

Agenten auflisten und suchen

Nach dem Aufruf von *Admin* und einem Klick auf *Agenten* im Bereich *Benutzer, Gruppen & Rollen* zeigt OTRS wie in Abbildung 15-1 eine Tabelle mit allen bekannten Agenten an. Jede dort aufgelistete Person darf sich bei OTRS anmelden und aktiv bei der Beantwortung der Tickets helfen.

Abbildung 15-1: Nach der Installation von OTRS gibt es standardmäßig nur einen Agenten: Das sind Sie selbst.

Mit dem Benutzernamen aus der ersten Spalte und einem Passwort meldet sich der Agent später bei OTRS an. Wann dies zum letzten Mal geschehen ist, können Sie in der Spalte *LETZTE ANMELDUNG* ablesen. Anmelden kann sich der Agent allerdings nur, wenn in der Spalte *GÜLTIGKEIT* das Wort *gültig* steht.

Zu jedem Agenten speichert OTRS einige zusätzliche Informationen. Dazu zählen unter anderem sein vollständiger *NAME* und seine *E-MAIL*-Adresse. Des Weiteren merkt sich OTRS, wann Sie den Agenten mit dem Ticketsystem bekannt gemacht haben. Das entsprechende Datum finden Sie in der Spalte *ERSTELLT*. Hin und wieder müssen Sie einige Daten des Agenten ändern – beispielsweise wenn dieser sein Passwort vergessen hat. Wann Sie zum letzten Mal die Daten des Agenten angepasst haben, verrät die Spalte *GEÄNDERT*.

Wenn später die Liste sehr umfangreich wird, können Sie einen Agenten schnell über die Suchfunktion finden. Dazu tippen Sie einen Teil seines Namens in das Eingabefeld im Kasten *Aktionen* ein und klicken auf die Lupe (oder drücken die *Enter*-Taste). OTRS reduziert dann die Liste auf alle zum Suchbegriff passenden Agenten. Im Suchbegriff dürfen Sie den Platzhalter * verwenden, der für beliebige weitere Zeichen steht. Der Suchbegriff Ha* würde folglich alle Agenten finden, deren Namen mit Ha beginnen. Um wieder alle Agenten in der Liste zu sehen, leeren Sie das Suchfeld und klicken auf das Lupensymbol.

Agenten hinzufügen

Um einem weiteren Agenten den Zugriff auf das Ticketsystem zu gestatten, klicken Sie in der Agenten-Verwaltung (hinter *Admin → Agenten*) auf *Agent hinzufügen*. OTRS zeigt Ihnen jetzt das Formular aus Abbildung 15-2, das Sie einmal von oben nach unten durchgehen und ausfüllen müssen. Die mit einem Sternchen gekennzeichneten Felder müssen dabei zwingend ausgefüllt werden, alle anderen dürfen Sie ignorieren.

Abbildung 15-2: Hier erhält gleich ein gewisser Tim Schürmann Zugang zu OTRS.

In den oberen drei Eingabefeldern hinterlegen Sie zunächst den Titel (wie etwa Dr. oder Frau) sowie den Vor- und den Nachnamen des Agenten. Denken Sie sich dann einen Benutzernamen und ein Passwort aus und hinterlegen Sie beides in den entsprechenden Feldern. Mit diesem Duo muss sich der Agent später bei OTRS ausweisen, um Zutritt zur Benutzeroberfläche zu erhalten. Wenn Sie das Passwort leer lassen, muss der Agent über den *Passwort vergessen?*-Link im Anmeldebildschirm ein eigenes, neues Passwort anfordern. Dem Agenten müssen Sie dann folglich nur seinen Benutzernamen mitteilen.

Der Benutzername sollte sich möglichst vom realen Vor- und Nachnamen der Person unterscheiden. Dies erschwert es Angreifern, den Benutzernamen zu erraten. Sie sollten den Benutzernamen allerdings nach einem nachvollziehbaren Schema wählen.

Das Passwort sollte im Idealfall mindestens 16 Zeichen lang sein sowie Zahlen, Sonderzeichen, Groß- und Kleinbuchstaben enthalten. Verwenden Sie möglichst kein einzelnes Wort aus einem Wörterbuch, diese können Angreifer mittlerweile schnell durchprobieren. Sie erhalten aber ein sicheres Passwort, wenn Sie mehrere *zufällig* ausgewählte Wörter hintereinanderreihen.

Als Nächstes geben Sie im Feld *E-Mail* die E-Mail-Adresse des Agenten ein. Diese muss existieren, da OTRS dorthin immer wieder Benachrichtigungen schickt. Bei Bedarf hinterlegen Sie noch die Telefonnummer des Agenten im Feld *Mobiltelefon*. Diese Information ist vor allem dann nützlich, wenn der Agent häufig im Außendienst tätig ist. Nur wenn die *Gültigkeit* auf *gültig* steht, kann sich der Agent gleich bei OTRS anmelden.

Wenn Sie alle Einstellungen vorgenommen haben, legen Sie über die Schaltfläche *Speichern* ein neues Benutzerkonto für den Agenten an. Dabei überprüft das Ticketsystem standardmäßig die hinterlegte E-Mail-Adresse im Internet. Wie Sie diese Prüfung abschalten, verrät der Kasten »E-Mail-Prüfung abschalten« auf Seite 77.

Im nächsten Schritt können Sie den Agenten direkt in eine oder mehrere (Benutzer-) Gruppen stecken. Da sich um Letztgenannte gleich ein eigener Abschnitt kümmert, übernehmen Sie hier einfach die Voreinstellungen mit *Speichern und abschließen*. Der Agent ist damit noch keiner Gruppe zugewiesen und kann somit noch nicht viel in OTRS anstellen.

Einen einmal hinzugefügten Agenten können Sie nicht wieder entfernen. Sie dürfen sein Benutzerkonto lediglich deaktivieren, womit Sie dem Agenten gleichzeitig den Zutritt zu OTRS verwehren. Dazu müssen Sie sein Benutzerkonto bearbeiten.

Agenten bearbeiten

Wenn Sie in der Agenten-Verwaltung (hinter *Admin → Agenten*) auf den Benutzernamen eines Agenten klicken, öffnet OTRS wieder das bekannte Formular aus Abbildung 15-2 auf Seite 323. Darin können Sie zunächst alle über den Agenten gespeicherten Informationen einsehen und ändern.

Bei Benutzername und Passwort ist allerdings Vorsicht geboten: Da der Agent das Duo bei seiner Anmeldung benötigt, sollten Sie den Benutzernamen und das Passwort immer nur nach einer Rücksprache mit dem jeweiligen Agenten ändern. Nützlich ist ein Austausch allerdings, wenn der Agent seinen Benutzernamen oder sein Passwort vergessen hat. In diesem Fall können Sie hier den Benutzernamen nachschlagen beziehungsweise ein anderes Passwort vergeben. Dazu tippen Sie einfach das neue Passwort in das entsprechende (leere) Feld ein.

Des Weiteren können Sie den Agenten hier im Formular aussperren. Dazu klicken Sie in das Feld *Gültigkeit* und wählen *ungültig* aus. Das ist beispielsweise sinnvoll, wenn der Agent Unsinn getrieben hat oder aus dem Unternehmen ausscheidet. Um dem Agenten wieder Zugang zu OTRS zu gewähren, klicken Sie in das Feld *Gültigkeit* und entscheiden sich für *gültig*.

 Versucht ein »ungültiger« Agent, sich bei OTRS anzumelden, behauptet das Ticketsystem einfach, dass der Benutzername oder das Passwort falsch ist. Der Agent erfährt also nicht, dass sein Benutzerkonto gesperrt wurde. Damit er nicht verzweifelt versucht, sich erneut anzumelden, sollten Sie dem Agenten beispielsweise per E-Mail mitteilen, dass sein Konto gesperrt wurde.

Im unteren Teil des Formulars sehen Sie noch einmal kompakt, in welchen Gruppen der Agent steckt und welche Rechte er besitzt. Die Bedeutung der Spalten und Häkchen erklärt noch ausführlich der direkt folgende Abschnitt.

Links oben offeriert der Kasten *Aktionen* die Schaltfläche *Persönliche Einstellungen des Agenten bearbeiten*. Ein Klick darauf katapultiert Sie in die persönlichen Einstellungen des Agenten, die Sie dort nach Belieben verändern dürfen. Das ist nicht ganz so unsinnig, wie es zunächst scheint: Unter anderem können Sie hinter dem *Benutzer-Profil* für den Agenten die Zeitzone und die Sprache der Benutzeroberfläche vorgeben. Der Agent muss diese dann nicht nach der ersten Anmeldung selbst umstellen. Die Wahl der Sprache ist insbesondere dann wichtig, wenn Ihre Mitarbeiter aus verschiedenen Ländern stammen und die Benutzeroberfläche standardmäßig Deutsch spricht. Agenten, die kein Deutsch sprechen, würden dann sehr wahrscheinlich nur ratlos vor dem Hauptmenü sitzen und noch nicht einmal ihre persönlichen Einstellungen erreichen. Sie helfen folglich den Agenten, wenn Sie die Sprache der Benutzeroberfläche vorab auf die Sprache des Agenten umstellen. Sollten Sie die Muttersprache des Agenten nicht kennen, wählen Sie *English (United Kingdom)*. Diese Sprache dürften deutlich mehr Menschen verstehen als Deutsch. Ändern dürfen Sie alle persönlichen Einstellungen des Agenten, die bereits Kapitel 13, *Persönliche Einstellungen*, ausführlich vorgestellt hat. Wenn Sie Ihre Änderungen vorgenommen haben, klicken Sie links oben auf die Schaltfläche *Zurück zur Bearbeitung des Agenten*.

In jedem Fall müssen Sie die modifizierten Einstellungen noch *Speichern und abschließen*. Mit einem Klick auf *Schließen* würde OTRS die Änderungen ebenfalls übernehmen, das Formular aber noch geöffnet lassen. *Abbrechen* verwirft hingegen sämtliche Änderungen. Beim Speichern überprüft OTRS standardmäßig die hinterlegte E-Mail-Adresse. Nur wenn die Adresse tatsächlich existiert, übernimmt das Ticketsystem auch sämtliche anderen Änderungen. Wie Sie diese Prüfung abschalten, verrät der Kasten »E-Mail-Prüfung abschalten« auf Seite 77.

Gruppen

In einem Unternehmen bilden sich meistens Teams beziehungsweise Arbeitsgruppen. So kümmern sich etwa Techniker um defekte Produkte, während Mitarbeiter im Vertrieb alle Fragen zum Kaufpreis beantworten. Jede dieser Gruppen besitzt in der Regel seine eigenen Queues, die zudem nur die eigenen Teammitglieder zu Gesicht bekommen sollen. Beispielsweise darf ein Techniker nicht in die Queues der Vertriebsmannschaft linsen.

Auch in OTRS dürfen Sie solche Gruppen bilden und so gleichzeitig den Zugriff auf die Queues reglementieren. Sie müssen dem Ticketsystem lediglich mitteilen, welche Queues eine Gruppe nutzen soll und welche Agenten zur Gruppe gehören. Das Ticketsystem kümmert sich dann automatisch darum, dass nur die Gruppenmitglieder die für sie gedachten Queues einsehen können. Damit schlagen Sie zwei Fliegen mit einer Klappe: Mit den Gruppen können Sie Ihre Agenten in Teams einteilen und zudem jedem Team eigene Queues zuweisen.

Doch es kommt noch besser: Sie dürfen ganz gezielt jedem Agenten vorschreiben, welche Aktionen er innerhalb der Gruppe ausführen darf. Beispielsweise könnten Sie Anne verbieten, die Prioritäten der Tickets zu ändern, während Sie Barbara dies erlauben. Falls notwendig, dürfen Sie einen Agenten in mehrere Gruppen gleichzeitig stecken. Auf diese Weise erlauben Sie beispielsweise dem Geschäftsführer, die Tickets in sämtlichen Queues zu lesen.

Abschließend stellt OTRS ein paar spezielle Gruppen bereit, mit denen Sie den Zugriff auf einige Bereiche der Benutzeroberfläche beschränken können. So erhalten beispielsweise nur Mitglieder der Gruppe *stats* Einblick in die von OTRS generierten Statistiken. In kleineren Installationen mit einer überschaubaren Zahl Agenten können Sie auf die Gruppen verzichten. Auch die Computec Media GmbH verzichtet bei acht aktiven Agenten auf eine Gruppenbildung.

Alle bereits vorhandenen Gruppen listet OTRS in der Gruppen-Verwaltung auf. Diese erreichen Sie, indem Sie im Hauptmenü von OTRS auf *Admin* und dann im Bereich *Benutzer, Gruppen & Rollen* auf *Gruppen* klicken (siehe Abbildung 15-3). Standardmäßig bringt OTRS drei Gruppen mit, die bei kleinen Unternehmen mitunter schon ausreichen:

- *admin* fasst alle Agenten zusammen, die sich um die Wartung von OTRS kümmern – die sogenannten *Administratoren*.

- *stats* enthält alle Agenten, die Statistiken einsehen und erstellen dürfen, also Zugriff auf den Menüpunkt *Berichte* erhalten.

- *users* dient zunächst als Sammelbecken für alle Agenten, die das Ticketsystem nutzen dürfen.

NAME	KOMMENTAR	GÜLTIGKEIT	GEÄNDERT	ERSTELLT
Mitarbeiter Jupiter	Angestellte der Jupiter Hotel AG	gültig	01.03.2018 17:47 (Europe/Berlin)	01.03.2018 17:47 (Europe/Berlin)
admin	Group of all administrators.	gültig	18.01.2018 18:12 (Europe/Berlin)	18.01.2018 18:12 (Europe/Berlin)
stats	Group for statistics access.	gültig	18.01.2018 18:12 (Europe/Berlin)	18.01.2018 18:12 (Europe/Berlin)
users	Group for default access.	gültig	18.01.2018 18:12 (Europe/Berlin)	18.01.2018 18:12 (Europe/Berlin)

Liste (4 gesamt)

Abbildung 15-3: In der Gruppen-Verwaltung listet OTRS alle angelegten Gruppen auf.

In der Regel müssen Sie jetzt für jede Ihrer Arbeitsgruppen beziehungsweise Teams eine eigene Gruppe anlegen.

Eine neue Gruppe erstellen

Um eine neue Gruppe zu erstellen, klicken Sie in der Gruppen-Verwaltung (hinter *Admin → Gruppen*) auf *Gruppe hinzufügen*. Es öffnet sich dann das Formular aus Abbildung 15-4. Darin geben Sie der Gruppe zunächst einen Namen, wie etwa

Techniker. Die neue Gruppe können Sie gleich nur dann verwenden, wenn die *Gültigkeit* auf *gültig* steht. Im Eingabefeld *Kommentar* beschreiben Sie schließlich noch kurz, welche Agenten die Gruppe zukünftig aufnehmen soll. Legen Sie dann die Gruppe mit *Speichern* an. Wenn Sie hingegen die Erstellung abbrechen möchten, klicken Sie entweder auf *Abbrechen* oder auf *Zur Übersicht gehen*.

Nachdem OTRS die Gruppe erstellt hat, können Sie direkt die vorhandenen Agenten der Gruppe zuordnen. Wie das funktioniert, zeigt gleich noch ausführlich Abschnitt »Agenten den Gruppen zuweisen« auf Seite 328. Um erst einmal eine neue leere Gruppe anzulegen, klicken Sie einfach auf *Speichern und abschließen*.

🏠	Gruppen-Verwaltung	Gruppe hinzufügen		
Aktionen		Gruppe hinzufügen		
◀ Zur Übersicht gehen		✱ Name:	Techniker	
		Gültigkeit:	gültig	
Filter für Gruppen		Kommentar:	Mitarbeiter des technischen Kundendienstes	
Beginnen Sie mit der Eingabe, um zu filtern			**Speichern** oder Abbrechen	
Hinweis				

Abbildung 15-4: Hier entsteht eine neue Gruppe für die Techniker.

Gruppen bearbeiten und deaktivieren

Eine einmal erstellte Gruppe können Sie nicht wieder löschen, Sie können lediglich ihre Einstellungen ändern und sie deaktivieren. Dazu klicken Sie in der Gruppen-Verwaltung (hinter *Admin → Gruppen*) in der Liste den Namen der Gruppe an. Sie landen dann schon im bekannten Formular aus Abbildung 15-4. Dort können Sie den Namen und den Kommentar anpassen. Um die Gruppe zu deaktivieren, klicken Sie in das Eingabefeld *Gültigkeit* und wählen *ungültig*. Haben Sie Ihre Änderungen vorgenommen, klicken Sie auf *Speichern und abschließen*. Ihre Einstellungen übernimmt ebenfalls ein Klick auf *Speichern*, wobei OTRS das Formular noch geöffnet lässt. *Abbrechen* verwirft hingegen alle Änderungen.

 Einer Gruppe können eine oder mehrere Queues zugeordnet sein (mehr dazu im direkt folgenden Abschnitt). Wenn Sie die Gruppe auf *ungültig* setzen, kann niemand mehr auf diese Queues und die darin enthaltenen Tickets zugreifen. Überlegen Sie es sich daher gut, ob Sie wirklich die Gruppe deaktivieren möchten. Unter Umständen empfiehlt es sich, die Queues erst noch anderen Gruppen zuzuordnen. Nachdem Sie eine Gruppe auf *ungültig* gesetzt haben, kann es zudem ein paar Sekunden dauern, bis die ihr zugeordneten Queues und die darin enthaltenen Tickets für die Agenten unsichtbar werden.

Queues einer Gruppe zuweisen

Die Beschwerden über defekte Staubsauger sollen nur die Techniker bearbeiten können. Das erreicht man in OTRS in zwei Schritten:

- Zunächst richtet man eine Queue ein, die alle Staubsaugerprobleme sammelt.
- Anschließend erlaubt man nur der Gruppe der Techniker den Zugriff auf die Queue. Dazu muss man in OTRS lediglich die Queue der Gruppe der Techniker zuordnen.

Dieses Vorgehen erzwingt OTRS sogar: Jede Queue müssen Sie immer genau einer Gruppe zuordnen. Damit dürfen dann gleichzeitig nur noch die Mitglieder der Gruppe auf die Queue zugreifen. Auf diese Weise bekommt jeder Agent lediglich die Tickets zu Gesicht, die auch für ihn bestimmt sind. Ordnen Sie beispielsweise die Queue *Staubsaugerdefekte* der Gruppe *Techniker* zu, können standardmäßig nur noch die Techniker auf die Klagen über defekte Staubsauger zugreifen.

Um eine Queue einer Gruppe zuzuordnen, rufen Sie im Hauptmenü *Admin* auf und klicken dann im Bereich *Ticket-Einstellungen* den Punkt *Queues* an. Wenn die Queue noch nicht existiert, legen Sie eine neue an. Andernfalls klicken Sie auf den Namen der Queue in der Liste. In beiden Fällen erscheint das Formular aus Abbildung 15-5. Dort klicken Sie in das Feld *Gruppe* und wählen die Gruppe aus, deren Mitglieder exklusiven Zugriff auf die Queue erhalten sollen. Weitere Informationen zum Anlegen und Bearbeiten einer Queue finden Sie in Kapitel 8, *Queues*. Denken Sie daran, Ihre Änderungen via *Speichern und abschließen* anwenden zu lassen.

Abbildung 15-5: Hier dürften ab sofort nur noch die Techniker auf die Queue Technische Probleme zugreifen.

Agenten den Gruppen zuweisen

Um die Agenten in die passenden Gruppen zu stecken oder wieder aus einer Gruppe herauszunehmen, rufen Sie im Hauptmenü den Punkt *Admin* auf und entscheiden sich dann im Bereich *Benutzer, Gruppen & Rollen* für den Punkt *Agenten ↔ Gruppen*. OTRS zeigt Ihnen jetzt wie in Abbildung 15-6 zwei Listen an: Die linke der beiden präsentiert Ihnen alle Agenten, die rechte listet sämtliche vorhandenen Gruppen auf.

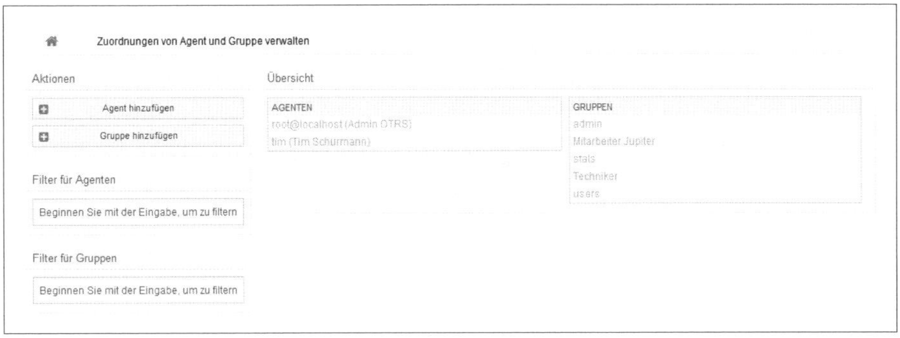

Abbildung 15-6: In dieser OTRS-Installation gibt es zwei Agenten und fünf Gruppen.

Über die entsprechenden Schaltflächen im Kasten *Aktionen* können Sie schnell noch einen *Agenten hinzufügen* oder eine *Gruppe hinzufügen*. Die Schaltflächen führen dann zu den Formularen, die Sie bereits aus den vorherigen Abschnitten kennen.

Wenn Sie einen der Agenten in eine oder mehrere Gruppen stecken oder aus einer wieder herausnehmen möchten, klicken Sie den Namen des Agenten in der linken Liste an. Sie können auch einen Teil seines Namens in das Feld *Filter für Agenten* eintippen, OTRS sucht dann umgehend alle dazu passenden Agenten heraus. Sobald Sie den Agenten angeklickt haben, präsentiert Ihnen OTRS die Tabelle aus Abbildung 15-7. Mit ihr legen Sie fest:

- zu welchen Gruppen der Agent gehört *und*
- welche Aktionen er ausführen darf.

Abbildung 15-7: Hier darf der Agent Tim Schürmann nur die Tickets in den Queues lesen, die der Gruppe Techniker zugeordnet wurden – mehr aber (noch) nicht.

Jede Spalte steht dabei für eine ganz bestimmte Aktion. Wenn Sie beispielsweise in der Zeile *users* und der Spalte *RO* einen Haken in das dortige Kästchen setzen, kann der Agent gleich alle Tickets lesen, die in den Queues der Gruppe *users* liegen. An diesem einfachen Beispiel merken Sie vielleicht schon: Die Tabelle kann leicht die Hirnwindungen verdrehen. Um nicht versehentlich die falschen Aktionen zu erlauben, sollten Sie daher langsam und Schritt für Schritt vorgehen:

- Wenden Sie sich nacheinander von oben nach unten jeweils einer Gruppe und somit genau einer Zeile zu.
- Überlegen Sie sich, welche Queues Sie der Gruppe zugewiesen haben. Der Gruppe *Techniker* wurde beispielsweise im vorherigen Abschnitt nur die Queue *Technische Probleme* zugeordnet. (Welche Queue welcher Gruppe zugeordnet ist, können Sie hinter *Admin → Queues* in der Tabelle ablesen.) Sofern OTRS die Gruppe vorgegeben beziehungsweise schon mitgebracht hat, reglementiert sie den Zugriff auf spezielle Inhalte oder Bereiche der Benutzeroberfläche. Rufen Sie sich ins Gedächtnis, welche Inhalte beziehungsweise Bereiche das sind. Die Gruppe *stats* regelt beispielsweise den Zugriff auf die von OTRS generierten Statistiken.
- Überlegen Sie sich jetzt, was der Agent alles anstellen darf. Im Beispiel soll der Agent *Tim* die Tickets in der Queue *Technische Probleme* erst einmal nur lesen können.
- Suchen Sie für diese Aktion(en) die passende(n) Spalte(n). Im Beispiel benötigt der Agent *Tim* Lesezugriff auf die Tickets. Das regelt gleich die erste Spalte *RO*.
- Wo sich diese Spalte(n) und die Zeile der Gruppe kreuzen, setzen Sie einen Haken in das Kästchen. Im Beispiel müsste man einen Haken in das Kästchen neben *Techniker* in der Spalte *RO* setzen.

Für welche Aktionen beziehungsweise Zugriffsrechte die einzelnen Spalten stehen, verrät Tabelle 15-1. Würde man im Beispiel etwa noch einen Haken in das Feld *PRIORITÄT* setzen, könnte Tim zusätzlich die Prioritäten der Tickets aus der Queue *Technische Probleme* anpassen. Möchten Sie einen Agenten komplett aus einer Gruppe herausnehmen, entfernen Sie einfach alle Haken in der entsprechenden Zeile.

Haben Sie die Rechte passend verteilt, klicken Sie abschließend auf *Speichern und abschließen*. Über *Abbrechen* oder *Zur Übersicht gehen* verwerfen Sie hingegen Ihre bisherigen Änderungen und brechen die Zuweisung ab. Ein Klick auf *Speichern* übernimmt alle Änderungen, lässt die Seite mit der Tabelle aber noch geöffnet.

Tabelle 15-1: Gruppenzuordnungen und ihre Bedeutungen

Spalte	Der Agent darf ...
RO	Tickets in den Queues der Gruppe lesen.
VERSCHIEBEN IN	Tickets in eine andere Queue der Gruppe verschieben.
ERSTELLEN	Tickets in den Queues dieser Gruppe erstellen.
NOTIZ	Notizen an Tickets anheften, die in Queues dieser Gruppe liegen.
BESITZER	den Besitzer eines Tickets ändern, wenn es in einer Queue dieser Gruppe liegt.
PRIORITÄT	die Priorität eines Tickets ändern, wenn es in einer Queue dieser Gruppe liegt.
RW	Tickets lesen und ändern (also auf sie schreibend zugreifen), wenn sie in einer Queue dieser Gruppe liegen. Wenn Sie in dieser Spalte einen Haken setzen, erlauben Sie gleichzeitig alle anderen Aktionen.

Wenn Sie mehrere Agenten gleichzeitig in eine Gruppe stecken möchten, klicken Sie in der Ansicht aus Abbildung 15-6 (zu erreichen via *Admin → Agenten ↔ Gruppen*) den Namen der Gruppe in der rechten Liste an. Sollten Sie die Gruppe nicht auf Anhieb finden, tippen Sie einen Teil ihres Namens in das Feld *Filter für Gruppen*. OTRS zeigt dann in der Liste nur noch alle dazu passenden Gruppen an. Nachdem Sie den Namen der Gruppe angeklickt haben, präsentiert OTRS eine Tabelle ähnlich der aus Abbildung 15-8. Darin können Sie jetzt für jeden Benutzer einstellen, welche Aktionen er in dieser Gruppe ausführen darf. Die Spalten haben dabei die schon bekannten Bedeutungen aus Tabelle 15-1. Soll etwa der Benutzer *tim* die Tickets aus den Queues der Gruppe lesen können, setzen Sie in der Zeile *tim* und der Spalte *RO* mit einem Mausklick einen Haken in das Kästchen. Um einen Benutzer aus der Gruppe herauszunehmen, entfernen Sie alle Haken in seiner Zeile. Bestätigen Sie Ihre Änderungen mit *Speichern und abschließen*. Der Link *Abbrechen* oder die Schaltfläche *Zur Übersicht gehen* brechen den Vorgang ab. Ein Klick auf *Speichern* übernimmt alle Änderungen, lässt die Seite mit der Tabelle aber noch geöffnet.

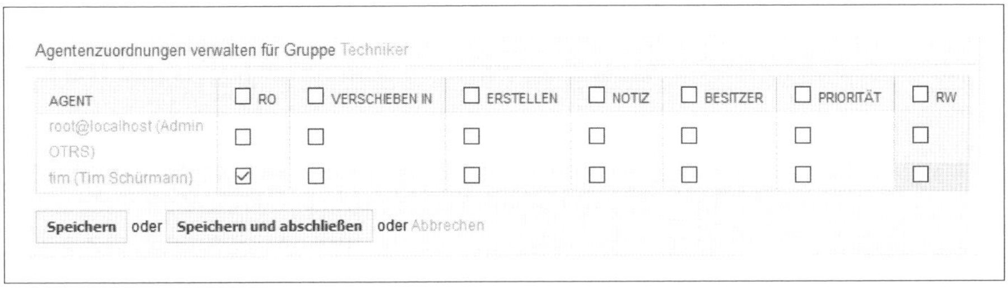

Agentenzuordnungen verwalten für Gruppe Techniker							
AGENT	☐ RO	☐ VERSCHIEBEN IN	☐ ERSTELLEN	☐ NOTIZ	☐ BESITZER	☐ PRIORITÄT	☐ RW
root@localhost (Admin OTRS)	☐	☐	☐	☐	☐	☐	☐
tim (Tim Schürmann)	☑	☐	☐	☐	☐	☐	☐

Speichern oder Speichern und abschließen oder Abbrechen

Abbildung 15-8: Hier darf der Agent tim die Tickets in genau den Queues lesen, die der Gruppe Techniker zugeordnet wurden.

Auf welchem der beiden vorgestellten Wege Sie die Agenten auf die Gruppen verteilen, bleibt Ihnen überlassen. Wenn Sie viele vorhandene Agenten in eine neue Gruppe stecken möchten, sollten Sie in der rechten Liste aus Abbildung 15-6 die Gruppe anklicken. Möchten Sie einen neuen Agenten auf die Gruppen verteilen, klicken Sie hingegen in der linken Liste den Namen des Agenten an.

 Überlegen Sie sich gut, welche Aktionen Sie einem Agenten gestatten. Andernfalls könnte er nicht für ihn gedachte Tickets einsehen oder sogar manipulieren. Als Faustregel gilt: Gewähren Sie einem Agenten die für seine Arbeit gerade notwendigen Aktionen.

Rollen

Jeder Angestellte in einem Unternehmen erfüllt eine ganz bestimmte Aufgabe. Während etwa ein Techniker ausschließlich Staubsauger repariert, nimmt ein Mitarbeiter im Callcenter die Anrufe von Kunden entgegen. Man könnte auch sagen: Jeder Angestellte nimmt im Unternehmen eine ganz bestimmte *Rolle* ein. Ähnlich wie in einem Theaterstück »spielt« Frau Müller die Rolle der Chefin, während Herr

Meier die Rolle des Technikers übernimmt. Frau Müller darf in ihrer Rolle als Chefin auch das Callcenter betreten, während dort Herrn Meier der Zutritt verwehrt bleibt.

Bei Bedarf können Sie diese Rollen auch in OTRS abbilden. Bei der Krittenbeck GmbH arbeitet beispielsweise neuerdings Urs Umtrieb im Vertrieb. Als Vertreter fährt er zu den Kunden und stellt dort neue Produkte vor. Um den Kunden bei Problemen schneller helfen zu können, wäre es gut, wenn er Defekte, Serienfehler und allgemeine Fragen direkt als Agent über OTRS melden könnte. Urs muss folglich neue Tickets in den entsprechenden Queues erstellen können. Dazu könnte man ihn jetzt einfach in die passenden Gruppen stecken. Mit dieser Taktik fängt man sich jedoch gleich mehrere Probleme ein. Kommen beispielsweise weitere Außendienstmitarbeiter hinzu, muss man ihnen genau die gleichen Rechte wie Urs spendieren – aber welche waren das noch gleich? Möchte man später allen Außendienstmitarbeitern auch noch das Lesen der Tickets gestatten, müsste man zudem zeitaufwendig alle Außendienstmitarbeiter durchgehen und bei ihnen jeweils den passenden Haken setzen. Das ist für drei Außendienstler noch praktikabel, nicht aber in einem großen Unternehmen mit Hunderten von Vertretern.

Alle diese Probleme lassen sich vermeiden, indem man für Außendienstmitarbeiter wie Urs eine passende Rolle einführt. Die Rolle regelt dann, auf welche Gruppen und somit Queues die Außendienstmitarbeiter zugreifen dürfen. Sollte Urs aus dem Unternehmen ausscheiden, erkennt man ihm einfach die Rolle »Außendienstmitarbeiter« ab, neuen Vertretern muss man lediglich die Rolle zuweisen. Rollen helfen folglich dabei, komplexere Unternehmensstrukturen abzubilden. Ein Agent darf dabei auch mehrere Rollen gleichzeitig einnehmen. Bevor man im Beispiel Urs die Rolle als Außendienstmitarbeiter zuweisen kann, muss man allerdings erst einmal eine passende Rolle anlegen.

 Die Rollen helfen vor allem in größeren Unternehmen mit komplexeren Strukturen und zahlreichen Agenten. Kleinere Unternehmen mit wenigen Agenten benötigen sie in der Regel nicht.

Rollen anlegen und verwalten

Um eine neue Rolle zu erstellen, wechseln Sie zum Menüpunkt *Admin* und klicken dann im Bereich *Benutzer, Gruppen & Rollen* auf *Rollen*. Auf der neuen Seite listet OTRS alle bereits vorhandenen Rollen auf. Direkt nach der Installation gibt es noch keine Rollen, was wiederum ein Klick auf *Rolle hinzufügen* umgehend ändert. Der neuen Rolle müssen Sie lediglich im entsprechenden Eingabefeld einen Namen verpassen, wie etwa Außendienst. Nur wenn die *Gültigkeit* auf *gültig* steht, können Sie später die Rolle auch tatsächlich Urs zuweisen. Abschließend dürfen Sie noch einen *Kommentar* hinterlegen. Darin könnten Sie etwa kurz den Zweck oder die Aufgabe der Rolle notieren, wie beispielsweise: Vertriebler im Außendienst. Ein Klick auf *Speichern* erstellt die Rolle.

Sie landen damit wieder in der Liste mit allen Rollen aus Abbildung 15-9. Genau wie Gruppen lassen sich einmal erstellte Rollen nicht wieder löschen. Sie können sie lediglich nachträglich umbenennen oder deaktivieren (und somit unbrauchbar machen). Dazu klicken Sie zunächst in der Liste auf den Namen der entsprechenden Rolle. Sie landen jetzt wieder im bekannten Formular, in dem Sie den Namen und den Kommentar anpassen können. Wenn Sie in das Eingabefeld neben *Gültigkeit* klicken und dann *ungültig* wählen, deaktivieren Sie die Rolle. Möchten Sie die Rolle später erneut aktivieren, stellen Sie wieder auf *gültig* um. Ihre Änderungen müssen Sie abschließend mit *Speichern und abschließen* bestätigen, *Abbrechen* verwirft sie hingegen. Ein Klick auf *Speichern* übernimmt ebenfalls alle Änderungen, lässt das Formular aber noch geöffnet.

Abbildung 15-9: Hier existieren zwei Rollen: eine für die Callcentermitarbeiter und eine weitere für die Außendienstmitarbeiter.

Rollen den Agenten zuweisen

Die angelegten Rollen können Sie jetzt den Agenten zuweisen und somit etwa Urs zu einem Außendienstmitarbeiter machen. Dazu wechseln Sie im Hauptmenü zum Punkt *Admin* und klicken dann im Bereich *Benutzer, Gruppen & Rollen* den Punkt *Agenten ↔ Rollen* an. Sie sehen die zwei Listen aus Abbildung 15-10: Links listet OTRS alle *AGENTEN* auf, rechts sämtliche existierenden *ROLLEN*.

Abbildung 15-10: Die Agenten auf der linken Seite lassen sich einer der Rollen auf der rechten Seite zuweisen.

Über die beiden Schaltflächen im Kasten *Aktionen* können Sie schnell einen neuen *Agenten hinzufügen* und eine neue *Rolle hinzufügen*. OTRS öffnet dann die entsprechenden Formulare aus den vorherigen Abschnitten, über die Sie den Agenten beziehungsweise eine Rolle anlegen können. Wenn Sie *einem einzelnen Agenten* eine oder mehrere Rollen zuweisen möchten, klicken Sie seinen Namen in der Liste *Agenten* an – im Beispiel also *urs*. Sofern Sie den Agenten in der Liste nicht auf Anhieb finden, können Sie ihn über das Eingabefeld im Kasten *Filter für Agenten* suchen: Sobald Sie dort den Namen eines Agenten eintippen, zeigt die Liste rechts nur noch die dazu passenden Personen. Nachdem Sie den Agenten angeklickt haben, zeigt Ihnen OTRS eine Tabelle mit allen existierenden Rollen (wie in Abbildung 15-11). Neben allen Rollen, die der Agent einnehmen soll, setzen Sie jetzt einen Haken in das Kästchen. Urs Umtrieb ist ein Außendienstmitarbeiter, folglich gehört ein Haken in das Kästchen neben *Außendienst*. Wenn Sie umgekehrt einen vorhandenen Haken entfernen, nimmt der Agent zukünftig diese Rolle nicht mehr ein. Sollte die Liste mit den Rollen sehr lang sein, können Sie über das Eingabefeld links im Kasten *Filter* gezielt eine Rolle suchen: Sobald Sie in das Eingabefeld den Namen einer Rolle eintippen, zeigt die Tabelle nur noch die zum eingetippten Begriff passenden Rollen an. Sämtliche Rollen erscheinen wieder, wenn Sie das Eingabefeld löschen. Sobald Sie alle Rollen zugewiesen haben, klicken Sie auf *Speichern und abschließen*, der Link *Abbrechen* verwirft hingegen alle Änderungen. *Speichern* wiederum übernimmt die Änderungen, lässt die Tabelle aber noch geöffnet.

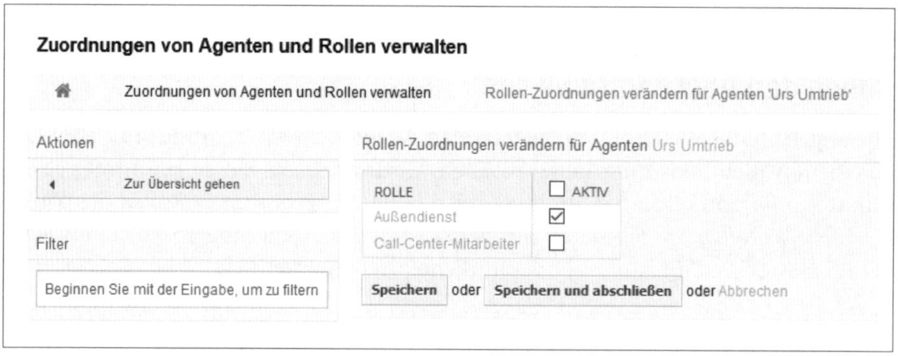

Zuordnungen von Agenten und Rollen verwalten

| 🏠 | Zuordnungen von Agenten und Rollen verwalten | Rollen-Zuordnungen verändern für Agenten 'Urs Umtrieb' |

Aktionen	Rollen-Zuordnungen verändern für Agenten Urs Umtrieb
◀ Zur Übersicht gehen	ROLLE ☐ AKTIV
	Außendienst ☑
Filter	Call-Center-Mitarbeiter ☐
Beginnen Sie mit der Eingabe, um zu filtern	Speichern oder Speichern und abschließen oder Abbrechen

Abbildung 15-11: Mit diesen Einstellungen nimmt der Agent Urs Umtrieb ab sofort die Rolle eines Außendienstmitarbeiters ein.

Wenn Sie *eine Rolle* einem oder mehreren Agenten zuweisen möchten, klicken Sie auf der Seite aus Abbildung 15-10 (zu erreichen via *Admin → Agenten ↔ Rollen*) in der rechten Liste auf den Namen der Rolle. Bei sehr vielen Rollen können Sie über das Eingabefeld im Kasten *Filter für Rollen* gezielt eine Rolle suchen: Sobald Sie den Namen der Rolle in das Feld eintippen, zeigt OTRS rechts in der Liste nur noch die zu Ihrer Eingabe passenden Rollen an. Nachdem Sie eine Rolle in der Liste angeklickt haben, erscheint eine Tabelle mit allen Agenten. Setzen Sie dort einen Haken neben alle Agenten, die zukünftig diese Rolle einnehmen sollen. Entfernen Sie hingegen einen Haken, entziehen Sie dem entsprechenden Agenten die Rolle. Über das Eingabefeld unter *Filter* können Sie ganz gezielt nach einem Agenten suchen. Sobald Sie der Rolle alle Agenten zugewiesen haben, klicken Sie auf *Speichern und abschließen*. Der Link *Abbrechen* verwirft alle Änderungen, während *Speichern* die Änderungen übernimmt und die Seite noch geöffnet lässt.

Rollen mit den Gruppen verbinden

Damit weiß das Ticketsystem, wer die Rolle des Callcentermitarbeiters einnimmt und wer als Außendienstmitarbeiter arbeitet. Im letzten Schritt müssen Sie OTRS noch verraten, welche Rolle welche Aktionen ausführen darf. Um das festzulegen, rufen Sie im Hauptmenü den Punkt *Admin* auf. Klicken Sie dann im Bereich *Benutzer, Gruppen & Rollen* auf *Rollen ↔ Gruppen*. OTRS zeigt Ihnen jetzt wieder zwei Listen an (wie in Abbildung 15-12): Die linke listet alle Rollen auf, während die rechte alle vorhandenen Gruppen präsentiert.

Abbildung 15-12: Hier ordnen Sie die Rollen den Gruppen zu.

Über die Schaltflächen im Kasten *Aktionen* können Sie schnell nachträglich eine neue *Rolle hinzufügen* sowie eine *Gruppe hinzufügen*. OTRS öffnet dann direkt die entsprechenden Formulare, die bereits die vorherigen Abschnitte ausführlich vorgestellt haben.

Um endlich die erlaubten Aktionen festzulegen, klicken Sie in der linken Liste die entsprechende Rolle an – im Beispiel den *Außendienst*. Sollten Sie die gewünschte Rolle nicht auf Anhieb finden, tippen Sie ihren Namen in das Eingabefeld im Kasten *Filter für Rollen*. OTRS zeigt dann in der Liste nur noch die zu Ihrer Eingabe passenden Rollen an.

Sobald Sie die passende Rolle angeklickt haben, erscheint die Tabelle aus Abbildung 15-13. Darin legen Sie fest,

- zu welchen Gruppen die Rolleninhaber gehören und
- welche Aktionen sie ausführen dürfen.

Das Verfahren ist dabei das gleiche wie in Abschnitt »Agenten den Gruppen zuwei-sen« auf Seite 328: Sollen beispielsweise alle Außendienstmitarbeiter die Tickets in den Queues der *Techniker* lesen dürfen, setzen Sie in der Tabelle in der Zeile *Techniker* in der Spalte *RO* einen Haken (wie in Abbildung 15-13). Die Bedeutung der Spalten verrät Tabelle 15-1.

Wie schon bei den Gruppen kann auch hier die Tabelle schnell die Hirnwindungen verdrehen. Da in der Regel mehrere Agenten einer Rolle angehören, verkompliziert sich die Rechtevergabe zusätzlich. Sie sollten daher wieder Schritt für Schritt vor-gehen:

- Nehmen Sie sich nacheinander von oben nach unten die Gruppen und somit jeweils eine Zeile vor.

- Erinnern Sie sich daran, welche Queues Sie der entsprechenden Gruppe zuge-wiesen haben. Beispielsweise wurde der Gruppe *Techniker* in den vorherigen Abschnitten nur die Queue *Technische Probleme* zugeordnet. (Welche Queue welcher Gruppe zugeordnet ist, können Sie hinter Admin → Queues in der Tabelle ablesen.) Sofern OTRS die Gruppe vorgegeben beziehungsweise schon mitgebracht hat, reglementiert sie den Zugriff auf spezielle Inhalte oder Bereiche der Benutzeroberfläche. Rufen Sie sich ins Gedächtnis, welche Inhalte beziehungsweise Bereiche das sind. Die Gruppe *stats* regelt beispiels-weise den Zugriff auf die von OTRS generierten Statistiken.

- Überlegen Sie sich jetzt, was die Rolleninhaber alles anstellen dürfen. Im Bei-spiel sollen die Außendienstmitarbeiter die Tickets in der Queue *Technische Probleme* erst einmal nur lesen können.

- Suchen Sie für diese Aktion(en) die passende(n) Spalte(n). Im Beispiel benöti-gen die Außendienstmitarbeiter Lesezugriff auf die Tickets. Das regelt gleich die erste Spalte *RO*.

- Wo sich diese Spalte(n) und die Zeile der Gruppe kreuzen, setzen Sie einen Haken in das Kästchen. Im Beispiel müsste man einen Haken in das Kästchen neben *Techniker* in der Spalte *RO* setzen.

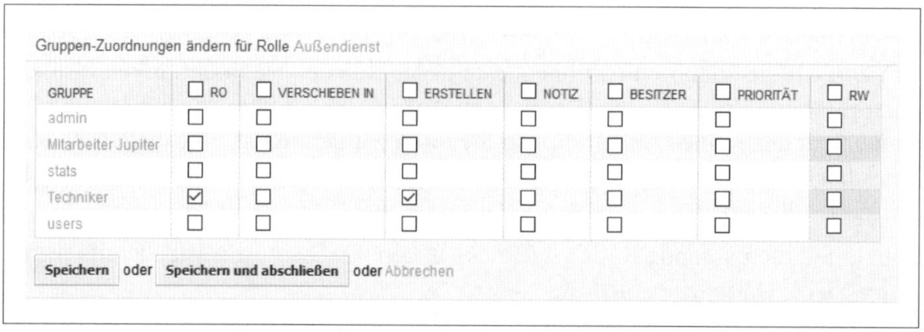

Gruppen-Zuordnungen ändern für Rolle Außendienst

GRUPPE	☐ RO	☐ VERSCHIEBEN IN	☐ ERSTELLEN	☐ NOTIZ	☐ BESITZER	☐ PRIORITÄT	☐ RW
admin	☐	☐	☐	☐	☐	☐	☐
Mitarbeiter Jupiter	☐	☐	☐	☐	☐	☐	☐
stats	☐	☐	☐	☐	☐	☐	☐
Techniker	☑	☐	☑	☐	☐	☐	☐
users	☐	☐	☐	☐	☐	☐	☐

Speichern   oder   Speichern und abschließen   oder Abbrechen

Abbildung 15-13: Mit dieser Einstellung dürften die Außendienstmitarbeiter in die Queues der Techniker linsen und in ihnen neue Tickets erstellen – mehr aber nicht.

Bei sehr vielen Gruppen wird die Tabelle recht lang. Sie können dann über das Eingabefeld im Kasten *Filter* gezielt nach einer Gruppe suchen. Sobald Sie in der Tabelle alle benötigten Haken gesetzt und somit die erlaubten Aktionen ausgewählt haben, klicken Sie auf *Speichern und abschließen*. Der Link *Abbrechen* verwirft alle Ihre Änderungen, während *Speichern* alle Änderungen übernimmt, die Seite mit der Tabelle aber noch geöffnet lässt.

Wenn Sie nachträglich eine neue Gruppe anlegen, müssten Sie nacheinander alle Rollen anklicken und die erlaubten Aktionen für die neue Gruppe zusammensuchen. Bei sehr vielen Rollen artet das schnell in Arbeit aus. Netterweise können Sie auch für eine Gruppe festlegen, welche Rollen in ihr welche Aktionen ausführen dürfen. Dazu klicken Sie auf der Seite aus Abbildung 15-12 (zu erreichen via *Admin → Rollen ↔ Gruppen*) in der rechten Liste auf den Namen der Gruppe. Gezielt eine Gruppe suchen können Sie über das Eingabefeld im Kasten *Filter für Gruppen*: Tippen Sie dort einfach den Namen der Gruppe ein, woraufhin OTRS in der Liste nur noch die zur Eingabe passenden Gruppen einblendet. Sobald Sie eine Gruppe angeklickt haben, finden Sie in der angezeigten Tabelle in den Zeilen alle Rollen. Indem Sie in den passenden Spalten die Haken setzen, erlauben Sie diesen Rollen dann die entsprechenden Aktionen. Haben Sie beispielsweise die Gruppe der *Techniker* gewählt und dann in der Zeile *Außendienst* sowie der Spalte *RO* einen Haken gesetzt, dürfen die Außendienstler alle Tickets aus den Queues der Gruppe der *Techniker* lesen. Bestätigen Sie Ihre Wahl via *Speichern und abschließen*, *Abbrechen* würde hingegen alle Ihre Änderungen verwerfen. *Speichern* übernimmt ebenfalls alle Änderungen, lässt die Seite mit der Tabelle aber noch geöffnet.

Überlegen Sie es sich gut, welche Aktionen Sie einer Rolle gestatten. Andernfalls könnten die Inhaber der Rolle nicht für sie gedachte Tickets lesen oder sogar manipulieren. Als Faustregel gilt: Gewähren Sie einer Rolle nur die für ihre Arbeit gerade notwendigen Aktionen.

Ein Agent darf zudem immer die Aktionen ausführen, die ihm die Gruppen *und* die Rollen gewähren. Haben Sie beispielsweise dem Agenten Bob hinter *Admin → Agenten ↔ Gruppen* nur das Lesen von Tickets in der Queue *Misc* gestattet, könnte ihm seine Rolle als Filialleiter zusätzlich auch noch das Erstellen von Tickets erlauben.

Access Control Lists

Dank der Gruppen und Rollen dürfen Agenten nur die für sie gedachten Tickets lesen und beantworten. Über spezielle Regeln können Sie die erlaubten Aktionen jedoch noch weiter einschränken. Diese sogenannten *Access Control Lists* (kurz ACLs) schreiben OTRS exakt vor, wann welche Agenten unter welchen Bedingungen welche Aktionen ausführen dürfen. Mit ihrer Hilfe können Sie beispielsweise ganz gezielt festlegen, dass alle Agenten niemals Tickets mit der höchsten Priorität 5 erfolglos schließen dürfen.

Um solche Regeln zu erstellen oder zu verwalten, rufen Sie den Menüpunkt *Admin* auf und klicken dann im Bereich *Prozesse & Automatisierung* auf den Punkt *Access Control Lists (ACL)*. Alle vorhandenen Regeln – Pardon, ACLs – listet OTRS auf der rechten Seite auf. Direkt nach der Installation gibt es noch keine ACLs.

Die ACLs gelten *nicht* für den Agenten, den OTRS automatisch bei seiner Installation angelegt hat. Standardmäßig heißt dieser Agent *Admin OTRS*. Er darf immer alle Funktionen in OTRS aufrufen und auch alle Tickets einsehen. Sie sollten daher seine Zugangsdaten gut verwahren und gegebenenfalls überlegen, sein Konto auf *ungültig* zu setzen. Umgekehrt kann er aber auch im Fall der Fälle zu restriktive ACLs wieder löschen.

ACL anlegen

Über die entsprechende Schaltfläche auf der linken Seite im Kasten *Aktionen* können Sie eine *Neue ACL erstellen* lassen. OTRS präsentiert Ihnen dann nacheinander mehrere Formulare. Den Anfang macht das Exemplar aus Abbildung 15-14.

Abbildung 15-14: Hier entsteht eine neue ACL.

Das Anlegen einer ACL erfordert zahlreiche Mausklicks und ist nicht besonders intuitiv. Sofern Sie zum ersten Mal mit ACLs arbeiten, sollten Sie daher das Beispiel aus den nachfolgenden Abschnitten in einer Testinstallation von OTRS aktiv mitmachen.

Auch später bei einer produktiven Installation sollten Sie eine neue ACL erst in einer Testinstallation erstellen. Prüfen Sie die ACL dann dort mit Test-Tickets. Erst wenn die Auswirkungen wie gewünscht sind, übernehmen Sie die ACL in Ihre richtige OTRS-Installation.

Basisinformationen hinterlegen

Geben Sie der ACL im obersten Eingabefeld einen Namen, wie etwa Wichtige Tickets nie erfolglos schließen. OTRS arbeitet alle ACLs nacheinander ab – und zwar in lexikografisch aufsteigender Reihenfolge ihrer Namen. Die Regel *Alle Tickets löschen* würde somit noch vor der Regel *Ziehe Tickets in Queue Z* abgearbeitet. Überlegen Sie sich folglich gut, welchen Namen Sie vergeben.

 Wenn Sie eine ganz bestimmte Reihenfolge vorgeben möchten, stellen Sie den Namen einfach Zahlen voran, also etwa *1-Ziehe Tickets in Queue Z* und *2-Alle Tickets löschen*. Die Zahlen geben dann automatisch die Reihenfolge vor, in der OTRS die Regeln abarbeitet.

Zusätzlich können Sie noch einen kurzen *Kommentar* und eine ausführliche *Beschreibung* hinterlegen. Letztere sollte wie in Abbildung 15-14 kurz den Zweck der ACL umreißen.

Wenn Sie einen Haken in das Kästchen neben *Stoppen nach Treffer* setzen und später im Betrieb die gleich zusammengeklickte Regel zutrifft, ignoriert OTRS alle anderen noch nicht ausgewerteten ACLs. Versucht also im Beispiel später ein Agent, ein Ticket mit der höchsten Priorität erfolglos zu schließen, verhindert OTRS das und wertet dann die anderen ACLs gar nicht mehr aus.

Stellen Sie abschließend noch sicher, dass *Gültigkeit* auf *gültig* steht. Nur dann berücksichtigt OTRS die ACL. Legen Sie die ACL mit einem Klick auf *Speichern* an. Alternativ können Sie die Erstellung an dieser Stelle auch noch *Abbrechen*.

Sobald OTRS die ACL im Hintergrund angelegt hat, ergänzt es das Formular um den Kasten *ACL-Struktur bearbeiten* aus Abbildung 15-15. Darin bauen Sie jetzt die benötigte Regel zusammen. Sollte der Kasten nicht sichtbar sein, klicken Sie auf das kleine schwarze Dreieck vor *ACL-Struktur bearbeiten*.

▾ ACL-Struktur bearbeiten

Filterbedingungen

Wertänderungen

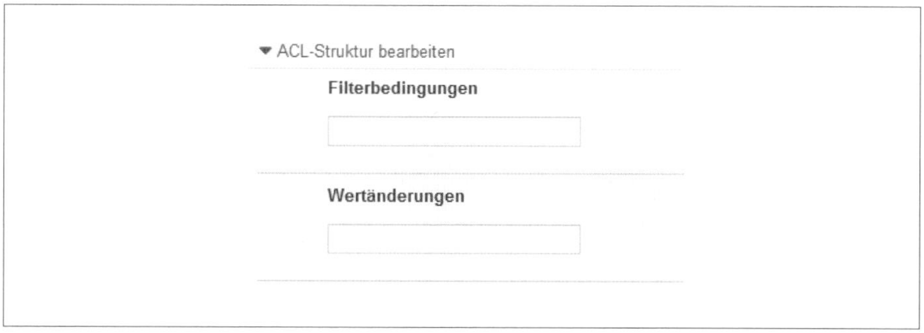

Abbildung 15-15: Auch wenn der Kasten hier recht harmlos aussieht: Die Filterbedingungen und die Wertänderungen können recht komplexe Biester werden.

Filterbedingungen festlegen

Zunächst müssen Sie OTRS mitteilen, in welcher Situation die Regel überhaupt greifen soll. Klicken Sie dazu in das Eingabefeld neben *Filterbedingungen*. Sie haben jetzt die Wahl zwischen *Properties* und *PropertiesDatabase*:

- Soll OTRS die Regel anwenden, wenn ein Agent gerade etwas am Ticket ändert, wählen Sie *Properties*.

- Wenn OTRS die Regel erst anwenden soll, wenn das (geänderte) Ticket in die Datenbank wandert, wählen Sie *PropertiesDatabase*.

Im Beispiel soll der Agent in der Benutzeroberfläche gar nicht erst die Möglichkeit erhalten, ein Ticket mit der Priorität 5 auf *erfolglos geschlossen* zu setzen. Folglich ist hier *Properties* die richtige Einstellung.

Als Nächstes müssen Sie einstellen, wann OTRS tätig werden soll. Im Beispiel soll OTRS hellhörig werden, wenn bei einem *Ticket* die *Priorität* auf 5 steht. Um das dem Ticketsystem einzuimpfen, klicken Sie zunächst in das neu erschienene leere Eingabefeld neben dem Plussymbol.

Aus der Liste wählen Sie jetzt aus, was OTRS näher unter die Lupe nehmen soll. Im Beispiel muss sich OTRS die Tickets näher ansehen, entscheiden Sie sich folglich für den Punkt *Tickets*. Alle weiteren in einer Standardinstallation von OTRS verfügbaren Auswahlmöglichkeiten stellt Tabelle 15-2 vor.

Tabelle 15-2: Auswahlmöglichkeiten für die Filterbedingungen einer ACL

Einstellung	Bedeutung
CustomerUser	der angemeldete Kundenbenutzer
DynamicField	dynamisches Feld
Frontend	das benutzte Frontend-Modul (Bei AgentTicketPhone legt der Agent gerade ein neues Telefon-Ticket an, im Fall von AgentTicketEmail schreibt er hingegen ein E-Mail-Ticket.)
Owner	Besitzer eines Tickets
Priority	Priorität eines Tickets
Process	Prozess
Queue	Queue
Responsible	Zuständigkeit
Service	Service
SLA	Service Level Agreement
State	Zustand eines Tickets
Ticket	Ticket
Type	Typ
User	der angemeldete Agent

OTRS soll nicht bei allen Tickets aktiv werden, sondern nur bei denen mit der höchsten Priorität 5. Sie müssen also die Auswahl weiter einschränken. Das geschieht über das neu eingeblendete Eingabefeld. Im Beispiel soll OTRS die Priorität, englisch Priority, des Tickets prüfen. Tippen Sie deshalb in das Feld Priority ein.

Neben der Priorität können Sie hier alle Eigenschaften eines Tickets abfragen. Die dabei benötigten englischen Bezeichnungen stellt Tabelle 15-3 vor. Muss beispielsweise das Ticket aus einer ganz bestimmten Queue stammen, tippen Sie in das Eingabefeld Queue ein. Eine stets aktuelle Liste mit allen Properties finden Sie unter *https://github.com/OTRS/otrs/blob/master/Kernel/System/Ticket.pm#L1086*.

Tabelle 15-3: Ticket-Properties

Einstellung	Bedeutung
CustomerID	die interne ID des Kunden
CustomerUserID	die interne ID des Kundenbenutzers
DynamicField_feld	dynamisches Feld mit dem Namen *feld*
Lock	Ist das Ticket gesperrt? In dem Fall hat die Eigenschaft den Wert lock.
Owner	Besitzer eines Tickets
Priority	Priorität eines Tickets
Queue	Name der Queue (wie Raw)
State	Zustand eines Tickets (wie new oder open)

Schließen Sie in jedem Fall die Eingabe mit der *Enter*-Taste ab. Daraufhin erscheinen eine Drop-down-Liste und ein Eingabefeld, mit denen Sie das konkrete Auswahlkriterium festlegen. Im Beispiel stellen Sie mit dem Duo ein, auf welche Priorität das Ticketsystem achten muss. OTRS soll nur dann aktiv werden, wenn das Ticket *exakt* die Priorität 5 besitzt. Die Drop-down-Liste muss daher bei *Exact match* stehen bleiben. In das Feld rechts daneben tippen Sie den Namen der entsprechenden Priorität ein, im Beispiel also 5 very high. Das ist der gleiche Name, den Ihnen auch die Tabelle hinter *Admin → Prioritäten* in der ersten Spalte verrät. Schließend Sie die Eingabe mit der *Enter*-Taste ab. Das Ergebnis sollte damit wie in Abbildung 15-16 aussehen. Haben Sie einen falschen Wert eingestellt, klicken Sie auf das *X* – im Beispiel also auf das *X* neben 5 *very high*.

Abbildung 15-16: Mit diesen Filterbedingungen würde OTRS aktiv, wenn es auf ein Ticket mit der Priorität 5 träfe.

Nach dem gleichen Prinzip können Sie jetzt weitere Auswahlkriterien hinzufügen. Soll OTRS auch alle Tickets mit der Priorität 4 berücksichtigen, stellen Sie in der Drop-down-Liste wieder *Exact match* ein, tippen wie in Abbildung 15-17 in das Eingabefeld den passenden Namen 4 high ein und drücken die *Enter*-Taste. OTRS fügt dann ein neues Auswahlkriterium hinzu. Sollten die Drop-down-Liste und das Eingabefeld nicht zu sehen sein, klicken Sie neben 5 *very high* auf das Plussymbol.

Abbildung 15-17: Mit diesen Filterbedingungen würde OTRS aktiv, wenn es auf ein Ticket mit der Priorität 5 oder 4 träfe.

Soll OTRS zusätzlich nur die Tickets aus der Queue *Raw* berücksichtigen, klicken Sie unterhalb von *Ticket* in das leere Eingabefeld, tippen dort Queue ein (siehe Abbildung 15-18) und bestätigen mit der *Enter*-Taste. Stellen Sie sicher, dass *Exact match* in der Drop-down-Liste gewählt ist, tippen Sie in das Eingabefeld daneben den Namen der Queue ein – im Beispiel also wie in Abbildung 15-19 Raw – und drücken Sie die *Enter*-Taste.

Abbildung 15-18: Hier würde OTRS zusätzlich prüfen, ob das Ticket in einer bestimmten Queue liegt.

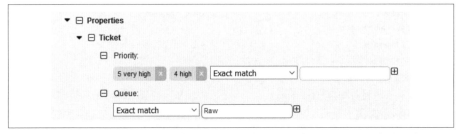

Abbildung 15-19: Mit diesen Filterbedingungen würde OTRS aktiv, wenn es auf ein Ticket mit der Priorität 5 oder 4 trifft, das in der Queue Raw liegt.

Achten Sie darauf, wie die einzelnen Auswahlkriterien eingerückt sind: In Abbildung 15-19 greift sich OTRS jedes Ticket und schaut dann nach, ob auf ihm eine der beiden vorgegebenen Prioritäten und die angegebene Queue notiert sind. Sie entfernen ein Auswahlkriterium wieder, indem Sie auf das Minussymbol klicken und die Nachfrage bestätigen. Wenn Sie das Beispiel bis hierhin mitgemacht haben, klicken Sie auf das Minussymbol vor *Queue* und nicken die Rückfrage mit *OK* ab. Entfernen Sie zudem *4 high* mit einem Klick auf das *X* neben *4 high*. Das Ergebnis sollte wieder so wie in Abbildung 15-16 aussehen. OTRS prüft damit nur, ob ein Ticket die Priorität 5 besitzt.

Nicht immer ist genau ein Auswahlkriterium gefragt. So könnte das Beispiel auch für alle Prioritäten außer der niedrigsten gelten. Anstatt jetzt vier einzelne Auswahlkriterien anzulegen, können Sie OTRS anweisen, alle Tickets bis auf die mit der Priorität 1 ins Visier zu nehmen. Dazu setzen Sie die Drop-down-Liste *Exact match* auf *Negated Exact match*. Damit betrachtet OTRS nur noch alle Tickets, die *nicht* die in das Eingabefeld eingetippte Priorität besitzen. Wenn Sie die Drop-down-Liste auf den Punkt *Regular Expression* stellen, können Sie in das Eingabefeld zudem einen sogenannten regulären Ausdruck eintippen. OTRS berücksichtigt dann nur noch alle Tickets, die diesem regulären Ausdruck entsprechen. Würden Sie etwa im Beispiel *Regular Expression* einstellen und dann im Feld den Ausdruck *^(high)* hinterlegen, würde OTRS ausschließlich alle Tickets berücksichtigen, in deren Priorität das Wort *high* auftritt – und somit alle Tickets mit der Priorität *4 high* oder *5 very high*. Stellen Sie die Drop-down-Liste auf *Regular Expression (ignore case)*, ignoriert OTRS dabei die Groß- und Kleinschreibung. Analog berücksichtigt OTRS bei der Einstellung *Negated regular expression* alle Tickets, die *nicht* dem regulären Ausdruck entsprechen. Im Fall von *Negated regular expression (ignore case)* ignoriert OTRS wieder die Groß- und Kleinschreibung. Eine Einführung in die Notation von regulären Ausdrücken würde den Rahmen dieses Buchs sprengen. Einen Einstieg in die Thematik finden Sie unter anderem in der Wikipedia unter *https://de.wikipedia.org/wiki/Regul%C3%A4rer_Ausdruck* im Abschnitt *Reguläre Ausdrücke in der Praxis*. OTRS unterstützt dabei die Perl-Notation. Für das Beispiel belassen Sie die Einstellung aus Abbildung 15-16.

Sichern Sie Ihre bis hierhin vorgenommenen Einstellungen ganz unten auf der Seite mit einem Klick auf die Schaltfläche *Speichern*. Wenn Sie selbst eine neue ACL erstellen, sollten Sie auf diese Weise immer wieder zwischendurch den aktuellen Stand sichern. Somit geht Ihre Arbeit nicht verloren, sollte einmal eine Internetstörung auftreten.

Wertänderungen festlegen

Durch die entsprechenden *Filterbedingungen* haben Sie OTRS mitgeteilt, wann es tätig werden soll. Was dann genau passiert, stellen Sie unter *Wertänderungen* ein. Klicken Sie dort in das Eingabefeld. Es öffnet sich jetzt eine Liste, in der Sie sich zunächst entscheiden müssen,

- ob Sie etwas verbieten möchten (*PossibleNot*),
- ob Sie das Verbot einer anderen ACL wieder aufheben möchten (*PossibleAdd*) oder

- ob Sie die erlaubten Aktionen beziehungsweise Einstellungen einzeln vorgeben möchten (*Possible*).

Im Beispiel sollen Agenten die unter den *Filterbedingungen* ausgewählten Tickets nicht erfolglos schließen dürfen. Den Agenten muss also eine Aktion verboten werden. Folglich ist *PossibleNot* genau die richtige Wahl.

Als Nächstes klicken Sie in das neu erschienene Eingabefeld und wählen aus, was OTRS verhindern soll. Im Beispiel soll das Ticket nicht erfolglos geschlossen werden dürfen, folglich ist *Ticket* der passende Punkt. Die weitere Bedienung erfolgt jetzt analog zu den Filterbedingungen: Agenten sollen nicht mehr einen ganz bestimmten Status einstellen dürfen. Dazu tippen Sie State in das Eingabefeld und bestätigen mit der *Enter*-Taste. Es handelt sich um den Status *erfolglos schließen*. Belassen Sie *Exact match* und tippen Sie in das Feld den Namen des Status, also closed unsuccessful. Das ist genau der gleiche Name, den die Tabelle hinter *Admin → Status* in der Spalte *Name* anzeigt. Bestätigen Sie die Eingabe mit der *Enter*-Taste. Jetzt können Sie nach dem gleichen Prinzip weitere Auswirkungen hinzufügen. Für das Beispiel sollten die Einstellungen wie in Abbildung 15-20 aussehen.

Abbildung 15-20: Mit diesen Wertänderungen kann kein Agent mehr ein Ticket mit der Priorität 5 erfolglos schließen (er kann es folglich nur noch erfolgreich schließen).

Wenn Sie alle Filterbedingungen und Wertänderungen zusammengeklickt haben, lassen Sie die ACL am unteren Rand *Speichern und abschließen*. Ein Klick auf *Abbrechen* würde hingegen alle Ihre Änderungen verwerfen. *Speichern* wiederum sichert immer den aktuellen Zwischenstand Ihrer Arbeit und lässt das Formular geöffnet.

ACL in Betrieb nehmen

Nach dem *Speichern und abschließen* katapultiert Sie OTRS wieder zurück in die ACL-Verwaltung (die Sie auch über *Admin → Access Control Lists (ACL)* erreichen). Dort müssen Sie OTRS noch explizit auf die neue ACL aufmerksam machen. Dazu genügt im Kasten *Aktionen* ein Klick auf die Schaltfläche *ACLs in Betrieb nehmen*. Genau das ist auch immer dann notwendig, wenn Sie eine ACL nachträglich geändert haben.

ACLs verwalten

Eine einmal erstellte ACL lässt sich nicht mehr löschen, sondern nur noch verändern und deaktivieren. In beiden Fällen rufen Sie die ACL-Verwaltung auf (via *Admin → Access Control Lists (ACL)*). Klicken Sie dann in der Liste den Namen der entsprechenden ACL an. Wenn Sie sehr viele ACLs angelegt haben, können Sie den Namen auch links oben in das Feld *Filter für ACLs* eintippen. OTRS blendet dann in der Liste nur noch die zum eingetippten Text passenden ACLs ein. Um wieder alle ACLs zu sehen, löschen Sie das Eingabefeld.

Sobald Sie eine ACL in der Liste angeklickt haben, öffnet OTRS das aus den vorherigen Abschnitten schon bekannte Formular. Darin können Sie die ACL beliebig verändern. Um die ACL zu deaktivieren, klicken Sie in das Eingabefeld neben *Gültigkeit* und wählen *ungültig*. In jedem Fall müssen Sie Ihre Änderungen *Speichern und abschließen* lassen. *Speichern* würde ebenfalls Ihre Einstellungen übernehmen, das Formular aber noch geöffnet lassen. *Abbrechen* verwirft hingegen alle Änderungen.

Maßgeschneiderte ACLs zusammenzuklicken, ist recht aufwendig. Wenn sich Ihre ACLs nur in wenigen Einstellungen voneinander unterscheiden, können Sie auch einfach eine ACL kopieren und dann das Duplikat anpassen beziehungsweise abwandeln. Dazu suchen Sie in der Tabelle zunächst die ACL, die Sie kopieren möchten, und klicken dann in ihrer Zeile auf das Symbol mit den beiden Blättern in der letzten Spalte *Kopieren*.

ACLs kopieren, exportieren und importieren

Damit Sie bei einer Neuinstallation von OTRS die ACLs nicht noch einmal erstellen müssen, können Sie sie in einer Datei speichern und diese in einer anderen beziehungsweise der neuen OTRS-Installation erneut importieren. So lassen sich die ACLs nicht nur sichern, sondern auch schnell auf weitere OTRS-Installationen übertragen oder an andere OTRS-Nutzer weitergeben.

Um alle angelegten ACLs in einer Datei zu speichern, klicken Sie in der ACL-Verwaltung (hinter *Admin → Access Control Lists (ACL)*) auf der linken Seite im Kasten *Aktionen* auf die Schaltfläche *ACLs exportieren*. Ihr Browser bietet Ihnen jetzt eine Datei mit der Endung .yml zum Download an, die eine Sicherheitskopie aller ACLs enthält. Sind Sie nur an einer ganz bestimmten ACL interessiert, suchen Sie diese in der Tabelle und klicken dann in ihrer Zeile auf das kleine Symbol mit dem Pfeil in der Spalte *Export*.

Die heruntergeladene Datei lässt sich jederzeit wieder in OTRS importieren. Dazu klicken Sie in der ACL-Verwaltung auf der linken Seite im Kasten *Konfigurationsimport* auf *Durchsuchen* und wählen die Datei mit der Endung .yml auf Ihrer Festplatte aus. Wenn die in dieser Datei gespeicherten ACLs die schon vorhandenen ersetzen sollen, setzen Sie einen Haken vor den Punkt *Existierende ACLs überschreiben?*. Klicken Sie anschließend auf *ACL-Konfiguration(en) importieren*.

Sitzungsverwaltung

Wenn Sie im Hauptmenü *Admin* wählen und dann im Bereich *Administration* die *Sitzungsverwaltung* aufrufen, präsentiert Ihnen OTRS alle derzeit am System angemeldeten Personen (wie in Abbildung 15-21). In der Liste sollte mindestens ein Eintrag erscheinen – das sind Sie selbst. In der Spalte *TYP* können Sie ablesen, ob es sich bei der Person um einen Agenten oder einen Kundenbenutzer handelt. Den Namen der entsprechenden Person finden Sie in der Spalte *BENUTZER*.

Abbildung 15-21: Hier sind derzeit die beiden Agenten Admin OTRS und Tim Schürmann angemeldet.

Ergänzend liefert auf der linken Seite der Kasten *Aktionen* eine kleine Statistik. Dort erfahren Sie, wie viele Personen derzeit bei OTRS angemeldet sind (*Alle Sitzungen*) und wie viele davon Agenten (*Agenten-Sitzungen*) beziehungsweise Kundenbenutzer (*Kunden-Sitzungen*) sind. Die Zahlen neben *Eindeutige Agenten* und *Eindeutige Kunden* sollten mit denen unter *Agenten-Sitzungen* respektive *Kunden-Sitzungen* übereinstimmen. Andernfalls hat sich jemand versehentlich mehrfach bei OTRS angemeldet. Das kann unter anderem dann passieren, wenn die Verbindung zu OTRS abbricht oder der Browser abstürzt.

Sie können eine Person vom System abmelden (und somit vor die Tür setzen), indem Sie in der Liste in seiner Zeile auf den etwas missverständlichen Link *Diese Sitzung löschen* klicken. Das meldet die Person von OTRS ab, entfernt aber nicht sein Benutzerkonto. Der Agent oder der Kundenbenutzer könnte sich folglich umgehend wieder anmelden. Wenn Sie einen Störenfried komplett aussperren möchten, müssen Sie daher nicht nur hier seine Sitzung löschen, sondern auch noch sein Konto deaktivieren. Mit einem Klick auf *Löschen aller Sessions* im Kasten *Aktionen* melden Sie sämtliche Personen auf einmal ab. Das ist vor allem dann sinnvoll, wenn Sie Wartungsarbeiten durchführen möchten.

Anhand der Liste können Sie zudem überprüfen, ob derzeit tatsächlich auch nur bekannte Agenten und Kundenbenutzer angemeldet sind. Wenn Sie über eine Person mehr wissen möchten, klicken Sie in seiner Zeile in der Spalte *SESSION* auf den kryptischen Bezeichner. OTRS zeigt Ihnen jetzt zahlreiche weitere Informationen über die jeweilige Person an. Darunter finden sich etwa seine E-Mail-Adresse und der Zeitpunkt der letzten Anmeldung (neben *UserLastLoginTimestamp*).

KAPITEL 16

Benachrichtigungen

OTRS kann Ihnen und Ihren Agenten in bestimmten Situationen automatisch eine Nachricht schicken – beispielsweise wenn ein Ticket erfolglos geschlossen wird oder eskaliert. Sie dürfen dabei selbst festlegen, wann OTRS welche Nachricht an wen verschickt und welchen Text die Nachricht enthält. Darüber hinaus können Sie Agenten jederzeit eine eigene Nachricht über das interne Nachrichtensystem schicken. Sämtliche Varianten erklären die nachfolgenden Abschnitte. Zunächst zu den automatisch von OTRS verschickten Nachrichten.

Ticket-Benachrichtigungen erstellen

Sobald ein neues Ticket eintrudelt, benachrichtigt Sie OTRS automatisch darüber. Auch in vielen anderen Situationen erhalten Sie eine entsprechende Nachricht beziehungsweise E-Mail – beispielsweise wenn die Eskalationszeit eines gesperrten Tickets abläuft. In welchen Situationen Sie OTRS wie benachrichtigt, dürfen Sie selbst festlegen. Dazu müssen Sie lediglich eine passende Regel hinterlegen. Beispielsweise könnten Sie OTRS anweisen, Ihnen immer dann eine E-Mail zu schicken, wenn jemand die Priorität von besonders wichtigen Tickets herabstuft. Sobald die Situation eintritt und somit die Regel zutrifft, schickt Ihnen das Ticketsystem automatisch eine entsprechende Nachricht. Diese Regeln bezeichnet OTRS als *Ticket-Benachrichtigungen*.

Sämtliche existierenden Ticket-Benachrichtigungen zeigt Ihnen OTRS an, wenn Sie im Hauptmenü den Punkt *Admin* aufrufen und dann im Bereich *Kommunikation & Benachrichtigungen* auf *Ticket-Benachrichtigungen* klicken. Wie Sie in der jetzt angezeigten *Liste* aus Abbildung 16-1 sehen, bringt OTRS schon zahlreiche Benachrichtigungen mit. Jede Zeile steht für eine ganz bestimmte Situation, in der Sie OTRS benachrichtigt.

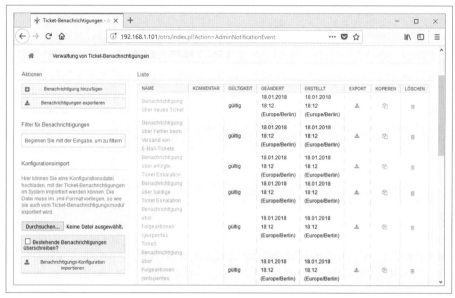

Abbildung 16-1: Wie diese Liste zeigt, benachrichtigt Sie OTRS in zahlreichen Situationen.

Um eine eigene Benachrichtigung hinzuzufügen, klicken Sie links im Kasten *Aktionen* auf *Benachrichtigung hinzufügen*. Es öffnet sich jetzt ein Monsterformular, von dem Abbildung 16-2 erst einmal nur den oberen Teil zeigt.

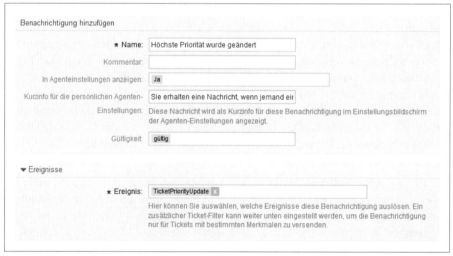

Abbildung 16-2: Mit diesen Einstellungen würde OTRS eine Nachricht schicken, sobald jemand in einem Ticket die Priorität ändert.

Geben Sie der Benachrichtigung zunächst im obersten Eingabefeld einen Namen. Er sollte möglichst kurz und knackig beschreiben, wann OTRS eine Nachricht verschickt. Im Beispiel wäre Höchste Priorität wurde geändert passend. Unter *Kom-*

mentar können Sie noch eine etwas längere Beschreibung oder Zusatzinformationen hinterlegen.

Die gerade entstehende Nachricht verschickt OTRS an die betroffenen Agenten, ohne dass diese etwas dagegen unternehmen könnten. Das ist in vielen Fällen sinnvoll, etwa wenn wichtige Tickets eskalieren. Sollen die Agenten hingegen selbst entscheiden dürfen, ob sie die Nachricht bekommen wollen oder nicht, klicken Sie in das Eingabefeld neben *In Agenteneinstellungen anzeigen* und wählen *Ja*. In den persönlichen Einstellungen der Agenten taucht dann ein entsprechender Eintrag auf, über den die Agenten den Versand der Nachricht abschalten können. Das zeigt Ihnen Abbildung 16-3: Entfernt der Agent dort den Haken neben *Höchste Priorität wurde geändert*, erhält er keine entsprechenden Nachrichten mehr. Alternativ zur Einstellung *Ja* offeriert Ihnen OTRS noch den alternativen Punkt *Ja, aber mindestens eine Benachrichtigungsmethode muss aktiviert sein*. Wenn Sie ihn auswählen, kann der Agent die Benachrichtigung zwar abschalten, das gelingt aber nur, wenn er mindestens eine der anderen Benachrichtigungen aktiviert hat.

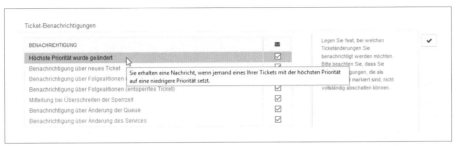

Abbildung 16-3: In seinen persönlichen Einstellungen kann der Agent die Benachrichtigungen ein- und ausschalten – sofern Sie ihm das erlauben.

Wenn Sie dem Agenten erlauben, die Benachrichtigung abzuschalten, hinterlegen Sie noch im darunter neu aufgetauchten Feld eine *Kurzinfo für die persönlichen Agenten-Einstellungen*. Der in diesem Eingabefeld hinterlegte Text erscheint später in den persönlichen Einstellungen als Tooltipp, wenn der Agent den Mauszeiger wie in Abbildung 16-3 auf der Benachrichtigung parkt. Der Agent kann dann besser entscheiden, ob er die Benachrichtigung deaktivieren oder besser doch aktiviert lassen soll. Beschreiben Sie also im Feld kurz, in welchen Fällen der Agent diese Benachrichtigung erhält. Im Beispiel passt: `Sie erhalten eine Nachricht, wenn jemand eines Ihrer Tickets mit der höchsten Priorität auf eine niedrigere Priorität setzt.`

OTRS verschickt die Benachrichtigung nur dann, wenn die *Gültigkeit* auf *gültig* steht. Sollte dieser Punkte nicht ausgewählt ein, klicken Sie in das Eingabefeld und wählen aus der Liste *gültig* aus.

Weiter geht es im Kasten *Ereignisse*. Dort müssen Sie einstellen, in welchen Situationen Sie das Ticketsystem benachrichtigen soll. Dazu klicken Sie in das Eingabefeld und selektieren in der Liste das passende Ereignis. Die von OTRS in der Liste zur Auswahl gestellten Ereignisse sind selbsterklärend. Die Einträge in der Liste wirken teilweise etwas kryptisch, an den Bezeichnungen lässt sich jedoch recht einfach das jeweilige Ereignis ablesen. Soll beispielsweise OTRS Ihre Agenten benachrichtigen, sobald jemand ein neues Ticket erstellt, wählen Sie in der Liste *TicketCreate*. Im Beispiel soll OTRS eine Nachricht schicken, wenn jemand die Priorität ändert. Dazu klicken Sie das Ereignis *TicketPriorityUpdate* an. Sofern Sie sich verklickt und ein falsches Ereignis ausgewählt haben, klicken Sie es einfach noch einmal erneut an. Damit heben Sie die Auswahl wieder auf. Sie dürfen auch mehrere Ereignisse gleichzeitig auswählen. Mit *Alles löschen* entfernen Sie Ihre komplette Auswahl. Wenn Ihnen die Liste zu unübersichtlich erscheint, können Sie über das Eingabefeld ganz unten nur noch die Ereignisse einblenden lassen, die dem eingetippten Suchbegriff entsprechen. Geben Sie beispielsweise in das Eingabefeld Ticket ein, präsentiert Ihnen die Liste nur noch die Ereignisse, in denen ein Ticket erstellt oder verändert wird. Um wieder alle Ereignisse zu sehen, löschen Sie einfach das Eingabefeld. Sobald Sie Ihre Auswahl getroffen haben, klicken Sie auf *Bestätigen*. Ihre Wahl können Sie jederzeit ändern, indem Sie noch einmal in das Feld *Ereignis* klicken.

Mit den bis hierhin vorgenommenen Einstellungen würde Ihnen OTRS jetzt immer eine Nachricht schicken, sobald jemand die Priorität eines Tickets ändert. Im Beispiel ist das allerdings zu viel des Guten – interessant sind dort nur Tickets mit der höchsten Priorität. Damit OTRS lediglich diese Tickets beachtet, klicken Sie auf *Ticketfilter*. Es öffnet sich jetzt einige weitere Einstellungen, die Abbildung 16-4 im unteren Teil zeigt. Mit ihnen können Sie den Blick von OTRS auf ganz bestimmte Tickets lenken. Stellen Sie beispielsweise den *Status* auf *offen*, würde OTRS nur dann eine Nachricht verschicken, wenn jemand die Priorität eines geöffneten Tickets ändert. Sie dürfen dabei in jedem Eingabefeld auch mehrere Kriterien hinterlegen. Unter *Queue* könnten Sie beispielsweise *Misc* und *Raw* einstellen. In diesem Fall würde OTRS nur dann eine Nachricht verschicken, wenn jemand die Priorität eines Tickets ändert, das entweder in der Queue *Misc* oder in der Queue *Raw* liegt. Wenn Sie in eines der Eingabefelder klicken, zeigt Ihnen OTRS eine Liste mit allen möglichen Kriterien an. Klicken Sie beispielsweise in das Eingabefeld neben *Priorität*, stellt Ihnen OTRS alle vorhandenen Prioritäten zur Auswahl. Selektieren Sie dann einfach alle gewünschten Punkte. Im Beispiel sind nur Tickets mit der höchsten Priorität gefragt, wählen Sie also lediglich *5 sehr hoch* aus. Wenn Sie sich verklickt oder den falschen Eintrag ausgewählt haben, klicken Sie ihn einfach noch einmal an. Damit heben Sie die Markierung wieder auf. Via *Alles löschen* entfernen Sie die komplette bisherige Auswahl. Sobald Sie Ihre Wahl getroffen haben, klicken Sie auf *Bestätigen*. Wenn Sie sich nur für die Tickets eines ganz bestimmten Kunden interessieren, tippen Sie seine *Kundennummer* in das entsprechende Eingabefeld.

OTRS berücksichtigt immer alle eingestellten Kriterien gleichzeitig: Wenn Sie den *Status* auf *offen* setzen und die *Priorität* auf *5 sehr hoch*, beachtet OTRS nur noch offene Tickets mit der Priorität 5.

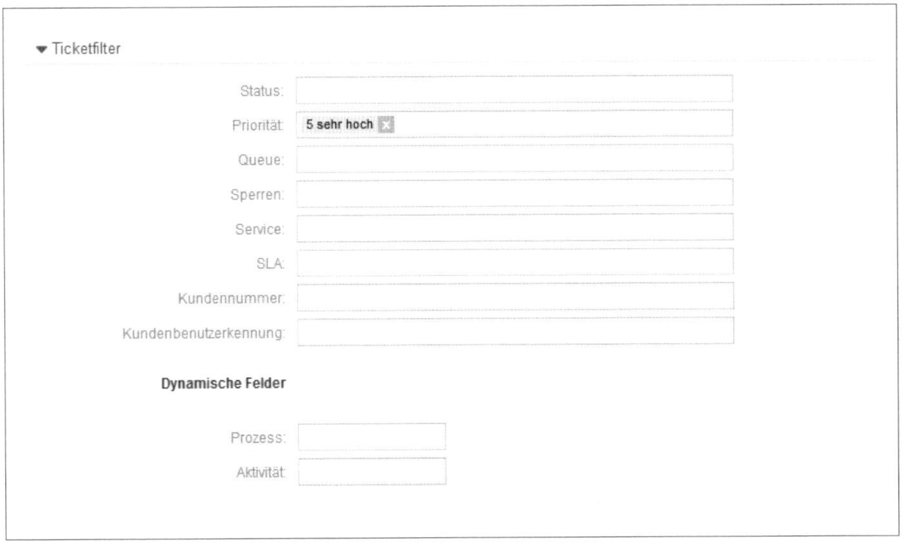

Abbildung 16-4: Mit diesen Einstellungen würde OTRS jetzt nur noch dann eine Nachricht senden, wenn jemand bei einem Ticket mit der Priorität 5 eben jene Priorität verändert.

Haben Sie sich weiter oben als *Ereignis* für *ArticleCreate* oder *ArticleSend* entschieden, klicken Sie als Nächstes auf *Artikelfilter*. Es öffnen sich dann die Eingabefelder aus Abbildung 16-5. Mit ihnen können Sie den Blick von OTRS auf ganz bestimmte Artikel lenken. Beispielsweise können Sie OTRS hier anweisen, nur dann eine Nachricht zu schicken, wenn ein Kunde einen neuen Artikel erstellt hat. Die Eingabefelder bedienen Sie wie ihre Kollegen aus dem Bereich *Ticketfilter*. Im Beispiel klicken Sie in das Eingabefeld *Sender-Typ des Artikels*, selektieren in der Liste *Kunde* und *Bestätigen* Ihre Wahl. Wenn Sie ein Wort in das Feld *Subject* eintragen, berücksichtigt OTRS ausschließlich Artikel, die dieses Wort in ihrem Betreff tragen. Analog achtet OTRS nur auf diejenigen Artikel, die in ihrem Text das Wort unter *Body* enthalten.

In jedem Fall wenden Sie sich als Nächstes dem Kasten *Empfänger* zu (den unteren in Abbildung 16-5). Dort verraten Sie OTRS, wen das Ticketsystem überhaupt benachrichtigen soll. Zunächst kann OTRS die Nachricht an einen oder mehrere ausgewählte Agenten schicken. Dazu klicken Sie in das Feld *An diese Agenten senden* und selektieren dann in der Liste alle Empfänger. Wenn Sie sich verklickt oder den falschen Agenten erwischt haben, klicken Sie ihn noch einmal an. Via *Alles löschen* heben Sie die komplette Auswahl wieder auf. Einen Agenten finden Sie schnell, wenn Sie seinen Namen eintippen. Sie können dabei einfach drauflosschreiben. OTRS zeigt dann schon bei der Eingabe nur noch die Agenten in der Liste an, die zu dem eingetippten Namen passen. Um wieder alle Agenten zu sehen, löschen Sie das Eingabefeld. Haben Sie alle Agenten in der Liste selektiert, *Bestätigen* Sie Ihre Wahl. Um nachträglich einen Agenten hinzuzufügen, klicken Sie einfach noch einmal in das Eingabefeld.

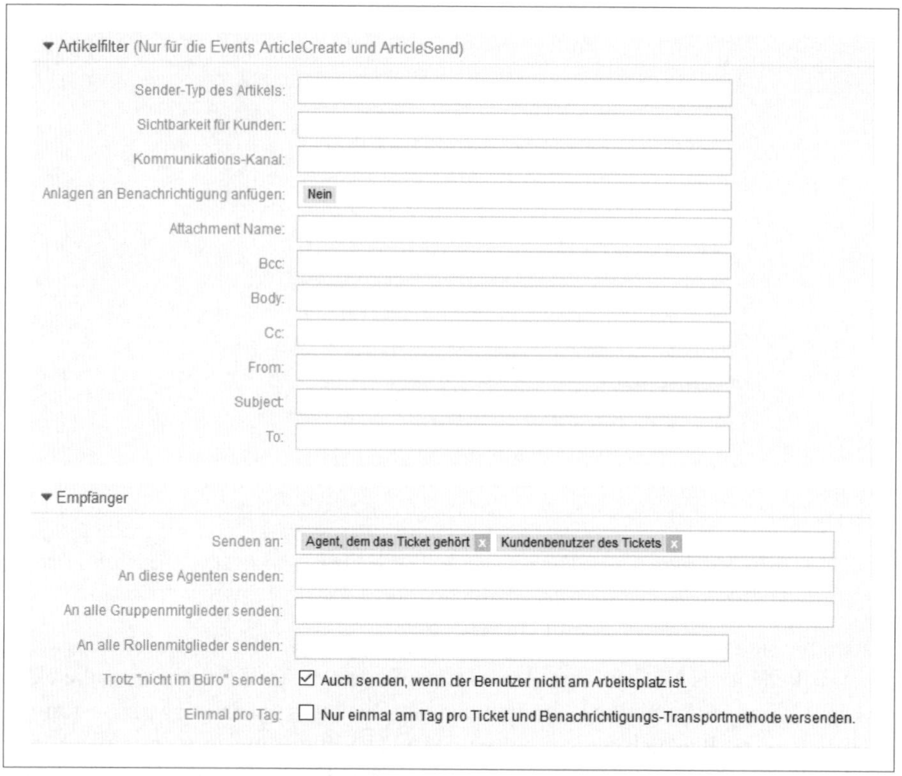

▼ Artikelfilter (Nur für die Events ArticleCreate und ArticleSend)	
Sender-Typ des Artikels:	
Sichtbarkeit für Kunden:	
Kommunikations-Kanal:	
Anlagen an Benachrichtigung anfügen:	**Nein**
Attachment Name:	
Bcc:	
Body:	
Cc:	
From:	
Subject:	
To:	

▼ Empfänger	
Senden an:	Agent, dem das Ticket gehört ☒ Kundenbenutzer des Tickets ☒
An diese Agenten senden:	
An alle Gruppenmitglieder senden:	
An alle Rollenmitglieder senden:	
Trotz "nicht im Büro" senden:	☑ Auch senden, wenn der Benutzer nicht am Arbeitsplatz ist.
Einmal pro Tag:	☐ Nur einmal am Tag pro Ticket und Benachrichtigungs-Transportmethode versenden.

Abbildung 16-5: Hier würde die Nachricht an den Agenten geschickt, dem das Ticket gehört. Zudem würde OTRS den Kunden informieren.

An einen einzelnen Agenten sollten Sie immer nur besonders wichtige Nachrichten schicken, die ihn persönlich betreffen. Eskaliert beispielsweise ein Ticket, sollte OTRS darüber vielleicht auch immer den Geschäftsführer informieren. Besitzen Sie im Unternehmen hingegen eine eigene Stelle für eskalierte Tickets, sollte OTRS besser erst einmal nur die dortigen Agenten benachrichtigen.

Analog können Sie die Nachricht auch an alle Mitglieder einer Gruppe schicken und somit beispielsweise an alle Techniker. Dazu klicken Sie in das Eingabefeld neben *An alle Gruppenmitglieder senden* und selektieren in der Liste die entsprechenden Gruppen. Die Liste bedienen Sie genau wie ihre Kollegin für die einzelnen Agenten: Wenn Sie alle Gruppen markiert haben, *Bestätigen* Sie Ihre Wahl.

OTRS kann die Nachricht auch an alle Agenten mit einer ganz bestimmten Rolle schicken – wie etwa alle Außendienstmitarbeiter. Dazu klicken Sie in das Eingabefeld *An alle Rollenmitglieder senden*, selektieren in der Liste die gewünschten Rollen und *Bestätigen* Ihre Wahl. Das Feld *An alle Rollenmitglieder senden* ist nur dann aktiviert, wenn Sie mindestens eine Rolle angelegt haben.

Eskaliert ein Ticket, wäre es gut, wenn darüber auch der Kunde und der Besitzer des Tickets informiert würden. Für solche Fälle können Sie das Feld *Senden an* nutzen: Wenn Sie in das Feld klicken, erscheint eine Liste mit speziellen Personengruppen, von denen Sie eine oder mehrere passende selektieren. Wenn Sie dort etwa *Kunde des Tickets* anklicken, schickt OTRS die Nachricht automatisch an den jeweils betroffenen Kunden. Das gilt auch im Beispiel: Sobald jemand die Priorität des Tickets ändert, soll OTRS den Besitzer des Tickets sowie den Kunden darüber informieren. Selektieren Sie folglich *Kunde des Tickets*. Damit außerdem der Besitzer des Tickets die Nachricht erhält, klicken Sie zusätzlich noch auf *Agent, dem das Ticket gehört*. Die Liste bedienen Sie wieder wie ihre Kolleginnen: Wenn Sie die gewünschten Empfänger ausgewählt haben, klicken Sie auf *Bestätigen*.

Überlegen Sie sich gut, wem Sie eine Nachricht wie häufig schicken. Unter Umständen bekommen diese Agenten ziemlich viele Nachrichten – je nachdem, welche Regeln Sie oben eingestellt haben. Wählen Sie daher nicht nur oben ein *Ereignis* aus, sondern verwenden Sie auch immer die *Ticketfilter* und gegebenenfalls die *Artikelfilter*. Eine Nachricht sollte zudem immer nur bei besonders wichtigen Ereignissen verschickt werden.

OTRS verschickt die Nachricht an alle Agenten, Kunden und Gruppen, die Sie in den Feldern eingestellt haben. Das passiert standardmäßig aber nur während der Geschäftszeiten. Soll OTRS die Nachricht auch nach Feierabend senden, setzen Sie einen Haken vor *Auch senden, wenn der Benutzer nicht am Arbeitsplatz ist*.

Das bedeutet jedoch nicht automatisch, dass der Agent die Nachricht auch sofort liest! Haben beispielsweise alle Agenten eine vom Unternehmen gestellte E-Mail-Adresse, dürften die Agenten erst mit Schichtbeginn am nächsten Morgen in ihre Postfächer schauen.

Wenn im Beispiel ein lustiger Agent einfach munter mehrfach hintereinander die Priorität eines Tickets hoch- und runtersetzt, würde der Ticket-Besitzer jedes Mal eine Nachricht bekommen. Um diese Nachrichtenflut zu verhindern, setzen Sie einen Haken vor *Nur einmal am Tag pro Ticket und Benachrichtigungs-Transportmethode versenden*. OTRS verschickt dann die Nachricht nur dann, wenn das *Ereignis* an diesem Tag nicht schon einmal aufgetreten ist.

Damit bekommt der Ticket-Besitzer allerdings auch nicht mehr mit, wenn der lustige Kollege am gleichen Tag die Priorität wieder heruntersetzt. Sie müssen folglich gut abwägen, ob Sie die Nachrichten in Ihrem konkreten Fall tatsächlich unterdrücken wollen.

OTRS weiß bis hierhin, wann es eine Nachricht an wen verschicken soll. Das Ticketsystem weiß aber noch nicht, auf welchem Weg es die betroffenen Personen informieren soll. Das kostenlose OTRS Free kann die Nachrichten ausschließlich per E-Mail zu den Empfängern schicken. Alle prinzipiell möglichen Kommunikationswege listet der Kasten *Benachrichtigungsoptionen* auf. Unter OTRS Free sieht dieser Bereich wie in Abbildung 16-6 aus. Sofern dort im Abschnitt *Email* ein Haken neben *Diese Benachrichtigungsart aktivieren* steht, verschickt OTRS die Nachricht per E-Mail.

 Wenn Sie den Haken entfernen, deaktivieren Sie damit in OTRS Free die einzige Versandmethode. Folglich würde das Ticketsystem die Nachricht *nicht* verschicken! Achten Sie daher darauf, dass der Haken neben *Diese Benachrichtigungsart aktivieren* vorhanden ist.

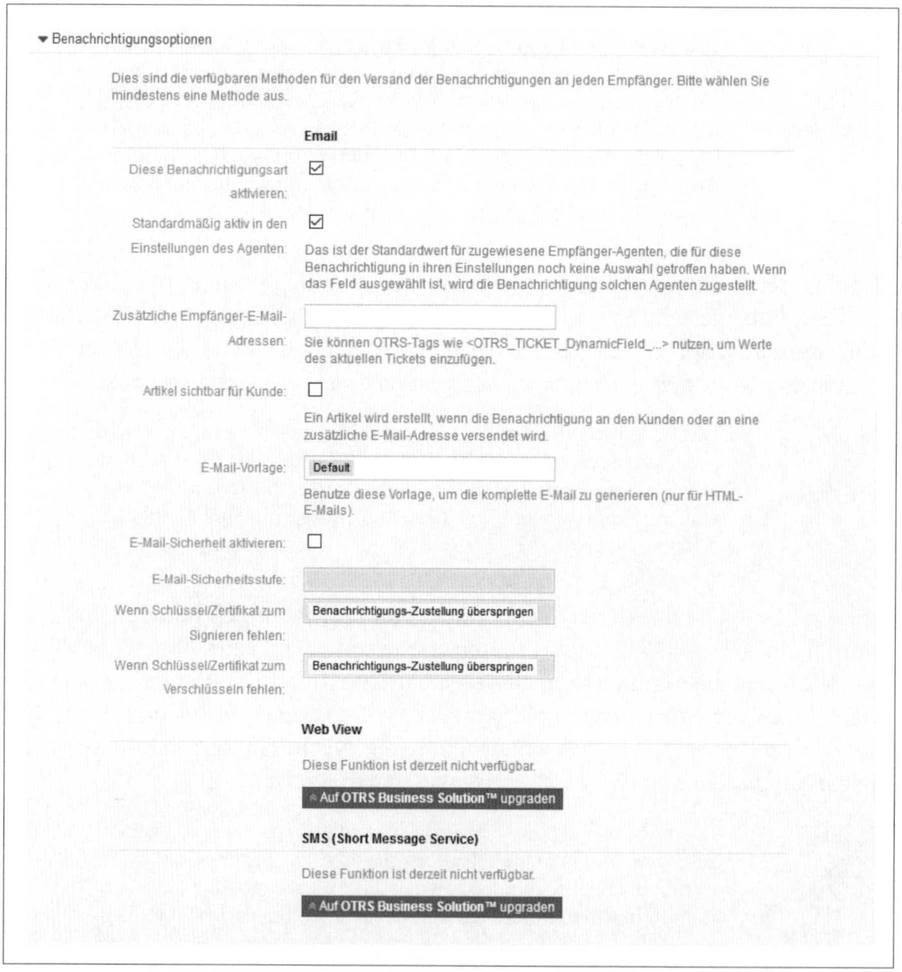

▼ Benachrichtigungsoptionen

    Dies sind die verfügbaren Methoden für den Versand der Benachrichtigungen an jeden Empfänger. Bitte wählen Sie mindestens eine Methode aus.

Email

Diese Benachrichtigungsart aktivieren:	☑
Standardmäßig aktiv in den Einstellungen des Agenten:	☑

Das ist der Standardwert für zugewiesene Empfänger-Agenten, die für diese Benachrichtigung in ihren Einstellungen noch keine Auswahl getroffen haben. Wenn das Feld ausgewählt ist, wird die Benachrichtigung solchen Agenten zugestellt.

Zusätzliche Empfänger-E-Mail-Adressen:

Sie können OTRS-Tags wie <OTRS_TICKET_DynamicField_...> nutzen, um Werte des aktuellen Tickets einzufügen.

Artikel sichtbar für Kunde: ☐

Ein Artikel wird erstellt, wenn die Benachrichtigung an den Kunden oder an eine zusätzliche E-Mail-Adresse versendet wird.

E-Mail-Vorlage: `Default`

Benutze diese Vorlage, um die komplette E-Mail zu generieren (nur für HTML-E-Mails).

E-Mail-Sicherheit aktivieren: ☐

E-Mail-Sicherheitsstufe:

Wenn Schlüssel/Zertifikat zum Signieren fehlen: `Benachrichtigungs-Zustellung überspringen`

Wenn Schlüssel/Zertifikat zum Verschlüsseln fehlen: `Benachrichtigungs-Zustellung überspringen`

Web View

Diese Funktion ist derzeit nicht verfügbar.

`⌃ Auf OTRS Business Solution™ upgraden`

SMS (Short Message Service)

Diese Funktion ist derzeit nicht verfügbar.

`⌃ Auf OTRS Business Solution™ upgraden`

Abbildung 16-6: OTRS Free kann die Agenten und Kunden nur per E-Mail benachrichtigen.

OTRS hat die Möglichkeit, eine Kopie der Nachricht an weitere E-Mail-Adressen zu schicken. Das ist beispielsweise nützlich, wenn zusätzlich ein Vertriebspartner informiert werden muss oder der Zulieferer des Staubsaugermotors automatisch auf Defekte an seinem Bauteil aufmerksam gemacht werden soll. Tragen Sie die E-Mail-Adressen der gewünschten Empfänger einfach jeweils durch ein Komma getrennt in das Feld *Zusätzliche Empfänger-E-Mail-Adressen* ein, im Beispiel also etwa vertrieb@example.com.

Sofern OTRS auch einen Kunden benachrichtigt oder Sie eine E-Mail-Adresse in das Eingabefeld *Zusätzliche Empfänger-E-Mail-Adressen* eingetragen haben, erstellt OTRS automatisch einen neuen Artikel und heftet ihn an das betroffene Ticket an. Wenn der Kundenbenutzer den Artikel lesen können soll, müssen Sie noch einen Haken in das Kästchen neben *Artikel sichtbar für Kunde* setzen.

Als Nächstes können Sie eine *E-Mail-Vorlage* auswählen, die OTRS als Grundlage für die Nachricht verwendet. Um eine Vorlage auszuwählen, klicken Sie in das Eingabefeld. Wie Sie Vorlagen erstellen, hat bereits Abschnitt »Vorlagen« auf Seite 160 gezeigt, Sie müssen dort als Vorlagentyp lediglich *E-Mail* wählen.

Auf Wunsch verschlüsselt und signiert OTRS die verschickte Nachricht. Dazu setzen Sie einen Haken neben *E-Mail-Sicherheit aktivieren*. Klicken Sie dann in das Feld *E-Mail-Sicherheitsstufe* und wählen Sie ein passendes Verfahren aus. Wenn der Schlüssel oder das Zertifikat zum Signieren der E-Mail fehlt, kann OTRS entweder den Versand der Nachricht abbrechen oder aber einfach die E-Mail unsigniert versenden. Das gewünschte Verhalten stellen Sie ein, indem Sie in das Feld *Wenn Schlüssel/Zertifikat zum Signieren fehlen* klicken. Sofern der Schlüssel oder das Zertifikat zum Verschlüsseln der E-Mail fehlt, kann OTRS ebenfalls den Versand abbrechen oder die E-Mail unverschlüsselt senden. Das passende Verhalten wählen Sie nach einem Klick in das Feld *Wenn Schlüssel/Zertifikat zum Verschlüsseln fehlen*. Weitere Informationen zur Verschlüsselung und zu Signaturen finden Sie in Kapitel 5, *E-Mail-Einstellungen*.

Wenn Sie unsicher sind oder sich mit den Verschlüsselungsverfahren nicht auskennen, entfernen Sie den Haken bei *E-Mail-Sicherheit aktivieren*. Damit wandern die E-Mails zwar unsigniert und unverschlüsselt durch das Internet, es ist aber sichergestellt, dass die Nachricht überhaupt korrekt ankommt. Das ist insbesondere bei Hinweisen auf eine Eskalation oder dem Ablauf einer Erinnerung wichtig.

Des Weiteren kennen sich viele Kunden nicht mit der Ver- und Entschlüsselung einer E-Mail aus. Sofern die Nachricht auch an einen Kunden geht, sollten Sie sie daher möglichst nicht verschlüsseln.

Damit haben Sie es fast geschafft: Sie müssen nur noch die eigentliche Nachricht hinterlegen. OTRS kann die Nachricht in mehreren Sprachen verschicken. Das ist besonders nützlich, wenn Sie mit Agenten aus unterschiedlichen Ländern zusammenarbeiten. Standardmäßig bittet Sie OTRS darum, die englische Fassung der Nachricht einzugeben. Um auch eine deutsche Übersetzung hinzuzufügen, klicken Sie in das Eingabefeld *Neue Sprache für Benachrichtigungen hinzufügen* und dann in der aufklappenden Liste die gewünschte Sprache an – im Beispiel *Deutsch*. OTRS blendet dann wie in Abbildung 16-7 ein zweites Eingabefeld ein, in dem Sie die deutsche Übersetzung der Nachricht hinterlegen. Um eine Sprachvariante wieder loszuwerden, klicken Sie in ihrem Kasten rechts oben auf das Minussymbol.

Den in den Eingabefeldern *Betreff* hinterlegten Text nutzen später die verschickten E-Mails in ihrer Betreffzeile. Der Text sollte folglich den Inhalt der Nachricht noch einmal kurz zusammenfassen. In die großen Eingabefelder gehört die eigentliche Nachricht, die Sie über die Symbole noch passend formatieren dürfen. Ein Klick auf das *B* schaltet beispielsweise den Fettdruck ein und aus.

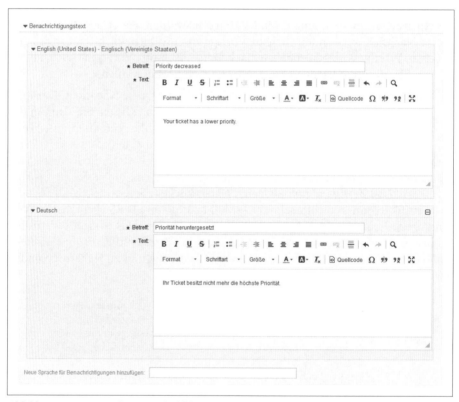

Abbildung 16-7: Im großen Eingabefeld müssen Sie die eigentliche Nachricht in den entsprechenden Sprachen hinterlegen.

Innerhalb der Nachricht können Sie zudem Platzhalter verwenden. Beispielsweise ersetzt OTRS den Platzhalter <OTRS_CUSTOMER_REALNAME> vor dem Versand der Nachricht durch den Namen des Kunden. Alle Platzhalter listet OTRS auf, wenn Sie am unteren Seitenrand auf *Tag-Referenz* klicken. Des Weiteren können Sie sich an den Platzhaltern aus Tabelle 8-1 auf Seite 150 orientieren.

Damit ist die Ticket-Benachrichtigung endlich komplett. Nach einem Klick auf *Speichern* legt OTRS die neue Benachrichtigung an und schaltet sie zudem umgehend scharf. Sobald also jemand die Priorität eines Tickets von 5 auf eine niedrigere

Stufe heruntersetzt, schickt OTRS ab sofort im Beispiel sowohl dem Ticket-Besitzer als auch dem Kunden eine entsprechende Nachricht.

 Testen Sie unbedingt die hier erstellte Benachrichtigung. Prüfen Sie insbesondere, ob OTRS die Nachricht bei allen gewünschten Szenarien verschickt. Umgekehrt sollte das Ticketsystem die Nachricht nicht noch in weiteren Situationen verwenden. Idealerweise legen Sie die Benachrichtigung erst in einer lokalen Testumgebung an und prüfen sie dort auf Herz und Nieren mit Test-Tickets. Erst wenn die Nachrichten wie gewünscht verschickt werden, erstellen Sie die Benachrichtigung in Ihrer produktiven OTRS-Installation.

Terminbenachrichtigungen erstellen

Auf Wunsch hält OTRS Sie über anstehende Termine auf dem Laufenden. So schickt Ihnen das Ticketsystem beispielsweise eine Nachricht, kurz bevor der nächste Termin stattfindet. Sie dürfen dabei wieder selbst festlegen, wann Sie OTRS wie benachrichtigen soll. Das geschieht genau wie bei den Ticket-Benachrichtigungen über Regeln, die OTRS hier jedoch als *Terminbenachrichtigungen* bezeichnet. Mit einer passenden Terminbenachrichtigung könnten Sie beispielsweise OTRS anweisen, den Agenten immer dann eine E-Mail zu schicken, wenn jemand einen Termin verändert beziehungsweise aktualisiert.

OTRS präsentiert Ihnen sämtliche existierenden Terminbenachrichtigungen, wenn Sie im Hauptmenü den Punkt *Admin* aufrufen und dann im Bereich *Kommunikation & Benachrichtigungen* auf *Terminbenachrichtigungen* klicken. Standardmäßig bringt OTRS nur die eine Regel aus Abbildung 16-8 mit. Sie prüft, ob ein Termin seine Erinnerungszeit erreicht hat, und schickt dem betroffenen Agenten dann eine entsprechende E-Mail. Die Erinnerungszeit können Sie beim Anlegen eines Termins unter *Benachrichtigung* einstellen (weitere Informationen hierzu finden Sie in Kapitel 10, *Kalender*).

Liste							
NAME	KOMMENTAR	GÜLTIGKEIT	GEÄNDERT	ERSTELLT	EXPORT	KOPIEREN	LÖSCHEN
Benachrichtigung über Erreichen der Erinnerungszeit von Terminen		gültig	18.01.2018 18:12 (Europe/Berlin)	18.01.2018 18:12 (Europe/Berlin)	⬇	⎘	🗑

Abbildung 16-8: Standardmäßig informiert Sie OTRS nur über das Erreichen einer Erinnerungszeit.

Um eine eigene Terminbenachrichtigung hinzuzufügen, klicken Sie links im Kasten *Aktionen* auf *Benachrichtigung hinzufügen*. Das sich jetzt öffnende riesige Formular müssen Sie leider einmal penibel von oben nach unten durchgehen.

Abbildung 16-9 zeigt zunächst den oberen Teil des Formulars. Geben Sie dort der neuen Terminbenachrichtigung zunächst im obersten Eingabefeld einen Namen. Er sollte in knappen Worten beschreiben, wann OTRS eine Nachricht verschickt. Soll Sie das Ticketsystem beispielsweise immer dann informieren, wenn ein Agent einen Termin im Kalender ändert, könnte man Termin wurde geändert wählen. Unter *Kommentar* können Sie noch eine etwas längere Beschreibung oder Zusatzinformationen hinterlegen.

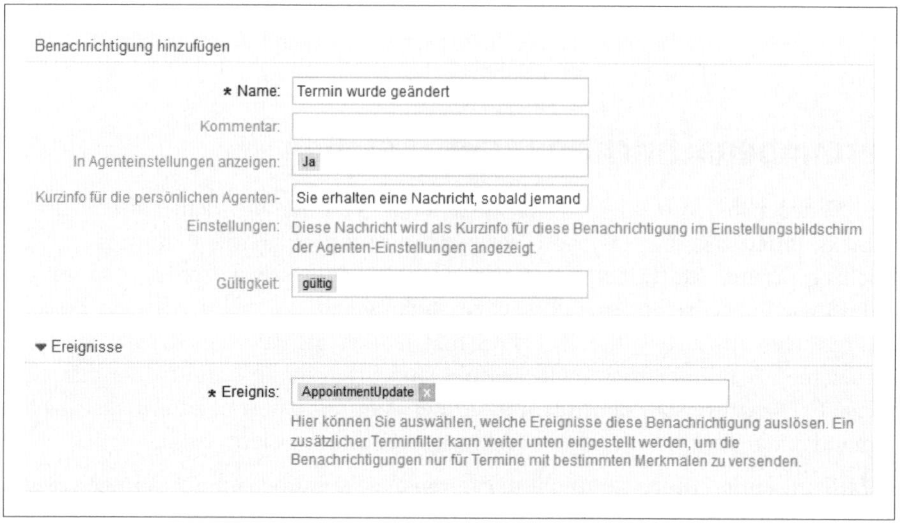

Abbildung 16-9: Mit diesen Einstellungen schickt OTRS eine Nachricht, sobald jemand einen Termin ändert.

Sie dürfen gleich weiter unten vorgeben, welche Agenten die Nachricht erhalten. Diese können sich standardmäßig nicht dagegen wehren. Sollen die Agenten selbst entscheiden, ob sie die Nachricht bekommen möchten, klicken Sie in das Eingabefeld neben *In Agenteneinstellungen anzeigen* und wählen *Ja*. In den persönlichen Einstellungen der Agenten taucht dann ein entsprechender Eintrag auf, über den die Agenten den Versand der Nachricht abschalten können. Das sieht dann so wie in Abbildung 16-10 aus: Entfernt der Agent dort den Haken neben *Termin wurde geändert*, erhält er keine entsprechenden E-Mails mehr. Im Eingabefeld *In Agenteneinstellungen anzeigen* können Sie alternativ noch den Punkt *Ja, aber mindestens eine Benachrichtigungsmethode muss aktiviert sein* auswählen. Wenn Sie sich für diesen entscheiden, kann der Agent die Benachrichtigung nur dann abschalten, wenn er mindestens eine der anderen Benachrichtigungen aktiviert hat.

Darf der Agent die Benachrichtigung deaktivieren, schaltet OTRS das Feld *Kurzinfo für die persönlichen Agenten-Einstellungen* frei. Der dort hinterlegte Text erscheint später als Tooltipp, wenn der Agent den Mauszeiger wie in Abbildung 16-10 auf der Benachrichtigung parkt. Anhand der Beschreibung kann der Agent dann einfacher entscheiden, ob er die Terminbenachrichtigung abschalten oder doch besser eingeschaltet lassen sollte. Im Beispiel passt als Beschreibung: Sie erhalten eine Nachricht, sobald jemand einen Termin im Kalender ändert.

Abbildung 16-10: In seinen persönlichen Einstellungen kann der Agent die Benachrichtigungen ein- und ausschalten – sofern Sie ihm das erlauben.

OTRS verschickt die E-Mail nur dann, wenn die *Gültigkeit* auf *gültig* steht. Sollte dieser Punkt nicht ausgewählt ein, klicken Sie in das Eingabefeld und wählen aus der Liste *gültig* aus.

Wenden Sie sich jetzt dem Kasten *Ereignis* zu. Dort legen Sie fest, in welcher Situation OTRS die Agenten benachrichtigen soll. Dazu klicken Sie in das Eingabefeld und dann in der aufklappenden Liste das oder die passenden Ereignisse an. Dabei steht Ihnen die Auswahl aus Tabelle 16-1 zur Verfügung.

Tabelle 16-1: Ereignisse und ihre Bedeutung

Ereignis	OTRS benachrichtigt Sie, wenn ein …
AppointmentCreate	Termin erstellt wird.
AppointmentUpdate	Termin aktualisiert wird.
AppointmentDelete	Termin gelöscht wird.
AppointmentNotification	Termin seine Erinnerungszeit erreicht.
CalendarCreate	Kalender erstellt wird.
CalendarUpdate	Kalender aktualisiert wird.

Im Beispiel soll OTRS die Agenten benachrichtigen, sobald jemand einen Termin verändert hat. Dazu selektieren Sie in der Liste *AppointmentUpdate*. Sofern Sie versehentlich ein falsches Ereignis ausgewählt haben, klicken Sie es noch einmal erneut an. *Alles löschen* hebt Ihre komplette Auswahl auf. Lassen Sie abschließend Ihre Auswahl *Bestätigen*. Die Einstellung können Sie jederzeit revidieren, indem Sie noch einmal in das Feld *Ereignis* klicken.

Mit den bis hierhin vorgenommenen Einstellungen würde OTRS allen Agenten eine Nachricht schicken, sobald jemand *irgendeinen* Termin ändert. Soll OTRS nur bei ganz bestimmten Terminen Alarm schlagen, klicken Sie auf *Terminfilter*. Damit klappt der Kasten aus Abbildung 16-11 auf. Über ihn können Sie jetzt Termine auswählen. Soll OTRS beispielsweise nur dann eine Nachricht verschicken, wenn jemand einen Termin mit dem Titel *Meeting* ändert, tippen Sie in das Eingabefeld *Titel* den Text Meeting ein. OTRS berücksichtigt immer alle eingestellten Kriterien gleichzeitig: Wenn Sie den *Titel* auf Meeting setzen und den *Standort* auf Raum 101, verschickt OTRS nur Nachrichten für Termine, die in Raum 101 stattfinden und *Meeting* heißen. Das Feld *Resource* können Sie im kostenlosen OTRS Free ignorieren, es ist hier ohne Funktion. Im Beispiel soll OTRS bei jedem geänderten Termin eine Nachricht schicken, lassen Sie folglich alle Felder im Kasten *Terminfilter* leer.

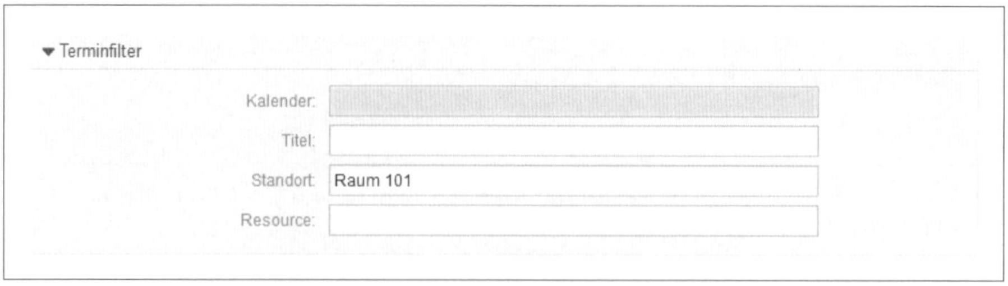

Abbildung 16-11: In diesem Fall würde OTRS nur dann eine Nachricht verschicken, wenn jemand einen Termin ändert, der in Raum 101 stattfindet.

Im Kasten *Empfänger* aus Abbildung 16-12 stellen Sie ein, wem das Ticketsystem die Nachricht schicken soll. Zunächst kann OTRS die Nachricht an einen oder mehrere ausgewählte Agenten schicken. Dazu klicken Sie in das Feld *An diese Agenten senden* und selektieren dann in der Liste alle Empfänger. Wenn Sie versehentlich den falschen Agenten erwischt haben, klicken Sie ihn noch einmal an. Via *Alles löschen* heben Sie die komplette Auswahl wieder auf. Einen Agenten finden Sie schnell, indem Sie seinen Namen eintippen. Sie können dabei einfach drauflosschreiben, das Eingabefeld am unteren Rand der Liste ist bereits aktiv. Schon während der Eingabe präsentiert die Liste nur noch die Agenten, die zu dem eingetippten Namen passen.

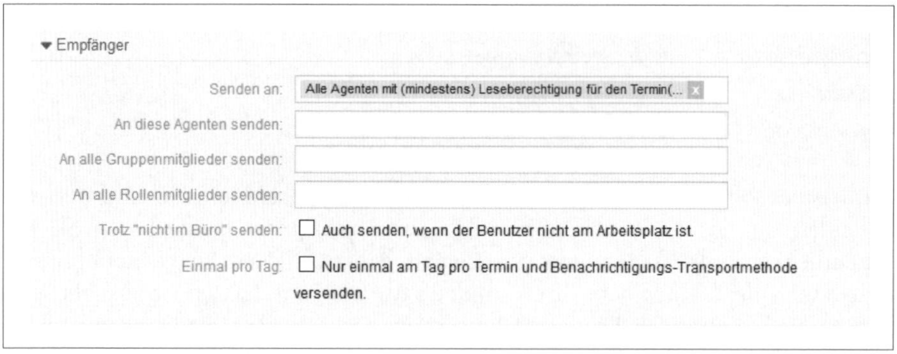

Abbildung 16-12: Hier gehen die Nachrichten an alle Agenten, die den geänderten Termin lesen können.

Um wieder alle Agenten zu sehen, löschen Sie das Eingabefeld. Haben Sie alle Agenten in der Liste selektiert, *Bestätigen* Sie Ihre Wahl. Um nachträglich einen Agenten hinzuzufügen, klicken Sie einfach noch einmal in das Eingabefeld.

Analog können Sie die Nachricht auch an alle Mitglieder einer Gruppe schicken und somit beispielsweise an alle Techniker. Dazu klicken Sie in das Eingabefeld neben *An alle Gruppenmitglieder senden* und selektieren in der Liste die entsprechenden Gruppen. Die Liste bedienen Sie genau wie ihre Kollegin für die einzelnen Agenten: Wenn Sie alle Gruppen markiert haben, *Bestätigen* Sie Ihre Wahl.

Des Weiteren verschickt OTRS die Nachricht auf Wunsch an alle Agenten mit einer ganz bestimmten Rolle – wie etwa alle Außendienstmitarbeiter. Dazu klicken Sie in das Eingabefeld *An alle Rollenmitglieder senden*, selektieren in der Liste die gewünschten Rollen und *Bestätigen* Ihre Wahl. Das Feld *An alle Rollenmitglieder senden* ist nur dann aktiviert, wenn Sie mindestens eine Rolle angelegt haben.

Im Beispiel soll OTRS alle Agenten informieren, die den Termin lesen können. Für genau solche Fälle gibt es das Feld *Senden an*: Wenn Sie in das Feld klicken, erscheint eine Liste mit speziellen Personengruppen, von denen Sie eine oder mehrere passende auswählen. Wenn Sie dort etwa *Alle Agenten mit (mindestens) Leseberechtigung für den Termin(kalender)* anklicken, schickt OTRS die Nachricht automatisch an alle Agenten, die den Termin sehen können. Diese Einstellung wäre folglich auch im Beispiel genau die richtige. Die Liste bedienen Sie ebenfalls wie ihre Kolleginnen: Wenn Sie die gewünschten Empfänger ausgewählt haben, klicken Sie auf *Bestätigen*.

Überlegen Sie sich gut, wem Sie eine Nachricht schicken. Unter Umständen bekommen diese Agenten ziemlich viele Nachrichten, beispielsweise wenn sich die Termine in Ihrem Unternehmen sehr häufig ändern.

OTRS verschickt die Nachricht an alle Agenten, die Sie in den vier Eingabefeldern eingestellt haben. Ist etwa unter *An diesen Agenten senden* der Agent *Urs Umtrieb* eingestellt und unter *An alle Gruppenmitglieder senden* die Gruppe *Techniker*, bekommen die Nachricht neben Urs Umtrieb auch alle Techniker.

OTRS verschickt die Nachrichten standardmäßig nur während der Geschäftszeiten. Soll die Nachricht auch nach Feierabend auf Reisen gehen, setzen Sie einen Haken vor *Auch senden, wenn der Benutzer nicht am Arbeitsplatz ist*.

Wenn im Beispiel ein witziger Zeitgenosse mehrfach schnell hintereinander einen Termin ändert, schickt OTRS auch jedes Mal eine Nachricht an die Agenten. Um die dabei entstehende Nachrichtenflut zu verhindern, setzen Sie einen Haken vor *Nur einmal am Tag pro Termin und Benachrichtigungs-Transportmethode versenden*. OTRS verschickt dann die Nachricht nur dann, wenn das *Ereignis* an diesem Tag nicht schon einmal aufgetreten ist.

Im Beispiel wäre das jedoch brandgefährlich: Ändert ein Agent eine Stunde später erneut die Anfangszeit des Termins, würden die übrigen Agenten darüber nicht mehr per E-Mail informiert. Überlegen Sie sich folglich in Ihrem konkreten Fall gut, ob Sie wirklich die Benachrichtigung nur einmal pro Tag senden wollen.

Alle nachfolgenden Einstellungen hat bereits der vorherige Abschnitt »Ticket-Benachrichtigungen erstellen« auf Seite 347 ausführlich vorgestellt: Unter den *Benachrichtigungsoptionen* wählen Sie die Versandart, den Inhalt der Nachricht hinterlegen Sie unter *Benachrichtigungstext*.

Damit ist die Terminbenachrichtigung endlich komplett. Nach einem Klick auf *Speichern* legt OTRS die neue Benachrichtigung an und schaltet sie zudem umgehend scharf. Sobald also jemand im Beispiel einen Termin ändert, schickt OTRS ab sofort allen Agenten eine Nachricht.

 Testen Sie unbedingt die hier erstellte Terminbenachrichtigung. Prüfen Sie insbesondere, ob OTRS die Nachricht bei allen gewünschten Szenarien verschickt. Umgekehrt sollte das Ticketsystem die Nachricht nicht noch in weiteren ungewollten Situationen absenden. Idealerweise legen Sie die Benachrichtigung erst in einer lokalen Testumgebung an und prüfen sie dort auf Herz und Nieren mit Test-Tickets. Erst wenn die Nachrichten wie gewünscht verschickt werden, erstellen Sie die Benachrichtigung in Ihrer produktiven OTRS-Installation.

Benachrichtigungen verwalten

Wenn Sie eine Ticket-Benachrichtigung nachträglich anpassen möchten, rufen Sie *Admin → Ticket-Benachrichtigungen* auf. Muss hingegen eine Terminbenachrichtigung angepasst werden, klicken Sie im Hauptmenü auf *Admin* und dann auf die *Terminbenachrichtigungen*. In jedem Fall öffnet sich das entsprechende Monsterformular aus den vorherigen Abschnitten, in dem Sie alle Stellschrauben anpassen dürfen. Vergessen Sie nicht, Ihre Änderungen ganz unten auf der Seite *Speichern und abschließen* zu lassen. Möchten Sie hingegen die Bearbeitung abbrechen und Ihre bisherigen Änderungen verwerfen, klicken Sie entweder auf *Abbrechen* oder links oben auf der Seite auf *Zur Übersicht gehen*. Die Schaltfläche *Speichern* würde Ihre bisherigen Änderungen übernehmen, das Formular aber noch geöffnet lassen.

Möchten Sie eine der Benachrichtigungen wieder loswerden, können Sie sie entweder abschalten oder komplett aus dem System löschen. Dazu rufen Sie im Fall einer Ticket-Benachrichtigung die Liste hinter *Admin → Ticket-Benachrichtigungen* auf, bei einer Terminbenachrichtigung hingegen die Liste hinter *Admin → Terminbenachrichtigungen*. Suchen Sie die betroffene Benachrichtigung in der Liste und klicken Sie dann in der zugehörigen Zeile ganz rechts auf das Mülleimersymbol. Möchten Sie die Benachrichtigung hingegen erst einmal nur (vorübergehend) deaktivieren, klicken Sie auf ihren Namen, dann in das Eingabefeld *Gültigkeit*, wählen *ungültig* und lassen Ihre Änderungen ganz unten auf der Seite *Speichern und abschließen*. Damit verschickt OTRS keine entsprechenden Nachrichten mehr. Sie können die Benachrichtigungen jederzeit wieder scharf schalten, indem Sie die *Gültigkeit* auf *gültig* setzen.

Es kann recht aufwendig und zeitraubend sein, eine Benachrichtigung zusammenzuklicken. Sie können sich die Arbeit etwas erleichtern, indem Sie eine der vorhandenen Benachrichtigungen kopieren und dann das Duplikat Ihren Wünschen anpassen. Dazu rufen Sie im Fall einer Ticket-Benachrichtigung die Liste hinter *Admin → Ticket-Benachrichtigungen* auf, bei einer Terminbenachrichtigung hingegen die Liste hinter *Admin → Terminbenachrichtigungen*. Suchen Sie in der Liste die gewünschte Benachrichtigung und klicken Sie dann in ihrer Zeile auf das Symbol mit den beiden Blättern (in der Spalte *KOPIEREN*). OTRS erstellt umgehend eine Kopie. Diese heißt wie das Original, wobei OTRS an den Namen noch den Zusatz *(Kopieren)* anhängt. Klicken Sie jetzt auf den Namen dieser Kopie und passen Sie sie einschließlich des Namens an Ihre Wünsche an.

Benachrichtigungen im- und exportieren

Gibt es einen Systemfehler oder haben Sie OTRS (auf einem anderen Server) neu installiert, müssten Sie dort alle Ihre Benachrichtigungen mühsam noch einmal zusammenklicken. Um Ihnen diese Arbeit zu ersparen, können Sie die Einstellungen einer oder aller Benachrichtigungen in einer Datei sichern. Diese Sicherung können Sie dann in einer anderen oder neuen OTRS-Installation wieder importieren.

Um die Ticket-Benachrichtigungen zu sichern, rufen Sie *Admin → Ticket-Benachrichtigungen* auf. Sollen hingegen die Terminbenachrichtigungen exportiert werden, wechseln Sie zur Liste hinter *Admin → Terminbenachrichtigungen*. Möchten Sie nur eine Benachrichtigung sichern, suchen Sie diese in der Liste und klicken dann in ihrer Zeile auf das Symbol in der Spalte *EXPORT*. OTRS bietet Ihnen jetzt eine Datei mit der Endung .yml zum Download an. Sie enthält alle Einstellungen der entsprechenden Benachrichtigung. Wenn Sie sämtliche Benachrichtigungen auf einmal sichern möchten, klicken Sie links oben auf die Schaltfläche *Benachrichtigungen exportieren*. Auch hier bietet Ihnen OTRS wieder eine Datei mit der Endung .yml zum Download an, die aber sämtliche Benachrichtigungen enthält.

Möchten Sie später eine dieser Sicherungen mit den Ticket-Benachrichtigungen wiederherstellen, etwa in einer frischen Installation von OTRS, rufen Sie *Admin → Ticket-Benachrichtigungen* auf. Soll OTRS analog die Terminbenachrichtigungen einlesen, rufen Sie *Admin → Terminbenachrichtigungen* auf. In jedem Fall klicken Sie links im Kasten *Konfigurationsimport* auf *Durchsuchen* und wählen die .yml-Datei mit der Sicherung aus (siehe Abbildung 16-13).

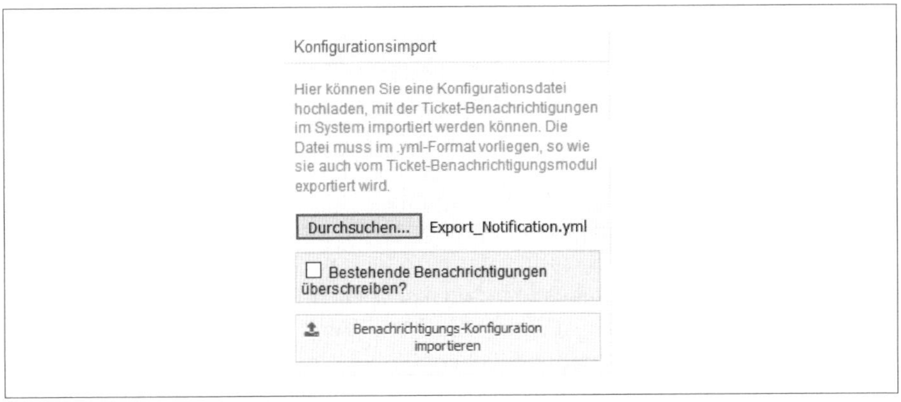

Konfigurationsimport

Hier können Sie eine Konfigurationsdatei hochladen, mit der Ticket-Benachrichtigungen im System importiert werden können. Die Datei muss im .yml-Format vorliegen, so wie sie auch vom Ticket-Benachrichtigungsmodul exportiert wird.

Durchsuchen... Export_Notification.yml

☐ Bestehende Benachrichtigungen überschreiben?

⬆ Benachrichtigungs-Konfiguration importieren

Abbildung 16-13: Über diesen Kasten können Sie die zuvor gesicherten Ticket-Benachrichtigungen im Fall der Fälle wiederherstellen.

Die Liste auf der rechten Seite könnte bereits Benachrichtigungen aufführen, die auch in der Sicherung enthalten sind. Wenn OTRS diese bereits vorhandenen Benachrichtigungen mit denen aus der Sicherung überschreiben soll, setzen Sie einen Haken vor *Bestehende Benachrichtigungen überschreiben?*. Mit einem Klick auf *Benachrichtigungs-Konfiguration importieren* stellt OTRS die gesicherten Benachrichtigungen wieder her.

Admin-Benachrichtigungen

Sie können jederzeit direkt in OTRS anderen Agenten eine einzelne Nachricht schicken. Das kann etwa sinnvoll sein, wenn Sie Ihre Agenten auf die bevorstehende Betriebsversammlung am Freitagnachmittag hinweisen möchten. OTRS bezeichnet solche von Ihnen manuell verschickten Nachrichten als *Admin-Benachrichtigungen*.

Um Ihren Agenten eine Nachricht zu schicken, rufen Sie im Hauptmenü den Punkt *Admin* auf und klicken im Bereich *Kommunikation & Benachrichtigungen* auf *Admin-Benachrichtigung*. Damit öffnet sich dann das Formular aus Abbildung 16-14. Im Eingabefeld ganz oben hinterlegen Sie zunächst den Absender der Nachricht – in der Regel sollte die dortige E-Mail-Adresse bereits korrekt sein.

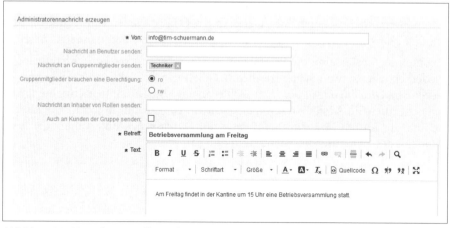

Abbildung 16-14: In diesem Fall würde OTRS die eingetippte Nachricht (nur) an alle Techniker verschicken.

In den Eingabefeldern darunter stellen Sie dann den oder die Empfänger ein. Zunächst können Sie die Nachricht an einzelne ausgewählte Agenten schicken. Dazu klicken Sie in das Eingabefeld neben *Nachricht an Benutzer senden* und selektieren in der Liste alle entsprechenden Agenten. Wenn Sie versehentlich einen falschen Agenten ausgewählt haben, klicken Sie ihn einfach in der Liste erneut an. *Bestätigen* Sie Ihre Wahl mit einem Klick auf die gleichnamige Schaltfläche am unteren Rand der Liste. Alternativ können Sie die Nachricht auch an eine oder mehrere Gruppen schicken. Dazu klicken Sie in das Feld *Nachricht an Gruppenmit-*

glieder senden und wählen dann in der Liste den oder die Gruppen aus. Anschließend *Bestätigen* Sie Ihre Wahl. Abschließend können Sie die Nachricht auch an die Inhaber einer oder mehrerer Rollen schicken – wie etwa alle Außendienstmitarbeiter. Dazu klicken Sie in das Feld *Nachricht an Inhaber von Rollen senden* und markieren die gewünschten Rollen. *Bestätigen* Sie hier erneut Ihre Auswahl.

Sie dürfen die einzelnen Felder auch kombinieren: Stellen Sie beispielsweise unter *Nachricht an Benutzer senden* den Agenten *Paul Paulsen* ein und dann unter *Nachricht an Gruppenmitglieder senden* die *Techniker*, schickt das Ticketsystem Ihre Nachricht an die Techniker und Paul Paulsen. Sie können die Auswahl in einem Eingabefeld nachträglich ändern, indem Sie einfach in das Eingabefeld klicken und dann in der Liste die korrekten Empfänger einstellen.

Wenn Sie Ihre Nachricht an eine oder mehrere Gruppen schicken, gibt es noch eine kleine Besonderheit: Sie können in OTRS detailliert festlegen, ob und, wenn ja, wie ein Agent auf die Queues, Tickets und die anderen Inhalte einer Gruppe zugreifen darf (siehe Abschnitt »Agenten den Gruppen zuweisen« auf Seite 328). Nur wenn ein Agent Leserechte in der Gruppe hat, kann er die von Ihnen abgeschickte Nachricht empfangen und lesen. Darf beispielsweise Paul Paulsen die Inhalte der Gruppe *Techniker* lesen, erhält er auch die von Ihnen an die Techniker gerichteten Admin-Benachrichtigungen. Oder anders formuliert: Hinter *Admin → Agent ↔ Gruppen* muss nach einem Klick auf den Namen der Gruppe in der Spalte *RO* ein Haken neben dem Namen des Agenten stehen. Nur dann bekommt der Agent Ihre Nachricht zu Gesicht.

Vielleicht möchten Sie die Techniker aber nur kurz darum bitten, jetzt möglichst schnell das Ticket eines wichtigen Kunden zu bearbeiten. Diese Nachricht ist nur für genau die Techniker relevant, die neue Tickets erstellen und bearbeiten können. In solchen Fällen können Sie Ihre Nachricht netterweise auch nur an die Gruppenmitglieder schicken, die Tickets in den Queues der Gruppe manipulieren dürfen. Dazu setzen Sie *Gruppenmitglieder brauchen eine Berechtigung* auf den Punkt *rw*.

Soll OTRS die Nachricht auch an alle in der Gruppe befindlichen Kunden schicken, setzen Sie einen Haken in das Kästchen neben *Auch an Kunden der Gruppe senden*.

Vergeben Sie zum Schluss noch einen *Betreff* und tippen Sie dann die Nachricht in das große Eingabefeld. Über die Symbolleisten dürfen Sie Ihren Text bei Bedarf formatieren. Lassen Sie Ihre Nachricht schließlich *Senden*. Haben Sie es sich hingegen anders überlegt, rufen Sie einfach im Hauptmenü einen beliebigen Punkt auf – OTRS verwirft dann Ihre Nachricht.

KAPITEL 17

Statistiken

Zusätzlich zu den Informationen in der *Übersicht* (siehe Kapitel 3, *Benutzeroberfläche*) kann OTRS für Sie weitere Statistiken, Diagramme und Reports generieren. Diese verraten beispielsweise, wie viele Tickets in der letzten Zeit insgesamt eingegangen sind und wie lange im Schnitt ihre Bearbeitung gedauert hat. Diese Werte wiederum können Sie als Ausgangspunkt für Verbesserungen in Ihrem Unternehmen nutzen: Bei zu langen Bearbeitungszeiten könnten Sie beispielsweise das Supportteam aufstocken. Kommen extrem viele Anfragen zu Küchenmaschinen mit gebrochenen Rührstäben, sollten Sie hingegen das Material überprüfen und gegebenenfalls dickere Rührstäbe ausliefern.

Vorhandene Statistiken abrufen

Wenn Sie im Hauptmenü den Punkt *Berichte → Statistiken* aufrufen, zeigt Ihnen OTRS alle derzeit abrufbaren Statistiken an (siehe Abbildung 17-1). In der Spalte *TITEL* können Sie sehen, welche Informationen die entsprechende Statistik aufbereitet beziehungsweise anzeigt. Die Statistik *Neue Tickets* verrät Ihnen beispielsweise, wie viele Tickets frisch eingegangen sind und noch auf eine Bearbeitung warten.

Um eine Statistik aufzurufen, klicken Sie in ihrer Zeile ganz rechts in der Spalte *START* auf das Symbol mit dem Dreieck. Sie landen damit im Formular aus Abbildung 17-2, das Sie mit zahlreichen Informationen zu erschlagen scheint. Im Wesentlichen fasst OTRS noch einmal penibel zusammen, wie es die Statistik erzeugt und welche Informationen in der Statistik enthalten sind. Interessant ist zunächst auf der rechten Seite im Kasten *Einstellungen* die *Beschreibung*. Sie verrät noch einmal, was die Statistik gleich anzeigt. In Abbildung 17-2 listet OTRS alle offenen Tickets auf, und hier die besonders dringlichen zuerst.

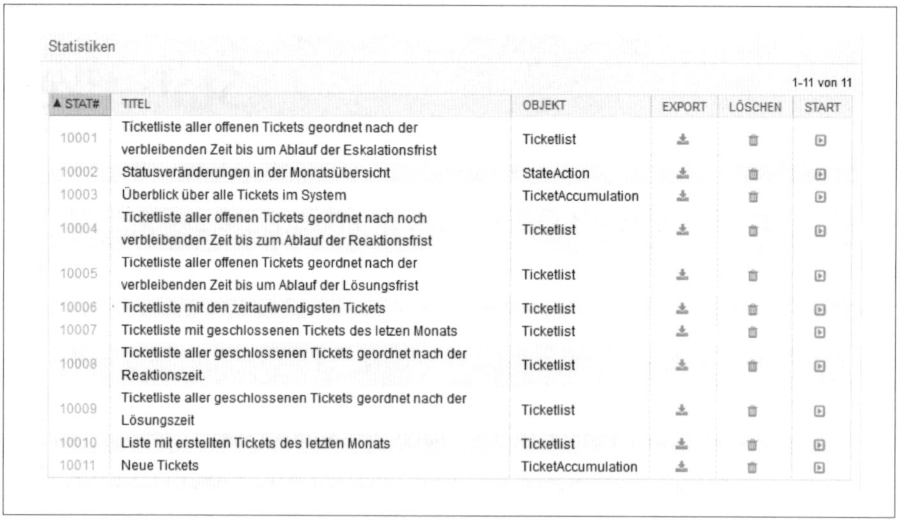

Statistiken

▲ STAT#	TITEL	OBJEKT	EXPORT	LÖSCHEN	START
10001	Ticketliste aller offenen Tickets geordnet nach der verbleibenden Zeit bis um Ablauf der Eskalationsfrist	Ticketlist	⬇	🗑	▶
10002	Statusveränderungen in der Monatsübersicht	StateAction	⬇	🗑	▶
10003	Überblick über alle Tickets im System	TicketAccumulation	⬇	🗑	▶
10004	Ticketliste aller offenen Tickets geordnet nach noch verbleibenden Zeit bis zum Ablauf der Reaktionsfrist	Ticketlist	⬇	🗑	▶
10005	Ticketliste aller offenen Tickets geordnet nach der verbleibenden Zeit bis um Ablauf der Lösungsfrist	Ticketlist	⬇	🗑	▶
10006	Ticketliste mit den zeitaufwendigsten Tickets	Ticketlist	⬇	🗑	▶
10007	Ticketliste mit geschlossenen Tickets des letzten Monats	Ticketlist	⬇	🗑	▶
10008	Ticketliste aller geschlossenen Tickets geordnet nach der Reaktionszeit	Ticketlist	⬇	🗑	▶
10009	Ticketliste aller geschlossenen Tickets geordnet nach der Lösungszeit	Ticketlist	⬇	🗑	▶
10010	Liste mit erstellten Tickets des letzten Monats	Ticketlist	⬇	🗑	▶
10011	Neue Tickets	TicketAccumulation	⬇	🗑	▶

Abbildung 17-1: OTRS bringt von Haus aus einige häufig benötigte Statistiken mit.

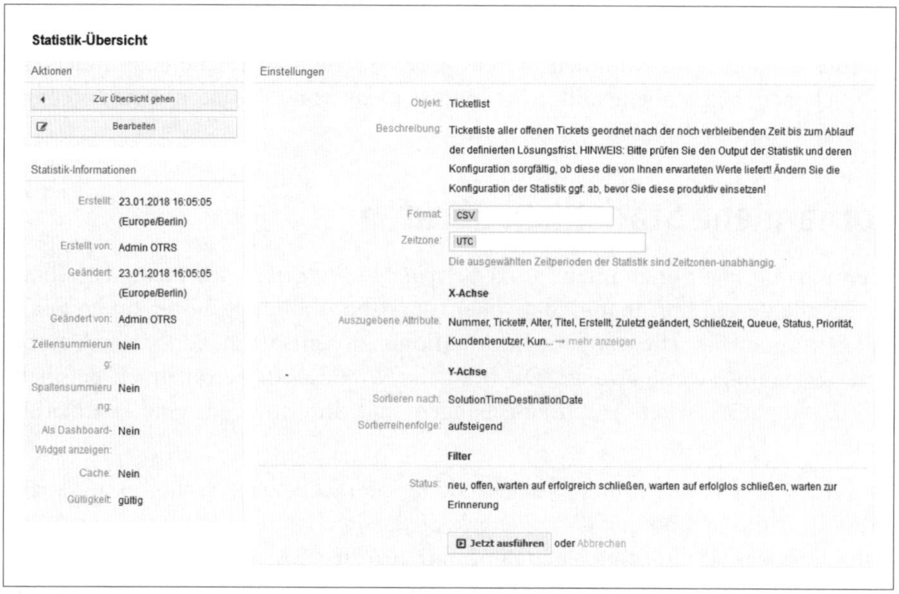

Statistik-Übersicht

Aktionen

| ◀ | Zur Übersicht gehen |
| ☑ | Bearbeiten |

Statistik-Informationen

Erstellt:	23.01.2018 16:05:05 (Europe/Berlin)
Erstellt von:	Admin OTRS
Geändert:	23.01.2018 16:05:05 (Europe/Berlin)
Geändert von:	Admin OTRS
Zeilensummierung:	Nein
Spaltensummierung:	Nein
Als Dashboard-Widget anzeigen:	Nein
Cache:	Nein
Gültigkeit:	gültig

Einstellungen

Objekt: Ticketlist

Beschreibung: Ticketliste aller offenen Tickets geordnet nach der noch verbleibenden Zeit bis zum Ablauf der definierten Lösungsfrist. HINWEIS: Bitte prüfen Sie den Output der Statistik und deren Konfiguration sorgfältig, ob diese die von Ihnen erwarteten Werte liefert! Ändern Sie die Konfiguration der Statistik ggf. ab, bevor Sie diese produktiv einsetzen!

Format: CSV

Zeitzone: UTC

Die ausgewählten Zeitperioden der Statistik sind Zeitzonen-unabhängig.

X-Achse

Auszugebene Attribute: Nummer, Ticket#, Alter, Titel, Erstellt, Zuletzt geändert, Schließzeit, Queue, Status, Priorität, Kundenbenutzer, Kun... → mehr anzeigen

Y-Achse

Sortieren nach: SolutionTimeDestinationDate

Sortierreihenfolge: aufsteigend

Filter

Status: neu, offen, warten auf erfolgreich schließen, warten auf erfolglos schließen, warten zur Erinnerung

▶ Jetzt ausführen oder Abbrechen

Abbildung 17-2: Hier können Sie noch das Ausgabeformat einstellen.

Wie OTRS die Statistik darstellen soll, wählen Sie unter *Format*. Bei einigen Statistiken können Sie sich die Ergebnisse wahlweise als Diagramm (wie in Abbildung 17-4) oder in einer Tabelle anzeigen lassen (wie in Abbildung 17-3). Tabellen können Sie sich sogar als PDF-Dokument, Excel-Datei oder als Tabelle im CSV-Format herunterladen. CSV steht dabei für *Comma Separated Value*. Diese Dateien lassen sich in den meisten Tabellenkalkulationen öffnen. Welche Formate konkret zur Auswahl stehen, hängt von der Statistik ab. Um ein Format auszuwählen, klicken Sie in das Eingabefeld neben *Format* und entscheiden sich dann für den passenden Eintrag. Im Fall von *Drucken* erzeugt OTRS ein PDF-Dokument, das Sie sich zum Beispiel mit dem Adobe Reader ausdrucken können. In Abbildung 17-2 packt OTRS gleich alle offenen Tickets in eine Tabelle und bietet diese in einer CSV-Format zum Download ein.

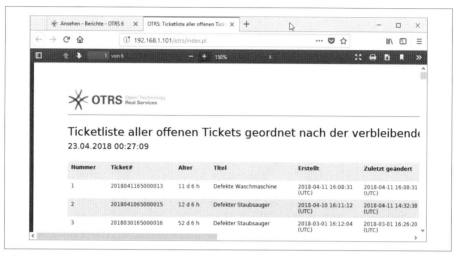

Abbildung 17-3: Hier hat OTRS eine Tabelle mit allen noch offenen Tickets als PDF-Dokument ausgegeben.

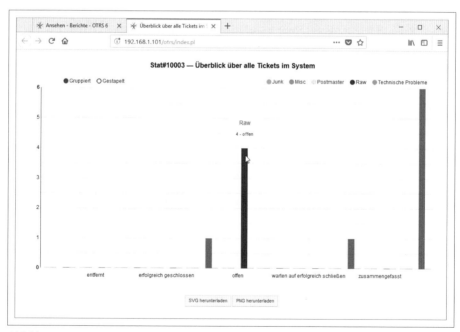

Abbildung 17-4: Einige Statistiken erzeugen hingegen Diagramme. Hier zeigt jeder Balken an, wie viele Tickets es derzeit mit welchem Status gibt. Die blauen Balken repräsentieren dabei die Tickets in der Queue Raw.

In den Abschnitten *X-Achse* und *Y-Achse* können Sie ablesen, welche Informationen OTRS später im Diagramm an den beiden Achsen aufträgt. Bei einer Tabelle finden Sie unter *X-Achse* die in den Spalten untergebrachten Informationen und unter *Y-Achse* den Hinweis, wie OTRS die Daten in der Tabelle sortiert. In Abbildung 17-2 würde OTRS unter anderem in den Spalten die Ticketnummer (*Ticket#*), das *Alter* des Tickets, seine *Queue* und seinen *Status* anzeigen. Die Tickets in der Tabelle sortiert OTRS dabei *aufsteigend* nach der verbleibenden Zeit bis zum Ablauf der Lösungsfrist (auf Letzteres weist das kryptische *SolutionTimeDestinationDate* hin).

 Wenn Sie die Angaben unter *X-Achse* und *Y-Achse* verwirren, ignorieren Sie sie einfach und lassen die Statistik erzeugen. Sie sehen dann mit einem Blick, welche Informationen die Statistik enthält.

Wenn Sie sich für ein *Format* entschieden haben, klicken Sie auf *Jetzt ausführen*. Sofern OTRS eine Datei generieren sollte, bietet Ihnen das Ticketsystem diese nach ein paar Sekunden zum Download an. Diagramme zeigt OTRS hingegen je nach Browser in einem neuen Fenster oder einem neuen Tab an. Das Diagramm ist dabei interaktiv: Wenn Sie mit der Maus über das Diagramm fahren, blendet OTRS wie in Abbildung 17-4 einen Kasten mit einer Legende ein. Zusätzlich verrät der Kasten den entsprechenden Wert unter dem Mauszeiger beziehungsweise die Länge des Balkens. Das Diagramm können Sie sich zudem am unteren Fensterrand über die beiden Schaltflächen als Bild herunterladen. Zur Auswahl stehen dabei das PNG- und das SVG-Format. Das Diagramm schließen Sie, indem Sie sein Fenster beziehungsweise das Tab in Ihrem Browser schließen.

In OTRS selbst gelangen Sie links oben im Kasten *Aktionen* über den Punkt *Zur Übersicht gehen* zurück zur Liste mit allen Statistiken aus Abbildung 17-1.

Eigene Statistiken erstellen

Die von OTRS mitgelieferten Statistiken liefern nur recht allgemeine Informationen. Ein Hersteller von Staubsaugern könnte sich jedoch für die Anzahl der Tickets interessieren, die in den letzten Tagen für den TurboSaug 3000 angefallen sind. Netterweise dürfen Sie eigene Statistiken erstellen und dabei genau festlegen, welche Daten die Statistik aufbereiten und anzeigen soll. Dazu rufen Sie zunächst den Menüpunkt *Berichte → Statistiken* auf und klicken dann links im Kasten *Aktionen* auf *Hinzufügen*. Damit erscheinen die Schaltflächen aus Abbildung 17-5.

Abbildung 17-5: Zu Beginn müssen Sie sich entscheiden, welche Art von Daten OTRS einsammeln beziehungsweise berechnen soll.

Art der Statistik auswählen

Wenn OTRS eine Statistik erstellt, sammelt es zunächst in der Datenbank die dazu benötigten Informationen zusammen und trägt diese dann in eine Tabelle ein (ganz genau so eine, wie Sie sie vielleicht aus Excel kennen). Diese Tabelle gibt OTRS entweder einfach als PDF-Dokument, Excel-Tabelle oder CSV-Datei aus oder aber wandelt sie in ein Diagramm um.

Wenn Sie eine Liste mit allen offenen Tickets benötigen, muss OTRS in der Datenbank nur alle entsprechenden Tickets herauskramen und dann jedes gefundene Ticket in die Tabelle eintragen. Die Tabelle enthält dann wie in Abbildung 17-6 in jeder Zeile ein offenes Ticket. Oder allgemeiner gesprochen: Die Tabelle enthält in jeder Zeile einen Datensatz. In solchen Fällen klicken Sie auf die Schaltfläche *Dynamische Liste*. OTRS weiß damit, dass es gleich eine Tabelle mit Tickets ausgeben muss. Im nächsten Schritt dürfen Sie dann bestimmen, welche Tickets in dieser Tabelle enthalten sein sollen.

NUMMER	TICKET#	ALTER	TITEL	ERSTELLT
1	2017051111000016	7404159	Lieferung einer n...	2017-05-11 01:10:20
2	2015071510123456	64912949	Welcome to OTRS!	2015-07-15 10:30:30

Abbildung 17-6: Hier hat OTRS alle offenen Tickets aus der Datenbank geholt, im Moment sind es zwei.

Mitunter benötigt man jedoch keine Liste mit Tickets, sondern nackte Zahlen. Interessant wäre beispielsweise zu erfahren, wie viele Tickets in den letzten sieben Tagen neu eingetrudelt sind. Wenn die Zahlen im Laufe der sieben Tage ansteigen, deutet das auf Produktmängel oder eine wachsende Kundenunzufriedenheit hin. In solch einem Fall muss OTRS nicht mehrere Tickets aus der Datenbank holen, sondern dort lediglich alle in den letzten Tagen neu eingegangenen Tickets zählen. Die Ergebnisse dieser Zählungen wandern dann in die Zellen der Tabelle. Die Tabelle enthält folglich wie in Abbildung 17-7 mehrere berechnete Zahlen. Diese Zahlen kann OTRS zudem später in ein Diagramm einzeichnen. Sie sehen dann direkt am Verlauf einer Kurve, ob die Zahl der neu eingegangenen Tickets in der letzte Woche (dramatisch) gestiegen ist. In allen solchen Fällen aktivieren Sie die Schaltfläche

Dynamische Matrix. OTRS weiß damit, dass es statistische Daten für ein Diagramm berechnen muss. Schließlich kennt OTRS noch sogenannte *statische Statistikmodule.* Diese lösen ganz spezielle Aufgaben und werden für den entsprechenden Einsatzzweck programmiert. Da sie sich somit nicht in der Benutzeroberfläche erstellen lassen, können Sie hier die Schaltfläche *Statisch* ignorieren.

QUEUE	ENTFERNT	ERFOLGLOS GE...	ERFOLGREICH ...	NEU	OFFEN	WARTEN AUF E...	WARTEN AUF E...	W
Junk	22	31	2	7	5	16	4	1ε
Misc	33	0	49	44	2	19	11	2ε
Postmaster	3	43	4	37	48	46	32	2(
Raw	5	1	40	2	29	11	26	4(
Technik	25	38	48	15	23	29	12	2ε
Sum	88	113	143	105	107	121	85	1:

Abbildung 17-7: Hier hat OTRS für jede existierende Queue mehrere Kennzahlen berechnet. Unter anderem können Sie in der zweiten Spalte ablesen, wie viele Tickets in der jeweiligen Queue bereits erfolglos geschlossen wurden. Diese Zahlen könnte OTRS im nächsten Schritt in ein Diagramm umwandeln – oder direkt in der angezeigten Form einer Excel-Tabelle speichern.

Das Konzept ist ziemlich verwirrend. Deshalb noch einmal vereinfacht gesprochen:

• Wenn Sie eine Liste mit ganz bestimmten Tickets benötigen, klicken Sie auf *Dynamische Liste.*

• Wenn Sie ein Diagramm benötigen, klicken Sie auf *Dynamische Matrix.*

Sobald Sie sich für eine Variante entschieden haben, klappt ein weiterer Bereich *Allgemeine Angabe* auf (siehe Abbildung 17-8).

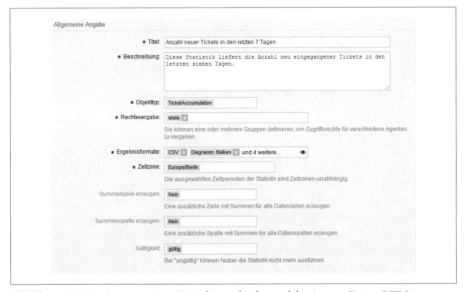

Abbildung 17-8: Zu Beginn müssen Sie sich entscheiden, welche Art von Daten OTRS einsammeln soll.

Allgemeine Angaben

Im Bereich *Allgemeine Angabe* verpassen Sie der Statistik als Erstes einen *Titel*. Er sollte möglichst kurz und bündig beschreiben, welche Informationen die Statistik liefert, wie etwa `Alle offenen Tickets` oder `Anzahl neuer Tickets in den letzten 6 Monaten`. Dieser Titel erscheint später auch in der Liste mit allen vorhandenen Statistiken. In dieser Weise vergebene Titel erleichtern folglich später Ihnen und den Agenten die Auswahl der passenden Statistik.

Im großen Eingabefeld direkt darunter beschreiben Sie jetzt noch einmal ausführlicher, welche Informationen die Statistik im Einzelnen liefert. Hier können Sie bei Bedarf auch Hinweise für die Agenten hinterlegen. Die übrigen Einstellungen müssen Sie jetzt einmal von oben nach unten durchgehen.

Unter *Objekttyp* stellen Sie ein, was die Statistik berechnen beziehungsweise aus der Datenbank holen soll. Wenn Sie sich zuvor für die *Dynamische Liste* entschieden haben, bleibt Ihnen hier keine Wahl: Mit der *Ticketlist* erhalten Sie eine Liste mit Tickets. Im Fall der *Dynamischen Matrix* müssen Sie hingegen entscheiden, welche Werte OTRS berechnen und dem Diagramm zugrunde legen soll:

- *TicketAccumulation*: OTRS zählt gleich ganz bestimmte Tickets. Damit können Sie beispielsweise herausbekommen, ob in den letzten sieben Tagen zunehmend mehr Tickets eingetrudelt sind oder wie viele Tickets mit der höchsten Priorität in der Queue *Raw* liegen.

- *TicketAccountetTime*: OTRS addiert gleich die Bearbeitungszeiten ausgewählter Tickets. Sie können so unter anderem herausbekommen, dass in der Queue *Raw* die Tickets mit der niedrigsten Priorität die längsten Bearbeitungszeiten aufweisen.

- *TicketSolutionResponseTime*: OTRS addiert gleich die Lösungs- und Antwortzeiten ausgewählter Tickets. Auf diese Weise erfahren Sie beispielsweise, dass die Tickets in der Queue *Raw* schneller beantwortet wurden als ihre Kolleginnen in der Queue *Technik*.

Wenn Sie sich also für die Anzahl ganz bestimmter Tickets interessieren, wählen Sie *TicketAccumulation*. Geht es Ihnen im Wesentlichen um die Bearbeitungszeiten, entscheiden Sie sich für *TicketAccountetTime*. Benötigen Sie hingegen eine Statistik mit Lösungs- und Antwortzeiten, stellen Sie *TicketSolutionResponseTime* ein. Im Beispiel sollte die Statistik verraten, wie viele Tickets in den letzten sieben Tagen neu hereingekommen sind. Es geht folglich um die Anzahl der Tickets, weshalb als *Objekttyp* nur *TicketAccumulation* infrage kommt.

Sehr wahrscheinlich sollen später nur ganz bestimmte Agenten die Statistik abrufen können. Kümmert sich etwa ein Supportmitarbeiter nur um Probleme bei der Bezahlung, geht ihn die Anzahl der Defekte bei den Staubsaugern nichts an. Unter *Rechtevergabe* stellen Sie die Gruppen ein, die später die Statistik abrufen dürfen. Dazu klicken Sie in das Eingabefeld und selektieren in der ausklappenden Liste alle entsprechenden Gruppen. Sollten Sie versehentlich die falsche Gruppe erwischt haben, klicken Sie sie einfach erneut an. Via *Alles löschen* können Sie auch auf einen Schlag sämtliche Gruppen abwählen. *Bestätigen* Sie abschließend Ihre Wahl. Möchte Sie später Ihre Entscheidung korrigieren, klicken Sie einfach erneut in das Eingabefeld. Standardmäßig haben alle Agenten aus der *stats*-Gruppe Zugriff auf die Statistik.

Nachdem OTRS die gewünschten Informationen zusammengetragen hat, muss es seine Ergebnisse auch irgendwie ausgeben. Wie das geschieht, legen Sie unter *Ergebnisformate* fest. Sie und Ihre Agenten haben dabei später die Wahl zwischen allen im Feld aufgelisteten Dateiformaten und Diagrammen. Ausgeben kann OTRS die zusammengetragenen Informationen als:

- Tabelle im *CSV*-Format,
- *Excel*-Tabelle,
- Tabelle in einem PDF-Dokument (Einstellung *Drucken*),
- Balkendiagramm (Einstellung *Diagramm: Balken*),
- Liniendiagramm (Einstellung *Diagramm: Linien*) oder
- Flächendiagramm (Einstellung *Diagramm: Gestapelte Ebenen*).

Wenn Ihnen die von OTRS vorgeschlagene Auswahl nicht zusagt, klicken Sie in das Eingabefeld und markieren mit der Maus alle gewünschten Dateiformate und Diagrammtypen. Ist etwa *CSV* grau hinterlegt, können Sie später die Statistik als CSV-Datei herunterladen. Um einen Eintrag abzuwählen, klicken Sie ihn einfach (noch einmal) an. *Bestätigen* Sie schließlich Ihre Wahl. Denken Sie daran, dass nicht immer alle Ausgabemöglichkeiten sinnvoll sind. Beispielsweise lässt sich eine Liste mit allen offenen Tickets nicht sinnvoll als Balkendiagramm anzeigen. Im Zweifelsfall sollten Sie hier die Vorgaben von OTRS belassen.

Welche Diagrammform am besten geeignet ist, hängt von den darzustellenden Informationen ab. Liniendiagramme bieten sich beispielsweise an, wenn Sie wissen möchten, wie sich bestimmte Zahlen im Laufe der Zeit verändert haben.

Wenn Sie unsicher sind, welche Diagrammform in Ihrem konkreten Fall die bessere ist, erlauben Sie zunächst die Erstellung aller Diagrammformen (belassen also im Feld *Ergebnisformate* die Vorgabe von OTRS). Generieren Sie dann später einmal alle Diagramme, suchen Sie sich die beste beziehungsweise aussagekräftigste Variante aus und schalten Sie nachträglich die anderen Diagrammformen wieder ab. Wie Letzteres funktioniert, erfahren Sie gleich in den nächsten Abschnitten.

Alle Zeitangaben beziehen sich immer auf eine Zeitzone. OTRS verwendet beim Erstellen der Statistik die im gleichnamigen Eingabefeld festgelegte *Zeitzone*. Sofern das Ticketsystem dort nicht bereits die passende Zeitzone ausgewählt hat, klicken Sie in das Eingabefeld und wählen aus der Liste die Hauptstadt des entsprechenden Landes aus.

Wie eingangs erwähnt, sammelt OTRS in der Datenbank alle nötigen Informationen ein und packt sie in eine Tabelle. Abbildung 17-9 zeigt dafür ein Beispiel: In der Spalte für den Donnerstag können Sie ablesen, dass an diesem Tag 16 neue Tickets angekommen sind und bereits 38 offene Tickets vorliegen. Nun wäre es aber auch wichtig, zu wissen, wie viele unbearbeitete Tickets insgesamt am Donnerstag vorlagen. OTRS kann deshalb auch noch am Ende der Tabelle eine weitere Zeile anhängen, in der es automatisch die Zahlen jeder Spalte aufsummiert. In Abbildung 17-9 waren es am Donnerstag insgesamt 54 Tickets. Wenn Sie diese zusätzliche Zeile erstellen lassen möchten, klicken Sie in das Eingabefeld *Summenzeile erzeugen* und wählen *Ja*.

STATUS	MO 31	DI 1	MI 2	DO 3	FR 4	SA 5	SO 6
neu	5	3	7	16	22	24	46
offen	16	13	11	38	21	4	21
Summe	21	16	18	54	43	28	67

Abbildung 17-9: Die Summenzeile addiert einfach die Zahlen der einzelnen Spalten.

Analog kann OTRS auf der rechten Seite der Tabelle eine weitere Spalte anhängen, in der es die Summe über die Zahlen in den einzelnen Zeilen bildet. Auf diese Weise würden Sie im Beispiel erfahren, wie viele neue Tickets in den letzten sieben Tagen eingegangen sind. Wenn Sie diese Spalte erstellen lassen möchten, klicken Sie in das Eingabefeld neben *Summenspalte erzeugen* und wählen *Ja*.

Nur wenn die *Gültigkeit* auf *gültig* steht, können Agenten die Statistik überhaupt abrufen. Im Fall von *ungültig* ist sie deaktiviert.

Haben Sie alle Einstellungen passend vorgenommen, lassen Sie die Statistik ganz unten auf der Seite *Speichern*. Das weitere Vorgehen hängt jetzt davon ab, was Sie im ersten Schritt ausgewählt haben. Wenn Sie sich eingangs für eine *Dynamische Liste* entschieden haben (also eine Tabelle mit ganz bestimmten Tickets ausgeben lassen möchten), lesen Sie im direkt nächsten Abschnitt weiter. Andernfalls springen Sie zum Abschnitt »Dynamische Matrix einrichten« auf Seite 382.

Dynamische Liste einrichten

Wenn Sie sich für die *Dynamische Liste* entschieden und die neue Statistik angelegt haben, landen Sie automatisch auf der Seite aus Abbildung 17-10. OTRS zeigt Ihnen jetzt eine Vorschau auf die Statistik an, ähnlich zu der aus Abbildung 17-10. So wie in der Mitte *könnte* später auch die fertige Statistik aussehen: eine Tabelle mit einigen ausgewählten Tickets.

Die hier im Moment in der Tabelle angezeigten Tickets hat OTRS einfach per Zufall aus der Datenbank gefischt. Sie sollen einfach einen ersten Eindruck davon geben, wie die Statistik später aussehen könnte. Im Beispiel sehen Sie also *nicht* die fertige Statistik mit allen noch offenen Tickets, sondern erst einmal nur irgendwelche.

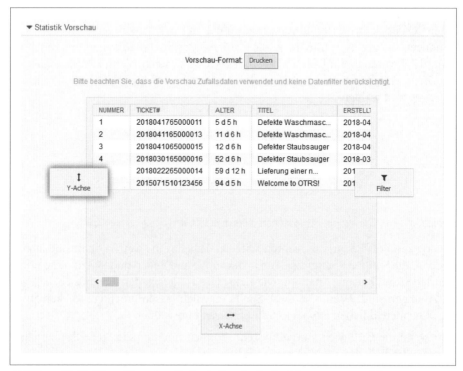

Abbildung 17-10: Wenn Sie später die Statistik aufrufen beziehungsweise ausführen, erzeugt OTRS solch eine Tabelle, wobei die hier gezeigten Tickets lediglich Beispiele sind.

Sortierkriterium einstellen (Y-Achse)

Die Tabelle mit den Tickets gilt es jetzt an Ihre konkreten Bedürfnisse anzupassen. Dazu klicken Sie zunächst auf die leicht blinkende Schaltfläche *Y-Achse*. Es erscheint dann das Fenster aus Abbildung 17-11. Darin müssen Sie festlegen, wie OTRS die Tickets in der Tabelle sortieren soll. Im Beispiel wäre es sicherlich sinnvoll, die offenen Tickets nach ihrem Alter zu sortieren. Die vor einer Woche eingegangenen Tickets stehen dann in der Tabelle über denen von gestern. Das am längsten herumliegende Ticket steht folglich ganz oben in der Tabelle.

Um ein Sortierkriterium einzustellen, wählen Sie aus der Drop-down-Liste neben *Hinzufügen* den Punkt *Sortieren nach*. Sie sehen dann ein längeres Eingabefeld, in das Sie hineinklicken. Wählen Sie aus der langen Liste das oder die Sortierkriterien aus. Im Beispiel sollen die Tickets nach ihrem *Alter* sortiert werden. Wenn Sie das falsche Kriterium erwischt haben, klicken Sie dieses Kriterium einfach noch einmal an, um es abzuwählen. Am unteren Rand der Liste können Sie auch via *Alles löschen* schnell Ihre komplette Auswahl aufheben.

Abbildung 17-11: Mit diesen Einstellungen sortiert OTRS gleich alle Tickets in der Tabelle absteigend nach ihrem Alter.

Sie dürfen in der Liste auch mehrere Kriterien auswählen. Ruft dann später ein Agent die Statistik ab, darf er selbst eines dieser Sortierkriterien aussuchen. Wenn Sie sich für das passende Kriterium entschieden haben, *Bestätigen* Sie Ihre Wahl am unteren Rand der Liste. OTRS listet jetzt in dem langen Eingabefeld alle Sortierkriterien auf. Wenn Sie sie nachträglich ändern möchten, klicken Sie einfach noch einmal in das lange Eingabefeld.

Sofern Sie mehrere Sortierkriterien ausgewählt haben, entfernen Sie noch den Haken vor *Beim Erzeugen der Statistik keine Veränderungen an diesem Element erlauben.* Nur dann können sich später Ihre Agenten eines der Sortierkriterien aussuchen.

Als Nächstes müssen Sie die Sortierreihenfolge vorgeben. Im Beispiel sollen die ältesten Tickets ganz oben in der Tabelle stehen. OTRS muss die Tickets also *absteigend* nach ihrem Alter sortieren. Um das zu erreichen, wählen Sie aus der Drop-down-Liste neben *Hinzufügen* den Punkt *Sortierreihenfolge*. Klicken Sie dann in das lange Eingabefeld unterhalb von *Sortierreihenfolge*. Selektieren Sie in der Liste die passende Reihenfolge – im Beispiel ist *absteigend* die richtige. *Bestätigen* Sie schließlich Ihre Wahl. Wenn Sie Ihre Entscheidung ändern möchten, klicken Sie einfach erneut in einen leeren Bereich des Eingabefelds und dann auf *Alles löschen*. Jetzt können Sie eine neue Wahl treffen. Wenn Sie in der Liste sowohl *aufsteigend* als auch *absteigend* selektieren, können Ihre Agenten später die Sortierreihenfolge selbst wählen. Das gelingt allerdings erst, nachdem Sie im Abschnitt *Sortierreihenfolge* den Haken vor *Beim Erzeugen der Statistik keine Veränderungen an diesem Element erlauben* entfernt haben.

Sobald Sie die Sortierreihenfolge und das Sortierkriterium festgelegt haben, lassen Sie Ihre Einstellungen *Speichern*. Sie landen damit wieder in der Vorschau aus Abbildung 17-10.

Spalten auswählen (X-Achse)

Die Tabelle liefert in ihren Spalten zahlreiche Informationen zu den einzelnen Tickets. Unter anderem erfahren Sie die Ticketnummer, den Titel und das Erstellungsdatum. Welche Informationen im Einzelnen später OTRS in der fertigen Tabelle anzeigen soll, bestimmen Sie nach einem Klick auf die Schaltfläche *X-Achse*. Es öffnet sich daraufhin das Fenster aus Abbildung 17-12. Klicken Sie dort in das lange Eingabefeld und wählen Sie alle Informationen aus, die OTRS zu jedem Ticket liefern soll. Im Beispiel soll das Ticketsystem alle offenen Tickets herauskramen. Wichtige Informationen sind dabei zumindest die Ticketnummer (*Ticket#*), das *Alter*, der *Titel*, das Erstellungsdatum (*Erstellt*), die *Priorität* und die *Kundennummer*. Wenn Sie auch noch *Nummer* auswählen, nummeriert OTRS alle Tickets in der ersten Spalte der Tabelle von oben nach unten durch. Haben Sie versehentlich einen falschen Eintrag ausgewählt, klicken Sie ihn einfach erneut an. Via *Alles löschen* am unteren Rand der Liste können Sie Ihre Auswahl auch wieder komplett aufheben. Haben Sie alle in Ihrem Fall notwendigen Informationen selektiert, *Bestätigen* Sie Ihre Wahl am unteren Rand der Liste. OTRS zeigt jetzt im langen Eingabefeld noch einmal alle ausgewählten Informationen an. Im Beispiel sieht das wie in Abbildung 17-12 aus. Für jede hier aufgelistete Information erscheint später in der Tabelle eine eigene Spalte. Wenn Sie Ihre Wahl ändern möchten, klicken Sie auf eine leere Stelle im großen Eingabefeld. Es öffnet sich dann die schon bekannte Liste.

Abbildung 17-12: Hier würde OTRS in der fertigen Statistik zu jedem Ticket die Nummer, die Ticketnummer, das Alter, den Titel, das Erstellungsdatum, die Priorität und noch eine weitere Information verraten.

Damit haben Sie festgelegt, welche Informationen später in der Tabelle erscheinen. Wenn Sie oder Ihre Agenten später die Statistik abrufen, kann diese Auswahl nicht mehr verändert werden. Im Beispiel zeigt die Tabelle mit den offenen Tickets stur nur die Ticketnummer, das Alter, den Titel, das Erstellungsdatum, die Priorität und die Kundennummer an. Wenn ein Agent jedoch die Priorität nicht in der Statistik benötigt, kann er diese Information nicht mehr nachträglich entfernen. Um ihm das dennoch zu gestatten, entfernen Sie den Haken vor *Beim Erzeugen der Statistik keine Veränderungen an diesem Element erlauben.* Sie und Ihre Agenten können dann später einzelne Spalten bei Bedarf wieder aus der Statistik herausnehmen.

Sobald die Einstellungen korrekt sind, lassen Sie sie *Speichern*. Sie kehren damit zur Vorschau zurück. Diese zeigt jetzt nur noch die Informationen an, die Sie vorhin selektiert haben. Die in der Tabelle angezeigten Tickets sind aber nach wie vor zufällig ausgewählt. Wenn Sie weitere Spalten hinzufügen oder vorhandene wieder entfernen möchten, klicken Sie erneut auf *X-Achse*, dann in eine leere Stelle des langen Eingabefelds und passen Ihre Wahl an.

Filter vorgeben

Abschließend müssen Sie noch die Tickets auswählen, die OTRS in der Tabelle anzeigen soll. Im Beispiel sind lediglich alle offenen Tickets gefragt. Dazu klicken Sie auf der rechten Seite auf die Schaltfläche *Filter*. Es erscheint ein neues Fenster, das Abbildung 17-13 zeigt. Darin müssen Sie sich jetzt die Kriterien zusammenklicken, nach denen OTRS die Tickets auswählt.

Abbildung 17-13: Mit diesen Einstellungen zeigt OTRS in der Tabelle nur noch offene Tickets an.

Entscheiden Sie sich zunächst in der Drop-down-Liste für ein Kriterium. Im Beispiel geht es nur um offene Tickets, interessant ist also der *Status*. Klicken Sie jetzt in das neue lange Eingabefeld und selektieren Sie in der Liste ein oder mehrere Werte. Im Beispiel sind lediglich Tickets mit dem Status *offen* von Interesse. Wenn Sie einen falschen Wert ausgewählt haben, klicken Sie ihn einfach noch einmal an, womit Sie ihn wieder abwählen. Am unteren Rand der Liste können Sie über *Alles löschen* Ihre aktuelle Auswahl auch komplett wieder zurücknehmen. Wenn Sie den passenden Wert markiert haben, *Bestätigen* Sie Ihre Wahl. OTRS listet jetzt im Eingabefeld noch einmal alle gewählten Werte auf. Möchten Sie diese nachträglich ändern, klicken Sie einfach in einen leeren Teil des Eingabefelds.

Später, wenn Sie oder Ihre Agenten die Statistik abrufen, kann das gerade eingestellte Auswahlkriterium nicht mehr verändert werden. Soll das dennoch möglich sein, entfernen Sie den Haken vor *Beim Erzeugen der Statistik keine Veränderungen an diesem Element erlauben.* Sie und Ihre Agenten können dabei immer nur Kriterien entfernen, aber keine weiteren hinzufügen. Lassen Sie in der Tabelle etwa alle offenen und neuen Tickets anzeigen, kann ein Agent alle neuen Tickets aus der Tabelle verbannen, nicht aber zusätzlich auch noch alle geschlossenen Tickets in die Tabelle aufnehmen.

 Überlegen Sie sich gut, ob die Agenten die Kriterien wirklich ändern können müssen. Wenn Sie eine Liste mit anderen Tickets benötigen, etwa mit allen erfolglos geschlossenen Exemplaren, sollten Sie besser eine entsprechende weitere Statistik erstellen. Ihre Agenten kommen so gar nicht erst in Versuchung, die Tickets nach ihren eigenen Vorstellungen auszuwerten. Zudem können Sie gezielt entscheiden, welche Ihrer Agenten welche Statistik abrufen dürfen.

Nach dem gleichen Prinzip können Sie jetzt noch weitere Auswahlkriterien hinzufügen. Dazu wählen Sie in der Drop-down-Liste *Hinzufügen* das nächste Kriterium und stellen den entsprechenden Wert ein. Ein Auswahlkriterium entfernen Sie wieder, indem Sie auf das Minuszeichen vor seinem Namen klicken (in Abbildung 17-13 also etwa auf das Minussymbol vor *Status*). Haben Sie alle Auswahlkriterien zusammengeklickt, lassen Sie die Einstellungen *Speichern*. Den *Filter* können Sie jederzeit nachträglich anpassen, indem Sie erneut auf die entsprechende Schaltfläche klicken.

Damit hat OTRS alle notwendigen Informationen, um die Statistik generieren zu können:

- Der *Filter* teilt dem Ticketsystem mit, dass es alle offenen Tickets aus der Datenbank holen und in die Tabelle eintragen soll.
- Unter *X-Achse* haben Sie festgelegt, dass OTRS in der Tabelle die Nummer, die Ticketnummer, das Alter, den Titel, das Erstellungsdatum, die Priorität und die Kundennummer anzeigen soll.
- Unter *Y-Achse* haben Sie festgelegt, dass OTRS die Tickets in der Tabelle absteigend nach ihrem Alter anordnen soll.

Denken Sie daran, dass in der Vorschau weiterhin zufällig ausgewählte Tickets erscheinen. OTRS wendet den eingestellten *Filter* hier (noch) nicht an. Im Beispiel sehen Sie also in der Tabelle *nicht* die offenen Tickets.

Allgemeine Angaben prüfen

Oberhalb der Vorschau finden Sie einen standardmäßig eingeklappten Bereich *Allgemeine Angabe*. Wenn Sie auf seinen Namen oder das Dreieck klicken, klappen die Einstellungen aus Abbildung 17-14 auf. An dieser Stelle finden Sie noch einmal alle Einstellungen, die Sie bereits in Abschnitt »Allgemeine Angaben« auf Seite 373 vorgenommen haben. Hier können Sie sie ein weiteres Mal anpassen. Die zwei zusätzlichen Einstellungen sind für dynamische Listen irrelevant, Sie können sie daher einfach ignorieren.

| ★ Titel: | Offene Tickets |
| ★ Beschreibung: | Alle derzeit offenen Tickets |

★ Rechtevergabe: | stats ✕ |

Sie können eine oder mehrere Gruppen definieren, um Zugriffsrechte für verschiedene Agenten zu vergeben.

★ Ergebnisformate: | CSV ✕   Drucken ✕   Excel ✕ |

★ Zeitzone: | Europe/Berlin |

Die ausgewählten Zeitperioden der Statistik sind Zeitzonen-unabhängig.

Summenzeile erzeugen: | Nein |

Eine zusätzliche Zeile mit Summen für alle Datenzeilen erzeugen.

Summenspalte erzeugen: | Nein |

Eine zusätzliche Spalte mit Summen für alle Datenspalten erzeugen.

Ergebnisse cachen: | Nein |

Speichert Statistikergebnisse in einem Cache, der bei späterenAufrufen mit derselben Konfiguration verwendet wird. (Benötigt mindestens ein ausgewähltes Zeitfeld)

Als Dashboard-Widget anzeigen: | Nein (nicht unterstützt) |

Diese Statistik als Dashboard-Widget anbieten, die Agenten in Ihrem Dashboard aktivieren können. Bitte beachten Sie, dass das Dashboard-Widget das Caching für diese Statistik aktiviert.

Gültigkeit: | gültig |

Bei "ungültig" können Nutzer die Statistik nicht mehr ausführen.

Abbildung 17-14: Die allgemeinen Angaben können Sie hier noch einmal korrigieren.

Abschließend müssen Sie Ihre neue Statistik ganz unten auf der Seite *Speichern* lassen. Wenn Sie auf *Speichern und abschließen* klicken, sichert OTRS Ihre Einstellungen und kehrt zur Liste mit allen Statistiken zurück. Ein Klick auf *Abbrechen* verwirft hingegen alle Ihre im obigen Teil mühsam vorgenommenen Einstellungen.

Nachdem Sie die Statistik erstellt haben, sollten Sie sie einmal probehalber aufrufen. Kontrollieren Sie dabei, ob alle von Ihnen benötigten Informationen in der Tabelle auftauchen. Prüfen Sie insbesondere, ob alle von Ihnen vorgenommenen Einstellungen zum gewünschten Ergebnis führen.

Prüfen Sie die Statistik mit Testdaten möglichst umfassend in einer Testinstallation von OTRS. Liefert die Tabelle falsche Informationen, kann das zu schweren unternehmerischen Konsequenzen führen – schließlich ist es ein Unterschied, ob die Tabelle nur die geschlossenen oder aber die neuen Tickets berücksichtigt.

Dynamische Matrix einrichten

Wenn Sie die Statistik als dynamische Matrix angelegt haben, landen Sie automatisch auf der Seite aus Abbildung 17-15. OTRS zeigt Ihnen gleich in der Mitte eine Vorschau Ihrer Statistik an. Da das Ticketsystem aber im Moment noch nicht weiß, welche Daten es berechnen und in ein Diagramm einzeichnen soll, bleibt der große Bereich in der Mitte im Moment noch leer.

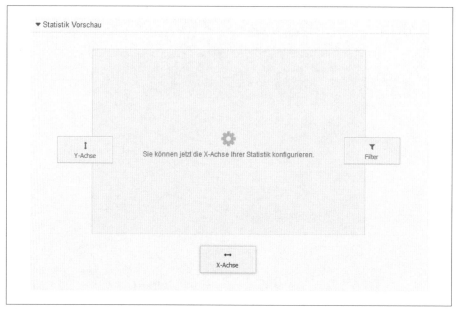

Abbildung 17-15: Bevor OTRS hier eine Vorschau anzeigt, müssen Sie die zugrunde liegenden Daten auswählen.

Daten für die X-Achse auswählen

Um das zu ändern, klicken Sie zunächst auf die leicht blinkende Schaltfläche *X-Achse*. OTRS öffnet damit das neue Fenster aus Abbildung 17-16.

In der Drop-down-Liste müssen Sie auswählen, welche Daten beziehungsweise Informationen das Ticketsystem auf der X-Achse des Diagramms auftragen soll. Möchten Sie beispielsweise wissen, ob im Laufe der letzten sieben Tage zunehmend mehr neue Tickets eingetrudelt sind, entscheiden Sie sich für die *Erstellzeit*. Sofern Sie sich für ein Balkendiagramm entschieden haben, zeigt OTRS dann später wie in Abbildung 17-17 für jeden Tag einen Balken an. Bei einem Liniendiagramm gibt es hingegen für jeden Tag einen Messpunkt (siehe Abbildung 17-18).

Vielleicht interessiert Sie aber auch, in welchen Queues derzeit die meisten offenen Tickets liegen. In solch einem Fall muss OTRS im Balkendiagramm wie in Abbildung 17-19 für jede Queue einen Balken anzeigen. Folglich entscheiden Sie sich in der Drop-down-Liste für *Queue*.

Abbildung 17-16: In diesem Fall würde OTRS später im Diagramm auf der X-Achse die Zeit auftragen, wobei das Diagramm nur Werte aus den letzten sieben Tagen berücksichtigt.

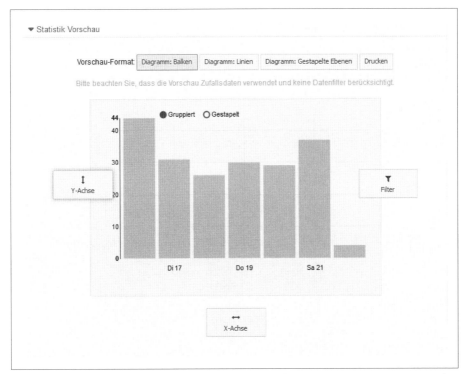

Abbildung 17-17: Hier zeigt OTRS für jeden Tag einen Balken an. Dieser repräsentiert jeweils die Anzahl Tickets, die an diesem Tag neu eingegangen sind.

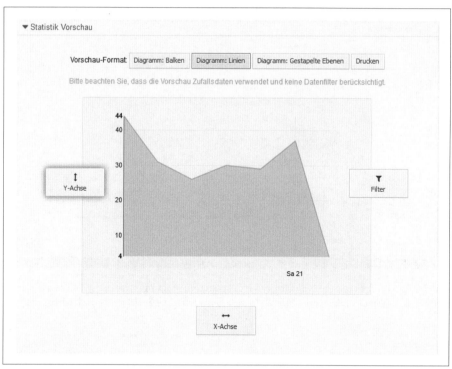

Abbildung 17-18: In diesem Liniendiagramm ist gut zu erkennen, dass am Samstag besonders viele neue Tickets eingetrudelt sind.

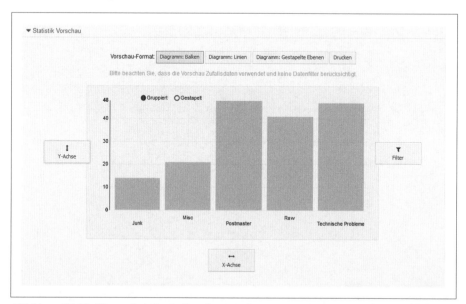

Abbildung 17-19: Hier steht jeder Balken für eine Queue, seine Länge verrät die Anzahl der darin derzeit liegenden offenen Tickets.

Sofern Sie versehentlich einen falschen Eintrag ausgewählt haben, klicken Sie auf das Minussymbol – in Abbildung 17-16 also auf das Minus vor *Erstellzeit*. Abhängig von Ihrer Auswahl erscheinen jetzt im unteren Bereich weitere Einstellungen.

Wenn Sie sich für eine Zeit, wie etwa im Beispiel die *Erstellzeit*, entschieden haben, präsentiert Ihnen OTRS die Optionen aus Abbildung 17-16 auf Seite 383. Mit ihnen müssen Sie einstellen, welchen Zeitraum OTRS betrachten soll.

Im oberen Teil können Sie zunächst einen absoluten Zeitraum vorgeben. Möchten Sie etwa wissen, ob während des Sonderverkaufs vom 31.12.2018 bis zum 12.01. 2019 mehr Tickets eingegangen sind als sonst, klicken Sie in den runden Kreis vor *Absoluter Zeitraum* und stellen dann in den Drop-down-Listen rechts daneben den Zeitraum ein.

Meist möchte man jedoch nur die Entwicklung im letzten Quartal oder wie im Beispiel der letzten sieben Tage einsehen. In diesem Fall selektieren Sie *Relativer Zeitraum*. In den übrigen Eingabefeldern müssen Sie jetzt die gewünschte Zeitspanne einstellen. Im ersten Eingabefeld verraten Sie OTRS, wie weit es in der Zeit zurückschauen soll. Im Beispiel geht es um die letzten sieben Tage. Klicken Sie deshalb in das Feld *Die vergangenen* und wählen 7 aus.

OTRS kann auch in die Zukunft schauen. Das ist beispielsweise notwendig, wenn Ihnen das Diagramm zeigen soll, ob in der nächsten Woche besonders viele Tickets zu eskalieren drohen. Sie könnten dann eine Urlaubssperre für die Supportmitarbeiter aussprechen. Wie weit OTRS in die Zukunft schaut, stellen Sie im Feld *der/ die aktuelle+kommenden* ein. Im Beispiel interessieren nur die letzten sieben Tage, folglich belassen Sie im Feld *der/die aktuelle+kommenden* die Vorgabe -. Im Eingabefeld direkt darunter wählen Sie schließlich noch, ob es sich bei den Zahlen um Tage, Wochen, Monate oder Jahre handelt. Im Beispiel sind die voreingestellten *Tag(e)* bereits korrekt.

Die Statistik berücksichtigt somit nur die zurückliegenden sieben Tage. In einem Balkendiagramm könnte OTRS jetzt für jeden Tag einen Balken anzeigen – oder für jede Stunde einen eigenen. Im letzten Fall könnten Sie dann beispielsweise im Diagramm ablesen, dass am Mittwoch um 13 Uhr besonders viele Tickets eingetrudelt sind. Ob OTRS Minuten, Stunden oder nur die Tage zugrunde legen soll, legen Sie neben *Skalierung* fest. Im Beispiel soll das Diagramm gleich für jeden Tag einen Balken anzeigen. Im unteren Eingabefeld kann folglich *Tag(e)* verbleiben. Im Eingabefeld darüber steht eine *1*. Damit würde das Diagramm für jeden Tag einen Balken erzeugen. Sie können aber OTRS auch anweisen, nur für jeden zweiten Tag einen Balken zu erzeugen. In solch einem Fall klicken Sie neben die *1* in das Eingabefeld und wählen die Zeitspanne aus, die OTRS überspringen soll. Die Skalierung spielt vor allem dann eine Rolle, wenn das Diagramm Daten aus einem sehr langen Zeitraum anzeigen soll. In dem Fall würden die Balken extrem schmal. Es bietet sich dann an, nur noch jeden zweiten Tag anzeigen zu lassen – um einen Trend oder eine Entwicklung zu erkennen, reicht das meist aus.

Wenn Sie oder Ihre Agenten später die Statistik abrufen, kann der gerade von Ihnen festgelegte Zeitraum nicht mehr angepasst werden. Möchten Sie das dennoch erlauben, entfernen Sie ganz unten den Haken vor *Beim Erzeugen der Statistik keine Veränderungen an diesem Element erlauben.*

Sofern Sie sich nicht für einen Zeitraum entschieden haben, sondern etwa jeder Balken eine Queue repräsentieren soll, zeigt OTRS lediglich ein langes Eingabefeld an. Klicken Sie in dieses hinein und wählen Sie dann die Daten aus, für die Sie sich interessieren. Soll OTRS beispielsweise nur die Tickets in den Queues *Raw*, *Junk* und *Misc* berücksichtigen, selektieren Sie nur diese drei in der Liste. Im Diagramm erscheinen dann lediglich drei Balken – für jede Queue einer. Wenn Sie versehentlich einen falschen Eintrag in der Liste ausgewählt haben, klicken Sie ihn einfach noch einmal an. Alternativ können Sie am unteren Rand der Liste *Alles löschen* lassen oder umgekehrt mit einem Schlag via *Alle auswählen* sämtliche Einträge markieren. Wenn Sie Ihre Wahl getroffen haben, klicken Sie auf *Bestätigen*. OTRS reiht jetzt alle gewählten Einträge noch einmal im Eingabefeld auf. Um diese nachträglich zu ändern, klicken Sie einfach ein weiteres Mal in das Eingabefeld.

Rufen Sie oder Ihre Agenten später die Statistik ab, kann das gerade ausgewählte Element nicht mehr angepasst werden. Im Beispiel würde OTRS im Diagramm immer die Queues *Raw*, *Junk* und *Misc* präsentieren. Ein Agent kann folglich nicht nachträglich die Queue *Junk* aus dem Diagramm herausnehmen. Wenn Sie das dennoch erlauben möchten, entfernen Sie den Haken vor *Beim Erzeugen der Statistik keine Veränderungen an diesem Element erlauben.* Agenten dürfen dabei immer nur Informationen aus dem Diagramm ausblenden, aber keine weiteren hinzufügen. Im Beispiel kann also der Agent die Queue *Junk* aus dem Diagramm streichen, aber die Queue *Postmaster* nicht nachträglich hinzufügen.

In jedem Fall müssen Sie Ihre Einstellungen zum Schluss *Speichern* lassen. Damit landen Sie automatisch wieder in der Vorschau. Diesmal präsentiert Ihnen OTRS dort jedoch ein Diagramm wie in Abbildung 17-20. Die Länge der einzelnen Balken hat OTRS dabei per Zufall gewählt, um Ihnen schon einmal vorab einen Eindruck vom fertigen Diagramm zu geben.

Über die Schaltflächen oberhalb der Vorschau können Sie zwischen den einzelnen Diagrammtypen umschalten und so die verschiedenen Diagrammarten miteinander vergleichen. Dabei stellt OTRS allerdings nur solche Diagrammtypen zur Wahl, die Sie zuvor erlaubt hatten (in Abschnitt »Allgemeine Angaben« auf Seite 373). Via *Drucken* erhalten Sie eine Tabelle mit den von OTRS berechneten Werten. Diese Tabelle dient gleichzeitig auch als Grundlage für alle Diagramme. In ihren Spalten zeigt die Tabelle die Werte der *X-Achse* an. Im Beispiel besitzt sie für jeden der letzten sieben Wochentage eine Spalte.

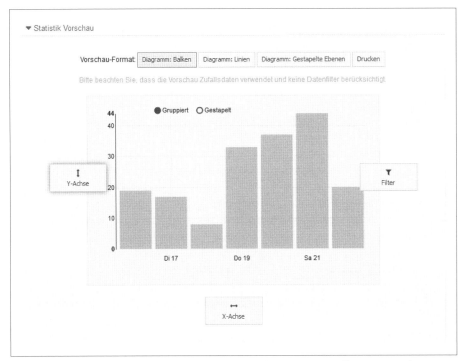

Abbildung 17-20: Dieses Balkendiagramm zeigt für jeden Tag einen Balken an. Was für einen Wert ein Balken repräsentiert, steht an dieser Stelle allerdings noch nicht fest.

Daten für die Y-Achse auswählen

Jetzt wird es ein wenig komplizierter: Klicken Sie auf die Schaltfläche *Y-Achse*, erscheint ein Fenster mit einer einsamen Drop-down-Liste. In diesem Fenster müssen Sie OTRS mitteilen, welche Daten es im Diagramm auf der Y-Achse auftragen soll. Beispielsweise könnten Sie hier vorgeben, dass ein langer Balken in einem Balkendiagramm für besonders viele offene Tickets stehen soll. Bei ihren Einstellungen müssen Sie immer im Hinterkopf behalten, welchen Objekttyp Sie in Abschnitt »Allgemeine Angaben« auf Seite 373 ausgewählt haben.

Wenn Sie beispielsweise hier im Fenster einstellen, dass sich OTRS auf alle geschlossenen Tickets konzentrieren soll, würde das Ticketsystem

- beim Objekttyp *TicketAccumulation* alle geschlossenen Tickets *zählen,*
- beim Objekttyp *TicketAccountetTime* hingegen die *Bearbeitungszeiten* der geschlossenen Tickets addieren.

Beim Objekttyp *TicketAccumulation* würde also ein hoher Balken im Balkendiagramm für sehr viele geschlossene Tickets stehen, beim Objekttyp *TicketAccountetTime* hingegen für sehr lange Bearbeitungszeiten. Hier im Fenster wählen Sie aus, welche Tickets diesen Berechnungen zugrunde liegen. Dazu stellen Sie zunächst in der Drop-down-Liste die entsprechende Eigenschaft der Tickets ein, etwa den *Status*, und wählen dann den passenden Wert aus, wie alle *geschlossenen* Tickets.

Da das Konzept extrem verwirrend ist, noch einmal kurz zusammengefasst: Hier im Fenster wählen Sie eine Menge von Tickets aus. Der zuvor festgelegte Objekttyp bestimmt dann, ob OTRS diese Tickets einfach zählt *oder* ihre Bearbeitungszeit aufaddiert *oder* ihre Lösungszeiten aufaddiert.

Im Beispiel soll die Statistik verraten, ob die Anzahl der neu eingetrudelten Tickets im Laufe der Woche angestiegen ist. OTRS muss also die neuen Tickets *zählen*. Dazu wurde bereits in Abschnitt »Allgemeine Angaben« auf Seite 373 der passende Objekttyp *TicketAccumulation* gewählt. Im jetzt angezeigten Fenster muss man OTRS nur noch beibringen, dass es alle *neuen* Tickets zählen soll. Das Ticketsystem muss sich folglich auf alle Tickets konzentrieren, die den Status *neu* besitzen. Somit ist in der Drop-down-Liste der Punkt *Status* der richtige.

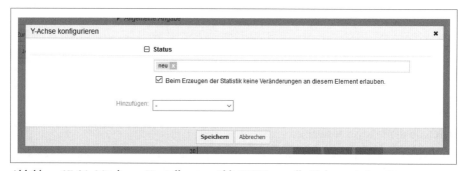

Abbildung 17-21: Mit diesen Einstellungen zählt OTRS nur alle Tickets mit dem Status »neu«.

Nachdem Sie in der Drop-down-Liste Ihre Wahl getroffen haben, erscheint in jedem Fall ein Eingabefeld. In dieses klicken Sie hinein und wählen dann aus der Liste den passenden Wert. Im Beispiel sind nur die neuen Tickets relevant, Sie klicken also *neu* an. Sofern Sie den falschen Eintrag erwischt haben, klicken Sie ihn einfach noch einmal an, um ihn abzuwählen. Über *Alles löschen* am unteren Rand der Liste können Sie Ihre Auswahl komplett aufheben. Sie dürfen in der Liste auch mehrere Punkte gleichzeitig auswählen. Dies führt dann dazu, dass OTRS in einem Balkendiagramm mehrere Balken anzeigt, in einem Liniendiagramm entsprechend mehrere Kurven. Würden Sie im Beispiel etwa *neu* und *offen* selektieren, sehen Sie anschließend wie in Abbildung 17-22 für jeden Tag zwei Balken: Die roten repräsentieren alle am entsprechenden Tag neu eingegangenen Tickets, die grünen alle am entsprechenden Tag geöffneten Tickets. Sobald Sie Ihre Auswahl getroffen haben, *Bestätigen* Sie sie über die Schaltfläche am unteren Rand.

Stopfen Sie nicht zu viele Informationen in ein Diagramm. Dieses würde sonst nicht nur unübersichtlicher, die Auswertung fällt auch wesentlich schwerer. Folgen Sie möglichst der Devise: Jedes Diagramm informiert genau über einen einzigen Sachverhalt. Im Beispiel sollten Sie für die Anzahl der neuen und die Anzahl der geöffneten Tickets jeweils ein eigenes Diagramm anlegen. Eine Ausnahme liegt vor, wenn Sie zwei Informationen miteinander vergleichen möchten – beispielsweise wenn Sie sehen möchten, wie sich die geschlossenen Tickets im Verhältnis zu den neuen Tickets entwickelt haben.

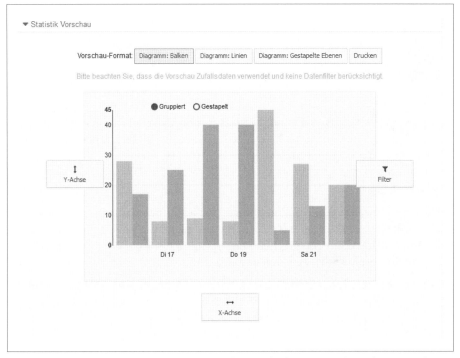

Abbildung 17-22: Hier zeigen die roten Balken die Anzahl der neuen Tickets, die grünen die Anzahl der geöffneten Tickets am jeweiligen Tag.

Wenn Sie oder Ihre Agenten später die Statistik abrufen, kann der gerade von Ihnen festgelegte Status nicht mehr angepasst werden. Möchten Sie das dennoch erlauben, entfernen Sie den Haken vor *Beim Erzeugen der Statistik keine Veränderungen an diesem Element erlauben.* Agenten können dabei immer nur Informationen aus dem Diagramm ausblenden, aber keine weiteren hinzufügen. Im Beispiel könnte also der Agent die Balken für die geöffneten Tickets aus dem Diagramm nehmen, aber nicht noch weitere Balken für alle geschlossenen Tickets nachträglich hinzufügen.

Über die Drop-down-Liste ganz unten könnten Sie noch weitere Kriterien *Hinzufügen.* Wenn Sie sich beispielsweise nur für alle neuen Tickets aus der Queue *Raw* interessieren, stellen Sie unter *Hinzufügen* den Punkt *Queue* ein, klicken in das große Eingabefeld und selektieren in der Liste *Raw*. Ein Kriterium entfernen Sie wieder, indem Sie auf das Minussymbol vor seinem Namen klicken (in Abbildung 17-21 beispielsweise auf das Minuszeichen vor *Status*).

Sind alle Kriterien beisammen, klicken Sie auf *Speichern*. OTRS aktualisiert jetzt gegebenenfalls wieder das Diagramm. Dabei kommen weiterhin Zufallszahlen zum Einsatz, Sie sehen folglich nicht die tatsächlich an den jeweiligen Tagen eingetrudelten neuen Tickets.

Im Beispiel repräsentiert jetzt ein Balken die Anzahl der an diesem Tag neu eingegangenen Tickets. Je länger der Balken, desto mehr Tickets sind an diesem Tag hinzugekommen.

 Denken Sie daran: Das gilt nur, wenn Sie beim Erstellen der Statistik als Objekttyp *TicketAccumulation* ausgewählt haben!

Im Beispiel zählt OTRS immer *alle* eingegangenen Tickets. Vielleicht möchten Sie aber wissen, ob zunehmend mehr Tickets mit einer besonders hohen Priorität eintrudeln. Auch das ist kein Problem.

Filter vorgeben

OTRS kann in seine Berechnungen nur ganz bestimmte Tickets einbeziehen. So kann OTRS beispielsweise nur die Tickets eines ausgewählten Kunden zählen. Das Diagramm würde dann entsprechend anzeigen, ob der Kunde im Verlauf der Zeit immer mehr Beschwerden eingereicht hat.

Um OTRS mitzuteilen, welche Tickets es berücksichtigen soll, klicken Sie auf die Schaltfläche *Filter*. Es erscheint dann das Fenster aus Abbildung 17-23. Darin müssen Sie sich jetzt die Kriterien zusammenklicken, nach denen OTRS die Tickets auswählt.

Abbildung 17-23: Mit diesen Einstellungen berücksichtigt OTRS gleich nur noch alle Tickets mit der höchsten Priorität.

Dazu entscheiden Sie sich zunächst in der Drop-down-Liste für ein Kriterium. Soll OTRS etwa nur noch Tickets mit der höchsten Priorität berücksichtigen, wählen Sie die *Priorität*. Klicken Sie jetzt in das neue lange Eingabefeld und selektieren Sie in der Liste ein oder mehrere Werte. Im Beispiel sind lediglich Tickets mit der Priorität *5 sehr hoch* von Interesse. Wenn Sie einen falschen Wert ausgewählt haben, klicken Sie ihn einfach noch einmal an. Am unteren Rand der Liste können Sie über *Alles löschen* Ihre aktuelle Auswahl auch komplett zurücknehmen. Wenn Sie den oder die passenden Werte markiert haben, *Bestätigen* Sie Ihre Wahl. OTRS listet jetzt im Eingabefeld noch einmal alle gewählten Werte auf. Möchten Sie diese nachträglich ändern, klicken Sie einfach in das Eingabefeld.

Wenn Sie oder Ihre Agenten später die Statistik abrufen, kann das gerade eingestellte Auswahlkriterium nicht mehr verändert werden. Soll das dennoch möglich sein, entfernen Sie den Haken vor *Beim Erzeugen der Statistik keine Veränderungen an diesem Element erlauben*. Dabei dürfen die Agenten auch hier immer nur Informationen aus dem Diagramm ausblenden, aber keine weiteren hinzufügen. Berücksichtigt das Diagramm beispielsweise Tickets mit der Priorität 4 und 5, könnte der Agent die Tickets mit der Priorität 4 nachträglich von der Zählung ausschließen, aber keine Tickets mit der Priorität 3 in die Berechnung einbeziehen.

Nach dem gleichen Prinzip können Sie jetzt noch weitere Kriterien hinzufügen. Dazu wählen Sie in der Drop-down-Liste *Hinzufügen* das nächste Kriterium aus und stellen den entsprechenden Wert ein. Ein Auswahlkriterium entfernen Sie wieder, indem Sie auf das Minuszeichen vor seinem Namen klicken (in Abbildung 17-23 also etwa auf das Minussymbol vor *Priorität*). Haben Sie alle Kriterien beisammen, lassen Sie die Einstellungen *Speichern*. Den *Filter* können Sie jederzeit nachträglich anpassen, indem Sie erneut auf die entsprechende Schaltfläche klicken.

Damit hat OTRS alle notwendigen Informationen, um etwa ein Balkendiagramm generieren zu können:

- Für jeden Tag zeigt das Diagramm einen Balken (wie hinter *X-Achse* festgelegt).
- Die Länge eines Balkens entspricht der Anzahl der an diesem Tag neu eingegangenen Tickets (wie hinter *Y-Achse* festgelegt).
- Bei seiner Zählung berücksichtigt OTRS ausschließlich Tickets mit der höchsten Priorität (wie hinter *Filter* festgelegt).

Denken Sie daran, dass in der Vorschau weiterhin zufällig ausgewählte Tickets erscheinen. OTRS wendet den eingestellten *Filter* hier (noch) nicht an. Im Beispiel sehen Sie also in der Tabelle *nicht* die offenen Tickets.

Allgemeine Angaben prüfen

Oberhalb der Vorschau finden Sie einen standardmäßig eingeklappten Bereich *Allgemeine Angabe*. Wenn Sie auf seinen Namen oder das Dreieck klicken, klappen die

Einstellungen aus Abbildung 17-24 auf. Hier finden Sie noch einmal alle Einstellungen, die Sie bereits in Abschnitt »Allgemeine Angaben« auf Seite 373 vorgenommen haben. Hier können Sie sie noch einmal anpassen.

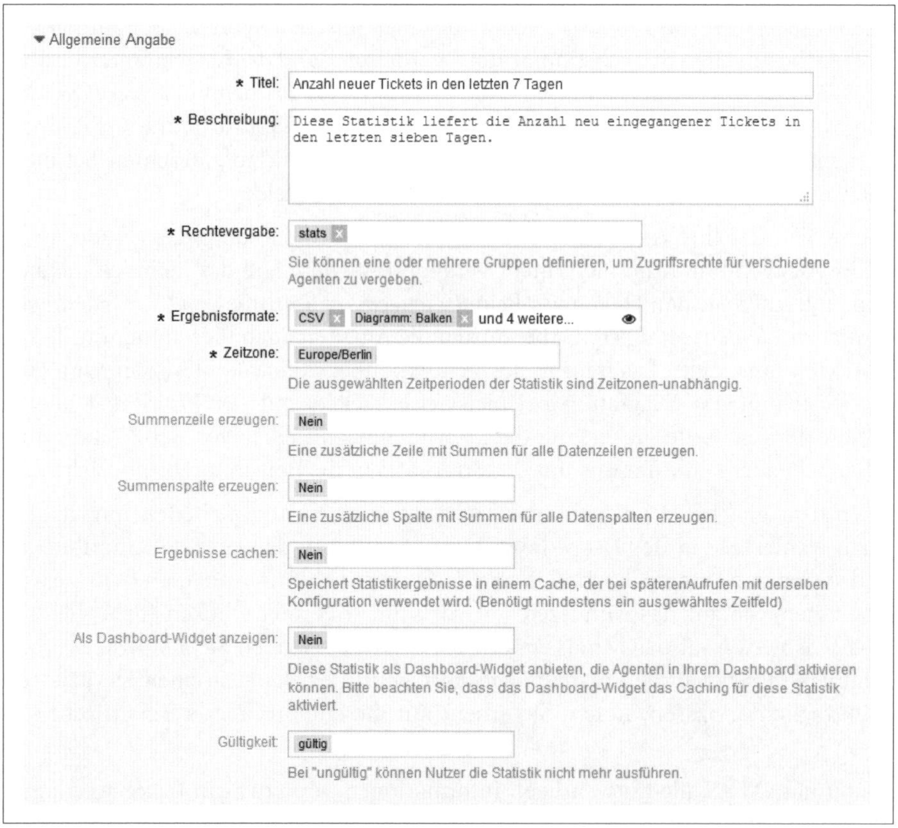

Abbildung 17-24: Die allgemeinen Angaben können Sie hier noch einmal korrigieren.

Es gibt allerdings zwei zusätzliche Einstellungen: Wenn Sie die Statistik später sehr häufig abrufen, muss OTRS jedes Mal in die Datenbank hinabsteigen und die passenden Werte berechnen. Es kann die einmal berechneten Werte aber auch in einem Zwischenspeicher (Cache) ablegen. Bei einer erneuten Anfrage greift das Ticketsystem dann auf die Daten im Cache zurück. Dies beschleunigt wiederum die Antworten. Wenn OTRS den Zwischenspeicher nutzen soll, klicken Sie in das Eingabefeld *Ergebnisse cachen* und entscheiden sich für *Ja*. Wenn Sie in das Eingabefeld *Als Dashboard-Widget anzeigen* klicken und dann *Ja* wählen, können Ihre Agenten das Diagramm als Widget ihrer *Übersicht* hinzufügen.

Abschließend müssen Sie Ihre neue Statistik noch ganz unten auf der Seite *Speichern* lassen. Wenn Sie auf *Speichern und abschließen* klicken, sichert OTRS Ihre Einstellungen und kehrt zur Liste mit allen Statistiken zurück. Ein Klick auf *Abbre-*

chen verwirft hingegen alle Ihre im obigen Teil mühsam vorgenommenen Einstellungen.

Nachdem Sie die Statistik erstellt haben, sollten Sie sie einmal probehalber aufrufen. Kontrollieren Sie dabei, ob alle von Ihnen benötigten Informationen im Diagramm auftauchen. Prüfen Sie insbesondere, ob alle von Ihnen vorgenommenen Einstellungen zum gewünschten Ergebnis führen.

 Kontrollieren Sie die Statistik möglichst umfassend in einer Testinstallation von OTRS mit Testdaten. Liefert ein Diagramm falsche Informationen, kann das zu schweren unternehmerischen Konsequenzen führen. Denn schließlich ist es ein Unterschied, ob die steigende Kurve in einem Diagramm die Anzahl der geschlossenen oder aber der neuen Tickets anzeigt.

Statistiken löschen und bearbeiten

Sie können eine Statistik jederzeit ändern und beispielsweise den Betrachtungszeitraum von einer Woche auf einen Monat ausdehnen. Dazu klicken Sie hinter *Berichte → Statistiken* auf die Nummer der entsprechenden Statistik. Sie landen damit wieder in der Vorschau, die Sie bereits aus den beiden vorherigen Abschnitten kennen. Die Bedienung erfolgt wie dort beschrieben. Beachten Sie, dass die Vorschau auch jetzt ausschließlich zufällig ausgewählte Zahlen beziehungsweise Tickets enthält. Die Vorschau soll Ihnen lediglich einen Eindruck davon vermitteln, wie die erzeugte Statistik später (optisch) aussehen wird. Ob die Statistik tatsächlich die von Ihnen benötigten Werte liefert, erfahren Sie erst, nachdem Sie die Statistik abgerufen haben. Das funktioniert in der Vorschau direkt über die Schaltfläche *Jetzt ausführen* im Kasten *Aktionen*.

 Wenn Sie eine der mitgelieferten Statistiken verändern, können Sie sie später nicht mit einem Mausklick wieder auf ihre Ursprungswerte zurücksetzen. Legen Sie daher möglichst immer eine eigene neue Statistik an.

Um eine Statistik komplett zu entfernen, rufen Sie *Berichte → Statistiken* auf, suchen aus der Liste die überflüssige Statistik heraus und klicken in ihrer Zeile auf das Mülleimersymbol in der Spalte *Löschen*.

Statistiken exportieren und importieren

Das Erstellen einer neuen Statistik kostet recht viel Zeit. Sie können daher die Einstellungen auch in einer Datei auf Ihrem Computer speichern lassen. Diese lässt sich dann später wieder in OTRS importieren – beispielsweise wenn Sie OTRS neu installieren müssen. Über den Im- und Export können Sie die Statistiken auch schnell zwischen mehreren OTRS-Installationen austauschen.

Um die Einstellungen einer Statistik zu exportieren, rufen Sie *Berichte → Statistiken* auf. Suchen Sie in der Liste die Statistik, die Sie in einer Datei sichern möchten. Klicken Sie dann in ihrer Zeile auf das Symbol in der Spalte *Export*. OTRS bietet Ihnen jetzt eine Datei mit der Endung .xml zum Download an. Sie enthält alle Einstellungen der Statistik.

Möchten Sie später die Statistik wieder in OTRS importieren, rufen Sie *Berichte → Statistiken* auf, klicken auf der linken Seite im Kasten *Aktionen* den Punkt *Importieren* an, klicken auf *Durchsuchen*, wählen die *.xml*-Datei auf Ihrer Festplatte aus und lassen diese *Importieren*.

KAPITEL 18

Prozessmanagement

In den meisten Unternehmen existieren feste Abläufe, auch Workflows oder Prozesse genannt. Ein eingeschickter defekter Staubsauger wird beispielsweise erst durch einen Techniker begutachtet. Dieser gibt den Grund für den Defekt an seinen Vorgesetzten. Der Vorgesetzte prüft den Fall und beauftragt etwa bei einem Motorschaden die Versandabteilung, einen neuen Staubsauger an den Kunden zu schicken. Diese Kette ist unbedingt einzuhalten, insbesondere darf der Techniker nicht eigenmächtig einfach einen neuen Staubsauger verschicken. Solche Abläufe können Sie in OTRS vorgeben und erzwingen lassen. Das Ticketsystem achtet dann darauf, dass alle Aktionen in der richtigen Reihenfolge abgearbeitet werden. Einen solchen überwachten Ablauf bezeichnet OTRS als *Prozess*.

Den kompletten Ablauf protokolliert OTRS in einem entsprechenden Ticket. Im Beispiel könnte zunächst der Techniker den Grund des Austauschs notieren, wie etwa einen defekten Staubsaugermotor. Sobald der Techniker seine Information hinterlegt hat, schiebt OTRS das Ticket automatisch zur nächsten Station, im Beispiel also an den Vorgesetzten. Dieser setzt ein »Genehmigt« unter das Ticket und schiebt Letzteres in die Versandabteilung weiter.

Einen neuen Prozess vorzugeben, ist nicht ganz trivial: Zunächst müssen Sie den gewünschten Ablauf möglichst kleinschrittig festlegen und ihn anschließend OTRS beibringen. Letzteres erfolgt in mehreren Schritten, wobei OTRS auch noch einige verwirrende Begriffe verwendet.

Erstellen Sie daher einen neuen Prozess möglichst erst einmal in einer Testinstallation von OTRS und durchlaufen Sie ihn dort mehrfach probeweise (genehmigen Sie also im Beispiel einmal einen neuen Staubsauger und lehnen Sie den Austausch dann für einen anderen Testkunden ab). Auf diese Weise sehen Sie, ob der Ablauf tatsächlich einwandfrei funktioniert oder ob vielleicht sogar versehentlich andere Aktionen angestoßen werden.

Einen Prozess planen

Bevor Sie einen neuen Prozess anlegen können, müssen Sie sich zunächst dessen genauen Ablauf beziehungsweise den Weg des Tickets überlegen. Im Beispiel soll der Austausch eines defekten Staubsaugers wie folgt ablaufen:

1. Der Techniker des Unternehmens hat einen defekten Staubsauger vor sich liegen. Er erstellt ein neues Ticket, auf dem er den Totalschaden beschreibt.

2. Sobald er damit fertig ist, wandert das Ticket in die Queue *Management*.

3. Dort angekommen, nimmt sich sein Abteilungsleiter das Ticket und prüft den Grund für den Austausch.

4. Wenn der Abteilungsleiter dem Versand zustimmt, schreibt er das auf das Ticket und schiebt es in die Queue *Versand*.

5. In der Versandabteilung greift sich ein Lagerarbeiter das Ticket, verschickt einen neuen Staubsauger und notiert das auf dem Ticket.

6. Damit wird das Ticket geschlossen, und der gesamte Vorgang ist beendet.

7. Wenn der Abteilungsleiter dem Austausch nicht zustimmt, notiert er das auf dem Ticket, womit ebenfalls der gesamte Vorgang beendet ist.

Diesen Ablauf kann man auch als Diagramm wie in Abbildung 18-1 darstellen. Für Ihren eigenen Prozess sollten Sie ebenfalls ein solches Diagramm zeichnen, es reicht dabei schon eine schnelle Bleistiftskizze auf Papier. Mit dieser lässt sich später der Prozess in OTRS leichter anlegen.

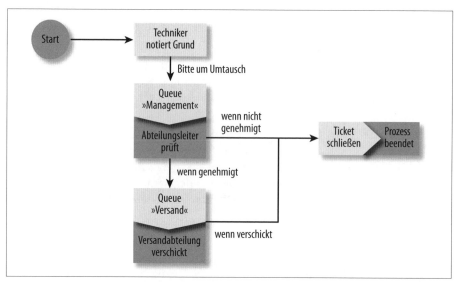

Abbildung 18-1: Der Austausch eines defekten Staubsaugers läuft nach diesem Schema ab.

Im Beispiel durchläuft das Ticket mehrere Stationen: Der Techniker erstellt das Ticket, der Abteilungsleiter prüft es, bis es schließlich in der Versandabteilung landet. Die Weiterleitung übernimmt dabei OTRS. Hat beispielsweise der Abteilungsleiter den Austausch genehmigt, schiebt OTRS das Ticket umgehend in die Queue für den Versand. Wohin das Ticket jeweils wandert, hängt wiederum von bestimmten Bedingungen ab. So darf die Versandabteilung das Ticket wirklich nur genau dann erhalten, wenn der Abteilungsleiter seine Erlaubnis für den Austausch erteilt hat. Im Diagramm sind diese Bedingungen an den Pfeilen notiert.

Vorbereitende Maßnahmen: Queues, Agenten und dynamische Felder anlegen

Um einen neuen Prozess vorzugeben, benötigen Sie zunächst die entsprechenden Queues und Agenten beziehungsweise Benutzer. Im Beispiel müssen die Queues *Management* und *Versand* her. Wenn Sie das Beispiel mitmachen möchten, legen Sie diese Queues jetzt an. Als *Gruppe* können Sie dabei jeweils *users* wählen.

Der Techniker muss für seinen Vorgesetzten den Grund des Austauschs notieren können. Es bietet sich daher an, diese Information in einem dynamischen Feld abzulegen (die schon Kapitel 11, *Dynamische Felder*, auf Seite 279 vorgestellt hat). Wenn Sie das Beispiel mitmachen möchten, erstellen Sie folglich ein neues dynamisches Feld für ein *Ticket* vom Typ *Text* mit dem Namen und der Beschriftung Grund.

Des Weiteren muss man sich irgendwie merken, welche Aktion gerade durchgeführt wurde. Hat der Abteilungsleiter beispielsweise den Austausch des Staubsaugers schon genehmigt, oder verschickt die Versandabteilung bereits ein neues Gerät? Den aktuellen Stand merkt man sich einfach in einem weiteren dynamischen Feld. Da die Aktionen fest vorgegeben sind, eignet sich am besten ein dynamisches Feld vom Typ *Einfachauswahl*. Erzeugen Sie also für das Beispiel ein dynamisches Feld für ein *Ticket* vom Typ *Einfachauswahl* sowie den Namen und die Beschriftung Genehmigung. Neben *Wert hinzufügen* klicken Sie auf das Plussymbol. Tragen Sie als *Schlüssel* und *Wert* jeweils Genehmigt ein. Über weitere Klicks auf das Plussymbol fügen Sie nach dem gleichen Prinzip noch folgende Schlüssel/Wert-Paare hinzu: Abgelehnt, Angefragt und Versendet. Das Ergebnis sollte wie in Abbildung 18-2 aussehen. Lassen Sie dann das dynamische Feld via *Speichern* erstellen.

Ob der Abteilungsleiter den Austausch des Staubsaugers schon genehmigt hat, sollte insbesondere die Ticket-Zoom-Ansicht verraten. Es wäre auch gut, wenn alle Beteiligten in der Ticket-Zoom-Ansicht den Grund für den Austausch ablesen könnten. Mit anderen Worten, die Ticket-Zoom-Ansicht muss die dynamischen Felder anzeigen. Um das zu erreichen, rufen Sie im Hauptmenü *Admin* auf und klicken im Bereich *Administration* auf die *Systemkonfiguration*. Tippen Sie jetzt in das Eingabefeld `Ticket::Frontend::AgentTicketZoom` ein und klicken Sie auf das Lupensymbol.

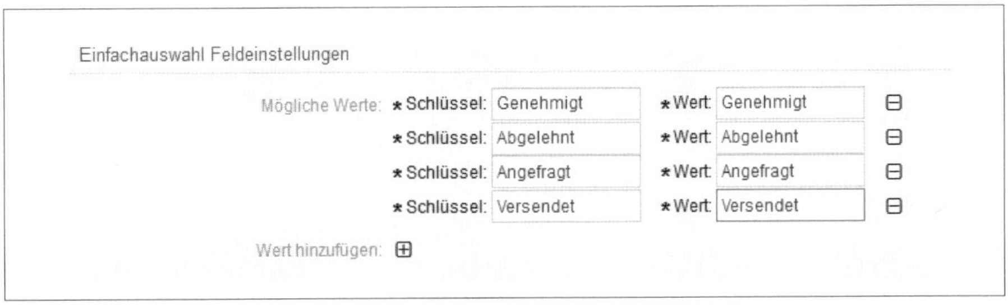

Einfachauswahl Feldeinstellungen					
Mögliche Werte:	*Schlüssel:	Genehmigt	*Wert:	Genehmigt	⊟
	*Schlüssel:	Abgelehnt	*Wert:	Abgelehnt	⊟
	*Schlüssel:	Angefragt	*Wert:	Angefragt	⊟
	*Schlüssel:	Versendet	*Wert:	Versendet	⊟
Wert hinzufügen:	⊞				

Abbildung 18-2: Das hier entstehende dynamische Feld merkt sich später den Fortschritt des Prozesses.

OTRS zeigt später in der Ticket-Zoom-Ansicht den Kasten aus Abbildung 18-3 an, der alle wichtigen Informationen über den Prozess zusammenfasst. Damit die dynamischen Felder dort erscheinen, suchen Sie den Kasten *Ticket::Frontend:: AgentTicketZoom###DynamicField*. Fahren Sie mit der Maus darauf und lassen Sie die *Einstellungen bearbeiten*. Klicken Sie auf das graue Plussymbol und tippen Sie in das Eingabefeld den Namen des dynamischen Felds, das OTRS später im Kasten anzeigen soll. Für das Beispiel tippen Sie Genehmigung ein. Bestätigen Sie die Eingabe mit einem Klick auf den grünen Haken, klicken Sie in das neu erscheinende Eingabefeld und wählen Sie *1 - Aktiviert*. Nur in dieser Einstellung ist das Feld später auch sichtbar. Um auch das zweite dynamische Feld einzublenden, klicken Sie erneut auf das Plussymbol, tippen in das Feld Grund, bestätigen die Eingabe mit dem grünen Haken, klicken in das neue Feld und wählen wieder *1 – Aktiviert*. Das Ergebnis sollte wie in Abbildung 18-4 aussehen. Bestätigen Sie Ihre Vorgaben rechts im Kasten *Ticket::Frontend::AgentTicketZoom###DynamicField* mit einem Klick auf den Haken.

Abbildung 18-3: Später zeigt OTRS in diesem Kasten alle wichtigen Informationen über den Prozess an.

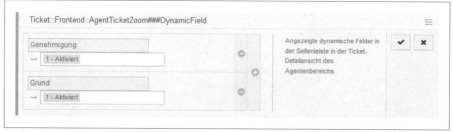

Abbildung 18-4: Mit diesen Einstellungen zeigt die Ticket-Zoom-Ansicht später im Kasten Prozess-Informationen auch die beiden dynamischen Felder an.

Die Ticket-Zoom-Ansicht zeigt zudem später auf der linken Seite unterhalb des Menüs den Kasten *Prozess-Informationen* an. Über ihn kann unter anderem der Abteilungsleiter den Austausch des Staubsaugers genehmigen – oder ablehnen. In diesem Kasten kann OTRS wie in Abbildung 18-5 noch einmal die Informationen aus den dynamischen Feldern anzeigen. Um sie dort anzuzeigen, suchen Sie den Kasten *Ticket::Frontend::AgentTicketZoom###ProcessWidgetDynamicField*. Fahren Sie mit der Maus über ihn und lassen Sie die *Einstellung bearbeiten*. Klicken Sie auf das graue Plussymbol und tragen Sie in das Feld den Text *Grund* ein. Klicken Sie auf den grünen Haken, dann in das neu erscheinende Eingabefeld und wählen Sie *1 - Aktiviert*. Klicken Sie auf das graue Plussymbol, tippen Sie in das Eingabefeld den Text *Genehmigung* und klicken Sie auf den grünen Haken. Klicken Sie in das neu erscheinende Feld und wählen Sie *1 - Aktiviert*. Bestätigen Sie Ihre Änderungen ganz rechts im Kasten *Ticket::Frontend::AgentTicketZoom###ProcessWidgetDynamicField* mit einem Klick auf den Haken. Damit zeigt die Ticket-Zoom-Ansicht ab sofort in der Seitenleiste die Inhalte der beiden dynamischen Felder *Genehmigung* und *Grund* an.

Abbildung 18-5: Hier zeigt OTRS in der Ticket-Zoom-Ansicht die beiden dynamischen Felder in der Gruppe Austausch Staubsauger an.

Ticket Responsibility Feature

In vielen Prozessen muss OTRS das Ticket vorübergehend an eine andere Person weiterreichen. Im Beispiel leitet OTRS das Ticket erst an den Abteilungsleiter und dann gegebenenfalls noch an einen Mitarbeiter in der Versandabteilung weiter. In genau solchen Fällen hilft das sogenannte *Verantwortlicher-Feature* (englisch Ticket Responsibility Feature). Wenn Sie diese Funktion in der Systemkonfiguration aktivieren, kann ein Agent ein (gesperrtes) Ticket an einen Kollegen weiterreichen. Dieser erhält dann vorübergehend die Verantwortung für das Ticket und kann es beispielsweise beantworten. Auch die Computec Media GmbH hat das *Verantwortlicher-Feature* aktiviert, um so neben dem Besitzer des Tickets weitere Personen auf dem Laufenden zu halten beziehungsweise einzubinden.

Um das *Verantwortlicher-Feature* zu aktivieren, kehren Sie zurück zur Systemkonfiguration (etwa indem Sie *Admin → Systemkonfiguration* aufrufen). Tippen Sie in das Eingabefeld `Ticket::Responsible` ein, klicken Sie auf das Lupensymbol, fahren Sie mit der Maus auf den Kasten *Ticket::Responsible*, lassen Sie die *Einstellung bearbeiten*, setzen Sie einen Haken in das Kästchen vor *Aktiviert* und bestätigen Sie die Änderung rechts im Kasten *Ticket::Responsible* mit einem Klick auf den Haken.

Doch Vorsicht: OTRS führt damit gleichzeitig in der Benutzeroberfläche neue Menüpunkte ein, mit denen Sie die Verantwortung weiterreichen können. In den Ticket-Übersichten können Sie sich zudem gezielt die Tickets anzeigen lassen, für die Sie selbst derzeit verantwortlich sind. Die Verantwortlichkeit können Sie dann auch in den Prozessen weiterreichen. Das funktioniert nach dem gleichen Grundprinzip wie das Verschieben in eine andere Queue. Für das extrem einfache Beispiel in diesem Kapitel ist das Ticket Responsibility Feature nicht notwendig.

Die beiden dynamischen Felder können Sie noch in einer Gruppe zusammenfassen und mit einer Überschrift versehen. In Abbildung 18-5 ist das bereits passiert: Dort sammelt die Gruppe *Austausch Staubsauger* die beiden dynamischen Felder. Durch diese Gruppierung können die Agenten die Informationen leichter zuordnen. Um eine solche Gruppe anzulegen, wenden Sie sich dem Kasten `Ticket::Frontend::AgentTicketZoom###ProcessWidgetDynamicFieldGroups` zu, parken darauf den Mauszeiger und lassen die *Einstellung bearbeiten*. Klicken Sie jetzt auf das graue Plussymbol und tippen Sie in das leere Feld den Namen der Gruppe ein. Für das Beispiel wäre das der Text `Austausch Staubsauger`. Klicken Sie dann auf den grünen Haken. In das neue Feld geben Sie nun die Namen der entsprechenden dynamischen Felder ein, wobei Sie die Namen jeweils durch Kommata trennen. Im Beispiel hinterlegen Sie folglich den Text `Grund, Genehmigung`. Bestätigen Sie Ihre Änderung mit einem Klick auf den Haken rechts im Kasten `Ticket::Frontend:AgentTicketZoom###ProcessWidgetDynamicFieldGroups`. Damit zeigt die Ticket-Zoom-Ansicht unter dem Begriff *Austausch* gleich die beiden dynamischen Felder *Grund* und *Genehmigung* an.

Abschließend müssen Sie noch alle Änderungen in Betrieb nehmen. Dazu klicken Sie im Kasten *Aktionen* auf *Inbetriebnahme*, dann auf *Ausgewählte Einstellungen in Betrieb nehmen* und schließlich auf *Jetzt in Betrieb nehmen*.

Einen leeren Prozess erstellen

Um den geplanten Prozess nun OTRS einzuimpfen, klicken Sie im Menü auf *Admin* und dann im Bereich *Prozesse & Automatisierung* auf den Punkt *Prozess-Management*. Im neuen Bildschirm listet OTRS alle vorhandenen Prozesse auf. Direkt nach der Installation ist noch keiner vorhanden. Das ändert sich umgehend mit einem Klick auf *Neuen Prozess erstellen* (links im Kasten *Aktionen*). Geben Sie dem Prozess im obersten Feld einen Namen, wie etwa `Austausch Staubsauger`, und tippen Sie in das große Feld darunter eine *Beschreibung* ein. Letztere sollte kurz zusammenfassen, wozu der Prozess existiert – im Beispiel etwa: Austausch eines defekten Staubsaugers gegen einen neuen.

Neuen Prozess erstellen

             * Prozessname: Austausch Staubsauger

             * Beschreibung: Austausch eines defekten
                            Staubsaugers gegen einen neuen.

             Status: **Inaktiv**

             Speichern oder Abbrechen

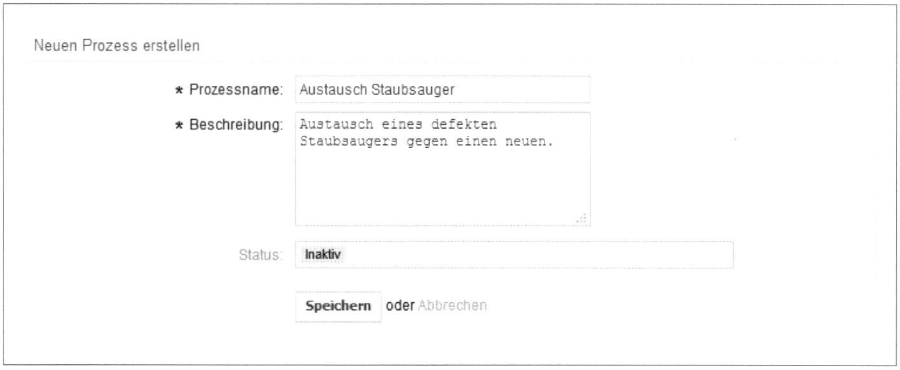

Abbildung 18-6: Hier entsteht ein neuer Prozess, der den Austausch eines defekten Staubsaugers regelt.

Nur wenn der *Status* auf *Aktiv* steht, wendet OTRS den Prozess an, das Ticketsystem würde also den Austausch des Staubsaugers kontrollieren. Wenn der *Status* auf *Inaktiv* steht, ignoriert OTRS hingegen erst einmal den Prozess. Im Beispiel müsste der Techniker dann direkt in der Versandabteilung anrufen und um den Versand eines neuen Staubsaugers bitten. Den Prozess sollten Sie hier so lange *Inaktiv* belassen, bis Sie den Prozess vollständig eingerichtet haben. Andernfalls riskieren Sie, dass OTRS einen halb fertigen Prozess anwendet und so beispielsweise niemand mehr einen Ersatzstaubsauger verschicken darf. Belassen Sie daher auch im Beispiel erst einmal die Vorgabe *Inaktiv*.

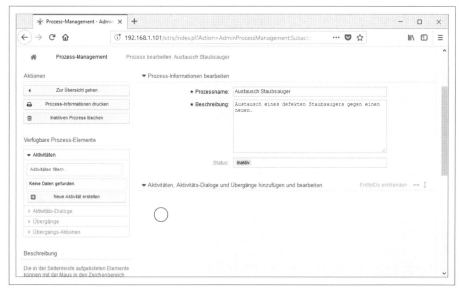

Abbildung 18-7: Nach dem Anlegen des Prozesses legt man in diesem Formular den eigentlichen Ablauf des Prozesses fest.

Wenn alle Einstellungen passen, lassen Sie den neuen Prozess *Speichern*. Damit vergrößert sich das Formular zu dem aus Abbildung 18-7. Dort müssen Sie jetzt den Ablauf des Prozesses festlegen. Sie können dabei Ihre Arbeit jederzeit am unteren Rand via *Speichern* zwischenspeichern. Möchten Sie Ihre Arbeit vorübergehend unterbrechen, lassen Sie den Prozess hingegen *Speichern und abschließen*. Sie landen damit wieder in der Liste aller existierenden Prozesse. Wenn Sie den Prozess später komplettieren, erweitern oder ergänzen möchten, klicken Sie in dieser Liste einfach in der ersten Spalte den Prozessnamen des entsprechenden Prozesses an. Sie gelangen damit zurück zum Formular aus Abbildung 18-7.

Aktivitäts-Dialoge erstellen

Die am Prozess beteiligten Personen müssen immer wieder Informationen an das Ticket hängen beziehungsweise dessen Daten verändern können. So muss beispielsweise der Techniker den Grund für den Austausch irgendwo eintippen können, während der Vorgesetzte wiederum irgendwie den Versand genehmigen muss. Das passiert in entsprechenden Formularen, die OTRS im passenden Moment den jeweiligen Personen unter die Nase hält. Das Ticketsystem bezeichnet solche Formulare als *Aktivitäts-Dialoge* (englisch *Activity Dialogs*). Aktivitäts-Dialoge lassen sich zudem netterweise wiederverwenden. Wenn Sie also an verschiedenen Stellen in Ihrem Prozess die gleichen Informationen abfragen, benötigen Sie nur einen Aktivitäts-Dialog.

Im Beispiel benötigt man zunächst einen Aktivitäts-Dialog, in den der Techniker den Grund für den Austausch des Staubsaugers einträgt und die Anfrage an seinen Vorgesetzten stellt. Dieser Aktivitäts-Dialog startet zudem den kompletten Prozess.

Um einen neuen Aktivitäts-Dialog anzulegen, klicken Sie auf der linken Seite im Bereich *Verfügbare Prozess-Elemente* auf das nur schwach lesbare *Aktivitäts-Dialoge*. Das dabei aufgeklappte Ergebnis zeigt Abbildung 18-8. Lassen Sie über die entsprechende Schaltfläche einen *Neuen Aktivitäts-Dialog erstellen*.

Abbildung 18-8: Hier in diesem etwas kleinen Kasten verwalten Sie alle Aktivitäts-Dialoge.

Ihr Browser öffnet jetzt ein neues Fenster. Darin wenden Sie sich zunächst dem oberen Formular aus Abbildung 18-9 zu. Dort geben Sie dem Aktivitäts-Dialog im obersten Feld einen Namen, im Beispiel etwa Grund für den Austausch.

Abbildung 18-9: Der Aktivitäts-Dialog fragt mit diesen Einstellungen später den Agenten nach dem Grund für den Austausch. Diese Einstellungen …

Unter *Verfügbar in* legen Sie fest, wer das entsprechende Formular zu Gesicht bekommt: nur der Agent, nur die Kunden oder Agenten und Kunden? Um die Einstellung zu ändern, klicken Sie einfach in das Feld und wählen den passenden Punkt aus. Im Beispiel sollen lediglich Agenten ein Austauschgerät anfordern dürfen, belassen Sie deshalb die Standardeinstellung *Agenten-Oberfläche*. In den nächsten beiden Eingabefeldern beschreiben Sie zunächst kurz und bei Bedarf dann noch einmal ausführlicher, wozu der Aktivitäts-Dialog dient. Im Beispiel können Sie sich an den Texten aus Abbildung 18-9 orientieren.

Abbildung 18-10: … führen dann später zu diesem Formular.

OTRS zeigt den Aktivitäts-Dialog nur den Agenten an, die das unter *Rechte* eingestellte Zugriffsrecht besitzen. Um hier die richtige Einstellung festlegen zu können, müssen Sie sich in Erinnerung rufen, in welcher Queue das Ticket gerade liegt und welcher Gruppe diese Queue gerade zugeordnet ist. In dieser Gruppe benötigt der Agent das unter *Rechte* eingestellte Zugriffsrecht, um den Aktivitäts-Dialog aufrufen zu können. Stellen Sie beispielsweise *Rechte* auf *rw* und landet das Ticket in einer Queue der Gruppe *users*, bekommt ein Agent den Aktivitäts-Dialog nur dann zu Gesicht, wenn er in der Gruppe *users* Schreibrechte (*rw*) besitzt. Um das passende Zugriffsrecht auszuwählen, klicken Sie in das Feld und entscheiden sich in der Liste für den entsprechenden Punkt. Für das Beispiel belassen Sie die Vorgabe und somit das Feld leer. Sollten Sie bereits etwas eingestellt haben, klicken Sie auf das weiße *X* neben dem Namen des Zugriffsrechts.

 Es gibt hier noch eine kleine Stolperfalle: Wenn der Prozess startet, können den ersten Aktivitäts-Dialog immer alle Agenten sehen. Schuld sind die Abläufe im Hintergrund: Beim Start des Prozesses existiert noch kein Ticket, das folglich in keiner Queue liegt, womit wiederum die Rechtesteuerung von OTRS nicht greift.

Wenn Sie in das Feld *Erforderliche Sperre* klicken und dann *Ja* einstellen, sperrt OTRS das Ticket automatisch, vorausgesetzt, es ist nicht bereits von jemand anderem gesperrt. Für das Beispiel belassen Sie den Punkt auf der Voreinstellung *Nein*.

Das ausgefüllte Formular schickt der Agent über eine entsprechende Schaltfläche ab. Ihre Beschriftung tippen Sie unter *Hinweistext für den Absendeknopf* ein. Wenn Sie das Feld leer lassen, trägt die Schaltfläche später die Beschriftung *Übermitteln*. OTRS kann zudem einen kurzen Hinweistext einblenden, den Sie im Feld *Hinweistext beim Absenden* vorgeben. Im Beispiel bietet sich etwa der Satz an: Bitte geben Sie einen Grund für den Austausch ein. Abbildung 18-10 zeigt, wo später das fertige Formular die entsprechenden Texte anzeigt.

Weiter geht es im unteren Bereich des Fensters, den Abbildung 18-11 zeigt. Dort müssen Sie auswählen, welche (Eingabe-)Felder der Aktivitäts-Dialog anbieten soll. Dazu fahren Sie mit der Maus auf das entsprechende in der linken Liste angebotene Feld. Der Mauszeiger verwandelt sich dann in einen Doppelpfeil. Halten Sie jetzt die linke Maustaste gedrückt, ziehen Sie das Feld in die rechte Liste *ZUGEWIESENE FELDER* und lassen Sie die Maustaste wieder los. Den Namen von dynamischen Feldern stellt OTRS automatisch immer ein *DynamicField_* voran. Im Beispiel soll der Agent den Grund für den Staubsaugertausch eingeben können. Ziehen Sie folglich das *DynamicField_Grund* nach rechts in den Kasten *ZUGEWIESENE FELDER*.

Immer dann, wenn Sie ein Feld in der rechten Liste fallen lassen, erscheint das neue Formular aus Abbildung 18-12. Hier können Sie noch eine kurze und eine lange Beschreibung für das Feld hinterlegen sowie einen *Standardwert* vorgeben. Mit Letztgenanntem füllt OTRS das Eingabefeld beim Aufrufen des Formulars automatisch aus. Wenn sehr häufig der Staubsaugermotor defekt ist, könnten Sie als *Standardwert* etwa Motor defekt eintippen.

Abbildung 18-11: Hier wurden dem Aktivitäts-Dialog zwei dynamische Felder zugewiesen.

Der Techniker kann diesen Grund dann einfach übernehmen und muss ihn nur bei einem anderen Grund überschreiben. Mit einem Klick in das Feld *Anzeige* legen Sie noch fest, ob das Eingabefeld überhaupt sichtbar sein soll. Wenn Sie dort den Punkt *Als Pflichtfeld anzeigen* einstellen, *muss* der Agent später dieses Eingabefeld ausfüllen. Für das Beispiel übernehmen Sie einfach die Vorgabe *Feld anzeigen* und lassen das Feld *Speichern*.

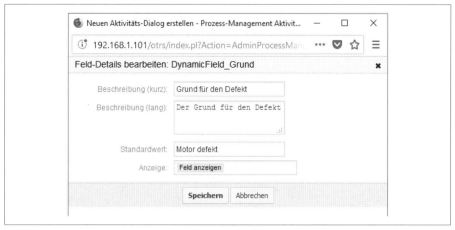

Abbildung 18-12: In diesem Formular können Sie die sogenannten Felddetails anpassen.

Der Techniker muss nicht nur den Grund für den Staubsaugertausch eintippen, sondern auch dem Abteilungsleiter mitteilen, dass er eine Anfrage stellt. Dazu muss er das dynamische Feld *Genehmigung* auf *Angefragt* setzen. Dies ist gleichzeitig das Zeichen für OTRS, dem Abteilungsleiter die Anfrage vorzulegen. Damit der Techniker das dynamische Feld *Genehmigung* passend ändern kann, müssen Sie es dem Aktivitäts-Dialog hinzufügen. Dazu ziehen Sie aus der Liste *VERFÜGBARE FEL-DER* den Punkt *DynamicField_Genehmigung* nach rechts in den Kasten *ZUGE-WIESENE FELDER*. OTRS öffnet damit das Formular aus Abbildung 18-13. An dieser Stelle gibt es allerdings ein kleines Problem: Wenn OTRS dem Techniker erlaubt, das dynamische Feld *Genehmigung* zu ändern, könnte er es auch einfach selbst auf *Genehmigt* setzen und so den Abteilungsleiter übergehen. Um das zu verhindern, muss man das dynamische Feld *Genehmigung* also irgendwie auf *Angefragt* setzen, ohne dass der Agent etwas davon mitbekommt. Das erreicht man mit einem kleinen Trick: Wie in Abbildung 18-13 setzt man zunächst den *Standardwert* auf Angefragt und schaltet dann das dynamische Feld neben *Anzeige* auf *Unsichtbar*. Wenn der Techniker das Formular nun öffnet, belegt OTRS das dynamische Feld *Genehmigung* automatisch mit dem Wert *Angefragt*. Da der Techniker das Feld gar nicht sieht, kann er diese Einstellung auch nicht verändern. Er wird also ohne sein Wissen gezwungen, das dynamische Feld *Genehmigung* auf *Angefragt* zu setzen. Mit diesem einfachen Trick können Sie auch in anderen Fällen ganz bestimmte Werte in den Eingabefeldern erzwingen: Fügen Sie das gewünschte (dynamische) Feld dem Aktivitäts-Dialog hinzu, hinterlegen Sie unter *Standardwert* den Wert, den das (dynamische) Feld nach dem Ausfüllen des Formulars einnehmen soll, klicken Sie dann in das Feld *Anzeige* und wählen Sie den Punkt *Feld nicht anzeigen*. Da OTRS das Feld vor den Augen des Agenten versteckt, können Sie die kurze und die lange Beschreibung im oberen Teil knapp halten. Wählen Sie sie aber dennoch so, dass Sie später wissen, welche Informationen das Feld speichert. Im Beispiel sollten alle Einstellungen wie in Abbildung 18-13 aussehen. Lassen Sie Ihre Eingaben *Speichern*. Die Liste *ZUGEWIESENE FELDER* sollte damit wie in Abbildung 18-11 aussehen.

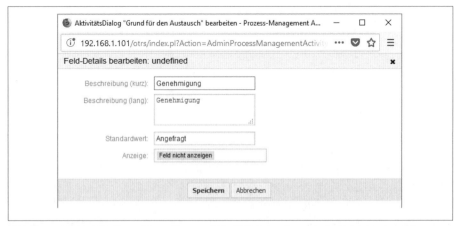

Abbildung 18-13: Mit diesen Einstellungen füllt OTRS das dynamische Feld mit dem Wert »Angefragt« und versteckt es gleichzeitig vor den Augen des Agenten.

Wenn Sie ein Feld per Drag-and-drop in die rechte Liste ziehen, machen die dortigen Felder für das neue Feld automatisch Platz. Alle in der rechten Liste hinzugefügten Felder erscheinen später im Formular in genau der Reihenfolge, in der sie in der Liste *ZUGEWIESENE FELDER* stehen. Per Drag-and-drop können Sie sie dort einfach umsortieren: Halten Sie die linke Maustaste über einem Feld gedrückt, ziehen Sie es an die gewünschte Position und lassen Sie dann die Maustaste los. Für das Beispiel spielt die Reihenfolge keine Rolle, da dort eines der beiden Felder unsichtbar ist. Wenn Sie ein Feld versehentlich nach rechts gezogen haben, schieben Sie es ebenfalls per Drag-and-drop zurück in die Liste *VERFÜGBARE FELDER* auf der linken Seite.

Sobald der Aktivitäts-Dialog komplett ist, lassen Sie ihn über die entsprechende Schaltfläche ganz unten auf der Seite *Speichern*. Er erscheint jetzt wie in Abbildung 18-14 auf der linken Seite unter *Aktivitäts-Dialoge*.

Im Beispiel muss der Abteilungsleiter den Versand genehmigen können. Dazu setzt er das dynamische Feld *Genehmigung* auf *Genehmigt*. Wenn ein Mitarbeiter aus der Versandabteilung den Staubsauger verschickt hat, muss dieser zudem das dynamische Feld auf *Versendet* setzen. Um den Agenten genau das zu ermöglichen, muss noch ein zweiter Aktivitäts-Dialog her, der das Ändern des dynamischen Felds *Genehmigung* gestattet. Um ihn anzulegen, verfahren Sie einfach nach dem bereits bekannten Prinzip: Klicken Sie auf *Neuen Aktivitäts-Dialog erstellen* und verpassen Sie ihm den Namen Status.

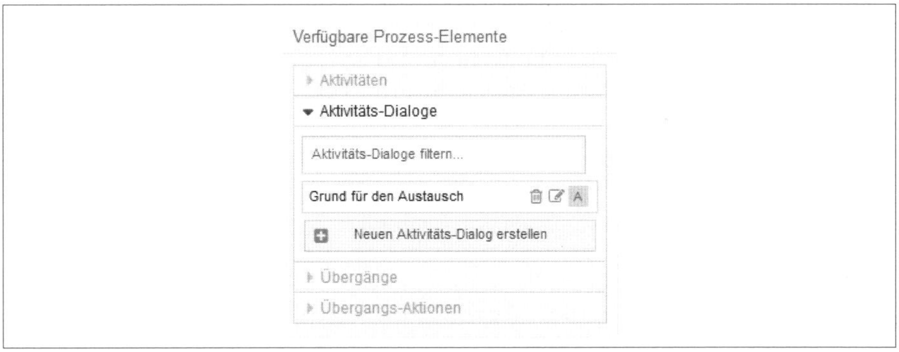

Abbildung 18-14: Hier existiert genau ein Aktivitäts-Dialog namens »Grund für den Austausch«.

Denken Sie sich eine kurze Beschreibung aus und hinterlegen Sie sie im Feld *Beschreibung (kurz)* – wie etwa Status des Austauschs ändern. Als *Hinweistext für den Absendeknopf* verwenden Sie Status ändern. Alle anderen Einstellungen belassen Sie auf ihren Vorgaben. Im unteren Teil ziehen Sie das *DynamicField_Genehmigung* auf die rechte Seite in den Kasten *ZUGEWIESENE FELDER*. Verwenden Sie als *Beschreibung (kurz)* den Text Status anpassen. Achten Sie darauf, dass unter *Anzeige* der Punkt *Feld anzeigen* eingestellt ist. Lassen Sie die Einstellungen *Speichern* und legen Sie den Aktivitäts-Dialog per *Speichern* an.

Sie können jederzeit die einzelnen Aktivitäts-Dialoge nachbearbeiten. Das ist etwa nützlich, wenn Sie einem Aktivitäts-Dialog kein oder die falschen Felder zugeordnet haben. Dazu klicken Sie einfach im Kasten *Verfügbare Prozess-Elemente* rechts neben dem Namen der entsprechenden Aktivität auf das (viel zu kleine) Symbol mit dem Bleistift. Klicken Sie dabei aber nicht daneben: Ein Klick auf den Mülleimer würde den Aktivitäts-Dialog löschen!

Aktivitäten erstellen

Das Prozessticket durchläuft mehrere Stadien. Im Beispiel legt der Techniker das Ticket an, dann wandert es zum Vorgesetzten, der es prüft, bis es schließlich in der Versandabteilung landet. Diese Stadien oder Zustände des Tickets bezeichnet OTRS als *Aktivitäten* (englisch *Activities*). Im Beispiel gibt es für das Prozessticket genau vier Stationen beziehungsweise Aktivitäten (in Abbildung 18-1 auf Seite 396 sind das exakt die hellgrauen Kästen):

- Techniker notiert den Grund
- Abteilungsleiter prüft
- Versandabteilung verschickt
- Prozess beendet

Jeder Aktivität dürfen Sie eine oder mehrere Aktivitäts-Dialoge zuordnen. Diese Dialoge zeigt OTRS dann der jeweils zuständigen Person in der entsprechenden Situation automatisch an. Wenn Sie also der Aktivität *Abteilungsleiter prüft* den Aktivitäts-Dialog *Status* zuordnen, muss der Abteilungsleiter genau dieses Formular ausfüllen. Erst dann geht OTRS zur passenden nächsten Aktivität weiter.

Alle Aktivitäten des Prozesses müssen Sie in OTRS explizit anlegen. Dazu klicken Sie auf der linken Seite im Kasten *Verfügbare Prozess-Elemente* auf das in hellgrauer Schrift geschriebene *Aktivitäten*. Das Ergebnis sieht wie in Abbildung 18-15 aus. Lassen Sie dann über die entsprechende Schaltfläche eine *Neue Aktivität erstellen*. Dazu öffnet sich das neue Fenster aus Abbildung 18-16, in dem Sie ganz oben der Aktivität einen Namen geben – wie etwa `Abteilungsleiter prüft`.

Abbildung 18-15: Im gleichnamigen Abschnitt verwalten Sie alle Aktivitäten. Hier existiert noch keine Aktivität.

Im Bereich darunter können Sie der Aktivität per Drag-and-drop einen oder mehrere Aktivitäts-Dialoge zuordnen. Dazu ziehen Sie einfach den gewünschten Aktivitäts-Dialog aus der linken Liste in die rechte. Wenn im Beispiel die Aktivität *Abteilungsleiter prüft* eintritt, soll der zuständige Abteilungsleiter den Versand genehmigen oder ablehnen. Dazu soll er den eigens dazu angelegten Aktivitäts-Dialog *Status* verwenden. Um diesen Aktivitäts-Dialog der Aktivität zuzuordnen, suchen Sie ihn in der Liste auf der linken Seite (*VERFÜGBARE AKTIVITÄTS-DIALOGE*). Fahren Sie mit dem Mauszeiger auf seinen Namen. Der Zeiger verwandelt sich dabei in einen Doppelpfeil. Halten Sie die linke Maustaste gedrückt und ziehen Sie den Aktivitäts-Dialog in die Liste *ZUGEWIESENE AKTIVITÄTS-DIALOGE* auf der rechten Seite. Lassen Sie dort die Maustaste wieder los. Das Ergebnis zeigt Abbildung 18-16.

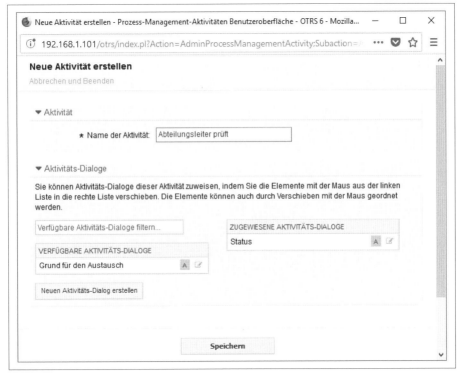

Abbildung 18-16: Hier entsteht eine Aktivität namens »Abteilungsleiter prüft«, die später den Aktivitäts-Dialog »Status« anzeigt.

Nach dem gleichen Prinzip fügen Sie bei Bedarf weitere Aktivitäts-Dialoge hinzu – im Beispiel ist das nicht notwendig. Wenn Sie sich verklickt haben, ziehen Sie den Aktivitäts-Dialog einfach zurück in die Liste auf der linken Seite. Wenn Sie mehrere Aktivitäts-Dialoge hinzugefügt haben, zeigt OTRS sie später dem Agenten in der Reihenfolge an, in der die Aktivitäts-Dialoge in der rechten Liste *ZUGEWIESENE AKTIVITÄTS-DIALOGE* erscheinen. Um die Reihenfolge zu ändern, fahren Sie mit der Maus auf einen Eintrag, halten die linke Maustaste gedrückt, ziehen den Aktivitäts-Dialog an die passende Position und lassen die linke Maustaste wieder los. In jedem Fall erstellen Sie die Aktivität mit einem Klick auf *Speichern*.

Auf dem beschriebenen Weg müssen Sie jetzt alle weiteren von Ihrem Prozess benötigten Aktivitäten erstellen. Im Beispiel wären das noch folgende drei:

- Klicken Sie auf *Neue Aktivität erstellen* und vergeben Sie den Namen Techniker notiert Grund. Der Techniker muss sowohl den Grund für den Austausch eintragen als auch den Austauschstatus auf *Angefragt* setzen können. Ziehen Sie daher die Aktivitäts-Dialoge *Status* und *Grund für den Austausch* auf die rechte Seite. Lassen Sie die Einstellungen *Speichern*.

- Klicken Sie auf *Neue Aktivität erstellen* und geben Sie den Namen Versand verschickt ein. Die Versandabteilung soll den Austauschstatus auf *versendet* stellen können. Ziehen Sie daher den Aktivitäts-Dialog *Status* nach rechts und lassen Sie die Einstellungen *Speichern*.

- Klicken Sie auf *Neue Aktivität erstellen*, geben Sie den Namen Prozess beendet ein und klicken Sie auf *Speichern*.

Der Kasten *Verfügbare Prozess-Elemente* sollte damit wie in Abbildung 18-17 aussehen.

Abbildung 18-17: Die vier Aktivitäten für das Beispiel

Sie können jederzeit die einzelnen Aktivitäten nachbearbeiten. Das ist etwa nützlich, wenn Sie einer Aktivität keinen oder einen falschen Aktivitäts-Dialog zugeordnet haben. Dazu klicken Sie einfach im Kasten *Verfügbare Prozess-Elemente* rechts neben dem Namen der entsprechenden Aktivität auf das (viel zu kleine) Symbol mit dem Bleistift. Verklicken Sie sich dabei aber nicht: Ein Klick auf den Mülleimer links daneben würde die Aktivität löschen.

Übergänge erstellen

Wenn im Beispiel der Techniker den Staubsauger austauschen lassen möchte, muss sein Vorgesetzter den Versand des Austauschgeräts genehmigen. OTRS muss also die Anfrage des Technikers dem Abteilungsleiter vorlegen. Oder mit anderen Worten: Wenn das dynamische Feld *Status* auf *Angefragt* steht, soll OTRS das Ticket in die Queue des Abteilungsleiters schieben (wie es auch der Ablaufplan aus Abbildung 18-1 auf Seite 396 zeigt). Damit das klappt, muss OTRS allerdings erst einmal prüfen, ob das Feld *Status* überhaupt auf *Angefragt* steht. Diese Prüfung bezeichnet OTRS etwas verwirrend als *Übergang* (englisch *Transition*).

Um einen Übergang anzulegen, klicken Sie auf der linken Seite im Bereich *Verfügbare Prozess-Elemente* auf das nur schwach lesbare *Übergänge* und lassen einen *Neuen Übergang erstellen*. Damit öffnet sich das neue Fenster aus Abbildung 18-18.

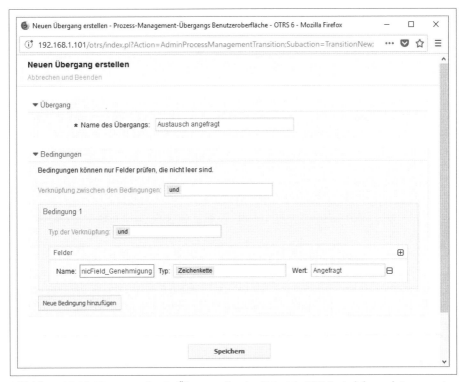

Abbildung 18-18: Hier entsteht ein Übergang für das Beispiel: OTRS wird dann aktiv, wenn im dynamischen Feld »Genehmigung« jemand die Zeichenkette »Angefragt« hinterlegt hat.

Geben Sie dem Übergang zunächst einen Namen, im Beispiel bietet sich `Austausch angefragt` an. Im unteren Bereich klicken Sie jetzt den von OTRS durchzuführenden Test zusammen. Konzentrieren Sie sich zunächst auf den eingerückten Bereich *Felder* ganz unten. In das Feld *Name* gehört dabei der Name des Felds, das sich OTRS vorknöpfen soll. Im Beispiel soll OTRS prüfen, ob das dynamische Feld

Genehmigung auf *Angefragt* steht. Tippen Sie daher unter *Name* die Zeichenfolge DynamicField_Genehmigung ein. Auch hier gilt wieder, dass allen dynamischen Feldern ein DynamicField_ vorangestellt werden muss (beachten Sie den Unterstrich).

Im Feld *Typ* wählen Sie jetzt aus, wie OTRS den Inhalt des dynamischen Felds prüfen soll. Im Beispiel soll OTRS nur dann aktiv werden, wenn im dynamischen Feld *Genehmigung* exakt der Text *Angefragt* steht. Klicken Sie daher in das Feld *Typ* und wählen Sie den Punkt *Zeichenkette* aus. Damit wird OTRS nur dann aktiv, wenn im dynamischen Feld der rechts unter *Wert* eingetippte Text steht. Im Beispiel müssen Sie folglich noch unter *Wert* den Text Angefragt hinterlegen. Das Ergebnis sehen Sie in Abbildung 18-18.

Wenn Sie sich mit sogenannten regulären Ausdrücken auskennen, können Sie als *Typ* auch den Punkt *Regulärer Ausdruck* wählen. Dann prüft OTRS, ob der im dynamischen Feld gespeicherte Text dem unter *Wert* eingetippten regulären Ausdruck entspricht. Reguläre Ausdrücke sind, vereinfacht gesprochen, Platzhalter für mehrere Wörter. Eine Einführung in die Welt der regulären Ausdrücke würde den Rahmen dieses Buchs sprengen. Einen ersten Einstieg und weiterführende Links hält etwa der Wikipedia-Artikel unter *https://de.wikipedia.org/wiki/Regul%C3%A4rer_Ausdruck* bereit.

Sie könnten OTRS jetzt noch weitere dynamische Felder und Ticket-Daten testen lassen. Dazu klicken Sie im Bereich *Felder* auf das Plussymbol und füllen wie gezeigt die neu erscheinenden Eingabefelder aus. Um einen Test wieder loszuwerden, klicken Sie auf das Minussymbol rechts neben dem Feld *Wert*. Für das Beispiel genügt bereits der eine Test aus Abbildung 18-18. Wenn Sie das komplette Fenster aus Abbildung 18-18 verkleinern, rutschen die einzelnen Eingabefelder unter Umständen jeweils in eine neue Zeile. Der Bereich *Felder* sieht dann etwas wirr aus. Achten Sie in einem solchen Fall genau darauf, welche der Eingabefelder zusammengehören.

Wenn Sie im Bereich *Felder* mehrere Tests (und somit mehrere Zeilen) angelegt haben, wird OTRS später nur dann aktiv, wenn *alle* diese Tests positiv ausfallen. Mit anderen Worten, sämtliche Felder müssen die jeweils unter *Werte* eingegebenen Texte enthalten. Mitunter soll aber OTRS aktiv werden, wenn mindestens einer der Tests positiv ausfällt. Um das zu erreichen, klicken Sie im Bereich *Bedingung 1* in das Eingabefeld *Typ der Verknüpfung* und wählen *oder*. Schließlich kann OTRS auch noch aktiv werden, wenn *genau* einer der Tests positiv ausfällt. Dazu klicken Sie in das Eingabefeld *Typ der Verknüpfung* und wählen *xor*. Sofern unter *Typ der Verknüpfung* ein *und* zu sehen ist, gilt wieder das Standardverhalten: Alle Tests müssen positiv sein.

Auf diese Weise lässt sich bereits ein recht umfassender Test zusammenbauen. OTRS erlaubt aber noch deutlich komplexere Prüfungen. Dazu klicken Sie auf *Neue Bedingung hinzufügen*. OTRS erstellt dann einen neuen Bereich *Bedingung 2*. Ihn füllen Sie genau so aus wie den Bereich *Bedingung 1* (siehe Abbildung 18-19). Analog können Sie via *Neue Bedingung hinzufügen* noch beliebig viele weitere

Bedingungen anlegen. Damit OTRS später aktiv wird, müssen die Testergebnisse *aller* Bedingungen positiv ausfallen. Genügt es bereits, dass mindestens eine Bedingung positiv ausfällt, klicken Sie ganz oben im Bereich *Bedingungen* in das Eingabefeld *Verknüpfung zwischen den Bedingungen* und wählen *oder*. Im Fall von *xor* darf nur genau eine der Bedingungen positiv ausfallen. In Abbildung 18-19 wird OTRS nur dann aktiv, wenn entweder

- der Austausch genehmigt wurde *und* es sich um einen Staubsauger vom Modell *TurboSaug* handelt (*Bedingung 1*)
- *oder* aber der Austausch genehmigt wurde *und* es sich um einen Staubsauger vom Modell *MobiSaug* handelt (*Bedingung 2*).

 Gerade bei komplexeren Bedingungen verliert man leicht den Überblick. In solchen Fällen sollten Sie eine vertrauenswürdige weitere Person die Bedingungen kontrollieren lassen. Spielen Sie auch die Bedingung anhand von Beispielen durch. Testen Sie abschließend den kompletten Prozess in einer Testinstallation von OTRS mit möglichst realen Beispielen auf Herz und Nieren. Fehlerhafte Bedingungen können in der Praxis fatale Auswirkungen haben. Im Beispiel würde es teuer für das Unternehmen, wenn OTRS einfach das Ticket direkt in die Versandabteilung durchwinken und so bei jedem Defekt ein Ersatzgerät anfordern würde.

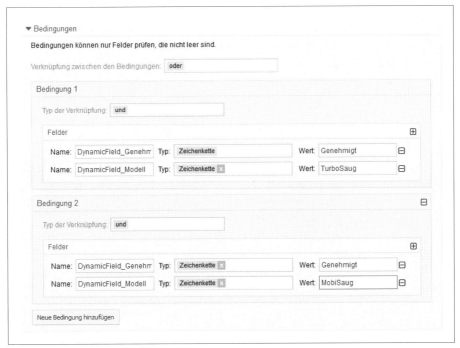

Abbildung 18-19: Dieser Übergang besteht aus einer etwas komplexeren Bedingung.

Ist die Bedingung komplett, lassen Sie sie *Speichern*. Erstellen Sie anschließend für Ihren Fall alle weiteren benötigten Übergänge. Für das Beispiel sind noch die folgenden drei notwendig:

- Wenn der Abteilungsleiter den *Status* auf *Genehmigt* setzt, muss OTRS das Ticket an den Versand weiterleiten. Lassen Sie also einen *Neuen Übergang erstellen*, geben Sie ihm den Namen Austausch genehmigt, tippen Sie im Bereich *Felder* unter *Name* den Text DynamicField_Genehmigung ein, stellen Sie _Typ_ auf *Zeichenkette*, tippen Sie in das Feld *Wert* den Begriff Genehmigt ein und klicken Sie auf *Speichern*.

- Wenn der Abteilungsleiter den *Status* auf *Abgelehnt* setzt, muss OTRS das Ticket schließen (und darf es nicht weiterleiten). Lassen Sie einen *Neuen Übergang erstellen*, geben Sie ihm den Namen Austausch abgelehnt, tippen Sie im Bereich *Felder* unter *Name* den Text DynamicField_Genehmigung ein, stellen Sie _Typ_ auf *Zeichenkette*, tippen Sie in das Feld *Wert* den Begriff Abgelehnt ein und klicken Sie auf *Speichern*.

- Wenn die Versandabteilung das Ersatzgerät verschickt hat, setzt sie den *Status* auf *Versendet*. Auch dann muss OTRS das Ticket schließen. Ein vierter Übergang muss also prüfen, ob der Status auf *Versendet* steht: Lassen Sie einen *Neuen Übergang erstellen*, geben Sie ihm den Namen Gerät verschickt, tippen Sie im Bereich *Felder* unter *Name* den Text DynamicField_Genehmigung ein, stellen Sie _Typ_ auf *Zeichenkette*, tippen Sie in das Feld *Wert* den Begriff Versendet ein und klicken Sie auf *Speichern*.

Für jede Pfeilbeschriftung aus Abbildung 18-1 auf Seite 396 existiert somit genau ein Übergang, der Kasten *Verfügbare Prozess-Elemente* sollte wie in Abbildung 18-20 aussehen.

Abbildung 18-20: Die vier Übergänge für das Beispiel

Sie können jederzeit die einzelnen Übergänge nachbearbeiten. Das ist etwa nützlich, wenn Sie die Bedingungen nachbessern möchten. Dazu klicken Sie einfach im Kasten *Verfügbare Prozess-Elemente* rechts neben dem Namen des Übergangs auf das (viel zu kleine) Symbol mit dem Bleistift. Ein Klick auf den Mülleimer links daneben würde hingegen den Übergang löschen.

Dank eines entsprechenden Übergangs prüft OTRS im Beispiel also unter anderem, ob der Abteilungsleiter den Austausch des defekten Staubsaugers genehmigt hat. Was dann passiert, weiß OTRS aber noch nicht. Im nächsten Schritt muss man folglich dem Ticketsystem noch mitteilen, welche Aktionen es automatisch ausführen soll.

Übergangs-Aktionen anlegen

Wenn im Beispiel ein Abteilungsleiter den Austausch des Staubsaugers genehmigt hat, muss OTRS das Ticket in die Queue der Versandabteilung schieben. Genau solche Reaktionen bezeichnet OTRS etwas verwirrend als *Übergangs-Aktionen* (englisch *Transition Actions*).

Um eine neue Übergangs-Aktion anzulegen, klicken Sie im Kasten *Verfügbare Prozess-Elemente* auf den nur schwach lesbaren Punkt *Übergangs-Aktionen* und lassen dann eine *Neue Übergangs-Aktion erstellen*. Es öffnet sich damit das neue Fenster aus Abbildung 18-21.

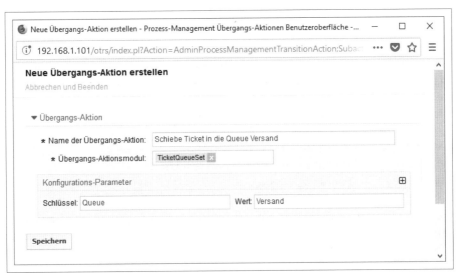

Abbildung 18-21: Hier entsteht eine Übergangs-Aktion für das Beispiel: Diese Übergangs-Aktion würde ein Ticket in die Queue Versand verschieben.

Geben Sie der Übergangs-Aktion zunächst im obersten Eingabefeld einen Namen, im Beispiel etwa Schiebe Ticket in die Queue Versand. Beachten Sie, dass es hier erst einmal nur um alle *möglichen* automatischen Reaktionen von OTRS geht. Wann das Ticketsystem ein Ticket *tatsächlich* in die Queue *Versand* schiebt, legen Sie gleich in einem separaten Schritt fest, den wiederum der nächsten Abschnitt beschreibt.

Im Hintergrund gibt es für jede mögliche Aktion ein sogenanntes Modul, das diese Aktion später ausführt. Unter *Übergangs-Aktionsmodul* wählen Sie das für Ihre Situation passende Modul aus. Dazu klicken Sie einfach in das nebenstehende Eingabefeld und dann in der Liste auf das entsprechende Modul. Die Namen der Module weisen dabei gleichzeitig auf die entsprechende Funktion hin. *TicketQueueSet* ändert (*set*) beispielsweise die Queue des Prozesstickets. Die Funktionen und Aufgaben der anderen Einträge beziehungsweise Module verrät Tabelle 18-1. Für das Beispiel entscheiden Sie sich für den Eintrag *TicketQueueSet*.

Tabelle 18-1: Übergangs-Aktionsmodule und ihre Auswirkungen

Modulname	Auswirkung/Funktion
POP3	POP3.
DynamicFieldSet	Ändert ein oder mehrere dynamische Felder des Prozesstickets.
TicketArticleCreate	Heftet einen neuen Artikel an das Ticket und kann zudem dazu verwendet werden, eine E-Mail zu versenden.
TicketCreate	Erstellt ein neues Ticket.
TicketCustomerSet	Ändert den Namen des Kunden.
TicketLockSet	Sperrt ein Ticket oder gibt es wieder frei.
TicketOwnerSet	Ändert den Besitzer des Tickets.
TicketQueueSet	Verschiebt das Ticket in eine Queue.
TicketResponsibleSet	Weist dem Ticket einen anderen Verantwortlichen zu.
TicketServiceSet	Weist einem Ticket einen Service zu – vorausgesetzt, das Ticket hat einen Kunden und diesem Kunden ist der Service zugeordnet.
TicketSLASet	Ändert die Service-Level-Vereinbarung (SLA) – vorausgesetzt, das Ticket hat einen Service, dem die Service-Level-Vereinbarung zugeordnet wurde.
TicketStateSet	Ändert den Status des Tickets.
TicketTitleSet	Ändert den Betreff beziehungsweise Titel des Tickets.
TicketTypeSet	Ändert den Typ des Tickets.

Unter *Konfigurations-Parameter* müssen Sie jetzt weitere Informationen und Daten hinterlegen. Welche das im Einzelnen sind, hängt vom gewählten *Übergangs-Aktionsmodul* ab. Im Fall von *TicketQueueSet* tragen Sie als Schlüssel Queue und als *Wert* die Queue ein, im Beispiel also Versand.

Die Tabelle 18-2 bis Tabelle 18-14 verraten Ihnen, welches Modul im Einzelnen welche Informationen verlangt. Sofern mehrere Daten einzugeben sind, klicken Sie auf das Pluszeichen. OTRS erstellt dann zwei weitere Eingabefelder. Eine Information entfernen Sie wieder, indem Sie auf das nebenstehende Minussymbol klicken. Sie können dabei Daten in beliebiger Reihenfolge eingeben, zudem sind nicht immer alle Daten notwendig. Dem Modul *TicketQueueSet* genügt beispielsweise schon der Name der Queue, alternativ oder zusätzlich können Sie aber auch unter dem Schlüssel *QueueID* die ID der Queue angeben.

Tabelle 18-2: DynamicFieldSet

Schlüssel	Wert
Name eines dynamischen Felds (ohne das vorangestellte `DynamicField_`)	Der neue Wert des dynamischen Felds.

Tabelle 18-3: TicketArticleCreate (Angeben müssen Sie nur den »Subject« und den »Body« der Nachricht. In diesem Fall wird keine E-Mail verschickt.)

Schlüssel	Wert
ArticleType	Typ des Artikels, erlaubte Werte: phone, fax, sms, webrequest, note-internal, note-external, note-report.
SenderType	Der Sendertyp des Artikels, erlaubte Werte: agent, system, customer.
ContentType	Inhaltstyp des Artikels, der entsprechende Wert besteht aus dem MIME-Typ und dem Zeichensatz, wie zum Beispiel: »text/plain; charset=ISO-8859-15«.
Subject	Betreff des Artikels.
Body	Der Text des Artikels.
HistoryType	Art des History-Eintrags, erlaubte Werte: AddNote, ArchiveFlagUpdate, Bounce, CustomerUpdate, EmailAgent, EmailCustomer, EscalationResponseTimeNotifyBefore, EscalationResponseTimeStart, EscalationResponseTimeStop, EscalationSolutionTimeNotifyBefore, EscalationSolutionTimeStart, EscalationSolutionTimeStop, EscalationUpdateTimeNotifyBefore, EscalationUpdateTimeStart, EscalationUpdateTimeStop, FollowUp, Forward, Lock, LoopProtection, Merged, Misc, Move, NewTicket, OwnerUpdate, PhoneCallAgent, PhoneCallCustomer, PriorityUpdate, Remove, ResponsibleUpdate, SendAgentNotification, SendAnswer, SendAutoFollowUp, SendAutoReject, SendAutoReply, SendCustomerNotification, ServiceUpdate, SetPendingTime, SLAUpdate, StateUpdate, Subscribe, SystemRequest, TicketDynamicFieldUpdate, TicketLinkAdd, TicketLinkDelete, TimeAccounting, TypeUpdate, Unlock, Unsubscribe, WebRequestCustomer.
HistoryComment	Inhalt des History-Eintrags.
From	E-Mail-Adresse des Absenders im Format: »Hans Hansen `<hans@example.com>`«.
To	E-Mail-Adresse des Empfängers im Format: »Hans Hansen `<hans@example.com>`«.
Cc	E-Mail-Adresse des Empfängers, der eine Kopie erhalten soll, im Format: »Hans Hansen `<hans@example.com>`«.
ReplyTo	E-Mail-Adresse, an die der Empfänger antworten soll, im Format: »Hans Hansen `<hans@example.com>`«.
InReplyTo	Der Artikel ist eine Antwort auf die E-Mail mit der hier hinterlegten ID.
References	Der Artikel bezieht sich auf die E-Mail mit der hier hinterlegten ID.
NoAgentNotify	Wenn Sie den Wert auf 1 setzen, sendet OTRS keine Benachrichtigung an den Agenten.
AutoResponseType	Wie OTRS automatisch antworten soll, mögliche Werte: auto follow up, auto reject, auto remove, auto reply, auto reply/new ticket.
ForceNotificationToUserID	IDs der Benutzer, die benachrichtigt werden sollen. Mehrere IDs sind durch Kommata zu trennen, wie: »1, 2, 3«.

Tabelle 18-3: TicketArticleCreate (Angeben müssen Sie nur den »Subject« und den »Body« der Nachricht. In diesem Fall wird keine E-Mail verschickt.) (Fortsetzung)

Schlüssel	Wert
ExcludeNotificationToUserID	IDs der Benutzer, die nicht benachrichtigt werden sollen. Mehrere IDs sind durch Kommata zu trennen, wie: »1, 2, 3«.
ExcludeMuteNotificationToUserID	IDs der Benutzer, die zwar als benachrichtigt geführt werden, tatsächlich aber nicht benachrichtigt werden. Mehrere IDs sind durch Kommata zu trennen, wie: »1, 2, 3«.

Tabelle 18-4: TicketCreate

Schlüssel	Wert
Title	Der Name beziehungsweise Betreff des Tickets, wie etwa »Waschmaschine bestellen«.
Queue	Der Name der Queue, in der das Ticket liegt. Alternativ können Sie unter dem Schlüssel QueueID auch die interne ID der Queue angeben.
Lock	Sperrstatus des Tickets. Alternativ können Sie unter dem Schlüssel LockID auch die interne ID des Sperrstatus angeben.
Priority	Priorität des Tickets. Alternativ können Sie unter dem Schlüssel PriorityID auch die interne ID der Priorität angeben.
State	Status des Tickets. Alternativ können Sie unter dem Schlüssel StateID auch die interne ID des Status angeben.
CustomerID	Kundennummer.
CustomerUser	Benutzername des Kunden.
OwnerID	Die ID des Agenten, dem das Ticket gehört beziehungsweise zugeordnet wird.
TN	Nummer des Tickets.
Type	Der Tickettyp des Tickets. Alternativ können Sie unter dem Schlüssel TypeID auch die interne ID des Typs angeben.
Service	Der Name des Service, der dem Ticket zugeordnet ist. Alternativ können Sie unter dem Schlüssel ServiceID auch die interne ID des Service angeben.
SLA	Der Name der Service-Level-Vereinbarung, die im Ticket verwendet werden soll. Alternativ können Sie unter dem Schlüssel SLAID auch die interne ID der Service-Level-Vereinbarung angeben.
ResponsibleID	ID des Agenten, der für das Ticket zuständig ist.
PendingTime	Die Wartezeit, wenn das Ticket in einem Wartestatus ist.
PendingTimeDiff	Diese Sekunden wartet das Ticket, wenn es in einem Wartestatus ist.
LinkAs	Beziehung des Tickets aus Sicht des Urhebers, also etwa Normal, Parent, Child.
ArticleType	Der Typ des zu erstellenden Artikels, erlaubte Werte: phone, fax, sms, webrequest, note-internal, note-external, note-report.
TimeUnit	Bislang investierte Zeit.

Des Weiteren sind noch folgende Schlüssel möglich, die die gleiche Bedeutung haben wie beim Modul *TicketArticleCreate* (siehe Tabelle 18-3): SenderType, ContentType, Subject, Body, HistoryType, HistoryComment, From, To, Cc, ReplyTo, InReplyTo, References, AutoResponseType, ForceNotificationToUserID, ExcludeNotificationToUserID, ExcludeMuteNotificationToUserID.

Tabelle 18-5: TicketCustomerSet

Schlüssel	Wert
No	Benutzer-ID des Kunden.
User	Benutzername des Kunden.

Tabelle 18-6: TicketLockSet

Schlüssel	Wert
Lock	`lock` sperrt das Ticket.
LockID	Die ID der Sperrung.

Tabelle 18-7: TicketOwnerSet

Schlüssel	Wert
Owner	Benutzername des neuen Besitzers.
OwnerID	Die interne ID des neuen Besitzers.

Tabelle 18-8: TicketQueueSet

Schlüssel	Wert
Queue	Name der Queue.
QueueID	Interne ID der Queue.

Tabelle 18-9: TicketResponsibleSet

Schlüssel	Wert
Responsible	Benutzername des neuen Verantwortlichen.
ResponsibleID	Interne ID des neuen Verantwortlichen.

Tabelle 18-10: TicketServiceSet

Schlüssel	Wert
Service	Der vollständige Name des Service, wie etwa `OberService::UnterService::UnterUnterService`.
ServiceID	Interne ID des Service.

Tabelle 18-11: TicketSLASet

Schlüssel	Wert
SLA	Name der Service-Level-Vereinbarung.
SLAID	Die interne ID der Service-Level-Vereinbarung.

Tabelle 18-12: TicketStateSet

Schlüssel	Wert
State	Name des neuen Status, wie etwa `open`.
StateID	Interne ID des Status.
PendingTimeDiff	Wenn es sich um einen Wartestatus handelt, gibt die hier angegebene Zeit in Sekunden die Wartezeit an. Die Wartezeit läuft herunter, sobald die Übergangsaktion ausgeführt wird.

Tabelle 18-13: TicketTitleSet

Schlüssel	Wert
Title	Neuer Betreff beziehungsweise Titel des Tickets.

Tabelle 18-14: TicketTypeSet

Schlüssel	Wert
Type	Typ des Tickets.
TypeID	Interne ID des Typs.

Wenn Sie alle Einstellungen vorgenommen haben, legen Sie die Übergangs-Aktion per *Speichern* an. Erstellen Sie nach dem gleichen Prinzip alle weiteren Übergangs-Aktionen. Für das Beispiel benötigen Sie noch folgende drei:

- Klicken Sie auf *Neue Übergangs-Aktion erstellen* und vergeben Sie als Namen Schiebe Ticket in die Queue Management. Diese Aktion wird ausgeführt, wenn der Techniker das Ticket erstellt und es dem Abteilungsleiter zur Genehmigung vorlegt. Wählen Sie als *Übergangs-Aktionsmodul* den Punkt *TicketQueueSet* aus, geben Sie als *Schlüssel* den Begriff Queue ein und als *Wert* die Queue Management. Lassen Sie die Übergangs-Aktion *Speichern*.

- Klicken Sie auf *Neue Übergangs-Aktion erstellen* und vergeben Sie als Namen Ticket erfolgreich schließen. Diese Aktion wird ausgeführt, wenn die Versandabteilung das Ersatzgerät verschickt hat. Wählen Sie als *Übergangs-Aktionsmodul* den Punkt *TicketStateSet* aus, geben Sie als *Schlüssel* den Begriff State ein und als *Wert* den Status closed successful. Erzeugen Sie die Übergangs-Aktion via *Speichern*.

- Klicken Sie auf *Neue Übergangs-Aktion erstellen* und vergeben Sie als Namen Ticket nicht erfolgreich schließen. Diese Aktion wird ausgeführt, wenn der Abteilungsleiter den Austausch ablehnt. Wählen Sie als *Übergangs-Aktionsmodul* den Punkt *TicketStateSet* aus, geben Sie als *Schlüssel* den Begriff State ein und als *Wert* den Status closed unsuccessful. Lassen Sie die Übergangs-Aktion *Speichern*.

Der Kasten *Verfügbare Prozess-Elemente* sollte damit wie in Abbildung 18-22 aussehen.

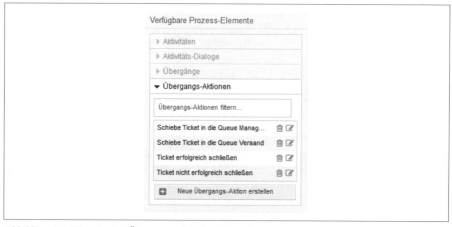

Abbildung 18-22: Die vier Übergänge für das Beispiel

Sie können jederzeit die einzelnen Übergangs-Aktionen nachbearbeiten. Das ist etwa nützlich, wenn Sie nachträglich das Aktionsmodul ändern wollen. Dazu klicken Sie einfach im Kasten *Verfügbare Prozess-Elemente* rechts neben dem Namen der entsprechenden Übergangs-Aktion auf das (viel zu kleine) Symbol mit dem Bleistift. Ein Klick auf den Mülleimer links daneben würde hingegen die Übergangs-Aktion löschen.

Prozesspfad erstellen

Damit sind jetzt endlich alle Bestandteile des Prozesses zusammen. OTRS weiß allerdings noch nicht, wann welche Aktivitäten in welcher Reihenfolge abzuarbeiten sind. Den kompletten Ablauf des Prozesses legen Sie grafisch im Bereich *Aktivitäten, Aktivitäts-Dialoge und Übergänge hinzufügen und bearbeiten* fest. Das Ergebnis sieht wie ein Flussdiagramm (Flow-Chart) aus, für das Abbildung 18-23 ein Beispiel zeigt. Um es zusammenzuklicken, ziehen Sie einfach die passenden Elemente aus dem Kasten *Verfügbare Prozess-Elemente* in der richtigen Reihenfolge in den großen Bereich. Der weiße Kreis bildet dabei den Startpunkt des Prozesses.

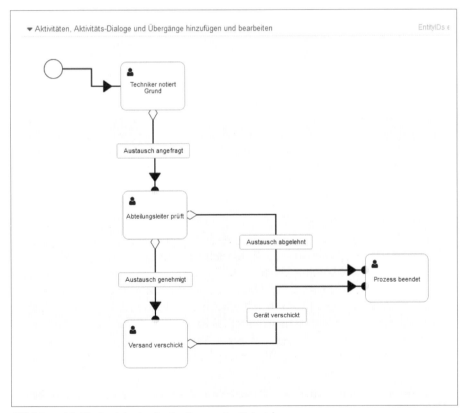

Abbildung 18-23: So sieht der fertige Prozess im Beispiel aus.

Ziehen Sie zunächst die erste und die letzte Aktivität aus dem Kasten *Verfügbare Prozess-Elemente* auf die große Arbeitsfläche. Im Beispiel muss der Techniker zuerst den Antrag schreiben. Klicken Sie daher im Kasten *Verfügbare Prozess-Elemente* auf *Aktivitäten*, sodass sich der entsprechende Bereich öffnet. Fahren Sie mit der Maus auf die Aktivität *Techniker notiert Grund*. Der Mauszeiger verwandelt sich dabei in einen Doppelpfeil. Halten Sie die linke Maustaste gedrückt und ziehen Sie die Aktivität nach rechts neben den weißen Kreis. Lassen Sie dort die Maustaste wieder los. OTRS verbindet wie in Abbildung 18-24 den Startpunkt automatisch mit der entsprechenden Aktivität. Ziehen Sie auf die gleiche Weise die Aktivität *Prozess beendet* nach rechts unten auf die graue Fläche. Diese Aktivität bildet gleich den Endpunkt des Prozesses.

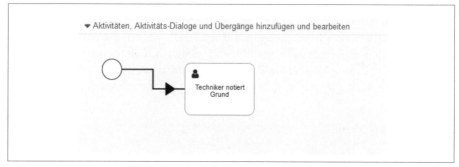

Abbildung 18-24: Im ersten Schritt muss der Techniker der Grund notieren.

Die Verbindung zwischen den Aktivitäten stellen die Übergänge her. Um einen Übergang hinzuzufügen, ziehen Sie einfach das entsprechende Exemplar aus dem Kasten *Verfügbare Prozess-Elemente* auf die Aktivität, die den Startpunkt des Übergangs bildet. Im Beispiel klicken Sie auf der linken Seite im Kasten *Verfügbare Prozess-Elemente* auf die *Übergänge* und ziehen dann den Übergang *Austausch angefragt* nach rechts auf die Aktivität *Techniker notiert Grund*. Lassen Sie die linke Maustaste los, wenn sich das Kästchen *Techniker notiert Grund* grün verfärbt. Das Ergebnis zeigt Abbildung 18-25.

Greifen Sie jetzt mit dem Mauszeiger den roten Knubbel und ziehen Sie ihn auf die Aktivität, die als Nächstes folgen soll. Im Beispiel fahren Sie mit dem Mauszeiger auf den roten Knubbel, halten die linke Maustaste gedrückt, fahren mit der Maus auf den Kasten *Prozess beendet*, bis dieser aufleuchtet, und lassen dann die linke Maustaste wieder los. Das Ergebnis sollte wie in Abbildung 18-26 aussehen. Damit haben Sie jetzt einen ersten einfachen Prozess erstellt: Nachdem der Techniker den Grund hat, prüft der Übergang *Austausch angefragt*, ob das dynamische Feld *Genehmigung* auf *Angefragt* steht. Wenn das der Fall ist, schließt OTRS den Prozess auch schon wieder ab.

Sie können jederzeit die einzelnen Kästchen mit der Maus an eine andere Stelle ziehen und so für etwas Ordnung sorgen. Die Verbindungslinien zwischen den Kästchen verlegt OTRS dabei automatisch. Um einen Kasten zu verschieben, platzieren

Sie die Maus über ihm. Das Kästchen leuchtet dann auf, zudem verwandelt sich der Zeiger in einen Doppelpfeil. Halten Sie die linke Maustaste gedrückt, ziehen Sie den Kasten an die gewünschte Stelle und lassen Sie die linke Maustaste wieder los. Achten Sie dabei darauf, nicht zwei Kästen übereinanderzulegen, da OTRS sonst unter Umständen die Verbindungen löst und (falsch) wiederherstellt.

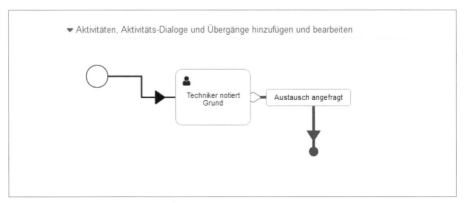

Abbildung 18-25: Hier wurde der Übergang »Austausch angefragt« hinzugefügt. Ausgangspunkt ist dabei die Aktivität »Techniker notiert Grund«.

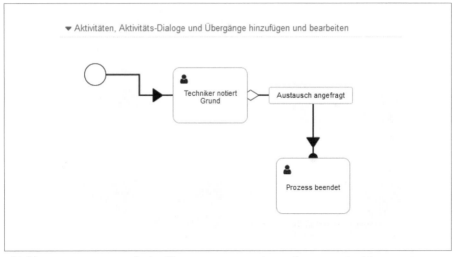

Abbildung 18-26: Hier wurde der Übergang »Austausch angefragt« mit der Aktivität »Prozess beendet« verbunden.

Sie haben damit die Aktivitäten und einen entsprechenden Übergang angelegt. OTRS muss beim Übergang von einer Aktivität zur nächsten aber unter Umständen eine Aktion ausführen. Wenn etwa im Beispiel der Techniker um den Austausch des Staubsaugers gebeten hat, muss OTRS das Prozessticket in die Queue des Abteilungsleiters schieben. Dies erledigt eine entsprechende Übergangs-Aktion, die Sie einfach aus dem Kasten *Verfügbare Prozess-Elemente* rechts in der Grafik auf den Kasten für den entsprechenden Übergang ziehen. Im Beispiel klicken Sie auf der linken Seite im Kasten *Verfügbare Prozess-Elemente* auf *Übergangs-Aktionen* und ziehen den Punkt *Schiebe Ticket in die Queue Management* nach rechts im Diagramm auf den Kasten *Austausch angefragt*. Wenn sich der Mauszeiger auf dem Kasten befindet und – wichtig – sich dieser dabei grün verfärbt, lassen Sie die linke Maustaste los. OTRS hat damit die Übergangs-Aktion *Schiebe Ticket in die Queue Management* dem Übergang *Austausch angefragt* zugewiesen. Sollte sich der Kasten bei Ihnen nicht grün verfärben wollen oder Ihnen das Ziehen zu fummelig erscheint, lesen Sie zunächst weiter – es gibt gleich noch einen zweiten Weg, die Übergangs-Aktionen einem Übergang zuzuweisen.

Die Übergangs-Aktionen erscheinen allerdings nicht direkt im Diagramm. Stattdessen müssen Sie mit der Maus auf den entsprechenden Kasten *Austausch angefragt* fahren und dann auf das erscheinende kleine Symbol mit dem Stift in der linken oberen Ecke des Kastens klicken. OTRS öffnet dann das Fenster aus Abbildung 18-27 (wenn sich das Fenster nicht nach einem Klick öffnet, probieren Sie einen Doppelklick auf das Symbol mit dem Bleistift).

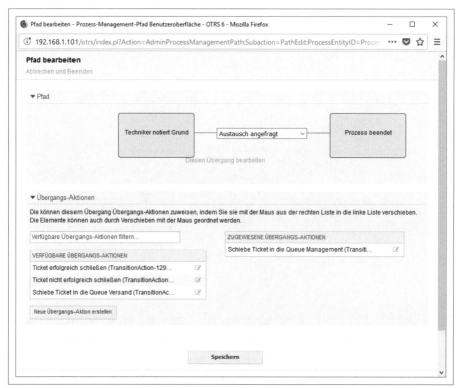

Abbildung 18-27: In diesem Fenster können Sie sehen, welche Übergangs-Aktionen dem Übergang zugewiesen sind, und dies gegebenenfalls im unteren Bereich korrigieren.

Dort sehen Sie im oberen Bereich noch einmal die beiden verknüpften Aktivitäten. In der Drop-down-Liste dazwischen können Sie den gewählten Übergang noch einmal ändern. Im unteren Bereich listet OTRS auf der rechten Seite alle Übergangs-Aktionen auf, die bei diesem Übergang ausgeführt werden. Wenn also im Beispiel aus Abbildung 18-27 der Techniker den *Austausch anfragt*, schiebt OTRS das Prozessticket in die Queue *Management*. Im Fenster aus Abbildung 18-27 können Sie weitere Übergangs-Aktionen hinzufügen, indem Sie diese aus der Liste auf der linken Seite (*VERFÜGBARE ÜBERGANGS-AKTIONEN*) mit der Maus in die Liste auf der rechten Seite ziehen (*ZUGEWIESENE ÜBERGANGS-AKTIONEN*).

 Über die Schaltfläche *Neue Übergangs-Aktion erstellen* können Sie hier auch schnell eine neue Übergangs-Aktion anlegen. OTRS öffnet dann das schon bekannte Formular aus Abschnitt »Übergangs-Aktionen anlegen« auf Seite 415.

Wenn alle Einstellungen stimmen, klicken Sie auf *Speichern*, über den Link *Abbrechen und Beenden* ganz oben links verwerfen Sie hingegen alle im Fenster vorgenommenen Änderungen.

Auf die gezeigte Weise müssen Sie jetzt nach und nach den geplanten Prozess zusammenklicken. Orientieren Sie sich dabei an Ihrer Skizze. Verbindungen lösen Sie, indem Sie auf den schwarzen kleinen Kreis an ihrem Ende fahren und diesen bei gedrückter Maustaste auf eine andere Aktivität ziehen. Wenn Sie mit der Maus auf ein Kästchen fahren, blendet OTRS in dessen rechter oberer Ecke ein Mülleimersymbol ein. Ein Klick darauf entfernt das Element wieder von der Zeichenfläche. Sollte bei einem umfangreicheren Prozess der graue Bereich zu klein werden, klicken Sie in seiner rechten oberen Ecke auf einen der beiden Doppelpfeile (rechts neben dem Schriftzug *EntityIDs einblenden*). OTRS vergrößert dann die Zeichenfläche in der Breite beziehungsweise Höhe. Sie können sich zudem detaillierte Informationen über den Prozess ausdrucken, indem Sie links oben auf der Seite im Kasten *Aktionen* den Knopf *Prozess-Informationen drucken* anklicken. Ihre Arbeit sollten Sie zudem sicherheitshalber immer wieder über die entsprechende Schaltfläche am unteren Rand *Speichern* lassen.

Um das Beispiel zu komplettieren, verfahren Sie wie folgt:

- Ziehen Sie zunächst aus dem Kasten *Verfügbare Prozess-Elemente* die Aktivität *Abteilungsleiter prüft* auf einen leeren Bereich der Zeichenfläche.
- Legen Sie dann den aus *Austausch angefragt* herauslaufenden Pfeil in den Kasten *Abteilungsleiter prüft*. Dazu fahren Sie mit dem Mauszeiger auf den schwarzen Kreis im Kasten *Prozess beendet*. Die Verbindungslinie leuchtet dabei gelb auf. Halten Sie die linke Maustaste gedrückt und ziehen Sie die Verbindungslinie auf den Kasten *Abteilungsleiter prüft*. Lassen Sie dort die linke Maustaste wieder los.
- Ziehen Sie aus dem Kasten *Verfügbare Prozess-Elemente* die Aktivität *Versand verschickt* auf einen leeren Platz auf der Zeichenfläche.

- Anschließend ziehen Sie aus dem Kasten *Verfügbare Prozess-Elemente* den Übergang *Austausch genehmigt* auf die Zeichenfläche in den Kasten *Abteilungsleiter prüft* (dieser sollte dabei grün aufleuchten).

- Ziehen Sie den roten Kreis der Verbindungslinie auf den Kasten *Versand verschickt*.

- Ziehen Sie aus dem Kasten *Verfügbare Prozess-Elemente* die Übergangs-Aktion *Schiebe Ticket in die Queue Versand* auf die Zeichenfläche in den Kasten *Austausch genehmigt*. Wenn Letztgenannter grün aufleuchtet, lassen Sie die Maustaste los. Fahren Sie mit dem Mauszeiger auf den Kasten *Austausch genehmigt* und klicken Sie dann doppelt auf das erscheinende Symbol mit dem Bleistift. Im sich öffnenden Fenster sollte rechts unten in der Liste ZUGEWIESENE ÜBERGANGS-AKTIONEN der Punkt *Schiebe Ticket in die Queue Versand* erscheinen. Wenn nicht, ziehen Sie den entsprechenden Eintrag aus der linken Liste in die rechte. Schließen Sie das Fenster via *Speichern*.

- Ziehen Sie aus dem Kasten *Verfügbare Prozess-Elemente* den Übergang *Austausch abgelehnt* auf der Zeichenfläche in den Kasten *Abteilungsleiter prüft*. Lassen Sie die Maustaste erst los, wenn der Kasten grün aufleuchtet.

- Ziehen Sie den roten Kreis der Verbindungslinie auf den Kasten *Prozess beendet*.

- Ziehen Sie aus dem Kasten *Verfügbare Prozess-Elemente* die Übergangs-Aktion *Ticket nicht erfolgreich schließen* auf die Zeichenfläche in den Kasten *Austausch abgelehnt*. Lassen Sie erst dann die Maustaste los, wenn der Kasten grün aufleuchtet. Fahren Sie mit dem Mauszeiger auf den Kasten *Austausch abgelehnt* und klicken Sie dann doppelt auf das erscheinende Symbol mit dem Bleistift. Im neuen Fenster sollte rechts unten in der Liste ZUGEWIESENE ÜBERGANGS-AKTIONEN der Punkt *Ticket nicht erfolgreich schließen* erscheinen. Wenn nicht, ziehen Sie den entsprechenden Eintrag aus der linken Liste in die rechte. Schließen Sie das Fenster via *Speichern*.

- Ziehen Sie aus dem Kasten *Verfügbare Prozess-Elemente* den Übergang *Gerät verschickt* auf der Zeichenfläche in den Kasten *Versand verschickt*. Lassen Sie die Maustaste erst los, wenn der Kasten grün aufleuchtet.

- Ziehen Sie den roten Kreis der Verbindungslinie auf den Kasten *Prozess beendet*.

- Ziehen Sie aus dem Kasten *Verfügbare Prozess-Elemente* die Übergangs-Aktion *Ticket erfolgreich schließen* auf die Zeichenfläche in den Kasten *Gerät verschickt*. Lassen Sie erst dann die Maustaste los, wenn der Kasten grün aufleuchtet. Fahren Sie mit dem Mauszeiger auf den Kasten *Gerät verschickt* und führen Sie dann einen Doppelklick auf das erscheinende Symbol mit dem Bleistift aus. Im sich öffnenden Fenster sollte rechts unten in der Liste ZUGEWIESENE ÜBERGANGS-AKTIONEN der Punkt *Ticket erfolgreich schließen* erscheinen. Wenn nicht, ziehen Sie den entsprechenden Eintrag aus der linken Liste in die rechte. Schließen Sie das Fenster via *Speichern*.

Wenn der Prozess komplett ist, können Sie ganz oben auf der Seite im Bereich *Prozess-Informationen bearbeiten* in das Eingabefeld neben *Status* klicken, den Prozess auf *Aktiv* setzen und ihn am unteren Seitenrand *Speichern und abschließen*.

Wann immer Sie einen Prozess anlegen oder verändern, müssen Sie OTRS noch explizit darauf hinweisen. Dazu klicken Sie in der Liste mit allen Prozessen (zu erreichen via *Admin → Prozess-Management*) links oben im Kasten *Aktionen* auf *Alle Prozesse speichern*. OTRS aktualisiert dann die vorhandenen Prozesse. Das ist übrigens immer dann nötig, wenn OTRS Sie mit einer orangefarbenen Warnmeldung darum bittet, alle Prozesse zu synchronisieren. Technisch schreibt das Ticketsystem dabei im Hintergrund die Konfigurationen aller Prozesse in einen Zwischenspeicher (Cache). Damit kann OTRS schneller einen Prozess durchlaufen und die entsprechenden Aktionen anwenden. Wenn Sie eine Einstellung ändern oder einen neuen Prozess hinzufügen, weicht der Inhalt des Caches von der tatsächlichen Konfiguration ab. Mit einem Klick auf *Alle Prozesse speichern* erstellt OTRS dann den Cache neu.

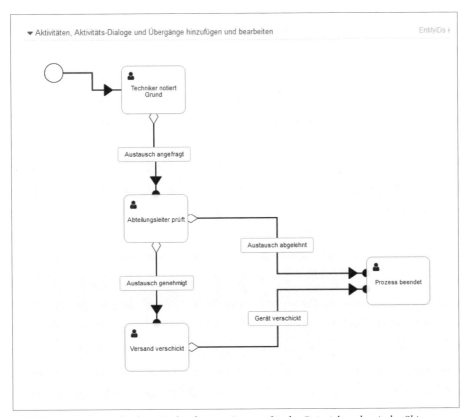

Abbildung 18-28: Vergleichen Sie den fertigen Prozess für das Beispiel auch mit der Skizze aus Abbildung 18-1 auf Seite 396.

Prozesse starten

Wenn mindestens ein Prozess existiert und aktiviert ist, finden Sie im Hauptmenü unter *Tickets* den neuen Punkt *Neues Prozessticket*. Über ihn kann ein Agent einen der Prozesse anstoßen. Wenn also im Beispiel der Techniker einen defekten Staubsauger aufgrund eines zu großen Defekts austauschen möchte, ruft er *Tickets →* *Neues Prozessticket* auf.

OTRS möchte dann wissen, welchen Prozess der Agent anstoßen möchte. Im Beispiel wäre das der *Austausch Staubsauger*. Daraufhin erscheint das passende Formular aus Abbildung 18-29. Dies ist der Aktivitäts-Dialog *Grund für den Austausch*. Darin trägt der Techniker jetzt den Grund für den Austausch ein und klickt auf *Ersatzgerät anfordern*. OTRS schreibt den hinterlegten Grund in das dynamische Feld *Grund* und den im versteckten Feld hinterlegten Text *Angefragt* in das dynamische Feld *Genehmigung*.

Abbildung 18-29: Hier erstellt ein Techniker gerade ein neues Prozessticket, mit dem er um den Austausch eines defekten Staubsaugers bittet.

Anschließend öffnet OTRS die Ticket-Zoom-Ansicht aus Abbildung 18-30. OTRS zeigt hier alle Ticket-Informationen an, darunter auch rechts auf der Seite im Bereich *Prozess-Informationen* die *Aktivität*. Im Beispiel hat OTRS zudem das Ticket automatisch in die Queue *Management* gesteckt. Wenn der Abteilungsleiter jetzt das Ticket öffnet, kann er links im Bereich *Prozess-Informationen* neben *Abteilungsleiter prüft* mit einem Klick auf *Status* seine Genehmigung erteilen. Das entsprechende Formular ist der Aktivitäts-Dialog *Status*. Wenn Sie einer Aktivität mehrere Aktivitäts-Dialoge zuordnen, finden Sie für jeden Aktivitäts-Dialog einen weiteren Link. In Abbildung 18-30 würde OTRS diese Links rechts neben *Abteilungsleiter prüft* auflisten.

Abbildung 18-30: Hier wartet das Prozessticket auf die Begutachtung durch einen Abteilungsleiter.

Sobald der Abteilungsleiter die Genehmigung erteilt hat, schiebt OTRS das Ticket automatisch weiter in die Queue *Versand*. Die Agenten in der Versandabteilung verfahren dann nach dem gleichen Prinzip weiter. Ein Prozessticket behandelt OTRS ansonsten wie ein ganz normales Ticket.

 Das hier gezeigte Beispiel ist absichtlich extrem einfach gehalten und daher nicht praxistauglich. Beispielsweise könnten die Mitarbeiter im Versand versehentlich die Genehmigung zurücknehmen und so den kompletten Prozess in einen chaotischen Zustand versetzen. Dennoch kann das Beispiel als Grundlage für eigene Prozesse dienen.

Prozesse verwalten

Einen Prozess und seine Bestandteile können Sie jederzeit nachbearbeiten. Dazu klicken Sie in der Liste mit allen Prozessen hinter *Admin → Prozess-Management* einfach in der Tabelle auf den Namen des gewünschten Prozesses. Es öffnet sich jetzt die schon bekannte Ansicht mit dem Diagramm.

Um einen Prozess zu löschen, schalten Sie ihn zunächst inaktiv, indem Sie oben auf der Seite in das Feld *Status* klicken, *Inaktiv* auswählen und dann den Prozess ganz unten auf der Seite *Speichern* lassen. Jetzt erscheint am linken Seitenrand im Kasten *Aktionen* die Schaltfläche *Inaktiven Prozess löschen*. Sobald Sie sie anklicken, bietet Ihnen OTRS an, den Prozess zu entfernen. Die Aktivitäten, Aktivitäts-Dialoge, Übergänge und Übergangs-Aktionen bleiben dabei allerdings erhalten. Wenn Sie diese ebenfalls loswerden möchten, müssen Sie sie einzeln entfernen, noch bevor Sie den Prozess löschen.

Wenn Sie einen Prozess in leicht abgewandelter Form noch einmal benötigen, können Sie etwas Arbeit einsparen, indem Sie den Prozess einfach kopieren. Dazu wechseln Sie zunächst in die Liste mit allen Prozessen hinter *Admin → Prozess-*

Management. Suchen Sie den gewünschten Prozess in der Tabelle und klicken Sie in seiner Zeile auf das Symbol mit den zwei Blättern in der Spalte *Kopieren*.

Mit einem Klick auf das Druckersymbol in der letzten Spalte können Sie zudem noch Detailinformationen über den Prozess abrufen und bei Bedarf ausdrucken.

Prozesse ex- und importieren

Das Erstellen eines Prozesses ist recht aufwendig. Insbesondere wenn Sie OTRS neu installiert haben, müssten Sie alle Prozesse erneut anlegen. Um Arbeit zu sparen, können Sie alle Einstellungen zu einem Prozess in einer Datei speichern lassen. In der neuen Installation müssen Sie diese Datei lediglich wieder importieren.

Um einen Prozess zu sichern, rufen Sie im Hauptmenü *Admin* auf und klicken im Bereich *Prozesse & Automatisierung* auf *Prozess-Management*. Suchen Sie in der Tabelle den Prozess, den Sie sichern beziehungsweise exportieren möchten, und klicken Sie in seiner Zeile auf das Symbol mit dem Pfeil nach unten (in der Spalte *EXPORT*). OTRS bietet Ihnen jetzt eine Datei mit der Endung .yml an, die Sie auf Ihrer Festplatte speichern lassen. Sie enthält sämtliche Informationen über den Prozess.

Möchten Sie den Prozess später wiederherstellen beziehungsweise importieren, rufen Sie erneut *Admin* → *Prozess-Management* auf, klicken auf der linken Seite im Bereich *Konfigurationsimport* auf *Durchsuchen*, wählen die entsprechende .yml-Datei auf Ihrer Festplatte aus und lassen die *Prozesskonfiguration importieren*. Sollte es bereits einen Prozess mit dem gleichen Namen im System geben, überschreibt ihn OTRS mit seinem Kollegen aus der .yml-Datei. Wenn Sie das verhindern möchten, entfernen Sie vor dem Klick auf *Prozesskonfiguration importieren* noch den Haken vor *Bestehende Einträge überschreiben*.

KAPITEL 19

OTRS erweitern und anpassen

OTRS können Sie um zusätzliche Funktionen erweitern. Beispielsweise lässt sich eine Wissensdatenbank anflanschen, in der Sie Lösungen für häufig auftauchende Probleme hinterlegen können – etwa, dass Kunden die Küchenmaschine nur zehn Minuten auf der höchsten Stufe betreiben dürfen. Darüber hinaus können Sie die Benutzeroberfläche von OTRS anpassen, was allerdings Kenntnisse in HTML und CSS voraussetzt. Doch zunächst zum erweiterten Funktionsumfang.

Den Funktionsumfang erweitern

OTRS lässt sich um zusätzliche Funktionen erweitern. Diese stellen Drittentwickler in Form von kleinen Paketen bereit.

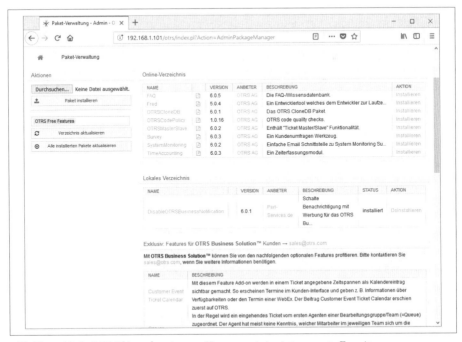

Abbildung 19-1: OTRS bietet bereits von Haus aus einige interessante Erweiterungen zur Installation an.

So rüstet etwas ein Paket eine Wissensdatenbank nach, in der Sie häufig gestellte Fragen (FAQ, *Frequently Asked Questions*) beantworten können, während ein anderes Paket ein Werkzeug für Kundenumfragen ergänzt. Die Pakete stellen zum einen die OTRS AG, zum anderen auch Drittentwickler bereit. Die Installation eines Pakets erfolgt bequem über die Benutzeroberfläche: Rufen Sie im Hauptmenü unter *Admin* im Bereich *Administration* den Punkt *Paket-Verwaltung* auf. Es erscheint jetzt die Seite aus Abbildung 19-1.

Offizielle Pakete installieren

Auf der rechten Seite finden Sie jetzt mehrere Listen. Der Kasten *Online-Verzeichnis* präsentiert alle von der OTRS AG angebotenen Pakete. Wenn die Liste bei Ihnen leer ist, klicken Sie links im Kasten *Aktionen* auf *Verzeichnis aktualisieren*. Über diese Schaltfläche können Sie die Liste auch später immer wieder manuell aktualisieren. Die jetzt in der Liste *Online-Verzeichnis* angebotenen Zusatzfunktionen dürfen Sie kostenlos einspielen und nutzen. Sollte die Liste *Online-Verzeichnis* trotz der Aktualisierung leer bleiben, stellen Sie sicher, dass der Computer, auf dem OTRS läuft, Zugang zum Internet besitzt. Starten Sie diesen im Extremfall einmal neu. Stellen Sie zudem sicher, dass im Kasten *Aktionen* im Eingabefeld *OTRS Free Features* steht. Nur dann zapft OTRS das Verzeichnis mit den kostenlosen Paketen an. Sollte bei Ihnen ein anderer Wert stehen, klicken Sie in das Eingabefeld, wählen *OTRS Free Features* aus und lassen das *Verzeichnis aktualisieren*.

Alle Pakete in der Liste *Exklusiv: Features für OTRS Business Solution Kunden* stehen Ihnen nur dann zur Verfügung, wenn Sie einen entsprechenden kostenpflichtigen Supportvertrag mit der OTRS AG geschlossen haben. Weitere Informationen erhalten Sie unter *https://www.otrs.com*.

In den Listen erfahren Sie neben dem Namen des Pakets auch dessen Versionsnummer und in der Spalte *ANBIETER* den Entwickler. Welche Zusatzfunktion das Paket nachrüstet, verrät kurze und knapp die Zeile unter *BESCHREIBUNG*. Eine ausführliche Anleitung für ein Paket erhalten Sie, indem Sie in der entsprechenden Zeile auf das Papiersymbol in der zweiten Spalte klicken. Die Anleitung kommt dabei als PDF-Dokument, das Sie zum Beispiel mit dem Adobe Reader betrachten und gegebenenfalls ausdrucken können.

Ein Klick auf den Namen eines Pakets führt zu weiteren Informationen (siehe Abbildung 19-2). Von Bedeutung ist dort vor allem die *Lizenz*, unter der das Paket steht: Einige Pakete können Sie vollkommen kostenfrei nutzen, für andere wiederum müssen Sie eine Lizenzgebühr entrichten. Alle von der OTRS AG angebotenen freien Pakete stehen unter der GNU Affero General Public License und dürfen somit kostenlos verwendet werden. Die übrigen Informationen beschreiben vor allem, welche Dateien das Paket enthält und welche Änderungen es an der Datenbank vornimmt. Kehren Sie zur *Paket-Verwaltung* zurück, indem Sie links oben auf *Zur Übersicht gehen* klicken.

Abbildung 19-2: Dieses Paket rüstet eine Verwaltung für häufig gestellte Fragen (FAQ) nach.

Dort installieren Sie ein Paket, indem Sie in seiner Zeile auf *Installieren* klicken (in der letzten Spalte). OTRS zeigt Ihnen jetzt noch einmal an, welches Paket es einspielen würde. Bestätigen Sie das mit *Weiter*. OTRS lädt jetzt das entsprechende Paket herunter und installiert es. Dies kann ein paar Minuten dauern. Warten Sie unbedingt ab und rufen Sie währenddessen keine anderen Funktionen auf. Nach der Installation erscheint eine Erfolgsmeldung. Bei einigen Paketen enthält diese auch noch wichtige Hinweise oder eine Schnellstartanleitung. Ein Klick auf *Weiter* kehrt zurück zur *Paket-Verwaltung*. Unter Umständen müssen Sie sich jetzt einmal ab- und wieder anmelden, damit sich das Paket in das Menü integriert. Sollte die Installation fehlschlagen, klicken Sie in der Liste den Namen des Pakets an und dann auf die Schaltfläche *Paket herunterladen*. Ihr Browser bietet Ihnen nun eine Datei mit der Endung .opm an. Speichern Sie sie auf Ihrer Festplatte und spielen Sie sie dann mit dem Verfahren aus dem nächsten Abschnitt ein.

Inoffizielle Pakete installieren

Drittanbieter stellen ihre Pakete in der Regel als Datei mit der Endung .opm bereit. Um diese zu installieren, klicken Sie auf der linken Seite im Kasten *Aktionen* auf *Durchsuchen*. Wählen Sie dann die OPM-Datei auf Ihrer Festplatte aus und lassen Sie das *Paket installieren*. OTRS zeigt Ihnen jetzt an, was für ein Paket es gleich einspielen würde. Mit einem Klick auf *Weiter* installiert das Ticketsystem das Paket. Anschließend landen Sie wieder in der *Paket-Verwaltung*. Unter Umständen müssen Sie sich jetzt einmal ab- und wieder anmelden, damit sich das Paket in das Menü integriert.

Pakete für OTRS finden Sie im Internet. Die Suche vereinfacht dabei das *OTRS Package Archive*, kurz OPAR, das Sie über die Internetadresse *https://opar.perl-services.de* erreichen. Dabei handelt sich um einen Katalog, in dem Sie sehr viele verfügbare OTRS-Pakete von Drittanbietern finden, jedoch nicht alle. Um ein Paket zu einer Funktion zu suchen, stellen Sie zunächst unter *OTRS Framework* Ihre OTRS-Version ein, tippen dann darüber in das Eingabefeld einen Suchbegriff ein und klicken auf *Search*. Das OPAR liefert Ihnen jetzt eine Liste mit allen zum Begriff irgendwie passenden Erweiterungen (wie in Abbildung 19-3). Der Link *Website* führt dann direkt zur Homepage des Entwicklers, ein Klick auf den mitunter etwas kryptischen Namen liefert eine Beschreibung des Pakets.

Abbildung 19-3: Der OPAR-Katalog zeigt Ihnen hier eine Liste mit Paketen, die sich in irgendeiner Form um FAQs drehen.

Wenn Sie Pakete aus dem OPAR oder dem Internet herunterladen, sollten Sie unbedingt folgende Dinge beachten:

- Die Erweiterungen stammen von Entwicklern, die mal besser und mal schlechter programmieren können. Damit schwankt auch die Qualität der Erweiterungen. Ein schlampig entwickeltes Paket könnte daher das komplette Ticketsystem lahmlegen.

- Achten Sie auf die Lizenz: Nicht alle Pakete dürfen Sie in allen Situationen kostenlos einsetzen. Auf der sicheren Seite sind Sie mit entsprechenden Open-Source-Lizenzen, wie etwa der *GNU General Public License* (kurz GNU GPL). Sie gestattet den kostenfreien Einsatz auch im kommerziellen Umfeld.

- Prüfen Sie, wann das Paket zum letzten Mal von seinem Entwickler aktualisiert wurde. Je länger dieser Zeitpunkt zurückliegt, desto wahrscheinlicher enthält das Paket Fehler und Sicherheitslücken. Wurde ein Paket über ein Jahr nicht aktualisiert, hat es der Entwickler sogar sehr wahrscheinlich aufgegeben.
- Achten Sie darauf, dass das Paket zu Ihrer OTRS-Version passt. Mit jeder neuen OTRS-Version ändern sich auch einige Teile unter der Haube. Damit besteht die Gefahr, dass auf die Vorversion zugeschnittene Pakete nicht mehr funktionieren.
- Einige Pakete besitzen ganz spezielle Systemanforderungen und verlangen beispielsweise besonders viel Hauptspeicher oder Rechenleistung. Prüfen Sie am besten vor der Installation, ob Ihr System beziehungsweise der Webserver alle Voraussetzungen erfüllt. Entsprechende Informationen erhalten Sie in der Regel auf der Homepage des Entwicklers oder in der Beschreibung des Pakets.

 Probieren Sie ein Paket immer erst in einer Testinstallation von OTRS aus. Nur wenn dort alles reibungslos funktioniert, installieren Sie es in ihrer produktiven OTRS-Installation. Damit verhindern Sie, dass ein veraltetes oder schlampig programmiertes Paket Ihr Ticketsystem lahmlegt.

Pakete deinstallieren

Alle installierten Pakete finden Sie stets über *Admin → Paket-Verwaltung* in der Tabelle *Lokales Verzeichnis*. Dort können Sie mit einem Klick auf das Papiersymbol in der zweiten Spalte nachträglich die Anleitung des jeweiligen Pakets herunterladen. Möchten Sie eines der Pakete und somit die von ihm angebotene Zusatzfunktion wieder entfernen, klicken Sie in seiner Zeile auf *Deinstallieren*. Unter Umständen erscheint jetzt noch eine Seite mit wichtigen Informationen und Warnhinweisen. Diese sollten Sie unbedingt lesen und beachten. Klicken Sie dann auf *Weiter*. In jedem Fall müssen Sie die jetzt erscheinende Nachfrage mit *Paket deinstallieren* bestätigen.

Pakete aktualisieren

Wenn ein Paket in einer neuen Version vorliegt, rufen Sie wieder die *Paket-Verwaltung* auf (via *Admin → Paket-Verwaltung*). Klicken Sie dann im Kasten *Alle installierten Pakete aktualisieren* an und bestätigen Sie mit *OK*. OTRS versucht jetzt, automatisch alle installierten Pakete auf den neuesten Stand zu bringen. Das gelingt allerdings nur bei Paketen, die den Aktualisierungsmechanismus auch unterstützen. Während der Aktualisierung blendet OTRS einen orangefarbenen Hinweis ein. Wenn Sie ihn anklicken, können Sie genau verfolgen, welche Pakete das Ticketsystem aktualisieren konnte und welche nicht. Schlägt die Aktualisierung bei einem Paket fehl, müssen Sie es manuell aktualisieren. Wie das funktioniert, verrät der Entwickler des Pakets.

Skins

Das Aussehen der Benutzeroberfläche bestimmen spezielle Design-Vorlagen, die sogenannten *Skins*. Diese bestehen aus mehreren Bildern, wie etwa dem Logo Ihrer Firma, sowie CSS-Dateien. Das Akronym CSS steht für *Cascading Style Sheets*. Dieser Standard legt einen Haufen Regeln fest, mit denen man das Aussehen einer Internetseite steuern beziehungsweise bestimmen kann. Um selbst einen eigenen Skin zu erstellen, müssen Sie sich folglich mit den Cascading Style Sheets auskennen. Darüber hinaus benötigen Sie auch Wissen um den Standard HTML, der die Grundlage für alle Internetseiten bildet. Da diese Themen eigene Bücher füllen würden, setzen die folgenden Absätze ein entsprechendes Wissen voraus. Darüber hinaus benötigen Sie Zugriff auf Ihre OTRS-Installation.

 Wenn Sie lediglich die Logos und Grafiken in der Benutzeroberfläche gegen eigene austauschen möchten, brauchen Sie nur einen vorhandenen Skin zu kopieren und in diesem dann die entsprechenden Bilder gegen Ihre auszutauschen. In diesem Fall benötigen Sie kein Wissen um die Cascading Style Sheets.

Jeder Skin liegt in einem eigenen Unterverzeichnis. Um die entsprechenden Unterverzeichnisse aufzuspüren, wechseln Sie zunächst in das Verzeichnis mit der OTRS-Installation, meist /opt/otrs. Weiter geht es dann im Unterverzeichnis var/httpd/htdocs/skins. Dort angekommen, stehen Sie vor zwei Ordnern: Agent sammelt alle Skins, die die Benutzeroberfläche für Agenten und Administratoren aufhübschen. Unter Customer finden sich hingegen alle Skins, die die Optik des Kundenbereichs vorgeben. Möchten Sie also etwa das Aussehen der Benutzeroberfläche für die Agenten ändern, wechseln Sie in das Verzeichnis Agent.

Darin besitzt jeder Skin einen eigenen Ordner, der den Namen des Skins trägt. Im Unterverzeichnis ivory liegt folglich der Skin mit dem Namen *ivory*. Jeder Agent kann sich einen dieser Skins später in seinen persönlichen Einstellungen auswählen (siehe Kapitel 13, *Persönliche Einstellungen*).

Um einen neuen eigenen Skin zu erstellen, legen Sie zunächst ein neues Verzeichnis an, wie etwa kuechengmbh. In diesem Verzeichnis erzeugen Sie zwei weitere Unterverzeichnisse:

- In css landen im Folgenden alle CSS-Dateien, die jeweils einen ganz bestimmten Aspekt der Benutzeroberfläche verändern.
- In css-cache legt OTRS gleich selbst Dateien ab. Genauer gesagt, wandelt das Ticketsystem später Ihre CSS-Dateien automatisch in eine sogenannte minifizierte Variante um. Darin fehlen unter anderem die Leerzeichen und Tabulatoren. Die damit wesentlich kompaktere CSS-Datei lässt sich so etwas schneller durch das Internet schicken.
- In img sammeln Sie alle Bilddateien, wie etwa Ihr Firmenlogo.

Auf diese Verzeichnisse muss OTRS zugreifen können. Passen Sie folglich die Dateirechte an. Wenn Sie der Installationsanleitung aus Kapitel 2, *Installation*, gefolgt sind, muss der Benutzer otrs auf alle Verzeichnisse schreibend und lesend zugreifen können. Im Beispiel erreichen Sie das über folgende zwei Befehle:

```
chown -R otrs kuechengmbh/
chmod -R 775 kuechengmbh/
```

Wenn Sie ein neues Bild einbinden möchten, legen Sie es unter img ab. Nachfolgend soll das Logo ausgetauscht werden. Speichern Sie es im Unterverzeichnis img in der Datei logo.png.

Um das Aussehen zu verändern, erstellen Sie unter css die Datei Core.Default.css und legen darin entsprechende Regeln ab. Für einen ersten Test können Sie die Hintergrundfarbe auf ein ätzendes, aber auffallendes Rot ändern:

```
body {
background-color: red;
}
```

Wenn ein Agent später den neuen Skin *kuechengmbh* auswählt, greift sich OTRS zunächst alle CSS-Dateien aus dem Standardskin *default*. Anschließend schaut es im Skin *kuechengmbh* nach, ob es dort Dateien mit dem gleichen Dateinamen gibt. Ist das der Fall, bindet OTRS auch diese CSS-Dateien ein. Mit anderen Worten, Sie überschreiben in der Datei Core.Default.css (nur) die entsprechenden Vorgaben des Standardskins *default*. Damit das funktioniert, müssen Ihre eigenen CSS-Dateien folglich genauso heißen wie die des *default*-Skins.

Auch wenn ein Agent einen anderen Skin ausgewählt hat, lädt OTRS immer *erst* den *default*-Skin. Den vom Agenten gewählten Skin lädt OTRS stets *danach*. Dies sollten Sie bei Ihrer Arbeit im Hinterkopf behalten. Technisch bindet OTRS in jeder von ihm ausgegebenen HTML-Seite das Stylesheet des *default*-Skins vor dem anderen ein:

```
<link rel="stylesheet" href="/otrs-web/skins/Agent/
default/css-cache/123.css" />
<link rel="stylesheet" href="/otrs-web/skins/Agent/
kuechengmbh/css-cache/345.css" />
```

Leider bieten die OTRS-Entwickler keine Liste mit den von OTRS an die einzelnen HTML-Elemente gehefteten CSS-Klassen an. Hier bleibt Ihnen nur, eine im Browser angezeigte Seite in der Seitenquelltextansicht zu öffnen und mit ihr einen Blick unter die Haube zu werfen. Darüber hinaus können Sie die CSS-Dateien des *default*-Skins inspizieren.

Sie können auch einfach die CSS-Dateien des *default*-Skins in Ihr css-Verzeichnis kopieren und dort dann anpassen.

Sind die Bild- und CSS-Dateien Ihres neuen Skins an Ort und Stelle, müssen Sie OTRS noch auf Ihren neuen Skin aufmerksam machen. Das geschieht über eine spezielle Konfigurationsdatei. Um ihren Speicherort zu finden, wechseln Sie zunächst in das OTRS-Installationsverzeichnis, in der Regel also nach /opt/otrs. Weiter geht es dann im Unterverzeichnis Kernel/Config/Files/XML. Dort erstellen Sie eine neue Textdatei. Ihr Dateiname beginnt mit dem Namen Ihres Skins und endet auf Skin.xml. Im Beispiel würden Sie folglich die Datei KuechengmbhSkin.xml benötigen. Ihr Inhalt sieht wie folgt aus:

```xml
<?xml version="1.0" encoding="utf-8" ?>
<otrs_config version="2.0" init="Application">

    <Setting Name="AgentLogoCustom###kuechengmbh" Required="0" Valid="1">
        <Description Translatable="1">Das (Firmen-)Logo rechts
        oben in der Benutzeroberfläche.</Description>
        <Navigation>Frontend::Agent</Navigation>
        <Value>
            <Hash>
                <Item Key="URL">skins/Agent/kuechengmbh/img/logo.png</Item>
                <Item Key="StyleTop">21px</Item>
                <Item Key="StyleRight">29px</Item>
                <Item Key="StyleHeight">55px</Item>
                <Item Key="StyleWidth">230px</Item>
            </Hash>
        </Value>
    </Setting>

    <Setting Name="Loader::Agent::Skin###kuechengmbh" Required="0" Valid="1">
        <Description Translatable="1">Beispiel-Skin aus dem OTRS-Buch.
        </Description>
        <Navigation>Frontend::Base::Loader</Navigation>
        <Value>
            <Hash>
                <Item Key="InternalName">kuechengmbh</Item>
                <Item Key="VisibleName" Translatable="1">Küchen GmbH</Item>
                <Item Key="Description" Translatable="1">Beispiel-Skin
                für die Küchen GmbH.</Item>
                <Item Key="HomePage">www.oreilly.de</Item>
            </Hash>
        </Value>
    </Setting>

</otrs_config>
```

Der obere Block tauscht das Logo aus, der untere kümmert sich um die CSS-Dateien des Skins. Das obige Beispiel können Sie einfach so übernehmen. Sie müssen lediglich die entsprechenden Namen beziehungsweise Bezeichner austauschen:

- Hinter <Item Key="URL"> folgt der Pfad zur Datei mit dem Logo, ausgehend vom skin-Ordner.
- Hinter <Item Key="StyleTop"> notieren Sie, wie viele Pixel das Logo vom oberen Rand abgerückt werden soll.

- Hinter `<Item Key="StyleRight">` notieren Sie, wie viele Pixel das Logo vom linken Rand abgerückt werden soll.
- Hinter `<Item Key="StyleHeight">` notieren Sie die Höhe des Bilds in Pixeln.
- Hinter `<Item Key="StyleWidth">` notieren Sie die Breite des Bilds in Pixeln.
- Hinter `<Setting Name="Loader::Agent::Skin###` steht der interne Name Ihres Skins, der dem Verzeichnisnamen entspricht. Hängen Sie dort einfach den Verzeichnisnamen an, im Beispiel also kuechengmbh.
- Hinter `<Item Key="InternalName">` folgt der Verzeichnisname Ihres Skins, im Beispiel war das kuechengmbh.
- Hinter `<Item Key="VisibleName">` folgt der Name, den OTRS später dem Agenten in seinen persönlichen Einstellungen anzeigt.
- Hinter `<Item Key="Description">` und `<Description Translatable="1">` folgt jeweils eine kurze Beschreibung des Skins.
- Hinter `<Item Key="HomePage">` gibt der Ersteller des Skins seine Internetadresse an.

Speichern Sie die `.xml`-Datei in der Zeichenkodierung UTF-8. Jeder gute Texteditor sollte diese Einstellung irgendwo anbieten – der in Windows mitgelieferte Editor etwa beim Speichern.

Aufbau und Speicherort dieser Datei haben sich in OTRS 6 (leicht) verändert. Skins aus vorherigen OTRS-Versionen können Sie folglich nicht einfach übernehmen.

Rufen Sie jetzt den Befehl `/opt/otrs/bin/otrs.Console.pl Maint::Config::Rebuild` auf. Er veranlasst OTRS, die Konfiguration neu einzulesen. Sie müssen den Befehl dabei als OTRS-Benutzer ausführen. Das gelingt normalerweise mit dem Bandwurmbefehl:

```
su -c "/opt/otrs/bin/otrs.Console.pl Maint::Config::Rebuild" -s /bin/bash otrs
```

Anschließend lässt sich der neue Skin in den persönlichen Einstellungen auswählen. Sollte nach dem Umschalten auf den neuen Skin keine Änderung eintreten, prüfen Sie

- alle Dateien auf Tippfehler sowie
- die Lese- und Schreibrechte der Verzeichnisse. Kann OTRS nicht auf die Dateien zugreifen, kommt einfach weiterhin der Standardskin zum Einsatz.

Damit Agenten den neuen Skin standardmäßig zu Gesicht bekommen, rufen Sie den Menüpunkt *Admin* auf und klicken im Bereich *Administration* auf den Punkt *Systemkonfiguration*. Tippen Sie in das große Eingabefeld die Zeichenfolge `Loader:`
`:Agent::DefaultSelectedSkin`, klicken Sie auf die Lupe, fahren Sie mit der Maus auf den Kasten *Loader::Agent::DefaultSelectedSkin*, lassen Sie die *Einstellung bearbeiten* und tragen Sie in das Eingabefeld den internen Namen des Skins ein – das ist gleich-

zeitig der Verzeichnisname des Skins. Bestätigen Sie die Änderung rechts im Kasten *Loader::Agent::DefaultSelectedSkin* mit einem Klick auf den Haken.

Den Skin für die Kunden müssen Sie als Seitenbetreiber fest vorgeben. Dazu wechseln Sie wieder in die Systemkonfiguration (etwa via *Admin → Systemkonfiguration*), tippen in das Eingabefeld die Zeichenfolge `Loader::Customer::SelectedSkin` ein, klicken auf die Lupe, fahren mit der Maus auf den Kasten *Loader::Customer:: SelectedSkin*, lassen die *Einstellung bearbeiten* und geben in das Eingabefeld den internen Namen des Skins ein. Bestätigen Sie Ihre Änderung rechts im Kasten *Loader::Customer::SelectedSkin* mit einem Klick auf den Haken.

In jedem Fall müssen Sie die geänderten Einstellungen noch in Betrieb nehmen. Dazu klicken Sie links oben im Kasten *Aktionen* auf *Inbetriebnahme*, dann auf *Ausgewählte Einstellungen in Betrieb nehmen* und schließlich auf *Jetzt in Betrieb nehmen*.

KAPITEL 20

Wartung

Dieses Kapitel verrät Ihnen, wie Sie ein Backup Ihrer kompletten OTRS-Installation erstellen, diese im Ernstfall wiederherstellen und das Ticketsystem auf dem aktuellen Stand halten. Abschließend lernen Sie noch einige von OTRS bereitgestellte Werkzeuge kennen, die Ihnen bei Wartungsarbeiten, der Fehlersuche und der Problembehandlung helfen. Größere Wartungsarbeiten an OTRS sollten Sie allerdings nur gut geplant angehen, um die Ausfallzeiten so gering wie möglich zu halten. Daher kümmert sich der direkt folgende Abschnitt zunächst um die notwendigen Vorkehrungen.

Die Systemwartung planen

Bevor Sie Wartungsarbeiten an OTRS oder auf dem Server durchführen, sollten Sie das Ticketsystem in einen speziellen Wartungsmodus versetzen. In diesem Modus können sich Agenten und Kunden nicht mehr am Ticketsystem anmelden. Das verhindert, dass sie während der Wartungsarbeiten ein Chaos anrichten oder Tickets verloren gehen. Eine Ausnahme bildet der Betreiber des Ticketsystems: Mit dem bei der Installation eingerichteten Benutzerkonto kann er sich immer anmelden und so etwa den Wartungsmodus (vorzeitig) wieder abschalten.

Sie sollten zumindest alle Agenten über die Wartungsarbeiten und somit den vorübergehenden Ausfall des Ticketsystems *frühzeitig* informieren.

OTRS kann den Wartungsmodus zeitgesteuert ein- und wieder abschalten. Dazu rufen Sie im Hauptmenü *Admin* auf und klicken dann im Bereich *Administration* die *Systemwartung* an. In der jetzt angezeigten Systemwartungsverwaltung lassen Sie über die entsprechende Schaltfläche eine *Neue Systemwartung planen*. Im Formular aus Abbildung 20-1 stellen Sie unter *Startzeitpunkt* ein, wann OTRS den Wartungsmodus anknipsen soll. Ein Klick auf das Kalendersymbol öffnet einen kleinen Kalender, der zumindest die Auswahl des Datums vereinfacht. Die Uhrzeit müssen Sie über die Drop-down-Listen rechts daneben wählen. Auf die gleiche Weise legen Sie unter *Endzeitpunkt* fest, wann OTRS den Wartungsmodus wieder abschaltet und somit der normale Betrieb wieder weiterläuft.

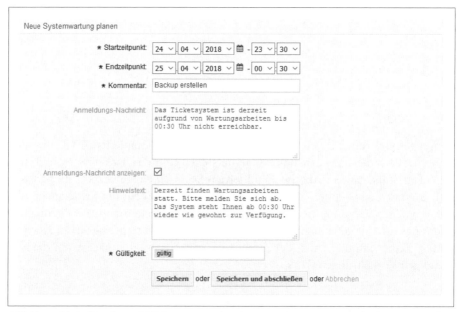

Abbildung 20-1: Hier hätte OTRS automatisch am 24.04.2018 um 23:30 Uhr für eine Stunde den Wartungsmodus aktiviert und würde ihn danach automatisch wieder abschalten.

 Führen Sie Wartungsarbeiten zu einer Zeit durch, in der normalerweise nur wenig geschieht. In Deutschland dürfte das in der Regel um Mitternacht herum sein. Auf diese Weise stören Sie den Betrieb möglichst wenig.

Hinterlegen Sie noch einen *Kommentar*. Darin sollten Sie kurz und knapp beschreiben, welche Wartungsarbeiten anfallen werden. Dieser Kommentar dient vor allem Ihrer Erinnerung.

Auf Wunsch blendet OTRS im Anmeldebildschirm einen Hinweis wie den aus Abbildung 20-2 ein. Dazu müssen Sie in das Kästchen neben *Anmeldungs-Nachricht anzeigen* einen Haken setzen. Sie können auch einen eigenen Hinweis im Eingabefeld *Anmeldungs-Nachricht* vorgeben.

Kunden und Agenten, die während des eingestellten Zeitfensters noch angemeldet sind, sehen zudem den Hinweis aus Abbildung 20-3. Diesen Hinweis können Sie durch einen eigenen Text ebenfalls ersetzen, indem Sie ihn einfach neben *Hinweistext* hinterlegen.

Abbildung 20-2: Hier befindet sich OTRS gerade im Wartungsmodus.

Abbildung 20-3: Auch in seiner Benutzeroberfläche weist OTRS die Agenten auf den gerade laufenden Wartungsmodus hin.

Nur wenn *Gültigkeit* auf *gültig* steht, schaltet OTRS tatsächlich zum angegebenen *Startzeitpunkt* in den Wartungsmodus. Lassen Sie die Einstellungen zuletzt *Speichern und abschließen*. Bei einem Klick auf *Speichern* würde das Formular noch geöffnet bleiben. Alternativ können Sie die komplette Planung *Abbrechen*.

In der Systemwartungsverwaltung präsentiert die Liste auf der rechten Seite alle bislang angelegten Wartungstermine. Ist die Wartung zu einem Zeitpunkt nicht mehr notwendig, löschen Sie den entsprechenden Eintrag mit einem Klick auf den Papierkorb in seiner Zeile. Müssen Sie hingegen den Startzeitpunkt, den Endzeitpunkt oder eine andere Einstellung anpassen, klicken Sie einfach in der Liste den entsprechenden Start- oder Endzeitpunkt an. Sie landen damit im bekannten Formular aus Abbildung 20-1. Dort können Sie alle Einstellungen nach Belieben anpassen. Am unteren Seitenrand finden Sie zudem den Kasten *Sitzungen verwalten*. Wenn Sie ihn mit einem Klick auf seinen Namen *Sitzungen verwalten* aufklappen, präsentiert Ihnen OTRS wie in Abbildung 20-4 zwei Listen: Unter *Agenten-Sitzungen* zeigt Ihnen das Ticketsystem alle derzeit angemeldeten Agenten, während *Kunden-Sitzungen* alle derzeit angemeldeten Kunden auflistet. Sie können dort einen Agenten oder einen Kunden direkt abmelden, indem Sie auf *Diese Sitzung löschen* neben seinem Namen klicken. Alternativ dürfen Sie auch sämtliche Benutzer auf einmal vor die Tür setzen, indem Sie *Alle Sitzungen außer Ihrer eigenen löschen* lassen. Abmelden sollten Sie die Benutzer, kurz nachdem OTRS in den Wartungsmodus geschaltet hat, aber noch bevor Sie mit den eigentlichen Arbeiten beginnen. Sie verhindern so, dass Ihnen jemand in die Quere kommt und eventuell Tickets verloren gehen oder gar ein kleines Chaos entsteht (weitere Informationen hierzu finden Sie auch in Abschnitt »Sitzungsverwaltung« auf Seite 346).

Abbildung 20-4: Hier könnte man den Benutzer Tim Schürmann vor die Tür setzen.

Sofern Sie einige Einstellungen verändert haben, müssen Sie diese noch explizit *Speichern und abschließen. Speichern* würde auch hier wieder die Einstellungen übernehmen, das Formular aber noch geöffnet lassen, *Abbrechen* hingegen verwirft alle Änderungen.

Backup und Wiederherstellung

Um Datenverlusten vorzubeugen, sollten Sie in regelmäßigen Abständen das komplette OTRS-System mitsamt Datenbank sichern. Bei einem Festplattendefekt oder anderen schwerwiegenden Problemen haben Sie dann eine Sicherheitskopie in der Hinterhand, die Sie schnell zurückspielen können. Ein solches Backup sollten Sie auch immer dann anlegen, wenn Sie ein Paket mit Zusatzfunktionen installieren oder OTRS aktualisieren möchten. Sollte dabei etwas schiefgehen, können Sie dank eines Backups schnell zum alten Zustand zurückkehren.

 Proben Sie in einer Testinstallation das Sichern und Wiederherstellen. Im Ernstfall wissen Sie dann, welche Handgriffe notwendig sind.

Legen Sie sich zudem eine Sicherungsstrategie zurecht. Als Faust-regel gilt: Je mehr Tickets eintrudeln, desto häufiger sollten Sie OTRS sichern – bei größeren Unternehmen sogar mehrfach am Tag. Einen guten ersten Einstieg in das Thema bietet der Wikipe-dia-Artikel *https://de.wikipedia.org/wiki/Datensicherung*.

OTRS liegen zwei Skripte bei, mit denen Sie schnell ein Backup erstellen und im Bedarfsfall wieder zurückspielen können. Diese Skripte müssen Sie auf der Kom-mandozeile beziehungsweise in einem Terminal aufrufen und sich folglich mit des-sen Bedienung auskennen. Je nach OTRS-Installation benötigen die Skripte, um arbeiten zu können, zudem Root- beziehungsweise Administratorrechte.

Wechseln Sie zunächst in das OTRS-Installationsverzeichnis, in der Regel ist dies `/opt/otrs`:

```
cd /opt/otrs
```

Weiter geht es im Unterverzeichnis `scripts`:

```
cd scripts
```

Hier erstellen Sie jetzt die Sicherung mit dem Skript `backup.pl`. Das Verzeichnis, in dem das Backup gespeichert werden soll, teilen Sie dem Skript über den Para-meter `-d` mit. Das folgende Beispiel würde eine Sicherheitskopie im Unterver-zeichnis `/backup` speichern:

```
./backup.pl -d /backup
```

In diesem Verzeichnis erstellt das Skript einen weiteren Unterordner. Dessen Ver-zeichnisname besteht aus dem aktuellen Datum und der aktuellen Uhrzeit. Darin wiederum liegen drei Dateien: Das Archiv `Config.tar.gz` enthält die Konfiguration Ihrer OTRS-Installation, `Application.tar.gz` die komplette Anwendung und `Data-baseBackup.sql.gz` den Inhalt der Datenbank. Bei den Dateien `Config.tar.gz` und `Application.tar.gz` handelt es sich um komprimierte TAR.GZ-Archive, bei der Datei `DatabaseBackup.sql.gz` hingegen um eine mit Gzip komprimierte Textdatei. Öffnen und ändern Sie diese Archive und Dateien niemals per Hand. Die Gefahr ist zu groß, dass das Backup dabei Schaden nimmt.

Sie können (und sollten) für `backup.pl` einen Cron-Job erstellen und so regelmäßig automatisch ein Backup erstellen lassen.

Um im Ernstfall eine Sicherung wieder zurückzuspielen, rufen Sie das Skript `res-tore.pl` auf. Diesem müssen Sie nur im Parameter `-b` den Speicherort der drei Dateien und im Parameter `-d` das Verzeichnis Ihrer OTRS-Installation nennen. Der folgende Befehl würde etwa die Sicherung zurückspielen, die Sie am 24.04.2018 erstellt haben:

```
./restore.pl -b /backup/2018-04-24_20-50 -d /opt/otrs
```

Das Skript `restore.pl` kann allerdings nur MySQL- und PostgreSQL-Datenbanken wiederherstellen. Wenn Sie eine andere Datenbank verwenden, müssen Sie die Datei `DatabaseBackup.sql.gz` mit einem geeigneten Programm entpacken und dann mit den Werkzeugen Ihrer Datenbank den Inhalt der Datei `DatabaseBackup.sql` wiederherstellen lassen. Die Datei `DatabaseBackup.sql` enthält alle dazu notwendigen SQL-Befehle.

Bei der Wiederherstellung erhalten Sie unter Umständen eine Fehlermeldung wie die folgende:

```
ERROR: Already existing tables in this database.
A empty database is required for restore!
```

In diesem Fall besitzt der Datenbankbenutzer zu wenig Rechte, um die komplette Datenbank wiederherzustellen. Sie können sich behelfen, indem Sie die Tabellen in der OTRS-Datenbank manuell löschen oder dem Datenbankbenutzer die entsprechenden Rechte gewähren.

OTRS aktualisieren

Die Entwickler von OTRS beheben kontinuierlich Programmfehler und korrigieren Sicherheitslücken. Damit diese in Ihrer Installation nicht vorhanden bleiben und so von Angreifern ausgenutzt werden können, sollten Sie das Ticketsystem immer auf dem aktuellen Stand halten.

Sobald eine neue Version vorliegt, meldet OTRS dies in der *Übersicht* im Kasten *Produkt-Neuigkeiten* (wie in Abbildung 20-5). Ein Klick auf den Link *Versionsbeschreibung* führt zu einer Aufstellung aller korrigierten Fehler beziehungsweise Neuerungen. Der *Level* weist zudem darauf hin, wie wichtig die Aktualisierung ist. Bei der Angabe *Level: Security* haben die Entwickler eine Sicherheitslücke geschlossen, über die Angreifer womöglich in Ihre OTRS-Installation eindringen könnten. Bei der Anmerkung *Level: Minor* haben die Entwickler hingegen kleinere Fehler korrigiert. Die sind in der Regel lästig, beeinträchtigen aber für gewöhnlich nicht die Sicherheit. In jedem Fall sollten Sie OTRS schnellstmöglich aktualisieren.

An der Versionsnummer können Sie ebenfalls ablesen, wie viel sich verändert hat: Jede Nummer besteht aus drei Ziffern. Sofern sich die letzte Ziffer erhöht hat, haben die OTRS-Entwickler lediglich Fehler korrigiert oder Sicherheitslücken geschlossen. Die Entwickler sprechen hierbei von einem *Patch Level*. Erhöht sich die mittlere Ziffer, sind kleinere neue Funktionen hinzugekommen. Bei einer umfassenderen Überarbeitung klettert wiederum die erste Ziffer nach oben.

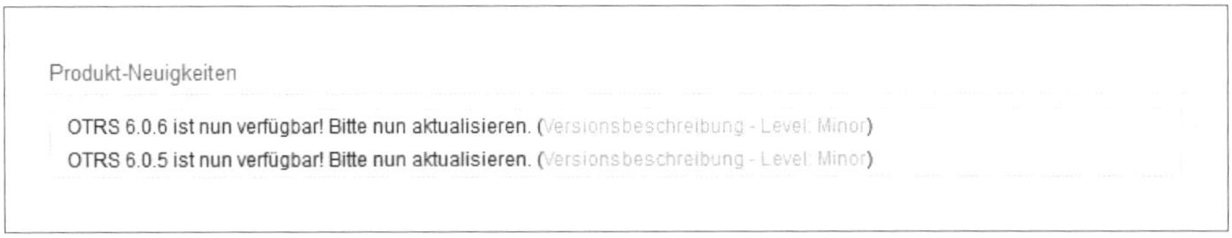

Abbildung 20-5: Hier ist die OTRS-Version 6.0.4 installiert, die Version 6.0.6 ist jedoch die aktuellste.

Wie Sie Ihre OTRS-Installation aktualisieren, hängt maßgeblich davon ab, wie Sie OTRS installiert haben. Besonders einfach haben es Nutzer, die OTRS über ein RPM-Paket installiert haben. Wer hingegen OTRS manuell unter Linux installiert hat (wie in Abschnitt »Manuelle Installation« auf Seite 24 beschrieben), muss einen steinigeren Weg gehen. In beiden Fällen sind jedoch einige Vorbereitungen zu treffen.

Aktualisierung vorbereiten

Bevor Sie die Aktualisierung durchführen, erstellen Sie zunächst ein Backup der *kompletten* OTRS-Installation. Wie das funktioniert, hat bereits der vorherige Abschnitt »Backup und Wiederherstellung« auf Seite 444 ausführlich beschrieben. Sollte im Folgenden etwas schiefgehen, können Sie so immer zur älteren Version zurückkehren. Spielen Sie zudem *jede* Aktualisierung erst auf einem Testsystem durch. Etwaige Probleme fallen so frühzeitig auf und stören nicht den normalen Betrieb.

Des Weiteren müssen Sie den OTRS-Daemon sowie alle Dienste beenden, die auf OTRS zugreifen können. Unter anderem sollten Sie cron, den Webserver und einen zuführenden E-Mail-Server (wie etwa Postfix) stoppen. Die Datenbank greift von sich aus nicht auf OTRS zu und darf folglich im Hintergrund weiterlaufen. Wie Sie die Dienste beenden, verraten Kapitel 2, *Installation*, und die Handbücher der jeweiligen Dienste.

OTRS unter RHEL, CentOS, Fedora, SuSE Linux und openSUSE aktualisieren

Besonders leicht klappt die Aktualisierung, wenn Sie eine der Linux-Distributionen RHEL, CentOS, Fedora, SuSE Linux Enterprise oder openSUSE Leap nutzen und OTRS mit einem von der OTRS AG bereitgestellten Paket installiert haben. In diesem Fall müssen Sie lediglich auf die Downloadseite von OTRS wechseln, sich das aktuelle und zu Ihrer Linux-Distribution passende Paket herunterladen und dieses schließlich installieren, auf der Kommandozeile etwa via:

```
rpm -Uvh otrs-6.0.6-01.noarch.rpm
```

Dabei ersetzen Sie `otrs-6.0.6-01.noarch.rpm` durch den Dateinamen des heruntergeladenen Pakets. Nach seiner Installation können Sie direkt mit OTRS weiterarbeiten. Wenn Sie von OTRS 5 auf Version 6 aktualisieren wollen, müssen Sie im OTRS-Installationsverzeichnis noch ein Migrationsskript ausführen:

```
cd /opt/otrs
scripts/DBUpdate-to-6.pl
```

Das Skript (und somit den zweiten Befehl) müssen Sie dabei als OTRS-Benutzer otrs starten. Das gelingt in der Regel via:

```
su -c "scripts/DBUpdate-to-6.pl" -s /bin/bash otrs
```

Manuelle OTRS-Installation unter Linux aktualisieren

Sofern Sie OTRS wie in Abschnitt »Manuelle Installation« auf Seite 24 manuell aus dem Quellcodearchiv installiert haben, steht etwas mehr Arbeit an, die zudem bei jeder neuen Version fällig wird – auch wenn diese lediglich ein paar kleinere Fehler korrigiert. Auch hier kommen Sie nicht um die Arbeit auf der Kommandozeile herum.

1. Schritt: Neue OTRS-Version einspielen

Wechseln Sie zunächst in das OTRS-Installationsverzeichnis und dann wieder eine Ebene höher. Wenn Sie OTRS in das Verzeichnis /opt/otrs installiert haben, wechseln Sie also in das Verzeichnis /opt:

```
cd /opt
```

Benennen Sie jetzt das OTRS-Installationsverzeichnis um, etwa mit dem Befehl:

```
mv otrs otrs-backup
```

Laden Sie sich die aktuelle OTRS-Version in Form des `.tar.gz`-Archivs herunter und entpacken Sie es in das aktuelle Verzeichnis:

```
tar xvfz /pfad/zu/otrs-6.0.6.tar.gz -C .
```

Ersetzen Sie dabei /pfad/zu/ durch den kompletten Pfad zum heruntergeladenen Archiv und `otrs-6.0.6.tar.gz` durch seinen Dateinamen. Beim Entpacken entsteht ein neues Verzeichnis, das im Namen otrs und die Versionsnummer trägt, etwa otrs-6.0.6. Benennen Sie dieses Verzeichnis in otrs um und wechseln Sie dort hinein:

```
mv otrs-6.0.6 otrs
cd otrs
```

2. Schritt: Konfiguration übertragen

Jetzt müssen Sie die Konfigurationsdatei `Kernel/Config.pm` sowie den Inhalt des Verzeichnisses var aus der alten Installation in die neue kopieren. Sofern Sie von

OTRS 5 auf OTRS 6 umsteigen möchten, müssen Sie zusätzlich noch die Datei Kernel/Config/Files/ZZZAuto.pm kopieren:

```
cp -a otrs-backup/Kernel/Config.pm otrs/Kernel
cp -a otrs-backup/var/* otrs/var
cp -a otrs-backup/Kernel/Config/Files/ZZZAuto.pm otrs/Kernel/Config/Files
```

Haben Sie OTRS angewiesen, Artikeldaten im Dateisystem zu speichern, müssen Sie noch den Ordner article ins entsprechende Unterverzeichnis von var kopieren. Sollten Sie zusätzliche Pakete mit vorgegebenen Statistiken besitzen, müssen Sie zudem die XML-Dateien mit dem Suffix .installed nach var/stats kopieren.

Abschließend müssen noch die Zugriffsberechtigungen angepasst werden. Dies geschieht wie bei der normalen Installation mit dem Skript otrs.SetPermissions.pl:

```
cd otrs
bin/otrs.SetPermissions.pl --otrs-user=otrs
```

Hinter --otrs-user= steht der Name des OTRS-Benutzers (weitere Informationen dazu finden Sie in Kapitel 2, *Installation*).

3. Schritt: Abschlussarbeiten

Zum Schluss stehen noch bis zu drei weitere Handgriffe an. Steigen Sie von OTRS 5 auf OTRS 6 um, werfen Sie zunächst das Migrationsskript scripts/DBUpdate-to-6.pl an, das die Datenbank auf den aktuellen Stand bringt. Das Skript müssen Sie dabei als OTRS-Benutzer starten. Sofern dieser otrs heißt, gelingt das etwa via:

```
su -c "scripts/DBUpdate-to-6.pl" -s /bin/bash otrs
```

In jedem Fall bringen Sie jetzt mit dem folgenden Befehl alle (Erweiterungs-)Pakete auf den neuesten Stand:

```
bin/otrs.Console.pl Admin::Package::UpgradeAll
```

Diesen Befehl müssen Sie als OTRS-Benutzer ausführen. Sofern das wieder otrs ist, gelingt der Aufruf via:

```
su -c "bin/otrs.Console.pl Admin::Package::UpgradeAll" -s /bin/bash otrs
```

Abschließend können Sie Cron, den Webserver und alle weiteren Dienste wieder starten. Je nachdem, welche Änderungen die neue OTRS-Version mitbringt, können weitere Aktionen notwendig sein. Diese verrät in der Regel die entsprechende Ankündigung, die Sie in der Benutzeroberfläche mit einem Klick auf die *Versionsbeschreibung* erhalten. Sofern die neue OTRS-Version reibungslos läuft, können Sie das Verzeichnis otrs-backup wieder löschen.

GenericAgent: Automatisch Aufgaben ausführen

Mit dem sogenannten GenericAgent können Sie wiederkehrende Aufgaben automatisch ausführen lassen. Das in OTRS eingebaute Werkzeug kann beispielsweise jeden Tag um Mitternacht sämtliche Tickets aus der *Junk*-Queue schließen. Diese Aufgaben bezeichnet OTRS als *Jobs*. Um dem GenericAgent eine neue Aufgabe zuzuweisen, rufen Sie im Hauptmenü *Admin* auf, klicken dann im Bereich *Prozess & Automatisierung* auf *GenericAgent* und lassen einen neuen *Job hinzufügen*. Im daraufhin erscheinenden Formular aus Abbildung 20-6 müssen Sie festlegen, wann der GenericAgent welche Aufgabe ausführen soll.

Abbildung 20-6: Hier entsteht ein neuer Job für den GenericAgent.

Zunächst geben Sie der neuen Aufgabe im Feld *Jobname* eine eindeutige Bezeichnung, wie etwa Spam-Tickets schließen. Nur wenn die *Gültigkeit* auf *Ja* steht, führt der GenericAgent den Job auch tatsächlich aus.

Soll die Aufgabe regelmäßig zu einem bestimmten Zeitpunkt durchgeführt werden, etwa immer um Mitternacht, klicken Sie auf *Automatische Ausführung (mehrere Tickets)*. Es klappt daraufhin der Kasten aus Abbildung 20-6 auf. Darin klicken Sie nacheinander in die drei Felder und wählen dann die gewünschten Zeiten und den Wochentag aus. *Bestätigen* Sie dabei jeweils Ihre Wahl über die gleichnamige Schaltfläche am unteren Rand der Listen. Soll der GenericAgent beispielsweise immer jeden Sonntag um Mitternacht aktiv werden, klicken Sie in das erste Eingabefeld, wählen *00*, klicken auf *Bestätigen*, klicken dann in das zweite Feld, wählen *00*, klicken auf *Bestätigen*, klicken in das letzte Eingabefeld, selektieren *So* und lassen die Wahl ebenfalls *Bestätigen*. Das Ergebnis sollte dann wie in Abbildung 20-7 aussehen. OTRS kann den Job nicht nur einmal pro Tag und Woche, sondern mehrfach ausführen. Dazu klicken Sie in das entsprechende Eingabefeld und selektieren alle gewünschten Zeiten in der Liste. Möchten Sie beispielsweise den Job sonntags und mittwochs ausführen lassen, klicken Sie in das Eingabefeld *AUS-*

FÜHREN AN TAG(EN) und stellen sicher, dass neben *So* auch *Mi* selektiert ist. Um einen Eintrag wieder abzuwählen, klicken Sie ihn einfach noch einmal an. *Bestätigen* Sie abschließend Ihre Wahl. Analog können Sie den Job auch mehrfach am Tag anwerfen. Soll OTRS beispielsweise die Aufgabe jeweils um 0 Uhr und um 12 Uhr ausführen, klicken Sie in das Eingabefeld *AUSFÜHREN ZU STUNDE(N)*, stellen sicher, dass *00* und *12* selektiert sind, und *Bestätigen* Ihre Wahl.

Der GenericAgent kann den Job auch dann ausführen, wenn ein bestimmtes Ereignis eintritt. Dazu klicken Sie auf *Ereignisbasierte Ausführung (einzelnes Ticket)*. In dem dann ausklappenden Kasten aus Abbildung 20-7 legen Sie das entsprechende Ereignis fest. Dazu klicken Sie zunächst in das Eingabefeld neben *Event-Trigger hinzufügen* und wählen aus, ob OTRS die *Tickets* oder die *Artikel* beobachten soll. Anschließend klicken Sie in das zweite Feld und entscheiden sich für ein konkretes Ereignis. Soll der GenericAgent beispielsweise immer dann tätig werden, wenn ein neues Ticket erstellt wird, setzen Sie das erste Feld auf *Ticket* und stellen im zweiten das Ereignis *TicketCreate* ein. Das Ereignis erscheint in der Tabelle über den Feldern. In Letztgenannten könnten Sie jetzt ein weiteres Ereignis einstellen und somit der Tabelle hinzufügen. Der GenericAgent führt die Aufgabe nur dann aus, wenn alle Ereignisse in der Tabelle eingetreten sind. Möchten Sie ein Ereignis wieder aus der Tabelle entfernen, klicken Sie auf den Papierkorb in der entsprechenden Zeile.

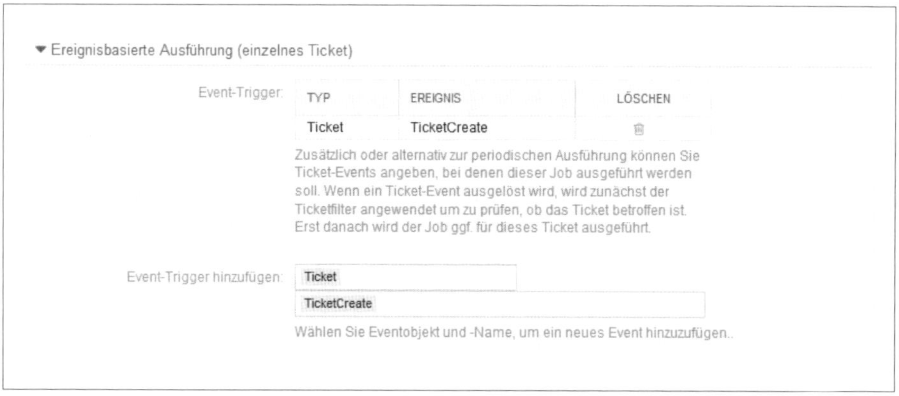

Abbildung 20-7: Hier würde der Agent aktiv, wenn jemand ein neues Ticket erstellt.

In jedem Fall müssen Sie sich als Nächstes überlegen, welche Tickets der Generic Agent ändern soll. Im Beispiel muss OTRS die Tickets in der Queue *Junk* schließen. Um dem GenericAgent dies einzuflößen, klicken Sie auf *Tickets selektieren*, womit das riesige Formular aus Abbildung 20-8 erscheint. Mit den dort angebotenen Einstellungen wählen Sie jetzt die gewünschten Tickets aus. Damit der GenericAgent im Beispiel nur Tickets in der Queue *Junk* berücksichtigt, klicken Sie in das Eingabefeld neben *Queue*, selektieren in der Liste den Eintrag *Junk* und *Bestätigen* Ihre Wahl. Nach dem gleichen Prinzip schränken Sie mit den anderen Eingabefeldern die Auswahl weiter ein. Würden Sie beispielsweise eine *Kundennummer* hinterlegen, würde OTRS nur noch Tickets des entsprechenden Kunden berücksichtigen. In Listen wählen Sie mehrere Punkte aus, indem Sie sie einfach nacheinander anklicken. In den Eingabefeldern können Sie zudem das Sternchen * als Platzhalter für beliebige Buchstaben verwenden. Tragen Sie beispielsweise unter *Von* den Text Sch* ein, berücksichtigt der GenericAgent nur noch Tickets von Personen, deren Name mit Sch beginnt.

Abbildung 20-8: Hier würde der GenericAgent nur Tickets aus der Queue Junk berücksichtigen.

Was der GenericAgent mit den so ausgewählten Tickets anstellen soll, bestimmen Sie im unteren Teil der Seite. Zunächst können Sie die Attribute der Tickets ändern lassen und sie so beispielsweise in eine andere Queue schieben. Dazu klicken Sie auf *Ticket-Attribute aktualisieren/hinzufügen*. Im aufklappenden Kasten aus Abbildung 20-9 stellen Sie dann die neuen Attribute ein. Soll der GenericAgent etwa die Priorität der Tickets auf 5 setzen, klicken Sie in das Feld *Neue Priorität setzen* und wählen *5 sehr hoch*. Im Beispiel soll OTRS die Tickets aus der Junk-Queue schließen. Dazu klicken Sie in das Eingabefeld neben *Neuen Status setzen* und wählen *erfolglos geschlossen*. Wenn Sie ein Feld leer lassen, tastet OTRS die entsprechende Eigenschaft nicht an. Um einen Eintrag aus einem Feld zu entfernen, klicken Sie auf das kleine weiße *X* neben dem im Feld hinterlegten Wert.

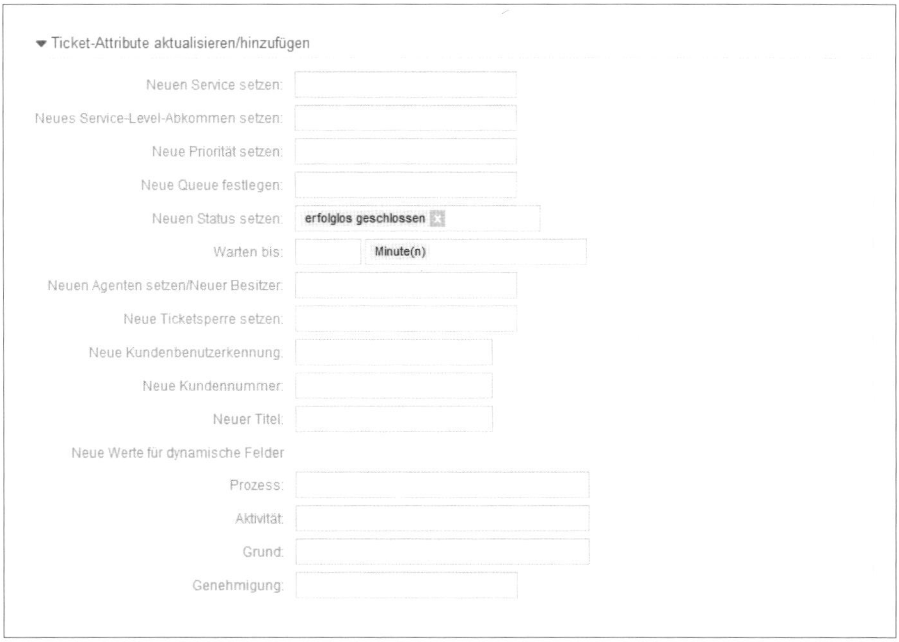

Abbildung 20-9: Mit diesen Einstellungen würde der GenericAgent die zuvor ausgewählten Tickets erfolglos schließen.

Mit einem Klick auf *Notiz hinzufügen* klappt ein Kasten auf, in dem Sie an die Tickets eine neue Notiz anheften dürfen. Auf diese Weise können Sie nicht nur automatisch neue Notizen an das Ticket kleben, sondern auch beispielsweise notieren, dass der GenericAgent für das Schließen des Tickets verantwortlich zeichnet.

Der GenericAgent kann auf Wunsch noch eine E-Mail an die betroffenen Agenten und Kunden verschicken sowie ein Kommandozeilenprogramm aufrufen und Tickets aus der Datenbank löschen. Die entsprechenden Einstellungen öffnen Sie, wenn Sie auf *Ticket-Befehle ausführen* klicken. Steht das Feld *Sende eine Agenten-/ Kunden-Benachrichtigung bei Änderungen* auf *Ja*, schickt der GenericAgent gleich eine E-Mail an alle betroffenen Agenten und Kunden. Im Beispiel würde OTRS folglich den Absender der Spam-Nachrichten darüber informieren, dass der GenericAgent das Ticket geschlossen hat. Bei Spam-Nachrichten ist das jedoch kontraproduktiv. Um den Nachrichtenversand zu unterbinden, klicken Sie in das Eingabefeld und wählen *Nein*. Des Weiteren können Sie noch einen Befehl im Eingabefeld *CMD* hinterlegen. Diesen führt der GenericAgent zusammen mit dem Job aus. Dem Kommandozeilenbefehl übergibt OTRS dabei als ersten Parameter die Ticketnummer und als zweiten Parameter die interne Ticket-ID. Abschließend kann der GenericAgent alle Tickets aus der Datenbank löschen, die den weiter oben unter *Tickets selektieren* eingestellten Kriterien entsprechen. Dazu klicken Sie in das Eingabefeld *Tickets löschen* und wählen den Punkt *Ja*. Im Beispiel würden damit alle Spam-Tickets ins Nirwana wandern.

Diese Tickets sind anschließend unwiederbringlich verloren! Überlegen Sie sich folglich gut, ob Sie die Tickets wirklich automatisch löschen lassen möchten.

Wenn Sie auf *Benutzerdefiniertes Modul* klicken, können Sie im aufklappenden Kasten noch ein (Perl-)Modul aufrufen und ausführen lassen. Dieser Kasten richtet sich primär an Entwickler. Ein Eintrag kann hier auch notwendig werden, wenn Sie ein Erweiterungspaket installiert haben. In diesem Fall teilt Ihnen der Entwickler des Pakets die notwendigen Einträge mit.

Ein Klick auf *Speichern* legt schließlich den neuen Job an. Sie landen dann automatisch wieder in der Tabelle hinter *Admin → GenericAgent*. Darin präsentiert OTRS alle vorhandenen Jobs. Um einen jetzt sofort ausführen zu lassen, klicken Sie in seiner Zeile auf *Diesen Job ausführen*. OTRS zeigt Ihnen dann zunächst alle Tickets an, die der GenericAgent verändern oder löschen würde. Sie haben jetzt die Wahl, tatsächlich den *Job ausführen* oder aber noch einmal den *Job bearbeiten* zu lassen. Auf diesem Weg können Sie schnell testen, ob die von Ihnen eingestellten Kriterien tatsächlich auch zum gewünschten Ergebnis führen.

Möchten Sie eine Aufgabe löschen, klicken Sie in ihrer Zeile auf den Papierkorb (*Löschen*). Alternativ können Sie die Aufgabe auch erst einmal nur deaktivieren. Dazu klicken Sie den Job an, klicken dann in das Eingabefeld *Gültigkeit*, wählen *Nein* und lassen diese Änderung *Speichern und abschließen*. Selbstverständlich dürfen Sie einen Job auch nachbearbeiten. Dazu klicken Sie auf seinen Namen in der Tabelle, passen im bekannten Formular alle Einstellungen an und übernehmen sämtliche Änderungen schließlich mit *Speichern und abschließen*.

Werkzeuge zur Fehlersuche

Die Benutzeroberfläche von OTRS hält verschiedene nützliche Werkzeuge für Administratoren bereit. Diese helfen insbesondere bei der Fehlersuche und der Problembehebung. Die folgenden Abschnitte stellen die Werkzeuge nacheinander vor. Wenn der E-Mail-Versand klemmt, hilft zudem das Kommunikationsprotokoll, das bereits Abschnitt »Hilfe bei klemmenden E-Mails: das Kommunikationsprotokoll« auf Seite 99 ausführlich vorgestellt hat.

Systemprotokoll

Sämtliche zuletzt aufgetretenen Fehler sammelt das Systemprotokoll. Dieses können Sie einsehen, indem Sie im Hauptmenü *Admin* aufrufen und dann im Bereich *Administration* auf *Systemprotokoll* klicken. OTRS listet Ihnen jetzt wie in Abbildung 20-10 alle zuletzt aufgetretenen Fehler und Probleme auf.

Abbildung 20-10: OTRS beschwert sich hier hauptsächlich darüber, dass es keine Verbindung zum Cloudserver der OTRS AG aufbauen konnte.

In der ersten Spalte können Sie ablesen, wann das Ereignis beziehungsweise Problem auftrat. Die *PRIORITÄT* weist auf die Dringlichkeit des Problems hin. In Abbildung 20-10 beschwert sich OTRS beispielsweise, dass es sich nicht mit dem Cloudserver der OTRS AG verbinden kann. Damit kann das Ticketsystem nicht prüfen, ob bereits eine Aktualisierung vorliegt. Folglich klassifiziert OTRS dieses Problem als *error*. Die etwas missverständlich übersetzte Spalte *EINRICHTUNG* verrät die Systemkomponente, die das Problem ausgelöst hat (englisch *FACILITY*). Über das Eingabefeld links können ganz gezielt nach einem Problem suchen. Sobald Sie dort einen Begriff eintippen, wie etwa cloud, zeigt OTRS in der Tabelle rechts nur noch alle zum Begriff passenden Meldungen an (wie es Abbildung 20-10 demonstriert).

Alle wichtigen Einstellungen rund um das Systemprotokoll erreichen Sie, wenn Sie im Hauptmenü *Admin* aufrufen, dann im Bereich *Administration* in die *Systemkonfiguration* wechseln, dort im Kasten *Navigation* auf das Dreieck vor *Core* klicken und schließlich den aufgeklappten Begriff *Log* anklicken.

Im Kasten *LogModule* können Sie ablesen, wohin OTRS seine Fehlermeldungen schreibt. In der Einstellung ...

- *Kernel::System::Log::SysLog* übergibt OTRS alle Problemmeldungen an den Syslog-Daemon des Linux- beziehungsweise Unix-Systems. Sie finden die Fehlermeldungen dann folglich im Syslog des Servers. Wie Sie dieses einsehen, hängt vom verwendeten Linux beziehungsweise Unix ab.

- *Kernel::System::Log::File* schreibt OTRS alle Meldungen in eine Textdatei, deren Speicherort und Dateiname im Kasten *LogModule::LogFile* abzulesen sind.

Wenn Sie die Einstellung ändern möchten, fahren Sie mit der Maus auf den Kasten *LogModule*, lassen die *Einstellung bearbeiten*, klicken in das Eingabefeld, wählen den passenden Punkt aus und bestätigen die Änderung mit einem Klick auf den

Haken rechts im Kasten. Sofern Sie sich für *Kernel::System::Log::File* entschieden haben, fahren Sie mit der Maus auf den Kasten *LogModule::LogFile*, lassen wieder die *Einstellung bearbeiten* und tragen in das Eingabefeld den kompletten Pfad samt Dateinamen zur Log-Datei ein. Standardmäßig landen alle Meldungen in der Datei otrs.log im Verzeichnis /tmp. Dieses löschen allerdings viele Linux-Distributionen bei einem Neustart. Sie sollten folglich die Datei an einem anderen Ort speichern lassen. Wenn Sie einen neuen Pfad vorgegeben haben, bestätigen Sie ihn mit einem Klick auf den Haken.

Standardmäßig protokolliert OTRS nur Fehler – und somit solche Meldungen, die in Abbildung 20-10 in der Spalte *PRIORITÄT* mit *error* gekennzeichnet sind. Sie können aber auch Warnungen und reine Informationen protokollieren lassen. Dazu fahren Sie mit der Maus auf den Kasten *MinimumLogLevel*, lassen die *Einstellung bearbeiten*, klicken in das Eingabefeld und wählen eine der angebotenen Protokollebenen aus. Diese haben folgende Bedeutung:

- *error* protokolliert ausschließlich Fehler.
- *info* liefert neben den Fehlern auch weitere Warnmeldungen und Informationen.
- *notice* macht OTRS noch einmal geschwätziger und produziert auch Hinweise.
- *debug* sorgt dafür, dass OTRS penibel und kleinschrittig zahlreiche seiner Aktionen protokolliert, wodurch wiederum das Protokoll sehr schnell sehr groß wird. Diese Einstellung ist eigentlich nur für Entwickler sinnvoll.

Von *error* bis *debug* nimmt folglich die Anzahl der Einträge im Protokoll zu. Bestätigen Sie Ihre Wahl mit einem Klick auf den Haken rechts im Kasten.

Abschließend müssen Sie Ihre Änderungen noch in Betrieb nehmen. Dazu klicken Sie links oben im Kasten *Aktionen* auf *Inbetriebnahme*, dann auf *Ausgewählte Einstellungen in Betrieb nehmen* und schließlich auf *Jetzt in Betrieb nehmen*.

Performance Log

OTRS kann protokollieren, wie lange es für die Auslieferung einer jeden Seite (in der Benutzeroberfläche) benötigt. Wenn die dabei ermittelten Zeiten recht hoch sind, reicht die Leistung des Servers nicht mehr aus. Sie können somit anhand des Protokolls entscheiden, ob Sie beispielsweise dem Server mehr Hauptspeicher spendieren müssen. Das aufgezeichnete Protokoll bezeichnet OTRS als *Performance Log*.

Die Protokollierung selbst frisst ebenfalls einiges an Leistung. Wenn Sie die Aufzeichnung aktivieren, könnte OTRS folglich (noch) etwas langsamer reagieren. Nutzen Sie diese Funktion daher nur vorübergehend, um Probleme auf die Spur zu kommen.

Um die Protokollierung zu starten, rufen Sie im Hauptmenü *Admin* auf und klicken dann im Abschnitt *Administration* auf *Performance Log*. Lassen Sie über die entsprechende Schaltfläche die Funktion *Hier aktivieren!*. Fahren Sie mit der Maus auf den Kasten *PerformanceLog* und klicken Sie auf *Einstellung bearbeiten*. Setzen Sie einen Haken in das Kästchen neben *Aktiviert*. Sie können später die Protokollierung wieder abschalten, indem Sie das Häkchen einfach entfernen. Bestätigen Sie Ihre Änderung rechts im Kasten *PerformanceLog* mit einem Klick auf den Haken.

Weiter geht es im Kasten *PerformanceLog::File*. Dort sind das Verzeichnis und die Datei angegeben, in denen OTRS das Protokoll ablegt. Der Platzhalter `<OTRS_CON-FIG_Home>` steht dabei für das OTRS-Installationsverzeichnis. Auf das im Eingabefeld hinterlegte Verzeichnis benötigt das Ticketsystem Schreibzugriff. Sie können einen anderen Speicherort angeben, indem Sie mit der Maus auf den Kasten *Performance-Log::File* fahren und die *Einstellung bearbeiten* lassen. Tragen Sie jetzt in das Eingabefeld den vollständigen Pfad zur Log-Datei ein. Dabei können Sie ebenfalls den Platzhalter `<OTRS_CONFIG_Home>` verwenden. Bestätigen Sie Ihre Änderung rechts im Kasten *PerformanceLog::File* mit einem Klick auf den Haken.

Im Kasten *PerformanceLog::FileMax* ist zudem die maximale Größe der Protokolldatei angegeben. In der Voreinstellung wächst sie auf maximal 25 MByte an. Diesen Wert können Sie verändern, indem Sie mit der Maus auf den Kasten fahren, die *Einstellung bearbeiten* lassen, die neue maximale Größe in MByte in das Feld eintragen und auf den Haken klicken.

Abschließend müssen Sie die Einstellungen noch in Betrieb nehmen. Dazu klicken Sie links oben im Kasten *Aktionen* auf *Inbetriebnahme*, dann auf *Ausgewählte Einstellungen in Betrieb nehmen* und auf *Jetzt in Betrieb nehmen*.

Lassen Sie nun die Agenten eine Weile mit OTRS arbeiten. Rufen Sie dann *Admin* und im Bereich *Administration* das *Performance Log* auf. OTRS präsentiert Ihnen wie in Abbildung 20-11 mehrere Statistiken. Die erste Tabelle ganz oben fasst das Geschehen in den letzten fünf Minuten zusammen. In der Spalte *ANFRAGEN* können Sie ablesen, welche Bereiche der Benutzeroberfläche in diesen letzten fünf Minuten wie häufig aufgerufen wurden. In Abbildung 20-11 wurde beispielsweise zwei Mal der Menüpunkt *Admin* angesteuert (zweite Zeile in der obersten Tabelle). Das Ausliefern einer Seite dauert in der Praxis unterschiedlich lange. OTRS war dabei bislang niemals schneller als die in der Spalte *MIN. ANTWORTZEIT* hinterlegte Zeit. Für die Auslieferung der Übersicht hat OTRS in Abbildung 20-11 mindestens eine Sekunde benötigt (letzte Zeile in der obersten Tabelle). Schneller war OTRS bislang nicht. Viel langsamer allerdings auch nicht, wie die Spalte *MAX. ANTWORTZEIT* enthüllt. Die dort hinterlegte Zeit hat OTRS im schlechtesten Fall benötigt, um die Seite auszuliefern. In der letzten Spalte finden Sie schließlich noch die *DURCHSCHNITTLICHE ANTWORTZEIT*. Analog fassen die anderen Tabellen das Geschehen in den letzten 30 Minuten, in der letzten Stunde und so weiter zusammen. Wenn die Antwortzeiten in einem jüngeren Betrachtungszeitraum schnell ansteigen, liegt sehr wahrscheinlich ein Performanceengpass vor. OTRS ist dann vermutlich zunehmend überlastet.

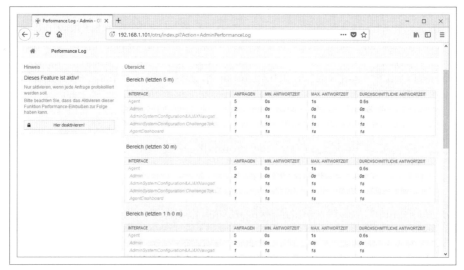

Abbildung 20-11: Hier hat OTRS schon ein paar Daten zur Performance gesammelt.

Alle von OTRS in der Statistik berücksichtigten Anfragen finden Sie der Protokolldatei, deren Speicherort Sie in den Einstellungen festgelegt haben (standardmäßig unter /opt/otrs/var/log/Performance.log). Darin enthält jede Zeile eine Anfrage an OTRS. Die Zahl in der dritten Spalte repräsentiert die Zeit in Sekunden, die OTRS für die Auslieferung der entsprechenden Seite benötigt hat. Da die Protokolldatei eine reine Textdatei ist, lässt sie sich mit externen Tools weiter analysieren.

SQL Box

Mithilfe der *SQL Box* können Sie in die Datenbank linsen. So können Sie beispielsweise schnell kontrollieren, ob OTRS tatsächlich bestimmte (Ticket-)Informationen in die Datenbank geschrieben hat. Dazu müssen Sie sich allerdings in der Abfragesprache SQL auskennen.

Um die SQL Box aufzurufen, wählen Sie im Hauptmenü *Admin* und klicken dann im Bereich *Administration* auf *SQL Box*. OTRS zeigt Ihnen daraufhin das Formular aus Abbildung 20-12. In das Feld *SQL* tippen Sie jetzt den entsprechenden SQL-Befehl ein. Erlaubt sind dabei allerdings nur SELECT-Abfragen. Sie können folglich zwar Informationen abrufen, sie aber nicht über die SQL Box manipulieren.

Unter *Limit* stellen Sie ein, wie viele Ergebniszeilen OTRS zurückliefern soll. Die im entsprechenden Eingabefeld hinterlegte Zahl hängt OTRS automatisch an den SQL-Befehl mit LIMIT an. Die zurückgegebenen Daten kann OTRS dann wahlweise in einer Excel-Tabelle, als CSV-Datei oder auf einer HTML-Seite ausgeben. Um das gewünschte Format auszuwählen, klicken Sie in das Feld *Zielformat* und wählen den entsprechenden Punkt aus. Lassen Sie abschließend die *Anfrage ausführen*.

Abbildung 20-12: Mit der SQL Box führen Sie schnell Datenbankabfragen aus, ohne erst extra einen Datenbankclient bemühen zu müssen.

Systemkonfiguration

Bei der Einrichtung von OTRS müssen Sie auch immer wieder einige Grundeinstellungen geraderücken oder anpassen – beispielsweise um das Ticketsystem mit Ihren E-Mail-Servern bekannt zu machen. Dieser Abschnitt fasst noch einmal die Bedienung der Grundeinstellungen zusammen. OTRS selbst spricht dabei nicht von Grundeinstellungen, sondern von der *Systemkonfiguration*. Im Englischen trifft man häufig auf die Abkürzung *SysConfig* (für *System Configuration*).

Um in die Grundeinstellungen zu gelangen, rufen Sie im Hauptmenü den Punkt *Admin* auf und klicken dann im Bereich *Administration* auf die *Systemkonfiguration*. Damit landen Sie auf der Seite aus Abbildung 20-13.

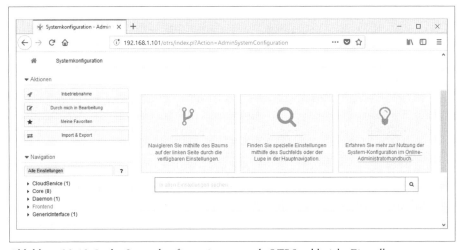

Abbildung 20-13: In der Systemkonfiguration sammelt OTRS zahlreiche Einstellungen.

Einstellungen finden

Um eine Einstellung zu finden, haben Sie hier zwei Möglichkeiten. Über das große Eingabefeld auf der rechten Seite können Sie ganz gezielt nach einer Einstellung suchen. Tippen Sie dazu einfach ihre Bezeichnung oder einen passenden Suchbegriff in das große Eingabefeld ein. Schon bei der Eingabe klappt eine kleine Liste mit passenden Einstellungen auf. Sofern die gesuchte darunter ist, klicken Sie sie einfach an. Andernfalls bestätigen Sie Ihre Eingabe mit der *Enter*-Taste oder mit einem Klick auf das Lupensymbol. OTRS listet dann alle Einstellungen auf, die zum eingetippten Suchbegriff passen.

Sie können Ihre Suche nachträglich anpassen, indem Sie links im Kasten *Aktionen* auf *Suche bearbeiten* klicken. Es öffnet sich ein Fenster, in dem Sie im Feld *Text* den Suchbegriff ändern können. Unter *Kategorie* dürfen Sie zudem noch bestimmen, in welchen Einstellungen OTRS suchen soll. Auf diese Weise können Sie die Einstellungen von Erweiterungen von der Suche ausschließen (*OTRS Free*) oder nur in den Einstellungen einer Erweiterung suchen.

Alternativ zur Suchfunktion können Sie auch über den Kasten *Navigation* auf der linken Seite zu den gewünschten Einstellungen gelangen. Er fasst die einzelnen Einstellungen thematisch in Gruppen zusammen, die er wiederum im unteren Teil zur Auswahl stellt. Die Zahlen in den Klammern zeigen dabei an, wie viele Einstellungen in der Gruppe warten. In Abbildung 20-13 enthält die Gruppe *Core* beispielsweise acht Einstellungen. Wenn Sie den Namen einer Gruppe anklicken, zeigt Ihnen OTRS auf der rechten Seite alle entsprechenden Einstellungen an. Jede Gruppe kann selbst noch weitere Untergruppen enthalten. Wenn Sie auf eines der kleinen schwarzen Dreiecke klicken, klappen die enthaltenen Untergruppen auf – die dann erneut Untergruppen enthalten können. Um beispielsweise an die E-Mail-Einstellungen zu gelangen, klicken Sie erst auf das Dreieck vor *Core* und dann auf den dabei ausklappenden Punkt *Email*. Viele Anleitungen und auch OTRS trennen die Namen der Gruppen mit Doppelpunkten in der Form *Core::Email* voneinander. Wenn Anleitungen oder Internetseiten Sie darum bitten, *Core::Auth::Agent::TwoFactor* aufzurufen, klicken Sie folglich auf das Dreieck vor *Core*, das Dreieck vor *Auth*, dann auf das Dreieck vor *Agent* und klicken schließlich auf *TwoFactor*.

Standardmäßig erlaubt der Kasten *Navigation* den Zugriff auf sämtliche Einstellungen von OTRS und den gerade installierten Erweiterungspaketen. Sie können OTRS aber auch anweisen, nur noch die Einstellungen aus einer Erweiterung zu präsentieren. Dazu klicken Sie im oberen Teil in das Eingabefeld und wählen die Komponente aus, deren Einstellungen Sie verändern möchten. Wenn Sie *OTRS Free* einstellen, können Sie im unteren Teil des Kastens nur noch durch die Einstellungen von OTRS selbst navigieren. Das Eingabefeld zeigt der Kasten *Navigation* nur dann an, wenn mindestens ein Erweiterungspaket installiert ist.

Einstellungen ändern

Alle gefundenen beziehungsweise aufgerufenen Einstellungen listet OTRS auf der rechten Seite auf. Das Ticketsystem packt dabei jede Einstellung in einen eigenen Kasten. Links oben in der Ecke des Kastens steht noch einmal der (interne) Name der Einstellung, auf der rechten Seite finden Sie eine kurze Beschreibung (wie in Abbildung 20-14).

Abbildung 20-14: Eine geänderte Einstellung müssen Sie über den Haken explizit bestätigen.

Damit Sie eine Einstellung nicht versehentlich ändern, müssen Sie sie erst explizit freischalten. Dazu fahren Sie mit der Maus auf den Kasten und klicken die dabei erscheinende Schaltfläche *Einstellung bearbeiten* an. OTRS gibt jetzt das oder die Eingabefelder frei. Gleichzeitig erscheinen auf der rechten Seite des Kastens zwei Schaltflächen: Mit einem Klick auf den Haken müssen Sie Ihre Änderungen bestätigen. Alternativ können Sie auch die *Enter*-Taste drücken. Ein Klick auf das *X* oder ein Druck auf *Esc* verwirft hingegen Ihre Änderungen.

Mitunter finden Sie neben dem Namen der Einstellung ein Verbotsschild. In diesem Fall müssen Sie die Einstellung erst noch aktivieren. Dazu fahren Sie mit der Maus auf den Kasten und klicken auf die erscheinende Schaltfläche *Einstellung aktivieren*. Erst jetzt können Sie die Einstellung wie beschrieben freischalten und bearbeiten.

Während Sie eine Einstellung ändern, erhält der Kasten an seinem linken Rand einen orangefarbenen Strich. Sobald Sie Ihre Änderung abgeschlossen haben, verfärbt er sich grün. Auf diese Weise sehen Sie sofort, welche Einstellungen Sie gerade modifizieren beziehungsweise modifiziert haben. OTRS markiert die Kästen noch mit anderen Farben, die folgende Bedeutung besitzen:

- In *Orange* markiert OTRS die Einstellung, die Sie gerade bearbeiten.
- *Rot* markierte Einstellungen bearbeiten gerade andere Agenten.
- *Grün* sind alle Einstellungen, die Sie gerade geändert haben (und die noch in Betrieb genommen werden müssen – dazu gleich mehr).
- *Dunkelgrau* werden alle Einstellungen dargestellt, die nicht mehr auf ihren Standardwerten stehen (und die folglich irgendjemand irgendwann einmal geändert hat).

Sie können sich auf einen Schlag sämtliche Einstellungen anzeigen lassen, deren Einstellungen Sie gerade freigeschaltet haben (das sind alle Einstellungen mit einer orangefarbenen Markierung). Dazu klicken Sie einfach im Kasten *Aktionen* auf *Durch mich in Bearbeitung*.

Wenn Sie mit der Maus auf eine Einstellung fahren, erscheint rechts oben im Kasten ein Symbol mit drei waagerechten Strichen. Ein Klick auf dieses »Hamburger-Symbol« holt einige Schaltflächen hervor (siehe Abbildung 20-15). Über die erste können Sie die *Einstellung zurücksetzen* und somit wieder den Standardwert einstellen. Auf welchen Wert OTRS die Einstellung setzen würde, können Sie am unteren linken Rand des Kastens ablesen. In Abbildung 20-15 würde OTRS *Kernel::System::Email::DoNotSendEmail* gegen *Kernel::System::Email::Sendmail* tauschen.

Ein Klick auf *Einstellung bearbeiten* schaltet ebenfalls wieder die Einstellungen frei. Nach einem Klick auf *Direktlink kopieren* befindet sich in der Zwischenablage eine Internetadresse. Wenn Sie diese mit Ihrem Browser ansteuern, landen Sie direkt bei der entsprechenden Einstellung. Das klappt allerdings nur, wenn in den Grundeinstellungen der korrekte Domainname hinterlegt ist. Die entsprechende Einstellung finden Sie, indem Sie im Kasten *Navigation* auf *Core* klicken und rechts die Einstellung *FQDN* suchen. Dort muss der korrekte Domainname des OTRS-Servers hinterlegt sein, genauer gesagt der sogenannte *Full Qualified Domain Name*.

Abbildung 20-15: Über das Symbol mit den drei Strichen holen Sie weitere Funktionen hinzu.

Müssen Sie einige Einstellungen besonders häufig beziehungsweise immer wieder anpassen, können Sie sie zu Ihren Favoriten erklären. Wenn Sie dann links oben im Kasten *Aktionen* auf *Meine Favoriten* klicken, listet Ihnen OTRS rechts direkt alle entsprechenden Einstellungen auf. Um eine Einstellung zu Ihrem Favoriten zu küren, klicken Sie auf das Hamburger-Symbol in ihrem Kasten und dann auf *Zu Favoriten hinzufügen*. Soll die Einstellung irgendwann einmal nicht mehr in den Favoriten erscheinen, klicken Sie wieder auf das Hamburger-Symbol in ihrem Kasten und dann auf *Aus Favoriten entfernen*.

Einstellungen in Betrieb nehmen

Nachdem Sie eine oder mehrere Einstellungen geändert haben, müssen Sie sie noch in Betrieb nehmen. Erst dann wendet sie OTRS tatsächlich an. Dazu klicken Sie im

Kasten *Aktionen* auf *Inbetriebnahme*. OTRS zeigt Ihnen jetzt noch einmal alle von Ihnen geänderten Einstellungen und deren neue Werte an. Wenn Sie auf der rechten Seite einer Einstellung auf das Symbol mit dem Doppelpfeil klicken, zeigt Ihnen OTRS zusätzlich die (noch) aktuellen Werte der Einstellung an. In Abbildung 20-16 würde OTRS gleich die Einstellung *SendmailModule* auf den Wert *Kernel::System:: Email::Sendmail* setzen. Derzeit hat die Einstellung noch den Wert *Kernel::System:: Email::DoNotSendEmail*. Wenn Sie eine Einstellung doch nicht übernehmen wollen, entfernen Sie den Haken aus ihrem Kästchen.

Abbildung 20-16: Hier würde OTRS gleich zwei Einstellungen ändern.

Stimmen alle neuen Einstellungen, klicken Sie auf *Ausgewählte Einstellungen in Betrieb nehmen*. Damit öffnet sich ein neues kleines Fenster. In ihm sollten Sie kurz beschreiben, warum Sie die entsprechenden Einstellungen geändert haben. Lassen Sie abschließend die Einstellungen *Jetzt in Betrieb nehmen*. Damit gibt es kein Zurück mehr: OTRS ändert Ihre Einstellungen. Zuvor konnten Sie jeweils mit *Abbrechen* die Inbetriebnahme wieder zurücknehmen.

Einstellungen im- und exportieren

Sämtliche Einstellungen können Sie in einer Datei sichern lassen und dann bei Bedarf aus dieser wieder herstellen. Das ist beispielsweise nützlich, wenn Sie die mühsam zusammengeklickte Konfiguration auf eine andere OTRS-Installation übertragen möchten oder wenn Sie nach einem Hardwaredefekt OTRS neu installieren müssen.

Um die Einstellungen zu sichern, rufen Sie im Kasten *Aktionen* den Punkt *Import & Export* auf. Klicken Sie dann auf *Aktuelle Konfiguration exportieren*. OTRS bietet

Ihnen jetzt eine Datei mit der Endung `.yml` zum Download an, die sämtliche Einstellungen enthält.

Diese Datei können Sie später wieder importieren. Dazu rufen Sie in der Systemkonfiguration im Kasten *Aktionen* den Punkt *Import & Export* auf. Klicken Sie auf *Durchsuchen* und wählen Sie die Datei mit den gesicherten Einstellungen aus. Lassen Sie dann die *Systemkonfiguration importieren*.

Webservices

OTRS stellt eine Schnittstelle bereit, über die andere (Web-)Anwendungen Daten abfragen und austauschen können. Auf diese Weise lässt sich das Ticketsystem mit anderen Anwendungen koppeln. Der Datenaustausch mit diesen *Webservices* erfolgt dabei entweder per REST- oder per SOAP-Standard. Damit eine andere Anwendung auf OTRS zugreifen darf, müssen Sie dies explizit gestatten. Sie können dabei detailliert festlegen, welche Aktionen die externe Anwendung aufrufen darf. Beispielsweise könnten Sie festlegen, dass der Webservice ausschließlich nach Tickets suchen darf. Die Einrichtung und Freigabe der Schnittstelle setzt allerdings eingehende Kenntnisse in REST und SOAP voraus.

Um einem Webservice den Zugriff auf OTRS zu gestatten, rufen Sie im Hauptmenü *Admin* auf und klicken dann im Bereich *Prozesse & Automatisierung* auf *Webservices*. In der sich nun öffnenden Webserviceverwaltung müssen Sie für jede Webanwendung nacheinander einen neuen *Web-Service hinzufügen*. Ein Klick auf diese Schaltfläche führt umgehend zum Formular aus Abbildung 20-17. Darin müssen Sie festlegen, welche Aktionen der Webservice auf welche Weise und mit welchem Protokoll aufrufen darf. Als Beispiel soll im Folgenden ein (fiktiver) Webservice über die REST-Schnittstelle nach Tickets suchen dürfen. Sie können später mit dem Kommandozeilenprogramm `curl` selbst Webservice spielen und so die Funktion testen.

Hinterlegen Sie zunächst ganz oben im entsprechenden Eingabefeld den Namen des Webservice. Über diesen Namen greift gleich der externe Webservice auf OTRS zu. Für das Beispiel wählen Sie einfach `BeispielService`. Ergänzend können Sie unter *Beschreibung* noch notieren, welche Dienste der Webservice anbietet. Nur wenn rechts die *Gültigkeit* auf *gültig* steht, darf der Webservice gleich alle erlaubten Aktionen abrufen.

Unter *Debug-Level* stellen Sie ein, wie ausführlich OTRS die Kommunikation protokollieren soll. In der Standardeinstellung *Fehlersuche* ist das Ticketsystem sehr penibel und zeichnet besonders viele Aktionen auf. Wählen Sie hingegen *Fehler*, protokolliert OTRS nur noch Fehlermeldungen. Um die Einstellung zu ändern, klicken Sie in das Eingabefeld und wählen den passenden Punkt aus. Für das Beispiel belassen Sie die Vorgabe.

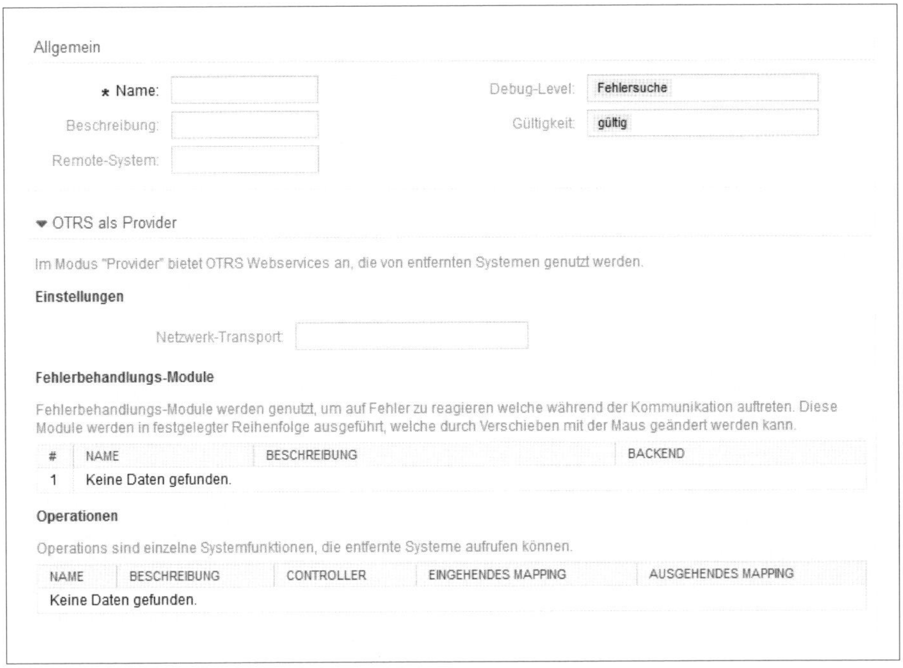

Abbildung 20-17: Hier gestatten Sie einem Webservice Zugriff auf OTRS oder lassen umgekehrt OTRS auf einen Webservice zugreifen.

Wenn wie im Beispiel ein Webservice auf OTRS zugreifen soll, wenden Sie sich dem Kasten *OTRS als Provider* zu. Klicken Sie dort in das Eingabefeld neben *Netzwerk-Transport* und entscheiden Sie sich für die SOAP- oder REST-Schnittstelle. Welcher Wert hier der richtige ist, erfahren Sie vom Betreiber beziehungsweise Entwickler des Webservice. Für das Beispiel entscheiden Sie sich für *HTTP::REST* und somit die REST-Schnittstelle.

Lassen Sie jetzt den Service ganz unten auf der Seite einmal *Speichern* und somit anlegen. OTRS lässt das Formular noch geöffnet. Weiter geht es im Kasten *OTRS als Provider* im Abschnitt *Operationen*. Der dortigen Tabelle müssen Sie jetzt alle Aktionen hinzufügen, die der Webservice aufrufen und benutzen darf. Dazu klicken Sie in das Eingabefeld *Hinzugefügte Operationen* und wählen eine der zu erlaubenden Aktionen aus. Die Bezeichner sind dabei selbsterklärend: Soll der Webservice neue Tickets anlegen können, wählen Sie *Ticket::TicketCreate*. Für das Beispiel ist *Ticket::TicketSearch* die richtige Wahl.

OTRS öffnet jetzt in jedem Fall ein Formular, in dem Sie weitere Einstellungen vornehmen müssen. Zunächst geben Sie der Aktion ganz oben einen Namen. Über diesen ruft der Webservice später die Aktion auf. Wählen Sie für das Beispiel Suche. Hinterlegen Sie gegebenenfalls noch eine *Beschreibung*. Unter *Mapping für eingehende Anfragedaten* können Sie OTRS anweisen, die vom Webservice angelieferten Daten noch durch einen Filter zu jagen. Analog stellen Sie unter *Mapping für ausgehende Antwortdaten* ein, durch welchen Filter OTRS die abgefragten Daten zurückliefert. Für das Beispiel lassen Sie die Felder einfach leer. Je nach zuvor gewählter Schnittstelle können hier im Formular noch weitere Einstellungen bereitstehen, die Sie gegebenenfalls an Ihren Webservice anpassen müssen. Für das Beispiel sind keine weiteren Einstellungen notwendig, lassen Sie die Einstellungen *Speichern* und dann *Speichern und abschließen*.

Neben dem Eingabefeld *Netzwerk-Transport* finden Sie jetzt die zusätzliche Schaltfläche *Konfigurieren*. Mit einem Klick darauf können Sie einige Einstellungen beziehungsweise Eckdaten des Protokolls verändern. Dies ist auch im Beispiel notwendig: Klicken Sie im Kasten *OTRS als Provider* neben *Netzwerk-Transport* auf *Konfigurieren*. Der Webservice ruft die erlaubten Aktionen später über spezielle Internetadressen auf. In den Aufbau dieser URLs können Sie jetzt eingreifen. Im Beispiel soll der Webservice die Ticketsuche über eine URL der Form `http://example.com/otrs/…/` `Ticket` anwerfen können. Um das zu erreichen, tragen Sie /Ticket in das Eingabefeld *Route-Mapping für Operationen 'Suche'* ein. *Suche* ist dabei der Name der vorhin freigegebenen Aktion für die Suchfunktion. Die Anfrage soll der Webservice per `GET`-Methode stellen. Um das festzulegen, klicken Sie in das Eingabefeld neben *Gültige Anfrage-Methoden für Operation 'Suche'*, selektieren in der Liste *GET* und *Bestätigen* Ihre Wahl. Der Webservice sollte OTRS nicht mit riesigen Datenmengen bombardieren dürfen. Deshalb können Sie unter *Maximale Nachrichtenlänge* festlegen, wie viel Byte die vom Webservice gesendete Anfrage maximal groß sein darf. Als Ausgangswert und für das Beispiel können Sie 100000000 wählen. Nach einem Klick in das Feld *Keep-Alive senden* müssen Sie schließlich noch festlegen, ob OTRS die Verbindung mit dem Webserver aufrechterhalten oder nach jeder Anfrage wieder kappen soll. Belassen Sie im Zweifelsfall und im Beispiel die Vorgabe *Nein*. Lassen Sie Ihre Änderungen schließlich *Speichern und abschließen*.

Damit stellt OTRS jetzt unter dem Namen *BeispielService* eine REST-Schnittstelle bereit, über die Sie nach Tickets suchen können. Eine solche Suche können Sie testweise mit dem Kommandozeilenwerkzeug `curl` anstoßen. Rufen Sie dazu einfach folgenden Befehl auf, in dem Sie `tim` gegen den Benutzernamen eines Agenten und `123456` gegen sein Passwort austauschen:

```
curl "http://example.com/otrs/nph-genericinterface.pl/Webservice/BeispielService/
Ticket?UserLogin=tim&Password=123456&Queue=Raw"
```

Der Befehl liefert dann eine Liste mit Tickets aus der Queue Raw zurück, auf die der Agent zugreifen darf. Diese Liste enthält dabei nur die internen Identifikationsnummern der Tickets. Die würde ein richtiger Webservice dann entsprechend weiterverarbeiten.

Auf die gleiche Weise erlauben Sie weiteren Webservices den Zugriff auf OTRS. Wenn Sie in der Webserviceverwaltung einen der Webservices anklicken, können Sie alle seine Einstellungen nachbearbeiten. Soll OTRS einen Webservice nutzen, wenden Sie sich dem Kasten *OTRS als Requester* zu. Seine Bedienung gleicht der seines Kollegen darüber: Wählen Sie neben *Netzwerk-Transport* die Schnittstelle aus und *Konfigurieren* Sie sie. Anschließend klicken Sie in das Eingabefeld *Fehlerbehandlungs-Modul hinzufügen* und dann auf *RequestRetry*. Im neuen Formular stellen Sie ein, was OTRS machen soll, wenn der Webservice die Anfrage von OTRS nicht beantwortet oder mit einer Fehlermeldung ablehnt.

Des Weiteren finden Sie im Kasten *Aktionen* links oben ein paar hilfreiche Zusatzfunktionen. Zunächst können Sie dort den *Web-Service klonen*. Das ist nützlich, wenn Sie einen weiteren Webservice mit den gleichen oder ähnlichen Einstellungen anlegen wollen. OTRS merkt sich im Hintergrund alle nachträglichen Änderungen an den Einstellungen. Diese können Sie mit einem Klick auf *Konfigurations-Historie* einsehen. OTRS zeigt Ihnen dann zunächst eine Liste an. Darin können Sie ablesen, wann die Einstellungen des Webservice jeweils geändert wurden. Nach einem Klick auf einen Zeitpunkt präsentiert Ihnen OTRS die zu diesem Zeitpunkt gültigen Einstellungen. Über den entsprechenden Link können Sie dann schnell diese *Webservice-Konfiguration wiederherstellen* lassen. Möchten Sie den Webservice wieder loswerden, klicken Sie im Kasten *Aktionen* auf *Webservice löschen*.

Wenn Sie auf *Debugger* klicken, erhalten Sie einen Einblick in die Kommunikation mit dem Webservice. In der *Anfrage-Liste* zeigt Ihnen OTRS alle bislang eingetrudelten Anfragen. Klicken Sie eine davon an, erscheinen im unteren Bereich weitere Details. Insbesondere bei regelmäßiger und häufiger Kommunikation kann die Liste recht unübersichtlich und lang werden. Beschränken Sie dann mit den Einstellungen rechts neben der Liste die Anfragen auf ganz bestimmte Exemplare. Interessieren Sie sich beispielsweise nur für die Anfragen, die am 05.05.2018 eingetrudelt sind, stellen Sie *Filter von* und *Filter bis* jeweils auf den 05.05.2018. Nach einem Klick auf *Aktualisieren* präsentiert die Liste nur noch die an diesem Tag entgegengenommenen Anfragen. Das Protokoll löschen Sie über die Schaltfläche *Leeren*. Via *Zurück zum Webservice* gelangen Sie erneut zu den Einstellungen.

Die mühevoll zusammengeklickten Einstellungen eines Webservice können Sie auch in einer Datei speichern und so sichern lassen. Dazu klicken Sie im Kasten *Aktionen* auf *Web-Service exportieren*. OTRS bietet Ihnen eine Datei mit der Endung .yml zum Download an, die alle Einstellungen enthält. Um diese Einstellungen später wiederherzustellen, lassen Sie in der Webserviceverwaltung zunächst einen neuen *Web-Service hinzufügen*, klicken dann auf *Webservice importieren*, wählen die Datei mit den Einstellungen aus und lassen sie *Importieren*.

Unter *https://github.com/OTRS/otrs/tree/master/development/ webservices* finden Sie weitere Beispiele. Die Datei GenericTicket- ConnectorREST.yml enthält die Einstellungen für einen Webservice namens *GenericTicketConnectorREST*, der einfach alle Aktionen über die REST-Schnittstelle erlaubt. Wenn Sie ihn wie beschrieben importieren, können Sie ihn als Ausgangspunkt für einen eigenen Webservice verwenden. Analog enthält die Datei GenericTicketConnectorSOAP.yml die Einstellungen für einen Webservice, der alle Aktionen über die SOAP-Schnittstelle abrufen darf.

Die Dateien otrs.RESTRequest.pl und otrs.SOAPRequest.pl demonstrieren schließlich noch, wie Sie mit Perl auf diese Dienste zugreifen.

Index

T

Über den Autor

Tim Schürmann ist selbstständiger Diplom-Informatiker und derzeit hauptsächlich als freier Autor unterwegs. Seine zahlreichen Artikel erscheinen in führenden Zeitschriften und wurden in mehrere Sprachen übersetzt. Er hat bereits einige erfolgreiche Bücher geschrieben, darunter *Das Joomla!-Buch* oder *Joomla!-Websites erweitern und optimieren* (O'Reilly Verlag). Seine Steckenpferde sind die Programmierung, Algorithmen, freie Software, Computergeschichte, Schokoladeneis und der ganz alltägliche Wahnsinn.

Kolophon

Das Tier auf dem Cover von *Praxishandbuch OTRS* ist ein Lanzenseeigel (*Eucidaris tribuloides*). Diese zu den Stachelhäutern gehörende Spezies sieht von Weitem wie ein Ball mit Stacheln aus. Die Primärstacheln sind bis zu 30 Zentimeter lang, ca. ein bis zwei Zentimeter dick, bräunlich bis rot, an der Basis auch rotweiß geringelt und häufig von Algen überwachsen. Auf der Unterseite finden sich Hunderte von kleinen Röhrenfüßchen, auf denen sich die Tiere überraschend schnell fortbewegen können.

Diese Meereslebewesen sind im Atlantischen Ozean und in der Karibik beheimatet – von den Bermudas bis nach Brasilien und von Mexiko bis zu den Kap Verden. Auch im Mittelmeer gibt es einige Funde, die wahrscheinlich mithilfe von Ballastwasser dorthin gelangt sind. Am liebsten halten sie sich in geringen Wassertiefen auf (bis zu 6 Metern), aber man findet sie auch auf 700 Metern. Bei Nacht kommen sie aus ihren Verstecken unter Felsen und Korallen und raspeln Algen und Schwämme von den Steinen. Aber auch tote Fische und andere Meerestiere werden nicht verschmäht.

Männliche und weibliche Tiere sehen identisch aus. Sie reproduzieren sich durch externe Befruchtung: Die Weibchen geben Tausende von Eiern ins Wasser ab, während gleichzeitig die Männchen mit den freigegebenen Spermien die Eier befruchten. Aus den Eiern schlüpfen die Larven, die zwei Jahre brauchen, bis sie ausgewachsen sind.

Wie alle Stachelhäuter (Seegurken, Sanddollars, Seesterne) ist das Innenskelett des Lanzenseeigels auf einer fünfstrahligen Achsensymmetrie aufgebaut, was erst zum Vorschein kommt, wenn man sich die getrocknete Schale der Tiere anschaut.

Viele der Tiere auf den O'Reilly-Covern sind vom Aussterben bedroht. Doch jedes einzelne von ihnen ist für den Erhalt unserer Erde wichtig. Wie man bedrohten Arten helfen kann, erfahren Sie auf *animals.oreilly.com*.

Der Umschlagsentwurf dieses Buchs basiert auf dem Reihenlayout von Edie Freedman und stammt von Karen Montgomery und Michael Oréal. Auf dem Cover verwenden wir die Schriften URW Typewriter und Guardian Sans, als Textschrift die Linotype Birka, die Überschriftenschrift ist die Adobe Myriad Condensed, und die Nichtproportionalschrift für Codes ist LucasFonts TheSans Mono Condensed. Das Kolophon hat Geesche Kieckbusch geschrieben.